U0874152

新编21世纪社会学系列教材

人口社会学

第二版

Demographic Sociology

杨菊华　靳永爱　编著

中国人民大学出版社
·北京·

作者简介

杨菊华 武汉大学历史学院本硕毕业，获美国布朗大学社会学博士学位，现为中央民族大学民族学与社会学学院教授，博士生导师。主要研究方向为人口老龄化、社会政策与家庭变迁，研究领域涉及社会转型过程中不同群体的福祉，主要关注的人群包括老年人、妇女与儿童、流动人口等。先后主持国家社会科学基金重大和一般项目、教育部哲学社会科学研究重大课题攻关项目、国家自然科学基金项目等数十项科研项目。出版了《社会统计分析与数据处理技术：STATA软件的应用》《数据管理与模型分析：STATA 软件应用》等社会统计方法教材和《人口社会学》等学科基础教材，在《中国社会科学》、《社会学研究》、《人口研究》、*The ANNALS of the American Academy of Political and Social Science*、*Demographic Research* 等专业和综合性国内国际权威刊物上发表论文百余篇。《人口转变与老年贫困》一书入选国家哲学社会科学成果文库，多篇政策内参得到党和国家领导人的批示。

靳永爱 中国人民大学社会与人口学院讲师，2013—2015 年为美国密歇根大学访问学者，2018—2019 年度加入美国普林斯顿大学的全球学者（Tung Global Scholar）项目。主要研究方向为生育、家庭、财富不平等。在国内外核心期刊上发表文章 20 余篇，多次参与或主持国家社会科学基金项目、北京市社会科学基金项目、国家自然科学基金项目及其他部委委托的横向项目。

内容简介

本教材共分为四个部分。一是概论，介绍人口社会学的学科特点、理论脉络、发展历程和研究范式。二是人口过程与社会运行，描画人口的生育、死亡、迁移分布等问题。三是人口结构与社会基础，阐述人口的年龄结构、性别结构、婚姻家庭和社会分层状况。四是人口特征与社会发展，关注人口贫困、人力资本与人口质量，以及人口状况与政治格局、人口特征与经济发展、人口特征与民生发展等方面的关系。

根据新时代新背景下的发展变化，本次修订新增了“人口贫困”“人口特征与经济发展”“人口特征与民生发展”三章内容，更新了数据与图表，添加了分析案例，在相应的主题下补充了近几年最新的理论讨论、研究结果或政策，比如流动人口变动趋势、新型城镇化、新社会阶层等。本书力求帮助学生把握人口社会学的基本概念、基础知识、相关理论，提高学生理论联系实际及分析解决人口社会问题的能力。

第二版前言

《人口社会学》面世至今已接近四年，在这段时间里，中国进入了新的历史阶段，人口、社会、人口与社会的关系等方方面面都在发生深刻的变化。我国目前虽然总人口规模持续增长，但也将迎来人口负增长时代；劳动年龄和育龄妇女的人口规模均已进入持续下降的时代，人口年龄结构不断老化，婚姻家庭结构也都随之发生了相应的改变；从 2015 年开始，全国流动人口规模改变了此前持续上升的趋势而转向缓慢下降；全国人口健康素质和知识素质持续改善，全国贫困人口规模快速下降，国家的反贫困事业取得重大进展。与此同时，中国也进行了人口及相关政策的重大调整和重新部署，实施全面二孩政策，推行健康中国战略，持续推进新型城镇化的宏伟蓝图，实施精准扶贫，全面建设小康社会。这一系列的变化为我们在新时代、新背景下更深入地认识人口与社会的关系提供了一个又一个鲜活的实践案例。

近几年，社会学和人口学界对人口社会学相关议题的讨论从未停止，且在新的社会环境和政策环境下，相关的讨论更加深入、丰富和多元。在理论的拓展、实践的探讨、事实的认知、政策的讨论等诸多方面，均呈现出百花齐放、百家争鸣之态。为了适应理论和实践的发展，本教材在 2016 年《人口社会学》教材的基础上，对其内容和形式都进行了修订、调整和完善。本次修订新增了三章内容，在第四编“人口特征与社会发展”中加入了“人口贫困”“人口特征与经济发展”“人口特征与民生发展”三章，从而使本教材更为完善。

(1) 贫困是与人类社会共生的社会现象和社会问题，随着时代的发展，人类对贫困的认识也从最初的绝对物质贫困拓展到当下的物质、健康、精神等多维贫困，人口贫困是人口社会学关心的重要内容。新增的“人口贫困”一章，系统地梳理了贫困的概念和测量，介绍了贫困发生的相关理论，并用数据展现了世界和中国的贫困图景。

(2) 人口是一切社会经济发展的基础性、长期性、关键性和战略性要素，可对经济发展起制约或推动作用。纵观人类发展历史和世界范围内各个国家的发展历程，我们已经明白，单纯讨论人口规模与经济发展的关系是有失偏颇甚至不可能的，人口与经济的关系受制度环境、人口结构、信息技术等多方面综合因素的影响。“人口特征与经济发展”一章，系统梳理了人口与经济发展关系的相关理论，呈现了世界范围内不同区域人口与经济发展关系的实例，同时展现了中国人口与经济发展关系的发展历程。

(3) 社会是一个非常复杂的系统，社会发展是一个内容十分丰富的概念，民生改善是其中最重要的一环。我们借助十九大的“七有”目标——幼有所育、学有所教、劳有所得、病有所医、老有所养、住有所居、弱有所扶，深入解读和讨论人口与这些民生指标之间的关系。同时我们意识到，人类社会已进入了一个以信息数字化为主要特征的高科技经济时代。这不仅极大地影响着人类的工作方式和生活方式，也在深刻地改变着人类和社会之间的交互关系。在本书中，我们尝试性地讨论了信息时代下的人口特征、社会发展、人口与社会之间的关系。

此外，对于教材的原有章节，我们做了如下修订：对数据、图表进行更新；在相应的主题下补充近几年最新的理论讨论、研究结果或政策，如流动人口变动趋势、新型城镇化、新社会阶层等；对一些章节的内容进行了重新组织，以更好的逻辑结构呈现；增加了更多的趣味阅读案例。尽管我们对教材进行了大量的修订，但我们知道，本教材一定还有不尽如人意的地方，欢迎广大读者建言献策，我们将本着精益求精的精神，不断对教材的内容进行调整与完善，以飨读者。

杨菊华

中央民族大学民族学与社会学学院

2020年1月20日

第一版前言

人口与社会之间相互影响、互为依存。人口状况因所处的社会环境而异，人口的变动又影响着社会的变迁。人口社会学即这样一门关注人口与社会之间相互关系的极具现实意义的学科。它透过纷繁的人口社会现象来认识和理解人口与社会之间的互动、揭示人口与社会的发展规律。

人口社会学大约起源于19世纪中叶的欧洲。第二次世界大战后，全球人口规模迅速增长，人口与粮食、能源、资源、环境之间的矛盾日益凸显，人口问题受到国际社会的普遍关注，这促使人口社会学开始成为一门独立学科，并获得迅速发展。中国人口社会学的形成虽然晚于西方国家，但在过去的几十年中，取得了长足进展，逐渐走向成熟。

近几十年来，中国社会处于急剧变迁与加速发展时期，各种新的社会人口现象不断涌现，如生育意愿与生育行为的背离、特权阶层的超生、长期偏低的生育率、人口老龄化和养老问题、性别失衡、婚姻挤压、甲女丁男、“白骨精”（白领、骨干、精英）的婚恋问题、单亲家庭、丁克家庭、空巢家庭、失独家庭、二代和三代农民工问题、流动儿童和留守儿童问题、社会阶层的固化问题等。这些现象成为社会各界热议的话题，学者们也分别从不同领域对这些现象进行阐释，由此既进一步推动了人口社会学研究的不断深入，也对具有时效性的相关教材提出了需求。

本教材在参考和借鉴国内外相关学术研究成果及已出版的《人口社会学》教材的基础上，广泛吸收具有重要影响的理论、方法、观点，系统展示本学科的基础知识、基本理论、学科前沿及发展动向。教材具有以下四个特点：

一是理论性。注重介绍本学科的经典及前沿理论，力求准确、科学，充分展示本学科鲜明的理论特色。

二是系统性。遵循系统性，在该原则指导下设计内容框架——共分为四编，第一编为概论（第一章、第二章），第二编为人口过程与社会运行（第三章、第四章、第五章），第三编为人口结构与社会基础（第六章、第七章、第八章、第九章），第四编为人口特征与社会发展（第十章、第十一章）。四编内容之间环环相扣。同时，本教材还注重各章节的前后相承，上下关联。

三是前沿性。关注当今的人口社会现象，注意吸收学界最新的科学研究成果，力图加强学生对专业前沿知识的了解和对热点问题的把握，提升学生利用所学知识分析和解释各类人口社会现象的能力。

四是可读性。为了使读者更容易理解本教材的内容、增强本教材的可读性，一方面，引用了大量的权威数据并绘制成图表；另一方面，增加了一些拓展阅读材料，这也是本教材不同于其他《人口社会学》教材的重要之处。

总之，本教材的目的是让读者不仅了解和把握人口社会学知识，还能够运用本教材所介绍的概念、理论和方法来思考、分析和解释当今纷繁复杂的人口社会现象。

本教材是笔者和南昌大学社会学系谢永飞博士的共同成果，由我设计教材的基本思路、总体架构以及具体的章节内容，撰写教材的第一章第三节、第二章、第四章、第五章、第八章、第九章、第十章、第十一章，并负责统稿，由谢永飞博士撰写第一章第一节和第二节、第三章、第六章和第七章。谢永飞博士还对本教材进行了通读，对格式等规范性问题进行了修订。

本教材能够顺利出版，得益于诸多人士的帮助。首先要感谢笔者的博士研究生李红娟。在教材编写过程中，李红娟花了近半年的时间，认真勤勉地收集了文献和数据资料，并对数据资料进行了系统整理，付出了极大努力和心血，没有她的帮助，教材的进展不会如此顺利。其次，感谢我的硕士研究生张钊，他对本教材的篇章结构和部分章节的具体内容都提出了很有价值的建议。最后，感谢中国人民大学 2011 级人口学系人口管理方向的同学们（特别是宋正亮和宋浩铭），以及南昌大学社会工作 121 班的谢颖、郭媛、刘洪俊等诸位本科学生，他们在上“人口社会学”课程期间，为本教材的完善提供了修改建议和帮助。

本教材参考了已经出版的诸多《人口社会学》教材，在这里向这些编者们表达真诚的谢意。同时还要感谢社会学界、人口学界和经济学界等诸多同人，他们辛勤地从事教学科研工作，产出了大量研究成果，为本教材的编著提供了丰富的资料。

感谢中国人民大学 985 经费的资助，使得笔者不用为出版经费而发愁。感谢中国人民大学出版社的大力支持和帮助，特别是潘宇社长的邀约、宋义平先生的多方联系，以及黄超编辑不辞辛劳、一丝不苟的编辑工作，他们为本教材提出了很多宝贵的修改意见，使得本教材更为完善。

经过近两年紧张的撰写和修改，本教材终于面世了。限于笔者的能力，疏漏不妥之处在所难免，恳请读者和各位同人不吝批评指正，以便将来不断修订提高。

杨菊华

中国人民大学人口与发展研究中心老年研究所

2015 年 11 月 30 日

目　录

第一编　概　论

第二编　人口过程与社会运行

第三编　人口结构与社会基础

第四编　人口特征与社会发展

第一编

概　论

第一章
人口社会学导论

凡是与社会有关的人口问题，或者说凡是与人口有关的社会现象，人口社会学都应该进行研究、探索，并提出解决问题的看法[①]。

——王胜今

本章首先概述人口、人口与社会的关系、人口社会学的形成与发展，其次介绍人口社会学的学科特点与研究范畴，最后描述人口社会学的研究范式。

第一节 人口社会学概述

婴儿潮、婴儿荒，羊年不生子，“猪宝宝”扎堆，特权阶层超生，生育意愿与生育行为背离；人口老龄化，家庭和社会养老问题；性别失衡，婚姻挤压；甲女丁男，“白骨精”（白领、骨干、精英）婚恋问题；单亲家庭、丁克家庭、空巢家庭、失独家庭、伤残家庭问题；新生代农民工，民工荒；代沟、队列——60后、70后、80后、90后；人口素质“逆淘汰”……这些都是重要的人口社会现象。这些现象形成的原因是什么，有什么特点和发展趋势，又会产生哪些社会后果，等等，这些都是人口社会学的重要研究课题。

一、人口

人口（population）是社会的细胞，是社会存在和发展的前提和基础，没有人口就没有社会。因此，人口对社会发展具有举足轻重的作用。

---

① 王胜今．人口社会学．长春：吉林大学出版社，1988：6.

(一) 人口的界定

马克思认为，人口是一个具有许多规定和关系的丰富的总体[①]。“许多规定”是指人口的数量、质量和结构；“许多关系”是指各种社会关系，包括阶级、民族、经济、政治、家庭关系等。换言之，人口是一个内涵丰富的社会实体。刘铮等人主编的《人口学辞典》及法国的罗兰·普列萨（Roland Pressat）主编的《人口学词典》[②] 将人口界定为生活在一定社会制度、一定地域、一定时点，具有一定数量和质量的有生命的个人所组成的不断运动的社会群体。据此可知，人口具备四个特征：其一，人口是由有生命和有一定社会关系的个人所组成的社会群体；其二，人口作为一个社会群体，总是生活在一定的生产方式，一定的经济、政治、文化和社会制度中；其三，人口总是生活在一定的时空环境中；其四，人口总是具有一定的数量和质量。

人口与总体（universe）表达的意义相同。人口作为一定地域、一定时点的个体的总数，其规模主要受制于人口系统的三大基本要素——出生、死亡和迁移。在封闭人口中，人口规模主要由出生人数和死亡人数决定。当出生人数大于死亡人数时，人口规模变大；当出生人数小于死亡人数时，人口规模变小；当出生人数等于死亡人数时，人口规模趋于不变。在开放人口中，人口规模同时受出生、死亡和迁移的影响，而迁移又可分为单向迁移（只有迁入或只有迁出）和双向迁移（既有迁入又有迁出）。迁移因素的加入，使得人口规模变化模型更为复杂（见表1-1）。若无国际迁移，一个国家的人口总量并不受国内人口迁移的影响，但各地区的人口总量受其影响。

表1-1　人口系统三大基本要素与人口规模变化模型

出生与死亡	迁移	人口系统变化
封闭人口		
出生人数>死亡人数	—	人口增加
出生人数<死亡人数	—	人口减少
出生人数=死亡人数	—	人口不变
开放人口		
死亡人数>出生人数	净迁移人数>死亡人数	人口增加
死亡人数<出生人数	净迁移人数为正数	人口增加
死亡人数<出生人数	净迁移人数为零	人口增加
死亡人数<出生人数	净迁移人数为负数，但不能抵消增加的出生人数	人口增加
死亡人数=出生人数	净迁移人数为正数	人口增加
死亡人数>出生人数	净迁移人数为负数	人口减少
死亡人数>出生人数	净迁移人数为零	人口减少
死亡人数>出生人数	净迁移人数为正数，但不能弥补死亡人数	人口减少

① 马克思，恩格斯．马克思恩格斯选集：第2卷．2版．北京：人民出版社，1995：18.

② 该书由高元祥、贺登荣、夏成训等人于1989年译成中文版本。

续前表

出生与死亡	迁移	人口系统变化
死亡人数=出生人数	净迁移人数为负数	人口减少
死亡人数>出生人数	净迁移人数正好弥补损失的人口	人口不变
死亡人数<出生人数	净迁移人数为负数，正好抵消增加的人口	人口不变
死亡人数=出生人数	净迁移人数为零	人口不变

资料来源：王树新．人口社会学．北京：中国劳动社会保障出版社，2005：15-16.

中国人口概况

根据《全国人口普查条例》和《国务院关于开展第六次全国人口普查的通知》，我国以 2010 年 11 月 1 日零时为标准时点进行了第六次全国人口普查。第 1 号和第 2 号主要数据公报显示，全国总人口为 1 370 536 875 人。其中：普查登记的 31 个省、自治区、直辖市（不包括香港、澳门特别行政区和台湾）[①] 和现役军人的人口共 1 339 724 852 人，香港特别行政区人口为 7 097 600 人，澳门特别行政区人口为 552 300 人，台湾地区人口为 23 162 123 人。31 个省、自治区、直辖市和现役军人的人口，同第五次全国人口普查 2000 年 11 月 1 日零时的 1 265 825 048人相比，10 年共增加 73 899 804 人，增长 5.84%（见图 1-1）。

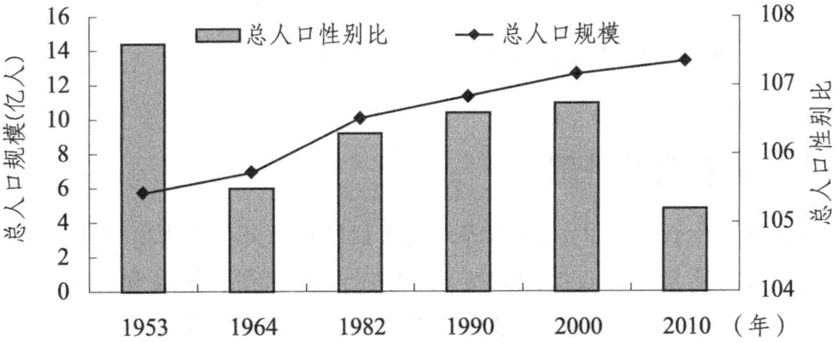

图 1-1　中国历次人口普查数据

资料来源：国家统计局．2010 年第六次全国人口普查主要数据公报（第 1 号）．(2011-04-28)［2019-11-10］．http：//www.stats.gov.cn/tjsj/tjgb/rkpcgb/qgrkpcgb/201104/t20110428_30327.html.

（二）人口的双重属性

人口属性是指人口所固有的性质和特点，包括生物属性（也称自然属性）和社会属性。生物属性是人口存在和发展的自然基础；社会属性是人口的本质属性，是人口区别于生物群体的根本标志。

生物属性是指人口作为一个生物群体，具有出生、成长、衰老和死亡的生命过程，具有食欲、性欲、新陈代谢、种族繁衍、遗传、变异等生理机能，具有年龄和性别等人口的自然构成。生物属性使人类的生存和发展受自然规律的制约。比

① 本书关于中国的统计数字，除特别标明外，均不包括香港、澳门特别行政区和台湾。

如，人口再生产过程必须经历成功受孕、十月怀胎、顺利分娩的环节，而后才会有新生命的诞生。生物属性的作用是使人口得以生存和发展，并产生人类社会。

社会属性是指人口作为社会生活的主体所具有的区别于生物的特性。马克思认为："人即使不象亚里士多德所说的那样，天生是政治动物，无论如何也天生是社会动物。"[①] 人作为一种社会动物，其社会属性表现在以下四方面。其一，人的整个生命历程（如出生、成长、衰老、死亡）都发生在社会中，在现实生活中不存在抽象的、纯自然的、完全脱离社会而孤立的人。其二，人总是处在一定的社会关系中：人类在生产和生活中逐渐形成了一定的经济、政治、民族、宗教、文化、家庭以及其他关系，人类的任何活动也都在这些社会关系中进行。其三，人的行为受到生产方式、道德规范、文化观念以及政策制度等因素的影响和制约。其四，人具有主观能动性。在与自然发生关系的过程中，人类逐渐具备了改造自然的能力，使自然界为人类服务，且随着科学技术的发展，认识自然、改造自然、征服自然的能力大大提高。人口的社会属性制约生物属性，在一定程度上影响和限制生物属性作用的发挥。

二、人口与社会

人口与社会之间具有非常密切的关系，两者之间既相互影响、相互制约，又相互依存、互为存在。

（一）人口是社会的基础

人口活动（生育、死亡、迁移等）及人口特征（年龄结构、性别结构、婚姻家庭结构、人口质量等）直接或间接地影响社会的存在、发展和演变。没有人口的社会是不存在的，离开人口这个主体谈社会的存在和变革是不可想象的，古今中外，莫不如是。但人口对社会所起的主体作用并非静止不变或单纯存在的，而是一种动态的推力。[②] 据美国世界观察研究所所长布朗分析，人口的增加会产生22个方面的影响。这些影响大约可以分为三大类：政治、经济、社会类；生态类；医疗健康类。在布朗所列举的22个方面的影响中，有许多涉及人口变化对社会产生的影响。[③]

比如，随着社会经济发展水平的提高、医疗条件的改善、饮食结构的丰富和社会保障水平的完善，人类的预期寿命逐渐延长，人口结构发生变化，给社会发展带来深远影响。如同发达国家一样，中国老年人口的数量及比例不断提高。若以60岁及以上老年人口占总人口的比例达到10%为标准，我国在1999年就进入了老龄化社会。2010年第六次全国人口普查数据显示，60岁及以上人口已达

① 马克思，恩格斯．马克思恩格斯全集：第23卷．北京：人民出版社，1972：363.

② 王胜今．人口社会学．长春：吉林大学出版社，1988：23.

③ 张桂蓉．人口社会学．武汉：武汉大学出版社，2009：5.

177 648 705 人，占全国总人口的 13.26%。人口老龄化给社会的发展带来诸多影响：其一，冲击社会保障制度；其二，挑战现有公共政策；其三，重塑社会主流文化；其四，对居住环境提出独特要求；其五，影响代际关系。

（二）社会制约人口的发展

社会不是简单的人口堆积，而是一个庞大、复杂且按照一定规律有序发展的有机整体。因此，社会也会影响和作用于人口的方方面面。一般而言，社会生产方式对人口变动起决定性影响。一定的社会生产方式要求与之相适应的一定数量和质量的人口。就人口数量而言，若劳动力出现剩余，就会产生大量失业人口，而这会影响人们的生育意愿和生育行为，进而对人口再生产的数量产生影响。就人口质量而言，伴随科学技术的发展，现代社会对人口的科学文化素质提出了较高要求，而这使得社会越来越重视孩子的优生和优育，进而提高人口质量。换言之，人口的数量、质量和结构等要与其所处社会的生产方式相适应。

此外，国家法律和政策、道德规范、社会舆论、风俗习惯、文化观念和宗教等社会因素对人口变动也存在影响和制约。下面以中国的计划生育政策为例，概述其对人口的影响。为控制人口数量的过快增长，我国自 20 世纪 70 年代开始推行比较严格的计划生育政策。其有效实施给中国人口带来了诸多影响。国家卫生和计划生育委员会原新闻发言人毛群安 2013 年 11 月 11 日表示，实施计划生育政策 40 多年来，我国生育率大幅下降，由 1970 年的 33.4‰下降到 2012 年的 12.1‰，累计少生了 4 亿多人，使世界 70 亿人口日推迟了 5 年，大大减轻了人口过快增长给资源环境带来的压力①。计划生育政策除影响人口的生育率和人口总量外，还影响人口的家庭结构。计划生育政策通过倡导或要求人们晚婚、晚育和少生的方式，使家庭规模逐渐变小，家庭结构日趋核心化。第六次全国人口普查数据第 1 号公报显示，31 个省、自治区、直辖市（不包括香港、澳门特别行政区和台湾），平均每个家庭户的规模为 3.10 人，比 2000 年第五次全国人口普查的 3.44 人减少 0.34 人。此外，计划生育政策还加速了中国人口的老龄化进程，且与出生性别比的失衡存在关联。为了推进人口的均衡发展，我国分别于 2013 年、2015 年启动实施了“单独二孩政策”和“全面二孩政策”。

（三）人口与社会相互依存、互为存在

人口与社会之间除了相互影响、相互制约外，还相互依存、互为存在。一方面，人口是社会存在的前提。社会是由人口组成的，是人们交互作用的产物，没有人口也就没有人类社会。为了使人类不断繁衍、人类文明长久延续，社会需要有一定数量的人口。人口也是社会活动的主体。在日常生活中我们清楚地看到，任何社会，不管其性质与生产力发展水平如何，都有一定数量的人口在进行生产

---

① 卫生计生委：计划生育 40 余年 我国少生 4 亿多人．（2013－11－11）[2019－10－10]．http：//news.xinhuanet.com/politics/2013－11/11/c_118096000.htm.

与生活的各种活动。[①] 可见，人口在整个社会系统中占据重要位置。另一方面，一般情况下，人口难以脱离社会而生存，而是生活在特定社会生产方式、特定社会制度中的社会群体。人口的生存和发展依赖社会技术、社会政策、社会制度、社会结构等构成社会的要素。

三、人口社会学的形成与发展

综上所述，人口与社会唇齿相依，既相互影响、相互制约，也相互依存、互为存在。因此，现代科学的发展要求我们不仅把人口、社会作为独立的变量进行研究，而且对人口与社会之间的关系展开研究。这种研究的发展，使人口科学与一系列社会科学学科（如社会学、经济学、人类学、社会政策、生态学等）产生了密切的联系，它们的知识经过相互补充，有机地统一起来，形成了人口社会学等诸多交叉学科。

人口社会学与人口统计学、人口地理学、人口经济学、城市社会学、组织社会学、农村社会学等其他分支学科一样，经历了一个形成与发展的过程。

人口社会学与人口学和社会学密切相关，是两个学科相互交融的交叉学科。作为一门分支学科，人口社会学既是社会学的分支，也是人口学的分支；我们将前者称为人口社会学（sociology of population），将后者称为社会人口学（social demography）。

人口学有广义和狭义之分。狭义的人口学（formal demography）是指用统计和数学的方法研究人口的出生、死亡、规模、结构、分布和变化；广义的人口学（population studies）除研究狭义的人口学研究的变量外，还研究人口变量与其他变量（如社会、经济、政治、文化等）的关系。社会学是一门从社会整体出发，通过社会关系和社会行为来研究社会的结构、功能、发生、发展规律的综合性学科。[②] 这两门学科都于19世纪中叶先后在法国产生，在法国一些学者的推动下呈现融合趋势，如涂尔干（Émile Durkheim，1858—1917）把人口作为社会形态学的研究内容，哈布瓦赫（Maurice Halbwachs，1877—1945）把人口科学界定为社会学的本质研究领域，杜蒙特（Arsene Dumont，1849—1902）创立的社会毛细管现象学说是社会学和人口学融合的典型例证。

在美国，人口学和社会学也呈现融合之势。美国社会学家吉丁斯（Franklin Henry Giddings，1855—1931）最先（20世纪初）把人口研究置于社会构造论的中心。20世纪30年代美国出生率下降和第二次世界大战后的婴儿潮，促使美国人口学家除从狭义的人口学角度研究出生率变化外，也从人口与社会、经济和文化等因素的关系中研究出生率变化，其代表人物是凯泽（David Kertzer，1948— ）。[③]

① 文献良，文峰．人口社会学概论．成都：四川教育出版社，2010：57.

② 陈必滔．社会科学概览．北京：社会科学文献出版社，2011：189.

③ 中国大百科全书总编辑委员会．中国大百科全书·社会学．北京：中国大百科全书出版社，1991：241.

下面简要介绍西方和中国人口社会学的形成与发展。

(一) 西方人口社会学的形成与发展

西方人口社会学大约缘起于19世纪中叶，经历了三个发展阶段。第一阶段为19世纪中叶到20世纪初期，是人口社会学思想的初步形成时期，主要代表人物有英国哲学家和社会学家斯宾塞（Herbert Spencer，1820—1903）、法国社会学家和人口学家杜蒙特、法国社会学家涂尔干。这一时期的主要学说有斯宾塞的“社会人口有机论”、杜蒙特的“社会毛细管论”、涂尔干的“社会分工论”。

第二阶段从20世纪初期至第二次世界大战前，其基本特点是社会学家开始把人口问题纳入社会学研究，并系统地利用社会学的理论和方法研究人口问题。美国社会学家吉丁斯和人口学家汤普森（Warren Thompson，1887—1973）是这一阶段的代表人物。吉丁斯是最早将人口变量放入社会学研究的学者，他把人口研究置于社会构造论的中心，认为社会学研究的基本单位为个人，通过个人来透视社会。进入20世纪30年代后，汤普森开创了社会研究的人口学派，创立了被后人称为“社会福利论”和“人口压力论”的理论观点。

第三阶段自第二次世界大战至今，其间，人口社会学开始成为一门独立的学科，并不断发展和日臻成熟。第二次世界大战后，世界人口规模迅速增长，粮食、能源、资源、环境等问题日益凸显，人口问题由此受到联合国、各国政府、社会各界的广泛关注，进而促进了人口社会学作为一门独立学科的发展和完善。戴维斯（Kingsley Davis，1908—1997）在《人的社会》（*Human Society*，1949）一书中，首次提出了“社会人口学”（social demography）的概念，界定了其研究对象，系统论述了生育、死亡、迁移等人口现象与文化、制度等社会因素的关系。此书的出版，标志着人口社会学的诞生。摩尔（Wilbert Ellis Moore，1914—1987）对人口社会学的形成也起到重要作用，他认为人口学是社会学的一个分支学科，并明确提出了人口的功能主义理论。20世纪70年代初，美国社会学家戈兹切德（Calvin Goldscheider，1941— ）提出“社会学的人口学”（sociological demography），强调社会学的人口学的关键是从社会学角度来分析人口现象，并通过对人口现象的分析来增强对社会的理解。1970年，福特（Thomas Ford，1923—2006）等人主编了第一本《社会人口学》①。1978年，塔玉巴尔（Karl E. Teauber，1936）等人出版了专门研究家庭问题的《社会人口学》著作②。

受社会科学专业发展和学科之间融合及新型统计方法的发展和应用的影响，近些年人口社会学在西方得到较快发展并日臻成熟。以美国人口社会学的发展为例，自20世纪中后期以来，普林斯顿大学、芝加哥大学、加州大学伯克利分校、宾夕法尼亚大学、密歇根大学、布朗大学以及威斯康星大学都成为人口社会学研究的重要基地。这些学校不但拥有大批专门从事人口社会学研究的专家和学者、

---

① FORD T，JONG G D. Social demography. Englewood Cliffs：Prentice Hall，1970.

② TAEUBER K E，BUMPASS L L，SWEET J A. Social demography. New York：Academic Press，1978.

有专门的人口研究所，还给本科生和研究生提供系统全面的人口学或人口社会学教程。更重要的是，通过数十年的学术累积和传承，它们各自都发展出独树一帜的学科专长，形成了独特的研究视角和研究学派。如芝加哥-伯克利学派侧重于从理论上分析人口与社会的关系，宾夕法尼亚-布朗学派的研究重点在于空间分布和劳动力结构，密歇根-威斯康星学派则强调社会经济地位及社会流动与分层。在加拿大，人口社会学也发展得很好。西安大略大学、多伦多大学、阿尔伯塔大学及蒙特利尔大学都有相当规模的人口社会学课程和研究项目。特别是西安大略大学和阿尔伯塔大学还有专门的人口学研究机构。与美国相比，加拿大人口社会学的研究更侧重于本国的人口问题，尤其是移民研究。[①]

（二）中国人口社会学的形成与发展

中国人口社会学的形成与发展经历了三个阶段。

1. 第一阶段为 20 世纪 20 年代至 30 年代，属于初创阶段

受马尔萨斯人口思想的影响，中国第一代社会学家对人口问题的讨论十分激烈。他们将人口学和社会学两个学科结合起来进行研究，引发了人口问题的研究高潮，也取得了显著的成效。陈长蘅、许仕廉、陈达、吴景超、李景汉等学者先后出版了《中国人口论》(1918)、《中国人口问题》(1930)、《人口问题》(1934)等著作，极大地推动了中国人口社会学的发展。该时期的学者因受马尔萨斯人口论的影响，多主张“适度人口”，倡导节制生育，控制人口数量，提高人口质量。

2. 第二阶段为 20 世纪 50 年代初至 1957 年，其间出现了人口社会学研究的小高潮

1953 年第一次全国人口普查数据显示，中国人口总量超过 6 亿。庞大的人口规模迅速引起了国家领导人和学者的关注和重视。1953 年 8 月，政务院批准卫生部（现为国家卫生健康委员会）修订避孕和人工流产的办法，批示卫生部要帮助群众做好节育工作。1954 年 12 月，刘少奇代表党中央明确表示，“党是赞成节育的”；毛泽东也多次谈到人口控制问题，讲到“我国人多，是好事，当然也有困难”，明确提出“计划生育，也来个十年规划”[②]。政府明确的节制生育的态度促进了学界对人口问题的讨论。马寅初、费孝通、陈达、吴景超、陈长蘅、许仕廉、李景汉、全慰天等学者结合当时经济和社会发展的实际状况，进一步阐述了节制生育的主张，人口社会学的研究由此形成了一个小高潮。但是，从 1958 年开始，马寅初、陈达等主张节制生育的学者先后被打为“右派”，人口社会学研究成为禁区，直到 20 世纪 70 年代后期才再度兴起，人口社会学研究因此中断了近 20 年。

3. 第三阶段为 20 世纪 70 年代后期至今，是人口社会学的全面发展时期

1978 年中国共产党第十一届三中全会召开后，中国社会学和人口学开始重建，人口社会学的学科发展也日臻完善。

---

① 梁在．人口学．北京：中国人民大学出版社，2012：290.

② 钟家栋．中国现代化进程中的人口理论透视．复旦学报（社会科学版），1995 (2)．

(1) 明确了人口社会学的研究对象、研究方法、研究领域、学科地位、研究意义及发展前景。以上问题的澄清归因于以下三个方面的共同努力。一是论文发表：在公开发表的期刊论文（主要是在 20 世纪 90 年代中期之前发表的论文）中，专门探讨人口社会学的论文就有二十余篇。二是教材出版：20 世纪八九十年代陆续出版了一些有影响力的人口社会学教材，推动了该学科的发展。三是会议推动：如 1990 年在江西省举行的第二届全国人口社会学讨论会，对人口社会学的学科性质（是否为交叉学科）、研究方法等相关内容进行了讨论。

(2) 引入大量国外文献，并与中国的人口问题相结合，促进了人口社会学的本土化发展。1988 年，方时壮、汪念郴把马特拉斯（Judah Matras）著的《人口社会学导论》译成中文，由中山大学出版社出版；1992 年，朱泱等将马尔萨斯的《人口原理》译为中文，由商务印书馆出版。除了直接翻译专著外，国内诸多学者将西方的人口社会理论、方法等内容编进教材，如李竞能 2004 年编著的《现代西方人口理论》。在对中国人口问题进行研究时，将国外文献与中国实践相结合，形成了具有本土特色的人口社会学理论、方法和学术取向。

(3) 强化了专题调查，推动了人口社会学研究的纵深发展。随着人口社会学的发展，以及人口问题的日益复杂，各种专题调查逐渐增多，而这又推动了专题研究，使人口社会学向纵深发展。如国家计划生育委员会（现归入国家卫生健康委员会）于 1988 年开展的全国 2‰人口生育节育抽样调查，推动了生育专题的研究；1986 年中国社会科学院首次以人口迁移为主题开展的 74 城镇人口迁移抽样调查、国家人口和计划生育委员会自 2009 年开始的流动人口动态监测调查等，推动了中国迁移与流动的专题研究；全国妇联自 1990 年开始进行的妇女社会地位调查、北京大学中国社会科学调查中心实施的中国家庭追踪调查，推动了婚姻与家庭的专题研究；北京大学国家发展研究院主持的中国健康与养老追踪调查、北京大学健康老龄与发展研究中心主持的中国老年人口健康状况调查，推动了老年人口的专题研究。

总体而言，我国人口社会学的研究虽然起步较晚，但在过去的几十年中，得到了迅速发展，人口社会学作为一门学科正在从不成熟走向成熟。

第二节
人口社会学的学科特点与研究范畴

虽然学界普遍认同人口社会学是一门分支学科，但对于它是哪一门学科的分支学科存在几种不同观点。有学者认为它是社会学的分支学科①，也有学者认为它是人口学的分支学科②。在对人口学学科体系的论述中，诸多学者把人口社会

① 佟新．人口社会学．北京：北京大学出版社，2010：10. 文献良，文峰．人口社会学概论．成都：四川教育出版社，2010：7-8.

② 周光复．人口社会学的对象和方法．南方人口，1990 (3)．

学/社会人口学作为人口学的分支学科，详见表1-2。由于人口社会学与社会学和人口学的关系密切，故还有学者认为，人口社会学是以人口学和社会学为基础发展起来的，故而是人口学和社会学的分支学科。①

表1-2　人口学分支、交叉学科统计

刘铮等《人口学辞典》	韩明希、李德辉《简明人口学词典》	国际人口学会《多种语言人口学词典》	［法］普列萨《人口学词典》
人口统计学	人口未来学　人口学管理	历史人口学	生育生物计量学
人口经济学	潜在人口学　人口社会学	古人口学	经济人口学
人口社会学	应用人口学　表述人口学	表述人口学	历史人口学
人口地理学	分布人口学　生态人口学	人口统计学	数量人口学
	人口经济学　人口教育学	理论人口学	医学人口学
	历史人口学　数理人口学	数量人口学	纯人口学
	人口心理学　民族人口学	形式人口学	质量人口学
	地区人口学　理论人口学	人口研究	数量人口学
	人口地理学　人口系统工程学	经济人口学	社会人口学
	古人口学　古人口分布学	社会人口学	人口计量学
	古人口学家庭学　古人口寿命学	人口素质	人口遗传学
	古人口学人种学　古人口经济学	群体遗传学	人口学遗传学
		人类生态学	
		人口理论	

注：同一学科的不同名称仅列一个，如《简明人口学词典》中认为“人口社会学”就是“社会人口学”，故仅列人口社会学。

资料来源：李若建．人口社会学基础．广州：中山大学出版社，1992：17．邬沧萍．人口学学科体系研究．北京：中国人民大学出版社，2006：23-25．

桂世勋认为，人口社会学是同人口学、社会学都有关联的一门学科。当前世界上人口科学体系中形成了许多学科，除人口学（即理论人口学）外，还有人口统计学、人口经济学、人口地理学、人口生态学、人口遗传学、人口社会学、人口教育学、人口发展史等各种分支学科。同样，在社会学的科学体系中除社会学原理外，还有城市社会学、农村社会学、家庭社会学．政治社会学、经济社会学、环境社会学、教育社会学、宗教社会学、人口社会学、老年社会学、青年社会学等各种分支学科。在这些分支学科中，不少是两门学科互相渗透、互相结合所产生的边缘学科。人口社会学既是人口学的一个分支，又是社会学的一个分支，它是介于人口学和社会学之间的一门边缘学科。② 换言之，人口社会学实现了两个学科理论和方法的综合，既是一门可以用社会学的概念、理论和方法分析社会问题的学科，也是一门可以用人口学的概念、理论和方法分析人口与社会关系的学科。

比较前文有关人口社会学是哪门学科的分支的几种讨论，结合当前的人口社

① 梁在．人口学．北京：中国人民大学出版社，2012：292．方向新．人口社会学的学科地位和理论体系初探．人口与经济，1989（4）．

② 桂世勋．人口社会学．济南：山东人民出版社，1986：1-2.

会学的研究特点，笔者赞成人口社会学是社会学和人口学这两门学科的分支的观点，而不仅是社会学或人口学的分支学科。按照这一思路，作为一门学科名称，是叫“人口社会学”还是“社会人口学”就显得不再重要①。过去出现“人口社会学”和“社会人口学”两个词语，其背后反映的其实是对人口社会学是哪门学科的分支的争论。

也有少数学者认为，人口社会学不是人口学与社会学的简单叠加，而是有机结合、相互渗透，故性质的划分不能从字面的排列去考虑②。然而，属于何者的分支其实就是一个“唯名论”式的辩论，不同学者会有不同观点，但所指和所研究的内容都是相似的。

一、学科特点

（一）人口社会学是一门以量化研究为主的学科

人口社会学注重用量化方法分析人口与社会的关系，并具有以下两个特点。

1. 定量数据来源的多元化

（1）世界范围内的大调查。如人口与健康调查（Demographic and Health Surveys）从1984年开始，目前已在75个国家成功实施。又如，20世纪70年代中期开始进行的世界生育率调查（World Fertility Survey），共有41个国家参与，对研究世界范围内特别是发展中国家的生育率转变有相当重要的影响。普林斯顿大学人口研究所（Office of Population Research）在20世纪60年代和70年代进行的欧洲生育率调查（European Fertility Project），主要目的在于澄清欧洲19世纪人口转变的历史，从而发现欧洲生育转变的真正原动力。③

（2）各国的人口普查和人口抽样调查数据。大多数国家逐步建立了每隔一定时期（如10年）的普查制度，中国目前共进行了六次全国人口普查。同时，为及时了解非普查期间的情况，中国还进行每年一次的全国1‰人口生育率抽样调查、每五年一次的全国1%人口抽样调查。

（3）国内的大型社会调查。如中国人民大学中国调查与数据中心承担的中国综合社会调查（CGSS）是中国第一个全国性、综合性、连续性的大型社会调查项目。该项目全面收集了社区、家庭、个人等多层次数据，是分析家庭、人口等的重要数据来源。

（4）各个科研机构、学校或研究人员为满足自己的研究需要而进行的小范围、区域性的调查。

---

① 胡伟略针对学界“人口社会学”“社会人口学”两个词语混用的情况，在其编著的《人口社会学》中明确表示，人口社会学作为一门社会学的分支学科，当然应该叫“人口社会学”，而不是“社会人口学”。胡伟略．人口社会学．北京：中国社会科学出版社，2002：14.

② 李鹏飞．第二届全国人口社会学研讨会综述．人口与经济，1991（1）．

③ 梁在．人口学．北京：中国人民大学出版社，2012：292.

我国将于 2015 年开展人口“小普查”

2014 年 7 月 7 日，国务院办公厅发布了《关于开展 2015 年全国 1%人口抽样调查的通知》。根据《全国人口普查条例》的规定，决定于 2015 年开展全国 1%人口抽样调查，调查时点为 2015 年 11 月 1 日零时。记者就此采访了国家统计局人口和就业统计司司长冯乃林。

记者：为什么要进行全国 1%人口抽样调查？它和社会公众熟知的全国人口普查是什么关系？

冯乃林：为了及时掌握我国人口状况，目前我国统计部门实施的人口调查制度包括每 10 年一次的人口普查、两次普查间的 1%人口抽样调查，以及普查和 1%人口抽样调查以外年份进行的年度人口变动情况抽样调查。人口普查在尾数逢 0 的年份进行，1%人口抽样调查一般在尾数逢 5 的年份开展。

之所以要在两次普查中间开展 1%人口抽样调查，主要是因为我国是世界上人口最多的国家，如此庞大的人口规模，5 年进行一次人口普查是不现实的，但为了掌握 10 年间我国人口的发展变化情况，有必要进行一次规模较大的人口调查，所以建立了 1%人口抽样调查制度，又称为“小普查”。

…………

记者：1%人口抽样调查都调查哪些内容？

冯乃林：目前，调查的内容正在研究论证之中。初步设想调查的内容包括住户的基本情况和个人的性别、年龄、民族、受教育程度、迁移流动、就业、社会保障、婚姻、生育、死亡、住房情况等指标。

为更好地回应一些社会关注的热点问题，与过去的普查和 1%人口抽样调查相比，此次调查可能会适当增加一些反映城镇化质量、反映生育意愿的指标。最终的指标需要进行广泛的论证和试点后才能确定。

…………

资料来源：薛志伟．我国将于明年开展人口“小普查”．经济日报，2014－07－08.

2. 统计分析方法的多样化

在人口社会学研究中，有些学者沿用了传统的人口分析方法，如生育研究多采用粗出生率、一般生育率、年龄别生育率、总和生育率、粗再生产率、净再生产率、终身生育率等人口统计指标。但是，越来越多的人口社会学者的研究采用社会统计分析方法。近年来，随着具有等级结构的数据的出现，多层模型技术应运而生。该技术是单层模型技术的发展，克服了单层模型技术在分析多层结构数据时的不足，使个体因素对因变量的影响从群体因素中分解出来成为可能，从而获得可靠的假定检验和参数估计。[①] 目前国内采用多层模型技术进行科学研究的学者开始增多，如杨菊华在《生育政策与少儿福利》（2007）、《中国流动人口经济融入》（2013）等著作中都采用了多层模型技术，探讨了少儿福利或流动人口经

① 杨菊华．多层模型在社会科学领域的应用．中国人口科学，2006（3）．

济融入的影响因素。同时，研究者们也越来越关注研究中的因果关系，开始使用一些前沿的研究方法来解决因果关系困境，比如倾向值匹配、项变量、断点回归等。

简言之，人口普查及各类社会调查为人口社会学的研究提供了丰富的资料，加上统计分析方法的不断发展、计算机技术的突飞猛进和迅速普及（互联网的使用、计算能力的提高、分析软件的发展等），人口社会学以量化研究为主的特征更加明显。

（二）人口社会学是一门理论与现实紧密结合的学科

从历史的发展来看，人口社会学的产生在很大程度上是由于人口学研究要借助社会学丰富的理论。因此，与人口学相比，人口社会学是一门更注重理论的学科。不仅如此，人口社会学还关注现实社会，注重调查研究和解决社会问题，是一门理论与现实紧密结合的学科。一方面，理论在人口社会学的研究中具有重要作用，它不仅给人们提供了认识和理解现实社会的一般框架，同时也指导人们去探索具体的人口事件和社会事件。具体而言，理论告诉人口社会学研究者应该提出什么样的研究问题，以及为了回答这一研究问题应该怎么去分析和探讨。比如，流动儿童的教育问题是中国人口流动背景下存在的一个突出的社会问题。当我们从社会现实中提出这一研究问题后，理论可以提供许多不同的探讨角度和分析视野。如社会排斥理论、社会屏蔽理论、社会资本理论、经济资本理论、文化资本理论、抵制理论、资源稀释理论，都会使我们对流动儿童教育这一具体现实问题的探讨更为深入，对于政府和社会解决流动儿童的“上学难”“上学贵”等问题具有重要的参考价值。另一方面，在理论的指导下，通过对具体的社会现实问题的探讨，人口社会学可达到对相关理论进行证实或证伪、修正、补充和完善的目的。

（三）人口社会学是一门具有明显问题意识的学科

人口社会学的学科特点还体现为对社会问题的敏感性。研究者能够从人口变动的表象中，发现其隐含的社会问题和可能的发展趋势。例如，出生性别比失衡问题，最初是作为人口问题提出来的，人口学者更多地从出生性别比的变化、区域特点等方面对这一问题进行分析，而敏感的人口社会学者则从性别比失衡的社会原因、文化原因、对未来社会的影响等方面，对这一问题进行社会学分析，得出出生性别比失衡将会导致未来社会中两性关系不和谐、婚姻市场性别失衡、性犯罪案件增多、性病艾滋病多发等社会问题的结论。①

二、研究范畴

在人口社会学的形成与发展过程中，有诸多学者对其研究范畴进行了探讨。何肇发认为，人口社会学是一门边缘学科，它既从社会学的角度研究人口的出生、死亡、迁徙，以及人口的质与量、动态与静态各种现象，也从人口学的角度

---

① 周伟文．呼唤学术自觉：人口社会学本土化思考．河北学刊，2005（6）．

研究社会上的贫困、就业、失业、婚配、交通、医疗、教育乃至家庭组合与社会结构、社会信息等各个方面。桂世勋认为，人口社会学的研究范畴既不同于一般人口学的研究范畴，也不同于一般社会学的研究范畴，而是研究人口与社会的相互关系①。佟新认为，人口社会学的研究范畴是认识和分析各种人口现象和人口问题，如人口过程、人口结构、人口事件和人口变迁与各社会力量之间的关系，这些社会力量包括很多方面，最基本的社会力量是社会的经济、文化和政治因素②。梁在认为，人口社会学是主要研究人口变量与非人口变量之间相互关系的学科③。

可见，人口社会学的研究范畴比较广泛。笔者在借鉴和参考前人研究成果的基础上，结合中国的实际情况及本教材的特点，将人口社会学的研究范畴界定如下：人口社会学是研究人口过程、人口结构等人口现象和人口问题，以及它们与非人口因素之间关系的学科。

（一）人口过程与社会运行

人口社会学作为人口学与社会学的交叉学科，是以研究传统人口学范畴的问题而发展起来的，具体包括生育、死亡和迁移，这三者在人口社会学中被统称为人口过程。在开放社会中，它们是影响一个社会人口规模变化的三大基本因素，人们通过出生和迁入进入某一社会，通过死亡和迁出离开某一社会。人口作为社会构成的基本要素，其生育、死亡、迁移等人口过程均发生在特定的社会中。换言之，人口过程是在特定社会的经济、政治和文化条件下进行的，受到各种社会力量的影响和制约。因此，人口社会学的研究范畴之一是探讨人口的生育、死亡和迁移等人口过程，以及人口过程与非人口因素之间的关系。下面以生育和死亡为例，说明人口过程与社会运行的具体研究内容。

生育和死亡是一切社会人口的自然生命过程，是人口过程的起点和终点。因此，科学地把握生育和死亡的本质，是人口社会学研究人口问题、正确认识纷繁复杂的人口现象、揭示人口过程的社会机制及客观规律的关键环节。人口社会学可从以下方面研究生育和死亡。其一，人类当前及在不同历史条件下的生育和死亡水平如何？其二，人类的生育和死亡水平是否受经济、社会、文化、政治等因素的影响？若有影响，其影响机制和影响路径如何？其三，人类社会经历了哪几种生育和死亡模式？它们分别反映了怎样的社会经济发展水平？其四，人类社会的生育、死亡原因是否发生了变化？变化的原因是什么？等等。

（二）人口结构与社会基础

人口结构是指在一个国家或地区的总人口中，各种自然的和社会的人口特征

---

① 桂世勋．第一讲：人口社会学是研究什么的．社会，1982（3）．

② 佟新．人口社会学．北京：北京大学出版社，2010．

③ 梁在．人口学．北京：中国人民大学出版社，2012．

的分布状况，包括人口的自然结构、空间结构和社会结构。自然结构是按人的生物属性划分的，主要包括人口的年龄结构和性别结构。空间结构是指人口在一个既定区域中的分散和集中程度，主要包括人口的城乡结构和地区分布结构。社会结构是人口依照具有社会意义的特征而形成的结构，如阶层结构、婚姻结构、家庭结构、社会劳动力资源结构、文化教育结构、民族结构、宗教结构等。

人口的社会属性使得人口结构与人口过程一样，受制于一定时期、一定地域的社会生产力发展水平、文化观念和社会控制力量。与此同时，人口结构作为社会结构的一部分，也会给一定时期的社会和经济发展带来积极或消极影响。因此，人口社会学的研究范畴之二是探讨人口的年龄、性别、阶层、婚姻家庭等结构，以及人口结构与非人口因素之间的关系。下面以人口的自然结构（年龄结构和性别结构）为例，说明人口结构与社会基础的具体研究内容。

人口的年龄结构不仅对未来人口发展的类型、速度和趋势有重大影响，而且对今后的社会经济发展也有重要影响。人口的性别结构虽然主要受生物规律的支配，但也会受外在因素的影响和制约。同理，性别结构也会影响人口的再生产和社会经济发展。人口社会学可从以下方面对年龄和性别结构展开研究：其一，人口的年龄和性别结构状况如何？其二，人口的年龄和性别结构是否受经济、社会、文化、政治等因素的影响？若有影响，其影响机制和影响路径为何？其三，人口年龄结构老化和出生性别比失衡是否会对劳动就业、婚姻家庭、社会稳定等产生影响？等等。

（三）人口特征与社会发展

在本教材中，人口特征是一种综合的人口现象，既包含人口发展过程中体现出来的特点，如人口规模、结构、分布的特点等，也包括人口发展过程中呈现出的社会特征，如人口质量、人力资本等。人口特征既受社会的经济、政治和文化等因素的影响，同时也反作用于以上因素，进而促进或阻碍社会经济的发展。人口特征以及它们与社会发展之间的关系构成了人口社会学的研究范畴之三。下面通过对人口质量的介绍，展示人口社会学对人口特征与社会发展的研究和关注点。

人口质量也称人口素质，包括思想道德素质、科学文化素质和身体素质。由于思想道德素质难以测量，故人口社会学以研究科学文化素质和身体素质居多。其研究的主要内容包括以下方面：一是人口质量的现状；二是人口质量与遗传等自然因素，以及政治、经济、文化等社会因素的关系；三是人口质量对社会经济发展的影响；四是提高人口质量的途径和方式，等等。

在过去的几十年中，伴随着经济转轨、社会转型和人口转变，人口社会学的研究范畴还在不断更新与扩大，已延伸至健康、就业、住房、犯罪等更多的领域。

第三节 人口社会学的研究范式

自1962年库恩在《科学革命的结构》一书中首次提出“范式”至今，“范式”一词已经成为科学研究中的一个常用概念。库恩将范式称为专门学科的工作者所共有的财产，即一个学科的研究者所共有的信念、价值观，开展学科研究过程中所共同遵循的模式、框架以及规范性的内容及行为，包括基本价值前提、研究主题、概念选择、分析策略。[①]“没有范式，科学研究的语言游戏就无从进行，我们只有依靠范式，才能确定各种事物或社会现象之间的共通或类似之处，并对循此而行的日常活动做出规定。”[②] 范式可为科学研究活动提供一套行之有效的标准或“研究框架”[③]，由此推动学科研究的规范化与科学化。

一、方法论

方法论是指研究过程的逻辑以及思想理论基础，是规范学科的原理、原则和方法的体系。建立人口社会学的研究方法体系，需要有一定的方法论作为指导。

（一）实证主义与人文主义

现有相关研究存在两种基本的方法论，即实证主义方法论与人文主义方法论；也有学者将其划分为实证主义、人文主义与批判主义三种理论传统。批判主义强调理论的批判性、革命性以及知识的反思性发展，主张以辩证的方法看待各种社会现象与问题。而辩证唯物观本身也蕴含在实证主义与人文主义方法论之中，故本教材仍秉持实证主义与人文主义的划分。

实证主义方法论强调社会现象的整体客观性，以孔德、斯宾塞等的实证思想为基础，并经涂尔干发展成熟，以涂尔干的实证思想及结构功能理论、系统论等理论为代表，强调社会现象与自然现象之间的共同之处，认为社会研究应该向自然科学研究看齐，遵循同样的方法论原则，对社会现象及其相互联系用普遍的因果规律加以说明，多采用定量研究方法。人文主义方法论强调社会现象的微观个体性，以韦伯的理解社会学理论为代表，认为社会现象有其独特的性质和规律，理应与自然科学研究有所区别，确立自己独特的研究方法，主张在微观层面上研究人们是如何建立社会、如何在社会中行动的，并对行动所导致的结果进行诠释性的理解与因果性的解释，多采用定性研究方法。

---

① 库恩．科学革命的结构．北京：北京大学出版社，2003：9.

② 渠敬东．缺席与断裂：有关失范的社会学研究．上海：上海人民出版社，1999.

③ 杨楹．精神的脉络：思维方式的历史研究．福州：福建人民出版社，2000.

（二）研究遵循的原则

人口社会学作为一门交叉且极具现实意义的学科，在研究过程中需遵循以下几个原则：一是以历史唯物主义为理论基础和指导思想，对人口社会问题进行全面、发展、历史的观察。二是坚持利用辩证的思维方法思考、分析各种人口社会问题。三是遵循科学研究的一般原则，并应有综合的、多学科的视野：不仅是人口学与社会学的交叉，还应综合民族学、人类学、环境学、经济学等学科；在具体的分析研究中，将宏观与微观相结合，一般与个别相结合，整体与局部相结合，理论与实证相结合，定量与定性相结合。四是关注现实社会问题，注重实证调查研究，获取一手资料进行分析研究，找出问题症结，提出解决方案。

二、研究过程

所谓研究就是提出问题，分析问题，提出解决措施与对策建议的过程。人口社会学的研究应遵循社会研究的一般过程，即从确立研究问题到分析研究问题，得出研究结果及提出具体建议的过程（见图1－2）。

（一）确立研究主题，明确研究问题

确立研究主题、明确研究问题是研究的起点及基本前提，对研究目标的确立、研究设计及研究资料的收集都起指导性作用，关乎整个研究的理论价值与现实意义。一般来讲，研究主题与问题主要有两个来源：一是日常生活，即通过日常观察、生活经历，对实践经验进行提炼与升华。二是现有研究，即通过对现有文献的综述，追踪学科研究前沿，发现并形成研究问题，明确研究的理论及现实意义。

（二）进行研究设计，选择研究路径

研究设计的全部工作可以理解为为实现研究目标而进行的道路选择和工具准备①。这涉及研究的整体思路、策略、研究方式与方法及具体的测量工具、资料收集方法乃至分析方法等。研究设计在整个研究中起着规划与蓝图的作用。

（三）实施研究计划，收集研究资料

将研究设计中确定的思路、策略、方式、方法和技术路线付诸实践，做好相关研究资料的收集准备工作。

（四）处理资料，分析数据

对收集到的资料进行系统的审核、整理与处理。在此基础上，做好对数据资

① 风笑天．社会学研究方法．北京：中国人民大学出版社，2001：14.

料的分析，包括对定量资料的描述分析与模型分析，对定性资料的分类、归纳、总结与提炼。

(五) 得出研究结果，提出对策建议

对数据、文字资料背后的现象进行理论分析与解读，并根据研究结果，提出相应的对策建议及措施。

图 1-2　人口社会学的研究过程

三、研究方式

研究方式是指研究所采取的具体形式或研究的具体类型。人口社会学在研究人口与社会的宏观发展和变化时，经常使用以下研究方式。

(一) 调查研究

作为社会研究中一种比较常见的研究方式，调查研究是指通过预先设计好的问卷、量表或结构式访谈提纲，系统地收集相应的资料，并通过对资料的分析以探求客观事物的真相、性质和发展规律的活动。调查研究的资料收集方法主要为统计调查。

(二) 实地研究

研究者不带假设，直接深入研究现象的生活背景，以参与观察和非结构式访谈的方式收集资料，通过对资料的理解和概括得出一般性的结论。实地研究主要用于定性的归纳与理论建构。

(三) 文献研究

文献研究在社会研究中必不可少。文献研究是指收集、整理和分析现存的以文字、数字、图片、符号等形式存在，或者以音频、视频等其他形式存在的二手资料，形成对事实的科学认识的方法。

(四) 实验研究

在研究人们的社会心理、社会行为时，也会使用实验研究，即运用科学实验的原理和方法，经过预先的假设与设计，并在高度控制的条件下，通过操纵某些因素，探究事物或现象之间的因果关系。根据实施场所的不同，实验研究可分为实验室实验和实地实验两种类型。前者对实验条件、实验设计都有严格的规定，后者相对而言则并无严格要求。

四、资料收集方法

研究方式的实现有赖于数据资料的收集，其具体收集方法主要有统计调查、实地观察与访谈、文献资料收集。

（一）统计调查

1. 人口普查

人口普查是指在国家统一规定的时间内，按照统一的方法、统一的项目、统一的调查表和统一的标准时点，对其境内所属人口及其相关的社会、经济、文化与其他状况进行逐户的调查登记。人口普查是当今世界各国广泛采用的搜集人口资料的一种最基本的科学方法，调查所得的数据具有普遍性、准确性、统一性与个别性等特征。人口普查数据包括一国人口的出生、死亡和迁移等基本数据，人口的年龄、性别、民族、婚姻、城乡等结构性数据，以及住房、规模、结构、居住安排等家庭方面的数据，是提供全国基本人口和家庭数据的主要来源。从1949年至今，中国分别在1953年、1964年、1982年、1990年、2000年与2010年进行过六次全国性人口普查。

2. 抽样调查

抽样调查是收集人口与其他相关社会现象数据的重要方法，是指按照随机的原则，从被研究的总体中抽选一部分单位作为样本进行调查，并根据调查所得的资料推断总体相应指标值的一种非全面的调查。抽样调查因具有代表性、实用性，即节省人力、物力、财力等优点而被广泛采用。在具体调查中，资料的收集可采用自填问卷法（个别发送、邮寄填答、集中填答、随刊发送、网络发送）、结构式访问法（当面访问、电话访问）等形式。

3. 户口登记调查

户口登记调查是指政府为了行政工作的需要，用登记的方法收集个人和家庭户的相关资料①。通过姓名、性别、年龄、职业、受教育水平、出生、死亡、结婚、分居、离婚、领养、过继等民事记录，可以获得一定时间间隔内的人口规模、结构及其变化等相关信息②。

人口普查、抽样调查、户口登记调查是收集人口、社会、经济等数据的三种主要方法。人口普查通常每十年举行一次，覆盖全体人群，数据可作为其他普查和调查的基础。抽样调查概括面小、容易控制，可做深入的探索性询问，但存在人为及非人为的抽样误差。户口登记调查的概括面大，登记体制具有连续性，但容易迟报和漏报，登记制度为行政而建立，统计为副产品。简言之，这三种方法

---

① 游允中．收集人口数据的方法．北京：中国统计出版社，1997：3.

② 汤兆云．人口社会学．武汉：华中科技大学出版社，2010：36.

各有优缺点。[①]

(二) 实地观察与访谈

1. 观察法

所谓观察法是指研究者根据一定的研究目的、研究提纲或观察表，用自己的感官和辅助工具去直接观察被研究对象，从而获得资料的一种方法。进入一个社会场景去真实体验与观察是收集人口社会资料的一种重要方法。按照研究者所处的位置和角色的不同，观察法可分为参与观察和局外观察；根据观察地点的不同，观察法可分为实验室观察和实地观察；根据观察方式的结构程度的不同，观察法可分为结构式观察和无结构式观察。[②] 使用观察法获得的资料不仅比较真实生动，通常还能捕捉到发展和变化中的现象。当然，观察法由于受观察者主观意识的影响较大，通过观察法收集而来的资料难以避免主观感情色彩。

2. 访谈法

访谈也是一种重要的收集资料的方法。访谈是一门提问和聆听的艺术，是两个人或多个人根据具体情境商谈的结果，具有灵活性与适应性的特点，能够简单而迅速地收集多方面的工作分析资料。访谈不仅包括传统的“是什么”的问题，也包括人们的生活“怎么样”的问题。[③] 访谈可分为结构式访谈、半结构式访谈、非结构式访谈，具体又可分为个案深度访谈、小组访谈、民族志、口述史等。访谈的效果在很大程度上取决于访谈者的访谈技巧及访谈者与被访谈者之间能否实现良好的互动。

(三) 文献资料收集

文献是记录、积累、传播和继承知识的最有效手段，是社会科学研究中获取资料的最基本、最主要的来源。根据具体形式和来源的不同，文献既可区分为个人文献（日记、自传、回忆录及信件等）、官方文献（政府机构和有关组织的记录、报告、计划等）及大众传播媒介，也可区分为原始文献（第一手资料）和二次文献（利用原始资料衍生出来的新资料）。根据出版形式及内容的不同，文献可区分为图书、连续性出版物及特种文献（专利、学位论文、科技报告、会议文献、政府出版物、档案资料等）。随着数据收集方法的发展、演进，大数据成为时下流行的信息收集方法和资料来源。作为对人们行为足迹的记载，大数据极大地拓展了社会科学研究的资料来源途径。

五、分析方法

人口社会学在对具体问题的分析中，通常采用比较研究的方法，即结构与历

---

① 游允中．收集人口数据的方法．北京：中国统计出版社，1997：4.

② 风笑天．社会学研究方法．北京：中国人民大学出版社，2001：248.

③ 邓津，林肯．定性研究：经验资料收集与分析的方法．重庆：重庆大学出版社，2007：684.

史、静态与动态相结合的横向与纵向比较分析，以及宏观与微观相结合、定量与定性相结合、理论与模型相结合的分析方法。

(一) 横向与纵向比较分析

比较分析法是指对研究内容进行横向与纵向的对比分析。人口社会学的比较分析法通常有两个框架：一是时间历史框架，多用于动态的纵向分析中；二是空间结构框架，多用于不同国家、地区、人群的横向比较中。比较分析的意义在于力求从纷繁的现象和资料中发现社会的共性，从表面相似的现象中找出差异。

(二) 宏观与微观分析

宏观分析是指从社会结构、社会制度的大系统出发，看待人口与社会的发展，注重全局性、总体性、一般性；微观分析更为关注微观的个体，注重局部性、特殊性。实际分析研究通常采用宏观与微观相结合的分析方法。

(三) 定量与定性分析

定量分析侧重数据、计量分析，较多地运用数字和图表来描述；定性分析侧重于事实现象背后的路径、机制与故事，较多地采用语言描述来分析。

(四) 理论研究与模型分析

为深刻认识人口社会现象，往往要舍去一些比较次要的因素，重点关注具有普遍性、决定性的因素之间的内在本质联系，形成系统的人口社会学理论。理论是对实践经验的高度概括，模型则是理论的严谨表达，是对理论的验证与检验。

人口社会学的研究范式（见表 1-3），是各项人口社会研究的必要手段与工具。在正确的方法论指导下，通过选择不同的研究方式、资料收集方法以及数据分析方法对人口与社会结构、社会制度、社会发展之间的关系进行系统研究，促进相关研究的规范化、科学化以及人口社会理论的不断丰富与拓展。

表 1-3　人口社会学的研究范式

研究范式	
方法论	实证主义 人文主义
研究方式	调查研究 实地研究 文献研究 实验研究
资料收集	人口普查、抽样调查、户口登记调查 观察法、访谈法 个人文献、官方文献、大众传播媒介等
分析方法	横向与纵向比较分析 宏观与微观分析 定量与定性分析 理论研究与模型分析

本章小结

本章在厘清人口概念、人口属性、人口与社会的关系等问题的基础上，简要介绍了西方和中国人口社会学的形成与发展。虽然西方人口社会学与中国人口社会学形成和发展的时间差异很大，但两者均可划分为三个阶段。人口社会学作为社会学与人口学的交叉学科，以量化研究为主，是理论与现实紧密结合、具有问题意识的学科。人口社会学的研究范畴较广，是研究人口过程、人口结构等人口现象和人口问题，以及它们与各种非人口因素之间关系的学科。人口社会学的研究范式与社会学等社会学科大同小异，既可进行定量研究，也可进行定性研究，还可将两种方法结合起来进行研究。

关键术语

人口、人口属性、人口与社会、人口社会学、分支学科、学科特点、研究范畴、方法论、研究过程、研究方式、资料收集、分析方法、人口过程、人口结构、人口特征

思考题

1. 简述人口的概念及属性。
2. 简述人口与社会的关系。
3. 简述西方和中国人口社会学的形成与发展。
4. 简述人口社会学的学科特点。
5. 简述人口社会学的研究范畴。
6. 简述人口社会学的研究范式。

拓展阅读书目

1. 梁在．人口学．北京：中国人民大学出版社，2012.

2. 李竞能．人口理论新编．北京：中国人口出版社，2001.

3. 汤兆云．人口社会学．武汉：华中科技大学出版社，2010.

4. 邓津，林肯．定性研究：经验资料收集与分析的方法．重庆：重庆大学出版社，2007.

5. 桂世勋．人口社会学．济南：山东人民出版社，1986.

6. 王胜今．人口社会学．长春：吉林大学出版社，1988.

7. HIRSCHMAN C，TOLNAY S. Social demography//POSTON D，MICKLIN M. Handbook of population. New York：Kluwer Academic，2005.

8. 佟新．人口社会学．北京：北京大学出版社，2010.

第二章 人口社会学理论思潮

任何一门学科的诞生与发展都有一个从不成熟到成熟的发展历史。了解这一历史，既有助于我们对这门学科的学习与掌握，也有助于我们判断正误，少走弯路。①

——文献良、文峰

任何一门学科的形成与发展、丰富与完善，都是一部思想文化演变的历史，更是各个学派百花齐放、百家争鸣的结果，人口社会学亦不例外。本章将对国内外人口社会学的思想、理论进行追溯与梳理，厘清其理论脉络和发展历程。

第一节 国外人口社会学理论思潮

一、国外人口社会学理论溯源

(一) 古希腊时期的人口社会思想

虽然人口社会学成为一门独立学科的时间并不长，但有关人口与社会经济发展之间关系的探讨却古已有之。在古希腊时代，随着生产力的缓慢提高和剩余产品的出现，人口逐渐达到一定的规模，人口问题及其与社会的关系开始受到关注，进而形成了早期的人口社会思想。主要代表人物有色诺芬（Xenophon，约前 431—前 350）、柏拉图（Plato，前 427—前 347）和亚里士多德（Aristotle，前 384—前 322）。

1. 色诺芬：增加人口论

色诺芬既是苏格拉底的弟子，也是继修昔底德之后最有成就的史学家。他关

---

① 文献良，文峰．人口社会学概论．成都：四川教育出版社，2010：11.

注历史、政治、经济、哲学等众多领域，对人口与社会经济生活进行了诸多探讨。他主要从解决奴隶制城邦国家所面临的社会经济问题出发，解释人口、经济、社会结构问题，主张通过努力增加人口、发展农业、增强军队力量，达到维护奴隶主阶级利益的目的。在《经济论》中，色诺芬说道："去远征敌人必须有人，而耕种土地也需要人的助力。"① 同时，从国家管理的角度来看，他将人口密度、土地耕种质量作为赏罚、升贬和任免官吏的重要参考依据。在人口稠密、土地耕种得好的地区，其官吏就应有更多的领地、赏赐和爵位；而在人烟稀少、土地荒芜的地区，其官吏则应受到惩罚，职位也应由他人取代。色诺芬还主张国家应以效率为最大原则，应认识到劳动力与生产资料要素之间需要形成一定的比例配置。在《雅典的收入》一书中，他从国家角度研究了增加收入的问题，建议给侨居雅典的外国人以利益照顾，吸引他们在此定居。

2. 柏拉图与亚里士多德：适度人口、人口质量与社会阶层论

柏拉图、亚里士多德师徒二人是古希腊的两大哲学家。与色诺芬不同，他们主张控制人口，实现人口稳定，是"适度人口"理论的最早倡导者。同时，他们还较早关注了人口质量与城邦社会发展之间的关系。

柏拉图的《理想国》《法律篇》，亚里士多德的《政治学》《伦理学》等著作均蕴含丰富的人口社会思想。

其一，适度人口思想。柏拉图在《法律篇》一书中，将人口数量与城邦发展紧密结合起来，强调稳定人口是社会存在和发展的关键因素。因此，国家治理者要根据对国家最有利的原则，全盘考虑已有人口规模、城邦已有土地、与邻国关系等，确定适度的城邦人口规模。② 最适度的人口数应为 5 040 个公民，以保证公民之间的相互熟识以及潜能的充分发挥。而要保持这个数量，就要避免人口的膨胀或减少。故此，国家应干预人民的婚配，在决定结婚人数时，要以人民的多少为准则，要把战争、疾病等影响人口总数的因素考虑在内，"不可使人民过多而使国家过大，也不可使人民过少而使国家过小"③。同样，亚里士多德在《政治学》一书中，也表达了适度人口规模的思想，探讨了人口增长与土地、财富增长之间的关系，认为土地和财富的增长速度低于人口的增长速度，主张在维护财产平等的前提下限制人口数量，使人口维持在一定的规模。为此，他还提出了相应的人口政策，主张国家应干预人们的婚姻和生育，借助法律手段来限制人口。

其二，人口质量思想。柏拉图和亚里士多德均高度重视人口素质。如亚里士多德提倡将最优秀的女子配给最优秀的男子以保证后代的良好素质。他还认为，女子的结婚生育年龄应为 20～40 岁，男子应为 25～55 岁。因为这时正是精神上、体质上都最健全的时候，能生出健壮的后代。如果超过了这个年龄，虽然允许结婚，但不准生育。新生婴儿要经过严格的身体检查，有缺陷者将被秘密处理

① 色诺芬．经济论·雅典的收入．北京：商务印书馆，2014：19.

② 柏拉图．法律篇．上海：上海人民出版社，2001.

③ 柏拉图．理想国．北京：商务印书馆，2002：194.

掉，并通过法规限制养育残疾或畸形儿。

其三，社会阶层思想。柏拉图提出了人口构成的三个等级。从高到低依次为：执政者（哲学家）、护卫者（武士）、营养供应者与民间艺人（农民、手工业者和商人等自由民）。奴隶只是会说话的工具，不归属于任何阶级。亚里士多德将中产阶级置于重要位置，认为中产阶层是稳定和巩固国家的最重要力量，只有当中产阶层人数最多时，才会有最优良的政体。

(二) 中世纪欧洲的人口社会思想

欧洲自公元476年西罗马帝国灭亡至公元1500年文艺复兴后、极权主义抬头为止，这1 000年左右的时间被称为中世纪。此时教权主义盛行，教权凌驾于王权之上，故思想文化带有浓厚的宗教神学色彩。早期基督教人口思想的代表人物奥古斯丁（Saint Augustinus，354—430）认为，全世界人口及一切世间事物的支配权归属上帝，一个地区或一个国家的人口是否不断增长并不重要，重要的是已婚人口不能人为避孕、任意中止妊娠或离婚，因为这些做法违背了上帝的意愿。[①] 宗教人口思想繁荣发展时期的代表人物主要有阿奎那（Thomas Aquinas，1225—1274）和路德（Martin Luther，1483—1546），他们均阐述过将基督教教义与增加人口的现实要求结合起来的思想。前者一方面维护宗教的禁欲和独身主义，另一方面又肯定世俗婚姻和生育行为。后者则认为天主教宣传的独身主义违背了两性结合、生儿育女的人性需求，会引发罪恶。

(三) 资本主义发展初期的人口社会思想

工业革命带来了资本主义的发展，而生产力的发展带动了整个社会思想的活跃，人口思想及人口与社会的关系得到了进一步的阐释。

1. 重商主义与重农主义的人口社会思想

16—18世纪的重商主义是欧洲资本主义原始积累时期代表商业资产阶级利益的一种经济学说和政策体系，是对资本主义生产方式最早的理论探讨[②]。信奉重商主义的经济哲学家们重视人口增殖与财富积累之间的关系，认为人口多即财富多，将丰富的人口视为廉价劳动力，将人口增长视为降低生产成本、增强国际竞争力和增加财富的手段，主张通过增加人口推动国家经济和军事的发展，进而主张鼓励结婚生育、歧视独身，鼓励向内移民，严禁向外移民。重商主义的早期代表人物有意大利的博太罗（Giovanni Botero，1544—1617），晚期代表人物主要有英国的托马斯·孟（Thomas Mun，1571—1641）、斯图亚特（Jame Stuart，1712—1780），法国的柯尔培尔（Jean-Baptiste Colbert，1619—1683）等，他们均在相应著作中表达了人口增殖、众民主义的人口观点。托马斯·孟曾说："人

---

① 张维庆．新时期人口和计划生育工作读本．北京：中国人口出版社，2003：5.

② 杨中新．西方人口思想史．广州：暨南大学出版社，1996：109.

数众多和技术高超的地方，一定是商业繁荣和国家富裕之地。”[①]

重农主义者则持相反观点。18 世纪中叶，资产阶级古典政治经济学奠基人之一、法国重农学派的创始人和重要代表人物魁奈（Francois Quesnay，1694—1774）认为，农业发展是国家建设中最重要的因素，而人口的过度增长会引起生活资料的不足，导致生活水平下降。但是，重农主义并非单纯地反对人口增长，而是强调扩大农业生产，如果农业生产不发展，人口就不能增加。

2. 古典经济学派与空想主义者的人口社会思想

17 世纪中叶至 19 世纪初，英法古典政治经济学家对资本主义人口现象进行了分析。这一学派人口社会学思想的主要特征是，强调从经济、财富生产的角度研究人口数量。英国古典经济学派的创始人配第（William Petty，1623—1687）将劳动力看成是社会发展的支柱，认为“土地为财富之母，而劳动则为财富之父和能动的要素”[②]。亚当·斯密（Adam Smith，1723—1790）的《国富论》论述了人口与劳动分工、财富积累与社会经济发展之间的关系。李嘉图（David Ricardo，1772—1823）的《政治经济学及赋税原理》阐述了人口与资本之间的关系，认为解决人口的生活资料压力的方法，不是减少人口，而是更迅速地积累资本。英国空想社会主义创始人莫尔（Thomas More，1478—1535）在《乌托邦》一书中，提出了人口与社会财富分配必须平衡和适度的理论。法国空想社会主义者圣西门（Claude-Henri de，Saint-Simon，1760—1825）和傅立叶（Charles Fourier，1772—1837）认为，贫困、死亡是制度问题，应该寻求一种使人口与财富协调发展的社会制度。圣西门对过渡时期的资本主义制度进行了批判，提出了实业制度思想并在《论实业制度》一书中进行了系统阐释。傅立叶在《全世界和谐》《四种运动论》《新世界》等论作中阐述了他的“法郎吉”与和谐社会思想，法郎吉是包括工业、农业、商业、家务、教育、科学、艺术等七种劳动在内的生产与消费相协作的组织，在该组织内，产品实行按劳分配的原则。英国空想社会主义者欧文（Robert Owen，1771—1858）认为，私有制是人口过剩的根源，人能创造财富，通过科学和生产力的发展，可以不断增加财富与幸福，因此，人口过剩永远不会到来。

亚当·斯密主张自由经济，反对国家干预；在人口问题上，他也主张放任自由、听其自然，让经济自发地调节人口的需求。他认为，经济发展会增加对劳动力的需求，提高劳动报酬，从而必然鼓励结婚和增殖，使人口不断增加。而经济停滞会减少对劳动的需求，降低劳动报酬，进而减少人口增殖。“对人口的需求也必然支配人口的生产。……世界各地，不论在北美，在欧洲，还是在中国，支配和决定人口繁殖程度的正是这一需求。”而经济的发展程度可自发调节人口的生产，使其与之相适应。正是由于经济的发展决定人口的增殖，故“一国繁荣最明显的标志，就是居民人数的增加”。尽管“贫困似乎还有利于生育……处于半

① 孟．英国得自对外贸易的财富．北京：商务印书馆，1959：12.

② 配第．配第经济著作选集．北京：商务印书馆，1981：66.

饥饿状态的妇女，常生子女二十人以上，而奢侈的上等社会妇女，往往不能生育，一般只能生两三个”，然而“贫困虽不能阻止生育，但他们的孩子中，达到成年的却比较少”。就资本主义社会的阶级构成而言，他认为，现代社会中人们取得收入的方式不同，从而有三个基本阶级。凡从事生产劳动、以工资为收入来源的人口属于工人阶级，凡积累资本、以利润为收入来源的人口属于资本家阶级，凡占有土地、以地租为收入来源的人口属于地主阶级。他还认为，“中国一向是世界上最富的国家，也就是说，土地最肥沃、耕作最精细、人民最多而且最勤勉的国家”，但是由于中国经济不发达，下层人民十分贫困，所以中国人口“许久以来，似乎就停滞于静止状态了”。

在《国富论》中，亚当·斯密在一定程度上预见到了马尔萨斯人口过剩的观点。虽然李嘉图和马克思（Karl Marx，1818—1883）都坚持认为，人口负担会阻碍工资高出维持生计的水平（所谓的“工资钢铁定律”），但亚当·斯密指出，在增加生产的情况下，工资会增长。

二、马尔萨斯与新马尔萨斯人口社会理论

随着英国工业革命的发展，社会生产力迅速提高，经济快速发展。伴随着经济的繁荣和工业生产对劳动力的需求，英国的人口数量迅速增长。人口的快速增长不仅促进了经济的发展，同时也带来了一系列的新问题和新挑战。于是，人口问题开始进入理论界和决策层的视野。特别是19世纪以来，人口增长与经济发展之间的关系受到广泛关注，主要集中在三大主题上：第一，人口的快速增长与食物供给的关系；第二，人口的快速增长与经济增长的关系；第三，人口的快速增长与资源环境的关系。围绕这些主题，学界建立了三大现代人口社会理论：一是总人口理论——关注人口与经济增长的关系；二是人口变动因素理论——关注人口内在变动因素及其相互关系；三是人口转变理论——关注人口再生产类型的转变。

总体而言，马尔萨斯与新马尔萨斯的人口社会理论属于总人口理论。总人口理论包括人口陷阱理论、适度人口理论、人口承载力理论。

人口陷阱理论有广义和狭义之分，马尔萨斯的人口社会理论是一种狭义的“人口增长陷阱”理论，是指任何超过最低水平的人均收入的增长都会为人口增长所抵消，从而人均收入最终退回到原来的最低水平（低水平均衡人口陷阱）[①]。同时，马尔萨斯认为，人口的增长始终会超过食物的增长，从而形成绝对过剩人口。美国社会学家赫茨勒（Joyce Hertzler，1895—1975）等的“人口爆炸理论”，罗马俱乐部的“增长的极限”“人口零增长”是一种广义的人口陷阱理论，他们认为现代世界人口增长已超过土地和自然资源的负载力，“人口危机”必将

① 诸葛隽．浅析人口增长与经济发展关系：“人口陷阱理论”探微．中共浙江省委党校学报，2000（2）．

导致“资源危机”“粮食危机”“生态危机”。

适度人口理论是探讨一个国家在现有资源及科学技术水平下最适宜的人口规模的学说[①]。现代适度人口理论的主要代表人物是法国人口学家索维（Alfred Sauvy，1898—1990）。他对适度人口的分析不同于第二次世界大战前西方学者的静态分析，而是在假设某些条件发生变动的情况下，对最适宜的人口规模进行动态考察。索维的适度人口理论给我们许多启发。首先，索维给适度人口下了一个更接近其本质的定义，认为适度人口是指以最令人满意的方式达到某项特定目标的人口。[②] 这个新定义包含了两个关键词：一是目标，二是手段。目标和手段不同，适度人口的规模也就存在差异。其次，索维扩展了适度人口的内涵，从适度人口规模扩展到适度人口增长率。

人口承载力理论的代表著作有美国生态学家福格特（William Vogt，1902—1968）的《生存之路》、皮尔斯和沃福德的《世界无末日：经济学、环境与可持续发展》。《生存之路》一书试图通过一些精心选择的例子，告诉人们人类作为总环境中的一部分，是如何在世界范围内作用于这一环境的，而这一环境又是如何对人类起作用的。因此，人类的生活要与环境相适应。[③]《世界无末日：经济学、环境与可持续发展》一书采用经济学的视角和方法，论述了发展中国家解决环境问题的特定方式，并认为只要我们能很好地处理环境与经济的关系，世界就无末日，经济社会就可得到持续发展。[④]

（一）马尔萨斯的《人口原理》

马尔萨斯（Thomas Malthus，1766—1834）是英国著名的经济学家和人口学家，是第一个深切关注人口自然增长的两个决定要素（即出生人数和死亡人数，出生率和死亡率）的学者。他的人口思想不仅在人口学发展史上具有里程碑意义，而且对人口社会学的产生具有极大的推动作用。

1798年，马尔萨斯匿名发表了小册子《论影响未来进步的人口原理——兼评高德文、孔多塞及其他作者的理论》（此即《人口原理》第一版）。此书以人口与经济的关系为主线，详细阐述了人口与政治、哲学、生物、法律、道德、宗教等各种社会、经济和自然问题之间的关系。

到1872年，《人口原理》共发行了七个版本，虽然每个版本都经过修订和完善，但是核心内容未变，包括两个前提或公理、两个级数、两种抑制、三个命题、一个规律。

1. 两个前提

其一，食物是人类生存所必需的；其二，两性间的情欲是必然存在的本能，

---

① 中国大百科全书总编辑委员会．中国大百科全书·社会学．北京：中国大百科全书出版社，1991：385.

② 索维．人口通论：下册：社会生物学．北京：商务印书馆，1983：52.

③ 福格特．生存之路．北京：商务印书馆，1981.

④ 皮尔斯，沃福德．世界无末日：经济学、环境与可持续发展．北京：中国财政经济出版社，1996.

且几乎保持永恒状态。马尔萨斯提出，人类自身的生产和物质生活资料的生产是社会发展的两个不可或缺的基础条件和决定因素。①

2. 两个级数

其一，人口的增长遵循几何级数的规律；其二，生活资料的增长遵循算术级数的规律。这两个级数说明了人口增长与生活资料增长之间是矛盾的。人口有超过生活资料许可范围而增长的恒常趋势。这一趋势将是必然的，这一点可以从人类的历史中表现出来。②

3. 两种抑制

其一，积极抑制，即为生而死：通过战争、饥荒、疾病以及瘟疫等办法提高人口死亡率，减少人口数量，维持人口数量与生活资料之间的适当比例。其二，消极抑制，也称预防性抑制，即为生而不生：通过降低人口出生率（如降低性生活频率、晚婚、不婚或者不育）来控制人口，从而维持人口数量与生活资料之间的适当比例，这主要是基于让人们通过担心自身社会地位下降以及子女抚养成本较高而使自己生活水平下降，从而采取不结婚或晚婚等方法达到控制人口的目的。相比之下，预防性抑制是实现人口与生活资料相平衡的最佳方法。

4. 三个命题

其一，制约，即人口数量的增加必然为生活资料所限制。其二，增殖，即只要生活资料增长，人口就一定会坚定不移地增长，除非受到某种非常有力而又显著的抑制。其三，均衡，即受抑制人口增长的力量（如贫困、罪恶以及人类自觉的节制生育等因素）的影响，人口与生活资料将实现均衡。

5. 一个规律

当人口增长到接近食物供给的限度时，所有的积极性和预防性抑制自然就会以更大的力量发挥作用，直到人口降到食物所能维持的水平以下；然后，食物再度丰富起来，于是又产生了更多的人口；经过一定时期，更多的人口又会因同样的原因受到抑制。这种循环往复的人口发展被称作“人口波动规律理论”，这是《人口原理》的核心。

马尔萨斯的人口理论自问世以来，产生了深远影响，但也引起了激烈争论。正如英国研究马尔萨斯的著名专家博纳（James Bonar，1852—1941）在其《马尔萨斯及其著作》一书中写的：“马尔萨斯留下了无数人阅读而万人痛骂的著作。”尽管其人口论受到马克思、恩格斯和列宁等人的尖锐批判，但马尔萨斯仍被视为人口社会学的奠基人。他在前人研究的基础上，系统地论述了人口问题，并从人口社会学角度提出了许多现实的人口社会问题，且针对这些问题提出了一些解决之道。③

---

① 马尔萨斯．人口原理．兰州：敦煌文艺出版社，2007：15.

② 同①.

③ 吴忠观．当代人口学学科体系研究．成都：西南财经大学出版社，2000：237.

（二）新马尔萨斯主义与现代马尔萨斯主义的人口社会理论

1. 新马尔萨斯主义的人口社会理论

此后，英国社会学家普莱斯（Francis Place，1771—1854）和后来的卡莱尔（Richard Carlile，1790—1843）等人，相继提出了新马尔萨斯理论。新马尔萨斯理论的基本观点与马尔萨斯人口理论相同，除探讨人口与食物之间的矛盾外，还讨论当代人口迅速增长给资源和环境所施加的压力，认为劳动者生活贫困的根本原因不是制度和生产资料的问题，而是人口自身生育过多的问题，故主张采用避孕、流产等手段来节制生育，限制人口增长。但是，新马尔萨斯主义者虽倡导通过避孕来节制生育，却不赞成马尔萨斯禁欲主义的道德抑制。如同马尔萨斯一样，新马尔萨斯主义者忽视了社会生产方式对人口发展过程的决定性影响。

2. 现代马尔萨斯主义的人口社会理论

第二次世界大战结束后，出现了补偿性的世界“婴儿潮”（baby boom），人口快速增长，致使贫困、失业、饥饿、污染等问题凸显，现代马尔萨斯主义应运而生。与新马尔萨斯主义关注人口增长与生活资料增长之间的矛盾不同，现代马尔萨斯主义主要致力于研究人口的爆炸性增长与地球的承载力之间的矛盾，认为人口的快速增长造成了地球的资源枯竭和环境恶化，给人类社会的生存和可持续发展带来了严重危机。这一学派有众多的美国学者和英国学者，其中代表性的学者及其著作有美国福格特的《生存之路》（1949）、皮尔逊（Frank Pearson，1837—1899）和哈珀（Floyd Harper，1905—1973）的《世界饥荒》（1945）、赫茨勒的《世界人口危机》（1956）、埃利希（Paul Ehrlich，1932— ）的《人口炸弹》（1968）、哈丁（Garrett Hardin，1915—2003）的《下议院的悲剧》（1968），英国泰勒（G. Taylor）的《世界末日》（1970）、梅多斯（Donella Meadows，1941—2001）等的《增长的极限》（1972）。他们普遍认为，世界面临“人口危机”，而造成这一危机的主要原因是高生育率及由此引起的人口的快速增长，人口如果照此速度增长下去，势必造成粮食短缺、资源枯竭、人口毁灭，世界终将走向灭亡。现代马尔萨斯主义的理论家所宣扬的人口危机观点对人们的思想观念产生了巨大且深刻的影响，人们相信，人口危机迫在眉睫，难以驾驭和控制，并正在折磨广大欠发达国家的民众。

人口炸弹

《人口炸弹》(*The Population Bomb*) 是斯坦福大学教授埃利希于 1968 年出版的一本畅销书，对全球的影响深远。事实上，该书是由埃利希与其妻子合著的，但出版社坚持埃利希独著；出于市场营销的考虑，埃利希喜欢的书名“人口、资源与环境”也被出版社修改为《人口炸弹》。

该书认为，受人口过剩以及一些主要的社会大动荡的影响，20 世纪 70 年代和 80 年代会出现人类的饥荒。该书早期版本的开头写道：

> 让全人类吃饱的努力已经失败，70 年代将有亿万人因饥饿丧生，现在

启动任何速成项目都无济于事，世界人口死亡率大幅上升已成定局……

埃利希认为，应对这一情况的办法是：必须迅速控制人口，使人口增长由正增长转变为零增长或负增长。同时，我们必须大幅增加食物的生产。

该书由于危言耸听的论调，以及预测得不准确而一直受到批评。

资料来源：The population bomb.（2014－09－19）［2019－10－12］. http：//en. wikipedia. org/wiki/The_Population_Bomb.

三、马克思主义人口社会学理论

19 世纪下半叶，马克思、恩格斯运用辩证唯物主义和历史唯物主义原理，提出了解决人口问题的新途径，其思想也成为人口社会学的核心内容，对相关研究具有重要的指导作用。

（一）马克思和恩格斯的人口社会学思想

虽然马克思和恩格斯没有专门的人口思想论著，但在他们的《政治经济学批判》《资本论》《剩余价值理论》《英国工人阶级状况》《反杜林论》《自然辩证法》《家庭、私有制和国家的起源》《德意志意识形态》等著作中，都涉及了人口社会问题及现象。

1. 两种属性

人口具有自然和社会两种属性。人口的自然属性即人口的生物属性，是人口存在和发展的自然基础，既影响人口的生存和发展，也影响人口的数量和质量。人口作为一个生物群体，经历着出生、成长、衰落、死亡的自然过程。人口的社会属性是人口的本质属性，是人口作为一切社会生活主体所具有的特性。正如马克思在《1857—1858 年经济学手稿》中所言："人是最名副其实的政治动物，不仅是一种合群的动物，而且是只有在社会中才能独立的动物。孤立的一个人在社会之外进行生产——这是罕见的事，在已经内在地具有社会力量的文明人偶然落到荒野时，可能会发生这种事情——就象许多个人不在一起生活和彼此交谈而竟有语言发展一样，是不可思议的。"① 人口总是生活在特定的社会关系中，从来不存在离开社会关系的人口，也不存在离开人口的社会关系②。因此，我们不能离开一定的社会经济环境来谈人口问题、过程及规律。

2. 两种生产

人类从事着物质资料和人类自身的生产。1884 年，恩格斯在《家庭、私有制和国家的起源》的第一版序言中明确指出："根据唯物主义观点，历史中的决定性因素，归根结蒂是直接生活的生产和再生产。但是，生产本身又有两种。一

① 马克思，恩格斯．马克思恩格斯全集：第 46 卷：上册．北京：人民出版社，1979：21.

② 杨成钢，张俊良．人口学 100 题．成都：四川科学技术出版社，1987：67.

方面是生活资料即食物、衣服、住房以及为此所必需的工具的生产；另一方面是人类自身的生产，即种的蕃衍。”① 物质资料的生产是人类社会存在和发展的基础，为人类的生存、繁衍和发展提供必要的物质条件。这种生产要在一定的生产关系下进行。相应地，生产资料的获得及分配取决于生产关系特别是生产资料所有制的性质，是在一定的社会制度下获得的，受社会生产方式的制约。人类自身的生产亦是社会存在和发展的基本条件，并在一定的社会关系下进行。人类的生育行为通过一定的婚姻家庭关系来实现，表现为一种社会关系。

3. 资本主义制度是“相对过剩人口”的根源

马克思和恩格斯认为，资本主义的生产方式创造了资本主义的“相对过剩人口”，故资本主义制度是“相对过剩人口”的根源。“相对过剩人口”是指经济与人口不相适应，充足的劳动力不能与物质资料生产条件相结合，故人口因社会所能提供的生产资料的不足而出现过剩。

（二）马克思主义继承者的人口社会学思想

继马克思、恩格斯之后，列宁、斯大林等马克思主义的继承者也在研究人口问题，他们在批判资产阶级一些人口观点的过程中，提出过许多人口社会思想。

列宁深刻地分析了资本主义条件下人口过剩、工农业人口及其划分和转移以及殖民地、半殖民地国家人民的贫困人口问题。斯大林则提出了虽然人口状况不是决定社会制度的性质和发展的主要力量，但它能够促进或延缓社会发展的观点。②

总体而言，马克思主义的人口社会思想可归纳为三个方面：

其一，人口问题是社会问题的一个重要内容，故在分析人口问题和人口现象时不能抛开特定的生产方式及社会条件。

其二，不同的生产方式有不同的人口规律。“相对过剩人口”是资本主义生产方式特有的人口规律，只有消灭资本主义私有制，“相对过剩人口”规律才会消失。

其三，人口问题对社会发展起重要的影响作用，可促进或延缓社会发展。

四、社会学派人口社会学理论

人口社会学理论体系初步形成于19世纪末，在两次世界大战后不断发展完善，并形成了一系列社会学派的人口社会学理论。

（一）社会人口有机论

社会人口有机论的主要代表人物是斯宾塞。他是近代西方人口理论的社会学

---

① 马克思，恩格斯．马克思恩格斯全集：第21卷．北京：人民出版社，1965：29－30.

② 吴忠观．当代人口学学科体系研究．成都：西南财经大学出版社，2000：241.

派和生物学派的奠基人，认为人类社会与动物机体一样是一个有机体，要服从自然规律（物竞天择，适者生存），社会人口也具有机能上的自然分工。据此，斯宾塞把人口阶级、阶层结构看成是一种以社会机能的自然分工为基础的自然现象（即生物有机体内部器官的分工），并从社会有机体中划分出三种器官：营养系统器官，分配系统器官，团结、管理系统器官。类似管理系统器官的那一类人口是社会的大脑，从自然分工来说具有支配的机能；其他各类人口则分别按照自己天生的机能从事体力劳动和其他工作。他认为，作为人口有机体的细胞，个体发展的个性化过程同种族延续的生殖过程成反比关系；越是上等社会的人，越致力于个性发展和个体幸福，用于生育儿女的精力必然减少，生育率将相应越低。[①] 社会人口有机论还认为，随着社会文化思想的日益发展，人们必然会更加注重个人幸福和享乐，从而减少生育，人口压力也将相应减少。

虽然斯宾塞错误地将资本主义社会的阶级矛盾和竞争等同于生物的生存竞争，忽视了社会制度对人口发展的决定性影响，但他强调社会文化和智力发达对生育的影响，为人口研究开拓了新的领域[②]。

（二）社会毛细管论

为解释法国当时出生率下降、人口发展停滞的现象，法国社会学家、哲学家杜蒙特（A. Dumont，1849—1902）在《人口缩减与文明：人口学的研究》（1890）一书中，提出了社会毛细管论。该理论认同斯宾塞关于个体发展同种族增殖成反比变化的观点，认为一国人口数量与个体发展成反比变化。杜蒙特认为，人口出生率的下降是现代文明发展的结果，是由社会和心理因素造成的社会毛细管作用的产物。所谓“社会毛细管”现象，是指人们提高社会地位和改善经济地位的普遍欲望，包括渴望得到更多的权力和财富，希望得到更美好、更完善的东西和更多的知识，等等。正像油灯里的油基于毛细管作用会顺着燃烧的灯芯不断往上升一样，社会个体也会为向上发展的欲望所驱使，往更高的社会阶层攀升。在现代社会中，每个成员都本能地为那无休止的欲望所驱使，拥有企图压倒其他成员爬向更高阶梯的个人野心。上升的机会越多，上升的欲望越大，社会毛细管现象也就越强。要使新的欲望、新的享乐和新的活动得到实现，就要求减少生育，减轻养育子女的负担，从而减轻向上发展的负担。正是这种社会毛细管运动，使人们有意识地限制生育子女数目，使出生率下降，即出生率的变化与毛细管的作用程度成反比。[③] 杜蒙特还按阶级、地区调查了社会毛细管作用的强弱与出生率高低的关系，指出欧美现代国家尤其是法国出生率的逐渐下降主要是社会因素的产物。一方面，由于不同阶级的文化程度不同，社会毛细管的作用亦不同；另一方面，在不同社会中，社会毛细管的作用也有差别。[④] 如果国家为居民

---

① 李竞能．人口理论新编．北京：中国人口出版社，2001：432.

② 刘铮．人口理论教程．北京：中国人民大学出版社，1985：442－443.

③ 同①432－433.

④ 张桂蓉．人口社会学．武汉：武汉大学出版社，2009：39.

充分提供了改善地位的机会，社会流动机制畅通，那么，直接结果就是小家庭的普及。相反，社会权利不公平（即压抑部分社会成员的毛细管感情），等级地位森严，社会地位固化，人们追求较高社会地位的愿望被难以逾越的现实障碍打破，就会导致那些既看不到光明前途又无理想的成员，盲目进行繁殖。换言之，在不鼓励人们向上流动的社会中，社会毛细管难以发生作用。

杜蒙特片面强调欲望和意志对出生率下降的重要作用，而忽视社会经济制度的决定性影响，这是其思想的一大局限。不过，其社会毛细管论对于后来西方用社会文化来解释人口现象的思潮有很大影响。

(三) 社会分工论

涂尔干在建构全面的社会理论时，把人口增长视为社会发展的重要动因，考察了人口增长带来的“各种结果”。涂尔干关心现代社会复杂性的不断增长及其原因和结果。他在《社会分工论》一书中指出，人口增长是社会分工发展的根源，导致了更大规模的社会的专门化。涂尔干强调用一种社会现象解释另一种社会现象的方法论原则，排除了个人因素对社会发展的作用，认为社会发展的主要原因不是人类对幸福的追求，而是人口增长导致的生存竞争提高了社会的集约化程度和专门化程度，导致了社会复杂性的增长。他强调，人口密度的增加和争夺稀有资源的竞争是工业化和社会分工发展的重要前提，而劳动分工不仅减少了人口对资源的直接竞争，还提高了社会对人口规模扩大的适应能力，为人口的继续增长提供了可能。①

(四) 社会文化人口论

社会文化人口论者认为，文化是调节生育水平的决定因素。社会文化水平越高，人们追求自身发展的期望越高，生育子女的爱好就越低，生育率也相应越低。相反，社会文化水平越低，人们对生育子女的爱好就越高，生育率也就越高。在对社会文化与生育调节的关系的探讨中，弗里德曼（Ronald Freedman，1917—2007）是突出的代表。他在《生育下降的理论：重新评价》（1979）一文中，明确指出生育率下降的原因十分复杂，并不限于社会结构一个子系统的变化，很可能还存在着依赖于文化背景的促进与制约因素，如妇女地位等。在妇女地位低下、缺少教育和几乎完全被隔离的社会中，生育率往往一直比较高；相反，在妇女地位和教育水平较高，并积极参加劳动和社会经济活动的社会中，则易于推行避孕等生育控制方法，生育率往往比较低。他得出的结论之一，便是文化因素影响对孩子的需求和接受生育控制的意愿。②

卡尔逊（G. Carlson）、霍雷（A. Hawtley）等学者提出“文化时间差距论”

---

① 涂尔干．社会分工论．北京：三联书店，2013.

② 弗里德曼．生育下降的理论：重新评价//顾宝昌．社会人口学的视野．北京：商务印书馆，1992：250，254，266.

或“扩散理论”，认为由于文化水平的不同，节育思想的推广在不同地区和不同阶级之间存在“文化时间差距”，即呈逐渐扩散趋势。就地区而言，节制生育的思想最先为大城市居民所接受，然后向中小城市扩散，最后扩散到农村；就阶级而言，富裕的上等阶层最先接受节育思想，然后该思想向其他较低阶层扩散，最后扩散到贫困阶层。[①] 节育思想的扩散，必然会带来人们生育观念的变迁及生育模式的转变，随之而来的是大城市的生育模式成为中小城市、农村的模仿对象，富裕的上等阶层的生育模式成为较低阶层和贫困阶层的模仿对象[②]。

社会文化人口论者在论及文化与生育率之间的关系时，均不同程度涉及教育与生育率、生育水平之间的关系，认为教育发展水平是影响生育率的根本因素。随着教育发展水平的提升，生育率趋于下降。社会教育人口论者又有两种不同的观点：一种观点认为，教育的普及可以促进生育率的下降，如果只有部分人拥有较高教育水平，那么只有这部分人的生育率受到影响，整个社会生育率受到的影响不大。另一种观点则认为，教育程度的提高可以促进生育率的下降。从子女教育程度的提高来讲，随着现代科学文化的发展，教育高学历化现象愈演愈烈，教育费用也在不断增加，父母为使子女获得高学历，会主动降低生育率。从父母的角度来讲，随着父母教育程度提高，生育的机会成本也不断提高，从而驱动生育率不断下降。因此，也有学者将社会教育人口论单独作为一个理论派别来研究。

（五）社会福利人口论

德国的布伦塔诺（Lujo Brentano，1844—1931）在《马尔萨斯学说与近几十年的人口动态》（1909）一文中提出了“福利人口论”，认为西欧生育率的下降除了一部分是由于受到性病和精神病增加的影响外，主要原因是福利的增加引起了生育意愿的减退，追求享乐心理的增强亦促进了出生率的下降。

20世纪30年代至40年代，美国人口学家汤普森继承了斯宾塞生物社会学的传统，进一步阐述了人口数量与社会福利的关系，认为人类福利水平与人口数量明显相关。因此，在对人口问题进行研究时，不能离开对人类现在和未来福利的思考。其思想主要表现在以下四个方面：

（1）人口增长是社会条件的结果。汤普森继承了斯宾塞生物社会学的传统，认为人口理论应分为“自然学说”和“社会学说”两类，但人口增长更多地从属于社会规律，是社会条件的结果。因此，“社会学说”是人口研究的正确方向。

（2）强调用综合的方法研究人口问题。他认为，影响人口过程的因素是综合的，因此探讨人口增长必须研究人口的出生率、死亡率和社会环境。社会环

---

① 刘铮．人口理论教程．北京：中国人民大学出版社，1985：444－445.

② LESTHAEGHE R，SURKYN J. Culture dynamics and economic theories of fertility change. Population and development review，1988（14）. SATHAR Z，et al. Women's status and fertility change in pakistan. Population and development review，1988（14）.

境因素包括：其一，生物学因素，如种族、民族的自然属性和繁殖能力；其二，技术因素，如医疗卫生技术等；其三，心理因素，如延续后代的生育愿望、家庭对子女的态度等；其四，社会性因素，特别是对生活各方面影响较大的经济因素。

(3) 强调人口数量与社会福利的关系。他认为，人类福利明显地同人口数量增长密切相关，因此，考察人口问题不能离开人类现在和未来的福利。因为他特别强调人口与社会福利的关系，所以他的主张被后人称为“社会福利论”。

(4) 强调人口与资源的关系。他认为，人口与资源的不同比例关系会形成不同的人口压力。各国由于资源状况的差别，人口压力的形式也各不相同。而所谓“人口问题”就是人口与它赖以生存的物质条件之间的关系。此说也被称为“人口压力论”。

(六) 功能主义人口论

美国社会学家摩尔明确提出了功能主义人口论，主张用功能主义观点分析人口及各种社会现象，并从三个方面对人口的功能主义理论进行了论述：其一，人类社会是由人组成的，社会对性关系的恰当安排是社会得以延续的首要条件，其功能是满足人类社会再生产的需要；其二，人类社会的延续有赖于“性安排”之外的其他基本功能，如社会化、语言沟通、经济生产、社会稳定以及社会的价值体系等；其三，综合上述两点，决定人口增减的生育和死亡现象绝不仅是生物现象，而且是社会现象，它与人类社会的其他方面密切相连。他认为，用功能主义分析方法分析人口现象是最高层次的抽象概括①，可把人口现象和生命事件牢牢地置于社会关系的类型中。

(七) 可持续发展人口论

20 世纪 80 年代中期，发展和可持续发展概念被引入人口理论研究领域，成为当下人口社会研究的热点问题。其代表性著作有布伦特兰（Gro Brundtland，1939— ）夫人等合著的报告《我们共同的未来》(1987)。可持续发展人口论关注人口与发展之间的关系，主张把人口作为发展的要素，从自然资源、生态环境和社会经济环境等方面全方位透视人口问题。她认为，必须在实现经济增长、消除贫困、促进经济社会全面发展和保护环境的框架内解决人口问题，不能以破坏人类赖以生存的生态环境为代价，更不能以牺牲子孙后代比我们生活得更好的权利为条件，要求以人的全面发展为中心。

---

① 佟新．人口社会学．北京：北京大学出版社，2010：37.

第二节 中国人口社会学理论思潮

一、中国人口社会学理论溯源

（一）古代中国的人口社会学思想

据史料记载，中国人早在春秋战国以前就开始了对人口与社会发展关系的研究，比古希腊的人口社会学思想萌芽得更早①。中国的人口思想贯穿于各种哲学、政治和文化思想中，对于人口数量，很早就形成了人口增长论、人口适度论、人口控制论三种观点，此外，对人口素质及人口管理等方面也有所涉及。

1. 人口数量与经济社会发展

其一，人口增长论。“多子多福，子孙绵绵”是中国古代人口思想的主流，并长期占据支配地位。孔子及其儒家学派是“增殖人口”思想的主要代表，主张从孝道文化出发，追求多子多福；认为人口和土地是国家的根本，而人口的作用又大于土地的作用；人口众多、人民安居乐业是国家治理的重要标准。同时，该学派还提出了提高人口数量的相应措施：人民适时婚嫁，政府实行仁政、发展生产，等等。

越王勾践出于富国强兵的需要，最早强力推行人口增殖政策。他规定：“令壮者无取老妇，令老者无取壮妻。女子十七不嫁，其父母有罪；丈夫二十不娶，其父母有罪……生丈夫，二壶酒，一犬；生女子，二壶酒，一豚。生三人，公与之母；生二人，公与之饩。”② 勾践之后，梁惠王及秦孝公都是厉行人口增殖政策的封建国君。

其二，人口适度论。韩非是“中国历史上最早的绝对人口过剩论者”，他认为，各诸侯国为富国强兵而采取的一系列增加人口的政策使人口增长太快，造成了人多地少的矛盾。要解决人口与财富之间的矛盾，就要发展生产，减少人口数量。同时，要改变人口的职业结构，扩大农业人口比例。为达到适度人口的目的，他还提出了可溺杀女婴。商鞅与韩非持同样的观点，主张人口与土地数量应该保持平衡。

其三，人口控制论。清代的洪亮吉最先揭示了人口繁衍速度与经济发展速度之间的矛盾，认为人口过剩是造成社会贫困的根本原因，提出了“人口绝对过剩”且无法解决的基本观点。在社会“治平”时期，若无外在因素的干扰，人口

---

① 文献良，文峰．人口社会学概论．成都：四川教育出版社，2010：35.

② 国语·越语二十：上．上海：上海古籍出版社，1978：635.

的增长将远远超过物质生产的增长，即人口的绝对过剩乃是必然规律。土地兼并、生活贫困和自然灾害等因素虽然会在某种程度上阻碍人口的增长速度，但不会改变人口绝对过剩的必然性。[①] 应对人口过剩的方法主要有二：一是“天地调剂法”，即疾病、自然灾害等可以导致人口大量死亡，从而减少人口，但此方法作用有限；二是“君相调剂法”，即通过统治者实行开垦荒地、发展生产、减轻赋税徭役负担、禁止奢侈浪费、抑制兼并，以及赈济贫困等政策，缓解或改善人口增长与财富增长之间的突出矛盾，达到减轻人民负担、巩固统治的效果。[②]

2. 阶层划分、人口素质与人口迁移

古代的思想家、哲学家们还就阶层划分、人口质量及人口迁移等问题进行了相应的探讨。春秋时期的《管子》一书第一次提出了士农工商的人口职业构成观点。在人口素质方面，孔子提出“既富乃教”是治国之本，人口多了应当使其富，富裕之后则应教之，通过教育可以提高人的各种知识和技能，使人懂礼貌、守公德。同时，他还主张打破统治阶级对教育的垄断，对人民实行普遍教育。此外，西汉时期的晁错、东汉时期的王符和唐朝的陆贽都继承和发展了古代思想家移民戍边的主张。

（二）近现代中国的人口社会学思想

在明末清初及晚清民初时期，在西学东渐的历程中，近代欧洲及美国等地的西方学术思想逐渐传播到中国。严复、梁启超、孙中山等人在接触西学的过程中，将西方的人口思想运用到对我国现实人口问题的深入研究中。他们对人口数量与经济社会发展之间关系的认识，蕴含着人口增殖论的思想。梁启超和孙中山认为，人多有益，中国并未人满为患，只要发展资本主义农业和工业，就可不愁衣食。同时，三人都无一例外地对人口素质进行了关注，认为人口素质决定优劣成败，中国固有的道德未能恢复，这是中国人口素质不高的重要原因，主张重视人口素质的提升，倡导优生。

20 世纪初，面对中国人口众多、人口增长速度不断加快与经济发展落后之间的矛盾，包括陈长蘅、许仕廉、陈达、孙本文、吴景超等在内的许多社会学者对中国人口问题做了进一步的深入研究。他们认为，中国人口众多，人口增长过快，已经人满为患，而这不利于经济社会的发展。因此，他们建议采取相应的社会政策措施，控制中国人口的过快增长。其中，陈长蘅、许仕廉、陈达等人的人口社会思想影响较大。

陈长蘅的人口社会学思想主要体现在《中国人口论》（1918）、《三民主义与人口政策》（1930）两本著作中。他是马尔萨斯人口论的追随者，受国际社会人口理论升温的影响，主张“适度人口”。他在《中国人口论》中明确主张：“一国人口太疏，或太密，生产率太高，或太低，皆不利于国家之富强，种族之昌大，

---

① 吴忠观．当代人口学学科体系研究．成都：西南财经大学出版社，2000.

② 洪亮吉．洪亮吉集．北京：中华书局，2001.

个人之健康，与文明之擅进。必折衷于二者之间，而后国家与人民最适于生存与发展。”[①] 他认为中国人口已很稠密，达到了饱和程度，故倡导生育革命。此书的问世，揭开了中国现代人口思想史的序幕，自此至抗战爆发期间，人口学界主要围绕两个问题展开争论：一是对中国人口问题的看法；二是解决人口问题的途径。他在《三民主义与人口政策》中说：“欲提高国际的地位，人民的程度和人生的价值，欲增进人民的福利，种族的健全，和社会宝库，欲尊重人民的生命，全群的生活，和国家的生存……我们不但不要再去鼓励多生，而且还望大家去努力灌输西方诸国调剂人口和改良种族的各种健全学理和健全方法。所以我们还望大家一致欢迎，‘节孕’与‘优生’两个‘并蒂连理’的大运动。”[②]

许仕廉在《中国人口问题》(1930) 和《人口论纲要》(1934) 中集中论述了对人口问题的理论思考。前者是其研究人口问题的代表作，提出了人口问题是一切问题之根本的主张。书中对人口密度、生育律和死亡律、人口性别比例及年龄分配、中国人口的婚姻状况及职业分配、中国人口的迁徙、中国人口的品质等问题进行了全面论述，并提出了解决人口问题的方法。他在该书的序言中提出：“人口是社会与国家的原料，是文化与财富的生产者，所以要研究各种社会问题，经济问题，政治问题，教育文化问题，必须从人口着手。……我相信人口问题，是中国一切社会问题的根本问题。”他在该书中还提及：“必须节制生育，以减少生存竞争，使已生育的幼孩，有较好的发展机会。”[③]

陈达长期从事人口问题和劳工问题的教学研究工作，注重实际调查，是中国人口社会学的开拓者之一。1926 年，他在清华大学开设了“人口问题专题”课程。1934 年，他出版了第一本与人口直接相关的专著《人口问题》，1946 年和 1981 年分别出版了英文版和中文版的《现代中国人口》。陈达倡导节制生育、控制人口数量、提高人口质量。他在《人口问题》一书中，把人口问题区分为人口数量问题和人口品质问题两个方面，并提出了一个基本观点——“人口数量是与人口品质处于反对地位的”，认为要改善人口品质必先以限制人口数量为前提。改善人口品质的方法“大致有三条道路：一是免费教育的推广，二是人民入款的增加，三是生育节制。以上三种方法虽然都可以，但生育节制是比较直接有效的”。综上所述，陈达提倡的生育节制是从提高人口质量的角度出发的，这对我国人口政策的制定和调整具有参考意义。

二、新中国成立初期的“新人口论”

1949 年新中国成立后，由于战乱的结束和生产的恢复，我国各项学术研究与社会调查均逐渐步入正轨，在促进社会发展与社会主义建设方面发挥着积极作

① 陈长蘅．中国人口论．北京：商务印书馆，1918：84.
② 陈长蘅．三民主义与人口政策．北京：商务印书馆，1930：78.
③ 许仕廉．中国人口问题．北京：商务印书馆，1930：1，7.

用。为配合各级人民代表的选举和制订国民经济第一个五年计划（1953—1957年），中国于1953年开展了第一次全国人口普查。1954年的普查数据公报显示，中国人口总量超过6亿，巨大的总量和快速的增长均受到了国家领导人的高度重视。1954—1956年间，刘少奇、周恩来、毛泽东等国家领导人先后明确提出了要对生育加以节制和有计划地生育的要求。

由于国家领导人明确的“节制生育的态度”，学界对人口问题的讨论逐渐活跃，并结合当时的经济、社会发展状况，进一步阐述了节制生育的主张。马寅初、费孝通、陈达、吴景超、陈长蘅、许仕廉、李景汉、全慰天等学者都对人口、人口与经济社会的关系等诸多问题进行了深入探究。陈达于1957年在《节育、晚婚和新中国人口问题》（发表在《新建设》杂志）一文中指出：“从1953年人口普查以后，新中国的人口每年增加一千万以上，必须认真解决人民就业和降低出生率问题。”

马寅初对中国人口发展和人口理论的建立有独特贡献，其系统的人口社会思想理论主要体现在《新人口论》中。

1957年7月5日，马寅初在《人民日报》上发表了《新人口论》一文。该文从人口状况与国民经济发展之间的关系这一问题出发，运用矛盾分析方法，通过对1953年人口普查数据的计算，结合其亲自调查的情况，对新中国的人口现状、人口增长过快的原因、人口增长过快同国民经济之间的矛盾进行了系统深入的分析。文章指出，当时的人口增长率超过20‰，人口增长过快，人口问题已十分严重，控制人口刻不容缓，否则将影响国民经济发展和人民生活水平的提高。具体来看，马寅初“新人口论”中的观点可以归纳如下。

（一）人口迅速增长与经济社会发展之间的矛盾

马寅初在《新人口论》中列举了人口问题与就业、经济发展、人民生活水平提高等多个方面之间的矛盾：一是人口增长过快与资金积累过慢之间的矛盾；二是人口迅速增长与生产设备不足之间的矛盾；三是人口增长与粮食增产之间的矛盾；四是人口增长与提高人民生活水平之间的矛盾；五是人口增长与科学事业发展之间的矛盾。

（二）控制人口迅速增长的路径

马寅初认为，控制人口过快、过多增长的根本途径在于发展生产，“控制人口数量，提高人口质量”。具体来讲：一是实施关于人口增长的动态统计，如出生、死亡、结婚、离婚和迁徙等都应有完整的统计公布。[①] 在人口普查统计的基础上，确定人口政策。二是大力宣传晚婚节育的好处，破除“多子多福”的传统思想。三是运用行政和经济手段实行计划生育，如实行生育两个孩子有奖，生育三个孩子要征税，生育四个孩子要征重税的办法。

---

① 马寅初．新人口论．北京：北京出版社，1979：19.

马寅初的“新人口论”一度被错误地看作“马尔萨斯人口论的翻版”，遭到了许多批判；但是，他提出的控制人口数量和提高人口质量的思想及其他计划生育的观点与建议，对我国人口社会学理论的发展起到了重要的推动作用，并对我国20世纪70年代以来的计划生育工作的全面开展提供了积极指导。

三、当代中国人口社会学理论

当下，我国正处于经济转轨、社会转型、人口转变及加速推进新型城镇化的关键时期，如何有效地协调人口与社会发展之间的关系，成为人口社会学面临的新任务。

中国人口与社会发展面临的困难和任务主要表现在以下几个方面：

一是人口结构严重失调。出生性别比失衡、少子化、老龄化等问题的出现给我国的家庭及经济社会的发展带来了广泛和深刻的影响。

二是人口的社会分层与重构。阶层分化和贫富分化严重，新的贫困问题和贫困现象出现，各种社会边缘性的弱势群体出现。

三是人口持续大规模流动，但是户籍、制度性壁垒尚未破除，社会流动机制不健全制约着农业人口的转移。

四是人口转变与社会发展不均衡，各种制度安排和政策的滞后、缺位，制约着人口的发展。

五是人口、资源与环境的可持续发展问题。

面对中国经济社会加速转型与人口发展之间的矛盾，社会学家们立足于我国国情，一方面，使国外的社会学理论本土化，将现代性理论、结构-行动二重性理论、场域惯习理论、社会网络理论、社会资本理论、社会融合理论等作为理论框架，分析、解释我国的相关人口问题；另一方面，依据我国的现实国情及发展需要，构建适合我国国情的人口与社会发展理论，如以郑杭生为代表的社会转型论、社会运行论等。

总体上看，无论是西方古典时代色诺芬与柏拉图之间的分歧，还是新中国成立后对“新人口论”的论争，这些林林总总的理论均关注同一个命题：人口与社会之间的关系为何？

在学科取向上，关注经济发展的理论派系，侧重讨论人口数量与人口质量对社会经济发展的影响和作用，典型代表如马尔萨斯主义等；而以社会学为渊源的理论派系，则重在剖析社会结构功能与人口变量之间的互动机制，典型代表如社会分工论、社会毛细管论等。

在争论焦点上，众多学术思想交锋于一点，即什么样的人口数量能够适应社会发展。总体来看，有三种论调：一是“人口论”，强调人口数量是社会发展的负担，过多的人口会给社会发展带来诸多消极影响，典型代表如西方的马尔萨斯主义、人口爆炸论及中国的“新人口论”等；二是“人手论”，强调人口的人才属性，认为众多的人口中孕育了知识生产与创新的可能，人口是社会发展赖以存续的重要资源，典型代表如西方以斯密为代表的古典经济学派及中国传统的人口增长论观点；三是“适度人口论”，强调人口过多与过少均不利于社会经济发展，应当保持一个适度的人口规模，注重人口素质的提升，这种思想自柏拉图伊始连绵至今，是近现代人口研究的核心主题之一，但对于何为适度的人口规模，学界依旧争论不断，尚未达成共识。

在发展趋势上，人口社会学理论经历了从对人口数量的应然争论到对既有现象的实然归纳的转变历程。伴随着后现代性的来临，自 20 世纪中后期涌现了一批从社会学理论取向出发，对社会中人口要素的结构功能进行系统剖析与阐释的社会学宏大理论后，人口社会学所关注的问题开始变得更加微观与具体（如马尔萨斯主义），社会分工论般的宏大理论叙事逐步消解，取而代之的是对一个个微观具体问题的关注与深度剖析。这一现象在中国当代的人口社会学研究中体现得尤为明显，面对诸多新鲜的人口社会学议题与现象，新时期的学者们正在不断尝试对既有理论和方法进行改造与创新，以更好地适应对具体问题的深入解答。在这一过程中，新的理论已初露端倪，更多的理论则仍在酝酿和建构之中。

在理论融合上，不同时期的理论对人口与社会间关系的判断在本质上相似。重读原典、回归文献就会发现，不同学派的学者们其实均强调人口与社会发展应相互适应与促进，只不过因其所处时代的不同而各有侧重。例如，“人口爆炸论”的提出者其实并不完全否认人口的人才属性，更不认为人口越少越好，他们只是表达一种对“战后人口快速增长”的隐忧，实际上是被打上了那个时代的烙印与痕迹。因此，在理解人口社会学理论发展脉络的过程中，我们不仅要关注不同理论之间的分野，更要关注彼此的互通与融合，避免片面识记，要把握学科讨论的精髓。

本章小结

本章追溯和梳理了国内外主要的人口社会学理论思潮。古今中外的人口社会思想均在探讨人口与社会发展之间的关系，即回答“什么样的人口数量能够适应社会发展”这一问题。概括而言，共有三种观点：一是主张增加人口，如古希腊时期的色诺芬、资本主义时期的重商主义和古典经济学派，以及中国春秋战国时期孔子及儒家学派的“增殖人口”思想；二是主张控制人口，如马尔萨斯、马寅初的人口理论，以及中国清代洪亮吉的人口社会思想；三是主张适度人口，如古希腊时期柏拉图与亚里士多德的人口社会思想，以及中国春秋战国时期的韩非、商鞅的人口社会思想。不同时期的理论观点、思想流派均带有时代的痕迹，与一定时期的社会发展现状、社会面临的具体问题密不可分。

关键术语

理论思潮、人口社会思想、增加人口论、控制人口论、适度人口论、马尔萨斯主义、马克思主义、社会学派

思考题

1. 简述并评价马尔萨斯、新马尔萨斯和现代马尔萨斯主义的人口社会学理论。

2. 简述马克思主义的人口社会学思想。

3. 简述马寅初的“新人口论”。

4. 简述人口社会学理论思潮的学科取向、争论焦点、发展趋势和理论融合。

拓展阅读书目

1. 马尔萨斯．人口原理．兰州：敦煌文艺出版社，2007.

2. 斯密．国民财富的性质和原因的研究．北京：商务印书馆，2002.

3. 奥威毕克．人口理论史．北京：商务印书馆，1988.

4. 曹树基，陈意新．马尔萨斯理论和清代以来的中国人口：评美国学者近年来的相关研究．历史研究，2002（1）．

5. 梁方仲．中国历代户口、田地、田赋统计．上海：上海人民出版社，1980.

6. 何炳棣．明初以降人口及其相关问题（1368—1953）．北京：三联书店，2000.

7. 葛剑雄．中国人口史．上海：复旦大学出版社，2001.

8. 黄宗智．华北的小农经济与社会变迁．北京：中华书局，2000.

9. 李中清，王丰．人类的四分之一：马尔萨斯的神话与中国的现实（1700—2000）．北京：三联书店，2000.

10. 李竞能．现代西方人口理论．上海：复旦大学出版社，2004.

11. 文献良，文峰．人口社会学概论．成都：四川教育出版社，2010.

第二编

人口过程与社会运行

第三章
生育制度

生育率转变是当代社会最深刻的革命性变化之一。对生育率的关注与研究一直是人口研究的主体。可以说，人口研究基本上是围绕生育率变动及其社会经济后果而展开和变化的。①

——陈卫

生育作为人口过程之一，是人类最基本的能力和权利，是家庭得以延续的基本保证，是人类社会赖以生存和持续发展的基础和前提，对个人、家庭和社会均具有基础核心性的重要意义。对生育的分析有助于人们了解和认识人口的生育水平和生育规律，认清人口形势，进而推进生育与经济社会的协调发展。本章依次介绍生育的相关概念及测量指标、生育模式、生育制度和生育转变理论。

第一节 生育及测量指标

一、相关概念

生育分析涉及诸多概念，其中最基本、最常见的概念有生育力、生育率、出生、出生人口数、生育人口数。

（一）生育力和生育率

人口具有生物和社会双重属性。与此相对应，生育也有两种含义，一是指生物学上的生育力，二是指社会学上的生育率。

生育力，也称生殖力，是指人类（尤其是育龄妇女）的生育能力和潜能。国

① 陈卫．中国生育率研究方法：30年回眸．人口学刊，2009（3）．

际上通常把 15～49 岁或 15～52 岁的妇女称为育龄妇女，也有些国家将育龄妇女年龄的上限设为 44 岁。20 世纪 50 年代初，“美国计划生育联盟”前负责人古特马赫（Alan F. Guttmacher）认为，亲自哺乳的妇女每 24 个月可生一胎，不亲自哺乳的妇女大约 19 个月左右可生一胎。照此计算，若妇女不加限制地生育且所生婴儿均由自己哺乳，那么在 30 年的育龄期（15～44 岁）内，一名妇女最多可生 15 胎。若以更为通用的 35 年育龄期（15～49 岁）推算，一名妇女一生可生 17 胎以上。人口学家邦戈茨（John Bongaarts）在研究生育率模型时，把生育力作为基本指数，定义每个妇女的生育能力为 13～17 个孩子，平均为 15.3 个孩子。[①]

生育率是指一定时期、一定地域妇女或育龄妇女的实际生育水平或生育子女的数量。因为育龄妇女的生育受到生活水平、生育文化、医疗技术、家庭结构，以及妇女的受教育程度、职业等诸多因素的影响，故生育率大大低于生育力。

（二）出生、出生人口数、生育人口数

出生反映的是生育的结果，通常指活产。根据联合国的界定，婴儿在出生后，只要有瞬时的呼吸、心跳、随意肌抽动和脐带搏动四种生命现象之一（而不管脐带是否被剪断、胎盘是否脱落），就可被称为活产婴儿，应被登记为出生人口。

出生人口数是一个时期指标，我们可以对不同时期（如一个月、半年、一年）的出生人口数进行统计。统计出生人口数时必须注明所属的时期和地域。

生育人口数与出生人口数不一定完全相同，这是因为虽然母亲和婴儿是一一对应的，但存在双胞胎或多胞胎的情况，还有些妇女存在一年生育两次的情况。不过二者的差异很小，在计算生育指标时，常假定二者相等。

二、测量指标

把出生人口数、生育人口数与妇女人口数、平均人口数相结合，可以生成各种不同的生育测量指标，使复杂的人口现象通过简单的数字体现出来，进而描述某一时期、某一地域的整体生育水平。

（一）粗出生率

粗出生率（crude birth rate）也称出生率、总出生率，是最简单、最常用的生育分析指标，是指某一地区一定时期（通常为一年）出生人口数与同时期平均人口数之比。这个指标反映人口的出生水平，常用千分数表示，其计算公式为：

$$\text{粗出生率}=\frac{\text{年出生人口数}}{\text{年平均人口数}}\times 1\,000‰$$

其中，年出生人口数是指年内离开母体时有生命体征的活产婴儿数。年平均人口

① 佟新．人口社会学．北京：北京大学出版社，2010.

数是年内各时点人口数的均值，即全体人口所活人年数，也可用年中人口数来代替。

世界各国的人口粗出生率差别很大，约可分为五等：≥50‰、40‰～49‰、30‰～39‰、20‰～29‰及<20‰。前三个等级可称为高粗出生率，后两个等级可称为低粗出生率。

粗出生率作为一个度量人口生育水平的综合指标，具有计算简单、所需资料较少等优点，可简要地表明生育对人口总数增长的影响，是计算人口自然增长率的重要成分。其缺陷是：由于分母中包括了男性、儿童及老年人口，而这些人口与出生人口数并没有直接关联，故粗出生率的高低受到人口年龄结构和性别结构的影响。因此，在进行对比分析时，要特别小心，最好将粗出生率与其他生育指标一起使用。

(二) 生育率

生育率是一系列指标的总称，包括一般生育率、年龄别生育率、总和生育率、终身生育率、净再生产率、累计生育率、标准化生育率等多个指标。与出生率指标不同，生育率指标测量育龄妇女（分母中排除了男性、儿童及老年人）的实际生育水平。准确地讲，其分子应为某一时期内发生的生育事件数，但由于发生在一定时期的生育事件与出生事件基本一致，故在计算生育率时常用后者代替前者。

1. 一般生育率

一般生育率（general fertility rate）也称总生育率，是指某一地区一定时期（通常为一年）出生人口数与同时期平均育龄妇女人口数之比。这个指标能综合反映人口的生育水平，常用千分数表示，其计算公式为：

$$一般生育率=\frac{年出生人口数}{年平均育龄妇女人口数}\times 1\,000‰$$

一般生育率比出生率更精确，因为它将生育同可能生育的特定性别年龄的人口联系起来（通常是15～49岁的妇女），排除了年龄、性别结构不同引起的偏差，故比出生率更能揭示生育水平的变化。

一般生育率与出生率之间关系密切，前者是后者的基础。其关系如下：

$$\begin{aligned}出生率&=\frac{年出生人口数}{年平均人口数}\times 1\,000‰\\&=\frac{年出生人口数}{年平均育龄妇女人口数}\times\frac{年平均育龄妇女人口数}{年平均人口数}\times 1\,000‰\\&=一般生育率\times 育龄妇女占总人口比例^{①}\end{aligned}$$

一般生育率虽然摆脱了育龄妇女占总人口比例及性别结构的影响，但仍然受育龄妇女内部年龄结构、各年龄妇女生育水平、已婚比例等因素的影响，且各因素在生育率变动中的作用不同。处于生育最旺盛期的妇女越多，一般生育率越

① 温勇，尹勤．人口统计学．南京：东南大学出版社，2006：97.

高。为消除育龄妇女内部年龄结构的影响，可采用年龄别生育率指标。

2. 年龄别生育率

年龄别生育率（age specific fertility rate）也称特殊生育率，是指某一地区一定时期（通常为一年）某个年龄组育龄妇女生育的活产婴儿数与同时期该年龄组育龄妇女人口数之比。这个指标反映育龄妇女各年龄组的生育水平，常用千分数表示，其计算公式为：

$$年龄别生育率=\frac{年内某个年龄组育龄妇女活产婴儿数}{年内该年龄组育龄妇女人口数}\times 1\,000‰$$

年龄组的划分可以是一岁一组，但通常是五岁合为一组。不同年龄组妇女的生育率有明显差异。一般规律是低年龄组和高年龄组的生育率低，而中间年龄组的生育率高。生育峰值年龄集中在几个年龄组上（20～24岁、25～29岁及30～34岁）。

年龄别生育率完全排除了人口年龄、性别结构的影响，可用来进行不同地区或不同时期生育水平的比较，且年龄别生育率的高低起伏，能明显反映晚婚、晚育及控制生育的效果，计算年龄别生育率对预测人口趋势也有重要作用。但该指标也存在一些缺点：一是对统计资料的要求高，数据不易获得；二是由于用一系列数值（35个或7个数值）而不是一个数值来表示，不能综合地说明人口生育的总体水平，故在比较不同地区或不同时期生育水平时可能难以下结论。

3. 总和生育率

总和生育率（total fertility rate）是指某一地区一定时期（通常为一年）各年龄组妇女生育率的合计数。它是一个假定队列指标，是指假设有一批同时出生的妇女按照某时期的年龄别生育率度过整个育龄期，且在整个育龄期内无一人死亡，平均每个妇女所生的孩子数量。其计算公式为：

总和生育率＝年龄别生育率之和（单岁组）

总和生育率＝年龄组别生育率之和×5（五岁组）

总和生育率实质上是一种标准化生育率，它对每个分年龄（组）生育率都加了“等权”，故完全排除了人口年龄和性别结构的影响，可表明不同地区生育水平的差异，或一个地区生育水平的转变过程，能综合反映一定人口的生育水平。它被广泛应用于对不同时期或不同地区生育率的比较研究中，对有计划地控制生育、制定人口规划及预测人口趋势有重要作用。

总和生育率中的更替水平是一个十分重要的指标数值。更替水平是指同一批妇女生育女儿的数量恰好能替代她们本身。由于在出生时，男孩数略多于女孩数，且一部分女孩将在育龄期前死亡，故总和生育率的更替水平肯定大于2。一般认为，发达国家达到更替水平时的总和生育率为2.1，发展中国家达到更替水平时的总和生育率要高于这一数值。以中国为例，受出生性别比失衡及妇女育龄前和育龄期较高死亡率的影响，中国的更替水平应该为2.26。①

① 王金营，等．亚洲发展中国家和地区妇女实际生育水平与更替生育水平的评估．人口研究，2007（4）．

4. 终身生育率

终身生育率（complete fertility rate）又称完全生育率，是指一批已经经历整个生育期的同龄妇女，平均每人一生生育的子女数。其计算公式为：

$$终身生育率=\frac{某批妇女生育期内生育的子女总数}{经历整个生育期的某批妇女总数}$$

终身生育率与总和生育率一样，不受人口年龄结构的影响，而且它仅用一个数值表示一个妇女一生中可能或实际的生育数，故是说明妇女生育率最完整的指标。但终身生育率与总和生育率之间也存在一些不同：首先，总和生育率是说明一个妇女按当前某一年度各年龄生育率度过一生的可能生育水平，终身生育率则是说明一批同龄妇女一生经历的实际生育水平，故前者是对处于育龄期的全体妇女而言的，后者是对退出育龄期的某一特定年龄组的育龄妇女而言的。其次，总和生育率随着时间的推移而年年变化，时升时降，不能准确地反映家庭规模的变化，而终身生育率则可以准确地反映家庭规模。

5. 净再生产率

净再生产率（net reproduction rate）表示一批同时出生的妇女按照某一时期的年龄别生育率度过整个生育期，所生女婴当中能够存活到母亲生育她们时的年龄的人数，即有可能真正接替母亲生育职能的女儿人数，也就是女儿一代达到母亲生育她们的年龄时的人数与母亲生育她们时的人数之比。其计算公式为：

$$净再生产率=\sum_{x=15}^{49}\delta_x\frac{B_x}{\overline{W}_x}\cdot\frac{L_x}{l_0}=\delta\sum_{x=15}^{49}f_x\cdot\frac{L_x}{l_0}$$

其中，δ_x 表示 x 岁妇女生育的女婴比例；B_x 表示 x 岁妇女生育的婴儿数；$\overline{W}_x$ 表示 x 岁妇女年平均人数；f_x 表示 x 岁妇女生育率；L_x 表示生命表中 x 岁妇女的生存人年数；l_0表示出生人数。

当净再生产率等于 1 时为人口简单再生产，净再生产率大于 1 时为人口扩大再生产，净再生产率小于 1 时为萎缩再生产。①

6. 累计生育率

当关注育龄妇女某个年龄阶段的生育状况时，可计算累计生育率（cumulative fertility rate）。累计生育率一般是从生育起点年龄开始，依次将各年龄生育率累加，一直累加到所规定的年龄为止。其计算公式为：

累计生育率＝从 15 岁起到 n 岁止各年龄妇女生育率之和

累计生育率可用于真实队列，表示某一年龄前该批妇女已累计完成的生育量；若累计到育龄期结束，所得的就是终身生育率。累计生育率也可用于假定队列，表示如果一批妇女按此年度各年龄生育率经历其一生的生育过程，到不同年龄为止的累计生育水平；若累计到育龄期结束，所得的就是总和生育率。在对不同年龄妇女的生育状况与人口的社会、经济特征如教育、就业、抚养关系、健康状况等进行综合分析时，累计生育率是一个合适的指标。

---

① 翟振武，等．现代人口分析技术．北京：中国人民大学出版社，1989.

7. 标准化生育率（standardized fertility rate）

度量生育率的大部分指标受到人口结构的影响，为消除其影响，在进行不同地区或不同时期的生育水平比较时，需要对一些生育指标进行标准化。最常用的标准化方法是年龄结构标准化，即借用一个“标准人口”的“标准年龄结构”计算不同人口的生育率，这样可以对不同人口的生育水平进行比较。

常用的生育率标准化指标有两个，一是粗出生率，二是一般生育率。粗出生率的标准化公式为：

标准化粗出生率＝一般生育率×育龄妇女人数占总人口比例

从上式可知，当计算标准化粗出生率时，在获得了某一地区某一时期的一般生育率后，还需获得标准人口的育龄妇女人数占总人口的比例。

一般生育率的标准化公式为：

标准化一般生育率＝$\sum$（某年龄组育龄妇女生育率×该年龄组育龄妇女人数占育龄妇女总数的比例）

从上式可知，当计算标准化一般生育率时，在获得了某一地区某一时期的年龄组育龄妇女生育率后，还需获得标准人口的各年龄组育龄妇女人数占育龄妇女总数的比例。

标准年龄结构的选取会影响不同人口标准化生育率之间的比较结果，甚至会得出截然相反的结论。标准年龄结构可以按某一普查年各年龄组人口占总人口的比例来表示。① 在选择标准人口时一般应遵循以下原则：若对两个地区（或人群）的生育率进行比较研究，应尽可能选用两个人口平均的年龄结构作为标准。若对全国各地区（或人群）的生育率进行比较分析，则可考虑选择全国人口平均的年龄结构作为标准。无论哪种情况，被选的标准人口都不应包括灾荒、流行病盛行、战争等异常年份的数据。② 需要注意的是，生育率经过标准化之后只能用于不同地区或不同时期生育水平的比较，它不能反映任何人口的实际生育水平。而且年龄标准化不能消除标准年龄结构的影响，它只能使在一个特定的标准年龄结构下两地人口生育率的相对结果不受育龄妇女年龄结构的影响。当标准年龄结构改变时，两地人口生育率的相对结果也会改变。③

上述七个度量指标有的粗糙，有的复杂，既各有特点，又相互联系。对于人口社会学研究者来说，要认识和了解各个指标的优点与不足，结合数据的特点，选择正确的指标进行生育分析。

---

① 刘铮．人口学辞典．北京：人民出版社，1986：201.

② 曾毅，等．人口分析方法与应用．北京：北京大学出版社，2011：86.

③ 宋健．第六章“生育分析”//国家统计局人口和就业统计司，中国人民大学社会与人口学院．人口和就业统计分析技术．北京：中国统计出版社，2012：146.

第二节 生育模式

一、生育模式概念

生育模式既指不同历史时期和不同社会文化经济条件下存在的、具有明显差异的生育类型，也指育龄妇女分年龄生育率在年龄序列上水平分布的表现形式，反映了一定时期妇女的生育水平及变动趋势。

生育模式与生育水平既有区别也有联系。生育模式关注生育在不同年龄上的分布，而生育水平关注生育孩子数量的多少。反映生育模式的指标主要有年龄别生育率、生育系数（年龄别生育率/总和生育率）、生育的起始年龄、生育年龄、生育胎次、生育间隔、生育峰值、生育峰值年龄、生育率分布宽度等。反映生育水平的指标则为出生率、总和生育率等。但生育模式与生育水平之间又密切相关，生育水平是生育模式的基础，生育模式又影响生育水平。如早婚、早育、多育和晚婚、晚育、少育两种不同生育模式下的生育水平存在明显差异。

二、生育模式分析

简单的生育模式分类方法是将其分为高生育模式和低生育模式。高生育模式的特点是生育年龄开始早，结束迟，生育时间长，生育高峰期长而分散，每一个年龄组的育龄妇女的生育率都比较高，生育曲线长而高。低生育模式的特点是生育年龄开始迟，结束早，生育时间短，生育高峰期短而集中，生育曲线短而低。经济欠发达国家的生育模式大多属于前一种类型，而经济发达国家的生育模式大多属于后一种类型。全球生育模式的变化趋势是，随着经济社会的发展，逐渐由早婚、早育、多育的生育模式向晚婚、晚育、少育的生育模式转变。

将年龄别生育率绘制成曲线，按曲线的形状，可将其分为尖顶型、平顶型、单峰型、多峰型。尖顶型是指曲线的峰值集中出现在一个或几个年龄上。平顶型是指曲线的峰值持续地出现在多个年龄上。单峰型是指曲线只有一个峰值。多峰型是指曲线存在多个峰值。一般来讲，单峰且尖顶形态的曲线是典型的控制型生育模式；多峰且平顶形态的曲线是典型的自然型生育模式。

生育峰值、生育峰值年龄、生育率分布宽度等变量可帮助我们准确描述生育模式的生育分布峰型和分布宽度。生育峰值是指年龄别生育率的最大值。在一个年龄别生育率分布中，生育峰值愈大，用于描述生育模式的生育分布峰形就愈高；相反，生育峰值愈小，则生育分布峰形就愈低。

生育峰值年龄是指生育峰值所对应的年龄，即在一个年龄别生育率分布图中，由生育峰值在其分布曲线上的切点所垂直对应的横坐标上某一相交点所显示的年龄。显然，当某一人口的生育趋势为早育模式时，生育峰值年龄趋于年轻，反之亦然（见图 3－1）。

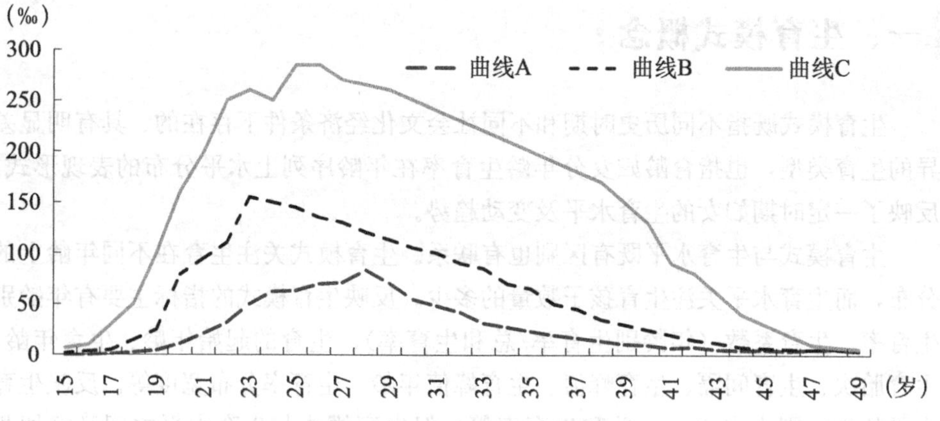

图 3－1　年龄别生育率分布曲线

资料来源：结合中国第六次全国人口普查长表数据改编。

生育率分布宽度是指某一生育分布所跨越的年龄区间的长度。当某一育龄妇女人口开始生育早、结束生育晚时，这个人口的年龄别生育率分布图形面积就大，表现在生育率分布图的横坐标上所跨越的年龄区间长度就长。相反，当某一育龄妇女人口开始生育迟、结束生育早时，这个人口的年龄别生育率分布图形面积就较小，表现在生育率分布图的横坐标上所跨越的年龄区间长度就短。对生育率分布宽度的确切描述，需要以一定的生育水平的取值为标准。一般有两种取值标准，一种是 0.1 生育率（又称 100‰生育率），另一种是 0.2 生育率（又称 200‰生育率）。前者适用于较低生育水平，后者适用于较高生育水平。在极低生育率地区，本教材认为其取值标准可选择 0.05 生育率（又称 50‰生育率）。

当然，对生育模式的分析还需要结合育龄妇女生育孩次构成、生育间隔等多方面的统计指标，这样才能全面且准确地认识在一定时间跨度内妇女生育模式的特点及变化过程。

三、世界人口生育模式的变化

根据经济社会的发展阶段及生育模式的变化特点，大体可将世界人口的生育模式划分为传统农业社会的生育模式和现代工业社会的生育模式两大类型。

(一) 传统农业社会的生育模式

农业社会是人类经历过的最漫长的社会，而与该社会相适应的生育模式代表了人类大部分时期的生育类型。其突出特征是以死亡率为导向的高生育率模式。所谓以死亡率为导向，是指生育水平由死亡水平来控制，即在死亡率较高的情况下，要通过较高生育率来控制人口减少，使人类能够不断繁衍。农业社会较高的死亡率，使得该社会通过早婚、早育、多育等方式来实现较高的生育率。生育模式表现为生育的起始年龄早、结束时间晚、生育胎次多、生育间隔短、生育峰值高、生育峰值年龄小、生育率分布宽度长。

农业社会低下的生产力水平及生产方式也在一定程度上推动了高生育率模式的形成。由于生产力水平低下，生产方式以家庭为单位、自给自足，对劳动力的需求大，故而形成了早婚、多育、偏好男孩的生育观念，从而推高了生育水平。但是过高的生育率、过短的生育间隔也提高了母亲和婴幼儿的死亡率。

（二）现代工业社会的生育模式

18 世纪中后期的工业革命使社会发生了翻天覆地的变化，不仅带来了生产力的迅速发展，改变了整个社会的运行机制，还带来了人们思想观念和生育模式的改变。现代工业社会的生育模式具有以下特点。

1. 以死亡率为导向的生育模式逐渐（且在发达国家彻底）成为历史

进入工业社会后，伴随经济社会的发展、卫生医疗水平的提高，高死亡率逐渐下降，并由此带动了生育率的降低。19 世纪末，发达国家的粗出生率降至 30‰，并在 20 世纪上半叶持续下降，其虽在 20 世纪 50 年代一度明显回升，出现“婴儿潮”，但 60 年代中期后直线下降。如今，绝大多数发达国家的总和生育率降至更替水平以下。以 2010—2015 年间的总和生育率为例，美国为 1.89，澳大利亚为 1.92，瑞典为 1.92，加拿大为 1.61，意大利为 1.43，日本为 1.40，韩国为 1.26。①

发达国家因工业化进程和社会历史背景不同，其生育率下降模式存在三种类型：（1）欧美型。20 世纪初出生率持续下降的起点较低，约为 30‰。但是，欧美国家经历了两次明显的人口增长波动，一是 20 世纪 30 年代全球性经济危机时，出生率陡然下跌，形成明显低谷。二是第二次世界大战后至 60 年代中期前出现“婴儿潮”，出生率明显反弹。（2）瑞典型。一些规模较小的欧洲发达国家在 20 世纪初出生率持续下降时的起点很低，一般在 20‰左右。出生率虽在“大萧条”时期和战后有过波动，但并未出现较长的下降或回升，而是经历了一个持续的生育率下降过程。（3）日本型。以新加坡、日本等经济发展较快的国家为代表，出生率下降起步晚，但下降速度快。在 20 世纪初期，日本的出生率持续下降时起点较高，在 35‰以上，属于高出生率，但此后持续下降；虽然二战后有过短暂的“婴儿潮”，但基本保持下降趋势。

2. 由自然型生育模式向人为控制型生育模式转变

在工业革命的浪潮下，机器代替了手工劳动，工厂代替了手工工场，这使得

---

① Population Division of the Department of Economic and Social Affairs of the United Nations Secretariat. World population prospects：the 2015 revision. （2015 - 08 - 07）［2019 - 10 - 10］. http：//esa. un. org/unpd/wpp/DVD/.

控制生育的手段——避孕药具的生产得以产业化。同时，科学技术的发展也提高了节育和人工流产的技术水平，为由自然型生育模式向人为控制型生育模式的转变提供了手段和技术支持。

四、中国人口生育模式的变化

在世界人口生育模式转变的同时，中国人口的生育模式也发生了革命性的变化，主要呈现以下特点。

（一）生育峰值水平大幅下降

1964年，我国的生育峰值水平接近350‰。此后，生育峰值水平大幅度下降，1982年下降到250‰以下，1990年则不到190‰。进入21世纪后，生育峰值水平继续下降，2000年育龄妇女的生育峰值水平低于120‰，2010年则不到100‰。

（二）生育率分布宽度缩短

育龄妇女生育率分布宽度的长短直接影响一个地区的生育水平。从图3-2可知，我国育龄妇女的生育率分布宽度呈现出逐渐缩短的态势。在50‰的生育水平（一般生育率）标准下，生育率分布宽度在1982年约为19年，1990年约为17年，2000年约为12年，2010年约为11年。

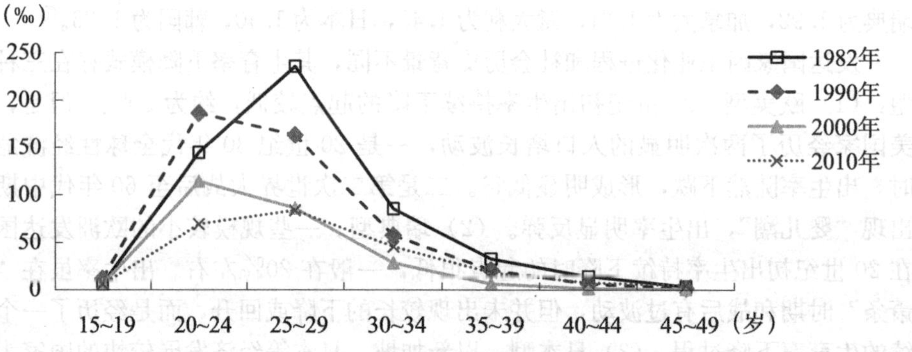

图3-2 1982—2010年中国人口生育模式的变化

资料来源：国务院人口普查办公室，国家统计局人口统计司．中国1982年人口普查资料．北京：中国统计出版社，1985. 国家统计局人口统计司．中国人口统计年鉴（1991）．北京：中国统计出版社，1992. 国务院人口普查办公室，国家统计局人口统计司．中国2000年人口普查资料．北京：中国统计出版社，2002. 国务院人口普查办公室，国家统计局人口统计司．中国2010年人口普查资料．北京：中国统计出版社，2012.

（三）早育现象明显减少

历次人口普查数据显示，1982年、1990年19岁妇女的生育率较高，为100‰左右，2000年和2010年该数据下降到50‰左右。以上数据表明，我国育龄妇女的早育现象明显减少。

概而言之，中国人口传统意义上的早婚、早育、多育的高生育模式发生了很大转变，这种转变必然导致生育水平的变化。图 3-3 展示了 1949—2018 年我国人口的出生率，其可分为三个时期。一是 1949—1970 年的生育转变前时期：全国人口出生率多保持在 30‰～40‰的高水平，出生率主要受自然、经济等因素的影响；总和生育率约在 5.7～7.5 的范围内波动。二是 1971—1990 年的生育转变时期：此时，中国开始实行大规模、全方位、高强度、以限制生育为目的的生育政策，出生率大幅下降，基本介于 20‰～30‰之间，中国进入较低生育率国家行列。三是 1991—2018 年的生育转变后时期：出生率始终保持在 20‰以下，总和生育率持续低于更替水平，进入超低生育水平阶段。

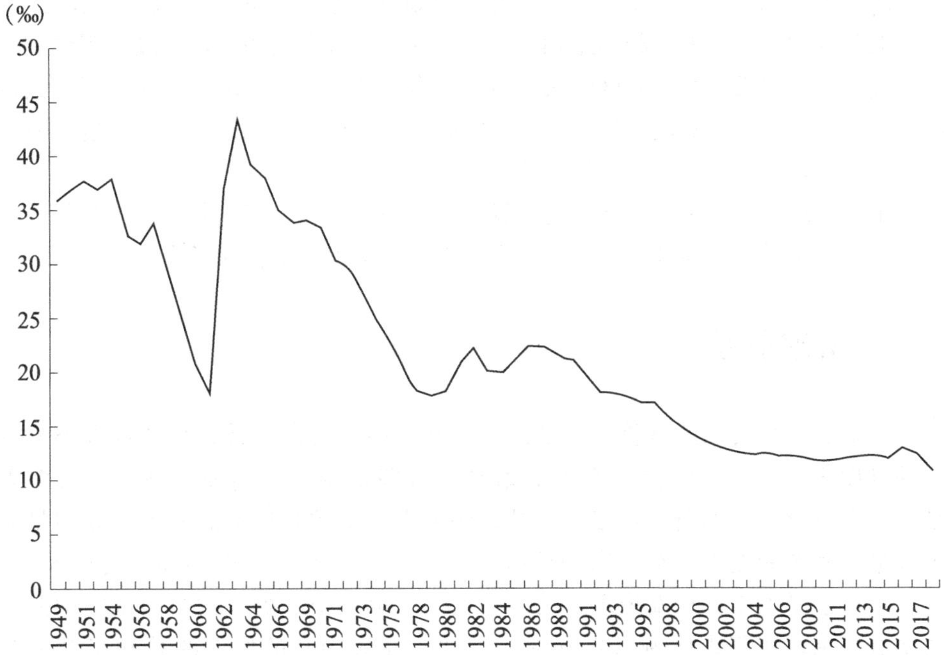

图 3-3　1949—2018 年中国人口出生率

注：1980 年以后的数据来源于《中国统计年鉴 2019》，1980 年以前的数据来源于《新中国六十年统计资料汇编》。

第三节
生育制度

目前学界对生育制度的概念界定不一。马林诺斯基（Bronislaw Malinowski，

1884—1942）认为："生殖作用在人类社会中已成为一种文化体系。种族的延续并不是靠单纯的生理行动和生理作用满足的，而是一套传统的规则和一套相关的物质文化设备活动的结果。"① 这种生殖作用的文化体系是由各种制度组成的。

"生育制度"一词是费孝通从马林诺斯基的功能主义角度出发提出来的。他认为："生育制度是男女们相互结合成夫妇，生出孩子来，共同把孩子抚育成人的一套社会活动的体系。"② 即生育制度不仅指生育，而且包括求偶、性交、受孕、分娩和抚育后代等人类繁衍的整个过程③。

佟新认为，生育制度是与人类生育过程相关的生育观念、行为规范和生育条件（物质设备）等一整套规则和文化。生育观念、行为规范和生育条件（物质设备）相互联系和相互影响，共同构成了社会的生育制度。④

国家人口和计划生育委员会宣传教育司认为，生育制度有广义和狭义之分。广义的生育制度与上面三种界定相一致，泛指与生育有关的一切制度、观念和物质文化设备。狭义的生育制度则仅指与生育有关的制度性规范，具体包括正式制度和非正式制度。正式制度如有关的国家政策、法律、法规；非正式制度如有关的乡规民约，以及劳动契约中的有关规定。⑤

本教材从广义的生育制度角度出发，阐述婚姻制度、家庭制度、生育保险制度、生育的物质设备与技术、生育观念、人口政策等对生育的影响。

一、婚姻制度

婚姻是社会公认的（符合法规的）男女两性的结合。婚姻制度是人类最古老的制度之一。人类社会经历了群婚制、对偶婚制、一妻多夫制、一夫多妻制、一夫一妻制。据研究，在各种婚姻制度中，正常和稳定的一夫一妻制是对生育最有利的制度。人类学家的调查研究显示，在实行一夫多妻制的民族中，第一个妻子平均生育子女最多，第二个次之，第三个更少。对中国永宁纳西族的调查显示，实行走婚制（男女双方偶居一年以内）的妇女的总和生育率为2.84，而实行相对稳定的阿肖同居（男女双方偶居一年以上）的妇女的总和生育率为3.98⑥。

结婚与否对生育产生直接影响。尽管在西方发达国家，婚外生育日渐普遍，但在中国，生育主要还是婚内行为。在人口年龄结构及年龄别生育率相同的情况下，结婚率与出生率正向相关。

---

① 马林诺斯基．文化论．北京：商务印书馆，1940：26-27.

② 费孝通．乡土中国 生育制度．北京：北京大学出版社，1998：99.

③ 李若建．人口社会学基础．广州：中山大学出版社，1992：26.

④ 佟新．人口社会学．北京：北京大学出版社，2010：58-59.

⑤ 国家人口和计划生育委员会宣传教育司．生育文明．北京：中国人口出版社，2006：89.

⑥ 张恺悌．一个母系社会的家庭婚姻与生育：云南省宁蒗县纳西族社会调查．中国人口科学，1989（4）.

婚姻法作为最基本的婚姻制度之一，通过婚龄对生育产生影响。一般而言，若女性结婚较早，则生育时间长、生育数量可能较多；相反，若女性结婚较晚，则生育时间短、生育数量可能较少。

从表 3-1 中可知，晚婚在一些国家生育率下降的过程中起重要作用。如斯里兰卡、菲律宾，仅晚婚一项就使每个妇女少生了 5 个孩子；韩国和秘鲁每个妇女因晚婚少生了 4.7 个孩子。中国总和生育率低于 1.0 的主要原因之一是育龄妇女婚育年龄的推迟。[①]

表 3-1 20 世纪 70 年代中末期部分发展中国家生育率下降原因分析

国家	每个妇女实际生育水平	晚婚	使实际生育水平下降的原因		
			母乳喂养	避孕	其他因素
孟加拉国	6.0	1.2	6.8	0.8	2.3
哥伦比亚	4.3	4.7	1.5	4.2	2.3
哥斯达黎加	3.2	4.7	0.8	6.9	1.5
加纳	6.2	2.2	4.3	0.9	3.4
委内瑞拉	4.4	4.2	1.4	5.1	2.0
印度尼西亚	4.5	2.6	5.2	2.5	2.1
约旦	7.6	3.3	2.5	2.6	0.9
肯尼亚	7.4	2.7	4.2	0.7	2.0
莱索托	5.3	3.0	4.3	0.5	3.9
墨西哥	6.3	3.4	1.8	3.4	2.0
尼泊尔	6.1	1.7	6.1	0.2	2.8
巴基斯坦	6.2	2.3	4.5	0.4	3.6
巴拉圭	4.7	4.5	2.0	3.2	2.7
秘鲁	5.4	4.7	2.7	2.8	1.5
菲律宾	5.1	5.0	2.6	3.0	1.3
塞内加尔	6.9	1.7	4.6	0.2	3.5
韩国	4.2	4.7	3.3	2.6	2.2
斯里兰卡	3.7	5.0	4.3	2.3	1.7
叙利亚	7.5	3.4	2.8	2.1	1.2
泰国	4.6	4.0	3.9	3.5	1.1

资料来源：世界银行．1984 年世界发展报告．北京：中国财政经济出版社，1984：114.

婚姻制度不仅影响生育的数量，还影响生育的质量。为优生和提高人口质量，《中华人民共和国婚姻法》规定有下列情形之一的禁止结婚：一是直系血亲和三代以内的旁系血亲；二是患有医学上认为不应当结婚的疾病。

二、家庭制度

家庭是社会的细胞，是人口再生产的主要场所，它在助长或抵制人口增长方

① 郭志刚．关于京津沪超低生育率中外来人口分母效应的检验．人口研究，2005（1）．

面发挥重要作用。

（一）家庭规模与家庭结构密切相关

家庭包括核心家庭、主干家庭和联合家庭等类型。核心家庭往往规模较小，子女数量较少；而主干家庭和联合家庭往往是大家庭，子女数量较多。这是因为：(1) 在大家庭中，家庭的经济大权一般掌握在家长手中，由家长统一支配，生儿育女被看作家庭中的大事。(2) 在三代联合家庭中，老一代人的观念较为传统，认为“多子多福”，第二代多生的孩子，由老人帮忙照管，减轻了第二代的养育负担；核心家庭则不同，由于家庭成员的关系简化，抚育子女的任务大都落在父母身上，多生孩子必然带来更大的经济和照料负担，影响家庭生活水平的提高，在这种情况下，夫妻对生育子女可能较为慎重，自觉地倾向于少育。[①]

（二）家庭居住模式与生育行为之间的关系比较复杂

家庭居住模式与生育行为之间的关系比较复杂，针对这个问题有大量的实证研究和理论阐释。居住模式主要通过代际互动作用于妇女的生育行为，父母对生育数量、性别、时间等的态度将通过互动传递给子女，而地理上的临近可能使得父母能够更有效地将自己的生育理念传递给子女。家庭居住模式可能通过以下机制影响到子女的生育行为：父母对是否早生、多生的生育偏好影响子女的生育观念，从而反映到子女的生育行为中；来自父母的情感性压力可能促使子女实现父母的偏好；而跟父母同住或者地理上的临近便于父母发挥监督作用。大家庭中的妇女更可能为了建立和提高自己在家庭中的地位而更快出现生育行为。在低生育率背景下的今天，也有研究发现，是否拥有来自父母的支持尤其是照料支持是影响子女二孩生育意愿的重要因素。当然，也有研究得出不同的结论，认为与父母同住对生育行为无直接影响，或是因文化和地域而异；代际同住可能影响夫妻之间的私生活，减少夫妻的性生活频率，从而降低生育率。

那么在中国的情况又是怎样的呢？杨菊华和肖特（Susan E. Short）利用“中国健康与营养调查”数据做了一些探索，研究发现：(1) 与父母同住和一孩递进无显著关联，但降低二孩生育的概率。这是因为，“早生贵子”是父母/公婆的期待。而家庭居住模式会影响夫妻的亲密程度。如果一个社会的主导理念是家庭本位，那么婚姻家庭中的结构性因素将不利于夫妻之间亲密关系的形成。如性生活频率是头胎递进的最主要决定因素，而大家庭中的夫妻可能降低该频率，导致孩次递进速度的减缓。(2) 妇女邻近公婆居住增加二孩递进概率，但邻近父母居住与孩次递进呈负关联，即从夫居与从妻居对生育行为的作用相反。原因可能与妇女在家庭、家族中的地位和权力有关。就从夫居而言，嫁入夫家不久的妇女的自主性、安全感都较差，且这种弱势感随着与娘家距离的延伸而增强。这使得她们可能利用生殖能力来建立自己在婆家的地位。二胎生育对某些妇女（尤其是

---

① 郑健斌．试论婚姻、家庭因素对人口生育率变动的影响．人口学刊，1987（6）．

头胎为女孩者）仍旧重要。从妻居保持了妇女与娘家的亲密关系和纽带。当夫妻之间发生冲突时，妇女可以得到家人更及时和更大的支持。因此，住在娘家的妇女比住在婆家的妇女对自己的生活拥有更大的自主权和决断能力，从而降低了孩次递进概率。①

（三）家庭生命周期与生育的关系密切

家庭生命周期是指从家庭形成到家庭解体的整个过程，一般可将其分为形成、扩展、稳定、收缩、空巢与解体 6 个阶段。其中，扩展期是指从第一个孩子出生开始到最后一个孩子出生为止。扩展期越长，生育的孩子数量越多。在高生育模式下，家庭的扩展期通常都较长；在低生育模式下，家庭的扩展期较短，但空巢期较长。反过来，生育行为也影响家庭生命周期。

三、生育保险制度

生育保险是国家通过立法，在怀孕和分娩的妇女劳动者暂时中断劳动时，由国家和社会提供医疗服务、生育津贴、产假及必要的经济补偿和医疗保健的社会保险制度。其宗旨在于通过向职业妇女提供生育津贴、医疗服务和产假，帮助她们恢复劳动能力，重返工作岗位。② 生育保险待遇包括两项：一是生育医疗待遇。在规定范围内的女职工生育的检查费、接生费、手术费、住院费和药费由生育保险基金支付。超出规定的医疗业务费和药费（含自费药品和营养药品的药费）由职工个人负担。二是生育津贴。女职工依法享受产假期间的生育津贴，按单位上年度职工月平均工资计发，由生育保险基金支付。③

目前，一些生育水平很低的国家为鼓励生育，在生育津贴方面给予了很好的保障。日本妇女在产后不仅享有产假，还享有育儿假期，二者可长达一年左右；若孩子生病还有假期，对生病儿童的照顾也算休假。在法国和德国，生第一个孩子时，妈妈可享受 20 周 100%工资的产假；生第二个孩子时，妈妈可享受 40 周 100%工资的产假；生的孩子越多，领取全额工资的产假时间越长，同时享受的津贴/补助和税收减免越多。

产假、陪产假和育儿假：189 个国家和地区的比较

由城市化观察网编著的《友善生育政策观察报告 2019》中专门有一章介绍了世界 189 个国家和地区的产假、陪产假和育儿假状况。该报告根据世界银行的数据库 Women, Business and the Law Dataset 统计的相关政策和数据汇编而成，统计时间截止到 2017 年。

---

① 杨菊华，SHORT S E. 中国的婚居模式与生育行为．人口研究，2007（2）.

② 刘晓梅，邵文娟．社会保障学．北京：清华大学出版社，2014：180.

③ 吴登保．社会保障百题实务分析．济南：山东大学出版社，2013：118.

世界状况

在189个国家和地区中，有5个国家同时没有法定的产假、陪产假和育儿假，分别为：高收入国家中的帕劳，中高收入国家中的马绍尔群岛、苏里南共和国、汤加，以及中低收入国家中的密克罗尼西亚联邦。

有5个国家没有产假，但是有育儿假。其中，美国没有全国层面的法定产假和陪产假，只有84天的无薪育儿假，在地方层面仅有6个州规定雇主须提供带薪育儿假。澳大利亚规定了126天的带薪育儿假、239天的无薪育儿假和10天的带薪陪产假。新西兰规定了126天的带薪育儿假、238天的无薪育儿假和14天的无薪陪产假。挪威规定了343天的带薪育儿假，其中父亲必须至少使用70天，母亲必须至少使用91天，此外还有365天的无薪陪产假。葡萄牙规定了120天的带薪育儿假，其中母亲必须至少使用42天，还规定了25天的带薪陪产假。

而在有法定产假的179个国家和地区中，有2个国家和地区实行的是无薪产假制度。其中，瑞典规定了98天的无薪产假、10天的带薪陪产假和440天的带薪育儿假（而且父母双方都必须使用至少90天的带薪育儿假），以及330天的无薪育儿假；巴布亚新几内亚规定了42天的无薪产假，没有陪产假和育儿假。其余的177个国家和地区实行的是带薪产假制度，其中91个国家和地区的产假薪酬是全部由财政支付的，33个国家和地区的产假薪酬是由财政和雇主共同支付的，53个国家和地区的产假薪酬是全部由雇主支付的。

有带薪产假的177个国家和地区的平均产假长度为109天，具体天数从14天到630天不等。有91个国家和地区的产假薪酬是全部由财政（就业保险基金等）支付的，薪酬比例从33%到100%不等；有33个国家和地区的产假薪酬是由财政和雇主共同支付的，薪酬比例从63%到100%不等；此外，有53个国家和地区的产假薪酬是没有政府财政投入（注：政府雇员的产假薪酬除外），全部由雇主支付的（包括我国台湾和香港地区），薪酬比例从25%到100%不等。有带薪产假的国家和地区中也有一些同时存在无薪产假的情况。

在189个国家和地区中，有70个国家和地区没有法定的陪产假和育儿假，其中包括：瑞士、阿拉伯联合酋长国等11个高收入国家，泰国、马来西亚等20个中高收入国家，印度、埃及等26个中低收入国家，尼泊尔、马达加斯加等13个低收入国家。值得一提的是，瑞士是经济合作与发展组织（OECD）国家中，唯一一个既没有陪产假，也没有育儿假的国家。有61个国家和地区有陪产假，但是没有育儿假（这61个有陪产假而没有育儿假的国家和地区，包括我国内地和香港地区）。有58个国家和地区有育儿假，且在58个有育儿假的国家和地区中，有42个国家和地区有带薪育儿假，另外16个国家和地区只有无薪育儿假。

在42个有带薪育儿假的国家和地区中，有40个国家和地区的育儿假薪酬是由财政支付的，比例从13%到100%不等；乌兹别克斯坦的育儿假薪酬为200%，但是由雇主支付；而英国的育儿假薪酬为58%，由财政和雇主共同支付。带薪育儿假的长度从7天到1 095天不等，42个国家和地区的平均值为382天。其中，新加坡的育儿假只有7天，不过其产假、陪产假、育儿假均为带薪，天数分别为 105 天、10 天和 7 天，且全部由财政支付，比例为 100%。白俄罗斯的带薪育儿假最长，达到了 1 095 天，其间 35%的薪酬由财政支付。

有 4 个国家出于性别平等的考量，规定了父亲必须休育儿假的天数，而这 4 个国家在世界经济论坛 2018 年的性别差距评分表中，也处于相对较高的排名：挪威排名第 2，瑞典排名第 3，德国排名第 14，罗马尼亚排名第 63。

有的国家则采用奖励的方式鼓励父亲使用更长时间的育儿假。在意大利，父亲如果休满了 3 个月或者更长时间的育儿假，就可以获得额外的 1 个月育儿假的奖励。

中国情况

中国大陆地区规定的产假长度是 14 个星期，产假期间薪酬由生育保险基金支付；陪产假长度从 7 天到 30 天不等，陪产假薪酬由雇主支付。中国香港地区规定的产假长度是 10 个星期，产假期间由雇主支付 80%薪酬；陪产假 5 天，陪产假期间由雇主支付 80%薪酬。中国台湾地区规定的产假长度为 8 个星期，产假期间由雇主支付 100%薪酬；陪产假 5 天，陪产假期间由雇主支付 100%薪酬。

江苏省 2018 年 3 月 28 日通过了《江苏省妇女权益保障条例》，其第二十六条规定："在女方产假期间，鼓励男方所在用人单位安排男方享受不少于五天的共同育儿假。"这是我国大陆地区首次出现的由省级立法确认的育儿假。

资料来源：城市化观察网．产假、陪产假和育儿假：189 个国家和地区的比较//友善生育政策观察报告 2019.（2019－04－10）[2019－11－10]．http：//dy.163.com/v2/article/detail/ECDP5/PU0514CACI.html. 此处有删节。

四、生育的物质设备与技术

生育的物质设备与技术是指社会为生育行为提供的物质条件，包括生育时的医疗卫生条件、各种避孕节育技术的普及与安全有效的程度。

1949 年前，中国的医疗、卫生条件较差，公共卫生经验不足，霍乱、天花、麻疹、疟疾、细菌性痢疾等各种传染病时有发生，死亡率一直较高，婴儿死亡率更是高达 200‰左右。为弥补高死亡，必然要有高出生率。1949 年后，随着医疗卫生保健事业的发展，医疗卫生水平大幅提高，各级医疗卫生机构日益健全完善，婴儿死亡率迅速下降，从 1954 年的 138.5‰降至 1981 年的 34.68‰[①]、2012 年的 10.3‰[②]。死亡率的不断下降推动了生育率的下降。

随着科学技术的发展，避孕节育技术有了长足的进步，避孕措施包括绝育、宫内节育器、避孕套、口服避孕药和其他措施。绝育分为男性绝育与女性绝育，它是一种通过人为方法阻断精子与卵子相遇的通道，以达到永久性避孕的技术手段。宫

① 参考第三次全国人口普查数据。

② 曹少年．2012 婴儿死亡率下降到 10.3‰ 提前实现"十二五"医改目标．（2013－06－18）[2019－09－11]．http：//politics.people.com.cn/n/2013/0618/c99014－21878193.html.

内节育器是一种放置在子宫腔内、使机体产生应激反应的避孕器具，属于长效医控型避孕措施。避孕套是一种机械性屏障避孕措施，可分为男用避孕套与女用避孕套。口服避孕药的发展既同生殖医学基础研究的进步密切相关，也是美国女权运动与性革命的产物①，口服避孕药主要指短效口服避孕药及事后避孕片。其他措施包括皮下埋植、外用阴道隔膜、宫颈帽和阴道避孕囊、阴道杀精剂等，但使用者较少。

中国的避孕水平在全球最高。2010 年，约有 2.4 亿已婚育龄妇女采用了避孕措施，占全部已婚育龄妇女的 89.2%。② 此外，作为避孕失败的补救措施，人工流产在中国也很普遍。人工流产也称堕胎或中断怀孕，是一种故意结束妊娠、取出胚胎或导致胎儿死亡的行为。尽管人工流产在西方颇受争议③，但中国不对此做生命伦理方面的讨论。目前，中国的人工流产率处于全球中等水平。2010 年，约有 159 万位已婚育龄妇女施行了人工流产术，占全部已婚育龄妇女的 19.1%。④

已婚育龄妇女普遍采用避孕节育技术，与中国成功实施计划生育政策密切相关。早在 1970 年 9 月，中国就开始向全国免费供应口服避孕药，到目前为止，中国一直向有避孕需求的人群免费提供避孕药具。与此同时，避孕节育技术也是计划生育成功的核心路径，对生育率的下降具有决定性影响。⑤

五、生育观念

生育观念是人们对生育问题稳定的看法、态度和主张，包括两性为什么要结合，为什么要生育子女，理想子女数量、性别、生育时间和胎次间隔等。生育观念对人们的生育行为起支配作用，对生育率的变动起促进或阻碍作用。⑥

（一）生育意愿⑦

1798 年，马尔萨斯在《人口原理》中提出，若没有限制，人口数量会以几何级数增长，而食物却以算术级数增长，故从长远来看，人口数量与供养能力之

① 王存同．中国计划生育下的避孕节育：1970—2010．学海，2011（2）．

② 中国人口和计划生育年鉴（2011）．北京：中国人口和计划生育年鉴社，2011．

③ 赞同和反对的争论非常激烈，主要围绕道德、宗教和女性身体权三个方面的问题展开。就道德而言，反对者认为胎儿的生命属于胎儿，其他人不能随意剥夺胎儿的生存权利。就宗教而言，以基督教、伊斯兰教及犹太教为主导的国家（中东、欧洲及北非）认为，生命是神赐予的，只有神才有权取回生命。这个观念在大多数天主教国家尤为强烈。就女性身体权而言，赞同者则认为胎儿是女性身体的延续，当胎儿的存在对母亲构成影响时，母亲有权中止胎儿的生长。

④ 同②．

⑤ 同①．

⑥ 汤兆云．人口社会学．武汉：华中科技大学出版社，2010：65．

⑦ 除非特别注明，与生育意愿有关的内容均参考和引用杨菊华的两篇研究成果：杨菊华．意愿与行为的悖离：发达国家生育意愿与生育行为研究述评及对中国的启示．学海，2008（1）．杨菊华．生育意愿、生育行为和生育水平关系的理论分析//顾宝昌，等．二孩，你会生吗．北京：社会科学文献出版社，2014．

间必将出现巨大裂痕。时光流逝，20 世纪 60 年代后期和 70 年代，社会普遍认为，高生育率及由此引起的人口的快速增长导致人口过剩危机，并正在折磨广大的欠发达国家及其民众。然而，约 40 年后，世界上几乎一半的人口生活在生育率位于或低于更替水平的环境中，且几乎所有国家在未来的 20 年左右都将达到低生育水平。① 生育水平的普遍降低与人们的生育意愿密切相关，理想子女数量的减少是驱动生育转变的最根本动力。但现存研究表明，实际生育水平与生育意愿的偏离是不争的事实。②

意愿与行为的背离虽然同时发生在东西方发达国家和发展中国家③，但在这两种经济结构下的表现完全不一样（中国除外）。前者主要表现为意愿大于水平，后者则由于“非意愿生育”的普遍而表现出相反的规律。过去，学界主要关注高生育率情境下意愿与行为的背离；近年来，随着极低生育率国家的增多，学界也开始重视对低生育率情境下二者关系的探讨。研究发现，在多数西方发达国家，人们的理想孩子数多于意愿孩子数，后者又高于实际生育水平；但在美国，人们的意愿孩子数与实际生育水平之间存在惊人的一致性，均略超过 2.0。虽然日本近些年的实际生育水平降至极低水平，但日本夫妇的理想孩子数多年来变化不大(理想孩子数始终大于 2)，实际生育水平与理想孩子数的差距在不断扩大：1977 年相差 0.8 个，1987 年达到 1 个，2005 年升至 1.22 个。④ 生育意愿与实际生育水平的背离现象不仅在发达国家普遍存在，在包括中国在内的部分发展中国家也开始出现。

受生育政策的影响，中国育龄妇女的意愿孩子数低于更替水平和西方社会的平均水平。尽管意愿较低，但意愿大于行为的现象仍比较普遍。不仅一些大城市和发达地区如此，一些不发达地区也出现了这种现象。比如，上海白领的理想子女数是 1.7，而过去 10 年上海的总和生育率一直低于 1.0。在湖北省宜昌市的长阳和五峰土家族自治县，多数人希望生两个孩子，但他们近十年的总和生育率始终徘徊于 1.0 左右。此外，由于男孩偏好和对现有子女的性别结构不满意等原因，中国也存在“非意愿生育”现象，致使实际生育水平超过生育意愿。以上两种情况的并存，使得中国的人口态势既具有发达国家的特点，也具有发展中国家的特点，呈现出更为复杂的局面。

是什么原因导致人们不能实现自己理想的生育意愿？一是初婚年龄和头胎生育年龄提高。一些夫妻由于种种结构性和个人原因而反复推迟婚育。二是非意愿不孕不育，包括找不到一个合适的伴侣、婚姻解体、生理性不孕不育、由疾病引

---

① MORGAN P. Is low fertility a twenty-first-century demographic crisis? . Demography，2003 (40) .

② BONGAARTS J. Fertility and reproductive preferences in post-transitional societies//BULATAO R，CASTERLINE J. Global fertility transition. New York：Population Council，2001.

③ 周云．以日本为例看生育意愿和生育水平．人口研究，2011 (2) . BONGAARTS J. Fertility and reproductive preferences in post-transitional societies//BULATAO R，CASTERLINE J. Global fertility transition. New York：Population Council，2001.

④ 周云．以日本为例看生育意愿和生育水平．人口研究，2011 (2) .

起的不孕不育等。三是竞争性因素/养育孩子的机会成本。部分妇女虽然尚未实现理想的生育意愿，但并不打算继续生育。其原因之一可能在于某些结构性和非结构性因素与生育行为相互抗衡和竞争，驱使妇女停止生育。这些竞争性因素既包括对教育、职业和收入的追求，也包括从养儿育女的繁重责任中解脱出来等。四是养育孩子的直接成本。如在日本，是否生育的考虑因素呈现多样性的趋势，而经济因素始终占主流。

（二）其他生育观念

除生育意愿外，其他生育观念也作用于人类的生育行为。中国传统的生育观念对生育率具有很大的促进作用。如“四世同堂”“多子多福”“养儿防老”“重男轻女”等观念，在一定程度上促进了生育水平的提升。随着经济社会的发展，生育观念也发生变迁。在计划生育政策的宣传和执行下形成的“晚婚、晚育、少生、优生”“生男生女一样好”等现代生育观念在一定程度上促进了生育水平的下降。

一些风俗习惯也影响生育。比如，中国出生性别比失衡与曾存在的杀婴恶习有一定关系。陈达先生曾谈道：

> 我国的杀婴，或以为起源于周始祖后稷（尧时为农师），或以为起源于战国（前475—前221），但北齐（479—560）时《颜氏家训》（治家篇）始有比较翔实的记载。现在有些区域，大致因经济压迫，还不能废除杀婴的恶习。我国人口报告中的性别比例大致男性多于女性，其主因之一或是由于杀婴（特别是女婴）。①

又如，几内亚有一种风俗，凡是一对夫妇生育了十个孩子，地方就会为他们热烈庆贺，这种风俗无疑有助于提高当地的生育水平。但是，也有些风俗习惯抑制了生育水平的提高。非洲许多地区过去流行的一种习俗是，妇女在产后18个月至3年的哺乳期内必须禁欲。在西非的语言中，往往用一种动物的名字来形容两个孩子出生间隔很近的妇女，或说“这人很淫”。显然，这种风俗习惯会在某种程度上遏制过高的生育率。印度也存在类似对产后性生活的禁忌，即禁止妇女在产后几个月、一年或更长的时间内有性生活。

六、人口政策

人口政策，狭义地看，是一个国家根据本国人口增长过快或人口停止增长乃至出现负增长而采取的政策措施。如调节外来人口流入本国的移民政策、影响人民总体健康水平的死亡政策、决定一国内部人口迁移的人口分布政策，以及影响人口生育状况的生育政策。② 这里重点介绍与生育有关的政策——家庭计划和中国的计

① 陈达．人口问题．北京：商务印书馆，1934：3.

② 苏瑞福．新加坡人口研究．厦门：厦门大学出版社，2009：193.

划生育政策。

(一) 家庭计划

家庭计划(family planning),也称家庭生育计划,指以家庭为单位各自考虑其经济条件和妻子的健康状况而有意识地安排生育数量和生育间隔的措施。20世纪30年代英国首先使用这一名称,后来逐步在一些国家流行。早期家庭计划的核心是节制生育。美国节制生育运动的创始人是桑格夫人(Margaret Sanger,1879—1966),她在推行节制生育上起了重要的作用,被称为"避孕之母"。二战后,桑格夫人联合日本、印度两国从事家庭计划工作的妇女,于1952年成立了国际计划生育联合会。该联合会的宗旨是:为了人类的家庭幸福、社会福利和世界友好,要通过发展教育和科学研究来促进人类普遍接受家庭计划。到1983年,已有119个国家和地区的全国性家庭计划机构加入了该联合会。[①] 家庭计划发展至今,仍然被诸多国家采纳。

各国由于经济社会发展水平及人口状况的不同,家庭计划机构的性质也有所不同。有些国家的家庭计划机构属于民间组织,政府给予其资金、场地、宣传等方面的支持;有些国家的家庭计划机构属于政府组织,将家庭计划工作纳入国家人口规划。随着人口形势的变化,家庭计划的内容也在不断完善。早期的家庭计划主要倡导节制生育;面对人口增长速度过快的现象,也有些国家通过规定结婚年龄、生育年龄、生育间隔等方式降低人口出生率,限制人口增长。如今伴随生育转变的浪潮,许多国家的总和生育率低于更替水平,为促进人口的持续发展,家庭计划的内容也随之调整,由限制生育转变为鼓励生育。

限制生育的家庭计划始于20世纪50年代初,60年代后得到相对普及。东南亚国家和地区是实施限制生育的家庭计划较早且收效显著的国家和地区。1951年,印度政府开始推行家庭计划政策。随后,巴基斯坦、斯里兰卡、韩国、新加坡、中国香港地区等都采取了家庭计划和人口控制政策,收到了不同程度的效果。20世纪70年代末,哥伦比亚、多米尼加、墨西哥等国正式推行控制人口政策。非洲实施限制生育政策的国家相对较少,埃及、突尼斯等国自20世纪60年代起正式推行控制人口政策,收到了一定的效果。多数控制人口增长的政策是在国民自愿的基础上实施的,采取强制措施限制多生的国家很少。[②]

与大多数发展中国家人口过快增长不同,许多发达国家的总和生育率降到了更替水平以下,甚至出现了人口负增长的局面。法国、德国、俄罗斯、瑞典等国的政府对各自国家的低生育水平表现出较大的担忧,并试图通过给生育者提供补贴和优惠配套措施,营造有利于组建家庭及生儿育女的社会和制度氛围,鼓励生育,以达到促使生育率止跌回升的目的。[③] 面对国内较低的生育水平,新加坡、

---

① 郑伟志,徐新.家庭社会学导论.上海:上海大学出版社,2006:153-155.

② 李辉.人口社会学.北京:中央广播电视大学出版社,2012:29.

③ 杨菊华.关于我国生育政策与生育水平的几点思考.南京人口管理干部学院学报,2011(2).

日本、韩国等国的政府对生育的态度也发生了变化。韩国政府从2003年开始彻底改变了20世纪60年代以来推行的“小规模家庭计划”，并为没有尽早鼓励生育而后悔。韩国计划生育政策的改变从其宣传口号中可见一斑：20世纪60年代，韩国开始提倡计划生育，号召民众“不要像乞丐一样生育”；20世纪70年代，提出“儿女一样、两个正好、优生优育”的口号；20世纪90年代前期，政策进一步收紧，倡导“一个正好，两个多了”。2004年，韩国的宣传口号发生了彻底转变：“爸爸，我不想自己一个人；妈咪，我想要弟弟和妹妹。”①

（二）中国的计划生育政策

1. 计划生育政策与经济社会发展

中国的计划生育政策既是为了家庭的利益在家庭范围内实施的生育计划，又是为了国家民族的利益在国家范围内实施的人口发展计划；计划生育既是夫妻的个人行为，又是政府的宏观调控行为。计划生育部门的职责不仅在于指导夫妇做好家庭生育计划，还要动员和组织社会力量控制人口增长，促进经济社会的快速发展。因此，中国计划生育领导管理机构就逐步明确成为政府机构的一部分，领导管理职能也逐步强化。计划生育政策不仅提供避孕用具，而且自始至终将提高人口素质作为政策的重要目标之一，以达到人口、经济、社会、资源和环境可持续发展的目的。②

新中国成立后，人民的生活水平得到稳步发展，医疗技术水平得到较大改善，社会保障覆盖率逐步扩大。在社会政治经济相对稳定的情况下，中国人口死亡率迅速下降，在1950—1957年迎来了人口的第一次出生高峰。当时，马寅初意识到大量人口将给中国的社会经济发展带来不利影响，提出了“计划生育”概念以控制中国人口的过快增长。但由于该观点与毛泽东“人多力量大”的观点相左，控制生育的思想并未落实。继1959—1961年三年严重困难时期出生率下降后，中国于1962—1972年迎来了因补偿生育引起的第二次出生高峰。两次出生高峰的到来，使得中国人口规模迅速增长，加剧了人口与经济社会发展之间的矛盾。1979年，中国正式推行计划生育政策。

中国的计划生育政策提倡一对夫妻生育一个子女，部分人群可育二孩，并通过征收社会抚养费、人工流产控制计划外生育，在控制人口数量增长方面成效卓著。中国人口占世界人口的比重从改革开放初期的22%降至2010年的19%。第六次全国人口普查数据显示，中国人口年平均增长率降至0.57%，总和生育率很低，表明中国进入了低生育水平时期，人口过快增长的问题得到了根本缓解。

简言之，计划生育政策的严格实施，使我国人口在短期内迅速地由高生育率

---

① 杨菊华．关于我国生育政策与生育水平的几点思考．南京人口管理干部学院学报，2011（2）．杨菊华．中国的最低生育率：一个全球和地方视角分析．中国研究，2009（10）．

② 杨菊华．生育政策与少儿福利．哈尔滨：哈尔滨出版社，2007：9-10.

向低生育率转变。这在很大程度上缓解了人口规模庞大及增速过快对社会、经济、资源和环境的压力，促进了经济社会的可持续发展。首先，出生人口数量的减少，可增加人口的教育投资，进而有助于提高整体人口的素质。其次，人口生育在短期内完成转变，可使我国形成一个劳动力资源丰富、抚养比较低、有利于经济发展的“人口红利”期。再次，控制人口政策的实施，减少了消费，增加了积累，提高了社会储蓄率。又次，人口总量的减少降低了对食物、水等自然资源的需求，减少了生活和工业垃圾的排放，缓解了人口对资源和环境的压力。最后，计划生育政策缓解了就业压力，有利于社会的和谐与稳定。

然而，严格控制人口出生数量的计划生育政策也产生了一些负面影响，如导致人口老龄化速度过快、出生性别比失衡，这给我国的经济社会发展带来了新的挑战。为此，国家对生育政策进行了调整：2013 年启动实施“单独二孩政策”；2015 年启动实施“全面二孩政策”。

2. 计划生育政策对生育转变的影响

我国生育转变的主要动力机制有别于西方国家。如果说西方国家的生育转变是在经济发达后人们自觉控制生育的结果，那么中国的生育转变则是在经济发达之前出现的，是政府主导的、由计划生育政策强制执行的生育转变。因此，在我国生育转变的过程中，政治力量干预的作用大于生育观念的转变。[①]

由于计划生育政策的重要作用，许多学者在对生育转变的影响因素进行分析时，既对计划生育政策与社会经济因素进行横向比较，又将其对生育转变的影响放置在不同历史时期进行纵向对比。总体而言，计划生育政策作用于生育转变的强度趋于减弱。

在 20 世纪 80 年代末，中国生育率在短期内迅速下降的主要原因是计划生育政策的实施，其他社会经济因素只起辅助性作用[②]。进入 90 年代后，在社会经济发展、计划生育政策实施、婚育观念转变等因素的综合作用下，我国的总和生育率降至更替水平以下，计划生育政策的作用开始弱化，但社会经济因素的影响程度在提高。具体而言，在 20 世纪 70 年代，计划生育政策起着主导作用；在 20 世纪 80 年代，计划生育政策与社会经济发展二者的作用基本达到了平衡；而在 20 世纪 90 年代，社会经济发展的作用成为主导。[③] 杨菊华从生育转变的不同时期的角度，探讨了生育政策对生育转变的影响。杨菊华认为，在生育转变早期，生育政策极大地改变了人们的生育意愿，重塑了人们的生育打算和生育抉择，制约着人们的生育行为；在后生育转变时期，当人们摒弃了多子多福的生育观念后，政策只是生育行为的一个影响因素，其作用越来越小。[④] 可见，社会经济因素、计划生育政策与生育转变之间呈现一种动态平衡的关系。

---

① 佟新．人口社会学．北京：北京大学出版社，2010：330.

② 秦芳芳．中国计划生育对生育率影响的评估．中国人口科学，1987（2）.

③ 陈卫．“发展-计划生育-生育率”的动态关系：中国省级数据再考察．人口研究，2005（1）.

④ 杨菊华．关于我国生育政策与生育水平的几点思考．南京人口管理干部学院学报，2011（2）.

第四节 生育转变理论

在过去半个世纪中，不管是发达国家，还是包括中国在内的部分发展中国家，都先后经历了由高生育率向低生育率的转变。针对该现象，学界形成了诸多生育转变理论，下面分别介绍几个较有代表性的理论。

一、生育的经济学分析

（一）边际孩子合理选择理论

20 世纪 50 年代，莱宾斯坦（Harvey Leibenstein，1922—1994）最早用微观经济学的理论来考察家庭生育决策，以家庭效用最大化理论模型进行孩子生产的成本-收益分析。在 70 年代中期至 80 年代初期，莱宾斯坦对成本-收益理论模型进行了充实和完善，形成了边际孩子合理选择理论（后来也称 X-效率理论）。在《超越经济人》（1976）一书中，莱宾斯坦系统论述了边际孩子合理选择理论，提出了人们的行为并非必须通过效用最大化模型来实现，即并非必须通过付出最小成本以获取最大限度效用——经济人的行为方式来实现，而可以通过合理选择来实现的观点。

通过将合理选择理论用于分析家庭生育决策，莱宾斯坦建立了边际孩子合理选择模型①。其基本含义是，不同家庭由于社会、经济、文化等因素的不同，对孩子数量的期望各不相同，它们可以通过对第 n 个孩子带来的效用与负效用的比较、均衡，来决定生育第 n 个孩子是否可取。

人们决策的依据主要有两点：

一是基于边际孩子生产的成本-收益分析。莱宾斯坦认为，对边际孩子的取舍，不仅直接影响家庭抚养孩子的费用支出及其效用的获得，而且不同位次的边际孩子效用给家庭带来的相应收入也不同（见图 3-4）。通常，位次高的孩子的效用（U_n 曲线）比位次低的孩子的效用（U_{n-1} 曲线）小，而位次高的孩子的负效用（D_n 曲线）比位次低的孩子的负效用（D_{n-1} 曲线）大。与此相联系，位次高的孩子给家庭带来的相应收入总比位次低的孩子少（Y_1 小于 Y_2）。在这种分析比较之下，家庭往往会舍掉高位孩子而做出少生孩子的决策。

---

① LEIBINSTEIN H. Beyond economic man. Cambridge, Mass: Harvard University Press, 1976. LEIBINSTEIN H. Beyond economic man: economics, politics, and the population problem. Population and development review, 1977 (3). LEIBINSTEIN H. Economic decision theory and fertility behavior. Population and development review, 1981 (7).

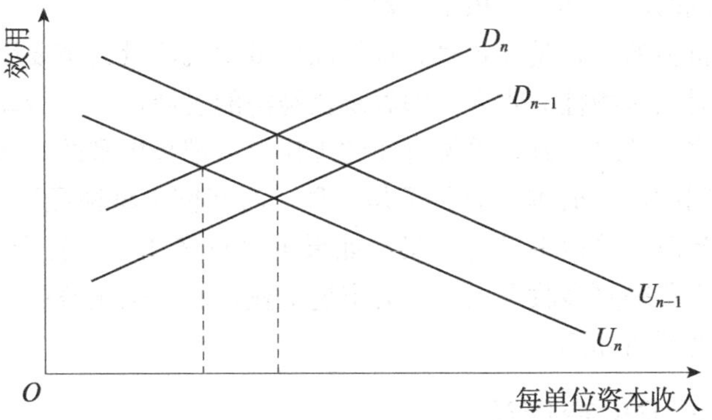

图 3-4 不同位次的边际孩子效用与给家庭带来的相应收入

资料来源：LEIBINSTEIN H. A interpretation of the economic theory of fertility：promising path or blind alley. Journal of economic literature，1974（12）.

二是基于边际孩子生育可否维持家庭社会经济地位的判断。维持家庭地位的三种费用分别为：用于购买维持家庭地位的商品的支出，用于抚养孩子的支出，用于家庭日常生活的支出。在家庭收入一定的情况下，这三种费用支出互相制约并此消彼长。家庭日常生活必需品的支出是必需的，可选择的是其他两类支出。为保持已有地位，人们通常倾向于选择购买维持家庭地位的商品，而相对减少抚养孩子的费用支出。在这种情况下，人们选择边际孩子的位次较低，且高收入家庭组比低收入家庭组更可能只要较少的孩子。

（二）孩子数量质量替代理论

继莱宾斯坦之后，贝克尔（Gary Becker，1930—2014）运用经济学中的消费行为和消费需求理论来分析家庭人口的生育行为，创立了孩子数量质量替代理论。其基本观点是，育龄妇女以提高孩子质量来替代增加孩子数量。家庭主要基于以下三条准则做出选择：

一是家庭效用最大化是家庭行为的基本原则。贝克尔认为，在家庭收入一定的情况下，父母将收入用于在市场上购买各种商品和抚育孩子；在这两者之间，父母必须做出收入使用的分配选择，而能使父母获得最大限度满足的家庭效用就是最大化的效用。

二是孩子数量质量替代的相互关系的存在，使家庭可对其生育行为做出有利选择。贝克尔在与刘易斯合著的《论孩子数量和质量之间的相互关系》（1973）的论文中指出，孩子数量与质量之间有一种特殊关系，彼此相互作用，首先表现为孩子数量与质量之间的相对替代性。孩子可以说是一种耐用消费品，花费在孩子数量和质量上的支出会随收入的增加而增加。但是其数量弹性小于质量弹性，即对孩子质量需求的上升程度大于对孩子数量需求的上升程度。避孕知识变量的加入，可使这种相对替代转变为绝对替代。[①] 换言之，增加避孕知识可在提高家

---

① BECKER G，LEWIS G. On the interaction between quantity and quality of children. Journal of political economic，1973（81）.

庭孩子质量的同时减少其生育孩子的数量。①

三是时间价值的上升是导致家庭选择以质量替代数量的主要因素。时间价值是指耗费单位时间所牺牲的收入。随着现代经济的发展，社会劳动生产率普遍得到提高，工资率也随之上升，单位时间的工作可以带来更多的收入，从而提升了时间价值或时间的机会成本。而孩子是一种“时间密集型商品”，抚养孩子要花费大量时间；当时间价值上升时，父母如果生育较多孩子，就会损失家庭收入。当父母更愿意为获得更多收入在劳动力市场就业，而不愿花费更多时间照顾孩子时，生育水平就开始降低。②

(三) 供给-需求生育理论

伊斯特林（Richard Easterlin）和克里明斯（Eileen Crimmins）在《生育率革命：一种供求分析》(1985) 一书中，运用供给-需求理论，分析了生育决策机制，探讨了生育率和人口转变问题。

在遵循西方流行的分析路径（中介变量）的基础上，该理论提出了三个对生育率有决定性影响的核心变量，分别为孩子需求（Cd）、孩子供给（Cn）、调节生育率成本费用（Rc）。孩子需求是指当生育控制的（经济和心理）成本几乎为零时，一对夫妇想要的能存活的孩子数。孩子供给是指在不存在故意限制家庭规模的情况下，一对夫妇会有的存活孩子数。调节生育率成本费用是指调节生育率的经济成本和心理成本，后者更为重要。③

该理论将生育率转变机制与现代化发展过程联系起来考察，认为在现代化发展初期，往往 Cn<Cd，人们基本没有生育控制的动机。即便 Cn>Cd，如果生育控制费用大于生育控制动机，那么人们的生育也会接近于潜在的自然生育率。但是，伴随现代化发展和社会进步，Cn<Cd 的状况得到扭转，人们的生育控制动机也由此增强。随着避孕技术的推广和普及、控制生育的成本费用下降，人们开始有意识地节制生育。

可见，供给-需求理论对孩子需求、孩子供给、调节生育率成本费用三个核心变量的分析不是孤立的，而是将其放置在一个包括基本决定因素、直接决定因素、所生孩子数量（生育率）的理论框架中进行综合性分析（见图 3 5）。作为基本决定因素的社会现代化变量（教育、城镇化、公共卫生和保健的改进、新产品的传播、家庭计划的实施），通过三个核心变量作用于直接决定因素（婚配、产后不孕期、避孕手段、流产等），从而影响人们的生育行为和生育水平。该理论通过引入现代化理论与中介变量，突破了微观分析的范畴，将微观分析与宏观分析结合了起来。

---

① 贝克尔．生育的经济分析（1960）//北京大学经济人口研究室．控制人口与发展经济（二）．北京：北京大学出版社，1985：179.

② BECKER G S. A theory of the allocation of time. The economic journal，1965（75）.

③ ESTERLIN R，CRIMMINS E. The fertility revolution：a supply-demand analysis. Chicago：University of Chicago Press，1985：14－15.

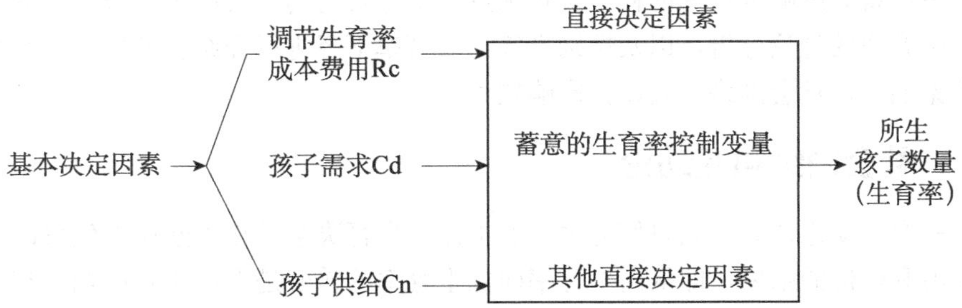

图 3-5　供给-需求理论模型综合分析的理论框架

资料来源：ESTERLIN R，CRIMMINS E. The fertility revolution：a supply-demand analysis. Chicago：University of Chicago Press，1985：13.

(四) 代际财富流理论

卡德威尔（John Caldwell）在分析生育率变动的社会机制时提出了代际财富流理论，认为生育率下降的根本原因是家庭代际关系的现代化革命，以及家庭内部经济结构（特别是代际财富流）的变化。

卡德威尔认为，财富流是指一个人提供给另一个人的金钱、物品、服务以及担保等。而用“财富”这个术语来代替“收入”，是为了强调它并不限于货币。[①] 代际财富流流向有两个：一是从父代流向子代，二是从子代流向父代。当净财富由子代流向父代时，生育子女对父母来说有利可图，从而会增加父母对子女的需求，导致高出生率。当净财富由父代流向子代时，生育子女对父母而言无利可图，从而会降低父母对子女的需求，导致生育率下降。[②]

代际财富流的流向因社会生产方式不同而异。在原始社会与传统社会，净财富流由子代流向父代；在现代社会，净财富流的流向刚好相反，即由父代流向子代，而这正是生育转变的重要动因。[③]

二、生育的社会学分析

在 1974 年布加勒斯特世界人口会议的辩论中，“发展是最好的避孕药”这一观点给人留下了深刻印象。当时人们普遍认同经济发展与生育率转变密切相关，即经济发展水平有助于生育率的下降。然而，这一观点存在局限，即它无法解释经济发展水平相同的国家和地区的生育水平存在的差异。为此，一些学者尝试从社会文化、社会心理、社会流动等视角对其进行分析。

---

① 卡德威尔．生育率下降的财富流理论//顾宝昌．社会人口学的视野．北京：商务印书馆，1992：270.

② CALDWELL L. Toward a restatement of demographic transition. Population and development review，1976（2）.

③ CALDWELL J. Theory of fertility decline. New York：Academic Press，1982：134，139.

下面将对影响生育率的社会文化观点、生育行为的社会心理学分析、社会流动和生育率的理论分析，以及性别平等与生育率下降进行介绍。就社会文化角度的理论而言，社会网络和互动论影响较大。

(一) 社会网络和互动论

社会互动论认为，人口作为生育的主体，生育决策是在观察他人生育的过程中学习和模仿的结果，即从高生育率向低生育率的转变是人们相互影响、相互学习的结果。

沃特金斯（Susan Watkins，1938—　）和邦戈茨在 20 世纪 60 年代对 69 个发展中国家的生育率进行了调查研究，认为社会互动是引起生育率下降的一个重要因素，而在现有研究中该变量受到忽视。社会互动主要发生在三个层面：个体与个体之间相互联结的网络，民间网络通过语言相联系的社区间的社会互动，在全球社会中联结国家的全球渠道。人们在个体、民间、国家三个层面的互动中，相互交换信息、相互学习、相互模仿，进而作用于生育行为。他们发现，当一些国家的生育率下降后，在社会互动的作用下，其邻国的生育率也会随之下降。[①] 在解释生育率地区差异的原因时，寇尔（Ansley Coale，1917—2002）认为，生育率下降的机制是生育观念转变和对新的避孕技术的接受，但它们均不会同时出现在所有人当中，而是从少量先行者逐渐传播到其他人，而传播的机制在很大程度上是亲朋好友之间非正式的、私人的模仿和交流。在拥有共同语言和共同文化的地区，这种模仿和交流比较容易发生。[②]

在现代社会，受大众传媒普及性、及时性、现代性等特点的影响，地区之间、国家之间的边界日益模糊，不同地区和国家之间的社会互动更为频繁和紧密，社会网络和社会互动通过大众传媒对生育率的影响可能更大。

密歇根大学教授索顿（Arland Thornton，1944—）提出了“发展理想主义”（developmental idealism）的概念和理论框架，解释了价值观传播的原因和后果[③]。发展理想主义本质上是一种现代观念的传播，其传播有很多机制，最重要的就是通过教育、大众媒体、旅行和移民、欧洲殖民、基督教教义进行传播。发展理想主义是家庭生活和行为转变的重要原动力。发展观念最初起源于欧洲，后渐渐传播到欧洲以外的地区。它先是在与欧洲有相同文化根基、说同样语言的地区传播，后来渐渐扩张，通过旅行者和学者影响到同时期其他地区的人。在这个传播过程中，学者的研究成果被广泛翻译、传播，影响到欧洲以外的精英圈。学校、大众媒体（广播、电视、互联网等）同样也发挥了重要的作用，除此之外，欧洲殖民也促进了发展理念的传播。工业化和城市化、政治和经济运动、联合国

---

① COALE A，WATKINS S. The decline of fertility in europe. Princeton，N. J.：Princeton University Press，1986.

② COALE A. The demographic transition. IUSSP liege international population conference，1973.

③ THORNTON A. Reading history sideways：the fallacy and enduring impact of the developmental paradigm on family life. Chicago and London：The University of Chicago Press，2005.

和其他国际机构都有利于发展理念的传播和影响的扩大。作为家庭转变的一个重要维度，生育行为的转变——孩子数量由多到少这个下降的过程也可以用发展理想主义框架来解释。

(二) 生育行为的社会心理学分析

社会心理学家早就意识到人类的生育行为会受心理因素或动机的影响。概括而言，对生育行为的社会心理学分析依次经历了个体动机论、社会动机论、个体-社会二元动机论的发展历程。①

1. 个体动机论

个体生育决策理论认为，生育行为主要受夫妇个人的生育心理或动机的影响，是其对各种生育模式权衡利弊、效用最大化选择的结果。当利大于弊时，人们倾向于多生；当利小于弊时，人们倾向于少生。

1967 年，弗里德曼对发展中国家的高生育率进行了研究，并创建了“子女价值”概念，分析了发达国家与发展中国家生育选择存在差异的原因。他认为，影响子女价值的因素共有九个：一是社会的延续、传统和社会保障，二是对父母的满意程度，三是角色动机，四是幸福和爱情，五是生育子女的目标和动机，六是子女社会地位，七是养育子女的外在因素，八是对子女成本的看法，九是养育子女的决策。在对以上九大因素的分析中，弗里德曼明确了影响人们生育决策的主要变量。②

2. 社会动机论

社会动机论拓展了个体动机论只关注子女价值的研究领域，强调个人的生育受制于社会或文化针对生养孩子形成的规范，其影响程度与个人愿意遵守生育规范的程度成正比。社会动机论认为，妇女的生育动机是个人发展决策、家庭环境决策、社会规范压力综合作用的结果。该理论尤其强调社会规范对妇女生育决策的影响，认为作为生育行为主体的妇女在很多情况下只能从社会期望出发，而难以按照个人偏好进行自由决策。③

3. 个体-社会二元动机论

生育的二元动机论综合了个体动机论和社会动机论，认为生育决策是个体动机与社会规范二元互动的结果。汤森德（John Townsend，1952— ）在对生育的研究中发现，夫妻决策、孩子价值理论、家庭规模大小等因素会对生育决策产生影响。他认为人类的生育行为是个人和社会互动的结果，会同时受到个人生育

---

① 庄渝霞．资本与行动．上海：上海人民出版社，2009：30.

② FREEDMAN R. Application of the behavioral sciences to family planning programs. Studies in family planning，1967（1）．庄渝霞．资本与行动．上海：上海人民出版社，2009：30.

③ ROSENSTIEL L，OPPITZ G，STENGEL M. Motivation of reproductive behavior：a theoretical concept and its application// HOHN C，MACKENSEC R. Determinants of fertility trends：theories re-examined. 1982：79－93. 庄渝霞．资本与行动．上海：上海人民出版社，2009：30，31. KENRICK D，LI N，BUTNER J. Dynamical evolutionary psychology：individual decision rules and emergent social norms. Psychological review，2003（110）.

动机和生育规范的影响。因此，在生育研究中，他倡导采用文化扩展的研究框架进行分析，既需要从微观个体和家庭层面研究生育，又需要从社区层面研究生育。①

（三）社会流动和生育率的理论分析

社会流动有垂直流动和水平流动之分。垂直流动主要是指人口社会地位（社会阶层）的上升或下降；水平流动是指人口在地域空间的流动，即通常所说的迁移流动。不管是垂直流动还是水平流动，均会对生育产生影响。

1. 垂直流动和生育率的理论分析

诸多人口社会学者认为，垂直流动与生育率之间负向相关。其中，最有影响的理论是法国学者杜蒙特提出的社会毛细管论。该理论认为，向上的社会流动有助于降低生育率（详见第二章）。

美国也有一批人口学者探讨了垂直流动与生育率的关系，得出了两个重要的观点：其一，凡是参加社会流动的人口，其生育率均低于非流动人口；其二，在全部流动人口中，向上流动者的生育率明显低于向下流动者的生育率②。

2. 水平流动和生育率的理论分析

水平流动（迁移流动）也对生育率的下降有积极影响。西方人口学者在探讨其影响机制的过程中，形成了适应理论、选择理论、干扰理论、中断理论。③

适应理论认为，农民的思想观念、生活方式、生育需求和生育行为等还没有完全城镇化，因此其生育水平较高。当他们从农村迁移流动到城镇后，伴随时间的推移，其生育观念、生育行为等会逐渐与城镇人口相适应，他们会逐渐改变和放弃原有的生育观念和生育行为，从而实现向城镇人口低生育水平的转变。

选择理论认为，迁移流动不是所有人的共同行为，而只发生在具有某些特征的人身上。迁移流动人口通常较为年轻、受教育程度较高、事业心较强。因具有较强烈的发展需求，所以他们在迁移流动过程中会有意识地控制自己的生育行为，如控制生育年龄、生育时间、生育间隔、生育数量。对于发展型的迁移流动者而言，他们不需要经过适应过程，就可以实现较低的生育水平。

干扰理论认为，迁移流动者在迁移流动的过程中，面临的紧张、不安，以及承受的心理负担和社会压力，会使绝大多数迁移流动者不愿意在该阶段生育孩子。换言之，人口迁移流动过程本身给迁移流动者的生育行为带来了干扰。

中断理论假设，人口迁移流动模式为个体迁移流动或个体迁移流动很久之后才实现举家迁移。这种个人式或递进式的迁移流动会造成夫妻分居、性生活中断，从而降低妻子的受孕机会和生育率。

以上四种理论分别从不同视角阐释了迁移流动作用于生育率下降的机制。

---

① TOWNSEND J. Reproductive behavior in the context of global population. American psychologist, 2003 (58). 庄渝霞．资本与行动．上海：上海人民出版社，2009：31.

② 李竞能．现代西方人口理论．上海：复旦大学出版社，2004：85.

③ 默顿斯．人口迁移的影响．人口资料，1985 (7).

(四) 性别平等与生育率下降

性别平等理论由麦克唐纳德(Peter McDonald)于2000年提出，该理论将性别平等分为两个维度——家庭内部的性别平等(family-oriented institutions)和家庭外部市场机构的性别平等(individual-oriented institutions)，分析了性别平等在这两个维度上的变化趋势与生育率下降的关系①。

该理论提出了几个重要的命题：(1)个体男性、女性共同促进了生育率下降；(2)持续的低生育率会促进社会结构的变化，改变女性生活；(3)在生育状况转变前，生育率高是由社会结构决定的；(4)从高生育率向低生育率的转变，伴随着妇女在家庭内部地位的上升；(5)当外部市场的性别平等上升到高水平，而家庭内部依然处于性别不平等状态时，低生育率出现。

图3-6更直观地展示了性别平等的发展历程。家庭内部的性别平等是一个缓慢的发展过程，女性在家庭内部地位的提高成了生育率下降的必要而非充分条件。当女性在家庭中的决策权尤其是生育自主权提高时，即使女性在外部劳动力市场的状况没有发生变化，生育率也会随之下降，这就是生育转变的过程。而当社会发展到一定阶段时，女性逐渐参与市场劳动。随着经济地位的提高，女性在劳动力市场上的地位迅速提高，但此时家庭内部的性别平等依然以一个很缓慢的速度提高，家庭内部与家庭外部的性别平等出现了不匹配的巨大差距，更通俗地讲，出现了女性"既主内又主外"的局面。一方面，女性要跟男性在劳动力市场上公平竞争，另一方面，在家庭内部，女性仍然是家务劳动的主要承担者，这样的错位导致了极低生育率的出现。女性只能通过少生孩子来实现工作与家庭的平衡。韩国、日本等一些国家超低生育率的出现在一定程度上验证了这个理论。

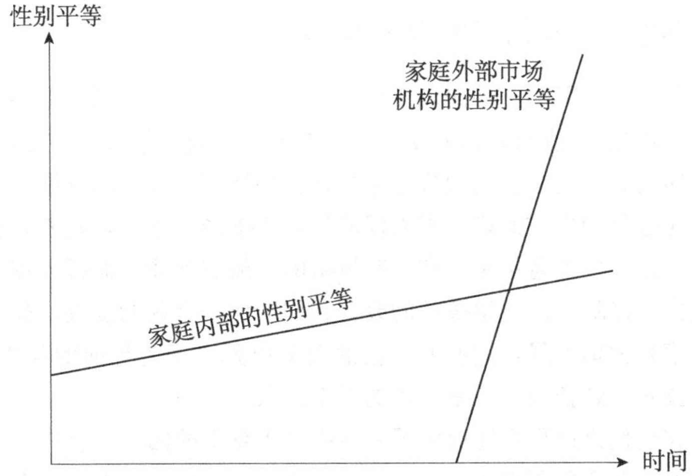

图3-6 性别平等的发展历程

---

① MCDONALD P. Gender equity in theories of fertility transition. Population and development review, 2000 (26).

三、生育的宏观分析

生育率的宏观分析是指对社会总体生育水平的长期动态研究。相关的生育转变理论主要涉及生育率长期效应，现代化、城镇化与生育率变动等方面的内容。

（一）生育率长期效应分析

人口经济增长波动理论的代表人物之一伊斯特林在《人口、劳动力和经济增长长波》（1968）一书中论述了经济变量对生育率变动的“长期效应”问题①。

伊斯特林在对美国人口经济增长长波的研究中发现，与国民生产总值的波动相比，一些人口指标（如生育率、迁移率、失业率和居民户增长率）呈现明显的滞后性特征。而且一些经济变量（如收入水平、消费期望水平）与生育率之间有较强的相关关系：在收入水平一定时，消费期望水平与生育率负向相关，而消费期望水平一般又会在代与代之间呈现很强的传递或影响关系。

据此，伊斯特林对美国 20 世纪 40—60 年代生育率波动的机制进行了阐释。美国 40—50 年代之所以出现“婴儿潮”，是因为美国在该时期处于战后经济恢复与发展时期，较高的工资率使该时期进入劳动力市场的劳动力人口可以获得较多的收益，这不仅提高了人们的期望消费水平，还刺激人们提高了生育水平。60 年代以后，绝大多数美国家庭的相对收入呈现下降趋势，为了不降低其现实消费水平，美国生育率开始明显下降。可见，美国生育率的长期效应持续了 20 年左右，即从 40 年代的生育波峰到 60 年代的生育波谷。

（二）现代化、城镇化与生育率变动

现代化是人类文明的一种深刻变化，其过程至少应该包括农业经济向工业经济的转变（工业化）、农村人口向城镇人口的转变（城镇化）、东方式家庭向现代核心家庭的转变、传统社会向现代化个性社会的转变、技术的发展。

在现代化过程中形成的诸多因素促使生育率下降。首先，随着社会保障制度的日益完善，孩子作为老年保障和抵制风险的价值在下降，而抚养孩子的成本却在提高。其次，伴随医疗卫生条件的改善和妇幼保健事业的发展，死亡率（尤其是婴儿死亡率）大幅下降，这有利于彻底改变以死亡率为导向的高生育率模式。最后，避孕技术得到普及，控制生育的成本降低。

此外，在现代化过程中还形成了一些提升生育率的因素。首先，妇女劳动参与率的提高、就业竞争压力的加大、奶粉产业和托幼机构的发展，会缩短妇女的

---

① EASTERLIN R. Population，labour force and long swings in economic growth. New York：NBER，1968：6. 李竞能．现代西方人口理论．上海：复旦大学出版社，2004：86.

哺乳期，这为怀孕提供了条件。其次，再婚率的上升在一定程度上提高了生育率。①

城镇化是现代化的一个重要组成部分，有些学者专门探讨了城镇化水平与生育率之间的关系。城镇化水平对于妇女总和生育率而言是一种绝对值递增的负效应，城镇化水平每提高一定的量，妇女总和生育率就降低一定的幅度，且城镇化水平提高得越多，妇女总和生育率降低的幅度越大。②

四、中介变量理论

中介变量理论是20世纪末最流行的现代西方生育理论，由20世纪50年代美国人口学家戴维斯和布莱克（Judith Blake）提出。该理论指出，社会经济因素对生育过程以及生育率的影响不是直接的，而是通过中介变量间接地起作用(见图3-7)。

图3-7 社会经济因素影响生育率的路径图

资料来源：DAVIS K，BLAKE J. Social structure and fertility：an analytic framework. Economic development and cultural change，1956 (4).

1956年，戴维斯和布莱克在其合著的《社会结构和生育率：一种分析框架》中，对中介变量理论做了系统论述。他们认为，性交、怀孕和分娩是生育的三个直接决定因素，通过对其进行分析，可展示社会结构对生育的影响。具体而言，共有11个变量影响性交、怀孕和分娩，因其对生育率有直接影响，故被称为中介变量（也有学者译为“中间变量”，intermediate variate)。其中，影响性交的变量有6个，分别为性交开始的年龄、永久独身的比例、生育期内不在婚状况、自愿节育、不自愿节育、性交频率；影响怀孕的变量有3个，分别为非自愿原因造成的不孕、避孕、绝育；影响分娩的变量有2个，分别为非自愿原因造成的中止妊娠、自愿中止妊娠。

这11个中介变量对生育率具有重要影响，且这些变量的影响会因社会经济发展水平而异。如在不发达社会，较高的生育率往往缘于性交开始的年龄小、永久独身的比例低、避孕和绝育的状况不普遍，且自愿节育和自愿中止妊娠的比例通常较低。而非自愿节育、性交频率和不孕很难说明前工业社会与工业社会之间的差别。③

20世纪50年代，正是经济学理论盛行的年代，这使得戴维斯和布莱克提出

① United Nations. Fertility and family. International conference on population proceedings，1984. 李竞能. 现代西方人口理论. 上海：复旦大学出版社，2004：88.

② 尹文耀，于秀媛. 论城市化与边际妇女总和生育率. 人口学刊，1990 (4).

③ DAVIS K，BLAKE J. Social structure and fertility：an analytic framework. Economic development and cultural change，1956 (4).

的中介变量理论在相当长的时间里没有受到重视。20 世纪中后期，美国人口学家邦戈茨对中介变量进行了发展与完善，使其更易于进行定量分析；再加上研究资料的丰富和计算机技术的发展，使得该理论开始流行并成为生育率理论研究的主流。

邦戈茨认为，戴维斯和布莱克的中介变量理论虽然有较高的价值，但中介变量数量过多，难以建立定量化的分析模型。针对这一研究不足，邦戈茨于 1978 年提出邦戈茨生育模型，其表达式为：

$$TFR = Cm \times Cc \times Ca \times Ci \times TF$$

该模型共有 4 个中介变量，邦戈茨将其称为最接近的决定因素（proximate determinants），它们会直接作用于人类的生育力。其中，TFR 为总和生育率，Cm 为婚姻系数，Cc 为避孕系数，Ca 为人工流产系数，Ci 为哺乳不育期系数，TF 为生育力（平均为 15.3 左右）。每个变量的取值为 0～1，变量值越高，生育率就越高。①

五、“生物-社会因素”理论模型

从 20 世纪 70 年代末开始，中介变量受到西方人口社会学者的关注，并日渐流行起来。在这一研究背景下，人们越来越关注人的生物属性，形成了分析生育率的“生物-社会因素”理论模型。

有两位学者为“生物-社会因素”理论模型的构建做出了重要贡献。1995 年，韦勒尔（B. Weller）在《人口行为的生物社会学模型导论》中最先尝试构建“生物-社会因素”理论框架。同年，卡斯特兰（John Casterline，1947— ）在《生物社会模型，人口学者能忽视吗?》中建立了较完整的“生物-社会因素”理论模型，该模型的公式如下：

$$Di = hB + sS + c\ (Bi \times Si)\ + ei$$

在上式中，D 表示某人口产出，B 是生物变量的向量，S 是社会变量的向量，h 和 s 是用于估算生物变量和社会变量的参数的向量，c 是常数，e 表示一种干扰，i 表示所涉及的个体数。从该公式可知，卡斯特兰将生物属性和社会属性放在同等重要的位置。②

在卡斯特兰等人看来，人口社会研究的时代背景已经发生了很大变化，婚姻关系中的性需求因素增加，使婚姻关系解体，经济因素的影响减弱而生物因素的影响增强③。

“生物-社会因素”理论模型的不足之处在于它太过重视生物因素。人口不仅

---

① BONGAARTS J. A framework for analyzing the proximate determinants of fertility. Population and development review，1978（4）.

② 李竞能．现代西方人口理论．上海：复旦大学出版社，2004：96.

③ CASTERLINE J，LEE R，FOOTE K. Fertility in the United States：new patterns，new theories. New York：The Population Council，1996.

具有生物属性，还具有社会属性，且后者是人口的本质属性。性行为等生物因素虽然重要，但其受生活方式、道德规范、风俗习惯等社会经济因素的影响。换言之，“生物-社会因素”理论模型未说清楚人口的生物属性与社会属性的关系。

六、生育模型分析

生育模型是用来描述生育过程的一个或一组数学函数，其建模目的是用简化的方式来描述人类的生育现象。影响较大的生育模型有寇尔-特拉塞尔生育模型、布拉斯生育模型和邦戈茨生育模型。由于邦戈茨生育模型在中介变量理论中已述，故本部分仅对前二者进行介绍。

（一）寇尔-特拉塞尔生育模型

1974年，寇尔和特拉塞尔（James Trussell，1949—2018）提出用于分析妇女生育模式的寇尔-特拉塞尔生育模型[①]。该模型假定在没有婚外生育，且育龄期前没有婚姻解体的情况下，则有：

$$f(a)=G(a)\times r(a)$$

上式中，f（a）是a岁妇女的年龄别生育率，G（a）是a岁时的曾婚妇女比例，r（a）是a岁时的已婚妇女生育率。根据上式变量间的关系，寇尔和特拉塞尔提出了两个子模型。

1. 寇尔-麦克尼尔婚姻模型

该模型发现，不同时间和地点的已婚妇女比例有着相同的结构，只是结婚起始年龄、结婚增加的速度和最终曾婚比例不同。严格来讲，这一结论虽然基于妇女结婚同期群，但也适用于婚姻习俗较稳定、死亡率变化不大的虚构结婚同期群。经过试验，他们给出如下双指数函数：

$$g(a)=(0.194\,65/k)\exp\{(-0.174/k)(a-a_0-6.06k)-\exp[(-0.288\,1/k)(a-a_0-6.06k)]\}$$

上式中，有三个参数。参数a_0为初婚起始年龄，常取13岁或14岁。比例参数k按以下公式计算：

$$k=(SMAM-a_0)/11.37$$

其中，SMAM为平均结婚年龄。

2. 已婚生育率模型

寇尔和特拉塞尔发现，在实行自愿生育控制的人口中，每个年龄的已婚妇女生育率r（a）与相应的自然生育率n（a）有以下关系：

$$\frac{r(a)}{n(a)}=M\times\exp\times[m\times v(a)]$$

---

① COALE A，TRUSSELL J. Models fertility schedules：variations in the age structure of childbearing in human population. Population index，1974（40）. COALE A，TRUSSELL J. The development and use of demographic models. Population studies，1996（50）.

上式中，M 为比例因子，表示实际已婚妇女生育率相对于自然生育率的水平。$v(a)$ 表示由于年龄较大的妇女实行生育控制而使其相应的生育率偏离自然生育率的趋势。在模型生育率表中，寇尔和特拉塞尔假定 $n(a)$ 和 $v(a)$ 固定不变，并根据实际资料给出了这两个函数的相应值（见表 3-2）。

表 3-2　标准自然生育率模式 $n(a)$ 和标准偏离模式 $v(a)$

年龄组（岁）	a	$n(a)$	$v(a)$
15～19	1	0.411	0.000
20～24	2	0.460	0.000
25～29	3	0.431	−0.279
30～34	4	0.395	−0.667
35～39	5	0.322	−1.042
40～44	6	0.167	−1.414
45～49	7	0.024	−1.671

资料来源：COALE A，TRUSSELL J. Models fertility schedules：variations in the age structure of childbearing in human population. Population index，1974（40）.

根据以上两个模型，就可得到寇尔-特拉塞尔生育模型。

（二）布拉斯生育模型

布拉斯生育模型是布拉斯（William Brass，1921—1999）在 20 世纪 60 年代提出的，并于 70 年代对它进行了完善。因该模型是一种用 Compertz 函数拟合人类生育率的方法，故其也被称为冈伯茨生育模型。

布拉斯于 60 年代提出的初始生育模型的公式为：

$$F(x)/TF=\exp[A\cdot\exp(Bx)]$$

上式中，F（x）代表到确切年龄 x 岁时的累计生育率，TF 代表总和生育率，F（x）/TF的比值即截止到年龄为 x 岁时累计的生育率占总和生育率的比重，并假定它服从冈伯茨分布。

对这一方程进行两次对数转换后，该方程转变为：

$$\eta[F(x)]=\ln(-A)+Bx$$

若假定成立（年龄为 x 岁时累计的生育率占总和生育率的比重服从冈伯茨分布），则 $\eta[F(x)]$ 是年龄的线性函数。

经实际数据统计检验发现，初始生育模型对中间生育年龄段的拟合效果较好，对年轻和年长生育年龄段的拟合效果较差。为此，布拉斯在 20 世纪 70 年代对其进行了完善，提出了布拉斯相关生育模型（也称冈伯茨相关生育模型）。他认为，只要用某个具体的标准生育率曲线经过 η 变换的一个 x 的函数代替年龄变量 x，就可以找到一个更好的拟合。根据这一发现，上述公式所表达的关系可转换为：

$$\eta[F(x)]=\alpha+\beta\eta[Fs(x)]$$

布拉斯相关生育模型的基本思路与布拉斯的逻辑特生命表类似，即使用一个标准的年龄别生育率模式，并使之与所研究地区的生育率模式相联系，从而拟合研究地区的实际年龄别生育率。

在布拉斯相关生育模型中有两个常数。α代表的是生育率模式中的年龄分布情况，即达到生育总数的一半时的年龄。β代表的是决定年龄别生育率模式的离散程度或集中程度。

与寇尔-特拉塞尔生育模型相比，布拉斯生育模型在生育分析中更好用。而且该模型对人口模拟、人口预测也很有用。但是，该模型由于提出的时间相对较晚，因此使用经验还非常有限。

本章小结

生育作为一种重要的人口社会现象，受到社会各界的极大关注，在理论和实证研究方面积累了丰富的研究成果。本章依次介绍了与生育有关的概念及测量指标、生育模式、生育制度、生育转变理论等方面的内容。生育的相关指标显示，伴随工业化、现代化、城镇化的发展，生育率总体呈现由高生育率向低生育率转变、高生育模式向低生育模式转变的特征。人口的生育水平既受婚姻制度、家庭制度、生育保险制度、生育的物质设备与技术、生育观念、人口政策等的综合影响，也受经济、社会、文化、生物和个体等因素的影响。当生育率降到更替水平后，其未来走向（是持续下降、缓慢回升，还是一直维持在更替水平）如何，是学界关注的焦点，但目前还没有答案。

关键术语

生育力、生育率、出生人口数、生育人口数、生育模式、生育峰值、生育率分布宽度、生育制度、生育转变理论

思考题

1. 简述生育的测量指标。
2. 简述中国生育模式的变化。
3. 简述生育的相关制度。
4. 简述生育转变理论。

拓展阅读书目

1. 曾毅，等．人口分析方法与应用．北京：北京大学出版社，2011.

2. 翟振武，刘爽，段成荣．常用人口统计公式手册．北京：中国人口出版社，1993.

3. 郑家亨．统计大辞典．北京：中国统计出版社，1995.

4. 联合国国际经济和社会事务部人口司，美国国家科学院国家研究理事会，人口和人口统计学委员会．人口间接估计技术．北京：中国统计出版社，1992.

5. 翟振武，等．现代人口分析技术．北京：中国人民大学出版社，1989.

6. 庄渝霞．资本与行动．上海：上海人民出版社，2009.

7. 李竞能．现代西方人口理论．上海：复旦大学出版社，2004.

8. 顾宝昌．社会人口学的视野．北京：商务印书馆，1992.

9. 国家统计局人口和就业统计司，中国人民大学社会与人口学院．人口和就业统计分析技术．北京：中国统计出版社，2012.

10. 林富德，刘金塘．中国生育率转变中的发展因素．南方人口，1998（1）.

11. 顾宝昌．论社会经济发展和计划生育在我国生育率下降中的作用．中国人口科学，1987（2）.

12. 李建民．生育理性和生育决策与我国低生育率水平稳定机制的转变．人口研究，2004（6）.

13. 陈卫．"发展-计划生育-生育率"的动态关系：中国省级数据再考察．人口研究，2005（1）.

14. 杨菊华．生育意愿、生育行为、生育水平的三重悖离．人口研究，2011（2）.

15. 西蒙．人口增长经济学．北京：北京大学出版社，1984.

16. ESTERLIN R，CRIMMINS E. The fertility revolution：a supply-demand analysis. Chicago：University of Chicago Press，1985.

17. MORGAN P. Is low fertility a twenty-first-century demographic crisis?. Demography，2003（40）.

18. BONGAARTS J. Fertility and reproductive preferences in post-transitional societies//BULATAO R，CASTERLINE J. Global fertility transition. New York：Population Council，2001.

19. DAVIS K，BLAKE J. Social structure and fertility：an analytic framework. Economic development and cultural change，1956（4）.

第四章

死亡模式

人口死亡研究的内容可认为是对发生的人口死亡现象进行归纳、描述和解释。当今，人口死亡现象变得越来越复杂，有许多新领域有待我们去认识、去研究。①

——黄荣清

死亡既是人生无法避免的归宿，亦是每个民族、社会、文化都面临的自然及社会事件；既是除生育之外的又一种基本的人口过程，也是人口变动的一个重要组成部分。本章主要介绍死亡的相关概念及测量指标，描述死亡率的影响因素、死亡率转变理论、死亡模式及特点，讲述死亡原因及变迁，介绍人口转变的概念、理论及中国人口转变的特点。

第一节 死亡及测量指标

死亡是一种生物现象，是指个体生命活动的永久终止，传统上将呼吸、心跳停止作为死亡的判断标准。随着医学科学技术的发展，人们认为只要大脑功能保持完整性，生命活动就有可能逐步恢复，因此开始主张将脑死亡作为判断死亡的标准。联合国和世界卫生组织把死亡定义为："出生后的任何时间生命现象的永久性消失。"

《辞海》把人和高等动物的死亡分为三类：一是因生理衰老而发生的生理死亡或称自然死亡；二是由各种疾病造成的病理死亡；三是由机体受到机械的、化学的或者其他因素的影响而导致的意外死亡②。

由于死亡与社会经济文化变迁、社会结构变动紧密相连，因此它还是一种社

① 黄荣清．人口死亡研究的展开．人口学刊，2002（3）．

② 李丽萍，陈佩仪．临床基础护理技术．上海：上海科学技术出版社，2010.

会现象。本章第二节将就死亡与各种社会经济文化因素之间的关系进行探讨。

一、死亡人数统计

死亡人数是人口统计中最基础、最重要的指标之一。在许多国家，死亡登记是生命统计（vital statistics，或称“人口登记”）的一项基本内容（另一项基本内容是出生登记）。一定时期的死亡人数既可以综合反映一个国家或地区社会经济、自然环境、医疗卫生等各种因素的影响，也是研究人口发展趋势和进行人口预测的可靠数据来源。

死亡人数是指一定时期（通常指一年）由于各种原因而失去生命的人数之和，用大写字母D（death）表示。死亡人数统计不应包括死产数，即出生时已经没有生命体征的婴儿，但应包括出生后不久死亡的婴儿。

关于死亡的申报，目前有两种原则：一是属地原则，即凡在某一行政地区管辖范围内死亡的人口均为该地的死亡人口。欧美国家采用属地原则。二是属人原则，即一个人不管死在何地，均被登记为该人常住户口所在地（或户籍登记地）的死亡人口。中国通常采用属人原则。为保证统计时不重复、不遗漏，中国一般按死者的常住户口所在地进行登记。对于那些无法确定常住户口所在地的死者，可在死亡事件发生地进行登记。

受各种主、客观因素的影响与制约，死亡人数的漏报、瞒报现象比较严重。例如，对于出生后不久就死亡的婴儿，其家人往往既不报出生，也不报死亡；还有些人由于某些原因，故意瞒报死亡人口；等等。具体来讲，死亡人口统计不准确的原因主要有以下几个：

一是风俗习惯。一些地区或民族将婴儿的死亡看作不吉利的事情，而不愿意向外人提及；现在政府提倡的火葬与传统的土葬之间存在冲突，部分人为了让逝去的亲人“入土为安”而采取不报、瞒报的行为。

二是情感因素。亲人的离去是极其悲伤的事情，有些人不愿意提及。

三是组织出于维护利益的需求。一些企业在经济利益的驱动下，往往忽视生产安全，在出现伤亡事故时尽量不报或少报。而一些地方政府对发生的事故，也不认真追查。[①]

四是记忆障碍。死者的各种特征及事件情况需由他人来报告，但他人常常出现记忆不准确的情况。[②]

死亡人数的变动主要取决于人口规模、人口年龄结构和人口死亡水平三个因素。人口规模越大，死亡人数越多；人口中老年人口的比例越高，死亡人数越多；人口死亡水平越高，死亡人数越多。

因死亡人数的多少与人口规模和人口年龄结构直接关联，故若直接将死亡人

---

① 黄荣清．20世纪90年代中国人口死亡水平．中国人口科学，2005（3）．

② 刘爽．全球人口管理：从理论到实践．北京：中国人口出版社，2004：230.

数作为不同地区间人口总体死亡水平差异的比较指标，就无法准确地反映死亡水平的真正差异。为此，人们通常采用死亡率测量指标测量死亡情况。

二、死亡率测量指标

(一) 人口死亡率

人口死亡率（crude death rate；general death rate）也叫粗死亡率或总死亡率，能反映该年该地区每千人中的死亡人数，是衡量人口死亡强度的指标。它是指一年内的死亡人数与该年平均人口数或年中人口数之比，常用千分数表示，其计算公式是：

$$人口死亡率=\frac{年内死亡人数}{年平均人口数（年中人口数）}\times 1\ 000‰$$

正常情况下，人口死亡率应在6‰到35‰之间变化。人口死亡率若在10‰以下，属于低死亡率；若在10‰到20‰之间，属于中等水平的死亡率；若在20‰以上，则属于高死亡率。①

(二) 年龄别死亡率

人口死亡率虽然可以反映一定时期的总死亡水平，但由于受年龄结构的影响，人口死亡率有时会歪曲死亡水平的真相。为比较不同年龄组或同一年龄组人口在不同时期的死亡率，需要分年龄组进行计算。

年龄别死亡率（age specific death rate）能反映不同年龄组人口的死亡水平和强度，即指某一地区一定时期（常指一年内）某一年龄组的死亡人数与相应年龄组的平均人口数之比，常用千分数表示，其计算公式如下：

$$年龄别死亡率=\frac{某年龄组死亡人数}{该年龄组平均人口数}\times 1\ 000‰$$

在分析一个特定人口的年龄别死亡率或比较不同时期、不同地区或不同性别人口的年龄别死亡率时，常绘制死亡曲线以直观展示各个年龄组死亡水平的高低与规律②。

(三) 婴儿死亡率

婴儿死亡率（infant mortality rate）是年龄别死亡率中具有特殊意义的指标，是反映一个国家或地区社会经济发展水平、人民物质生活及健康水平、医疗卫生服务水平，特别是妇幼卫生保健水平最敏感的指标③。婴儿死亡率是指某地某年未满周岁的婴儿死亡人数与该地该年活产婴儿数的比例，常用千分数表示，其计

---

① 温勇，尹勤．人口统计学．南京：东南大学出版社，2006：75.

② 同①72.

③ 吴忠观．人口科学辞典．成都：西南财经大学出版社，1997：407－408.

算公式是：

$$婴儿死亡率=\frac{某地某年未满周岁的婴儿死亡人数}{该地该年活产婴儿数}\times 1\,000‰$$

但在实际计算和应用过程中，因为婴儿死亡率的分母不是分子所指事件的历险人总数，所以婴儿死亡率实际上只是一个分子和分母没有太大关系的比指标。分子（某地某年未满周岁的婴儿死亡人数）中，既包括前一年出生、在本年夭折的未满一岁婴儿，也包括当年出生当年死亡的婴儿；分母（该地该年活产婴儿数）中，既包括当年出生但已夭亡的部分，也包括当年仍健康存活的部分。

为了让分子与分母的一致性更强，可以用一些方法对此进行调整。第一种方法是对上年出生数和本年出生数做加权平均。当统计资料不全时，可根据经验估算上年和本年的出生人口分离系数。第二种方法是在知道上年和本年出生人数及本年出生本年死亡人数的情况下，同时调整分子和分母。

（四）新生儿死亡率

新生儿死亡率（neonatal mortality rate）是指一定地区某年出生后 28 天以内死亡的婴儿数占同期出生婴儿数的比例，即每 1 000 名活产婴儿中，出生 28 天以内死亡的婴儿数，常用千分数表示，其计算公式是：

$$新生儿死亡率=\frac{某地该年未满\ 28\ 天的婴儿死亡人数}{某地该年活产婴儿数}\times 1\,000‰$$

（五）死因死亡率和孕产妇死亡率

死因死亡率（cause-specific death rate）是指一定地区在某年内每 10 万人口中因某种原因死亡的人数，常用十万分数表示，其计算公式是：

$$死因死亡率=\frac{某地该年因某种原因死亡的人数}{某地该年平均人口数}\times 100\,000/10\ 万$$

在死因分析中，孕产妇死亡率（maternal mortality rate）是常用指标，该指标与婴儿死亡率、新生儿死亡率一起构成衡量医疗保健水平的重要指标系统。

孕产妇死亡率是指某年内每 10 万个孕产妇中，有多少个孕产妇由于怀孕、分娩或围生期并发症而死亡。其中，由自然或人工流产导致的死亡也包括在内。

（六）病死率

病死率（case fatality rate）是指某一时间因某种疾病死亡的人数占患病人数的比例，常用百分数表示，其计算公式是：

$$病死率=\frac{某时期因某病死亡的人数}{同期患某种疾病的总人数}\times 100\%$$

（七）标准化死亡率

由于婴幼儿及老年人口的死亡率大大高于青壮年人口的死亡率，故一个地区或一个民族人口的总死亡水平不仅取决于年龄别死亡率，而且受人口年龄结构的影响。为了对不同地区或不同民族人口的死亡率进行比较，需要采用标准化死亡率（standardized mortality rate）的方法来消除人口年龄结构的影响。

标准化死亡率也称按年龄调整的死亡率，是指按标准人口年龄结构计算的死亡率，即用统一的标准年龄结构作为权数计算不同地区、不同时期的人口死亡率。

$$标准化死亡率 = \sum(年龄别死亡率 \times 标准年龄结构)$$

从上式可知，在计算标准化死亡率时需要选择一个标准的人口年龄结构，其选择标准详见第三章。

（八）生命表和平均预期寿命

1. 生命表的内涵

1662 年，格兰特（John Graunt，1620—1674）根据伦敦瘟疫时期的洗礼和死亡名单，写了《关于死亡表的自然和政治的观察》，成为生命表的最早起源。1693 年，哈利（Edmund Halley，1656—1742）在《根据弗罗茨瓦夫城出生与下葬统计表对人类死亡程度的估计》一文中，首次以生命表的形式给出了人类死亡年龄的分布，哈利也因此被视为生命表的创始人。

生命表（life table）是反映一个国家或地区人口生存死亡规律的调查统计表，是人口学常用的研究方法之一。生命表的基本思想是借助假想队列分析，对同一批人从队列的初始状态不断地退出队列的动态过程进行定量描述。[①] 它通常被用于模拟某一人口从出生到死亡的过程。生命表由于主要根据年龄别死亡率编制，并主要反映各年龄死亡水平，故又被称为死亡表。生命表是对相当数量的人口自出生（或一定年龄）开始，直至全部去世的生存与死亡记录。它通常以 10 万（或 100 万）人作为 0 岁的生存人数，然后根据各年中死亡人数、各年末生存人数计算各年龄人口的死亡率、生存率，并列成表格，直至这 10 万（或 100 万）人全部死亡。生命表的基本特点是：构造原理简单、数据准确（大样本场合）、不依赖总体分布假定（非参数方法）。

2. 生命表的构成要素

生命表主要由以下 7 个元素构成（见表 4 - 1）：

（1）x：年龄。

（2）q_x：死亡概率。

（3）l_x：尚存人数。

（4）d_x：表上死亡人数。

（5）L_x：平均生存人年数。

（6）T_x：平均生存人年数累积。

（7）e_x：平均预期寿命（life expectancy）。

---

① 曾毅，等．人口分析方法与应用．北京：北京大学出版社，2011：61.

表 4-1 生命表的基本内容

年龄（x）	死亡概率（q_x）	尚存人数（l_x）	表上死亡人数（d_x）	平均生存人年数（L_x）	平均生存人年数累积（T_x）	平均预期寿命（e_x）
0						
1						
……						
99						
100+						

年龄（x）有两个含义：一是确切年龄，即从出生之日起到计算之日为止的实足周岁年龄。二是年龄组，即从 x 周岁到 x+1 周岁之间的一个年龄间隔。

死亡概率（q_x）是指活到某一确切年龄 x 岁的一批人在满 x+1 岁之前可能死亡的比例。死亡概率是生命表中最基本的指标，生命表中的其他指标均从死亡概率推算而来，通常根据分年龄死亡率和死亡模式确定。

尚存人数（l_x）是指同时期出生的一批人活到确切年龄 x 岁的人数。l_0是指刚出生的人数或同年出生的一批人，是生命表的基数，表中其他人数均随所取基数变化而变。一般以 10 万（或 100 万）为基数，用尚存人数的变动来反映同一批人的生命过程及规律。

表上死亡人数（d_x）是指活到 x 岁的人中在满 x+1 周岁之前死亡的人数。

平均生存人年数（L_x）也称为年龄组平均生存人年数，是指达到某一确切年龄 x 岁的一批人在达到另一确切年龄 x+1 岁之前可能存活的时间长度。

平均生存人年数累积（T_x）是对平均生存人年数的累计，是指达到某一确切年龄 x 岁的一批人，按照某一种死亡水平计算的他们在未来可能存活的时间总长。

平均预期寿命（e_x）是指在一定年龄别死亡率水平下，活到某一确切年龄 x 岁后平均还能继续生存的年数，即同时出生的一批人平均能够存活的年数。平均预期寿命既是生命表中重要的指标之一，也是反映人们健康水平的基本指标。

3. 生命表的编制与类型划分

（1）生命表的编制。

生命表的编制是根据实际年龄别死亡率推出分年龄死亡概率，从而推算出尚存人数、表上死亡人数、平均生存人年数、平均生存人年数累积和平均预期寿命等各项数据指标。

（2）生命表的类型划分。

根据不同的标准，生命表可分为多种不同的类型：

按地区范围来划分，可分为全国生命表、分地区生命表、分城乡生命表。

按性别来划分，可分为男性生命表和女性生命表。

按年龄组来划分，可分为完全生命表（以 1 岁为一组编制的生命表）和简略生命表（以 5 岁或 10 岁为一组编制的生命表）。

按影响因素来划分，可分为一元生命表和多元生命表。

按编制手段来划分，可分为实际生命表和模型生命表。模型生命表，是指在包含比较可信数据的实际生命表的基础上，通过运用各种统计分析方法编制而成的，具有代表性的一般类型的"标准表"。[①] 目前有五种典型的模型生命表：1955 年联合国模型生命表、寇尔-德曼区域模型生命表、莱德曼模型生命表、布拉斯罗吉特模型生命表、联合国发展中国家模型生命表。生命表示例如表 4 - 2 所示。

表 4 - 2　1990 年全国男性简略生命表

年龄	m（x，5）	q（x，5）	l（x）	d（x，5）	L（x，5）	T（x）	e（x）
0	.032 13	.031 26	100 000	3 126	97 288	6 758 358	67.58
1	.002 47	.009 81	96 874	950	385 070	6 661 065	68.76
5	.000 83	.004 15	95 924	398	478 566	6 275 997	65.43
10	.000 64	.003 18	95 525	304	476 868	5 797 431	60.69
15	.001 04	.005 19	95 222	494	475 010	5 320 563	55.88
20	.014 90	.007 41	94 729	702	471 904	4 845 553	51.15
25	.001 50	.007 49	94 028	704	468 368	4 373 650	46.51
30	.001 82	.009 04	93 324	844	464 537	3 905 281	41.85
35	.002 37	.011 79	92 479	1 090	459 786	3 440 744	37.21
40	.003 40	.016 88	91 389	1 543	453 294	2 980 959	32.62
45	.005 11	.025 25	89 847	2 269	443 870	2 527 664	28.13
50	.008 32	.046 82	87 578	3 575	429 635	2 083 794	23.79
55	.013 64	.066 06	84 004	5 549	406 967	1 654 160	19.69
60	.023 41	.110 94	78 455	8 704	371 797	1 247 192	15.90
65	.037 97	.174 20	69 752	12 151	319 975	875 396	12.55
70	.062 91	.272 53	57 601	15 698	249 546	555 421	9.64
75	.098 32	.394 70	41 903	16 539	168 213	305 876	7.30
80	.157 54	.557 64	25 364	14 144	89 779	137 663	5.43
85	.234 34	1.000 00	11 221	11 221	47 884	47 884	4.27

资料来源：路磊，魏小凡．1990 年中国简略生命表．人口研究，1992（1）．

4. 生命表的广泛应用

随着生命表研究的不断深入，生命表的编制已经由单递减生命表发展到多递减生命表（multiple decrement table）、多增-减生命表（multiple increment-decrement table）等[②]。生命表的应用范围也从最初的死亡研究发展到劳动就业、人力资源规划、人口迁移流动、生育、初婚、离婚、家庭、职业生命等多个方面。

（1）婚姻状态生命表。

在关于婚姻的分析中，多增-减初婚生命表（同时计算初婚与死亡过程的生命表）、多递减离婚生命表（同时计算离婚与死亡过程的生命表）、多增-减婚姻状态生命表（将初婚、离婚、丧偶、再婚与死亡综合起来研究）等得到广泛的扩展与应用。婚姻状态生命表用于研究各种婚姻状态的变化、不同时期假想队列的

---

① 温勇，尹勤．人口统计学．南京：东南大学出版社，2006：204.

② 同①205.

终身结婚率、婚姻提高与死亡率的降低对婚姻状态的影响、各种婚姻状态（未婚、有配偶、丧偶、离婚）的平均期望寿命及某一年龄处于不同婚姻状态的人在其后一生中处于各种婚姻状态的时间比例差异等。①

（2）家庭状态生命表。

美国人口学家邦戈茨建立了核心家庭状态生命表模型。该模型假定所有已婚子女都不与父母一起居住，所有家庭中的世代都不超过二代。② 曾毅在核心家庭状态生命表模型的基础上，发展出了适合中国家庭的家庭状态生命表模型，该模型包括婚姻、已生育胎次、存活与居住在一起的子女数及与父母一起居住的状态等③。家庭状态生命表可用于估算一批人在生命历程各个阶段的预期婚姻状态、胎次状态、存活子女数、家庭规模、家庭结构、对幼年子女或未成年子女的抚育年数、对老年父母的赡养年数及承担“上有老、下有小”家庭抚养负担的年数等。④

（3）分家生命表。

韦艳等采用单递减生命表的分析方法构建了儿子（女儿）初婚后离开父母（公婆）的分家生命表，并对农村地区分家时间的变动态势、分家时间在不同维度的分布特征进行了分析⑤。

在分家生命表中，分家队列的初始状态即子女与父母居住在一起（没有分家），退出队列只有分家一种方式。运用离散的单递减生命表，将一段时间内的队列变动情况综合到一个时点上来考虑，可以分出八个离散时间点：－1，0，1，2，3，4，5，5＋。0 处的生命表存活函数值表示结婚时仍与父母居住在一起的比例；1 处的函数值表示结婚一年内所有分家家庭退出队列后仍与父母居住在一起的比例，而并非仅仅是婚后一年时点上未分家的比例。

（4）流动预期寿命表。

陈卫将老龄研究中健康预期寿命或自理预期寿命计算的思路和方法应用到人口流动的研究中，计算出了流动预期寿命，用以反映在整个预期寿命中处于流动状态的预期寿命。流动预期寿命是指在给定分年龄人口流动率的条件下，人们预期在流动状态下度过的时间长度。它是通过编制生命表，借用计算健康预期寿命的 Sullivan 方法计算得出的。⑥

（5）生命表的其他应用。

生命表的应用远远不限于以上领域。近些年，生命表的应用不断得到拓展和

---

① 曾毅，等．人口分析方法与应用．北京：北京大学出版社，2011：152，155.

② BONGAARTS J. The projection of family composition over the life course with family status life tables//BONGAARTS J，BURCH T，WACHTER K. Family demography：methods and their applications. Oxford：Clarendon Press，1987：189－212.

③ 曾毅．多增-减生命表的构造方法及其在中国妇女婚姻研究中的应用．人口研究，1987（3）.

④ 蒋耒文，刘义，董利国．湖南省妇女婚姻、生育、家庭状况研究：曾毅“家庭状态生命表模型”的应用．南方人口，1993（3）.

⑤ 韦艳，沈志龙．农村地区分家时间研究：基于生命表的分析．南方人口，2013（4）.

⑥ 陈卫．中国人口的流动预期寿命．人口学刊，2013（6）.

延伸。人口社会学研究经常借助生命表，比如老年人日常生活照料生命表[①]、残疾人发生风险生命表[②]等，分析一些社会因素的作用。可以看出，不仅生命表是人口社会学研究中的重要工具，而且在未来，研究者可以利用生命表在多个维度开展更广泛的研究。

5. 平均死亡年龄和平均预期寿命

平均死亡年龄和平均预期寿命是两个最基本且极易混淆的概念。

平均死亡年龄是指某一时期（一年）所有死亡者的平均年龄，其计算公式是：

$$平均死亡年龄=\frac{\sum(年龄组组中值\times相应年龄组死亡率)}{\sum 各年龄组死亡率}$$

平均死亡年龄的计算有两种角度或方法：

（1）同批人角度。是指跟踪同时出生的一批人，记录他们每个人的死亡年龄，并在最后一个人死亡后，计算他们死亡年龄的平均值。这样计算的死亡人口的平均年龄是这批人真实的“平均寿命”。但是，这样的数据资料跨度时间长，收集难度大，因此，研究者很少做这类计算。

（2）同期人角度。是指将一段时期（比如一年）各个年龄的死亡者数据汇集起来，得出他们死亡的平均年龄。这一计算方法的优点是数据易获得，能够反映真实的死亡状况。缺点是受到死亡人口年龄结构的影响，既不能准确反映该时期的死亡水平，也不能进行不同时期和地区之间的死亡水平比较。[③]

平均预期寿命消除了人口年龄结构的影响，既能反映人口的真实死亡水平，也能进行不同时期和地区之间的死亡水平比较。平均预期寿命是一个综合反映死亡水平的指标，它和死亡率是同一件事情的两个相反方面，死亡率降低，平均预期寿命便提高。[④]

第二节 死亡分析

随着社会的不断发展进步，死亡率的变化趋势为从高死亡率向低死亡率转变。当然，在死亡率下降到一定的低水平之后，如果在预测期间不出现战争、严

---

① 黄匡时，陆杰华．中国老年人平均预期照料时间研究：基于生命表的考察．中国人口科学，2014（4）．

② 王金营，张翀．中国人口残疾发生风险估计及生命表分析：基于第二次全国残疾人抽样调查数据的研究．人口研究，2009（3）．

③ 翟振武，等．中国知识分子：短命还是长寿?：中国知识分子健康研究报告之一．人口研究，2005（5）．

④ 刘铮．人口学辞典．北京：人民出版社，1986：213.

重的自然灾害、重大疾病的流行及疑难疾病（如癌症）治愈的重大突破，那么死亡率的变化将相对稳定。①

一、死亡率的影响因素

死亡率是衡量人口健康水平的重要指标之一。它不仅受一个国家或地区的自然环境、经济和社会发展水平、医疗保健水平等因素的影响，还受个体生理因素、职业地位、收入水平、受教育程度、生活方式等因素的影响。②

（一）天灾人祸与死亡

“天有不测风云，人有旦夕祸福。”各类自然灾害、战争、饥荒等往往是造成人口大批死亡的罪魁祸首。

1. 自然环境因素

在自然环境因素中，造成死亡率大幅上升的莫过于自然灾害。自然灾害是指给人类生存带来危害或损害人类生活环境的自然现象。其中，地震、火山爆发、泥石流、海啸、台风、龙卷风、洪水等突发性灾害常常导致人口大量死亡。如1976年的唐山大地震、2004年的印度洋海啸、2008年的汶川大地震。

除了自然灾害外，不同地区的环境、气候也带来不同的死亡率。同时，环境污染亦是引起高发病率及高死亡率的重要因素，尤其是近年来全球自然环境恶化，环境污染严重，对人们的身体健康造成了极大威胁。当然，这里的环境恶化、污染与社会经济发展等因素密不可分。

2. 人为致死因素

战争被喻为人为的大瘟疫。据统计，第一次世界大战时死了1 000万人，第二次世界大战时死了5 500万人。仅苏联死于1941—1945年战争时期的成年人就达2 500万（其中平民约1 500万）。在越南战争中，美军在1961—1971年的战死总数为45 629人。③

除了战争之外，各种交通事故、工伤事故也是造成人口大量死亡的重要影响因素。

（二）社会经济发展与死亡

社会经济发展水平通过营养状况、工作条件、居住生活环境、医疗保健服务及心理健康等对死亡率产生影响。但是，关于社会经济发展与死亡率下降之间的关系，人们的认识并不完全一致。一种观点认为，在人口从高死亡率向低死亡率转变的过程中，社会经济的发展进步起到了重要作用。一方面，社会经济的发展

---

① 李晓梅．人口预测模型研究及应用．成都：西南财经大学出版社，2011：27.

② 北川．论死亡率//顾宝昌．社会人口学的视野．北京：商务印书馆，1992：296.

③ 桂世勋．人口社会学．济南：山东人民出版社，1986：335.

促进了人们生活水平的改善，从而使个体身体素质得以提高。另一方面，在社会经济发展的基础上，医疗技术得以进步，医疗卫生条件得到改进，疾病得到及时有效的治疗，传染病的流行与蔓延得到迅速遏制，致病因素得以逐渐攻克与消除。但另一种观点认为，社会经济发展对死亡率下降的作用有限，如低收入国家（斯里兰卡、加勒比岛国和部分拉丁美洲国家）死亡率的下降，主要缘于从发达国家引进了成本较低的医疗技术。

（三）个体因素与死亡

除宏观的经济、社会发展因素之外，个体自身的生理和社会经济因素也会对死亡率产生影响。

1. 个体生理因素

死亡是一个有机体生命的终结，因此，生理因素在其中起重要作用。

（1）年龄。

随着年龄的增长，个体会经历从出生、成长到逐渐衰老的过程。对于低年龄组人口而言，他们由于发育尚未完成，身体抵抗力差并且需要完全依赖他人才能生存，故死亡率较高；而人口随着年龄的增长，身体机能逐渐老化，死亡率也会相应较高。

（2）性别。

性别也是影响死亡率的一个重要因素。这里的性别有生物性别与社会性别之分。从生物性别来讲，女性的存活时间长于男性。女性的这一生存优势，被认为是源于女性免疫系统上的生物性优势，生物学家们将此现象称为性的二相性。[①]而从社会性别而言，在男权社会，女性地位低下，生存条件相对恶劣，故女性的生存优势体现不出来，其预期寿命与男性一样，甚至比男性更低。

（3）遗传性疾病。

遗传因素对死亡率的影响也客观存在。研究发现，一些疾病对不同民族、种族有不同的影响。

2. 个体社会经济因素

（1）职业地位。

职业是个体经济、社会地位的反映与标志。从事不同职业的人群，在收入、社会地位获得、工作环境及所承担的工作压力方面都有明显不同。职业阶层、社会地位越高，死亡率越低。而职业对死亡的重要影响，主要通过收入发生作用。即较高的职业阶层带来较高的收入回报，而收入可用于提供营养供给、购买预防和治疗疾病的产品。[②]

（2）教育程度。

人口的教育程度与平均预期寿命、死亡率密切相关。一般认为，受教育程度

① 梁在．人口学．北京：中国人民大学出版社，2012：146.

② 同①157.

的高低影响人们获得健康生活的条件与能力。受教育程度越高，越有机会获得较好的职业与较高的收入，相应地，营养条件越好，医疗卫生保健负担能力及意识越强。同时，受教育程度的提高，使得个体可以按照科学的方式工作，养成良好的生活习惯。因此，受教育程度较高者的死亡率较低，平均预期寿命较长。

（3）婚姻家庭。

有研究显示，已婚之人比未婚之人活得更长。关于这一现象，存在着两种解释：一种解释是婚姻选择论，即健康的人的结婚概率更高，有生理缺陷或者疾病的人的结婚概率相对较低，且死亡风险更高。另一种解释是婚姻会给人的健康带来好处。通过婚姻而组建的家庭，承担着经济、生育、抚育、赡养、健康、情感沟通等各种功能，在生命周期的各个时期，从经济、人际交往、心理等各方面给予个人支持。

（4）生活方式。

良好的生活方式是个体健康长寿的秘诀。合理的膳食结构、坚持锻炼和乐观的心态等健康的生活方式可以延年益寿。相反，吸烟、药物滥用、过度饮酒、高脂肪和高热量食物的过度摄入，以及缺乏锻炼等不健康的生活方式既是健康的杀手，也是缩短寿命的因素。

二、死亡率转变理论

死亡率水平和死亡率变动的决定因素，是现代西方死亡率理论研究的核心问题。关于死亡率的相关影响因素及其变动的研究，经历了从宏观到微观的不断演变过程。

（一）死亡率的早期理论分析

关于死亡率的早期理论研究，主要侧重于宏观层面的分析。而这种分析往往又是人口转变研究的有机组成部分。正是作为人口转变的最早标志，死亡率转变引起了西方学者的重视。[①]

最先对死亡率转变条件及原因进行分析的是美国人口学家诺特斯坦（Frank Notestein，1902—1983），他在1945年发表的《人口——长远观点》一文中认为，现代化使人们收入增长、生活水平提高、环境卫生改善、医疗技术手段不断进步，从而促使死亡率不断下降。

第二次世界大战后，西方国家在死亡率转变的相关研究中，将死亡率的下降与经济发展联系起来。“经济决定论”认为，经济发展使得技术的发展与应用成为可能，医疗技术得以提升，公共卫生环境得以改善，人们的健康水平不断提高，从而使得死亡率不断下降。

---

① 李竞能．现代西方人口理论．上海：复旦大学出版社，2004：103.

(二)"经济决定论"和"技术决定论"

第二次世界大战后，许多新建的发展中国家的死亡率迅速下降，原有的用于解释西方工业国家死亡率转变的"经济决定论"不再适用并开始受到怀疑。而在对"经济决定论"进行反思与批判的过程中出现了"技术决定论"倾向。"经济决定论"和"技术决定论"之争在于死亡率水平究竟是取决于社会经济发展还是取决于低成本的医疗方法的发现。

戴维斯在《不发达国家死亡率的惊人下降》(1956)一文中，就将不发达国家死亡率迅速下降的原因归结为：使用新发现的成本比较低的医疗方法。而这些新技术的引进主要是依赖国际组织、政府和私人基金所提供的资金援助及工业化国家提供的专家与医疗人员等。①

寇尔和胡弗(Edgar M. Hoover，1907—1992)在《低收入国家的人口增长与经济发展》的论述中，将战后死亡率下降归结为抗生素和杀虫剂 DDT 的开发使用、低收入地区公共卫生机构效率的提高以及低成本的环境卫生设施的发明等因素综合作用的结果。

虽然"经济决定论"遭到部分学者的质疑，但是，也有学者继续行进在死亡率与经济发展之间关系研究的道路上。如斯托尔尼兹(G. Stalnitz)在《人口转变：从高出生率、高死亡率到低出生率、低死亡率》(1964)一文中，把当时工业化国家的死亡率和出生率转变过程与经济发展联系在一起，认为这些国家在经济持续发展的过程中，其人口也经历了从高死亡率和高出生率转变为低死亡率和低出生率的阶段。普雷斯顿(Samuel Preston，1943—)在《死亡率与经济发展水平的变化关系》(1975)中，通过对 20 世纪初期、20 世纪 30 年代以及 20 世纪 60 年代发达国家和发展中国家的人均国民收入与平均预期寿命的比较研究，指出人均收入水平与死亡率水平之间呈现出反向的关系，即人均收入水平高则死亡率水平低，人均收入水平低则死亡率水平高。随后，他在 1979 年发表的《20 世纪以来欠发达国家死亡率下降的原因和后果》中又进一步分析了人均国民收入与人口平均预期寿命之间的正相关关系。

总的来讲，"经济决定论"主要是对西方发达国家死亡率转变的经验分析，"技术决定论"则主要是依据低收入国家死亡率迅速下降的情况得出的结论。因此，"经济决定论"难以解释战后发展中国家死亡率迅速下降的现象，而"技术决定论"则难以解释 20 世纪 70 年代以来世界人口死亡率发展趋势的新变化及低收入国家之间死亡率变化的差异等情况。②

(三)中介变量理论

随着死亡率研究的逐步深入，死亡率变动分析出现了从宏观走向微观，采用

① DAVIS K. The amazing decline of mortality in underdeveloped areas. The american economic review, 1956 (46).

② 李竞能. 现代西方人口理论. 上海：复旦大学出版社，2004：107.

“中介变量”“最接近决定因素”进行分析的趋势。

早在20世纪50年代，戴维斯和布莱克就提出了中介变量理论，并将其用于对生育率的变动研究，详见第三章第四节。然而，这一理论在死亡分析的研究中的使用相对滞后：直到70年代后期，中介变量理论才被用于对死亡率变动的研究；进入80年代后，中介变量理论在死亡率变动研究中才得以推广应用。

波尔（Ian Pool）在《新西兰是一个健康的国家吗》（1982）一文中，采用了中介变量的分析方法，将影响死亡率的因素分为宏观、微观、中介变量三个类别。宏观因素包括社会文化、行政管理、卫生、健康、法律制度、设施与环境条件等；微观因素包括个人、家庭和社区的卫生、生活方式与社会经济地位、生物与遗传因素等；中介变量因素包括疾病预防条件、预防与治疗的药品和健康措施等。前两类因素通过第三类因素影响死亡率。

温克达查亚（K. Venkatacharya）在《婴儿和儿童患病率与死亡率的社会-生物决定因素研究方法》（1985）中，将影响死亡率变动的因素分为更接近变量（生物因素）、接近变量（个人、家庭的社会经济与生活条件）、不太接近变量（宏观环境因素）三个层次，来分析死亡率变动的原因。

鲁兹卡（Lado Ruzicka）的《死亡率趋势和年龄、性别模式》（1986）则把影响死亡率转变的因素分为人口因素（人口结构、家庭、婚姻、生育等）、社会经济因素（经济水平、教育投资、经济结构、妇女地位）、营养因素、卫生保健因素四个类别。在这四类因素中，前两类因素通过后两类因素作用于死亡率。

（四）“生命影响变量”分析

马哈迪温（K. Mahadeven）在《死亡率、生物学和社会：分析框架与概念模型》（1984）一文中，将宏观因素与微观因素结合起来进行研究，把生命影响变量分为12类：政体和政策、生态环境、文化、家庭、婚姻（包括婚前性行为）、父母影响、受孕与怀孕、围生期、儿童保健体制、疾病模式和遗传因素、灾害与战争、干预。其中包括了200多个变量因素，马哈迪温从这些变量中选择了53个对死亡率有更大和更直接影响的变量。

（五）“健康投入-产出”分析

舒尔茨（Theodore Schultz，1902—1998）在《作为死亡率决定因素的家庭经济和社区变量》（1985）一文中，根据经济学的“投入-产出”和“生产率”原理，设计了健康生产函数，分析了家庭经济和社区水平上的因素对死亡率的影响。

$$Y_i = C_0 + C_1 + C_2 B_i + e_1 i$$

在上式中，Y_i是第i个人的死亡率或患病率，$e_1 i$是一组随机误差，C_0、C_1、C_2是这个线性方程的生物/技术参数，B_i是外因固有的生物学上的健康多重性。

（六）“社会-政治因素”分析

这一理论注重根据社会发展变化的历史线索考察死亡水平及其差别的演变。

如豪泽（J. Hauser）在《死亡率和社会变化：一个新方法》（1985）一文中提出了社会变化加强了科技经济交流与合作、社会变化增加了收入和提高了疾病预防能力等13种假设，并从社会、政治和教育等角度分析了死亡率变动的理论。卡德威尔在《贫困国家低死亡率之路》（1986）中，从妇女地位、教育水平、政治制度、社会开放程度、社会等级、历史文化等方面，对印度、斯里兰卡和哥斯达黎加的死亡率转变以及中国与古巴的政治制度在死亡率控制中的作用，进行了对比分析，从而总结出了社会政治制度对死亡率的影响。

三、死亡模式及特点

死亡模式是指在不同历史时期和社会经济文化条件下具有明显差异的死亡类型，其主要划分依据是年龄别死亡率的分布特征与趋势，一般采用年龄别死亡率曲线来表示。死亡率和平均预期寿命是从不同方面说明人口死亡水平发生变化程度的指标，因此，在死亡模式分析中，平均预期寿命也是一个重要的参考因素。根据经济社会发展状况与死亡率水平的高低，死亡模式可分为高死亡模式与低死亡模式两种。

高死亡模式是指在经济社会发展水平较为落后、死亡率较高的条件下，人口的死亡模式呈现“两头高、中间低”的态势，年龄别死亡率为近似“U”形的曲线，即低龄组人口（婴儿和儿童）的死亡率极高，成年组人口的死亡率较低，高龄组人口的死亡率很高，人口的平均寿命比较短。经济落后的国家和地区的死亡模式一般为高死亡模式。许多发展中国家处于死亡率转变的过程中，死亡模式出现分异，有的是“U”形，有的处于“U”形向“J”形转变的过程中，也有一些国家已基本转变为“J”形。

低死亡模式是指随着经济社会的发展，在人民生活水平不断提高、医疗保健卫生条件逐步改善、死亡率大幅降低的情况下，婴幼儿死亡率大幅下降，高龄组人口的死亡年龄后移，人口的平均预期寿命延长，年龄别死亡率为近似平放的“J”形曲线。经济发达的国家和地区的死亡模式一般为低死亡模式。

高死亡模式与低死亡模式主要有以下三个方面的差异：

一是不同年龄组死亡人口占总死亡人口的比例不同。在高死亡模式中，低龄组死亡人口占总死亡人口的比例较高。而在低死亡模式中，低龄组死亡人口占总死亡人口的比例大幅下降，高龄组死亡人口占总死亡人口的比例相对较高。

二是平均预期寿命不同。在高死亡模式中，由于低龄组死亡人口占有较高比例，也就是说，相当一部分人在5岁之前已经死亡，故平均预期寿命较短。在低死亡模式中，低龄组死亡人口占总死亡人口的比例大大下降，高龄组死亡年龄后移，故平均预期寿命较长。

三是死亡人口的年龄中位数不同。在高死亡模式中，年龄中位数相对较小；而在低死亡模式中，年龄中位数相对较大。

四、世界人口死亡模式的变化

从人类的发展历史来看，伴随着经济、社会、文化的变迁与发展，死亡率经历了由高向低的转变，而死亡率的下降带来了年龄别死亡率结构的变化即死亡模式的转变。世界人口死亡模式的变化，大体可以分为两个阶段：一是工业革命前的高死亡率、低预期寿命的死亡模式阶段；二是工业革命后的低死亡率、高预期寿命的死亡模式阶段。

（一）工业革命前的人口死亡模式

在工业革命前，生产力水平较为落后，人类生存发展的条件也相对恶劣，面临着各种各样的生存威胁。因此，高死亡率是工业革命前世界人口的基本特征之一，其中，新生儿和婴儿死亡率非常高。然而，在 16 世纪以前，有关人类死亡水平和平均预期寿命的相对准确的数据是无法获得的。对罗马时期的墓碑分析表明，当时的婴儿死亡率极高，估计 1 岁内的婴儿死亡率达到了 150‰～200‰，总死亡率在 30‰以上。① 根据考古学发现、宗教的特殊记录及通过人口学模型进行的粗略估计，在 1500 年以前的时代，人类出生时的平均预期寿命只有 20～30 岁②。

（二）工业革命后的人口死亡模式

在工业革命后，人口死亡率进入了迅速下降的时期。但是，由于世界各国的发展进程不同，死亡率下降的速度与死亡模式也明显不同。

随着收入的增加及营养、住房和卫生条件的改善，到 19 世纪前叶，欧美国家的平均预期寿命达到 40 岁左右。此后，65 岁及以上人口的死亡率与 5 岁以下人口的死亡率基本持平。③ 进入 20 世纪后，发达国家的人口死亡率继续下降，出生时的平均预期寿命不断延长。其死亡模式呈现出两大特点：婴儿死亡率达到极低水平，人口出生时的平均预期寿命接近或者超过 80 岁。④ 比较发达国家的死亡模式基本接近发达国家。但从 20 世纪 60 年代中期开始，发达国家由于人口年龄结构进入了老化阶段，高龄组人口的死亡率开始高于其他年龄组，这使得其人口死亡率在降到较低水平之后开始稍有回升。联合国数据显示，发达地区的年平均死亡率在 1960—1965 年间就下降至 9‰的低水平，此后死亡率开始回升。1965—1970 年为 9.1‰，1970—1975 年为 9.2‰，1975—1980 年为 9.4‰，1980—1985 年为 9.6‰。⑤

---

① 佟新．人口社会学．北京：北京大学出版社，2010：80.

② 刘爽．全球人口管理：从理论到实践．北京：中国人口出版社，2004：232.

③ 梁在．人口学．北京：中国人民大学出版社，2012：133.

④ 同③234.

⑤ 侯文若．西方人口学理论述评．长沙：湖南人民出版社，1989：38.

在发展中国家，人口死亡率的下降开始得比较晚，直到 20 世纪 50 年代，发展中国家才开始进入死亡率显著下降的时期。但由于发达国家先进医疗技术的引进与支持，发展中国家死亡率下降的速度很快。到 60 年代中期，发展中国家的人口死亡率已降至 16.8‰。同时，平均预期寿命也开始大幅延长。据联合国数据，进入 21 世纪后，发展中国家的人口死亡率进一步降低，但是，随着老龄化时代的来临，预计在 21 世纪 20 年代中期，发展中国家的人口死亡率将开始缓慢回升。[①] 1960—2016 年世界不同发达程度的国家的死亡率变化状况如图 4－1 所示。

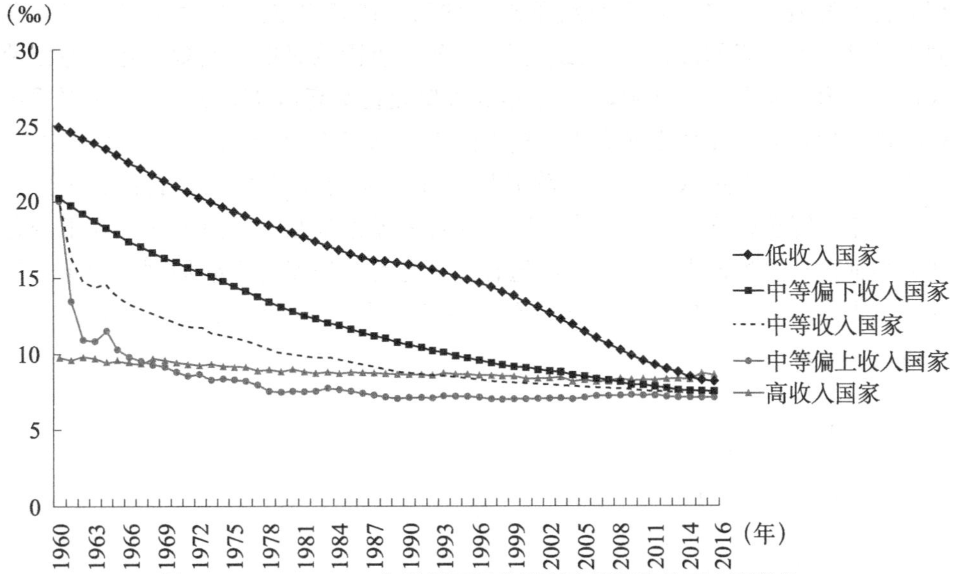

图 4－1　1960—2016 年世界不同发达程度的国家的死亡率变化

资料来源：Death rate，crude(per 1 000 people). [2020－01－10]. https://data.worldbank.org/indicator/SP.DYN.CDRT.IN.

五、中国人口死亡模式的变化

中国人口死亡模式的变化大致可分为新中国成立前、新中国成立后两个阶段。

(一) 新中国成立前的人口死亡模式

新中国成立前，受生产力水平落后、生存环境与条件恶劣及军阀混战等各种原因的影响，中国人口的死亡率很高，平均预期寿命很低。国民党 1936 年公布的死亡率资料显示，当时中国人口的死亡率高达 27.60‰，婴儿死亡率高达 156.20‰。

---

① Population Division of the Department of Economic and Social Affairs of the United Nations Secretariat. World population prospects: the 2015 revision. (2015－08－08) [2019－10－10]. http://esa.un.org/unpd/wpp/DVD/.

当然，如果考虑漏报、瞒报、统计不准确等情况，人口死亡率还会高得多。另据估计，直到20世纪上半期，中国人口的平均预期寿命只有35岁左右。①

（二）新中国成立后的人口死亡模式

新中国成立后，人口死亡率经历了从急剧下降到急剧上升又迅速下降，再到逐步下降，最后略有回升的过程（见图4-2）。1949—1957年为人口死亡率的迅速下降时期。这一时期，社会安定，经济发展步入正轨，医疗卫生事业也相应得到发展，人口死亡率直线下降。1958—1965年人口死亡率经历了先急剧上升又迅速下降的过程。“大跃进”、三年严重困难时期、粮食不足等原因使人口死亡率急剧上升。其中，1960年的人口死亡率高达25.43‰。三年严重困难时期过后，人口死亡率又进入急速下降期，1965年降至9.50‰。从1966年开始，人口死亡率进入了逐步下降时期，1979年降至6.21‰。目前，中国人口死亡率已降至极低水平。其中，婴儿死亡率无论是在下降速度还是在下降程度方面都达到了极低水平。然而，随着人口老龄化程度的不断加剧，老年人口的死亡人数增多，人口死亡率开始有所回升。从2005年开始，人口死亡率进入缓慢回升期。

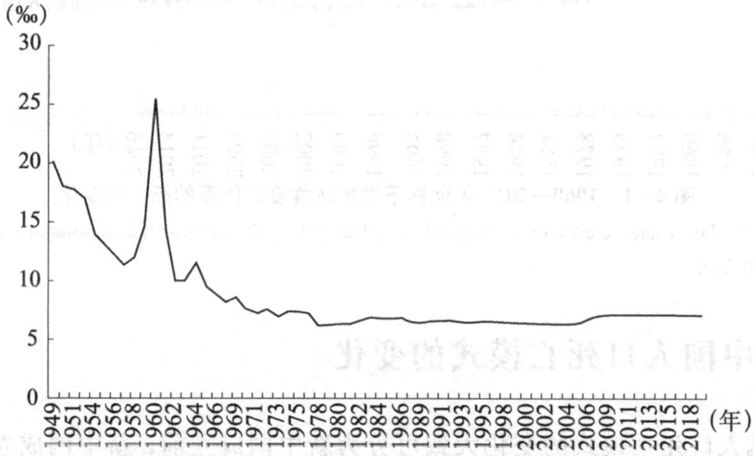

图4-2 1949—2018年中国人口死亡率

资料来源：中国经济与社会发展统计数据库历年《中国统计年鉴》。

从人口平均预期寿命来看，中国人口的平均预期寿命的提高速度非常快。20世纪70年代，中国人口的平均预期寿命已超过60岁；1990年中国男性的平均预期寿命为66.84岁，女性的平均预期寿命为70.43岁。第六次全国人口普查数据显示，2010年中国人口的平均预期寿命达到74.83岁，其中，男性人口的平均预期寿命为72.38岁，女性人口的平均预期寿命为77.37岁。

① 国家卫生和计划生育委员会．2013中国卫生和计划生育统计年鉴．北京：中国协和医科大学出版社，2013.

第三节 死因分析

死亡虽然是一种生命现象，但在很大程度上又受各种社会、经济、文化因素的影响[①]。在不同历史阶段，由于经济社会发展水平、医疗卫生状况及生活质量不同，人口的死因也不同。

一、死因及分类

根据世界卫生组织在《国际疾病分类》中的建议，死因一般被定义为：所有直接导致或间接促进死亡的疾病、病情和损伤，以及造成任何这类损伤的事故或暴力的情况。

（一）死因类别划分

依据不同的标准，死因被区分为多种不同类别：直接死因、间接死因，外源性死因、内源性死因等。此外，国际统计学会也对死因做了划分。

1. 直接死因与间接死因

直接死因是指直接致人死亡的原因。直接死因可以是致命性疾病、损伤本身，但更常见的是由疾病、损伤、中毒、窒息所引起的直接致命的并发症和/或继发症。它们可以是一种疾病（如支气管肺炎、破伤风、冠心病、外伤性脑内血肿等），也可以是一种病理状态（如休克、脑水肿、败血症、脓毒血症等）。

间接死因是指在疾病或损伤导致死亡的过程中，与直接死因有因果关系的疾病或损伤。该原因不至于直接立即导致死亡，但可以引起一系列更加严重的继发或相关疾病事件，最终不可逆地导致死亡。

2. 外源性死因与内源性死因

内源性死因主要指人体自身的衰退，包括心血管疾病、糖尿病、癌症等目前难以治愈的疾病。外源性死因是指完全来自外界的因素，既包括疾病，也包括各种事故。

3. 国际疾病的死因分类

为了对世界各国人口的健康状况、医疗发展水平进行掌握与比较，需要对各类病伤和死因进行统一分类。1853 年，国际统计学会开始编制统一的疾病名称和死因分类，先是在欧洲使用，经四次修订后，到 1893 年开始产生只包括死因

---

① 王胜今．人口社会学．长春：吉林大学出版社，1988：98.

的国际疾病与死因分类，同时规定每隔十年修订一次。直到 1948 年第六次修订才编成名副其实的《国际疾病分类》(ICD)，1975 年第九次修订的分类表更为完善。现在国际上使用的是《国际疾病分类》的第十次修订本（简称 ICD-10，共三卷)，自 1993 年 1 月 1 日起生效。

根据 ICD-10 的分类，死因可分为三个大项，每个大项下含有数量不等的大类，每个大类下面又细分到各种疾病、损伤的名称（见表 4-3)。

表 4-3 死因分类

大项	大类
传染病、母婴疾病和营养缺乏性疾病	传染病和寄生虫病；呼吸系统感染；妊娠、分娩和产褥期并发症；起源于围生期的情况；营养缺乏
非传染性疾病（慢性病)	恶性肿瘤；其他肿瘤；糖尿病；内分泌紊乱；神经系统和精神障碍疾病；感官疾病；心血管疾病；呼吸系统疾病；消化系统疾病；泌尿生殖系统疾病；皮肤病；肌肉骨骼和结缔组织疾病；先天异常；口腔疾病
损伤	意外（交通事故、中毒、火灾等)；故意（自杀、暴力、战争等)

(二) 全球疾病负担

疾病负担是指疾病、伤残和过早死亡对整个社会经济及健康系统的压力。一般研究采用死亡率和患病率来衡量疾病的重要性，然而，这种传统的研究忽视和低估了非致死性疾病和慢性疾病的影响，同时未考虑到疾病严重程度和持续时间对劳动、生活能力丧失的影响。[①] 基于此，世界卫生组织组织了全球疾病负担 (global burden of disease) 研究，根据死因的三大分类对疾病负担进行综合分析，并将伤残调整寿命（disability adjusted life year，DALY）作为疾病负担的衡量指标。

1. 伤残的分类

根据 22 个指标来定义多种伤残（白癜风；腹泻、严重口腔溃疡、严重贫血；不孕症、风湿性关节炎；听力障碍、精神障碍；失明，严重偏头疼）的严重程度和不同的健康状态。

2. 患病率

在全球疾病负担研究中，患病率的计算方法如下：

某一个类别流行病的患病率＝这一类别中所有伤残的总和（即每种后遗症的发病率×该后遗症在这一类别中的比例）＋剩余的未被明确分析的疾病和伤残发病率的估计

① 张传芝，等．综合医院抑郁障碍．海口：南海出版公司，2004：47.

3. 健康预期寿命

健康预期寿命是将预期寿命与健康相结合，以此来考察活到某一年龄的人在未来可能处在不同健康状态上的时间，是健康长寿研究中的一个重要指标。健康预期寿命的计算方法根据数据信息的丰富程度可以有好几种。在只有横向数据——实际人口各年龄的某种健康比例的情况下，可以使用沙立文方法；在知道从健康状况向其他非健康状况转移的信息的条件下，可以使用双递减方法，该方法假设从健康到不健康是一种不可逆的状态；而在假定不同的健康状态间可以相互转换且不同健康状态的死亡率不同，并且有相应数据的情况下，使用多状态生命表（多增减健康状态生命表）更为合理，也有研究者使用微观仿真方法。

4. 伤残调整寿命

伤残调整寿命的估计如下：

$$HLx = Lx\left(1 - \sum Pjx\ Djx\right)$$

在上式中，HLx 是指在年龄 x 岁时的健康存活年，Pjx 是指在年龄 x 岁时，j 类伤残后遗症的患病率，Djx 是指在年龄 x 岁时，j 类伤残后遗症的严重程度，Lx 是指生存人年数。

（三）死因构成及死因顺位

1. 死因构成

死因构成是指全年因某死因死亡的人口在同年全部死亡人口中所占的比重，常用百分比来表示，其计算公式如下：

$$死因构成=\frac{全年因某死因死亡的人数}{同年总死亡人数}\times 100\%$$

死因构成可用来比较不同地区、不同年份主要死因或某几项死因的变化，用以反映社会经济发展、医疗卫生事业及人们生活健康水平的发展变化情况。

2. 死因顺位

死因顺位是指按各种死因死亡人数占总死亡人数的比例由高到低排序。它与死因构成在实际意义上是一回事，可以反映医疗卫生工作及居民健康水平的变动情况。

二、死因分析的理论基础

在死亡率上升或下降的过程中，不同的死因所发挥的作用不同。在不同的时期以及不同的地区，死因结构存在差异。

（一）死因的历史演变

在人类社会漫长的发展历程中，传染病一直是致死的重要原因。普雷斯顿和纳尔逊（V. Nelson）的死亡率变化的原因结构模型（通过 12 种死因，解释 100 年内 43 个国家的标准化死亡率）分析显示，在死亡率的总下降过程中，60%的死亡率下降缘于各种传染病致死率下降。在各类传染病致死率中，占比较高的是流行性感冒、肺炎和支气管炎，约占25%；肺结核和腹泻各占10%；其他传染病和寄生虫病占15%。[①] 随着生活条件的逐步改善及医疗技术的不断进步，人类对各种传染病的控制与治疗能力不断增强，传染病致死率也在不断下降，而各种非传染性疾病，即退行性疾病开始超越传染病成为人类重要的死因。其中，心血管疾病、各种恶性肿瘤及呼吸系统疾病成为重要杀手。

（二）流行病转变理论

"流行病转变"这一概念是由欧姆兰（Abdel Omran）于1971年提出的，这一理论名为分析流行病变迁，实际上是研究随着社会变迁发展所发生的死因模式的转变及其后果。该理论认为，在死亡率下降的过程中，造成人类死亡的主导原因发生了相应的变化，随着死亡率水平的阶段性变化，死因构成也发生了转变。

流行病转变理论包括五个命题、三个阶段及三种模式。[②]

1. 五个命题

一是死亡是人口变动的基本因素，这是流行病转变的前提。

二是在流行病转变的过程中，疾病和死亡类型经历了传染病大流行逐渐为退行性疾病和人为疾病所取代，后者成为主要的死因。

三是在流行病转变的过程中，不同人群的受益情况存在差别。在传染病大流行衰退时，儿童和育龄妇女的生存概率将大大提高，他们将成为最大的受益者。

四是健康和疾病的变化与人口、社会经济的变迁密不可分。

五是根据死亡率和生育率开始显著下降的时间、变化的速度及流行病转变的决定因素等方面的不同，流行病存在四种不同的转变模式。

2. 三个阶段

第一阶段是传染病与饥荒流行时期。这一时期各种传染病猖獗，并同饥荒一起导致了较高的人口死亡率，人均寿命只有20～40岁。

第二阶段是传染病衰退时期。这一时期传染病传播的速度、规模都开始衰减，人口死亡率大幅下降，人均寿命达到30～55岁。

第三阶段是退行性与人为疾病时期。这一时期传染病进一步减少，人口死亡率迅速下降，人均寿命达70岁以上。

根据社会经济发展状况，有人提出了流行病未来预期的两个转变：癌症死亡率的下降与衰老的放慢。而这两个转变的实现，很大程度上要依赖于医疗科技水平的进步与发展。

3. 三种模式

（1）典型的西方模式。

此模式主要发生在西方社会，其特点为：在自19世纪开始的200年时间里，

---

① 北川．论死亡率//顾宝昌．社会人口学的视野．北京：商务印书馆，1992：299.

② OMRAN A. Epidemiological transition in the U. S.: the health factor in population change. Population bulletin, 1971 (32).

随着社会、经济发展及环境的改善，流行病逐渐减少、人口存活率上升，同时伴随着生育率的下降，转变过程与现代化进程基本同步。医疗技术的作用在转变早期并不显著，直到20世纪以后才逐渐增强。①

（2）加速转变模式。

此模式以日本、东欧及苏联为代表，其特点是流行病转变时间较晚，但是完成转变所用的时间较短，人口死亡率的变化与第一种模式基本相同，而生育率的下降主要依靠人工流产等节育手段来完成。医学和公共卫生的进步在转变过程中起到非常重要的作用。

（3）延迟转变模式。

大多数发展中国家的转变遵循此模式，其特点是人口死亡率下降的时间较晚，直到第二次世界大战后，人口死亡率才迅速下降。现代医学技术的应用和公共卫生措施的实施是人口死亡率下降的主要原因。但是，生育率的下降明显滞后，使人口在短时间内增长迅速。

三、中国人口死因分析

死因与死亡率的发展变化密不可分，在死亡率发展变化的不同阶段或时期，死因也发生着相应的改变。

（一）新中国成立前的人口死因分布

新中国成立前，生产力不发达，社会经济发展水平落后，人们抵御各种自然灾害的能力极其低下，社会动荡不安。灾荒、各类传染病、战争是造成死亡的重要原因。从死因分布来看，首先是灾荒和饥馑。大灾之年，死亡人数急剧攀升，如河南大饥荒。1942年夏到1943年春，河南发生大旱灾，夏秋两季大部分绝收。大旱之后，又遇蝗灾，饥荒遍及全省110个县。据估计，在当时3 000万人口的河南省，有300万人饿死，另有300万人西出潼关做流民，沿途饿死、病死以及因扒火车挤踩摔轧而死者无数。其次是瘟疫、鼠疫、天花、伤寒、霍乱、疟疾等。最后是战争，频繁的战争造成大量人口死亡。

（二）新中国成立后的人口死因变化

新中国成立后，社会制度发生本质的改变，生产力得到迅速发展，人民生活趋于稳定，医疗卫生保健事业得到长足发展。因此，各种战争、传染病等死因带来人口大量死亡的现象已不多见。但是，自然灾害带来的死亡时有发生，如1976年的唐山大地震、2008年的汶川大地震。而在各种死因中，慢性非传染性

① 宋新明．流行病学转变：人口变化的流行病学理论的形成和发展．人口研究，2003（6）．

疾病（恶性肿瘤、心脑血管疾病、呼吸系统疾病等）开始成为死亡的主要原因。据统计，1973—1975 年前五位的死因分别是：心脏病（占总死亡人数的 17.20%）、呼吸系统疾病（占总死亡人数的 15.70%）、恶性肿瘤（占总死亡人数的 10.28%）、意外死亡（占总死亡人数的 9.40%）、消化系统疾病（占总死亡人数的 8.89%）。[①] 1982—2010 年，恶性肿瘤、脑血管病、心脏疾病、呼吸系统疾病、损伤和中毒占据死因前五位，这五个死因每年占所有死因的比例超过 85%[②]。而死因如此变化，与人口老龄化、环境风险增加，以及不健康的饮食、生活方式不无关系。与此同时，需要注意的是，虽然一些早期的恶性传染病已经被控制或消灭，但是，一些新型的传染性疾病也应引起人们的足够重视，如 SARS、甲型 H1N1 流感、2014 年在西非肆虐的埃博拉出血热、2015 年在韩国流行的中东呼吸综合征、2020 年在全球流行的新型冠状病毒肺炎等。

全球人均期望寿命增加了 6 岁

全球卫生状况的 10 组数据：

（1）1990 年以来，全球人均期望寿命增加了 6 岁，在 2011 年出生的婴儿平均可活到 70 岁；

（2）每年约有 700 万名 5 岁以下儿童死亡；

（3）早产是全世界新生儿的主要杀手，每年有 1 500 万婴儿（约为婴儿的 1/10）出生过早（在怀孕 37 周之前出生并存活），早产并发症每年造成 100 多万例新生儿死亡；

（4）心血管疾病是全世界的主要死因，全球每 10 名死者中就有 3 名死于心血管疾病——心血管疾病可造成心脏病发作和中风；

（5）2011 年艾滋病病毒/艾滋病死亡总数中，约有 70%发生在撒哈拉以南非洲；

（6）每天几乎有 800 名妇女死于妊娠和分娩并发症；

（7）抑郁症等精神卫生障碍是全球范围内造成残疾的 20 个主要原因之一；

（8）听力丧失、视力问题和精神障碍是最常见的致残原因；

（9）每 10 名成人中约有 1 人患糖尿病；

（10）每天有近 3 500 人死于车祸。

资料来源：世卫发布 10 组最新健康数据：期望寿命增加 6 岁．(2013 - 09 - 06) [2019 - 10 - 10]．http://finance. chinanews. com/jk/2013/09 - 06/5255320. shtml.

① 田雪原．中国老年人口．北京：社会科学文献出版社，2007：288.

② 施焕中．中国过去 30 年以来主要死亡原因的变化趋势．(2013 - 04 - 13) [2019 - 05 - 10]. http://heart. dxy. cn/article/51175.

第四节 人口转变

一、人口转变概念

人口转变的概念最早由汤普森于 1929 年提出。人口转变是指人口的再生产类型由高出生率、高死亡率、低自然增长率，经过高出生率、低死亡率、高自然增长率，向低出生率、低死亡率、低自然增长率转变。

伴随社会的变迁及学界对人口转变研究的深入，人口转变的概念和内涵在不断地丰富和发展。有学者认为，若仅从出生和死亡两个维度来探讨当今社会人口转变是不合适的，而需要采用大人口的定义，即除了出生和死亡外，还要包括人口的迁移流动和分布、年龄结构、性别结构及家庭结构等维度。①

二、早期人口转变理论

人口转变理论产生于 20 世纪初，在其形成与发展过程中，法国的兰德里（Adolphe Landry，1874—1956）、美国的诺特斯坦和布莱克都为之做出了重要贡献，是人口转变理论三个主要的代表人物。在他们的带领和推动下，诸多学者对人口转变的理论模型进行了分析研究。早期人口转变理论主要包括三阶段模型、四阶段模型和五阶段模型。

（一）兰德里的三阶段模型

学界普遍认为兰德里是最早提出人口转变理论的学者。1909 年，他在论文《人口的三种主要理论》中，提出了与经济发展相适应的三个人口发展阶段，分别为原始阶段、中期阶段和现代阶段。② 1934 年，他在《人口革命》一书中进一步系统论述了人口转变的三个发展阶段：原始阶段是不限制生育的时代，中期阶段是限制生育达到了普及的时代，现代阶段是人们自觉限制家庭规模的时代③。他认为，人口由原始阶段向现代阶段的转变包含质的成分（不同的人口发展阶段之间有质的差别），故又将其称为“人口革命”；人口革命的主要动因是社会经济

---

① 杨菊华．人口转变与老年贫困．北京：中国人民大学出版社，2011：5.

② LANDRY A. La revolution demographique（1934）. INED Press，1982：9. 李竞能．现代西方人口理论．上海：复旦大学出版社，2004：320.

③ 同②330.

因素，特别是生产力的发展①。

（二）诺特斯坦的四阶段模型

1953年，诺特斯坦在《人口变动的经济问题》一书中对其在《人口——长远观点》（1945）中提出的三阶段模型进行了修正。他结合工业化的发展，将人口转变划分为四个阶段：工业化以前阶段、工业化初期阶段、工业化进一步发展阶段、完全工业化阶段。

在工业化以前阶段，人口的出生率很高，死亡率也很高，人口自然增长率很低。在工业化初期阶段，人口的出生率仍然维持在高水平，但死亡率开始下降且下降速度逐渐加快，由此引起两者的差距越来越大，故人口的自然增长率逐渐上升。在工业化进一步发展阶段，人口的死亡率继续下降，出生率虽然也开始下降，但下降速度慢于死亡率，两者的差距继续扩大，人口自然增长率在这个阶段达到最高。在完全工业化阶段，人口的死亡率下降到低水平，出生率也下降至更替水平左右，人口自然增长率很低，甚至出现零增长或负增长。②

（三）布莱克的五阶段模型

1947年，布莱克在《人口增长的阶段》论文中提出了人口转变的五阶段模型，即高位静止（HS）、扩展前期（EE）、扩展后期（LE）、低位静止（LS）和负增长（D）等五个阶段（见图4-3）。③

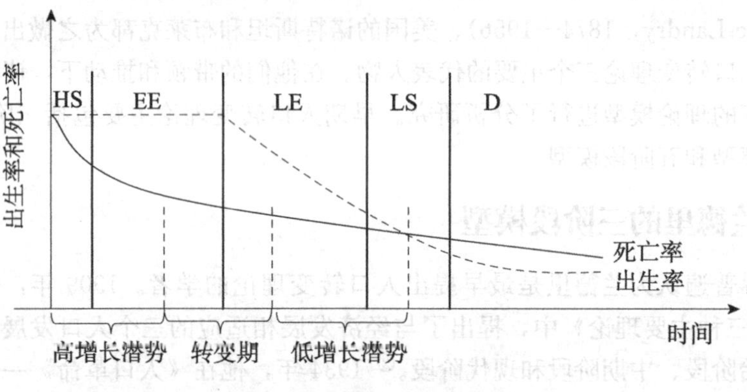

图4-3 布莱克五阶段模型

资料来源：BLACK C P. Stages in population growth. The eugenics review，1947（39）. 李竞能. 现代西方人口理论. 上海：复旦大学出版社，2004：336-337.

① LANDRY A. La revolution demographique（1934）. INED Press，1982：9. 李竞能. 现代西方人口理论. 上海：复旦大学出版社，2004：320.

② NOTESTEIN F. Economic problems of population change. The 8th international conference of agricultural economists. London：Oxford University Press，1953：13-31. 李竞能. 现代西方人口理论. 上海：复旦大学出版社，2004：334.

③ BLACK C P. Stages in population growth. The eugenics review，1947（39）. 李竞能. 现代西方人口理论. 上海：复旦大学出版社，2004：336-337.

第一阶段是高位静止阶段，人口的出生率和死亡率都很高，两者甚至均超过40‰。人口自然增长率很低，人口增长速度十分缓慢。人口出生率和死亡率取决于妇女的生育能力及自然力量的调控。

第二阶段是扩展前期阶段，出生率仍然保持高位，但死亡率开始下降。在这一时期，随着经济迅速发展和医疗技术进步，人们的健康和营养状况得到明显改善，人口死亡率大大降低，预期寿命延长。然而，由于传统的生育观念和制度滞后于时代发展，生育率居高不下，出生率与下降的死亡率之间的差距扩大，人口规模扩张，不久即达到最高的人口自然增长率。

第三阶段是扩展后期阶段，人口死亡率继续下降，出生率快速降低，出生率与死亡率之间的差距不断缩小，人口自然增长率开始下降，人口增长速度逐渐减慢。这一时期死亡率仍然在下降，但下降的速度放慢，这主要缘于妇幼死亡率的降低。同时，随着工业化、城市化的迅速发展及现代化进程的不断推进，人们的生活方式与观念发生改变，女性的受教育水平和社会经济活动参与度提高，避孕技术取得进步，在以上多种因素的交织作用下，人们的生育观念与生育行为发生转变，出生率开始快速下降。

第四阶段是低位静止阶段，经济和人口都进入了停滞状态，故出生率和死亡率也达到低水平，人口增长十分缓慢。

第五阶段是负增长阶段，出生率长期低于更替水平，在结构性因素的作用下，死亡率高于出生率，人口规模出现负增长现象。

目前除极少数发展中国家的人口转变仍处在第二阶段外，大多数发展中国家的人口转变处于第三阶段，而绝大部分发达国家和少数发展中国家的人口转变已处在第四阶段，有些发达国家的人口转变已进入第五阶段。

综上所述，虽然不同学者对人口转变过程的阶段划分和表述存在一些差异，但其核心内容相同——伴随社会经济的发展，人口的再生产类型从高出生率、高死亡率、低自然增长率向低出生率、低死亡率、低自然增长率转变，甚至可能出现人口零增长或负增长的现象；人口转变完成的标志是生育率稳定在更替水平。

三、第二次人口转变理论

在第二次世界大战结束后，欧美各国出现了一个短暂的出生高峰，即“婴儿潮”。然而，从 20 世纪 60 年代中期开始，欧洲一些国家的生育率持续下降，有的国家甚至出现了人口负增长。针对此种现象，欧洲学者提出了第二次人口转变理论，力图解释生育率在降到更替水平以后持续低迷甚至继续下降的原因，进而推断人口转变完成后可能的人口走向，包括可能实现的新的平衡。①

以范德卡（Dirk Van de Kaa）为代表的欧洲学者于 1987 年提出的第二次人

---

① 刘爽．人口转变及其内涵//张维庆．纪念中国人口学会成立 30 周年：中国人口学会年会论文集 2011. 北京：中国人口出版社，2012：11.

口转变，是指人口转变实现低位平衡后，生育率还将继续下降并在未来可能达到新的平衡。该转变始于 20 世纪 60 年代后期的许多西欧和北欧国家。第二次人口转变理论认为，人口制度正处于不断变化之中，与此相应的是，家庭生活和孩子的价值也在发生相应的改变。同时，由于避孕方法的广泛运用，生育率降到更替水平以下。① 与第一次人口转变相比，第二次人口转变是一次更为深刻的、全面的转变，除了生育率显著且持续下降至更替水平下徘徊外，婚姻模式、家庭模式、生育模式、人口迁移流动等方面均发生了改变。在婚姻模式方面，平均初婚年龄普遍提高、单身及婚前同居的人数不断增多，从婚姻的黄金时期转向同居的破晓，同性恋在得到社会和法律认可的同时也开始公开。② 在家庭模式方面，多元化趋势明显，“孩子至上”转向“夫妻至上”“伴侣至上”，两性关系更加趋于平等。在生育模式方面，伴随着避孕革命、性革命和社会性别革命，生育不再被看作一种社会责任，而更多地被视为个人选择，预防性的出生控制转向自主选择的家庭计划，在人口学指标上表现为婚育年龄推迟、生育意愿降低、终身不育和婚外生育比例上升。③ 在人口迁移流动方面，第一次人口转变与第二次人口转变的分界线是净迁移流动率由负转向正。

然而，第二次人口转变理论虽然引起了学界的广泛关注及热烈反响，但也遭到了诸多学者的批判，对该理论的认识仍然存在很大分歧。许多学者认为，第二次人口转变只是西欧（加上加拿大和澳大利亚）的特点，不具有普遍性，因此它只是第一次人口转变的延续，是一个次生转变，而不是真正意义上的一次新的人口转变。④

四、第三次人口转变理论

当一些学者还沉浸在对第二次人口转变的争论之中，继续探讨第二次人口转变的内在机理及其可能的影响时，科尔曼（David Coleman）提出了第三次人口转变的概念。他将欧洲和美国正在经历的本民族持续的低生育率及其他民族人口的高迁移率造成的这些国家人种结构的迅速和永远的改变称作第三次人口转变。⑤ 与前两次人口转变主要关注生命事件率、人口增长、居住安排、婚姻、家庭等不同，第三次人口转变主要关注的是发达国家的低生育率和高迁入率及由此带来的国家人口种族结构的改变⑥。

尽管科尔曼通过对“没有先例”“不可逆性”“具有重要的社会、文化和政治

① VAN DE KAA D. Europe's second demographic transition. Population bulletin (Population Reference Bureau), 1987 (1). 刘爽，卫银霞，任慧．从一次人口转变到二次人口转变：现代人口转变及其启示．人口研究，2012 (1).

② 石人炳．人口转变：一个可以无限拓展的概念？．人口研究，2012 (2).

③ 蒋耒文．“欧洲第二次人口转变”理论及其思考．人口研究，2002 (3).

④ LESTHAEGHE R. The unfolding story of the second demographic transition. Population and development review, 2010 (36).

⑤ COLEMAN D. Immigration and ethnic change in low fertility countries: a third demographic transition. Population and development review, 2006 (32).

⑥ 同②.

意义”等方面的分析来说明第三次人口转变是一次新的人口转变并凸显它的重要性，但此论并未受到学界的足够重视，对其的争论、分歧和批判也很少，这与第二次人口转变的提出形成了鲜明对比。

纵观人口转变理论的产生和发展及关于第二次、第三次人口转变的争论与探讨，我们不难发现，人口的发展变化与经济社会变迁、文化观念转变紧密相连。人口转变不单单是人口的出生和死亡引起的人口数量的变化，相伴而来的还有婚姻模式、生育观念与行为、家庭模式和人种结构等一系列变革。

五、中国人口转变特点[①]

中国的人口转变，既遵循世界各国人口转变的一般规律——从高出生率、高死亡率向低出生率、低死亡率转变，又展现出与众不同的特点。

（一）人口转变过程的政策干预程度大

中国的人口转变机制不同于西方发达国家。西方发达国家的人口转变是自发的，是伴随着工业化、现代化进程而缓慢地发生的，整个过程历时百余年。中国作为一个发展中国家，大的人口基数使其面临较大的人口压力，为了缓解这一压力，中国政府实行了严格控制生育数量的人口政策，这使得人口的出生率紧随迅猛下降的死亡率急剧下降，导致人口转变周期大大缩短。[②] 换言之，中国的人口转变不是自发的，而是在政府的“干预”和“诱导”下快速完成的。中国人口转变的动力机制具有明显的外生性。

（二）人口转变的周期短、速度快

大多数学者认同：中国传统意义上的人口转变始于 20 世纪 50 年代初，完成于 2000 年左右，前后只有 50 年左右的时间。相比之下，西方发达国家的人口转变周期要漫长得多，如法国花了 185 年，瑞典用了 150 年，德国和意大利耗时 89 年，苏联的人口转变时间虽然相对较短，但也花了 69 年（见表 4-4）。可见，中国人口转变的起始时间虽然较晚，但转变具有明显的压缩性——转变的周期短、速度快。

表 4-4　世界部分国家（地区）人口转变过程的比较

国家或地区	转变开始和结束的年份	转变持续期（年）
瑞典	1810—1960	150
德国	1876—1965	89
意大利	1876—1965	89
苏联	1896—1965	69

① 本部分所描述的人口转变特点不包括中国台湾地区的人口转变特点。

② 马力，桂江丰．中国特色的人口转变．人口研究，2012（1）．

续前表

国家或地区	转变开始和结束的年份	转变持续期（年）
法国	1785—1970	185
中国大陆	20 世纪 50 年代初—2000	约 50
中国台湾	1920—1990	70
墨西哥	1920—2000	80

资料来源：李建新．世界人口格局中的中国人口转变及其特点．人口学刊，2000（5）．刘爽，卫银霞，任慧．从一次人口转变到二次人口转变：现代人口转变及其启示．人口研究，2012（1）．利维巴茨．繁衍：世界人口简史．北京：北京大学出版社，2005.

（三）人口转变的地区差异大

原新认为，中国东部较发达地区的人口转变进程明显快于西部欠发达地区，前者基本上要比后者早 5～10 年完成人口转变①。马妍、刘爽认为，中国的人口转变格局与经济社会发展水平的分布格局类似，呈现出由东部较发达地区向中部和西部欠发达地区扩散的趋势，亦即中部和西部欠发达地区的人口转变进程慢于东部较发达地区。分省份来看，人口转变也呈现出由经济发达省份向经济欠发达省份扩散的特征。②

张车伟认为，农村人口转变的起始时间较晚，大约在 1974 年人口转变才有了质的变化，比城市晚 10 年左右。城市和农村人口转变起始时间上的差距，决定了人口转变的城乡差距将长期存在。以总和生育率为例，城市人口的总和生育率在 1974 年就下降到了 1.98 左右，而农村人口的总和生育率在 1997 年还高达 2.1。换言之，城市与农村的人口转变存在 20 年左右的时滞。③

（四）人口转变具有不稳定性

在新中国成立后，中国人口死亡率先经历了快速下降，随后（从 1977 年开始）一直稳定地保持在 7‰左右的水平；相比之下，人口出生率一直在波动中下降。由此可推知，中国人口转变的不稳定性主要表现为生育转变的不稳定性。而生育转变的不稳定性与中国人口转变的不彻底性有关，主要表现在以下三个方面：其一，育龄人口多、生育潜力大；其二，人口转变是在计划生育政策的干预和诱导下完成的，而非伴随工业化和现代化进程而自发的内生性转变；其三，受“多子多福”“养儿防老”“传宗接代”等传统生育文化的影响，人们的生育观念还未彻底转变。④

本章小结

本章首先介绍死亡的相关概念及测量指标；其次描述死亡率的影响因素、死

① 原新．我国西部人口转变及未来人口控制方略．市场与人口分析，2000（3）．

② 马妍，刘爽．中国省级人口转变的时空演变进程：基于聚类分析的实证研究．人口学刊，2011（1）.

③ 张车伟．中国人口转变的城乡差异及其政策选择．中国人口科学，2000（4）．

④ 王学义．对中国人口转变的基本判断及问题研究．四川行政学院学报，2002（1）．

亡率转变理论，并探讨世界和中国人口死亡模式的变化；然后探讨死因相关概念及世界和中国人口的死因变化情况；最后介绍人口转变的相关内容。总体而言，死亡率和生育率一样，经历了从高水平向低水平的转变，从高死亡模式向低死亡模式的转变。死亡率受宏观、中观、微观等不同层面因素的影响。在死亡率下降的同时，死因也发生了较大变化，退行性疾病开始超越传染病成为重要死因。世界所有国家都已然经历或正在经历人口由高出生率、高死亡率、低自然增长率，向低出生率、低死亡率、低自然增长率的转变。与西方发达国家相比，中国的人口转变具有政策干预程度大，周期短、速度快，地区差异大，具有不稳定性等特征。

关键术语

死亡率、年龄别死亡率、生命表、平均预期寿命、死亡模式、死因分析、第一次人口转变、第二次人口转变、第三次人口转变

思考题

1. 简述死亡率的影响因素。
2. 简述死亡模式及其变化。
3. 简述死因的变化趋势。
4. 结合死亡率转变相关理论，对中国人口的死亡率及死因变化进行分析。
5. 简述西方的人口转变理论及其发展。
6. 简述中国人口转变的特点。

拓展阅读书目

1. 温勇，尹勤．人口统计学．南京：东南大学出版社，2006.

2. 李竞能．现代西方人口理论．上海：复旦大学出版社，2004.

3. 顾宝昌．社会人口学的视野．北京：商务印书馆，1992.

4. 曾毅，等．人口分析方法与应用．北京：北京大学出版社，2011.

5. 石人炳．人口转变：一个可以无限拓展的概念？．人口研究，2012（2）.

6. 梁在．人口学．北京：中国人民大学出版社，2012.

7. 翟振武，等．中国知识分子：短命还是长寿?：中国知识分子健康研究报告之一．人口研究，2005（5）.

8. 刘爽，卫银霞，任慧．从一次人口转变到二次人口转变：现代人口转变及其启示．人口研究，2012（1）.

9. 杨菊华．人口转变与老年贫困．北京：中国人民大学出版社，2011.

10. 陈卫．改革开放 30 年与中国的人口转变．人口研究，2008（6）.

11. 蒋耒文．“欧洲第二次人口转变”理论及其思考．人口研究，2002（3）.

12. OMRAN A. The epidemiologic transition：a theory of the epidemiology

of population change. Milbank quarterly，2005（83）.

13. World Health Organization. The global burden of disease. ［2019－05－10］. http：//www. who. int/healthinfo/global_burden_disease/GBD_report_2004update_full. pdf.

14. LESTHAEGHE R，NEIDERT L. The Second demographic transition in the United States：exception or textbook example. Population and development review，2006（32）.

15. TEITELBAUM M. Relevance of demographic transition theory for developing countries. Science，1975（188）.

第五章
迁移分布

> 人口迁移是人口发展变动过程的一项重要内容。迁移改变着人口的空间分布，引起各个国家和地区的人口规模和结构的改变。产生人口迁移的原因是复杂的，后果也是深远的。①
>
> ——段成荣

人口迁移是人类活动的重要组成部分，是一种重要的社会经济现象及空间过程。本章将依次介绍人口迁移的相关概念及测量指标、人口迁移的相关理论、人口迁移的作用与后果、国际国内人口迁移的概况及特点、人口迁移流动与城镇化。

第一节 人口迁移及测量指标

一、人口迁移的界定及分类

(一) 人口迁移概念

人口迁移是指人口在空间位置上的移动。《中国大百科全书·社会学》将其定义为：人们离开原居住地，超过一定的行政界限，到另一个地方居住的移动。《中国百科大辞典》将其定义为：人口在地理上的位置变更。《人口科学大辞典》则认为，人口迁移有广义和狭义之分：广义的人口迁移是指人口移动（迁移、流动），而狭义的人口迁移是指人们为了某种目的而改变其常居地、跨越一定地理界限的人口移动。《人口管理实用辞典》对人口迁移亦做出广义和

① 段成荣．人口迁移研究：原理与方法．重庆：重庆出版社，1998：1.

狭义的区分：广义的人口迁移既包括改变定居地点的永久性移动，又包括临时寄居和暂时移动；狭义的人口迁移仅指改变常住户口的永久性移动。联合国《多种语言人口学辞典》对人口迁移进行如下定义：人口在两个地区之间的地理流动或者空间流动，这种流动通常会涉及永久性居住地由迁出地到迁入地的变化。这种迁移被称为永久性迁移，它不同于其他形式的、不涉及永久性居住地变化的人口移动。

（二）人口迁移与人口流动

人口迁移与人口流动是两个联系密切，但不完全相同且极易混淆的概念。在中国的实际研究中，通常以户籍地是否改变来对这两个概念进行区分与辨识。

人口迁移是指改变户籍登记地并跨越一定地区（地界）的人口移动行为；而迁移人口是指随着居住地变化，户籍也随之变动的人口。

人口流动是指人们超过一定时间长度、跨越一定空间范围，但没有相应户口变动的空间位移过程[①]。流动人口是指发生了空间位移但户籍并未发生改变的人口。1978年以来，中国的流动人口规模持续增长，他们为中国的经济建设和社会发展做出了重大贡献，也因此受到政府、学界和社会的广泛关注。

纵观现有文献，流动人口的统计口径并未统一，而是模糊不清、让人存疑的[②]，其分歧主要表现在对时间、空间的界定不一致。如原国家卫生和计划生育委员会（现为中华人民共和国国家卫生健康委员会）在流动人口动态监测调查中把流动人口界定为“在流入地居住一个月以上，非本区（县、市）户口的人口”；国家统计局在第六次全国人口普查中把流动人口界定为“居住在本小区半年以上但户口所在地为本乡镇以外的人口（不包括市内人户分离人口）”。但是，历次全国人口普查对时间和空间的界定也不完全一致：第三、第四次全国人口普查对时间的界定为一年，对空间的界定为跨县（市、区）；第五、第六次全国人口普查对时间的界定范围缩小为半年，对空间的界定为跨乡（镇、街道）。

如何通过普查数据识别流动人口

在我国历次人口普查中，流动人口界定口径有所变动。

依据1982年全国人口普查数据得到的流动人口是“跨县”“一年以上”的人口；在1982年的普查数据中，我国的流动人口数量为657万人。

1990年全国人口普查使用的流动人口界定口径与1982年一样，即“跨县”“一年以上”；1990年年中，我国的流动人口数量为21 353 623人，占全国总人口的1.89%。

1995年全国1%人口抽样调查识别了“跨县”“半年以上”的流动人口；经统计，我国的流动人口数量达7 073万人，占全国总人口的近6%。

---

① 段成荣．第九章“人口迁移流动分析”//国家统计局人口和就业统计司，中国人民大学社会与人口学院．人口和就业统计分析技术．北京：中国统计出版社，2012：223.

② 陈友华，苗国．制度隔离背景下的流动人口社会融合：何以可能？．人口与发展，2014（3）.

2000 年全国人口普查能够识别“市内人户分离”人口（具体操作程序见图 5－1）；2000 年全国城市市区范围内市内人户分离人口规模为 3 600 万人，流动人口总量为 10 175 万人；在全部 10 175 万流动人口中，县（市、区）内流动人口 3 100万人，省内跨县（市、区）流动人口 3 375 万人，跨省流动人口 3 700 万人。

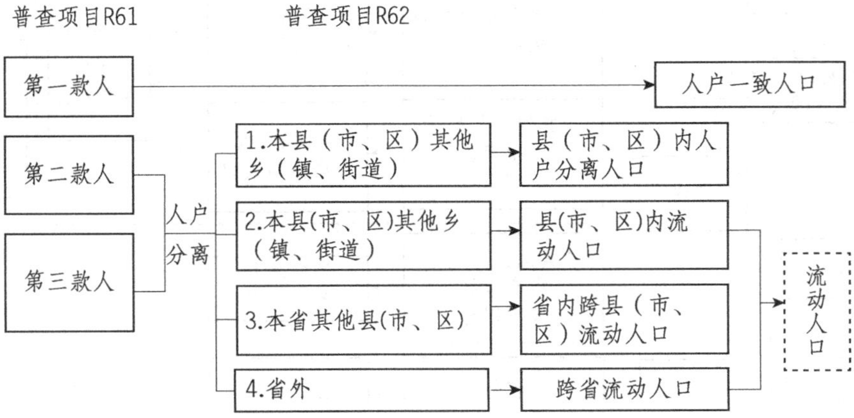

图 5－1　2000 年流动人口界定过程

2005 年全国 1%人口抽样调查将时间和空间信息拆分开来，分别对时间和空间信息进行了调查；收集空间信息的项目有两个——“R6 户口登记地情况”和“R7 调查时点居住地”；在 1995 年全国 1%人口抽样调查和 2000 年全国人口普查提供的“半年以上”时间信息的基础上，进一步在人口流动的时间方面提供了“半年以下”的信息；能够从流出地和流入地两个角度分析流动人口（见图 5－2、图 5－3）。

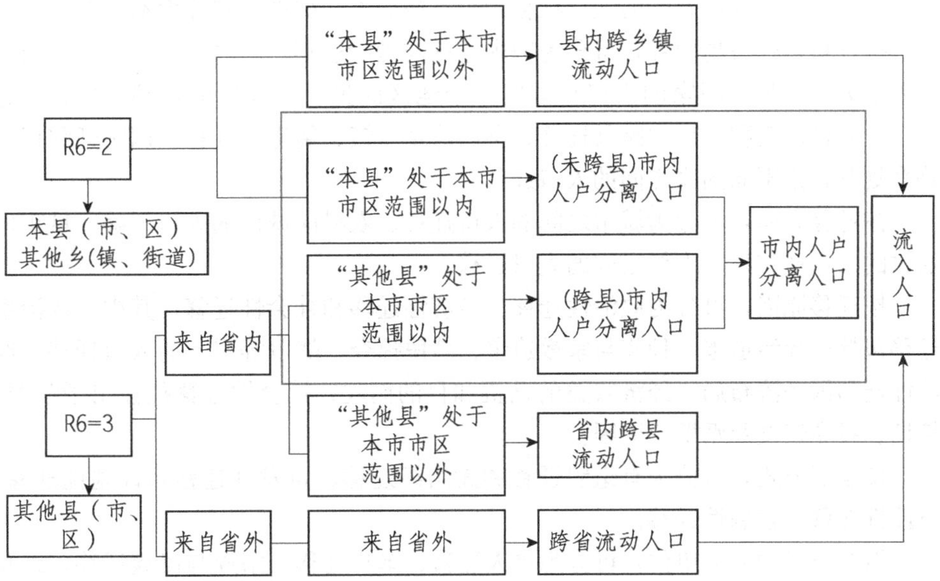

图 5－2　2005 年流动人口界定过程 1

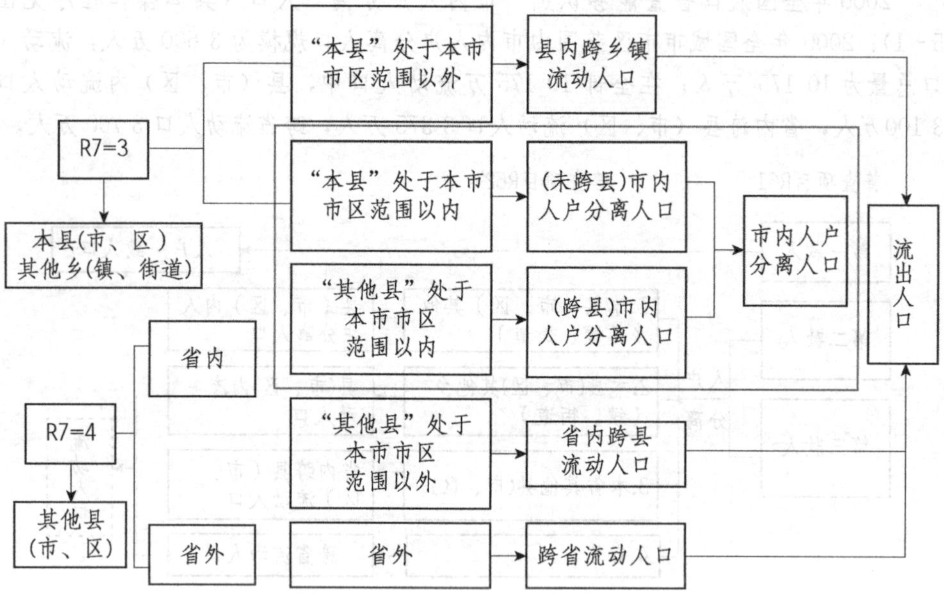

图 5-3　2005 年流动人口界定过程 2

2010 年普查流动人口的方式与 2005 年相似，但是它最小的普查单位已经到了小区。

资料来源：段成荣，孙玉晶．我国流动人口统计口径的历史变动．人口研究，2006（4）．

（三）人口迁移的分类

人口迁移是一种复杂的人口社会现象，按照不同标准可划分为不同类别。

按迁移是否跨越国界，可分为国内迁移与国际迁移。国内迁移主要以行政区域来划分，指某一国家的人口从国内一个地区向另一个地区的移动，如省际迁移、省内跨市迁移、市内跨县迁移、县内跨乡（镇、街道）迁移。国际迁移以国籍来划分，指不同国家之间的人口迁移。

按迁移方向，可分为城市之间的人口迁移、农村向城市的人口迁移、城市向农村的人口迁移以及农村之间的人口迁移。

按迁移原因，可分为政治性迁移、经济性迁移和社会性迁移。其中，政治性迁移包括由政治迫害、种族与宗教迫害、殖民掠夺、战争等引起的人口迁移；经济性迁移因经济布局、经济收益的动机和目的而起；社会性迁移往往出于学习、培训、投靠亲友及婚嫁等原因。

按组织形式，可分为有组织迁移和无组织迁移、自发性迁移和计划性迁移、自愿性迁移和强制性迁移。

按参与者的社会单位，可分为单人迁移、单户迁移、宗族与民族迁移，以及某一行政区域单位（村、镇、县）的集体迁移，如三峡移民。

总之，人口迁移是一个复杂的人口过程，受到社会、经济、政治、文化等因素的交织作用与影响，故上述各种划分方法互有交叉，有些分类之间并无严格区分。

二、测量指标

测量人口迁移状况的统计指标可分为绝对指标、相对指标和流向指标三种。

（一）绝对指标

绝对指标是反映一定时期人口迁移数量的指标，主要包括迁入人口（immigrant）、迁出人口（emigrant）、总迁移人口（total migrant）和净迁移人口（net migrant）。后两个指标是在前两个指标的基础上构建的。

迁入人口和迁出人口分别指在一定时期（通常为一年）迁入或迁出某一地区的人口数。总迁移人口等于迁入人口与迁出人口之和，表明实际参与迁移的人口规模。净迁移人口等于迁入人口与迁出人口之差。

（二）相对指标

相对指标是反映一定时期人口迁移相对规模和强度的指标，主要包括迁入率（immigration rate）、迁出率（emigration rate）、总迁移率（total migration rate）、净迁移率（net migration rate）。

迁入率是指一个地区在一定时期（通常为一年）迁入人口数与同时期平均人口数之比，通常用千分数表示，其计算公式为：

$$\text{迁入率}=\frac{\text{该地该年迁入人口数}}{\text{该地该年平均人口数}}\times 1\,000‰$$

一个地区人口迁入率的变化会影响该地区人口增长率的变化；若将迁入率与性别、年龄结合，还可揭示迁入人口的特征与规律，及对此地社会经济生活的影响①。

迁出率是指一个地区在一定时期（通常为一年）迁出人口数与同时期平均人口数之比，通常用千分数表示，其计算公式为：

$$\text{迁出率}=\frac{\text{该地该年迁出人口数}}{\text{该地该年平均人口数}}\times 1\,000‰$$

一个地区人口迁出率的变化影响该地区的人口机械增长情况；同时，若将迁出率与性别、年龄结合，可反映迁出人口的特征及规律②。

总迁移率是指一个地区在一定时期（通常为一年）迁入和迁出人口数之和与同时期平均人口数之比，通常用千分数表示，其计算公式为：

$$\text{总迁移率}=\frac{\text{该地该年迁入与迁出人口数之和}}{\text{该地该年平均人口数}}\times 1\,000‰$$

---

① 吴忠观．人口科学辞典．成都：西南财经大学出版社，1997：389－390.

② 同①390.

净迁移率是指一个地区在一定时期（通常为一年）迁入和迁出人口数之差与同时期平均人口数之比，通常用千分数表示，其计算公式为：

$$净迁移率=\frac{该地该年迁入与迁出人口数之差}{该地该年平均人口数}\times 1\ 000‰$$

净迁移率可反映一个地区人口的迁入和迁出行为对该地区人口总量的影响，该指标既可为正数，也可为负数。当迁入人数多于迁出人数时，净迁移率为正，增加该地区的人口总量；当迁入人数少于迁出人数时，净迁移率为负，降低该地区的人口总量。

但上述人口迁移率指标未对迁移人口的年龄加以区分，容易受到人口年龄构成的影响而不能确切反映迁移的强度。年龄别迁移率可以消除人口年龄结构的影响，反映年龄别迁移强度，直观表现人口迁移中的年龄选择性，其计算公式为：

$$m_i=\frac{M_i}{P_i}\times 1\ 000‰$$

其中，m_i 为该地该年年龄别迁移率，M_i 为该地该年年龄 i 上的迁移人口数，P_i 为该地该年年龄 i 的平均人口数。

年龄别迁移率也可以反映迁移模式。年龄别迁移率在各个年龄段的起伏变化与人的生命历程中的各个主要活动相对应，因此，这种年龄模式是有其内在规律的。

（三）流向指标①

人口迁移的一个重要特征是其具有方向性，因此需要计算一个具体人口迁移流的人口迁移率。迁移流是指由迁移者形成的从一个地区到另一个地区的迁移人群。流向指标主要有以下几个。

总人口互换率是指迁出人口和迁入人口的总和与迁入地和迁出地现有人口的总和之比，其计算公式为：

$$m_{ij+ji}=\frac{M_{ij}+M_{ji}}{P_i+P_j}$$

其中，M_{ij}表示一定时期从 i 地流向 j 地的人口数，M_{ji}表示一定时期从 j 地流向 i 地的人口数，P_i、P_j 表示一定时期 i、j 两地的平均人口数。

净人口互换率是指迁出人口和迁入人口的差额与迁入地和迁出地现有人口的总和之比，其计算公式为：

$$m_{ij-ji}=\frac{M_{ij}-M_{ji}}{P_i+P_j}$$

当净人口互换率为负值时，表明从 j 地流向 i 地的人口数超过从 i 地流向 j 地的人口数，反之，则表明从 i 地流向 j 地的人口数超过从 j 地流向 i 地的人口数。因此，净人口互换率可以反映地区之间人口迁移的流向和强度。

迁移效率是指净迁移量与总迁移量之比，其计算公式为：

---

① 宋健．人口统计学．北京：中国人民大学出版社，2019：223－224．

$$迁移效率=\frac{|M_{ij}-M_{ji}|}{M_{ij}+M_{ji}}$$

迁移偏向指数是指实际迁移人数与期望迁移人数之比，可以反映所研究地区迁移活动的剧烈程度，或实际迁移活动活跃的程度是平均水平的多少倍，常用百分数表示，其计算公式为：

$$MPI=\frac{M_{OD}}{m\times P_o\times P_D/(\sum P_i-P_D)}\times 100\%$$

分子 M_{OD}表示从迁出地 O 到迁入地 P 的实际迁移人数。分母表示从迁出地 O 到迁入地 P 的期望迁移人数，即在平均水平上可能发生的迁移人数。其中，m 表示该地区总迁出人数与该地区总人数之比；P_o 表示迁出地人口数，P_D 表示迁入地人口数；$\sum P_i$表示所有地区总人数；m 与 P_o 的乘积表示该地区实际总迁出人数；$P_D/(\sum P_i-P_D)$ 表示迁入地人口占所有可能迁入地人口的比例。

第二节 人口迁移理论

人口迁移是影响一个国家或地区人口规模及结构的重要因素，对区域发展及经济社会的空间变化发挥重要作用。因此，人口学、社会学、地理学、经济学等学科对该现象均十分关注；相应地，人口迁移的研究内容也十分宽泛，涉及迁移的方向、距离、规模、目的地、原因、时间、后果等诸多方面。

美国学者格林伍德（Michael Greenwood）将人口迁移的研究问题总结归纳为五个方面，即人口迁移的 5W：

一是谁（who）迁移。即移民在年龄、性别、婚姻状况、受教育程度、收入等方面具备什么特征。在有关移民的选择性研究中，这个方面有诸多探讨。

二是为什么（why）迁移。包括经济利益、事业发展、学习培训、婚姻嫁娶等原因。哪些因素影响迁移？迁移的决定过程是怎样完成的？这方面的问题在迁移动机与决策研究中多有探讨。

三是从哪里来、到哪里去（where）。包括人口迁移的空间分布特征及地方特点对迁移流的影响。

四是何时（when）迁移。发达国家在经历人口转变的时候，也出现了农村人口大量迁移到城市的现象。①

五是迁移带来什么影响（with what effect）。包括对迁入地与迁出地经济、社会、文化的影响，对迁入地家庭的影响，以及对移民自身的影响。

围绕人口迁移的相关研究问题，学者从宏观和微观角度对迁移的原因、迁移

① 梁在．人口学．北京：中国人民大学出版社，2012：175.

的决定因素、迁移决策过程、迁移后果及移民特征等方面都进行了诸多探讨，形成了一系列相关理论。下面介绍几个具有代表性的理论。

一、雷文斯坦的人口迁移法则

德裔英国人口学家、经济学家、社会学家雷文斯坦（Ernst Ravenstein，1834—1913）依据英国人口调查数据，于1885年和1889年先后两次以迁移的规律为题，总结并阐述了人口迁移的七条一般法则。

（一）迁移与距离

人口迁移受距离的影响，随着迁移距离的延长，移民数量减少。通常人们倾向于短距离迁移，长距离迁移只是移向大的工商业中心；离中心越远，移民数量越少。

（二）迁移的阶段性

人口迁移具有阶段性，大的工商业中心吸引临近城镇的人口流入，而后者留下的空缺则由更远的乡村居民迁入填补，从而形成整个社会的迁移流动过程。

（三）迁移流与反向迁移流

人口迁移存在着顺向迁移趋向与逆向迁移趋向之分，每一个主要的顺向迁移趋向都产生一个补偿性的逆向迁移趋向。从乡村到城市的迁移流大于反向迁移流。

（四）迁移偏好的城乡差异

人口迁移存在城乡差异，即一般情况下，城市人群的迁移性低于农村人群的迁移性，农村人群更倾向于向城市迁移。

（五）迁移的性别差异

人口迁移存在性别差异，与男性相比，女性人口更偏向于短距离迁移。

（六）技术、交通与迁移

人口迁移与交通工具、技术及工商业的发展密切相关。随着技术的进步，交通运输工具的改善及工商业的发展，人口迁移呈现不断增长的趋势。

（七）经济与迁移

人口迁移的原因以经济原因为主，经济原因在迁移决策中具有支配地位，大多数人口迁移的目的在于改善生活条件。

虽然雷文斯坦的人口迁移法则主要是理论的描述与分析，缺乏实证研究，且正如他自己所言，“人口迁移一般都不具有物理定律的严密性”，但他对移民的特征、迁移动机、迁移的影响因素等方面的论述为后续人口迁移理论及相关研究提供了方向。

二、李的迁移规律和推拉理论

美国学者李（Everett Lee，1917—2007）是人口迁移理论的集大成者，提出了人口迁移规律，完善了推拉理论。

（一）人口迁移规律

1966 年，李在雷文斯坦人口迁移法则的基础上，进一步发展了人口迁移规律理论，力图构建一个涵盖各种空间移动模式的普适框架。在《迁移理论》一文中，李探讨了迁移行为的影响因素、迁移的规模、迁移流和反向迁移流、迁移的选择性四个问题。①

1. 迁移行为的影响因素

李认为，每个迁移行为，不论远近难易，都包含迁出地和迁入地因素及一系列中间障碍因素。影响迁移决策过程及迁移决定的因素可归纳为四个方面：与迁入地相联系的因素、与迁出地相联系的因素、中间障碍因素、个人因素。

其中，前三个因素的表述如图 5－4 所示。在每个地区都有无数的因素在努力把人们引入该地区，即积极因素或拉力因素，在图中用“＋”号表示。而另一些因素则拒斥人们进入该地区，即消极因素或推力因素，在图中用“－”号表示。还有一些因素对人们来说无关紧要，在图中用“0”表示。对迁出地、迁入地诸因素和中间阻碍因素的评价深受个人因素的影响，不同因素对不同人群的影响不同。在这些因素中，有的因素对人们的影响大致相同，如宜人的气候总是令人向往。有的因素则因人群的不同而异，如一所良好的学校对有年幼孩子的家庭而言是“＋”，但对没有孩子的家庭而言，则因要交纳高额的房产税而可能是“－”，而对无须交纳房产税又无孩子的未婚青年而言，可能是无关紧要的“0”。

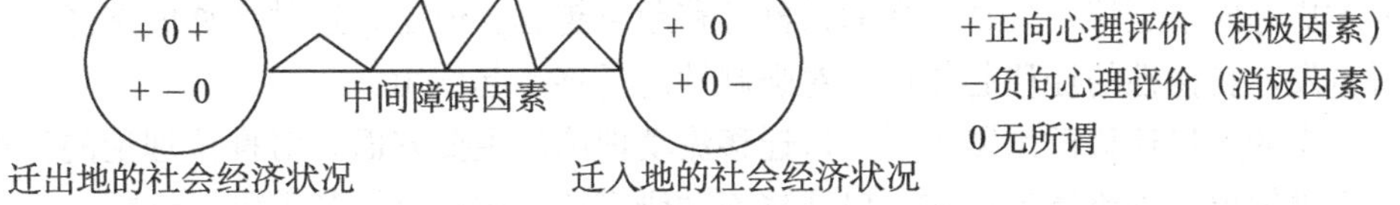

图 5－4　迁出地、迁入地因素与迁移的中间障碍因素

资料来源：LEE E. A theory of migration. Demography，1966（3）.

个人的感觉、才智及对其他环境的认识都会映射到对迁出地环境的评估中；对迁入地的了解也有赖于个人的接触或信息来源；中间障碍的影响同样因人而

① LEE E. A theory of migration. Demography，1966（3）.

异。因此，迁移行为表面上看是上述四类因素共同作用的产物，但对每个特定的潜在移民而言，实际起作用的只有三类因素，即当迁出地的负作用与预期迁入地的正作用的合力同迁出地的正作用与预期迁入地的负作用的合力的差大于中间阻碍因素构成的阻力时，迁移行为才会发生。① 总体来讲，迁移是人们对于社会环境、经济环境和自然环境进行选择的结果。

2. 迁移的规模

一个国家或地区的人口迁移规模受以下因素的影响与制约：(1) 因地区内部的异质性不同而有别——一个地区的异质性程度越高，迁移的水平就越高。(2) 因人群的多样性而异——人群间的异质性越大，迁移率越高。(3) 与中间障碍难度负相关——中间障碍难度越大，迁移规模越小，一旦中间障碍消除，就会引发大规模迁移。(4) 随着经济的波动而发生变化——经济繁荣期，迁入地的有利因素突出，迁出地的不利因素变得难以忍受，人口迁移率较高；经济萧条期，迁入地的有利因素不再明显，迁出地的不利因素开始变少，人口迁移率较低。(5) 除非严格限制，迁移规模和比例都随时间的推移而增大。(6) 迁移规模和比例因国家或地区的发展程度而异——经济社会越发达，迁移规模和比例越高。

3. 迁移流和反向迁移流

李认为：(1) 迁移往往以明确规定的流向发生。(2) 每一个重大迁移流都会带来一个反向的迁移流。(3) 如果迁移流的发展主要受原居住地消极因素的影响，则迁移流具有较高的效率（迁移流和反向迁移流的比例差距大，或双向迁移流对人口重新分布的净影响大）。(4) 如果原居住地与迁入地的情况相似，则迁移流和反向迁移流的效率都很低。(5) 中间障碍越大，反向迁移流的效率越低，则迁移流的效率越高。(6) 迁移流的效率随经济状况而异，繁荣时期效率高，萧条时期效率低。

4. 迁移的选择性

由于人们对迁出地和迁入地利弊因素的反应不同，克服中间障碍的能力不同，个人素质不同，故迁移具有选择性，只有某些特定的人群才可能成为移民。相比而言，文化素质较高、身体状况较好、刚就业或结婚之人或专业人才、管理人才更趋向于迁移，且越优秀的人群迁移距离越远。但是，这种迁移的选择性只对自发、自愿性的迁移起作用，对强制性的迁移不起作用。

李的人口迁移理论覆盖了人口迁移流动理论的主要方面，对推拉理论的发展与完善做出了重要贡献，在人口迁移流动研究体系中占有极其重要的位置。

（二）推拉理论

推拉理论是研究人口迁移最常用的理论工具，几乎所有研究人口迁移的学者都在直接或间接使用这一分析方法。推拉理论最早可追溯到雷文斯坦；虽然他没

① 阎蓓．新时期中国人口迁移．长沙：湖南教育出版社，1999：22.

有明确提出“推拉理论”这一概念，但他有关人口迁移法则的论述实际上已涵盖了该理论的基本思想。其后经过不少学者的补充修正，尤其是李的发展完善，完整的推拉理论最终形成。

推拉理论的核心观点是，人口迁移行为的发生是迁出地的推力与迁入地的拉力共同起作用的结果。推力是指促使移民离开某地的影响因素，如迁出地的劳动力过剩、失业率上升、耕地不足、生产成本增加、缺乏基本的生活设施、社会经济及政治关系紧张、自然资源枯竭、自然灾害等。拉力是指吸引移民流向某地的影响因素，如更好的就业机会、更高的工资收入、更好的发展前程、更优质的教育资源、更多的文化及卫生设施、更便利的交通条件等。同时，迁出地也存在着诸如家庭团聚、熟悉的环境、长期形成的社交网络等拉力因素；迁入地也存在着诸如迁移流动可能带来的家庭分离、陌生的环境、激烈的竞争、生态环境质量的下降、身份认同的迷茫、心理的焦灼和精神的创伤等推力因素。

这一理论有两个假设：一是人的迁移行为是理性的，即经济学的“理性人”假设。二是移民对迁出地和迁入地均有某种程度的了解，并在迁出地和迁入地推拉力量的共同作用下，做出迁移的决定。

三、人口迁移转变假说

美国地理学家泽林斯基（Wilbur Zelinsky，1921—2013）根据西方的历史经验，从经济与社会发展阶段出发，综合考虑经济发展、现代化进程和人口转变过程及迁移流动的类型、方向、规模等因素，提出了人口迁移转变假说①。该理论从社会层面对人口迁移和社会变迁的关系进行了分析，将社会发展分为五个阶段，并认为不同发展阶段的人口迁移具有不同的特征和规律。

第一阶段：工业化前的传统阶段。生产力水平低下，人类活动空间受到各种限制，人口再生产模式是“高出生率-高死亡率-低自然增长率”，人口迁移较少。

第二阶段：工业革命早期转变阶段。生育率迅速提高，人口再生产类型向“高出生率-低死亡率-高自然增长率”模式转变，人口迅速增多，随着经济活动和城市化的发展，出现了大规模的由农村向城镇的人口迁移，国际人口迁移也开始出现。

第三阶段：工业革命晚期转变阶段。人口再生产类型向“低出生率-低死亡率-低自然增长率”模式转变，人口自然增长率受到抑制，各种形式的人口迁移势头减缓。

第四阶段：发达社会阶段。人口自然增长率降至很低水平。由乡村迁往城市、由开发地区迁往未开发地区的人口迁移趋势减缓，迁移主要在城市之间以及城市内部进行。

第五阶段：未来发达社会阶段。人口迁移总量下降，但城市之间及城市内部

---

① ZELINSKY W. The hypothesis of the mobility transition. The geographical review，1971（61）.

的人口迁移还将保持增长。

泽林斯基的人口迁移转变假说对不同社会发展阶段及不同人口转变阶段的人口迁移和流动规律进行了探讨，在人口迁移理论中占有重要位置。但是，该理论亦有局限：一是忽略了政治的作用，而有时这种作用相当重要；二是第五阶段的预期缺乏依据；三是无法解释西方发达国家的“逆城市化”现象。此外，泽林斯基对人口迁移转变阶段的划分主要基于西方发达国家的历史进程，由于发展中国家人口迁移的环境与发达国家差异甚大，因此人口迁移转变假说较难适用于发展中国家人口迁移的现实。

四、人口迁移的决策理论

人口迁移是一个复杂的决策过程，受经济、社会、文化、自然环境等多种因素的影响与制约。迁移行为的发生往往需要考虑一系列问题：是否迁移？迁往哪里？谁迁移？什么时候迁移？等等。

（一）人口迁移决策动机理论

塞尔（R. Sell）和德琼（G. De Jong）在《论迁移决策的动机理论》（1978）一文中提出了迁移决策动机的四要素：可行性、价值、预期、诱因。该理论认为，一个人要做出迁移流动的决策，必须做多方面的考虑：一是可行性，包括地域上的可行性及认识上的可行性。二是价值，即在迁移流动决策中看重的事物。三是预期，即对迁移流动后收益的估计与设定。四是诱因，指在迁出地或迁入地与个人目标积极或消极相关的因素，包括就业机会、教育、环境等。① 此外，常见的迁移动机还可从经济最大化、社会流动、居住满意及生活方式偏好等方面来理解。

（二）人口迁移决策的影响因素

20 世纪 60 年代中期，沃尔波特（J. Wolpert）在一系列关于人口迁移的文章中，论述了人口迁移决策的相关影响因素。一是地点效用，即一个人在所处的空间位置上所能享受到的各种条件的总和。地点效用可正可负，分别表示这个人对其所处环境的满意程度或不满意程度。一个潜在移民通过对迁出地的地点效用和迁入地的期望地点效用进行比较，从而做出迁移与否的决定。二是满意因子，即潜在移民并非盲目地追求最大的地点效用，而是根据可得性、过去的状况、其他人达到的水平等来调整自己的“期望水平”。三是活动空间，即可能成为潜在移民流入之地。为寻找到合适的迁入地，人们可能推迟迁移的时间，以获取更多的关于外部世界的信息，并对各期望地点效用进行对比，从而最终做出迁移的

---

① 李竞能．现代西方人口理论．上海：复旦大学出版社，2004：158－159.

选择。①

(三) 人口迁移决策过程理论

1. 布朗和摩尔的人口迁移决策模型

布朗(L. Brown)和摩尔(E. Moore)针对居住地的选择，提出了人口迁移决策模型，指出人口迁移是人们对压力做出的相应反应。压力既可能来自移民本身，也可能来自外界生活环境。人口迁移是由压力的大小来决定的，只有当原居住地的地点效用因受到自身或来自外界的压力而低于某一阈值时，移民才会决定进行迁移。至于迁往何处，则是对迁入地信息的收集和对迁入地有关信息与期望进行比较的结果。若某地区确实能提供较高的地点效用，人们就会选择迁移到该地区，否则就会选择停留在原地。② 但是，迁移行为最终发生与否，受压力变化程度的影响。若压力变小(如潜在移民自身的期望降低，或外界环境发生改变)，人们就可能选择留在原地。

2. 德琼和法克德的人口迁移决策理论

德琼和法克德(James Fawcett)认为，任何个人或家庭的迁移过程都发生在特定的社会经济文化环境中，受到个人或家庭特性(年龄、就业、收入、家庭生命周期等)、社会文化规范(性别角色、政治气氛、社区规范)、个人性格(冒险或沉稳)、机会结构(经济机会、教育提升机会、婚姻机会、地位提升机会)等各种因素的影响。当人们综合考虑上述因素后，认为迁移的好处或获利超过迁移成本时，就会做出迁移决定。同时，人们为了达到迁移目的，也会在职业、生活方式、朋友交往等方面做出一定的调适。具体来讲，人们的迁移过程分为三个阶段：一是总体的迁移偏好；二是迁移到特定地区的动机；三是迁移的实际决定。③

五、人口迁移的社会学解释

人口迁移既受社会发展、文化传承、人口特征、生存环境等众多因素的制约，也会对移民及其家庭和社会带来重要影响。社会学者从迁移网络、家庭生命周期、因果累积等角度对以上问题进行了理论探讨。

(一) 迁移网络理论

迁移网络是指通过血缘、友缘、地缘、业缘等关系，将潜在移民、前期移民及迁出地与迁入地的非移民等群体联结起来的一系列人际关系的组合④。迁移的

---

① 段成荣．人口迁移研究：原理与方法．重庆：重庆出版社，1998：57.

② 同①59.

③ 佟新．人口社会学．北京：北京大学出版社，2010：110.

④ MASSEY D. Social structure, household strategies, and the cumulative causation of migration. Population index, 1990 (56).

每个环节都与迁移网络密不可分，包括决定是否迁移、向何处迁移以及迁入后如何适应当地生活等。迁移网络形成后，潜在移民或新移民可获得更多、更准确的信息，这有助于他们做好迁移前的准备（如对迁入地的了解）和迁移后更快地适应（工作、生活、心理），从而降低迁移的成本、盲目性及风险，增加预期收入，促进迁移行为不断发生。所以，迁移行为和迁移网络建立过程一旦开始，就将通过扩散过程而维持下去，除非迁移发生的原始环境发生重大改变。

梅西（Douglas Massey，1952— ）通过对移民网络的动态形式与个人迁移决定之间关系的分析发现：如果父母有移民美国的经历，则会大大提高人口迁移的可能性；以前有过迁移经历的人，以后的迁移主要取决于与以往移民网络的联系程度、自身的人力资本存量、在以往移民网络中积累的社会资本等，而非原来社区的社会经济状况；家庭有海外关系或与有海外经历之人保持社会关系，也会极大提升他们国际迁移的可能性。[①]

（二）家庭生命周期理论

家庭生命周期理论认为，家庭犹如一个生命体，会经历形成、成长、发展、分解等不同阶段，呈现循环运动变化的规律。家庭生命周期可被理解为一个家庭从诞生、发展直至死亡的运动过程。学者将这一理论运用于解释人口迁移行为，研究人的一生从出生到死亡的一系列迁移事件，为迁移理论提供了人口队列视角和时间累积因素。

该理论认为，人口迁移与个人的年龄及家庭的生命进程紧密相连[②]。迁移行为起源于生命进程中家庭及其社会经济地位的转换，从生命事件开始到结束过程中的关键事件均可解释迁移倾向性的增加或减少[③]。个体在家庭生命过程中所经历的上学、就业、结婚、生育、退休等生命周期事件都会影响迁移的发生概率。上学、就业促进人口迁移；从结婚、生育第一个孩子，到生育最后一个孩子，迁移的概率最低；从家庭解体开始，迁移的概率再度上升。当子女组建自己的小家庭时，父母开始重新考虑自身居所；退休时，父母会考虑未来的居住环境；而高龄衰弱或孤寡也可能使原来的居住空间难以维持而促成迁移。

（三）迁移流动的因果累积理论

迁移流动的因果累积理论认为，人口迁移是一个随时间推移、渐进地增加流动的过程[④]。人口迁移给迁出地和迁入地的经济、社会和文化带来深刻而持久的

---

① MASSEY D, et al. Return to Aztlan：the social process of international migration from Western Mexico. Berkeley：University of California Press，1987：237.

② CLARK W，WITHERS S. Family migration and mobility sequences in the United States：spatial mobility in the context of the life course. Demographic research，2007（17）.

③ 梁在．人口学．北京：中国人民大学出版社，2012：182.

④ GREENWOOD M. Human migration：theory，models and empirical evidence. Journal of regional science，1985（25）.

变革，赋予人口流动强有力的内在惯性，从而带来因果关系的累积（包括收入分配、土地分配、农业生产、文化因素、人力资本的地区分配、社会融合等）效果。首先，对个人而言，每次迁移行为都可以调整个人迁移动机和迁移预期，从而促使另一次迁移行为的产生，故迁移行为得以不断自我复制。其次，对于迁出地而言，家庭迁移成员的汇款改变了家庭的社会经济地位，并在影响家庭其他成员的迁移选择的同时，增加没有移民汇款收入家庭的“相对剥夺感”，从而带动其他家庭中成员的迁移。再次，对于迁入地而言，移民进入的某一职业可能被标识为“移民者”职业，从而需要不断追加迁入者数量来填补该职业。最后，移民本身可能成为迁移文化的一部分，迁出地不断增长的迁移流动改变了当地的文化传统和价值观念，移民表现出的生活方式会产生一种强有力的示范效应，吸引更多移民效仿。①

六、人口迁移的经济学解释

经济学家认为，追求经济效益最大化是促使人们做出迁移决策、发生迁移行为的最根本因素。刘易斯、拉尼斯、费景汉、托达罗、舒尔茨、斯塔克等众多学者对人口迁移的经济动机进行了深入的分析和系统的研究。

（一）新古典经济学的人口迁移理论

1. 刘易斯-拉尼斯-费景汉发展模式

发展经济学的领军人物、经济学家刘易斯（William Lewis，1915—1991）在《劳动力无限供给条件下的经济发展》一文中，提出了二元经济结构理论②。该理论认为，发展中国家或地区的经济结构具有二元特征，即传统落后的低等级农业部门与现代发达的高等级城市工业部门并存。前者具有低生产力、低效率和劳动力过剩的特点；后者具有高生产力、高效率的特点，是经济增长的主导部门。两个部门的劳动生产率与劳动边际收益率存在差异，从而引起农业剩余劳动力向城市工业部门转移、城市工业部门依托农村劳动力的无限供给而不断扩张，直到农村剩余劳动力被城市完全吸收。这是发展中国家经济发展的第一阶段，具有劳动力过剩、劳动力无限供给的典型特征。当农村剩余劳动力被城市完全吸纳后，农业劳动生产率开始提高，农业逐渐走向现代化，并开始与工业竞争劳动力，二元经济合为一元经济，这是发展中国家经济发展的第二阶段；此时，劳动力由剩余变为短缺，劳动力工资水平开始不断提高。

刘易斯的二元经济结构理论，从宏观层面将经济发展与人口迁移过程有机地

---

① PIORE M. Birds of passage：migrant labor in industrial societies. Cambridge：Cambridge University Press，1979.

② LEWIS W. Economic development with unlimited supplies of labor. The manchester school of economic and social studies，1954（22）.

结合起来，较好地解释了西方发达国家的历史经验，符合发达工业化国家早期的城市化进程[①]。但是，该理论忽略了农业部门在经济发展中的作用，过于强调工业部门的发展而忽视了农业与工业的平衡。于是，拉尼斯（Gustav Ranis，1929—2013）和费景汉（John C. H. Fei，1923—1996）于1961年修正了刘易斯的二元经济结构理论[②]。他们强调农业劳动生产率的重要性，认为农业生产率的提高、剩余产品的出现是劳动力流动的先决条件，故劳动力转移存在三个阶段：一是劳动力边际生产率为零，劳动力无限供给；二是劳动力边际生产率大于零，工资水平开始提高；三是劳动力边际生产率与工资率相当，农业和工业相互争夺劳动力。“三段论”与“两段论”结合在一起，被称为刘易斯-拉尼斯-费景汉发展模式。

2. 托达罗的预期收入理论模型

针对刘易斯-拉尼斯-费景汉发展模式难以解释的大量农民即使在城市失业，也仍然涌入城市的现象，托达罗（Michael P. Todaro，1942— ）于1969年提出了预期收入理论模型[③]，主张城乡之间的预期收入差距是劳动力城乡转移的动力所在。其理论思想主要包括以下几个方面：首先，劳动力城乡转移的动力是在城市获得的预期收入，而非绝对收入。其次，预期的城乡收入差距是对城乡实际收入差距、个体进入城市后找到工作的概率、在城市的收入及迁移的实际和机会成本等因素进行综合权衡的结果。若预期收入差距为正，农民便会选择外出，且城乡迁移就会持续下去。再次，在进行迁移决策时，潜在移民会综合考虑短期和长期的预期收入和成本。如果长期的预期收入可弥补短期损失，那么人们也倾向于做出迁移的选择。最后，迁移与移民在城市的居留时间有关：居留时间越长，找到工作的概率越大，迁往城市的概率也越大，即使在城市失业率相对较高的情况下也是如此。

3. 成本-效益模型

舒尔茨的成本-效益模型把人口迁移与社会经济系统运行统一起来，丰富和发展了人口迁移理论。他将人口迁移看作一种投资，认为用于迁移的花费与用于教育的费用一样，都是为了获得更大效益的投资。一个潜在的移民要综合考虑迁移过程中的成本、投资、代价及迁移后可能获得的收益。人们通过比较迁移的未来预期收益及迁移成本来决定是否迁移及向何处迁移。当迁移获得的预期经济收益或非经济收益大于迁移成本时，人们会选择迁移，并会选择能够带来最大预期收益的目的地。[④]

（二）新迁移经济学理论

托达罗的预期收入理论模型及舒尔茨的成本-效益模型均从个体层面探讨了

① 梁在．人口学．北京：中国人民大学出版社，2012：177.

② RANIS G，FEI J. A theory of economic development. The American economic review，1961（51）.

③ TODARO M. A model of labor migration and urban unemployment in less developed countries. The American economic review，1969（59）.

④ SCHULTZ T. Investment in human capital. The American economic review，1961（51）.

迁移行为及动机。20 世纪 70 年代，西方学界开始把人口迁移的研究对象从个体转向家庭，出现了新迁移经济学理论。该理论主张，迁移决策者并非孤立的个人，而是家庭或家庭户。发展中国家的许多贫困家庭常常有意识地利用迁移来合理安排家庭劳动力的分布。家庭中同时存在在城市和在农村工作的家庭成员，且不同的家庭成员从事不同的经济活动。通过家庭资源配置的多样化，家庭户可以控制经济福利风险。①

该理论的代表人物斯塔克（Oded Stark）还提出了相对经济地位变化的解释框架，认为迁移决策是基于家庭在迁出地的相对贫困而非绝对贫困而做出的，故家庭迁移人口不仅可提高家庭收入，也可提高家庭在当地社区的相对经济地位。换言之，汇款、与周围环境的复杂互动关系等都对迁出地家庭具有重要意义。②

（三）劳动力市场分割理论

劳动力市场分割理论（也称双重劳动力市场理论）认为，在经济发达地区存在双重劳动力市场。一个是正规的高级劳动力市场，以资本和技术密集型产业为主，对劳动者的受教育程度、工作技能的要求相对较高，故劳动者的工薪待遇较高，工作环境和社会福利也较好。另一个是非正规的次级劳动力市场，以劳动密集型产业为主，对劳动者的受教育程度、工作技能要求不高，故劳动者工薪待遇较低、工作不稳定、工作环境比较恶劣、社会保障普遍缺失且缺乏升迁机会与发展前景。相比而言，高级劳动力市场多为本地城镇居民所占据，次级劳动力市场的从业者则多是受教育程度较低、缺乏工作经验与技能的迁移人口。这一理论从宏观层面分析了人口迁移的结构性因素，其不足是单纯从劳动力需求方面来考虑人口迁移，忽视了劳动力的供给。

第三节
人口迁移的作用与后果

人口迁移与社会发展密不可分，既是社会发展到一定阶段的必然产物，也是社会进步的重要动力之一。其影响是多方面的，既对移民自身及其家庭、迁入地与迁出地有重要影响，也对国家、地区的经济和社会发展起到重要的推动作用。

一、对移民自身的影响

作为人口迁移的主体，移民不可避免地受到人口迁移活动的影响。被迫或被

① STARK O，BLOOM D. The new economics of labor migration. The American economic review，1985（75）.

② STARK O，TAYLOR E. Relative deprivation and international migration. Demography，1989（26）.

强制迁移的影响往往是负面的，不利于个人的事业发展、生活质量提高。自愿性的迁移活动多是权衡利弊的结果，故往往带来积极、有利的影响。比如，迁移有助于提高移民的经济生活水平。谋求经济利益是人口迁移的主要动机。迁移有助于移民获得符合自身意愿和条件的就业机会，进而带来较高的收入水平，改善生活质量。又如，迁移有助于增加移民与外界接触和交流的机会，扩大移民的社会交往网络，提升移民的社会资本和人力资本，包括获取新的知识，积累工作经验，提高文化素养及专业技能水平，进而改善职业及人生发展前景。再如，迁移能改变移民的生活经验、知识结构、行为方式，增加移民对区域效益的了解与把握，并推动移民据此对迁入地或其他地方做出评价，从而促使移民进一步迁移，并产生社群连锁性的迁移。①

概而言之，这些影响可被归纳为社会融合水平。当迁移到迁入地后，人口面临如何适应、融入迁入地社会的问题，即社会融合问题。社会融合是个体之间、群体之间、文化之间互相配合、互相适应的过程。② 融合论作为社会科学领域的一个理论范式，最早可追溯到20世纪初美国芝加哥大学的社会学派，该学派历经发展，经由社会学家戈登（Milton Gordon）发扬光大。他在《美国生活中的同化》一书中提出了测量移民社会融合的七个方面：（1）文化或行为同化（acculturation），指语言、行为和观念的同化；（2）社会结构同化（structural assimilation），指社会网络扩张、与本地人的交往；（3）婚姻同化（amalgamation），指因族际通婚而实现同化；（4）认同同化（identification assimilation），指少数族裔认同主流群体的文化；（5）态度接受，即族群间偏见行为的消除（absence of prejudice）；（6）行为接受，即族群间经济、就业、教育等领域歧视行为的消除（absence of discrimination）；（7）市民同化（civic assimilation），指族群之间基于价值和政治取向的冲突减少，实现公共事务的融合。③

但是，融合是一个漫长、艰难、曲折的历程，并不是所有移民都愿意或都能够融入迁入地。于是，学界产生了一些新的理论来解释传统的融合理论所不能解释的一些新现象，区隔融合论（segmented assimilation theory）就是其中之一。该理论充分考虑了不同少数族裔在迁入地所处的社会经济背景的差异，认为移民的人力资本及其在迁入地最早遭遇的对待与融合模式之间存在互动。因此，融合可分为三种模式：一是向上融合于主流社会，主要针对人力资本较高、社会资本较多者。二是向下融合于城市贫困文化，主要针对人力资本较低、社会资本较少者。三是选择性融合，主要指一些父母有意识地选择让子女接受更好的教育，但鼓励子女坚守自己祖先的传统文化观念。④

---

① 李涛．海外菲律宾人与菲律宾的社会经济发展．北京：社会科学文献出版社，2012：40－41．

② 任远，邬民乐．城市流动人口的社会融合：文献述评．人口研究，2006（3）．

③ MILTON G. Assimilation in american life. Glencoe，IL：Free Press，1964.

④ 杨菊华．从隔离、选择融入到融合：流动人口社会融入问题的理论思考．人口研究，2009（1）．

二、对移民婚姻家庭的影响

迁移行为不仅影响移民本身，也影响其婚姻与家庭生活。

(一) 对婚姻的影响

移民在迁入地实现从“同化”到“融入”的过程之时，其婚姻价值观念、通婚圈、婚姻关系也发生相应改变。首先，其婚恋观念可能变得更开放，自主意识增强，更注重情感交流与婚姻生活质量的提高。其次，人口迁移范围的增大，扩大了通婚圈的半径，同时通婚形式也变得更为多样，跨地域、跨民族甚至跨国婚姻不断增多。最后，对已婚移民而言，一方迁移、另一方留守的生活状态对夫妻情感的维系及婚姻生活满意度都形成了十分严峻的考验，并可能带来婚姻的不稳定。

(二) 对家庭的影响

人口迁移对家庭的影响既有积极的一面，也有消极的一面。一方面，家庭迁移成员的汇款，使得家庭的经济生活水平及家庭在所在社区的社会经济地位得到相应改善，从而提高了家庭抵御风险的能力，提升了家庭的发展能力。另一方面，家庭部分成员的迁移直接造成家庭结构的改变，使得家庭成员之间的情感沟通与交流、子女的教育与社会化、老人的赡养与照料等各项功能的发挥受到影响，从而制约家庭的健康与和谐发展。

三、对人口发展与经济社会发展的影响

人口迁移会对迁入地和迁出地的人口状况、经济、政治、社会文化和区位分布等多方面产生影响。

(一) 对人口发展的影响

人口迁移可能影响人口分布、人口结构和人口质量等。

1. 对人口分布的影响

人口迁移对人口发展最直接的影响是，在短时期内明显改变迁入地和迁出地的人口数量及分布。洲际、国际人口迁移并不改变世界人口总量，但会改变洲与洲之间、国与国之间的人口分布。国内人口迁移不会改变一国的人口总量，但会改变各省市之间、各区（县）之间的人口分布。①

2. 对人口结构的影响

人口迁移可改变一个国家或地区人口的年龄和性别结构。移民多为青壮

① 吕荣侃．人口科学原理．杭州：杭州大学出版社，1992：58.

年，少儿、老年移民相对较少，从而使得迁入地的人口年龄结构趋于年轻化。同时，男性移民多于女性移民，这可能拉低迁出地的性别比，提高迁入地的性别比。当然，地区产业结构不同，性别结构也会有别：有些地区纺织服装业、电子业及服务业较为发达，对女性劳动力需求较大，故这些地区的性别比可能较低。[①] 在生育率和死亡率基本稳定的环境中，人口迁移是影响地区之间人口结构（尤其是年龄结构）的重要因素。

3. 对人口质量的影响

人口迁移可以扩大通婚圈，使得不同人群的基因交流范围更广，有助于提高人口的先赋素质。人口迁移也能促进各民族、各地区的文化融合，不同文化可以互相取长补短，共同提高。[②] 对迁出地与迁入地而言，前者是人才的流失，而后者则是人才的引进。这主要是因为，迁移具有选择性：移民多是人力资本较高者，他们的流出可能破坏迁出地的人力资本结构；而对迁入地来讲，具有较高知识、技术专长的青壮年人口的引进，有利于提升人口的整体素质。

（二）对迁出地经济社会发展的影响

人口迁移对迁出地经济社会发展的影响涉及积极与消极两个方面。就前者而言，人口迁出可缓解迁出地的人口压力和就业矛盾，有助于迁出地和移民所在家庭经济收入的增加和经济水平的提升，有助于加强迁出地与外界的文化、技术、思想、资金和信息交流，打破封闭，促进开放，有利于迁出地的技术进步和文化建设，从而促进迁出地的社会经济发展。就后者而言，人口迁出使迁出地的劳动力数量减少，尤其是受教育水平较高或有一技之长之人的数量减少，而他们是当地人口队伍中最具有创造力的人群，他们的流失不利于当地生产效率的提升及经济社会的发展。同时，迁移带来的婚姻与家庭的不稳定可能影响社会和谐与安宁。

（三）对迁入地经济社会发展的影响

人口迁移对迁入地经济社会发展的影响亦是积极与消极并存。一方面，人口迁入为城市提供了大量劳动力，可缓解城市部分行业、职业的劳动力供求矛盾。同时，移民购买力的释放有利于扩大迁入地的消费需求，促进商业的繁荣发展。另一方面，人口的大量迁入也会增加迁入地公共资源的压力。为安置移民，政府必须创造更多的就业岗位，必须加大公共设施的投资与建设。同时，人口的大量迁移使得迁入地的人口构成复杂化，不同人群、不同文化在发生接触、碰撞、交流时，可能产生冲突，从而增加社会不稳定因素。2005 年巴黎骚乱，2011 年伦敦暴乱，2013 年瑞典斯德哥尔摩骚乱，这些都是由移民引发的社会动乱。这些社会冲突也引发了社会对移民政策、移民生活状况的深入讨论。

---

① 吴忠观．人口学．重庆：重庆大学出版社，2005：161.

② 同①.

第四节 人口迁移分析

一、国际人口迁移

国际移民主要分为三类：一是永久性合法移民，指取得了一国永久居住权或加入了该国国籍之人；二是劳工移民，以在迁入国从事季节性工作或短期合同的劳工为主；三是非法移民，包括非法买卖人口、偷渡移民、其他形式的非正常移民或未拥有合法证件的移民①。

(一) 国际人口迁移历史概览

国际人口迁移可分为生存型和发展型两大类②。在人类社会发展早期，主要是生存型人口迁移，即迁移多由自然环境条件、生存条件变化所致。工业革命后，资本主义经济的迅速发展改变了世界经济的运行方式，国际人口迁移由以生存型为主向以发展型为主转变。国际人口迁移方向呈现三大特点：一是从宗主国向殖民地和附属地迁移，如英国人口向美国、加拿大、印度、澳大利亚等地迁移。二是从较发达地区向不发达及新开发地区迁移，如欧洲国家人口向拉丁美洲各国迁移。三是从旧大陆向新大陆迁移，即亚非欧三洲人口向北美、拉美、大洋洲迁移。③

(二) 当代国际人口迁移的特点与趋势

20 世纪 60 年代以来，随着资本主义的全球性扩张、科学技术发展的日新月异，世界经济逐渐向一体化、全球化迈进。同时，自 80 年代末期以来，国际政治经济形势风云变化，世界各地民族和种族冲突连绵不断。在全球化浪潮及全球政治形势变幻的宏大背景下，国际人口迁移出现了新的特点与趋势。

1. 移民规模扩大化

自第二次世界大战结束后，国际移民规模呈现明显扩大的态势。国际移民组织的《世界移民报告 2018》数据显示，1990—2015 年间，世界移民人数呈现阶梯式增长态势：1990 年为 1.53 亿，2005 年为 1.91 亿，2015 年达 2.44 亿，占全球总人口的 3.3%（见图 5－5）。

国际移民规模不断扩大的根本原因在于不同国家和地区经济发展差距的拉大。同时，经济的全球化和区域经济的集团化带动了资金、信息、技术在全球范围内的加速流动，而交通运输与科技通信技术的进步使国际迁移更加便捷，这些

---

① 刘长安．国际大都市人口迁移和国际移民比较研究．劳动保障世界（理论版），2013（1）．

② 佟新．人口社会学．北京：北京大学出版社，2010：111.

③ 解韬．经济全球化与国际人口迁移．广东社会科学，2001（4）．

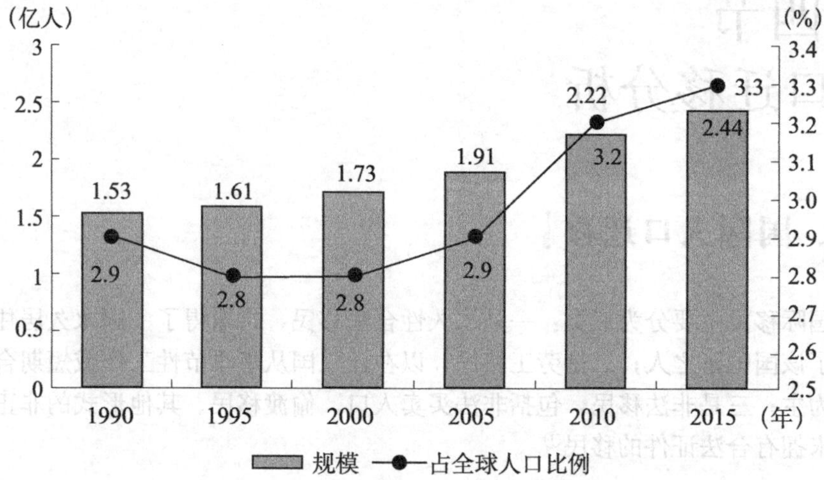

图 5-5　1990—2015 年全球国际移民变动趋势

资料来源：国际移民组织《世界移民报告 2018》。

都推动了国际移民的大规模增长；而近年大规模的“难民潮”也助推了国际移民人数的上涨。

2. 移民流向多元化

从 20 世纪 60 年代起，国际人口迁移的主要方向是发展中国家向发达国家迁移，亚非拉地区向欧美大洋洲地区迁移①。经济收入高、就业机会多、社会福利好的发达国家或地区是国际移民的主要迁入地。但是，随着世界经济全球化、多元化的发展，移民流向呈现多元化趋势。目前，国际移民流动已不仅仅是南北现象（从发展中国家迁往发达国家），南南流动（在发展中国家之间的流动）和北北流动（在发达国家之间的流动）也逐渐增多。20 世纪 90 年代以来，随着发达国家对国际移民的控制越来越严格，一些自然资源比较丰富、经济发展较快、资本比较丰厚的发展中国家和地区成为国际移民的新选择。

《世界移民报告 2013》显示，2013 年南南移民达到 8 230 万，南北移民为 8 190 万，北南移民为 700 万～1 300 万，北北移民为 5 480 万～6 080 万（见图 5-6）。

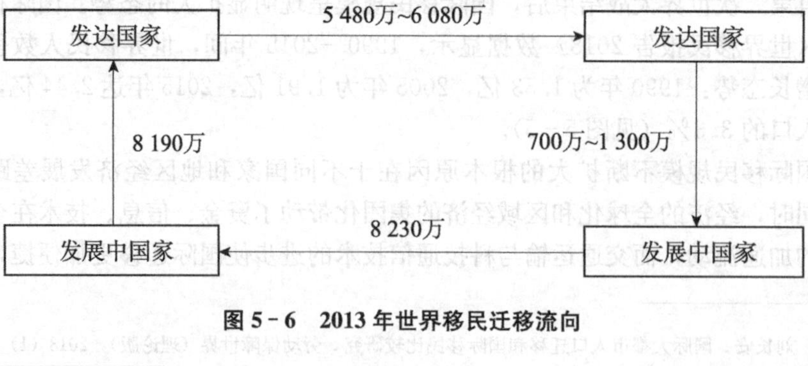

图 5-6　2013 年世界移民迁移流向

---

① 解韬．经济全球化与国际人口迁移．广东社会科学，2001（4）．

3. 移民主体多样化

在全球经济一体化进程中，在新的国际劳动分工的宏观背景下，不同的劳动力满足着不同的需求，由此建构了多元化的移民主体①。一方面，面向高素质技术人员和管理人员的高级劳动力市场不断扩大，受过高等教育或有技术专长之人有了更多的发展机会，进而使得这部分移民总量不断增大。另一方面，次级劳动力市场仍需要大量廉价的劳动力，而难民、非法移民、受教育程度较低和技能不足的移民及部分女性移民成为这一市场的主体。

4. 移民素质增高化

在移民总量不断增加的情势下，迁入国对移民的选择性增强，出台了相应的吸纳高技术、高学历移民的政策，由此带来移民成分的变化。自 20 世纪 90 年代以来，高技术、高学历移民数量不断增加。经济合作与发展组织（OECD）的统计数据显示：2011 年，在 2.14 亿国际移民（包括难民）中，高技术移民占 22%；移民中拥有高等教育学历的比例高于整体人口受过高等教育的比例。

5. 移民政策严格化

国际移民在满足迁入国不同层次劳动力需求的同时，也可能对该国的劳动力市场及经济社会发展带来一定的负面影响，如提高该国人口的失业率、加大移民管理的社会成本。迁入国出于维护国家利益的需要，普遍抬高移民门槛，移民政策不松反紧，变得愈发严格。

总之，国际迁移既是人口压力及经济全球化、一体化的结果，也是促使迁出国和迁入国进一步社会转型的重要因素。在 21 世纪，随着移民数量的增长及迁移模式的变化，迁移的重要性还将持续发挥作用。②

美墨边界围栏

美墨边界围栏（Mexico-United States barrier）是美国单方面在美国与墨西哥边界修筑的起分隔作用的围栏，以阻止非法移民大量涌入美国。美国首次在美墨边境设障是在 1994 年，当时是因《北美自由贸易协定》签订并通过后，来自墨西哥的移民（包括合法及非法的移民）开始大量涌入美国寻找工作机会。此后，美国不断加强边境安全保护。

2006 年 9 月 14 日，美国众议院以 283 票赞成、138 票反对通过了在美墨边境兴建围栏的《2006 年安全围栏法案》。该法案提出在美墨边境新建长约 1 125 公里的内外两排围栏。2006 年 9 月 29 日，美国参议院以 80 票赞成、19 票反对通过了《2006 年安全围栏法案》。2006 年 10 月 26 日，美国总统布什在距离 11 月 7 日举行的中期选举不足两周之际，签署了上述在国会参众两院获得通过的《2006 年安全围栏法案》。围栏断断续续地分布在美墨边境各处，到 2016 年为止尚未连成一线，各段围栏之间的缺口往往长达数公里，非法移民很容易通过围栏之间的缺口穿过围栏。例如，美国得克萨斯州有约 2 000 公里的边界线，但到

---

① 佟新．全球化下的国际人口迁移．中国人口科学，2000（5）．

② 李其荣．经济全球化与国际人口迁移．民族研究，2003（6）．

2016 年年初仅建成了约 160 公里围栏。

在 2016 年美国大选中，总统候选人特朗普的主要竞选承诺之一便是加强并升级美墨边界围栏，在 3 200 公里长的美墨边界线兴建约 1 600 公里长的人造围栏（美墨边界的其余部分被自然障碍隔离），并用 10～15 米高的混凝土墙体代替栅栏。特朗普把它称作“墙”（the wall），并且要求墨西哥来支付这笔建造费用。

2017 年 1 月 25 日，美国总统特朗普在美国国土安全部签署了《促进边境安全和移民执法》及《增进美国内陆地带公共安全》两道行政令，以加强边境安全和收紧移民政策。特朗普还决定在未获国会批准的情况下，动用联邦政府资金，在几个月之内开工在美墨边境造墙。2017 年 9 月，美国政府宣布开始制作用混凝土和其他材料建造的八种边境墙模型。2018 年 6 月 3 日，美墨边境墙圣迭戈部分开始建造。2018 年 10 月 26 日，一段钢筋柱边境墙在加利福尼亚州加利西哥（Calexico）建立起来，正式成为“特朗普墙”（Trump Wall）的开端。

二、中国人口迁移

由于城乡二元户籍制度的存在，中国不仅存在人口迁移现象，还存在人口流动现象。改革开放后，中国的人口流动比人口迁移更为频繁。本部分将主要回顾中国人口迁移的历史过程及简要特点、改革开放后的人口流动特点。

（一）中国人口迁移历史概览

在古代及近代中国，人口迁移一直存在两大类型：一是政府强制性移民。历代统治者为巩固统治的需要，组织大规模的集团性移民。比如，为充实都城和发祥地，巩固边疆和新征服地区，将人口从狭乡移往宽乡，用移民开发人少地多地区，等等。被迁之人多为豪门、大贾、官吏、缺地或无地贫民、罪人、谪官等。[①] 又如，由战乱等引起的部分地区人口的大量锐减，使得政府不得不组织大规模的移民活动以补充该地人口，“湖广填四川”移民、“山西大槐树”移民、东北人口迁往新疆等均属此类。二是群众自发性移民。政府的暴政、战乱、天灾等原因，使人们的生存、生产环境受到破坏，人们不得不背井离乡，迁往其他地区——中国历史上三次较大规模的北民南移，即大批汉人从黄河流域迁往长江流域即属于此类。

总体而言，迁移的总方向通常是由经济发展不足、生活动荡不安或人口稠密的地区向经济发展水平较高、生活稳定富足、人口稀少的地区迁移。

（二）新中国成立至改革开放初期的人口迁移

新中国成立后，由于经济社会发展的需要及政治社会环境的变革，中国人口

---

① 沈益民，童乘珠．中国人口迁移．北京：中国统计出版社，1992：74.

迁移在各年总量及地区结构上表现出大起大落的特征和明显的阶段性。

1. 人口迁移阶段

第一阶段：1949—1957年经济恢复重建时期。发展国民经济、改变工业布局、加强重点项目建设及三线建设的需要引发了大量的人口迁移。这一阶段又可细分为1949—1952年国民经济恢复阶段、1953—1957年"一五"计划时期。前一时期的重点是恢复东北地区和沿海城市的工业以及恢复内地扩建的一批中小型工业。其间，人口迁移主要有两个方面：一是向恢复扩建地区迁移；二是流离外乡的人口回迁。在"一五"计划时期，国家集中力量进行工业建设。以鞍钢为中心的东北工业基地以及西北、中南新工业基地的发展使得辽宁、黑龙江及内蒙古等地成为人口的主要迁入地。而上海等老工业城市为支援内地建设调出大批工人、技术人员，人口以净迁出为主。① 与此同时，边疆地区，如新疆、内蒙古及广东、广西、云南、福建等地的开垦建设引发了大量人口迁入。

新疆维吾尔自治区的移民开垦

部队转业屯垦戍边是新疆解放初期规模最大的人口迁入。根据中国共产党和毛泽东同志的"既是战斗队又是生产队同时也是工作队"的建军思想，进驻新疆的一部分中国人民解放军，于1952年集体参加开发和建设边疆，1954年正式成立"新疆生产建设兵团"。据《中国人口》（新疆分册）资料，截止到1952年年底，转业部队连同家属和垦区的少量居民总计27.3万余人。按照移民支边计划，1957—1960年间，从苏、皖、鄂三省向新疆移民约80多万人。1962—1966年间，上海知青15万人到生产建设兵团参加屯垦。迁入地区集中在东疆、北疆的工业城市和附近的农村、垦区。1957年，河南省从商丘、新乡等八个地区抽调青壮年民工4万余人，迁入新疆军垦农场当工人。1958年，河南省又动员青年垦荒队员2.08万人，迁到新疆军垦农场开荒。仅四个月时间，就开垦出荒地5 395亩，平整土地11.7万亩。当年，农业生产就获得了较好的收成。劳改和新生就业人口，是安排在生产建设兵团的特殊移民。根据中央"把改造罪犯和开发新疆、建设新疆结合起来"的指示，到1992年，全国进疆改造罪犯达102 373人，加上新疆原有的20 856人，共计123 229人。

资料来源：沈益民，童乘珠．中国人口迁移．北京：中国统计出版社，1992：176－177.

第二阶段：1958—1965年"大跃进"和五年调整时期。"大跃进"时期，城镇人口急剧膨胀，城乡人均口粮供应严重不足。为重建国民经济的正常比例关系，国家从1960年下半年开始大规模精简职工和城镇人口。

第三阶段：1966—1976年"文化大革命"时期。其间，国民经济、社会正常秩序被打乱，高校停止招生，以学生录取分配和生产经营活动为主的正常户籍迁移人口大量减少。主要迁移人口是知识青年、下放干部及三线建设所需人员，迁移方向主要是从北京、天津、上海等地迁往黑龙江、内蒙古、云南。

① 陆心贤，等．中国地理参考教材．北京：中国科学技术出版社，1994：106.

第四阶段：1977—1984 年国民经济恢复发展时期。此时，大批干部落实政策回迁，上山下乡知识青年返城，部分三线企业撤迁，高校恢复招生，人口迁移进入新的活跃期。黑龙江、内蒙古等地相继由人口净迁入变为人口净迁出；而北京、天津、上海由人口净迁出变为人口净迁入。

在第三阶段、第四阶段的人口迁移中，尤以知识青年的上山下乡这一人口迁移现象最为特殊，影响也最大。

从人口移动视角看知识青年上山下乡

知识青年上山下乡作为一种人口移动现象，具有以下特点：

第一，知识青年上山下乡是一种特殊类型的人口迁移。这里所说的特殊是指知识青年作为人口移动的主体最初是无条件、无期限地从城市来到乡村、边疆，离开了原居住地，在乡村或边疆落户，有了自己全新的居住地和生活方式，但在后期却又大都返回了原居住地。

第二，知识青年上山下乡是从城市到乡村的人口迁移。当时在全国各地有 1 700多万知识青年走向农村、边疆。从人类社会文明的发展历程来看，一直都是农业人口转为非农业人口，人口从农村流向城市。这种从城市到乡村的人口移动是一种特殊类型的逆城市化现象，当时中国的城市化水平很低，出现逆城市化现象是令人费解的事情。

第三，知识青年上山下乡是在复杂社会背景下的强制性移民。这场运动具有较为复杂的社会政治、经济和文化背景，它的发生有着深刻的社会思想意识形态烙印。起初对知识青年到农村去是一种倡导，后来变成强制要求。“文革”期间，有的地方不顾毕业生的具体情况一律要求上山下乡，采取“一刀切”的极端做法。为了完成上级部署的任务，有的地方还采取了强迁户口、断绝口粮、给毕业生家长办学习班等强制性措施。当时的社会氛围似乎是知识青年不到农村去将一事无成，“知识青年上山下乡被当作一场改造人的运动，下乡知识青年被要求在生活、文化、思想等方面向农民看齐。而且，只有在阶级斗争的所谓大风大浪中，才能最终实现这种脱胎换骨的改造”。

资料来源：陈洁．从人口移动视角看知识青年上山下乡．北华大学学报（社会科学版），2012（2）．

2. 人口迁移特点

自新中国成立至改革开放前，人口迁移具有以下特点：

一是受国民经济和社会发展计划的影响。在计划经济体制下，国家每年招工、招生与分配都必须按照计划及物资调配来安排。

二是受城市发展政策的制约。从 20 世纪 50 年代末 60 年代初开始，中国实行控制城市人口的政策。除国家计划调动和户口管理条例允许的某些情况外，农村人口未经许可不能自由迁入城镇，城镇人口未经允许也不能自由迁入其他城镇①，地区之间的迁移流动也受到限制。

① 许涤新．当代中国的人口．北京：中国社会科学出版社，1988：233.

三是受政治运动的影响。知识青年上山下乡及干部下放等均为生动的事例。

(三) 改革开放以来的人口迁移流动

1. 人口迁移特点

随着市场经济的发展，改变户籍地点的迁移现象日渐减少，并呈现出以下特点。

(1) 人口迁移规模小。

改革开放以来，经济社会的快速发展推动了人口流动规模的快速、持续增长；相比之下，人口迁移规模较小。迁移人口在1985—1990年间有1 076万，在1995—2000年间有3 181万，在2005—2010年间有5 523万。①

(2) 人口迁移流向多元化。

在市场经济体制下，城乡二元制结构逐渐被打破，户籍限制政策逐步放宽，迁移人口的个体选择性日趋强烈，加之各类组织和机构对迁移有重要影响，人口迁移流向日趋多元化。

从跨越的行政区域来看，有跨村落迁移、跨乡（镇、街道）迁移、跨县（区）迁移、跨市迁移及跨省迁移。从三大区域来看，主要是从中西部经济欠发达地区迁入东部经济发达地区。② 此外，伴随中国城市人口的大量机械增加、城市交通设施的不断完善、产业布局的空间转移以及中心城区房价的不断攀升，大城市迁移人口呈现出郊区化特征③。

从国际迁移来看，中国是一个双向迁移国家。一方面，中国向国外移民的人数不断增长。《2013年世界移民报告》显示，中国在移民输出国排行榜上从23年前的第七位跃至第四位，移民人数从410万增至920万，仅次于印度（1 420万）、墨西哥（1 320万）和俄罗斯（1 080万）。美国、加拿大、澳大利亚和新西兰等传统的移民国家均为中国移民的主要目的国。2012年，在上述四国获得永久居留权的中国人分别为81 784人、33 018人、29 547人、7 723人，总数约为15.2万人。④

另一方面，随着综合国力和国际地位的提高，中国也吸引了大批国外人士前来居住，逐渐成为移民输入国。据联合国估计，2013年居住在中国境内的外籍人士有84.85万人，2001—2013年的年均增长率为3.9%，高于1990—2000年的3.0%。⑤《中国国际移民报告（2015）》蓝皮书称，中国开始成为有吸引力的移民目的国，来华追逐“中国梦”已成为国际移民潮的新趋势。

---

① 刘生龙．中国跨省人口迁移的影响因素分析．数量经济技术经济研究，2014（4）．

② 俞路．20世纪90年代中国迁移人口分布格局及其空间极化效应．上海：华东师范大学，2006．

③ 李培．中国城乡人口迁移的时空特征及其影响因素．经济学家，2009（1）．

④ 23年来近千万中国人移民海外．（2014-01-26）[2019-10-11]．http://jb.sznews.com/html/2014-01/26/content_2766585.htm.

⑤ 2015中国国际移民报告发布 来华移民成新热点．（2015-03-20）[2019-10-05]．http://edu.sina.com.cn/a/2015-03-20/1146258457.shtml.

从外籍人口的分布来看，上海的外籍人口规模最大，为143 496人，占全国外籍总人口的24.16%；北京次之，为91 102人，占15.34%；广东居第三位，为74 011人，占12.46%。三地外籍人口之合超过全国外籍总人口的50%。[①] 若把非法入境之人计算在内，则广东省的外籍人口规模可能居全国之首。

来华外籍人口特征

外籍人口的定义：普查标准时点在我国境内居住3个月以上或能够确定将居住3个月以上的外籍人口。

来华外籍人口以15～64岁劳动年龄人口为主，男性人数显著多于女性，性别比高达130.5。

外籍人口受教育程度较高，超过六成受过高等教育，远远高于我国人口中接受过高等教育的比例。

来华外籍人口主要以学习、就业和商务为目的。

来华外籍人口中有近四成在中国境内的居住时间不超过1年，有约六成在中国境内的居住时间不超过2年。

女性来华外籍人口在华居住时间比男性相对要长。

来华外籍人口来源国相对集中，超过半数的来华外籍人口来自韩国、美国、日本、缅甸和越南。

来华外籍人口主要生活在东部沿海和边境省份。

资料来源：庞丽华．来华外籍人口特征∥王辉耀，刘国福．国际人才蓝皮书：中国国际移民报告（2014）．北京：社会科学文献出版社，2014：81.

(3) 自发性迁移主流化。

改革开放以后，随着市场经济的发展，在国家整体宏观调控下有组织、有计划的迁移渐渐退出历史舞台，自发性迁移不断增强，且成为人口迁移的主流。

(4) 迁移对象复杂化。

改革开放前，迁移流动对象主要为在职干部、科技人员、学生、工人、转业退伍军人等。改革开放后，除上述人员外，务工经商者、学习培训者、随迁家属逐渐增多。同时，从性别来看，女性迁移人口逐渐增多。从年龄来看，儿童、老人也开始加入迁移大军。从民族来看，少数民族迁移人口呈不断增加趋势。

(5) 人口迁移的二元化特征明显。

中国长期以来的户籍管理制度决定并影响着个人的生活和工作。改革开放以来，经济结构的快速变化、市场机制的不断健全及社会的急剧转型，使得人口迁移更为自由。然而，户籍制度的限制仍然如影随形，使人口迁移的特征呈现明显的二元化特征，形成了人口迁移与人口流动相交织的复杂化特点。户籍制度及其衍生的各项制度和政策对城镇人口规模的限制与管理，使得迁移的优先权集中于

---

① 庞丽华．来华外籍人口特征∥王辉耀，刘国福．国际人才蓝皮书：中国国际移民报告（2014）．北京：社会科学文献出版社，2014.

干部调配、高等院校的招生与分配。而农村转移劳动力很难取得城镇常住户口，因此形成了规模庞大的流动人口群体。“户口迁移”与“非户口迁移”之间无论是在就业环境、福利待遇方面还是在社会保障方面，均存在明显差异（见表5-1）。

表5-1 人口的乡—城迁移中“户口迁移”与“非户口迁移”的对比分析

	“户口迁移”	“非户口迁移”
户口性质	非农业户口	农业户口
户口状况	本地户口	外地户口
行业分布	机关事业单位、国有企业等	小型企业、个体私营企业
职业分布	经营管理人员、技术人员和熟练工	体力劳动工人、个体劳动者
工作状况	相对轻松、较为稳定	强度大、不稳定
劳动报酬	收入较高	收入低
住房状况	单位分配或自有房屋	简易住房或租住私房
社会保险	具备失业、养老、医疗保险等各项社会保险	基本无社会保险

资料来源：陈金永，杨云彦．中国人口迁移的规模及二元特征．(2001-12-25) [2019-10-10]. http://www.japop.gov.cn/popinfo/pop_docrkxx.nsf/v_rkbl/39CBDA93F5E540C748256B2D00246564.

户籍制度60年流变：从迁徙自由到积分落户

短暂的迁徙自由

在1949年中华人民共和国宣布成立时，是没有户口制度的。当时发挥临时宪法作用的《中国人民政治协商会议共同纲领》第五条明确指出，中国人民有迁徙的自由。1954年，第一届全国人大第一次会议通过了《中华人民共和国宪法》，其第九十条延续了迁徙自由，规定中华人民共和国公民有居住和迁徙的自由。然而，共同纲领和宪法确定的迁徙自由，在实际中并没有彻底实现。由于城市失业群体数量庞大，大量的农民进入城市，彼时针对农民进入城市的官方表述是“农民盲目流动进入城市”，简称“盲流”。

1958，流动需要批准

真正从法律制度上明确以户口审批的方式限制人口流动的做法，是从户口登记条例的出台开始的。1958年，全国人大常委会通过了《户口登记条例》，实行至今。

时任公安部部长的罗瑞卿在向全国人大常委会做户口登记条例草案的说明时，有一段表述可以看出当时制定《户口登记条例》的核心原因：“我国社会主义建设的方针，是在优先发展重工业的基础上，发展工业和发展农业同时并举。无论工业生产和农业生产都必需按照国家统一的规划和计划进行。因此，城市和农村的劳动力，都应当适应社会主义建设的需要，进行统一的有计划的安排，既不能让城市劳动力盲目增加，也不能让农村劳动力盲目外流。”

改革指向户籍

人口的快速流动，已经显现出户口制度对社会发展的束缚。2005年10月25日，时任公安部副部长刘金国在中央综治委第二次全体会议上称，公安部正在抓紧研究进一步深化户籍制度改革的意见，探索建立城乡统一的户口登记管理制度，并将逐步放宽大中城市户口迁移限制。

但户籍制度改革，显然不是公安部一个部门能解决的问题，真正制约改革推进的是那薄薄的户口本后面附着的利益。

2014，十年磨一剑

2014年7月30日，国务院发布《关于进一步推进户籍制度改革的意见》。此次户籍改革取消了农业户口和非农业户口的区别，将它们统一为居民户口。在人口迁移方面，意见确立了全面放开建制镇和小城市落户限制、有序放开中等城市落户限制、合理确定大城市落户条件和严格控制特大城市人口规模的人口迁移战略。此外，意见还涉及积分落户、居住证制度及扩大农民工和其他常住人口基本公共服务覆盖范围等方面。

资料来源：杨华云．户籍制度60年流变：从迁徙自由到积分落户．(2014-07-31)[2019-06-10]．http://news.sina.com.cn/c/zg/slt/2014-07-31/0932125.html.

2. 人口流动特点

（1）人口流动规模持续增长，但增速放缓。

随着改革开放的不断深入，中国的人口流动日益活跃，越来越多的人离开家乡到非户籍地谋求更好的发展。国家统计局数据显示，1982年，我国的流动人口规模仅为657万，1987年为1 810万，1990年超过2 000万，1995年迅速升至7 073万，2000年突破1亿，2010年飙升至2.2亿，2013年达到2.45亿，2014年达2.53亿，2015年规模略有下降，比2014年减少了568万，为2.47亿，2016年回升至2.92亿，2017年与2018年又分别降至2.44亿与2.41亿。[①] 从发展趋势看，流动人口持续增长的总体态势不会改变，但增速放缓。[②]

（2）人口流向多元化。

第一，从分城乡来看，乡—城流动人口是主体。

根据流动人口的户籍类型（农业户口、城镇户口）以及流入地的城乡属性，可将流动人口分为四类：乡—城流动人口、城—城流动人口、城—乡流动人口、乡—乡流动人口。在改革开放初期，我国的人口流动主要由农村流向城市，当前人口流动的流向更趋向多元化（尽管乡—城流动人口的占比最高）。2010年，在全部流动人口中，乡—城流动人口的占比超过六成；城—城流动人口的占比次之，略超过两成；乡—乡流动人口的比例虽不高，但也不可忽视，占比超过一成；相比之下，城—乡流动人口的比例最低，仅为2.82%。[③] 未来，城—城流动人口规模将持续增长。

第二，从流动范围来看，跨省流动人口最多。

根据流动人口跨越的空间范围，可将其划分为跨省流动、省内跨市流动、市内

① 参考国家统计局历年《国民经济和社会发展统计公报》，网址：http://www.stats.gov.cn/tjsj/tjgblndtjgb/。

② 段成荣，刘涛，吕利丹．当前我国人口流动形势及其影响研究．山东社会科学，2017 (9)．

③ 马小红，段成荣，郭静．四类流动人口的比较研究．中国人口科学，2014 (5)．

跨县流动、县内跨乡（镇、街道）流动四类。2010 年，跨省流动人口的比例最高（42.57%），县内跨乡（镇、街道）流动人口的比例次之（24.96%），省内跨市流动人口的比例再次（21.90%），市内跨县流动人口的比例最低，仅为 10.56%。①

第三，从区域来看，流动人口主要由经济欠发达地区流向经济发达地区。

1985—2010 年间，我国人口流动的主流一直都是从经济欠发达的中西部地区流向经济发达的东部地区，2005 年东部地区的流动人口占比高达 64.56%，2010 年这一比例虽有所下降，但仍超过五成（56.86%）②。东南沿海地区作为流动人口主要目的地的趋势不会改变。

珠三角、长三角、京津冀三大经济圈领跑全国经济，吸引了大量的人口流入。不过，这三大经济圈对流动人口的吸引力在过去几十年间发生了一些变化。在 20 世纪 80 年代至 90 年代间，珠三角对流动人口的吸引力最强；但 90 年代后，长三角对流动人口的吸引力逐渐增强，与珠三角、京津冀共同成为流动人口集中之地；进入 21 世纪后，尽管广东省仍是流入人口规模最大的省份，但在 2000—2010 年间，流动人口规模增长最快的城市已转移至长三角、京津冀（如上海、北京、天津和苏州）。这表明，珠三角对流动人口的吸引力开始减弱，长三角、京津冀地区对流动人口的较大吸引力将会使人口流动的重心由珠三角转向长三角和京津冀。③

第四，人口流出和回流的态势长期并存。

随着中小城市的发展，国家和地方政府对回乡创业就业采取支持措施，企业向内地的投资增多，再加上流动人口在流入地定居和融入遇到的阻碍得不到清除，因此，会有较大比例的流动人口选择回流④。

（3）人口流动的长期化趋势明显。

流动人口在流入地的居住时间较长。2010 年，流动人口在流入地居住 1 年及以下的比例仅为 19.44%，居住 1～5 年的比例为 49.65%，居住 5 年及以上的比例为 30.90%，平均居住时间为 4.5 年。⑤ 而且，流动人口在流入地居住 5 年及以上的规模一直在增长，1987 年仅有 700 万，随后持续上升，2010 年上升至 6 842万⑥。可见，流动人口长期流动的趋势明显，流动人口“不流动”的现象普遍。

（4）人口流动模式由以个体流动为主转向以家庭式流动为主。

从世界范围来看，人口流动大致有三个阶段：一是先锋阶段，二是家庭化阶

---

① 段成荣，袁艳，郭静．我国流动人口的最新状况．西北人口，2013（6）．

② 段成荣，吕利丹，邹湘江．当前我国流动人口面临的主要问题和对策：基于 2010 年第六次全国人口普查数据的分析．人口研究，2013（2）．

③ 郑真真，杨舸．中国人口流动现状及未来趋势．人民论坛，2013（11）．

④ 段成荣，刘涛，吕利丹．当前我国流动人口形势及影响研究．山东社会科学，2017（9）．

⑤ 同①.

⑥ 同①.

段，三是大众化阶段[①]。虽然家庭式流动自1980年以来在中国一直都存在[②]，但比例极低，故20世纪90年代中期前的人口流动属于先锋阶段；此后，人口流动进入第二个阶段——家庭化阶段，并成为人口流动的主要模式[③]，但那时全家流动型的比例仍不高[④]；21世纪后，流动人口的家庭式流动现象明显增多。陈卫、刘金菊发现，北京市流动人口的家庭化率高达60%[⑤]。杨菊华、陈传波发现，中国流动人口中家庭式流动的比例高达72.98%，其中，完整家庭式流动占47.08%，半家庭式流动占25.90%[⑥]。

（5）流动人口的平均年龄和受教育年限呈上升趋势。

在1982—2010年间，流动人口的年龄中位数从23岁上升至29岁；平均年龄由28.22岁上升至30.8岁[⑦]。虽然流动人口的年龄中位数和平均年龄都在上升，但年龄结构仍较为年轻，以青壮年劳动力为主。

流动人口的受教育程度逐年提高，1982年仅有5.58年，1990年为7.38年，2000年为8.89年，2010年为9.92年，超过了我国总人口平均受教育年限的8.66年[⑧]。

（6）流动人口的社会融合水平有待提高。

流动人口的社会融合水平不高。虽然流动人口在流入地找到了立足支点，解决了基本的生存问题，但其总体社会融合水平还有很大的提升空间，且进一步提升的难度较大，融合之路还很漫长。[⑨] 具体而言，乡—城流动人口在收入水平、职业声望、社会保障、劳动合同、居住状况等方面远不及本地市民[⑩]；社会网络依旧处于血缘、亲缘、地缘阶段，与本地人有较大的社会距离与隔阂，被本地人接纳的程度较低[⑪]。受户籍制度的影响，流动儿童跟随父母进入流入地后，其受教育权益难以得到保障。全国第三次妇女社会地位调查结果显示，2010年超过2 000万的流动儿童未能和流入地户籍儿童一样平等地享有接受教育和升学的权利。[⑫] 以就读公立幼儿园为例，流动儿童就读公立幼儿园的比例远低于流入地户籍儿童就读公立幼儿园的比例[⑬]。

---

① 段成荣．我国人口流动趋向家庭化．(2003-11-06)［2019-05-10］．http://www.ycwb.com/gb/content/2003-11/06/content_599427.htm.

② 熊少严．流动人口家庭化子女教育影响因素与支持策略．青年探索，2010 (4)．

③ 郭江平．农村人口流动家庭化现象探析．理论探索，2005 (3)．

④ 李强．关于“农民工”家庭模式问题的研究．浙江学刊，1996 (1)．

⑤ 陈卫，刘金菊．人口流动家庭化及其影响因素：以北京市为例．人口学刊，2012 (6)．

⑥ 杨菊华，陈传波．流动人口家庭化的现状与特点：流动过程特征分析．人口与发展，2013 (3)．

⑦ 郑真真，杨舸．中国人口流动现状及未来趋势．人民论坛，2013 (11)．

⑧ 段成荣，刘涛，吕利丹．当前我国流动人口形势及影响研究．山东社会科学，2017 (9)．

⑨ 杨菊华．2013年流动人口社会融合最新状况和特点研究//国家卫生和计划生育委员会流动人口司．流动人口社会融合理论与实践．北京：中国人口出版社，2014.

⑩ 杨菊华．中国流动人口经济融入．北京：社会科学文献出版社，2013.

⑪ 同⑨.

⑫ 同⑦.

⑬ 杨菊华，谢永飞．流动儿童的学前教育机会：三群体比较分析．教育与经济，2015 (3)．

第五节 人口迁移流动与城镇化

城镇化是工业社会和现代社会的重要标志，是人口乡—城流动及城镇人口机械增长的结果。城镇化水平既是经济社会发展的必然结果，也会促进一个国家或地区的经济社会发展。

一、城镇化及测量指标

（一）相关概念

要准确把握城镇化的概念，需要辨识城市化、城镇化、新型城镇化三个概念。

城市化，英文为 urbanization，一般是指人口由农村向城市集中，并转化为非农业人口的过程[①]。城市化和城镇化是两个相近的概念，这也正是国内诸多文献将城市化等同于城镇化的原因。但是，西方国家和中国受不同国情的影响，所走的城市化道路（形式）略有不同。前者强调人口由农村向大城市转移，即走的是城市化（city）道路；后者受费孝通发展小城镇思想的影响，更强调人口由农村向城镇转移，走的是城镇化（town）道路。换言之，城市化是一个颇具西方特色的概念，而城镇化是一个更具中国特色的概念。城镇化这个概念是中国学者提出的，故它的出现时间晚于城市化。

新型城镇化是我国城镇化发展的新阶段，它是针对我国传统城镇化的突出矛盾和问题提出来的。如大量农业转移人口难以融入城市社会，市民化进程滞后；“土地城镇化”快于人口城镇化，建设用地粗放低效；城镇空间分布和规模结构不合理，与资源环境承载能力不匹配；城市管理服务水平不高，“城市病”问题日益突出；自然历史文化遗产保护不力，城乡建设缺乏特色；体制机制不健全，阻碍了城镇化健康发展。[②] 新型城镇化紧紧围绕全面提高城镇化质量，加快转变城镇化发展方式，以人的城镇化为核心，有序推进农业转移人口市民化；以城市群为主体形态，推动大中小城市和小城镇协调发展；以综合承载能力为支撑，提升城市可持续发展水平；以体制机制创新为保障，通过改革释放城镇化发展潜力，走以人为本、四化同步、优化布局、生态文明、文化传承的中国特色新型城镇化道路[③]。新型城镇化最大的亮点是强调以人为本，推进以人为核心的城镇

---

① 丁守海．概念辨析：城市化、城镇化与新型城镇化．中国社会科学报，2014-05-30.

② 国家新型城镇化规划（2014—2020年）．北京：人民出版社，2014.

③ 同②15-16.

化。《国家新型城镇化规划（2014—2020年）》提出，实施保障随迁子女平等享有受教育权利、完善公共就业创业服务体系、扩大社会保障覆盖面、改善基本医疗卫生条件、拓宽住房保障渠道等一系列举措，推进农业转移人口享有城镇基本公共服务，并要求创新体制机制，建立健全农业转移人口市民化推进机制。①

李克强谈新型城镇化：中西部是主战场 不让外来工悬半空

不让外来工“悬在半空”

2014年9月16日，李克强总理主持召开推进新型城镇化建设试点工作座谈会并作重要讲话。他说，新型城镇化贵在突出“新”字、核心在写好“人”字，要以着力解决好“三个1亿人”问题为切入点。

2014年的“两会”政府工作报告指出，今后一个时期，着重解决好现有“三个1亿人”问题，促进约1亿农业转移人口落户城镇，改造约1亿人居住的城镇棚户区和城中村，引导约1亿人在中西部地区就近城镇化。

将解决“三个1亿人”问题作为今后一个时期城镇化的重点，这也体现了我国城镇化不光注重量的扩大，更注重质的提升。目前我国统计城镇化率已经达到了53.73%，但这其中，只有36%左右属于户籍人口，也就是说城镇常住人口中有2亿多人没有非农人口户籍，与户籍非农人口在教育、医疗、社会保障等社会均等化方面存在差距。这样的城镇化也被一些学者称为“伪城镇化”“半拉子的城镇化”。

因此，提升城镇化的质量尤其是让进入城市的外来务工人员能够在当地扎根十分关键。李克强指出，要公布实施差别化落户政策；探索实行转移支付同农业转移人口市民化挂钩；允许地方通过股权融资、项目融资、特许经营等方式吸引社会资本投入，拓宽融资渠道，提高城市基础设施承载能力；把进城农民纳入城镇住房和社会保障体系，促进约1亿农业转移人口落户城镇，不能让他们“悬在半空”。

中西部是主战场

从地理空间来说，中西部将成为未来城镇化的主战场。

目前，中西部由于经济较为落后，城镇化水平也比较低。而要推动中西部的城镇化，必须要有相应的产业进入。只有产业与城镇紧密结合，才是有效的城镇化。

李克强指出，要加快基础设施建设，在“十三五”时期重点向中西部倾斜；积极承接产业转移，在有条件的地方设立国家级产业转移示范区，鼓励东部产业园区在中西部开展共建、托管等连锁经营，以“业”兴“城”，做大做强中西部中小城市和县城，提升人口承载能力，促进约1亿人在中西部就近城镇化，逐步减少大规模人口“候鸟式”迁徙。

胡晓登教授分析，促进1亿人在中西部地区就近城镇化，一方面可以缓解东

---

① 顾鑫．新型城镇化发展目标战略任务明确．(2014-03-17) [2019-05-10]. http://finance.ifeng.com/a/20140317/11902878_0.shtml.

部发达地区和特大城市的人口压力。另一方面，由于中西部的发展，很多农民已经出现“逆选择”，从沿海返回家乡附近就业，愿意就近城镇化。

加快产业的转移不仅有利于中西部的城镇化，对东部的产业转型升级也有积极作用。吴传清教授认为，目前东部沿海发达地区劳动力成本很高，土地资源越来越稀缺，所以只有劳动密集型和加工组装产能向中西部转移，寻找新的空间，东部才能释放出一些空间，发展新兴产业。

资料来源：林小昭．李克强谈新型城镇化：中西部是主战场 不让外来工悬半空．(2014-09-17) [2019-05-10]．http://finance.ifeng.com/a/20140917/13119396_0.shtml.

（二）测量指标

测量城镇化的指标可划分为两类，一类是单一指标，另一类是综合指标（指标体系）。单一指标包括城镇化水平、城镇化速度、城市指数，这些是常用指标。随着人们对城镇化内涵建设的越发重视，最近几年有一些学者利用综合指标（指标体系）来测量城镇化。

1. 单一指标

（1）城镇化水平。

城镇化水平也称城镇化率，是城镇化分析中最常用的指标，用于反映人口向城镇聚集的过程和聚集程度，是指在一个国家或地区的人口中，城镇人口占总人口的比例，常用百分数表示，其计算公式为：

$$\text{城镇化水平}=\frac{\text{某地区城镇人口数}}{\text{某地区总人口数}}\times 100\%$$

（2）城镇化速度。

城镇化速度是用于反映两个时点间的城镇化水平变动的指标，表示城镇化水平每年提高的百分比，其计算公式为①：

$$\mathrm{Ta}=\frac{\mathrm{U}_{t+n}-\mathrm{U}_{t}}{n}$$

在公式中，Ta 为城镇化速度，U_{t+n}为$t+n$年的城镇化水平，U_t 为 t 年的城镇化水平，n 为两个时点的时间间隔。

（3）城市指数。

城市指数包括城市首位度（也称两城市指数）、四城市指数、十一城市指数。城市首位度反映城市体系中的城市发展要素在最大城市的集中程度，是指某一地区首位城市与第二大城市的人口数之比，其计算公式为②：

$$\text{城市首位度}=\frac{\text{某地区第一大城市人口数}}{\text{某地区第二大城市人口数}}$$

四城市指数是指某一地区第一大城市人口数与紧随其后的三个大城市的人口

---

① 段成荣．第十章“人口城镇化与人口分布”//国家统计局人口和就业统计司，中国人民大学社会与人口学院．人口和就业统计分析技术．北京：中国统计出版社，2012：246.

② 同①249.

数之比，其计算公式为：

$$\text{四城市指数}=\frac{\text{某地区第一大城市人口数}}{\begin{array}{c}\text{某地区第二大}\\\text{城市人口数}\end{array}+\begin{array}{c}\text{某地区第三大}\\\text{城市人口数}\end{array}+\begin{array}{c}\text{某地区第四大}\\\text{城市人口数}\end{array}}$$

十一城市指数指某一地区第一大城市人口数与紧随其后的十个大城市的人口数之比，其计算公式为：

$$\text{十一城市指数}=\frac{\begin{array}{c}\text{某地区第一大}\\\text{城市人口数}\end{array}}{\begin{array}{c}\text{某地区第二大}\\\text{城市人口数}\end{array}+\cdots\cdots+\begin{array}{c}\text{某地区第十一大}\\\text{城市人口数}\end{array}}$$

2. 综合指标

(1) 加权城镇化率。

卓贤认为，传统的城镇化水平测量指标需要经过修正后才能真实反映我国的城镇化水平，因此他构建了加权城镇化率指标来测量城镇化的真实水平。加权城镇化率指标综合考虑了农民工及其家庭成员的城镇化权重（%）、城市常住人口（万人）、城市户籍人口（万人）、农民工家庭人口（万人），其计算公式为：

$$\text{加权城镇化率}=\frac{\begin{array}{c}\text{农民工及其家庭成员}\\\text{的城镇化权重（\%）}\end{array}\times\begin{array}{c}\text{农民工家庭}\\\text{人口（万人）}\end{array}+\begin{array}{c}\text{城市户籍}\\\text{人口（万人）}\end{array}}{\text{城市常住人口（万人）}}$$

其中，农民工及其家庭成员的城镇化权重由五险一金、就业收入、家庭完整度三个指标根据一定的权重计算得出（见表5-2）[①]。

表 5-2 加权城镇化率指标体系及其权重

指标		
(1) 城市常住人口（万人）		
(2) 城市户籍人口（万人）		
(3) 农民工家庭人口（万人）		
(4) 农民工及其家庭成员的城镇化权重（43.78%）	权重类型	权重计算方法
	五险一金（14.95%）	平均值
	就业收入（63.32%）	农民工与城镇居民工资比
	家庭完整度（53.08%）	夫妻完整度×子女完整度
加权城镇化率	[（4）×（3）＋（2）]/（1）	

资料来源：卓贤．怎样认识我国城镇化的真实水平？．红旗文稿，2013（19）．

(2) 新型城镇化测量指标体系。

2014年，中共中央、国务院印发了《国家新型城镇化规划（2014—2020年）》。该规划将新型城镇化指标概括为四大类，分别为城镇化水平、基本公共服务、基础设施、资源环境。每大类指标下又由多个次级指标构成（见表5-3）。

① 卓贤．怎样认识我国城镇化的真实水平？．红旗文稿，2013（19）．

表 5-3 新型城镇化主要指标

城镇化水平
常住人口城镇化率（%）
户籍人口城镇化率（%）
基本公共服务
农民工随迁子女接受义务教育比例（%）
城镇失业人员、农民工、新成长劳动力免费接受基本职业技能培训覆盖率（%）
城镇常住人口基本养老保险覆盖率（%）
城镇常住人口基本医疗保险覆盖率（%）
城镇常住人口保障性住房覆盖率（%）
基础设施
百万以上人口城市公共交通占机动化出行比例（%）
城镇公共供水普及率（%）
城市污水处理率（%）
城市生活垃圾无害化处理率（%）
城市家庭宽带接入能力（Mbps）
城市社区综合服务设施覆盖率（%）
资源环境
人均城市建设用地（平方米）
城镇可再生能源消费比重（%）
城镇绿色建筑占新建建筑比重（%）
城市建成区绿地率（%）
地级以上城市空气质量达到国家标准的比例（%）

资料来源：国家新型城镇化规划（2014—2020年）. 北京：人民出版社，2014：20.

二、中国城镇化特点

中国的城镇化，特别是近年的城镇化进程与规模庞大的人口迁移流动浪潮密切相关。美国诺贝尔经济学奖得主斯蒂格利茨（Joseph Stiglitz）教授在2001年指出："21世纪对世界影响最大的有两件事：一是美国的高科技产业，二是中国的城镇化。"① 近年来，在总结以往实践经验的基础上，中国的城镇化发展理念又发生了很大的转变。2014年，中共中央、国务院印发《国家新型城镇化规划（2014—2020年）》，成为指导全国城镇化健康发展的宏观性、战略性和基础性规划。新型城镇化注重城镇化质量，强调城乡区域协调发展，强调大中小城市、小城镇、新型农村社区协调发展，重视公共服务均等化，从过去人口城镇化或土地城镇化向人的城镇化转变。总体而言，中国的城镇化不仅对世界影响很大，而且对中国小康社会和现代化的建设、中国梦的实现均具有重要和深远的意义。中国的城镇化发展具有以下特点。

① 田雪原，王国强. 全面建设小康社会中的人口与发展. 北京：中国人口出版社，2004：168.

（一）具有明显的阶段性，目前已进入快速发展阶段

自 1949 年以来，中国的城镇化发展历程大致可划分为以下三个阶段（见图 5-7）。

第一阶段（1949—1977 年）为缓慢的城镇化发展阶段。1949 年，中国的城镇化水平极低，仅为 10.64%，1977 年虽有所上升，但也只有 17.86%，28 年间仅增长了 7.22 个百分点，年平均增长率约为 0.26%。设市城市 1949 年有 132 个，1977 年有 190 个左右，28 年间仅增加了 58 个左右。① 城镇化水平和设市城市的变化情况表明该时期中国的城镇化发展速度缓慢。

第二阶段（1978—2000 年）为加速的城镇化发展阶段。1978 年中国的城镇化水平为 17.92%，1996 年上升至 30.48%，2000 年进一步上升至 36.22%，22 年间增长了 18.3 个百分点，年平均增长率约为 0.83%。城市和镇的数量也增加较快，1978 年分别为 193 个、2 173 个，2000 年分别上升至 663 个、20 312 个，22 年间分别增加 470 个、18 139 个。②

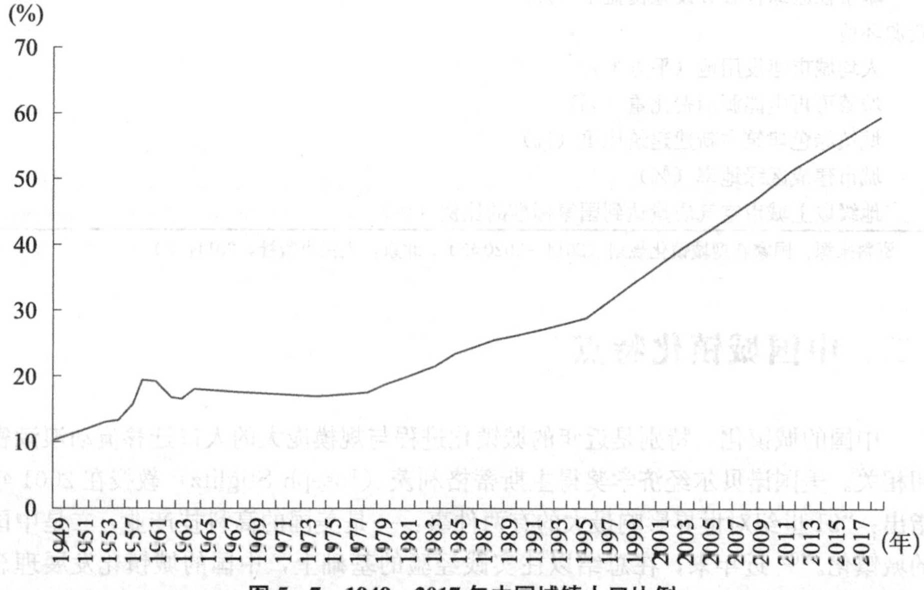

图 5-7 1949—2017 年中国城镇人口比例

资料来源：中国经济与社会发展统计数据库。

第三阶段（2001 年至今）为快速的城镇化发展阶段。2001 年中国的城镇化水平为 37.66%，2018 年上升至 59.58%，17 年间增长了 21.92 个百分点，年平均以 1.29%的速度增长。在这个阶段，中国迎来了城镇化发展中不平凡的一年——2011 年。这一年，中国的城镇人口（69 079 万）首次超过农村人口，城

① 刘勇．中国城镇化发展的历程、问题和趋势．经济与管理研究，2011（3）．

② 同①．

镇化水平为 51.27%[①]。尽管有诸多学者认为中国的城镇化水平存在虚高现象，但学者们普遍认同中国的城镇化已进入快速发展阶段。并且在未来一段时期，中国的城镇化仍处于快速发展阶段。

（二）起点水平较低，但发展速度较快

从图 5-8 中可知，1950—2010 年间中国的城镇化水平一直低于世界平均水平：1950 年中国的城镇化水平与世界平均水平相差 17.8 个百分点，1975—1980 年间差距超过 20 个百分点；从 1985 年开始，两者的差距逐渐缩小，2010 年中国的城镇化水平比世界平均水平仅低 2.4 个百分点；2012 年中国的城镇化水平为 52.57%，与世界平均水平相当；2013 年中国的城镇化水平为 53.73%，超过世界平均水平[②]。世界人口展望数据也证实，中国城镇化水平低于世界平均水平的现象已得到扭转，如 2015 年前者比后者高 1.6 个百分点，2030 年这一差异将为 8.7 个百分点，2050 年这一差异将升至 9.4 个百分点[③]。

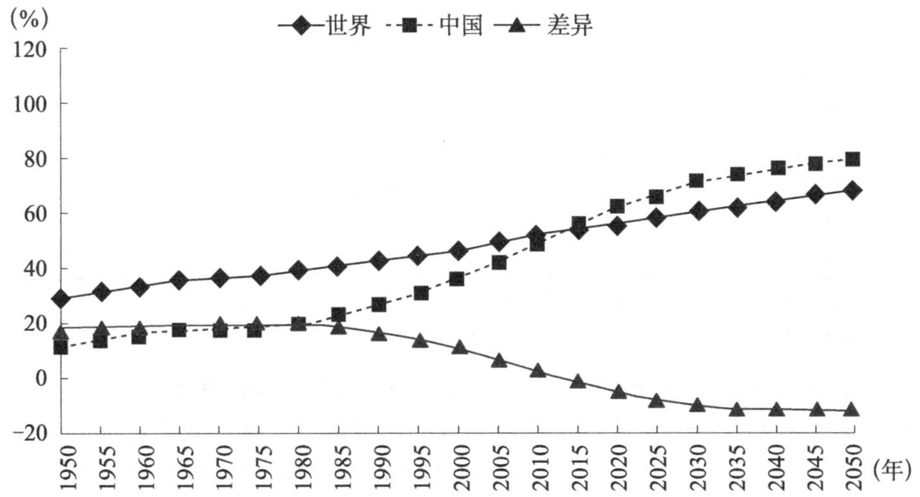

图 5-8　1950—2050 年世界及中国的城镇化水平

资料来源：United Nations，Department of Economic and Social Affairs，Population Division (2018). World urbanization prospects：the 2018 revision. [2019-10-10]. https：//population. un. org/wpp/.

虽然中国的城镇化水平长期低于世界平均水平（尤其是发达国家），但近年来中国的城镇化速度快于发达国家。若以城镇化水平从 20%上升至 40%的时间

① 国家统计局．中国统计年鉴（2013）．北京：中国统计出版社，2013.

② 彭波，毛磊．徐绍史向人大常委会三次会议报告：2012 年达 52.57%：我城镇化率与世界平均水平相当 质量不高问题突出：市民化进程滞后，城镇用地粗放低效．(2013-06-27) [2019-05-05]. http：//politics. people. com. cn/n/2013/0627/c1001-21985566. html. 徐绍史．中国城镇化率已超过世界平均水平．(2014-03-17) [2019-05-10]．http：//www. ce. cn/xwzx/gnsz/gdxw/201403/17/t20140317_2493289. shtml.

③ United Nations，Department of Economic and Social Affairs，Population Division (2018)．World urbanization prospects：the 2018 revision. [2019-10-10]．https：//population. un. org/wpp/.

来判断，英国用了120年，法国用了100年，德国用了80年，美国用了40年，日本用了30年，中国仅用了22年。①

(三) 区域发展不平衡

中国的中西部地区由于经济发展基础较为薄弱，城镇化水平明显低于东部地区。2008年东部地区的城镇化水平为54.7%，中部地区的城镇化水平为43.5%，西部地区的城镇化水平为37.2%，东部、中部和西部三大区域的城镇化水平呈现出阶梯式递减的趋势。2017年，三大区域的城镇化水平虽然都有所上升，但仍呈现出东部高于中部、中部高于西部的特征（见表5-4）。

表5-4 1995—2017年中国三大区域的城镇化水平（%）

年份	东部地区	中部地区	西部地区
1995	28.9	28.3	24.5
1996	29.3	27.8	24.6
2000	44.6	33.5	27.7
2005	51.7	39.5	33.7
2006	52.9	40.8	34.8
2007	53.7	42.1	36.0
2008	54.7	43.5	37.2
2012	62.2	48.5	44.7
2013	63.1	49.7	46.0
2017	67.0	54.9	51.6

资料来源：杨风，陶斯文．中国城镇化发展的历程、特点与趋势．兰州学刊，2010（6）．国家统计局．中国统计年鉴（2018）．北京：中国统计出版社，2018.

分省（自治区、直辖市）来看，2017年西藏的城镇化水平最低，仅为30.9%；位居倒数第二至第四位的省为贵州、甘肃、云南，城镇化水平分别为46.0%、46.4%、46.7%。城镇化水平最高的是上海，为87.7%，比西藏高56.8个百分点；北京、天津的城镇化水平分别位居第二位（86.5%）、第三位（82.9%）。城镇化水平超过60%的省（自治区、直辖市）还有广东、江苏、浙江、辽宁、福建、重庆、内蒙古、山东。其余省（自治区、直辖市）的城镇化水平介于46%～60%之间。显然，城镇化水平在各省（自治区、直辖市）之间存在明显差异（见图5-9）。

(四) 与工业化发展不同步

城镇化与工业化的关系密切，两者互动发展。一方面，工业化可为城镇化提供强大动力；另一方面，城镇化的发展又可促进工业化发展水平的提高及工业发展模式的转变。但城镇化的发展并不一定与工业化的发展同步。

学界普遍认为，中国的城镇化发展落后于工业化。马晓河认为，自1978年

① 陈明捷，吴燕，张静．我国城镇化现状及发展思路探究．北方经济，2012（13）．

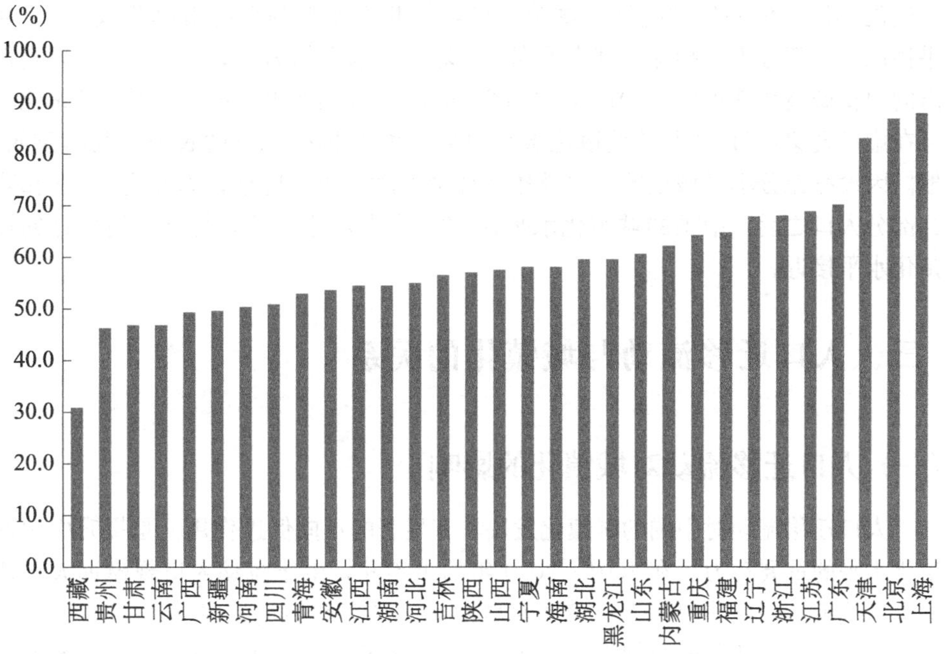

图 5-9 2017 年中国各省（自治区、直辖市）的城镇化水平

资料来源：国家统计局．中国统计年鉴（2018）．北京：中国统计出版社，2018.

以来，中国虽然越来越重视城镇化发展，但工业化仍被放在优先发展的地位，导致中国的城镇化一直滞后于工业化的发展。2012 年的经济发展数据显示，中国的人均国民收入处于中上等收入国家水平，但城镇化水平仅处于中等收入国家水平。① 与非农产业产值和就业比重相比，中国的城市化率一直较低②，城镇化发展滞后于工业化。

（五）城镇化水平存在虚高现象

2011 年，中国的城镇化水平首次超过 50%，城镇化也由此成为一个热门话题。在诸多学者探讨城镇化水平超过 50%的意义时，也有一些学者质疑中国城镇化水平的可信度。马晓河认为，中国的城镇化水平存在虚高问题，“被城镇化”现象明显，主要表现在以下两方面：一是在城镇改造过程中，大量的农村地区“被城镇化”，但这些地区并没有真正实现城镇化，其基础设施、公共服务、农民的生活方式没有发生根本性变化；二是在人口流动的大背景下，大量流动人口被“市民化”。2012 年中国的流动人口高达 2.6 亿③，其中有 1.6 亿在城镇打工，受户籍制度及与此相关的劳动就业制度、社会保障制度、教育

---

① 马晓河．我国城镇化的现状与未来．经济日报，2013-05-03.

② 常红．我国城市化率超过 50% 城市化仍然滞后于工业化．(2012-08-24) [2019-06-10]. http://politics.people.com.cn/n/2012/0824/c1001-18826393.html.

③ 由于定义口径不同，对于流动人口数量的统计存在较大分歧。

制度的排斥，他们虽被统计为城镇人口，但并不能平等享有市民化权利①。如果将以上两部分人口扣除，则中国真实的城镇化水平约为41.6%②。李强调查得出的户籍城镇化率更低，2012年仅为27.6%③。陈锡文也表示，中国的城镇化率存在虚高现象，51.27%的城镇化水平中包括了10%～12%的农民工及其家属，他们因没有充分享受城镇的公共服务和社会保障，故不应被计算在内④。在扣除这部分人口之后，中国的城镇化水平在40%左右，这一结果与马晓河估计的城镇化水平接近。

三、人口迁移流动与城镇化的关系

（一）人口迁移流动对城镇化的影响

人口迁移流动对中国的城镇化发展具有显著的正向促进作用，是提升中国城镇化水平的重要动力。在2001—2010年的十年间，由于流动人口规模远大于迁移人口规模，因此非户籍人口流动对城镇化水平变动的贡献率（42.26%）也远高于户籍型人口迁移的贡献率（11.65%）。⑤ 鉴于此，下面重点探讨人口流动对城镇化的影响。2011年中国的城镇人口比例首次超过50%，其中人口流动的贡献率高达1/3。⑥ 栾贵勤、孟伟、盖伦通过对城镇化率的分解，进一步证实了人口流动对城镇化水平的积极影响：对于人口流入省而言，外省流入人口直接提高了本地城镇化水平；对于人口流出省而言，农村人口的流出间接提高了当地的城镇化水平。人口流动对城镇化水平的贡献因不同省（自治区、直辖市）流动人口的规模而异：在城镇化水平高达70%以上的北京、天津和上海，流动人口的贡献分别高达29.80%、20.82%、27.99%；在广东省63.40%的城镇化水平中，流动人口的贡献为14.28%（见表5-5）。⑦

表5-5 2009年中国各省（自治区、直辖市）城镇化水平的构成（%）

省（自治区、直辖市）	城镇化率	本地城镇户籍人口	外地流入城镇人口/流入外地城镇人口	本地乡村流入城镇人口
北京	85.00	54.77	29.80	0.43
天津	78.01	48.22	20.82	8.97
河北	43.00	31.69	*1.31*	12.62

① 马晓河．我国城镇化的现状与未来．经济日报，2013-05-03.

② 段成荣，邹湘江．城镇人口过半的挑战与应对．人口研究，2012（2）．

③ 周易．社会学家李强：27.6%的户籍城镇化率证明户籍改革太滞后．（2013-11-05）［2019-06-10］. http：//zqb. cyol. com/html/2013-11/05/nw. D110000zgqnb_20131105_2-07. htm.

④ 陈锡文．中国城镇化率存虚高现象．（2011-04-11）［2019-06-10］. http：//news. 163. com/11/0411/04/71B7190D00014AED. html.

⑤ 任远，等．人口迁移流动与城镇化发展．上海：上海人民出版社，2014：103.

⑥ 赵民，陈晨，郁海文．“人口流动”视角的城镇化及政策议题．城市规划学刊，2013（2）．

⑦ 栾贵勤，孟伟，盖伦．人口流动对城镇化率的影响．中国发展观察，2012（11）．

续前表

省（自治区、直辖市）	城镇化率	本地城镇户籍人口	外地流入城镇人口/流入外地城镇人口	本地乡村流入城镇人口
山西	45.99	32.39	0.22	13.38
内蒙古	53.40	40.66	*0.01*	12.75
辽宁	60.35	49.02	2.69	8.64
吉林	53.32	44.22	1.97	7.13
黑龙江	55.50	47.89	0.76	6.84
上海	88.60	63.55	27.99	−2.94
江苏	55.60	47.36	5.16	3.08
浙江	55.60	27.34	10.09	20.47
安徽	42.10	24.44	*9.44*	27.10
福建	51.40	32.35	4.74	14.31
江西	43.18	28.06	*3.24*	18.36
山东	48.32	36.99	1.46	9.86
河南	37.70	24.20	*11.00*	24.50
湖北	46.00	44.02	6.04	8.02
湖南	43.20	24.14	8.02	27.09
广东	63.40	44.65	14.28	4.47
广西	39.20	19.71	*5.82*	25.32
海南	49.13	38.86	*0.52*	10.79
重庆	51.59	32.77	13.14	31.96
四川	38.70	27.58	8.40	19.52
贵州	29.89	17.20	*6.37*	19.06
云南	34.00	16.13	3.43	14.43
西藏	23.80	17.53	1.32	4.95
陕西	43.50	30.44	*0.87*	13.93
甘肃	32.65	25.74	*1.26*	8.18
青海	41.90	28.98	3.78	9.14
宁夏	46.10	37.29	*0.15*	8.96
新疆	39.85	41.75	2.96	−4.82

注：斜体数字表示流向外省城镇的人口比例。

资料来源：栾贵勤，孟伟，盖伦．人口流动对城镇化率的影响．中国发展观察，2012（11）．

根据迁移的选择性理论，人口迁移流动者通常是人力资本较高之人。任远等认为，选择性人口迁移下人力资本向城镇集聚，不仅推动了城镇经济产业的发展、增加了就业机会，还带动了城镇化水平的提高①。

人口流动在提升城镇化水平的同时，也带来了流动人口的“半城市化”问题。换言之，虽然流动人口在流入地常住，并实现了职业的非农化，但受户籍制度及相关制度的影响，他们并没有获得市民身份，未能平等享有城镇的基本公共服务和社会福利，这使得中国的城镇化质量大打折扣。正因如此，党的十八大报

① 任远，等．人口迁移流动与城镇化发展．上海：上海人民出版社，2014.

告指出，要“有序推进农业转移人口市民化，努力实现城镇基本公共服务常住人口全覆盖”。2013 年李克强在国家粮食局科学研究院考察调研时再次重申，“推进城镇化，核心是人的城镇化，关键是提高城镇化质量，目的是造福百姓和富裕农民。……让农民工逐步融入城镇”。

（二）城镇化对人口迁移流动的影响

城镇化与人口迁移流动的关系密切，人口迁移流动不仅会对城镇化水平及质量产生影响，同时也会受到城镇化的影响。城镇化与工业化相伴，在工业化进程中，需要建设大量的基础设施、开办大量的工厂，而这可以创造大量的就业机会，再加上城镇具有比农村地区更为丰厚的收入、更好的生活条件、更丰富的教育资源、更精湛的医疗技术等，吸引了大量人口从农村流向城市。根据推拉理论，在城市的拉力与农村的推力的共同作用下，人口从农村流向城市。在中国城镇化和工业化的推动下，中国农民工的规模持续增长，2018 年达到 2.88 亿①。

在新型城镇化背景下，受劳动密集型产业由东部地区向中西部地区转移、实施差别化落户政策、培育发展中西部地区城市群、推动农村城镇化等新型城镇化战略的影响，中西部地区对人口的拉力增大、推力减小，而这必然会在一定程度上改变人口流动的流向。如李强等的研究发现，中西部地区外出农民工的回流趋势开始逐渐显现②。此外，对于“融入不了大城市，又回不了农村”的新生代农民工而言，在新型城镇化的背景下，他们有可能选择在中西部的省会及中小城市安家落户，从而实现新生代农民工的“回流式”市民化。

本章小结

人口迁移既是重要的人口过程之一，也是一种复杂的经济社会现象，可通过一些与迁移有关的绝对指标和相对指标来对其进行测量。人口迁移行为的发生受到个体、家庭、社会等不同层面以及经济、自然、文化等多种因素的影响与制约。人口迁移行为将会对移民自身及其婚姻家庭、迁入地与迁出地的经济社会发展产生持久而深远的作用及后果。在人口迁移的研究中，既要关注宏观层面上社会经济制度结构及转型对人口迁移的影响，也要关注中观层面上家庭的迁移决策过程，当然，亦不能忽视微观层面上的个体因素在迁移机制中的作用。国际人口迁移呈现规模扩大化、流向多元化、主体多样化、素质增高化和政策严格化特征，而中国国内人口迁移流动除具国际移民的流向多元化特征外，还呈现出一些其他特点。城镇化是工业社会和现代社会的重要标志，可通过单一指标和综合指标来测量。中国的城镇化发展具有阶段性明显、起点水平较低、速度较快、区域不平衡、与工业化发展不同步等特点。此外，中国的城镇化进程与规模庞大的人

---

① 国家统计局．2018 年农民工监测调查报告．（2019－04－29）［2019－10－10］．http：//www.stats.gov.cn/tjsj/zxfb/201904/t20190429_1662268.html.

② 李强，陈振华，张莹．就近城镇化与就地城镇化．广东社会科学，2015（1）．

口迁移流动浪潮密切相关。

关键术语

人口迁移、人口流动、移民、流动人口、人口迁移理论、国内迁移、国际迁移、户籍制度、城镇化、新型城镇化

思考题

1. 简述人口迁移的概念及类别。
2. 简述人口迁移的相关理论。
3. 简述人口迁移的作用及后果。
4. 简述当代国际人口迁移的特点及趋势。
5. 简述新中国成立以来中国人口迁移和流动的特点及演变。
6. 简述中国城镇化的特点。

拓展阅读书目

1. 范芝芬. 流动中国：迁移、国家和家庭. 北京：社会科学文献出版社，2013.

2. 梁在. 人口学. 北京：中国人民大学出版社，2012.

3. 翟振武，等. 跨世纪的中国人口迁移与流动. 北京：中国人口出版社，2006.

4. 江苏省小城镇课题组. 小城镇 大问题. 南京：江苏人民出版社，1984.

5. 李强，陈宇琳，刘精明. 中国城镇化“推进模式”研究. 中国社会科学，2012（7）.

6. 任远，等. 人口迁移流动与城镇化发展. 上海：上海人民出版社，2014.

7. 顾朝林. 国外城镇化主要经验启示. 城市，2010（10）.

8. 新玉言. 国外城镇化：比较研究与经验启示. 北京：国家行政学院出版社，2013.

9. 霍华德. 明日的田园城市. 北京：商务印书馆，2000.

10. TODARO M. A model of labor migration and urban unemployment in less developed countries. The American economic review，1969（59）.

11. MASSEY D. Economic development and international migration in comparative perspective. Population and development review，1988（14）.

12. LIANG Z，WHITE M. Internal migration in China：1950—1988. Demography，1996（33）.

13. MASSEY D，GOLDRING L，DURAND J. Continuities in transnational migration：an analysis of nineteen Mexican communities. American journal of sociology，1994（99）.

14. DURAND J，et al. International migration and development in Mexican

communities. Demography，1996（33）.

15. NORTHAM R. Urban geography. New York：John Wiley & Sons，1979.

16. HALL R. The world cities. London：Weidenfeld and Nicoson，1984.

17. LEE E. A theory of migration. Demography，1966（3）.

18. ZELINSKY W. The hypothesis of the mobility transition. The geographical review，1971（61）.

第三编

人口结构与社会基础

第六章 年龄结构

年龄结构是人口最基本的构成。人口年龄结构与人口的出生、死亡、迁移关系密切。人口年龄结构状况反过来对社会经济发展又会产生影响。[①]

——杜鹏

人口年龄结构是在过去几十年甚至上百年人口自然增长和迁移变动的基础上形成的，也是今后人口再生产变动的基础和起点，既会影响未来人口发展的类型、速度和趋势，也会影响以后的经济社会发展。本章内容包括四个方面：首先介绍年龄结构及测量指标，其次描述世界人口年龄结构，分析中国人口年龄结构，最后描述年龄结构与社会的相互影响。

第一节 年龄结构及测量指标

一、相关概念

人口年龄结构，也称人口年龄构成，是指一定时期、一定地区范围内，不同年龄人口在全体人口中的比重，常用百分数表示。与年龄结构密切相关的概念是年龄。

(一) 年龄

年龄是一种具有生物学基础的自然标志，是人生的重要尺度，是指一个人从出生时起到计算时止的生存时间长度，常以年为计算单位。在人口普查、人口登记调查中年龄的统计口径是周岁。周岁（也称实足年龄）是指某一生命个体出生

① 杜鹏．第五章“人口性别年龄结构”//国家统计局人口和就业统计司，中国人民大学社会与人口学院．人口和就业统计分析技术．北京：中国统计出版社，2012：105.

后在社会中实际存活的岁数，并且取整数的下限。

随着人们生活节奏的加快，许多人对年龄的记忆变得模糊。为获得精确的年龄数据，人口普查、人口抽样调查，以及大多数社会调查，一般不直接询问被访者年龄，而通过询问出生年月日来间接获得被访者的年龄信息。

（二）年龄分类

在人口社会学研究中，对年龄进行分类具有重要意义。根据不同标准，可将年龄分成不同类别，最常用的有年代学年龄、生物学年龄、心理学年龄和社会学年龄。

年代学年龄，也称时序年龄、自然年龄，是以年为单位，表示出生后所经历时间长短的个体年龄。它有三种表达形式，分别为 1 岁一组、5 岁一组和 10 岁一组。1 岁一组法是最基本的年龄分组方法。在此基础上，可将一些相邻的单岁年龄进行合并。最常用的合并方法是 5 岁一组法。为避免组距过大而掩盖组内不同年龄的异质性，将相邻 10 个年龄合并为一组的 10 岁一组法较少运用。总体而言，与生物学年龄、心理学年龄和社会学年龄相比，年代学年龄是人口年龄结构研究中最基本的一种年龄分类方法，通过对年代学年龄的考察分析，可以清晰显示人口年龄结构的总体格局变化。

生物学年龄，是指人达到年代学年龄时的生理及其功能的发展水平，是根据正常个体生理学上和解剖学上的发育状态推算出来的年龄，表示人体的组织结构和生理功能的实际衰老程度。年代学年龄取决于出生后存活时间的长短，而生物学年龄则取决于人体的结构和功能的衰老程度。这两种年龄的表示方法，可以一致，也可以不一致。

心理学年龄，也称发展年龄，是指以适度行为能力为尺度所定义的年龄，用来表示心理发展的绝对水平。将人口的心理学年龄与年代学年龄进行比较，可以看出人口的心理发展绝对水平的高低。该指标多用于研究儿童和青少年的身心发展，如分析认知能力与年龄的关系。

社会学年龄，也称社会年龄，是指担当某种社会角色的年龄。社会年龄的分类与研究目的密切相关，根据不同的需要，可进行不同的分类。比如，为保证劳动者的身体健康，国家对参与劳动和退休的年龄做了规定，据此可将人口区分为劳动年龄人口和非劳动年龄人口。国际上通常把 15～64 岁的人口称为劳动年龄人口，而将 15 岁以下、65 岁及以上人口称为非劳动年龄人口。又如，根据我国的学制，可将儿童分为学前适龄儿童（3～5 岁）、小学适龄儿童（6～11 岁）、初中适龄儿童（12～14 岁）、高中适龄儿童（15～17 岁）。再如，根据是否有生育能力，可将妇女分为育龄妇女（15～49 岁）和非育龄妇女（15 岁以下、50 岁及以上）。显然，年龄不仅具有生物性，而且具有社会性，即不同年龄人口在社会中扮演的社会角色、享有的社会经济地位及行使的社会权利存在差异。

二、测量指标

在人口社会学领域，年龄结构可采用诸多指标进行定量分析，指标主要有少儿人口系数、老年人口系数、老少比、人口抚养系数、年龄中位数、平均年龄。

（一）少儿人口系数

少儿人口系数也称少儿人口比例，是指0～14岁人口占总人口的比例，用百分数表示，其计算公式为：

$$少儿人口系数=\frac{0\sim14\ 岁少儿人口数}{总人口数}\times100\%$$

在人口稳定发展的情况下，若该系数逐年增大，就表明该社会处于年轻化阶段。

（二）老年人口系数

老年人口系数也称老年人口比例，是指60岁或65岁及以上老年人口占总人口的比例，用百分数表示，其计算公式分别为：

$$老年人口系数=\frac{60\ 岁及以上老年人口数}{总人口数}\times100\%$$

$$老年人口系数=\frac{65\ 岁及以上老年人口数}{总人口数}\times100\%$$

该系数是衡量人口老龄化的重要指标。在人口稳定发展的情况下，若该系数逐年增大，就表明该社会进入了老龄化阶段。

（三）老少比

老少比也称老化指数，是指总人口中老年人口数与少儿人口数之比，用百分数表示。该指标可以用来比较老年人口与少儿人口的规模。由于老年人口的年龄起点有60岁和65岁两种，故老少比也有两个计算公式：

$$老少比=\frac{60\ 岁及以上老年人口数}{0\sim14\ 岁少儿人口数}\times100\%$$

$$老少比=\frac{65\ 岁及以上老年人口数}{0\sim14\ 岁少儿人口数}\times100\%$$

（四）人口抚养系数

人口抚养系数也称人口抚养比，是指非劳动年龄人口数与劳动年龄人口数之比，用百分数表示。从该指标中可知，每100名劳动年龄人口要负担多少名非劳动年龄人口。该系数越小，表明劳动年龄人口的抚养负担越轻。

根据劳动年龄人口划分的年龄标准，可将人口抚养系数细分为总抚养系数、少儿人口抚养系数和老年人口抚养系数，其计算公式分别如下（仅以老年人口的年龄起点为 65 岁为例）：

$$总抚养系数=\frac{0\sim14\ 少儿人口数+65\ 岁及以上老年人口数}{15\sim64\ 岁劳动年龄人口数}\times100\%$$

$$少儿人口抚养系数=\frac{0\sim14\ 少儿人口数}{15\sim64\ 岁劳动年龄人口数}\times100\%$$

$$老年人口抚养系数=\frac{65\ 岁及以上老年人口数}{15\sim64\ 岁劳动年龄人口数}\times100\%$$

若以 60 岁作为老年人口的起点年龄，当总抚养系数低于 50%时，常被认为是“人口红利”期，即低抚养负担时期[①]。

（五）年龄中位数

年龄中位数也称中位年龄，是指将全体人口按年龄大小排列，居于中间位置的人的年龄。换言之，该指标将总人口分成人数相等的两部分，一半人口在中位数以下，一半人口在中位数以上，其计算公式为：

$$年龄中位数=\begin{matrix}年龄中位数\\组下限值\end{matrix}+\frac{\frac{总人口数}{2}-\begin{matrix}中位数所在组之前的\\各年龄组人口累计数\end{matrix}}{中位数所在组的人口数}\times组距$$

在上式中，当 1 岁为一组时，组距为 1；当 5 岁为一组时，组距为 5；以此类推。

年龄中位数是反映人口年龄的分布状况和集中趋势的指标，它具有以下优点：一是只需要掌握较低年龄组的人数，而这些人数易于取得，也比较准确；二是适用于最后一组为开口组的数列；三是计算量小，计算过程相对容易；四是概念简单明确。该指标的以上优点，使其成为度量人口年龄结构的常用指标之一。该指标的不足在于，未考虑中位数两侧各年龄组之间比例的变化，因此其灵敏度不如平均年龄。

（六）平均年龄

平均年龄是指在一个人口群体中，所有个体年龄的总和除以总人数得到的年龄。这个指标反映的是某一人口群体的代表性年龄。在可以得到单岁年龄人口数的情况下，其计算公式为：

$$平均年龄=\frac{\sum(每个年龄值\times各年龄人口数)}{总人口数}$$

在只有 5 岁组年龄人口数的情况下，平均年龄的计算则要考虑各个年龄组的平均值和各年龄组的人口数，其计算公式为：

$$平均年龄=\frac{\sum(各年龄组的下限值\times该年龄组人口数)}{总人口数}+\frac{组距}{2}$$

---

① 杜鹏．第五章“人口性别年龄结构”//国家统计局人口和就业统计司，中国人民大学社会与人口学院．人口和就业统计分析技术．北京：中国统计出版社，2012：120．

平均年龄具有容易理解、计算简便、灵敏度较高等优点。但在实际运用中，常因最后一个年龄组往往为开口组，其组中值难以确定而无法计算平均年龄。

第二节 世界人口年龄结构

一、人口年龄结构类型分类

衡量人口年龄结构类型的标准较多，本教材主要介绍桑德巴（Gustav Sundbarg）和联合国对人口年龄结构类型的划分标准。

（一）桑德巴人口年龄结构类型分类

桑德巴通过对欧洲等地大量人口资料的观察分析，发现年龄在 15～49 岁的人口大约占总人口的一半，从而提出了可以根据 0～14 岁、50 岁及以上人口组所占比重高低来判断人口发展趋势的方法。具体而言，他把人口的年龄划分为三个年龄组：0～14 岁、15～49 岁、50 岁及以上，并根据这三个年龄组人口占总人口的比例，将人口的年龄结构划分为增加型、稳定型和缩减型。各类人口年龄结构类型划分的参数值见表 6-1。他认为，不同的人口年龄结构类型对应着不同的人口增长速度。在增加型人口中，少儿人口的比例高，人口增长速度快；在缩减型人口中，老年人口的比例高，人口增长速度下降；在稳定型人口中，少儿人口的比例和老年人口的比例都居中，人口增长速度也居中。

表 6-1　桑德巴人口年龄结构类型分类

年龄结构类型	0～14 岁	15～49 岁	50 岁及以上
增加型	40%	50%	10%
稳定型	33%	50%	17%
缩减型	20%	50%	30%

（二）联合国人口年龄结构类型分类

在人口年龄结构分析中，最常使用的是联合国对人口年龄结构类型的划分方法。它首先把人口分为三个主要年龄组：0～14 岁少儿人口、15～64 岁劳动年龄人口、65 岁及以上老年人口。然后，计算出少儿人口系数、老年人口系数、老少比和年龄中位数四个指标，并根据以上指标的不同数值，将人口年龄结构分为年轻型、成年型和年老型（见表 6-2）。

表 6-2 联合国人口年龄结构类型分类

人口年龄结构类型	少儿人口系数	老年人口系数	老少比	年龄中位数
年轻型	40%以上	5%以下	15%以下	20 岁以下
成年型	30%～40%	5%～10%	15%～30%	20～30 岁
年老型	30%以下	10%以上	30%以上	30 岁以上

（三）人口年龄结构类型的金字塔表示

在人口年龄结构分析中，还可以用图形来直观、形象地反映人口的年龄结构类型。这种图形由于像金字塔，故被称为人口金字塔（也称人口年龄和性别结构图），它是以条形图的形式直观地表现人口的年龄与性别结构的组合图形。人口金字塔包括纵轴和横轴。纵轴是年龄，按从小到大的顺序依次从底端向顶端排列；横轴被纵轴均衡地分为两边，横轴的左边表示男性人口，横轴的右边表示女性人口；用与纵轴垂直、与横轴平行的条柱的长短在纵轴两侧分别表示每个年龄组男性和女性的人数或比例。

虽然人口金字塔有多种图形，但与人口年龄结构的三种类型相对应，它基本可以被概括为三种类型，即年轻型（增加型）、成年型（稳定型）和年老型（缩减型），见图 6-1。

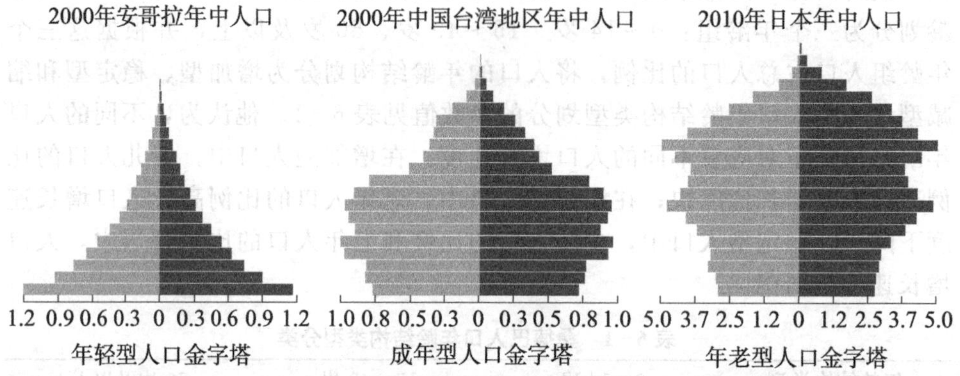

图 6-1 三种最基本的人口金字塔（%）

从图 6-1 中可知，年轻型人口金字塔属于塔顶尖、塔底宽的增加型人口年龄结构。其显著特点是，人口规模和比例与年龄成反比。

成年型人口金字塔的塔底宽度较窄，随着年龄的增长而塔身变宽，至塔身上部开始逐渐收缩，是一种稳定型人口年龄结构。除少数高龄组人口数或比例急剧减少外，其他各年龄组的人数基本比较接近。

年老型人口金字塔属于塔底窄、塔身宽、塔顶微小收缩的缩减型人口年龄结构，即低龄组的人口规模较小，人口随年龄的增长而逐渐增多，高龄老年人口数减少。

二、人口年龄结构类型的转变

(一) 发达国家人口年龄结构类型的转变

在资本主义生产方式出现以前，人们的生产以手工劳动为主，社会生产力水平低下，人们抵御自然灾害、防治疾病的能力很差，人口出生率高，死亡率高，自然增长率很低，平均预期寿命一般为 20～30 岁，故老年人口系数和老少比都很低。与该社会形态相适应的人口年龄结构是一种低增长的原始年轻型。[①]

在资本主义生产方式出现以后，商品经济快速发展，大量家庭手工作坊和手工工厂相继出现并迅速增多，因而对劳动力产生了大量需求，刺激了人口数量的增长。据估计，公元初年世界人口只有 2 亿～3 亿，经过 1 000 多年，到 1640 年世界人口才增长到 5 亿。然而，在资本主义生产方式出现以后的 200 年间，人口增长提速，1830 年世界人口总数已超过 10 亿。在资本主义较早发生的欧洲，18 世纪末 19 世纪初，其人口出生率接近 40‰的高峰。在当时的英国，0～14 岁人口占全部人口的比例高达 36%～40%，60 岁及以上人口占全部人口的比例仅为 6.5%～7%，其人口年龄结构是一种典型的增加的年轻型。[②]

西方在工业革命之后，社会环境发生了较大变化。首先，资本主义工业生产发展迅猛，这种生产方式需要大量文化科学素质较高的劳动力，从而使家庭更重视孩子的教育，包括延长孩子的受教育年限，增加教育支出。其次，劳动就业的竞争大大加剧。再次，受益于医学科技和社会公共卫生事业的发展，许多以往难以医治的疾病能够治愈，不少恶性传染病也得到了控制，人口的死亡率逐步降低，平均预期寿命得以延长。最后，随着资本主义经济的发展，社会保障制度建设逐步成熟，企业职工的劳动保险制度、退休养老金制度日趋完善，家庭养老模式被打破。与这种新的社会经济环境相适应，人们的生育观念和生育行为随之发生变化，如婚龄、育龄推迟，从多生转向少生。欧洲有些资本主义国家从 18 世纪中叶起人口出生率就开始缓慢下降，经过一个多世纪的发展，其人口年龄结构转变为稳定型。随着这种转变趋势的持续，人口老龄化也在加速，人口年龄结构随之转变为年老型。1866 年，法国 65 岁及以上人口的比重达到 7%，由此它成为第一个进入年老型年龄结构类型的国家。之后几十年，欧洲其他一些资本主义国家人口的年龄结构也相继步入年老型。1896 年，挪威、瑞典也进入年老型国家的行列。1940 年以前，世界上 10 个年老型国家全都在欧洲，它们分别为法国、挪威、瑞典、英国、德国、奥地利、瑞士、丹麦、意大利、荷兰。[③] 在第二次世界大战后，发达国家普遍出现了一段时期的“婴儿潮”。20 世纪 60 年代中

---

① 刘长茂．人口结构学．北京：中国人口出版社，1991：36.

② 同①37.

③ 同①37－38.

期以后，欧洲部分国家的人口出生率再度明显降低，人口老龄化步伐进一步加快。20 世纪 70 年代，欧洲发达国家的人口出生率大约为 11‰～20‰，死亡率为 9‰～14‰，自然增长率在 6‰左右。20 世纪 90 年代，一些欧洲国家出现了人口零增长或负增长。1990—1995 年，人口零增长或负增长的欧洲国家有匈牙利（－0.49％）、罗马尼亚（－0.32％）、保加利亚（－0.2％）、德国（－0.1％）、乌克兰（－0.1％）、葡萄牙（－0.09％）、捷克（－0.02％）、意大利（0.06％）等 10 多个国家。① 受人口再生产惯性的影响，这些欧洲国家老年人口的规模和比重一直在增长。目前全世界发达国家的人口老龄化程度较为严重，2015 年发达国家 60 岁及以上老年人口达到 3.0 亿，65 岁及以上老年人口达到 2.2 亿，80 岁及以上老年人口也有 5 879 万，占发达国家总人口的比重分别为 23.66％、17.47％和 4.67％。②

（二）发展中国家人口年龄结构类型的转变

总体而言，18 世纪至今，发达国家普遍依次经历了死亡率下降导致人口高速增长的年轻型人口年龄结构，死亡率下降、出生率下降的稳定型人口年龄结构，以及出生率很低、死亡率也很低的年老型人口年龄结构。但发展中国家的人口年龄结构与发达国家有明显差异。

在第二次世界大战后，许多发展中国家相继在政治、经济上获得了独立，社会发展稳定，人们的物质生活条件、医疗卫生水平得到极大改善，人口死亡率大幅下降。20 世纪中期以来，发展中国家的人口快速增长，人口年龄结构呈现出高度年轻化的特征，老年人口的比重一般不足 3％。③

进入 20 世纪 80 年代后，发展中国家的人口年龄结构开始出现分化，大体上呈现出三种情况：第一，部分发展中国家出生率和自然增长率持续增长，老年人口比例不断下降，人口年龄结构持续年轻化，如乌干达、肯尼亚等国家。第二，部分发展中国家注意到人口数量对经济社会发展的重要作用，于是逐步采取措施，控制人口增长，这使其人口出生率明显下降，人口年龄结构转入成年型初期，如毛里求斯、海地、牙买加等国家。第三，少数发展中国家，在出生率和死亡率经过一段时期的持续下降后，人口年龄结构快速向年老型过渡，如中国、古巴等。④ 就发展中国家的总体水平而言，当前的人口年龄结构为年轻型。2015 年发展中国家 60 岁及以上、65 岁及以上、80 岁及以上老年人口的规模分别达到 6.0 亿、3.8 亿和 6 583 万，虽然规模超过了发达国家，但占发展中国家人口的比重还较低，分别为 9.85％、6.33％和 1.09％。⑤

① 王瑞璞，等．中国人口问题纲要．北京：中国人口出版社，1998：82.

② Population Division of the Department of Economic and Social Affairs of the United Nations Secretariat. World population prospects：the 2012 revision.（2014－11－03）［2019－10－10］. http：//esa. un. org/unpd/wpp/Excel-Data/ population. htm.

③ 张桂蓉．人口社会学．武汉：武汉大学出版社，2009.

④ 同③.

⑤ 同②.

三、人口老龄化

(一) 人口老龄化及相关概念

老龄化，英文为 aging，有个体和群体两个层面的含义，前者称为个体老龄化，后者称为人口老龄化。个体老龄化是人口老龄化的前提和基础，但二者又存在区别。个体老龄化是指个人年龄的增长变化，它是一个不可逆转的过程。人口老龄化是指在总人口中老年人口比例不断上升的动态过程。概括而言，两者的区别体现在以下两方面。其一，个体老龄化取决于时间的推移，用年代学年龄表示；人口老龄化与时间的推移不一定同步，用老年人口的比例增长来表示。其二，个体老龄化参考的是生理学年龄和心理学年龄。即随着年龄的增长，个体的生理和心理向衰老发展，老化的过程是渐进、单向、不可逆的。而人口老龄化的发展取决于社会经济发展水平。① 一项对中国内地、香港和澳门等地的研究显示，中国人口老龄化与地区经济发展显著相关，经济发展是中国人口老龄化的重要推动因素之一②。与个体老龄化不同，人口老龄化不是单向的，可以逆转发展。

人口老龄化也不同于年老型人口年龄结构，两者既有联系又有区别。人口老龄化是一个动态指标，反映了社会在一个时期内年龄结构的变化过程，表示人口总体在向年老型演变，或年老型人口年龄结构进一步发展。年老型人口年龄结构是一个静态指标，是指某一地区 60 岁及以上人口的比重超过 10%，或 65 岁及以上人口的比重超过 7%的状态。人口老龄化的结果必然使社会的人口年龄结构成为年老型。

与人口老龄化密切相关的概念还有人口高龄化。人口高龄化是指在全体老年（大于 60 岁或 65 岁）人口中，80 岁及以上高龄老年人口比例不断增加的过程。

(二) 世界人口老龄化现状③

1. 世界人口老龄化的总体趋势

受益于社会经济以及医疗技术的发展，世界人口的平均预期寿命不断延长，由 1950—1955 年的 46.96 岁延长至 2015—2020 年的 72.28 岁。与此相关，世界老年人口的规模及比例也呈现逐年增长的趋势。以 65 岁及以上老年人口为例，1950 年只有 1.29 亿，2020 年将上升至 6.08 亿；与此相对应，老年人口占总人

---

① 李辉．人口社会学．北京：中央广播电视大学出版社，2012.

② 王志宝，孙铁山，李国平．近 20 年来中国人口老龄化的区域差异及其演化．人口研究，2013 (1).

③ 除非特别注明，本部分的数据均来自：United Nations，Department of Economic and Social Affairs，Population Division (2019) . World population prospects 2019. ［2019 - 10 - 10］. https: //population. un. org/wpp/Download/Standard/Population.

口的比例也从 1950 年的 5.07%上升到 2020 年的 9.33%（见图 6-2）。

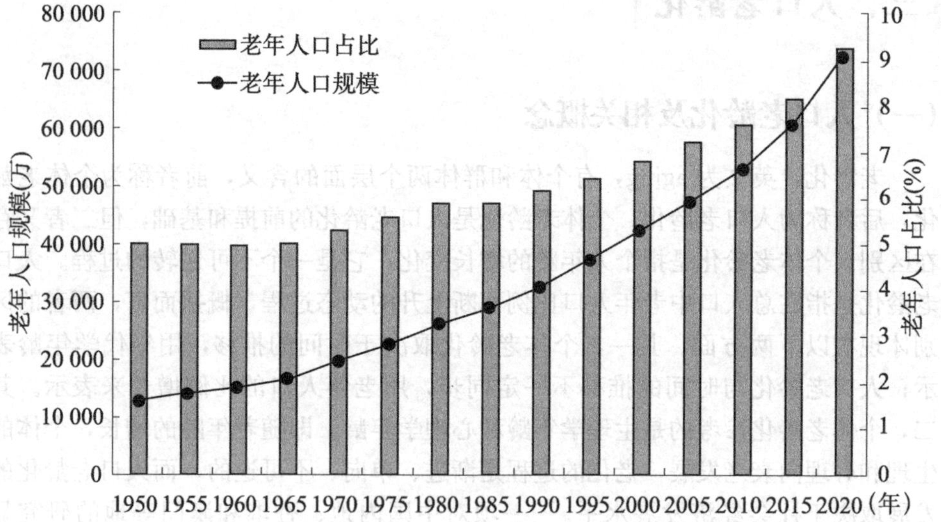

图 6-2 1950—2020 年世界 65 岁及以上人口规模及比例

资料来源：United Nations，Department of Economic and Social Affairs，Population Division（2019）. World population prospects 2019.［2019-10-10］. https：//population. un. org/wpp/Download/Standard/Population/.

全世界不仅进入了老龄化社会，而且进入了高龄化社会。80 岁及以上老年人口的规模及比例在 1950—2020 年间一直在增长。就其绝对规模而言，1950 年只有 1.4 亿，1965 年突破 2 亿，1980 年突破 3 亿，1985 年突破 4 亿，2020 年升至 14.6 亿。就相对比例而言，1950 年，80 岁及以上老年人口占 65 岁及以上老年人口的比例仅为 11.1%，1985 年突破 15.0%，2020 年上升至 20.0%。

2. 世界人口老龄化的区域差异

人口老龄化趋势在世界范围内不可避免，它已成为 21 世纪最重要的人口社会现象之一[①]。在 1950—2015 年间，虽然各大洲 65 岁及以上老年人口的比例均在增长，但仍然存在明显的区域差异。首先，虽然欧洲、北美洲、大洋洲、亚洲和拉丁美洲均已进入老龄化社会，但非洲的人口年龄结构较年轻。据估计，2020 年非洲 65 岁及以上老年人口的比例仅为 3.51%。其次，相比于亚洲和拉丁美洲，欧洲、北美洲、大洋洲的人口老龄化速度较快，老龄化程度也更为严重。

在亚洲，人口老龄化现象主要出现在东亚。2000 年、2010 年、2015 年，东亚 65 岁及以上老年人口占总人口的比例分别为 7.70%、9.37%、10.81%和 13.35%，为亚洲各地区中最高。中亚和西亚 65 岁及以上老年人口的比例均未超

① 联合国经济和社会事务部 . 2013 年世界人口老龄化报告 .（2014-10-23）［2019-10-10］. http：//mp. weixin. qq. com/s? __ biz = MzAxODA2OTQ2MA = = &mid = 201473818&idx = 1&sn = 651611e91c5163e5931f2083b16fa52c&scene=2&from=timeline&isappinstalled=0#rd. 戈丽娜 . 中国人口老龄化发展趋势预测研究报告 .（2007-12-27）［2019-10-10］. http：//www. cncaprc. gov. cn/contents/16/11224. html.

过 6.0%，南亚的这一比例为 6.17%，这表明这些地区尚未进入年老型社会。东南亚 65 岁及以上老年人口的比例达到 7.11%，刚刚步入老龄化社会。

不同国家的人口老龄化也存在明显差异（见图 6－3）。2020 年，日本 65 岁及以上老年人口比例最高，达 28.4%；德国、瑞典、法国、英国、挪威、加拿大、澳大利亚、美国的人口老龄化程度略轻于日本；韩国、新加坡和中国的人口老龄化程度相对较轻；印度 65 岁及以上老年人口比例在这些国家中最低，只有 6.57%，尚未进入老龄化社会。

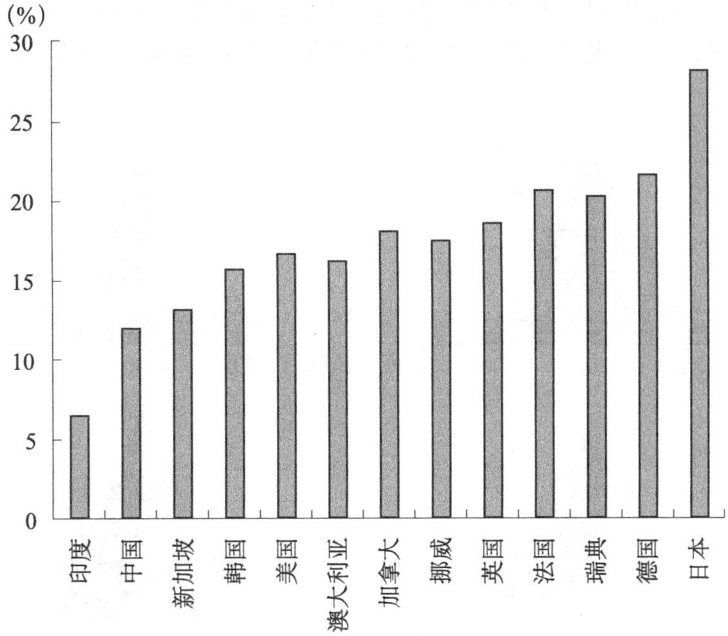

图 6－3 2020 年部分国家 65 岁及以上老年人口比例

资料来源：United Nations，Department of Economic and Social Affairs，Population Division（2019）. World population prospects 2019.［2019－10－10］. https：//population. un. org/wpp/Download/Standard/Population/.

第三节 中国人口年龄结构

中国人口年龄结构与发达国家和其他发展中国家的人口年龄结构既有共性，也有差异。其共性在于，伴随工业化、城镇化、现代化的进程，中国的老年人口比例逐渐提高；但在经济、社会、文化、医疗卫生条件等诸多方面的差异又导致了中国人口老龄化的速度和程度与发达国家、其他发展中国家有所不同，呈现出一些独特之处。

一、人口年龄结构类型的转变

在新中国成立后，伴随着经济社会的发展，中国人口的出生率和死亡率呈现下降态势，人口年龄结构也随之发生转变，先后经历了年轻型、稳定型和年老型人口年龄结构。

从图 6-4 可大致看出，1953 年和 1964 年的人口金字塔下宽上尖，与此相对应的人口年龄结构类型为年轻型。其间，少儿人口系数由 1953 年的 36.3%升至 1964 年的 40.7%，老年人口系数则由 1953 年的 4.4%降至 1964 年的 3.6%（见表 6-3）。

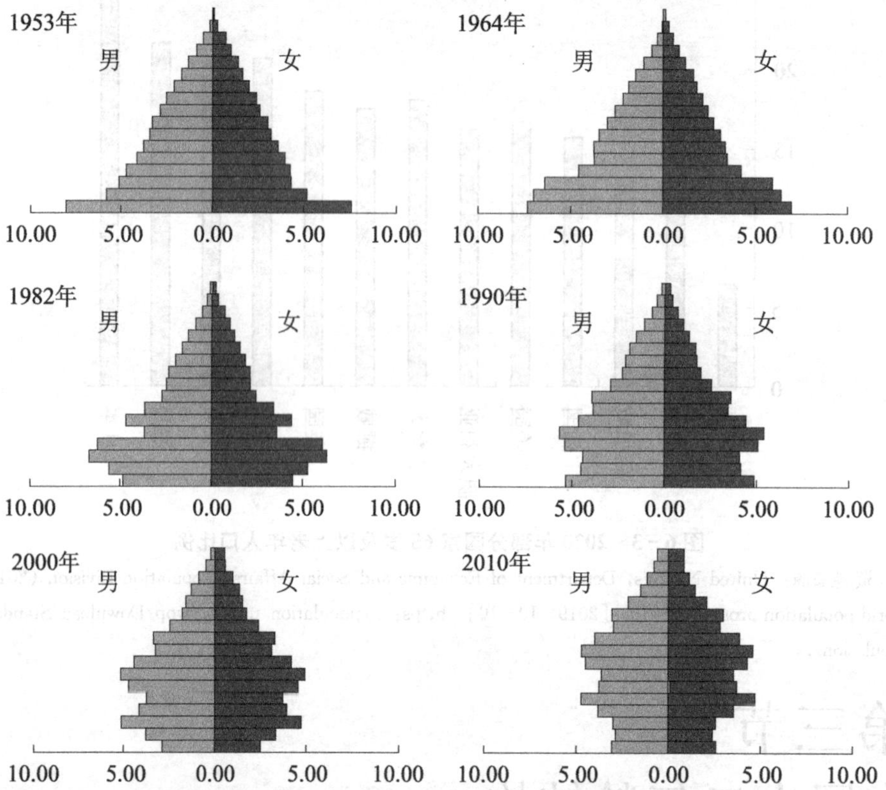

图 6-4 中国历次人口普查人口金字塔（%）

资料来源：国家统计局历次人口普查资料。

表 6-3 1953—2010 年中国人口年龄结构

年份（年）	0～14 岁人口（%）	15～64 岁人口（%）	65 岁及以上人口（%）	老少比（%）	年龄中位数（岁）
1953	36.3	59.3	4.4	12.2	22.7
1964	40.7	55.7	3.6	8.8	20.2
1982	33.6	61.5	4.9	14.6	22.9

续前表

年份（年）	0～14岁人口（%）	15～64岁人口（%）	65岁及以上人口（%）	老少比（%）	年龄中位数（岁）
1990	27.7	66.7	5.6	20.1	25.3
2000	22.9	70.1	7.0	30.4	30.8
2010	16.6	74.5	8.9	53.4	34.6

资料来源：中国人口现状．(2005-07-26)［2019-11-10］. http：//www.gov.cn/test/2005-07/26/content_17363.htm. 国家统计局．2010年第六次全国人口普查主要数据公报（第1号）．(2011-04-28)［2019-11-10］. http：//www.stats.gov.cn/tjsj/tjgb/rkpcgb/qgrkpcgb/201104/t20110428_30327.html. Population Division of the Department of Economic and Social Affairs of the United Nations Secretariat. World population prospects：the 2012 revision.（2014-11-03）［2019-11-10］. http：//esa.un.org/unpd/wpp/Excel-Data/population.htm.

20世纪70年代初开始实行的人口计划生育政策，极大地降低了中国的人口出生率，并对人口年龄结构产生了重要影响。这从1982年和1990年的人口金字塔中可见一斑：人口金字塔的底部均呈现收缩特征，人口年龄结构开始向成年型转变（见图6-4）。其间，少年人口系数由1982年的33.6%降至1990年的27.7%；老年人口系数由1982年的4.9%升至1990年的5.6%（见表6-3）。

作为基本国策的计划生育政策也推动了人口年龄结构向年老型转变。2000年，中国人口出生率降至14.03‰的低水平，出生人口数仅为1 771万；老年人口系数达到7%。按联合国的标准，中国步入了老龄化社会，是较早进入人口老龄化社会的发展中国家。2010年，中国的老年人口系数升至8.9%，中国成为老龄化速度较快的国家之一。与此同时，中国的少儿人口系数逐年降低，2000年为22.9%，2010年时降至16.6%（见表6-3）。以上数据的变化，可从2000年和2010年的人口金字塔中直观地看到，即人口金字塔的顶部在变宽，底部却在收缩（见图6-4）。

二、人口老龄化特点

由于中国人口基数大、增长过快，因此人口数量对经济社会发展的影响一直受到重视。正当人们在绞尽脑汁寻找办法应对人口规模过大带来的挑战之时，中国的人口年龄结构在悄然老化。据《人口研究》编辑部测算，中国60岁及以上老年人口比例超过10%的确切日期为1999年2月20日①。中国人口老龄化呈现以下特点。

（一）老年人口规模大，增长速度快

人口普查及中国经济与社会发展统计数据库的数据显示，中国65岁及以上老年人口的规模呈现出逐年增长的态势，1964年只有2 458万人，2017年上升到15 829万人，老年人口绝对数在53年间净增加了13 371万人。老年人口占总

① 《人口研究》编辑部．1999年2月20日：中国跨入老年型社会．人口研究，1999(5)．

人口的比例也逐年增长，1964年仅为3.5%，2017年上升至11.3%（见图6-5），而且人口老龄化程度还将继续提高。联合国的预测显示，21世纪上半叶，中国一直是世界上老年人口最多的国家，其老年人口数量占世界老年人口总量的1/5；21世纪下半叶，中国还是仅次于印度的第二老年人口大国。[①] 具体而言，2020年、2050年、2100年，中国65岁及以上老年人口占全国总人口的比例将达到11.7%、23.9%、28.2%[②]。

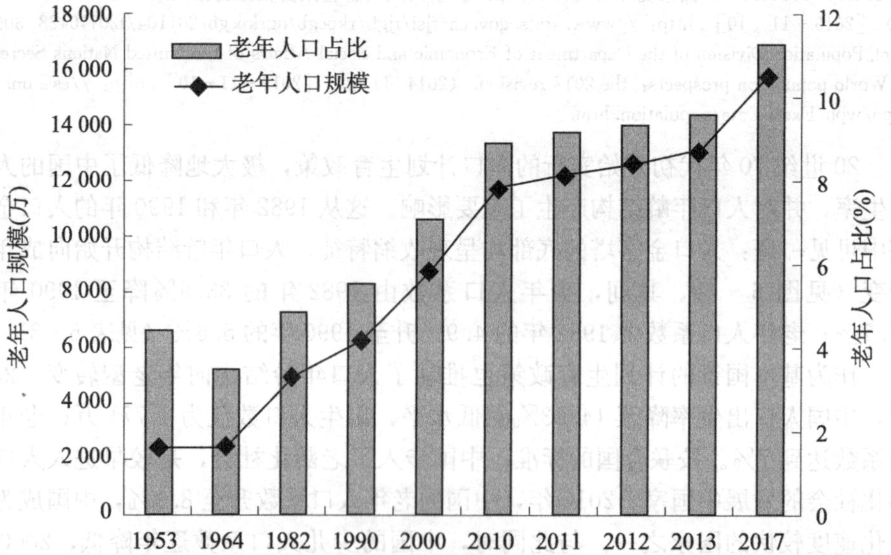

图6-5 1953—2017年中国65岁及以上人口规模及比例

资料来源：国家统计局历次人口普查资料；中国经济与社会发展统计数据库。

人口老龄化速度一般以65岁及以上人口比例由7%增长到14%所用的时间表示。世界各个国家65岁及以上人口比例由7%增长到14%所需时间如下：法国为130年，瑞典为85年，澳大利亚和美国约为79年，中国达到这一比例大约只需要27年。[③]

（二）人口老龄化与经济社会发展不同步

国际研究表明：瑞典、日本、英国、德国、法国等发达国家在进入老龄化社会时，人均国民生产总值已达10 000～30 000美元；在全球72个人口老龄化国家中，人均国民生产总值达1万美元以上的占36%，达3 000～10 000美元的占28%；而中国在1999年进入老龄化社会时，人均国民生产总值仅为856美元，刚迈过最低

① 彭希哲．六十年：人口与人口学．上海：上海人民出版社，2009：139.

② Population Division of the Department of Economic and Social Affairs of the United Nations Secretariat. World population prospects：the 2012 revision.（2014-11-03）[2019-11-10]．http：//esa. un. org/unpd/wpp/Excel-Data/pop ulation. htm.

③ 戈丽娜．中国人口老龄化发展趋势预测研究报告．（2007-12-27）[2019-10-10]．http：//www. cncaprc. gov. cn/contents/16/11224. html.

收入门槛（745 美元）①。这说明，中国在经济发展尚处于世界中下水平的时候，其老龄化程度就已经提前进入发达国家的行列，呈现"未富先老"的"早熟"特征。因此，中国应对老龄化的经济实力还比较薄弱，还没有完全具备供养老年人口的能力。

（三）人口老龄化的空间不均衡

刘华军等的研究发现，中国的人口老龄化在区域和省份两方面呈现空间的不均衡特征。受区域经济发展不均衡的影响，东部地区的人口最早享受经济社会发展的成果，导致东部地区的老龄化程度在三大区域中最高。在中部崛起计划、西部大开发战略等中央政策的推动下，中西部地区的经济社会发展能力日益增强，经济发展水平稳步提高，与此相伴，老龄化程度呈现出由东向西扩散的趋势。

老龄化在省（自治区、直辖市）之间的不均衡特征也很明显。1997 年，老龄化程度最高和次高的是上海和浙江，其 65 岁及以上老年人的比例分别达到 12.2%和 9.3%；同年还有一些省（自治区、直辖市）尚未进入老龄化社会，如新疆和宁夏的这一比例仅为 4.3%和 4.6%。2017 年，中国老年人口比例进一步提高，这在一定程度上缩小了空间的不均衡性。如 1997 年老年人口比例低于 7%的省（自治区、直辖市）高达 18 个，而 2017 年仅有西藏的老年人口比例在 7%以下。② 但人口老龄化空间不均衡的特征并未消除，如 2017 年老年人口比例最高的重庆（14.28%）比老年人口比例最低的西藏（5.79%）高 8.49 个百分点，两地之间的人口老龄化程度差异甚大（见图 6 - 6）。

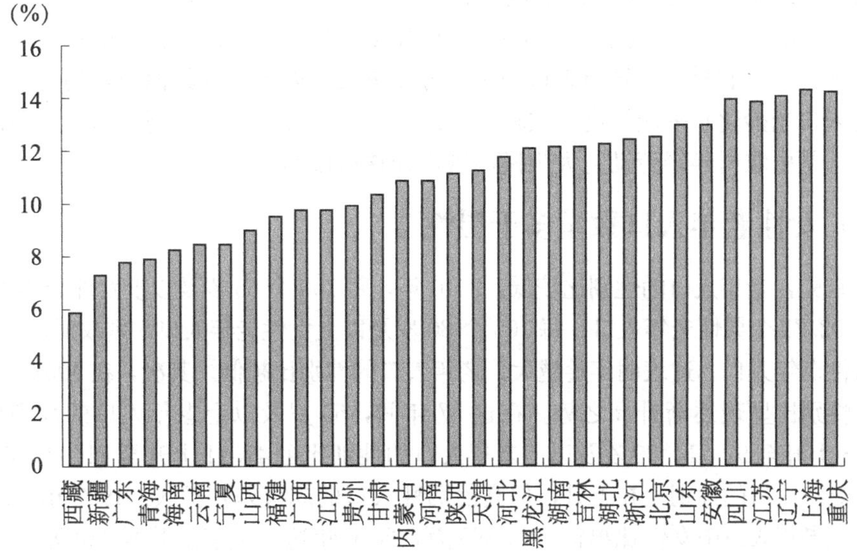

图 6 - 6　2017 年中国各省（自治区、直辖市）65 岁及以上人口比例

资料来源：国家统计局．中国统计年鉴（2018）．北京：中国统计出版社，2018.

① 2012 年世界银行关于高中低收入的划分标准为：745 美元以下为低收入国家，746～2 975 美元为中下收入国家，2 976～9 205 美元为中上收入国家，9 206 美元以上为高收入国家。

② 国家统计局．中国统计年鉴（2018）．北京：中国统计出版社，2018.

（四）人口老龄化的时间差异

人口老龄化呈现明显的由东向西发展的梯次特征。早在1998年，上海、北京、天津、江苏、苏州等地就已率先进入老龄化社会，而边疆少数民族地区的人口结构较年轻，进入老龄化社会的时间相对较晚。有些地区进入老龄化社会的时间先后相距二三十年，以上海和宁夏为例，上海在1979年就进入了人口老龄化的行列，而宁夏的这一时间为2012年，前者比后者早33年。[①]

（五）人口老龄化的城乡倒置

人口老龄化城乡倒置是指一个国家或地区在城市经济发展水平远高于乡村的情况下，人口老龄化水平却低于乡村。2010年第六次全国人口普查数据显示，65岁及以上老年人口在城市有3 101万，占比为7.68%；在镇有2 123万，占比略高于城市，为7.97%；在乡村有6 665万，占比为10.06%，比城市和镇分别高2.38、2.09个百分点。1982年、1990年、2000年，65岁及以上老年人口在乡、镇、城市的比例排序与2010年略有差异，但乡村比例仍然最高，次之的是城市，镇最低。据全国老龄工作委员会办公室预测，城镇人口老龄化水平低于乡村的城乡倒置状况将一直持续到2040年。到21世纪后半叶，城镇的老龄化水平将超过农村，并逐渐拉开差距。[②]

许多学者认为，人口老龄化的城乡倒置是中国特有的现象，但杜鹏、王武林认为，该现象非常普遍，在中国、日本、美国、英国、澳大利亚等国都有呈现[③]。究其原因，人口老龄化主要受三个因素影响：生育、死亡、迁移。而城镇生育水平低于农村，且城镇人口的预期寿命更长，如果没有其他因素的影响，城镇的人口老龄化水平应该高于农村。所以，人口老龄化的城乡倒置的主要原因是迁移，是由农村年轻劳动力大规模向城市迁移造成的。

（六）女性老年人口数量多于男性

首先，老年人口的性别比较低。2010年，每100个65岁及以上女性老年人口，对应92.71个男性老年人口；每100个80岁及以上女性老年人口，则仅对应71.93个男性老年人口。这表明年龄越大，老年人口的性别比越低。其次，在1953—2010年，性别比呈现逐渐升高之势。在这57年间，65岁及以上老年人口的性别比由74.28上升至92.71，80岁及以上老年人口的性别比由47.11上升至71.93。最后，虽然老年人口的性别比在上升，但高龄两性人口的规模差在扩大。1953年，65岁及以上老年人口中女性比男性多出369万，2010年这一数字上升至450万。80岁及以上两性老年人口的规模差异也呈现逐年扩大的态势：1953年，女性仅比男性

---

① 戈丽娜．中国人口老龄化发展趋势预测研究报告．(2007-12-27) [2019-10-10]．http://www.cncaprc.gov.cn/contents/16/11224.html.

② 彭希哲．六十年：人口与人口学．上海：上海人民出版社，2009：140.

③ 杜鹏，王武林．论人口老龄化程度城乡差异的转变．人口研究，2010 (2)．

多出 67 万，2010 年这一数字高达 342 万（见表 6－4）；全国老龄工作委员会办公室预测，2049 年这一数字将达到峰值，届时女性比男性将多出 2 645 万；在 21 世纪后半期，两性人口的规模差异会有所下降，基本稳定在 1 700 万～1 900万。[①]

表 6－4 1953—2010 年中国 65 岁及以上人口性别比及两性规模差异

	年龄	1953 年	1964 年	1982 年	1990 年	2000 年	2010 年
性别比（%）	65 岁＋	74.28	69.22	79.80	83.48	89.57	92.71
	80 岁＋	47.11	45.48	53.77	54.58	61.07	71.93
两性规模差异（万）	65 岁＋	369	447	554	567	486	450
	80 岁＋	67	68	152	226	290	342

资料来源：姚新武，尹华．中国常用人口数据集．北京：中国人口出版社，1994. 国家统计局历次人口普查资料。

（七）高龄化趋势明显[②]

中国未来老龄化的总体趋势不仅表现为老年人口总体规模的膨胀，还突出表现为老年人口内部年龄结构的快速老化。据统计，2015—2050 年，在全国 60 岁及以上老年人口中，60～79 岁的中、低龄老年人口所占比重将从 88.5%持续缩减至 76.8%，而 80 岁及以上高龄老年人口所占比重则将从 11.5%持续扩大至 23%。也就是说，到 21 世纪中叶，大约每 4 个中国老年人中就有近 1 个年龄高达 80 岁及以上。

第四节 年龄结构与社会

人口年龄结构一方面受出生、死亡、人口惯性、迁移流动等因素的影响，另一方面又影响人口与家庭、经济、社会和文化。

一、年龄结构的影响因素

在封闭人口中，人口年龄结构与出生和死亡密切相关，即某一时点的人口年龄结构是某个历史时期人口出生、死亡综合作用的结果。在出生率较高的地区，少儿人口比例一般较高；在出生率和死亡率较低的地区，老年人口比例一般较高。在开放人口中，人口年龄结构还受制于迁移流动。

① 杜鹏，王武林．论人口老龄化程度城乡差异的转变．人口研究，2010（2）.

② 翟振武，陈佳鞠，李龙．中国人口老龄化的大趋势、新特点及相应养老政策．山东社会科学，2016（3）.

（一）出生率变动

出生率变动在很大程度影响人口年龄结构。若出生率上升，则少儿人口系数也上升，人口年龄结构趋于年轻型，在人口金字塔中则表现为底部变宽。若出生率下降，则少儿人口系数也下降，人口年龄结构向年老型发展。

自新中国成立以来，出生率在波动中呈现持续下降趋势，1953 年为 37‰，1964 年为 39.14‰，2013 年下降至 12.08‰。与此同时，出生人口数量也在波动中下降，1953 年出生人口数量为 2 151 万，1964 年遭遇补偿性的生育高峰，出生人口数量高达 2 729 万，但 2013 年下降至 1 640 万。与之对应，少儿人口规模及其比例也在波动中下降。1953 年有少儿人口 2.1 亿，占比为 36.28%；1964 年有少儿人口 2.9 亿，占比为 40.69%；2017 年的少儿人口数量下降至 2.3 亿，占比仅为 16.8%。① 少儿人口系数的变化使得我国人口金字塔底部的形状也随之发生变化，即先变宽再变窄。

（二）死亡率和平均预期寿命变动

平均预期寿命是死亡率的函数，因此死亡率与平均预期寿命关系密切，即死亡率的高低直接影响平均预期寿命的长短。死亡率降低和平均预期寿命延长会使老年人口比例增长，进而导致人口年龄结构趋于老化，在一定程度上导致人口高龄化②，这在人口金字塔中表现为顶部变宽。

翟振武是少数系统论证过死亡率下降对年龄结构的影响的学者。他认为，死亡率下降对年龄结构的影响因年龄组而异。0～15 岁人口死亡率的下降使年龄结构趋向年轻型；15～50 岁人口死亡率的下降对年龄结构没有影响；而 50 岁以上人口死亡率的下降使年龄结构趋向年老型。总人口的年龄结构是趋于年轻型还是趋于年老型，取决于 0～15 岁和 50 岁以上两个年龄组人口的影响程度，若 0～15 岁人口的影响更大，则人口年龄结构趋于年轻型，若 50 岁以上人口的影响更大，则人口年龄结构趋于年老型。③

（三）人口惯性

人口惯性是指在人口再生产过程中，人口群体有着保持原有增长（或减少）趋势的特性④。人口惯性与年龄结构关系密切：一方面，人口惯性来源于人口年龄结构，故而年龄结构变动决定了人口惯性的方向和力度⑤；另一方面，人口惯性又影响将来的人口年龄结构。人口惯性对人口年龄结构的影响主要表现为以下三方面：其一，在生育率较高的年轻型人口年龄结构中，若出生率在短时间内下

---

① 数据来源于中国经济与社会发展统计数据库。

② 王胜今．人口社会学．长春：吉林大学出版社，1988：166.

③ 翟振武．中国人口死亡率下降对年龄结构的影响．人口学刊，1986（6）．

④ 崔功豪，魏清泉，刘科伟．区域分析与区域规划．北京：高等教育出版社，2006：84.

⑤ 王家春．对人口再生产惯性与年龄结构关系的量化分析．山东教育学院学报，2000（6）．

降至较低水平，受人口增长惯性的影响，其出生人口数量不会立即减少，少儿人口系数也不会马上降低，即人口年龄结构在相当长一段时期内仍然为年轻型。其二，在生育率很低的年老型人口年龄结构中，若出生率在短时间内升至较高水平，由于人口负惯性的存在，少儿人口系数不会马上升高，老年人口系数也不会立即下降，即年龄结构在一段时间内仍然为年老型。其三，人口惯性还会使人口的出生高峰或出生低谷在下一个人口再生产周期中重现。如我国 1981—1990 年的出生高峰与 1962—1979 年出生高峰中的出生人口到达生育年龄有较大关系。

(四) 迁移流动

在人口迁移流动日益频繁的现代社会，迁移流动能在很大程度上影响人口年龄结构。迁移的选择性理论认为，只有某些特定的人群才可能成为移民。[①] 从年龄来看，15～64 岁劳动年龄人口流动的概率大大高于其他年龄人口。2010 年，15～64 岁人口的这一比例高达 85.53%，而 0～14 岁、65 岁及以上人口的这一比例分别只有 11.34%和 3.12%。[②] 显然，人口流动的年龄选择性会给流入地和流出地的人口年龄结构带来较大影响。

对于流入地而言，大量年轻劳动力从农村流入城市，势必会使流入地老年人口的比例相对下降，从而延缓城市老龄化的程度。2000 年，北京、上海和天津三城市户籍老年人口的比例为 9.86%、13.90%和 8.96%，若把流动人口考虑在内，则这三个城市的老年人口比例均有所下降，分别为 8.42%、11.46%和 8.41%。此外，人口流动还可以延缓城市老龄化的速度。就北京、上海和天津而言，流动人口的增加至少可以使其人口老龄化速度放慢 3～5 年。[③]

对于流出地而言，大量青壮年劳动力迁出，必然会使得流出人口比较集中地区的人口年龄结构出现老化，扩大城乡人口老龄化的差距，进而导致人口老龄化出现城乡倒置现象[④]。

二、年龄结构对社会的影响

人口年龄结构与社会诸要素之间存在互动关系，它不仅受到社会诸多因素的影响，也反作用于社会生活的方方面面。一个国家的人口年龄结构不仅给人口与家庭带来不容忽视的影响，而且给该国的经济、社会和文化发展带来深远影响。

(一) 对人口与家庭的影响

1. 对人口的影响

年龄结构影响未来人口发展的类型、速度和趋势。人类（尤其是女性）的生

---

① LEE E. A theory of migration. Demography，1966（3）.

② 段成荣，袁艳，郭静．我国流动人口的最新状况．西北人口，2013（6）.

③ 原新．乡城流动人口对大城市人口年龄结构影响分析：以京、津、沪为例．人口学刊，2005（2）.

④ 杜鹏，王武林．论人口老龄化程度城乡差异的转变．人口研究，2010（2）.

育能力与年龄密切相关。一般将15～49岁的妇女称为育龄妇女，即处于这一年龄段的女性具有生育能力。换言之，育龄妇女在总人口中的比重越大，一个国家或地区的出生人口数量可能越多；反之，出生人口数量可能越少。可见，年龄结构对一个国家或地区的出生人口规模具有重要影响。

伴随高生育模式转变为低生育模式，人们的生育年龄集中在少数几个年龄上，年龄别生育曲线由多峰变为单峰、生育峰值年龄增大、生育率分布宽度变窄。第六次全国人口普查数据显示，中国人口主要集中在20～34岁生育，其他年龄的生育率很低。这也就是说，20～34岁人口的比例越高，出生人口就越多，这也代表着将来进入生育年龄的人口较多。因此年龄结构对我国将来的人口变动方向和发展态势具有重要影响。

2. 对家庭的影响

首先，年龄结构影响家庭规模。现有研究表明，人口年龄结构与家庭规模之间是一种反向关系。即人口年龄结构越年轻，家庭规模越大；相反，人口年龄结构越老，家庭规模越小。① 这一结论在中国得到了验证。从本章第三节中可知，从1953年至今，中国的人口年龄结构从年轻型逐渐转变为成年型，现在已进入年老型。与之对应，中国的家庭规模在逐渐缩小，1953为4.33人，1990年为3.96人，2000年为3.44人，2017年为3.03人。②

其次，年龄结构影响家庭结构。在年轻型人口年龄结构中，联合家庭、直系家庭的占比较高。当人口年龄结构由年轻型转变为成年型后，联合家庭、直系家庭的占比下降，核心家庭的占比上升，并由此成为家庭结构的主要形式。当人口的年龄结构转变为年老型后，单身家庭和不完整家庭的比例逐渐上升，并成为家庭结构的重要形式。

（二）对经济的影响

1. 对抚养系数的影响

图6-7、图6-8分别展示了1950—2020年发达国家和发展中国家的劳动年龄人口数量及其各类抚养系数。从中可知：其一，发达国家15～64岁的人口在1950—2010年间缓慢增长，但从2015年开始呈现减少态势；而发展中国家劳动年龄人口的规模及其增长速度分别大于和快于发达国家，这与发展中国家的年龄结构较年轻有关。其二，发达国家的老年人口抚养系数持续上升，2020年将高达30.0%，这表明其老年人口的负担较重；相比之下，发展中国家的老年人口负担较轻，虽自1950年开始，老年人口抚养系数一直在上升，但上升的速度缓慢，2020年仅为11.3%。与此同时，发展中国家的少儿人口抚养系数在迅速下降，2020年将下降至41.6%，但仍比发达国家的同期比例高15.4个百分点，可见发展中国家面临的是较重的少儿负担。其三，就总抚养系数而言，发达国家的总抚养系数虽仅在50%左右，但自2005年就开始缓慢上升；发展中国家的总抚养系数则与其少儿

---

① 毛况生，周光复．人口年龄结构对家庭变化的影响．人口研究，1988（5）．

② 数据参考中国经济与社会发展统计数据库。

人口抚养系数一样，自 1965 年始呈现下降趋势。

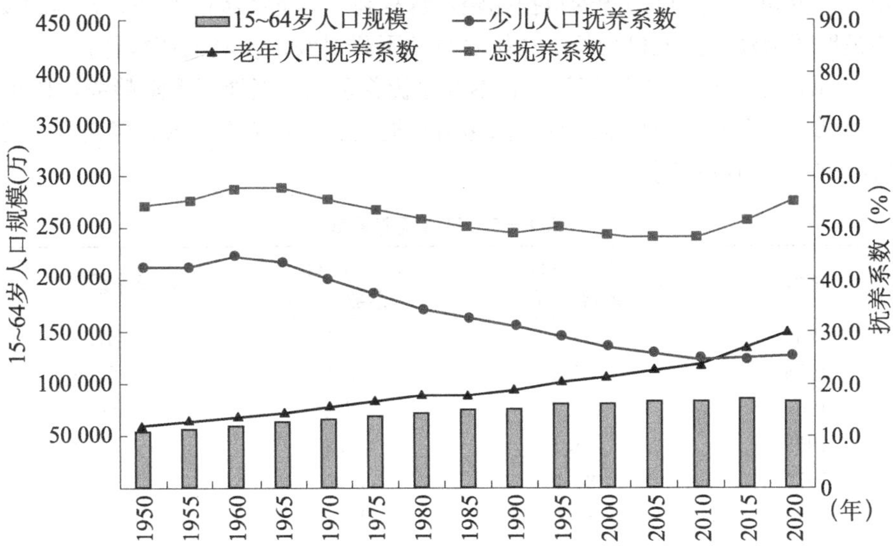

图 6-7　1950—2000 年发达国家劳动年龄人口及抚养系数

资料来源：United Nations，Department of Economic and Social Affairs，Population Division（2019）. World population prospects 2019.［2019-10-10］. https：//population. un. org/wpp/Download/Standard/Population/.

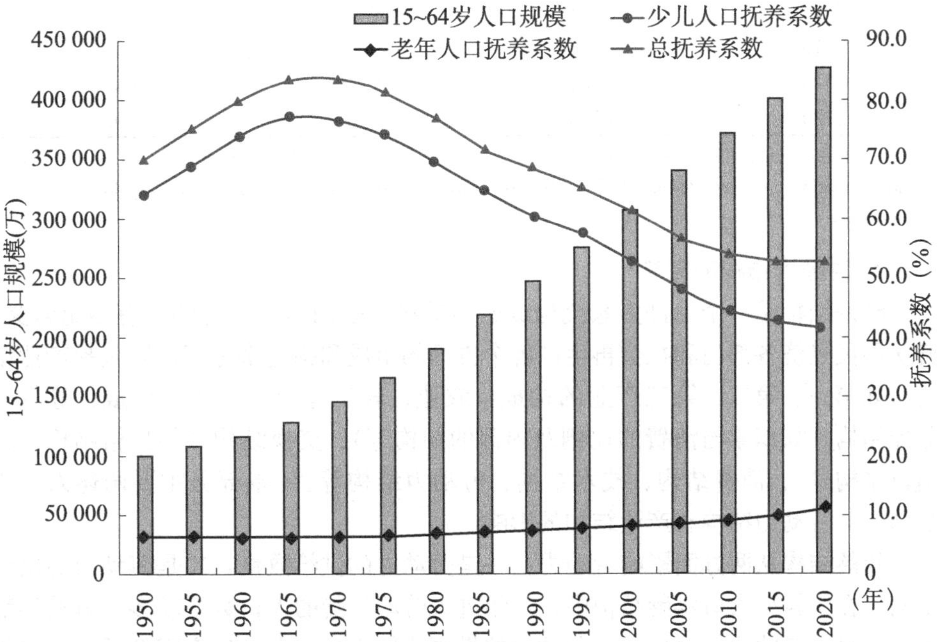

图 6-8　1950—2020 年发展中国家劳动年龄人口及抚养系数

资料来源：United Nations，Department of Economic and Social Affairs，Population Division（2019）. World population prospects 2019.［2019-10-10］. https：//population. un. org/wpp/Download/Standard/Population/.

少儿人口负担和老年人口负担的性质虽然有所差异，但均要由劳动年龄人口来承担。劳动年龄人口的抚养负担越轻，越有利于当下经济的发展。日本的发展经历证明了劳动年龄人口增长、总抚养系数下降对经济发展的积极作用。① 如表6－5所示，在1950—1970年间，日本的总抚养系数一直处于下降趋势，1970年达到最低。这个时期为日本经济的高速增长提供了有利条件，人口经济学家将这一时期称为人口红利期。

表6－5 日本抚养系数

年份	少儿人口抚养系数（%）	老年人口抚养系数（%）	总抚养系数（%）
1950	59.2	8.2	67.4
1955	55.0	8.6	63.6
1960	47.2	8.8	56.0
1965	38.1	9.1	47.2
1970	34.9	10.0	44.9
1975	36.0	11.3	47.3
1980	34.9	13.2	48.1
1985	31.7	14.8	46.5
1990	26.5	17.0	43.5
1995	23.4	20.6	44.0
2000	21.7	24.9	46.6
2005	20.8	29.5	50.3
2010	20.8	35.1	55.9
2015	21.3	42.7	64.0
2020	21.0	48.0	69.0

资料来源：United Nations，Department of Economic and Social Affairs，Population Division（2019）. World population prospects 2019.［2019－10－10］. https：//population. un. org/wpp/Download/Standard/Population/.

2. 对经济结构的影响

经济结构是一个由许多系统构成的多层次、多因素的复合体，有多重含义。若从国民经济各部门和社会再生产各个方面的组成和构造来考察，则包括产业结构（如第一、第二、第三产业的构成，农业、轻工业、重工业的构成，等等）、分配结构（如积累与消费的比例及内部的结构等）、交换结构（如价格结构、进出口结构等）、消费结构、技术结构、劳动力结构等。② 本部分主要阐述人口年龄结构对劳动力结构和产业结构的影响。

年龄结构从两方面影响劳动力：一是劳动力的供给数量，二是劳动力的供给结构。在年轻型人口年龄结构中，每年进入劳动年龄的人口数量较多，劳动年龄人口占总人口的比例也较高，劳动力的供给比较充足。在出生率降低后，人口年

① 蔡昉．人口转变、人口红利与经济增长可持续性：兼论充分就业如何促进经济增长．人口研究，2004（2）．

② 刘爱梅．转型期我国城市化模式研究．大连：东北财经大学出版社，2013：135.

龄结构也随之转变为成年型和年老型。在年老型人口年龄结构中，进入劳动年龄的人口规模逐年减少，但退出劳动年龄的人口规模逐年增加，这导致劳动力供给数量的减少甚至不足。从劳动力的内部结构来看，当人口年龄结构由年轻型转变为年老型后，劳动年龄人口中青年劳动力的比例下降，老年劳动力的比例不断上升，进而出现劳动年龄人口的老化现象。

劳动力结构的变化要求产业结构也要随之调整和升级。受劳动力充盈，工业化、现代化相对落后等因素的影响，目前发展中国家的产业结构主要集中在劳动密集型、生产效率低下的第一、第二产业或第三产业中的传统服务业；当人口年龄结构转变为年老型后，由于廉价劳动力的优势不复存在，因此需要对产业结构进行调整和升级，发展生产效率高、附加值高、投入劳动力少、产出高的现代产业。①

3. 对消费的影响

年龄结构影响消费意愿、消费水平和消费结构。人口经济理论指出，青少年的边际消费倾向低于成年人。② 人们由于在老年时可能没有收入或收入降低，故在退休前的年龄段表现出强烈的储蓄倾向及较低的消费倾向。由此可知，不同年龄结构人口的消费意愿和消费水平不同。

王金营、付秀彬分析发现，随着人口老龄化程度的加深，老年人口的消费水平、规模、结构将最终对总体消费产生至关重要的影响。人口抚养系数的提高特别是人口老龄化程度的提高，将会减缓人均收入提高所带来的消费水平提高的速度；换言之，人口老龄化会降低人们未来的消费水平和消费比例。③

此外，处于生命历程不同阶段的人口，其消费需求和消费方式也存在差异。若将生活资料分成生存资料、发展资料和享受资料三大类，则生存资料的差异最小，因为人人都须满足衣食住行的需要。成年及以下人口需要的发展资料较多，而老年人口需要的发展资料较少。虽然处于不同生命历程的人口对享受资料都有需求，但通常年龄越大，需求越大。在消费结构方面，青少年和儿童用于教育方面的支出多，婴幼儿用于养育方面的支出多，老年人则用于医疗、卫生保健、护理方面的支出多。

4. 对储蓄的影响

年龄结构与储蓄关系密切。在探讨人口年龄结构与储蓄之间的关系时，美国经济学家莫迪利安尼（Franco Modigliani，1918—2003）等人提出了生命周期假说（也称消费与储蓄的生命周期假说）。该理论认为，人一生中的收入在某种程度上可以预期，为了得到最大效用，消费者往往用储蓄和借贷来平稳一生的消费。这样，消费者年轻时的储蓄倾向较低，甚至可能出现负储蓄（借贷）；随着年龄的增长，储蓄不断上升；退休后消耗年轻时积累的财富，致使储蓄下降，也

---

① 纪玉山，滕菲．中国人口老龄化对经济结构的影响研究．社会科学辑刊，2013（1）．

② 陈佳瑛．中国改革三十年人口年龄结构变化与总消费关系研究．人口与发展，2009（2）．

③ 王金营，付秀彬．考虑人口年龄结构变动的中国消费函数计量分析：兼论中国人口老龄化对消费的影响．人口研究，2006（1）．

有可能出现负储蓄（只消费不储蓄）。

在国外，有学者对16个亚洲国家1950—1992年人口年龄结构与储蓄率之间的关系进行了实证分析，结果显示，老年人口比重的增加对储蓄有不利影响[①]。舒尔茨研究发现，少儿人口系数和老年人口系数下降都会引起储蓄率上升[②]。换言之，少儿人口抚养系数和老年人口抚养系数上升将会减少私人储蓄[③]。少儿人口抚养系数上升3.5%，储蓄率将会下降1%；老年人口抚养系数上升3.5%，储蓄率将会下降2%[④]。

中国学者也探讨了人口年龄结构与居民储蓄之间的关系，发现二者之间的关系因人口年龄结构的不同而异。姚引妹认为，少儿人口抚养系数和老年人口抚养系数与我国总储蓄率均存在负向协整关系，少儿人口抚养系数下降是导致储蓄率提高的重要原因，而老年人口抚养系数的提高将会导致储蓄率的降低。[⑤] 范叙春、朱保华得出了与姚引妹略有差异的结论——少儿人口系数的增加会降低居民的储蓄率，老年人口系数的增加会提高居民的储蓄率[⑥]，且特点因地区而异：少儿人口系数的变化对西部、中部和东部地区的影响依次减小；老年人口系数的变化对东部、中部和西部地区的影响依次减小[⑦]。

（三）对社会发展的影响

1. 对养老保障的影响

年龄结构的老化给养老保障制度带来冲击。人口老龄化对养老保障的影响主要体现在养老金支出的快速膨胀上，国家和社会负担沉重。

欧洲数国的养老金制度都以“当代人养当代人”的现收现付制为主体，这种养老金制度要想顺利地运行下去，就意味着正在工作的人要缴纳足够供养退休者的养老金。当交养老金的人多而领养老金的人少时，这一制度推延下去并无大碍。但是，自20世纪80年代以来，人口老龄化的加剧使欧洲养老局势变得“僧多粥少”：20世纪50年代，英法等国雇员与退休人员的比例为7：1；但是，2000年以来，法国老龄化每年制造150万人的养老缺口[⑧]；而据预测，2050年，欧洲雇员与退休人员的比例将下降至1.3：1，即欧洲人口将面临从7个年轻人养1个老人，变成不足2个年轻人养1个老人的局面。养老金也给美国带来较大的

① HIGGINS M，WILLIAMSON J. Age structure dynamics in Asia and dependence on foreign capital. Population and development review，1997（23）.

② 舒尔茨．人口结构和储蓄：亚洲的经验证据及其对中国的意义．经济学，2005（3）.

③ HORIOKA C. A cointegration analysis of the impact of the age structure of the population on the household saving rate in Japan. The review of economics and statistics，1997（79）.

④ LOAYZA N，SCHMIDT-HEBBEL K，SERVEN L. What drives private saving across the world. The review of economics and statistics，2000（82）.

⑤ 姚引妹．中国人口年龄结构与储蓄率变化的时间序列研究．统计科学与实践，2011（1）.

⑥ 范叙春，朱保华．预期寿命增长、年龄结构改变与我国国民储蓄率．人口研究，2012（4）.

⑦ 张乐，雷良海．中国人口年龄结构与消费关系的区域研究．人口与经济，2011（1）.

⑧ 财经观天下：法国式高福利之殇．（2010-11-15）[2019-10-10]．http：//news.163.com/10/1115/13/6LHKRG NA00014JB5.html.

经济负担。20 世纪 90 年代中期，美国雇员与退休人员的比例为 4.5∶1，而据预测到 2030 年时，这一比例将下降至 1.7∶1。[①]

2. 对医疗保障的影响

王学义、张冲研究发现，少儿人口抚养系数的上升对医疗保健消费支出没有影响，但老年人口抚养系数的上升，会带来医疗保健费用的增加[②]。这是因为，受生理因素的影响，人们对医疗服务的需求随着年龄的增长而增大，医疗保健费用也随之增加。在一般情况下，一个人在 65 岁以后的医疗费用支出会占其一生医疗费用开支的 70%左右。[③]

在我国未富先老的社会背景下，老年人口规模及比例的持续增长给我国的医疗保险制度带来了严峻的挑战。一是减少了医疗保险基金的供给。我国现行的基本医疗保险制度实行社会统筹与个人账户相结合的模式，并要求所有用人单位必须为职工缴纳工资总额 6%左右的保费，个人缴纳本人工资 2%左右的保费。[④] 在职职工离退休后，不再需要缴纳医疗保险保费，但仍可享受与在职职工同样的医疗保障待遇。[⑤] 在人口老龄化背景下，在职职工的规模及比例会相对下降，而离退休老年人口的规模及比例会持续上升，这在一定程度上减少了医疗保险基金的供给，增加了在职职工的缴费负担。二是加大了医疗保险基金的支出压力。不仅老年人口的患病率高于年轻人，而且他们的一些慢性疾病（如心血管疾病、脑血管病、恶性肿瘤、呼吸系统疾病、糖尿病）对医疗服务的需求大、花费的医疗费用高，这给医疗保险基金的正常运行带来了较大压力。当前，我国有一些地区的医疗保险基金或已经入不敷出，或收支仅能相抵而没有任何盈余。[⑥]

3. 对教育的影响

年龄结构对教育的影响甚大。教育发展与人口年龄结构密切相关，它不仅要立足当前的人口现状，也要兼顾未来人口的发展趋势，故政府在制定教育发展规划、调整教育布局和教育结构时，必须考虑每年出生人口的变动情况。出生人口数的减少，意味着 6 年后小学入学人数的减少、12 年后初中入学人数的减少、15 年后高中入学人数的减少、18 年后大学入学人数的减少，反之亦然。

目前，世界各国的总体趋势是出生人口数减少，发达国家尤为如此。这有利于各国教育事业的发展。一方面，政府可以将更多的经济资源用于教育，而不是用于抚养大量增加的新生人口；另一方面，新生人口减少本身也减轻了对教育的压力，从而有助于各国教育从以应付学生数量的增加为主变为以提高教育质量为主。

然而，由于生育受政治、经济、文化等诸多外在因素的影响，不同年份的出

---

① 瑟罗．资本主义的未来．北京：中国社会科学出版社，1998：94.

② 王学义，张冲．中国人口年龄结构与居民医疗保健消费．统计研究，2013（3）.

③ 颛慧玲，侯志刚．人口老龄化对医疗保险制度的影响：以山西为例．经济问题，2012（6）.

④ 全国经济专业技术资格考试研究院．人力资源管理专业知识与实务：中级．北京：清华大学出版社，2013：231.

⑤ 康彩霞，王宏．人口老龄化对医疗保险制度的影响．合作经济与科技，2010（19）.

⑥ 同⑤.

生人口数量会出现波动，既有出生高峰，也有出生低谷，而这均会给教育事业的发展带来不确定影响，使得教师及教学设施出现不足或过剩问题。这就要求教育发展规划必须充分考虑人口发展的趋势，并根据人口的变动做出及时调整。

“娃娃们越来越少”　农村义务教育形势严峻

“原来乡里建设的行政村小学，有的已经只剩几个学生，有的校园已被撤销，人去楼空，被用来养猪和他用。”

据山西省永和县坡头乡校长杨香瑞介绍，近年来“娃娃们越来越少”，20世纪90年代全乡小学生最多时约有800名，2007年减少为200名左右，2009年减少为90名左右。2011年，全乡已经没有初中，原有的初中被改成了中心小学；中心小学有教职工24位，但只有68名学生；其他行政村还有4所小学，共有21名学生，平均每个小学5名学生。

据调查，乡村小学学生数量减少的原因主要有三方面：一是农村人口出生率下降导致适龄儿童减少，近年来该地农村大多家庭只生1～2个孩子，而在20世纪时，该地农村家庭大多生4个孩子左右；二是农村青壮年外出务工带走了适龄儿童；三是很多乡村学生转到县城、城市等教育条件更好的地方上学。

眼看自己的学生越来越少，杨香瑞校长感叹不已：“3 700平方米的校园面积，新建的校舍总投入130万元，如果学生继续减少，国家对学校的教学、住宿等基础设施，教职工的经费财政投入将面临巨大的浪费，财政资金的使用绩效将受到极大影响。而现在，那些跟着打工的父母出去的娃娃，在城市接受教育也是困难重重，进好学校费用高，自办的学校师资和硬件条件又跟不上。”

据了解，由于农村适龄儿童大幅减少，农村义务教育的出路需要随着“服务对象”的转移而转移，根本的解决之道是统筹城乡义务教育，进一步扩大县城、大中城市的基础教育学校规模，平等地对城市户籍和流动适龄儿童提供义务教育；加强农村义务教育投入和校舍建设的前瞻性，摸清情况，提早应对，对于一些尚未投入农村校舍建设的县城，要集中力量办好县乡中心校，暂缓建设新的村小学，加大中小学生的住宿补贴和伙食补贴政策力度。

资料来源：李旭鸿．十年后，谁来种地？．（2011-10-27）［2019-10-10］．http：//news.163.com/11/1027/09/7HC57MR600014AEE.html.

4. 对住房发展的影响

在不同生命周期中，人口的收入水平和偏好结构不同，故其对住房的需求也存在差异。国外研究表明，对住宅有较大需求的主要是20～30岁人口，人口在40岁以后对住宅的需求开始下降，相比之下，20岁以下人口对住宅需求几乎没有影响；美国20世纪70年代的房价较高，与“婴儿潮”一代成年后增加了对住宅市场的需求有关。① 然而，人口年龄结构虽在一定程度上影响房价，但这一影

① MANKIW G，WEIL D. The baby boom，the baby bust，and the housing market. Regional science and urban economics，1989 (19).

响因不同质量水平的住房而异①。

自20世纪80年代以来，中国政府对住房进行了一系列改革（如1986年左右开始进行住宅商品化改革，1990年左右开始进行住宅产权制度改革，1998年开始进行住房分配制度货币化改革），其改革的成果使住房成了独立的商品，也由此带动了经济的发展②。受房价持续上涨的影响，学界对住房的研究逐渐增多。近些年，中国有些学者开始探讨人口年龄结构对住房的影响。李祥、高波通过分析1995—2009年的宏观数据发现：50～64岁人口占总人口比重与住宅供给、消费及房价显著正相关；15～29岁人口占总人口比重与住宅消费及房价显著正相关；65岁及以上人口占总人口比重则与住宅供给负相关③。中国在计划生育政策的推动下，在短短几十年内以史无前例的速度完成了人口转变，与此同时也重塑了中国各年龄人口占总人口的比重，这必将给中国住房的发展带来一些机遇和挑战。

人口年龄结构变动引发房价拐点

目前，房价居高不下已经成了中国经济发展过程中最大的隐忧。短期来看，在现行的土地管理制度下，房价大幅下跌的可能性并不很大。长期来看，房地产价格的历史性拐点出现是大概率的事件。其根本原因在于：人口是经济发展的决定性因素，同样是房地产行业的决定性因素。这不仅因为人是住房的主要消费者，而且因为人口的结构状况直接影响房地产行业的发展状况和未来方向。而人口拐点的迅速到来，将给火爆的房地产市场浇上一瓢实实在在的“凉水”。

第六次全国人口普查数据显示，中国的人口增长速度已经大大下降，人口总量增长逐渐趋缓。2010年，中国人口总量为13.40亿人，比2000年净增7 390万人。值得注意的是，1990—2000年中国增加了1亿3 000多万人，而2000—2010年中国人口的年平均增长率只有5.7%，2000—2010年相对于上一个10年（1990—2000年）少生了5 600多万人。

从年龄结构来看，2010年中国60岁及以上的人口占总人口的13.26%，总数为1.79亿，65岁及以上的老年人口占总人口的8.87 %，绝对数接近1.2亿。这意味着中国的老龄化进程还在继续，“未富先老”的态势更加明显。其中，劳动年龄人口的变动尤其值得关注。中国15～59岁人口为9.4亿人，占总人口的70.14%，仅比“五普”增加了3.36个百分点。但人口数据预测表明，近几年，我国劳动力的净增量将出现负数，这意味着劳动力市场的“刘易斯拐点”来临。

“刘易斯拐点”的到来，对房地产市场的影响直接而深远。劳动力数量由增长缓慢转为绝对量的减少，将使房地产市场的需求大大降低。在中国的房地产市场中，青年人是“主力”。青壮年人口合计占全部购房人数的80%左右。可以想

---

① GREEN R，HENDERSHOTT P. Demographic factors and real house prices. NBER working paper，1993.

② 朱喆．中国的人口年龄结构与房屋总需求趋势．世界经济情况，2005（22）．

③ 李祥，高波．人口年龄结构对住宅市场的影响效应分析．经济体制改革，2011（6）．

象，如果劳动年龄段的人口数量出现下降，就一定会对房地产市场的需求产生重大影响。

人口结构的老化也将使得社会储蓄率上升而消费率下降，从而减少对房地产的需求。随着人口老龄化的迅速发展，收入水平相对较低的老年人人均消费额随着衰老而减少，对住宅建筑等耐用消费品的需求量也会随之减少，进而降低对房地产市场的需求。

如果从更长远的眼光来分析，则中国人口年龄结构的变动对房地产市场的影响将会更明显。数据显示，同2000年相比，2010年0～14岁人口的比重下降了6.29个百分点。在2009年，中国小学校总数为28.02万所，这个数字比1992年的71.30万所大幅减少了43.28万所。与此同时，全国小学生在校人数连续递减。1996年，全国小学生在校人数曾达到最高峰约1.36亿人，之后逐年减少，到2009年已下降为约1亿人，平均每年减少276.9万人。少年儿童数量的急剧减少，将使房地产市场的未来需求受到很大遏制。

当然，房地产市场的价格变动还受其他因素的影响，比如土地制度、财税体制、城市化进程及人们的投资投机偏好等。在现行的各项制度尚未有根本性变化的情况下，指望房地产价格出现大幅下降是不现实的。不过，从人口发展的规律来看，中国房地产市场的“黄金期”应该不会超过10年。随着人口拐点在三五年之内到来，房地产市场的暴涨行情恐难再现。如果有人口拐点的牵引，再加上调控政策得力，那么房价走向下降轨道，最终回归理性发展是可以预期的。

资料来源：李长安．人口年龄结构变动引发房价拐点．中国人口报，2011-05-16.

5. 对退休年龄的影响

最近几年，中国国内关于延迟退休年龄的呼声越来越高。我国现行的退休年龄政策是根据20世纪50年代的人口年龄结构等因素确定的，即男职工满60周岁，女干部满55周岁，女工人满50周岁即可退休。随着社会经济发展及医疗技术水平的提高，人口的平均预期寿命大大延长，目前男性和女性的寿命均已超过70岁。此外，我国的人口年龄结构也发生了明显变化，已进入老龄化社会，老年人口不仅规模大，而且增长速度快。为降低养老和医疗保险基金的支付压力，减轻劳动年龄人口的抚养负担，人力资源和社会保障部新闻发言人李忠认为，“延迟退休年龄是必然选择，会适时对其进行调整”①。人力资源和社会保障部社会保障研究所何平建议，“我国从2016年开始实行延长退休年龄政策，每2年延长1岁。到2045年不分男女，退休年龄均为65岁”②。

当然，也有少数学者基于以下原因不赞成延长退休年龄：一是虽然我国人口

---

① 徐博，赵宇航．人力资源和社会保障部正在研究延迟退休．(2014-01-24)［2019-10-10］. http://www.gov.cn/jrzg/2014-01/24/content_2575058.htm.

② 人社部专家建议退休年龄延至65岁2016年开始实行．(2012-07-02)［2019-10-10］. http://finance.sina.com.cn/roll/20120702/100112453464.shtml.

的预期寿命较长，但老年人的健康余寿并不高①；二是中国养老金的缺口应该通过政府的财政补贴来解决，而不能通过延迟退休来解决②；三是延迟退休的民意支持率不高③。

(四) 对文化发展的影响

美国巴特尔研究所的研究发现，一个人的年龄与智力是一个很复杂的函数关系，综合能力的高峰在 45 岁，之后就逐渐衰退④。人才学家对古今中外杰出科学家和重大科研成果的大量调查也发现，创造和发明的最佳年龄为 20 岁、25～40 岁或 45 岁⑤。由此可知，人口年龄结构类型较年轻的社会，其创新能力较强；年老型社会的创新能力则相对较弱。

不同年龄人口的价值观念也存在差异。价值观念是人在与社会和他人交往的过程中，为适应不同的时代、生活环境而形成的。人们的价值观念总是相对稳定和持久的。老年人的价值观念建立在其长期生活经历的基础上，他们有丰富的人生阅历，形成了一套较为规范的行为模式。而年轻人的价值观念则建立在当今的时代环境中，是对当下社会存在的价值判断。相对来说，年轻人的价值观念更能充分反映社会发展前进的方向。基于此，从人口年龄结构的角度来看，如果老年人口的比例较大，而他们的生活方式和价值观念又相对固化、保守，创新性较弱，对新的文化更不易接受，就可能影响思想文化的变迁，延缓社会发展过程。

本章小结

本章首先介绍了年龄结构的相关概念及测量指标，其次描述了世界、中国人口的年龄结构，最后分析了人口年龄结构与社会的关系。总体而言，人口的年龄结构会依次经历年轻型、成年型和年老型。通过分析与人口年龄结构相关的指标我们发现，发达国家和部分发展中国家已进入人口老龄化社会。中国是较早进入老龄化社会的发展中国家之一，其老龄化呈现出老年人口规模大、增长速度快，人口老龄化与经济社会发展不同步，人口老龄化存在空间不均衡、时间差异和城乡倒置等特征。年龄结构虽然是人口的自然结构之一，但它与社会诸要素之间存在互动关系——它不仅会受到社会诸多因素的影响，也会给人口与家庭、经济、社会和文化发展带来深远影响。

关键术语

年龄结构、少儿人口系数、老年人口系数、人口抚养系数、平均年龄、年龄

---

① 姜向群．推迟退休年龄对养老金总量以及个人养老金获取量的影响．人口研究，2012（6）．

② 唐钧：延迟退休不可行 养老金缺口必然存在．商，2012（12）．

③ 潘锦棠．提高退休年龄不能成为弥补养老金“缺口”的主要手段．上海企业，2012（12）．

④ 顾海兵．院士的年龄结构与科技创新能力．（2009－02－15）［2019－10－10］．http：//www.ycwb.com/ePaper/ycwb/html/2009－02/15/content_426335.htm.

⑤ 胡伟略．人口社会学．北京：中国社会科学出版社，2002：294.

中位数、年轻型人口年龄结构、成年型人口年龄结构、年老型人口年龄结构、人口老龄化、人口高龄化

思考题

1. 简述人口年龄结构的测量指标。
2. 简述世界的人口年龄结构。
3. 简述中国的人口年龄结构。
4. 简述人口年龄结构的影响因素。
5. 简述人口年龄结构对人口与家庭、经济、社会发展、文化发展的影响。

拓展阅读书目

1. 李魁．年龄结构变动与经济增长：理论模型与政策建议．武汉：武汉大学出版社，2014.

2. 邬沧萍，杜鹏．老龄社会与和谐社会．北京：中国人口出版社，2012.

3. 邬沧萍．社会老年学．北京：中国人民大学出版社，1999.

4. 王志宝，孙铁山，李国平．近20年来中国人口老龄化的区域差异及其演化．人口研究，2013（1）．

5. 陈良焜．中国人口年龄结构对教育的影响及家庭教育支出潜力的思考．北京大学学报（哲学社会科学版），1992（6）．

6. 邬沧萍，等．中国人口老龄化：变化与挑战．北京：中国人口出版社，2006.

7. 李祥，高波．人口年龄结构对住宅市场的影响效应分析．经济体制改革，2011（6）．

8. 舒尔茨．人口结构和储蓄：亚洲的经验证据及其对中国的意义．经济学，2005（3）．

9. COALE A. The effects of changes in mortality and fertility on age composition. The milbank memorial fund quarterly，1956（34）．

10. PRESTON S，HIMES C，EGGERS M. Demographic conditions responsible for population aging. Demography，1989（26）．

11. HIGGINS S，WILLIAMSON C，EGGERS M. Age structure dynamics in Asia and dependence on foreign capital. Population and development review，1997（23）．

第七章

性别结构

> 中国的人口性别结构问题集中反映为人口的性别失衡。在婚姻市场中，性别失衡引起的大量过剩男性由于女性绝对数量的缺失而无法成婚，成为婚姻挤压对象，不仅其自身由于没有家庭的支持和保护而成为社会弱势群体，同时也对人口和社会发展产生了深远影响。①
>
> ——李树茁

任何一个人口群体都既有老少之分，也有男女之别，这二者形成了人口的基础成分，能反映一定地区、一定时点人口总体内部不同质的规定性的数量比例关系。性别是人口最基本的特征之一，只要是有人口聚集的地方，就存在一定的性别结构。合理的性别结构不仅是社会性别平等的重要标志，也是构建和谐社会与实现人口可持续发展的重要基础。本章将依次介绍性别结构及测量指标、世界人口性别结构、中国人口性别结构、性别结构与社会的关系。

第一节 性别结构及测量指标

一、性别结构概念

人类社会由男女两性组成。在一个社会（如国家、地区）中，男性和女性的比例即为人口的性别结构（也称性别构成）。一个人群的性别比属于人口学指针，反映该人群的总体性别结构，即一个国家或地区男性人口和女性人口的组成状况。

一般而言，男女两性比例受外界的影响和干预较小，多相对稳定。但是，在

① 李树茁．性别失衡、男性婚姻挤压与婚姻策略．探索与争鸣，2013（5）．

不同国家或地区，两性比例未必等同，有的是男性比例高于女性，有的是男性比例低于女性，有的是男性与女性比例大体相当。对这些不同形态的认识和把握有助于了解复杂的社会群体和社会问题。一方面，通过对不同时代、不同地域、不同年龄组、不同类型的社会群体性别结构的分析，可以深入了解群体的构成状态及特征，掌握人口群体之间的差异，预测未来的发展趋势。另一方面，也可以将性别结构作为时代变迁分析的切入点，进一步挖掘群体差异背后的经济、社会、文化甚至政治、军事要素，以及由此引发的社会问题，如社会地位悬殊、权力分布不均衡等。

二、测量指标

在人口社会学领域，描述人口性别结构的常用指标有两类：一是分性别人口比例，二是人口性别比。

（一）分性别人口比例

分性别人口比例是测量人口性别结构的最常用指标之一，是指男性或女性人口占总人口的比例，常用百分数表示，其计算公式为：

$$男性人口比例=\frac{男性人口数}{总人口数}\times 100\%$$

$$女性人口比例=\frac{女性人口数}{总人口数}\times 100\%$$

由上述公式可知，在同一国家或地区的人口中，男性人口比例与女性人口比例之和等于1。《中国统计年鉴（2019）》的数据显示，2018年中国的男性人口比例为51.13%，女性人口比例为48.87%。

（二）人口性别比

人口性别比包括出生人口性别比（简称出生性别比）、分年龄人口性别比和总人口性别比。

1. 出生性别比

出生性别比是指一定时期内（通常为一年）每100名出生的女婴所对应的男婴总数，其计算公式为：

$$出生性别比=\frac{出生人口男性人数}{出生人口女性人数}\times 100$$

出生性别比作为反映新生儿性别结构的指标，正常值范围为103～107∶100（即每103～107名男婴，对应着100名女婴），男婴略多于女婴，且这个比例基本稳定，古今中外大体皆然，这是人类社会漫长岁月自然进化的结果。但是，受人为因素的干扰（如出生前对胎儿的性别选择、女婴漏报等），一些亚洲国家或地区的出生性别比超过了这个值域的上限。

2. 分年龄人口性别比

分年龄人口性别比是指在每个年龄组人口中，男性人口数与女性人口数之比，通常表示每100名女性人口所对应的男性人口数，其计算公式为：

$$分年龄人口性别比=\frac{分年龄男性人口数}{分年龄女性人口数}\times 100$$

分年龄人口性别比和出生性别比是反映人口性别结构的重要指标，人口社会学学者往往将其作为重要参数之一来分析和预测人口再生产、婚配模式、家庭结构等更广阔领域的人口现象和人口问题。

3. 总人口性别比

总人口性别比是指在总人口中，男性人口数与女性人口数之比，通常表示每100名女性人口所对应的男性人口数，其计算公式为：

$$总人口性别比=\frac{男性人口数}{女性人口数}\times 100$$

若不考虑战争等特殊因素的作用，一个国家或地区的总人口性别比应相对稳定。在封闭人口中，它主要取决于出生性别比、不同年龄组分性别死亡率。在开放人口中，它还受制于迁移/流动人口性别比。对一个国家或地区而言，其总人口性别比在保持相对稳定的情况下，也会表现出阶段性波动。

第二节 世界人口性别结构①

本节利用前述的性别结构测量指标，描述世界人口的出生性别比、分年龄人口性别比和总人口性别比的状况。

一、出生性别比

（一）世界出生性别比

尽管不同地区、不同人种的出生性别比基本趋于一致，但由于不同人种母体的促性腺激素水平的差异，黑人的出生性别比一直较低，白人的出生性别比高于

① 第二节至第四节内容除非特别注明，均参考和引用了杨菊华在近些年发表的研究成果：杨菊华．生育政策与出生性别比．北京：社会科学文献出版社，2009．杨菊华．男孩偏好与性别失衡：一个基于需求视角的理论分析框架．妇女研究论丛，2012（2）．杨菊华．胎次-激化双重效应：中国生育政策与出生性别比关系的理论构建与实证研究．人口与发展，2009（4）．杨菊华．生育政策的地区差异与儿童性别比关系研究．人口研究，2006（3）．杨菊华．出生人口性别比与和谐社会建设：一个定性和定量分析．人口学刊，2008（1）．

黑人，而东方人的出生性别比又高于白人①。该研究结论与现实数据和预测结果契合。

联合国数据显示，就世界各国的平均水平而言，除 1995—2005 年间的出生性别比为 108，略高于出生性别比正常值范围的上限 107 外，其他年份的出生性别比均处于正常水平。从各大洲来看，亚洲的出生性别比具有波动大、持续偏高的特征。在 1950—1980 年间，亚洲的出生性别比稳定在 106，1980—1985 年上升至 107，随后持续攀升，1995—2010 年间保持在 110 的失衡水平，之后略有下降。非洲的出生性别比最低，在 1950—2020 年间，一直稳定在 104 的正常水平。欧洲、北美洲和南美洲的出生性别比也非常稳定，前者稳定在 106 的正常水平，后两者稳定在 105 的正常水平。大洋洲的出生性别比也比较稳定，除 2010—2015 年上升至 107 外，其他时间均保持在 106 的正常水平（见图 7－1）。由此可见，世界出生性别比偏高主要是亚洲偏高的出生性别比所致。

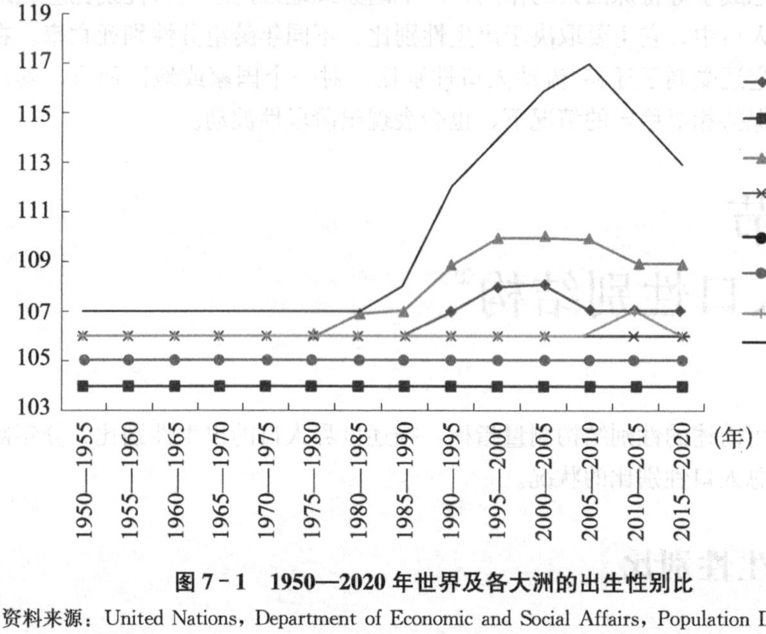

图 7－1　1950—2020 年世界及各大洲的出生性别比

资料来源：United Nations，Department of Economic and Social Affairs，Population Division (2019). World population prospects 2019. [2019－10－10]. https：//population. un. org/wpp/Download/Standard/Fertility/.

(二) 亚洲出生性别比

自 20 世纪 80 年代开始，亚洲的人口转变过程呈现一个新趋势：一些人口规

① JAMES W. The human sex ratio. Part1：a review of the literature. Human biology，1987 (59a). JAMES W. The human sex ratio. Part2：hypothesis and a program of research. Human biology，1987 (59b). CLARKE J. The human dichotomy：the changing numbers of males and females. Oxford：Elsevier Science，Ltd.，2000：44.

模庞大、人口密度很高的国家或地区在生育率下降的同时，出现出生性别比持续攀升的现象。比如，韩国、中国台湾在 80 年代和 90 年代经历过该过程，而印度、中国大陆、越南、阿塞拜疆、格鲁吉亚、亚美尼亚等国家或地区仍旧在经历这一过程。

亚洲的出生性别比存在很大的异质性，这既表现在亚洲各区之间，也表现在不同国家之间。分区来看，在 1990 年以后，东亚的出生性别比最高，最高时每 100 个出生的女婴对应约 116 个男婴，处于中度和重度偏高水平①；它也是亚洲出生性别比最早偏高，且偏高持续时间最长的地区，早在 1985—1990 年间就达到 108，已偏离正常值水平 30 余年。当前，南亚的出生性别比也偏高，每 100 个出生的女婴对应 109 个男婴，但其偏离正常值范围的程度不及东亚。相比之下，中亚的出生性别比一直非常稳定，为 105～106；东南亚和西亚的出生性别比均处于正常水平（见图 7－2）。这表明，亚洲的出生性别比偏高主要是由东亚和南亚过高的出生性别比造成的。

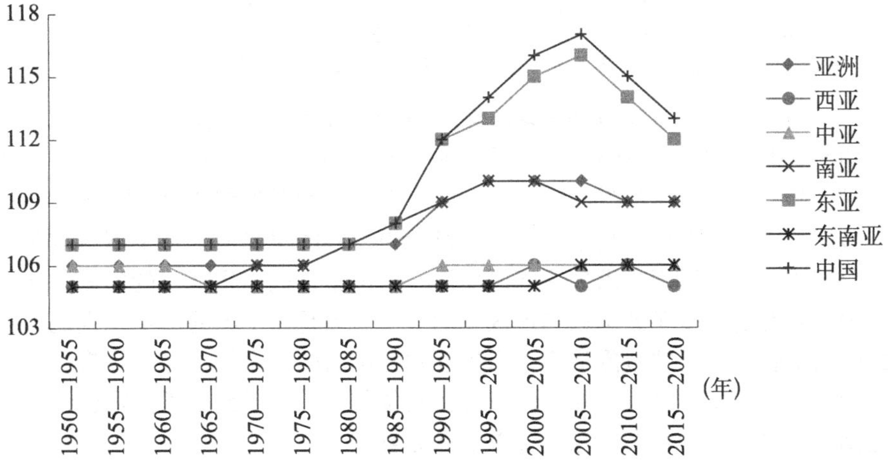

图 7－2 1950—2020 年亚洲各区的出生性别比

资料来源：United Nations，Department of Economic and Social Affairs，Population Division（2019）. World population prospects 2019.［2019－10－10］. https：//population. un. org/wpp/Download/Standard/Fertility/.

分国家来看，中国、韩国、印度、越南、格鲁吉亚、亚美尼亚和阿塞拜疆都或先或后地出现出生性别比偏高问题。在 20 世纪 80 年代，出生性别比偏高的国家相对较少，只有中国、印度和韩国。进入 90 年代后，韩国的出生性别比出现下降趋势，并于 2005 年左右开始恢复到正常水平；中国、亚美尼亚、阿塞拜疆的出生性别比先呈现持续的上升趋势，然后在波动中略有下降，但始终较高；格鲁吉亚的出生性别比从 90 年代开始出现偏高，但偏高程度不深，一直在 110 左

---

① 出生性别比低于 108 为正常水平、108～110.9 为轻度偏高、111～115.9 为中度偏高、116～119.9 为重度偏高、120 及以上为极度偏高。

右波动。目前，越南的出生性别比为111，虽然偏离了正常值，但偏高时间较短（从2000年才开始偏离正常值），偏高程度也不深①（见图7-3）。

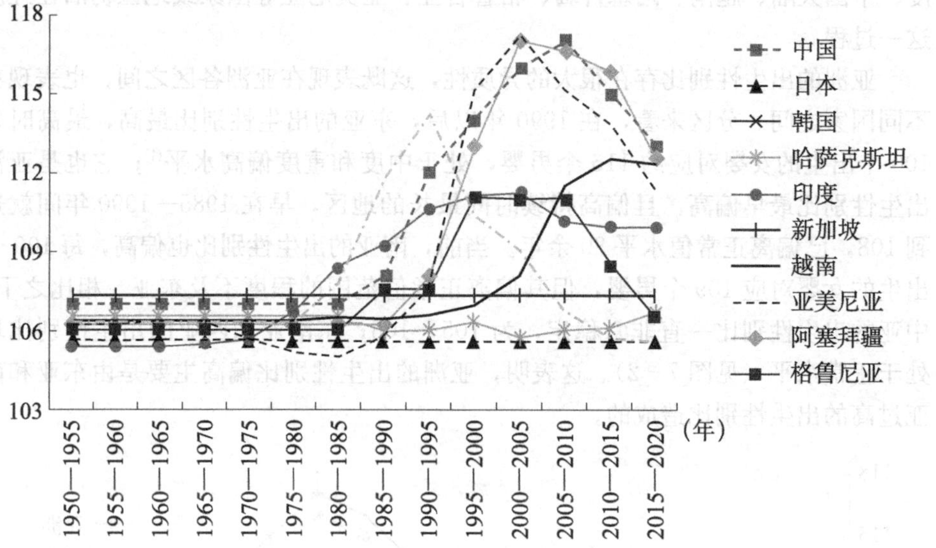

图7-3 1950—2020年部分亚洲国家的出生性别比

资料来源：United Nations, Department of Economic and Social Affairs, Population Division (2019). World population prospects 2019. ［2019-10-10］. https://population.un.org/wpp/Download/Standard/Fertility/.

显然，出生性别比偏高是生育转变过程中一些国家和地区一个不可避免的社会人口问题。中国既不是出现该问题的第一个国家，也不是唯一的国家，而是先后遭遇该问题的诸多亚洲国家和地区中的一个。但是，中国的出生性别比失衡延续的时间最长、波及的范围最广，出生性别比偏高的程度最深。近年来中国的出生性别比虽比前些年略有下降，但依旧在高位震荡，远远超出了国际公认的正常值范围，这给社会的和谐与稳定带来了深远影响。

二、分年龄人口性别比

在人类不同的生命历程中，性别结构存在差别。在受孕阶段，胎儿性别比约为130∶100，即大约130名男胎对应100名女胎；但是，男胎的自然流产率高于女胎，故出生性别比略低于孕期性别比。胎儿出生后，由于男性死亡率高于女性，故分年龄人口性别比呈现的规律是：人口出生时的性别比较高，但随着年龄增长，该比例逐渐下降，年龄越大，越是如此。具体而言，在正常情况下，男性婴幼儿死亡率高于女性婴幼儿死亡率；进入少年期和成人期后，一些高危性的活动和劳动使得男性的死亡风险同样超过女性，故到20～30岁的婚配年龄段，人口性别比降至100左右，两性比例基本趋于均衡。此后，女性人口比例逐渐超过

① GUILMOTO C, HOÀNG. Recent increase in sex ratio at birth in Viet Nam. ［2019-10-10］. http://www.plosone.org/article/info: doi/10.1371/journal.pone.0004624.

男性人口比例；及至老年阶段，受生物规律的影响，性别比一般低于100。

如图7－4所示，联合国数据证实了分年龄人口性别比的生命周期规律。从纵向来看，历年世界分年龄人口性别比的分布具有高度一致性，即呈现随年龄增长而缓慢下降的趋势。即使在出生性别比较高的亚洲地区，历年的分年龄人口性别比也符合这一规律。

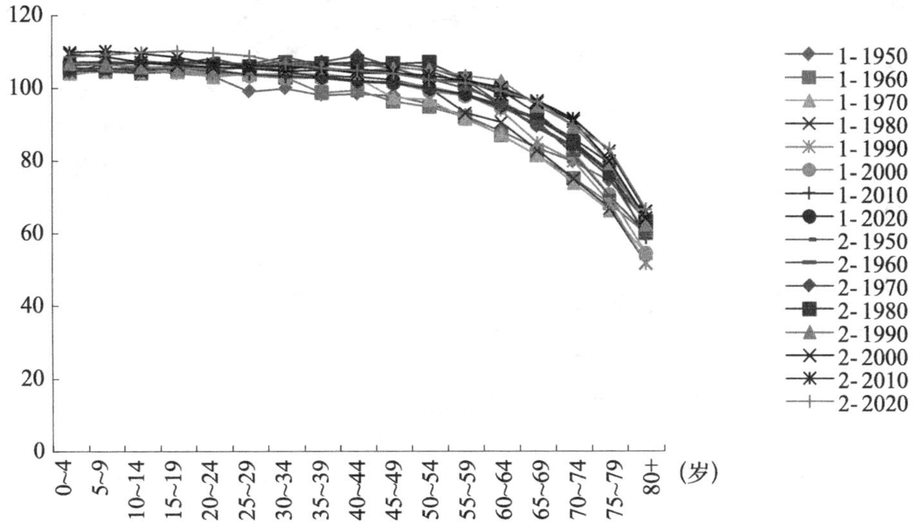

图7－4　1950—2020年世界及亚洲分年龄人口性别比

注：前缀1为世界数据，前缀2为亚洲数据。

资料来源：United Nations, Department of Economic and Social Affairs, Population Division (2019). World population prospects 2019. [2019－10－10]. https://population.un.org/wpp/Download/Standard/Fertility/.

从横向来看，各国的分年龄人口性别比虽然均随年龄的增长而呈现下降趋势，但存在一些差异。从图7－5可知，中国、印度等出生性别比较高国家，其各个年龄组人口的性别比大多高于法国、美国、日本等出生人口性别比正常国家相应年龄组的人口性别比。

三、总人口性别比

经验数据表明，总人口性别比的正常范围为95～102①。

联合国数据显示：世界总人口性别比一直处于正常水平，但又呈现出缓慢上升的趋势，1950年为99.7，1980年为101.0，2000年为101.4，2010年为101.7，2015年为101.7②。就各大洲来看，美洲、大洋洲和非洲的总人口性别比

---

① 杜鹏．第五章"人口性别年龄结构"//国家统计局人口和就业统计司，中国人民大学社会与人口学院．人口和就业统计分析技术．北京：中国统计出版社，2012.

② United Nations, Department of Economic and Social Affairs, Population Division (2019). World population prospects 2019. [2019－10－10]. https://population.un.org/wpp/Download/Standard/Population/.

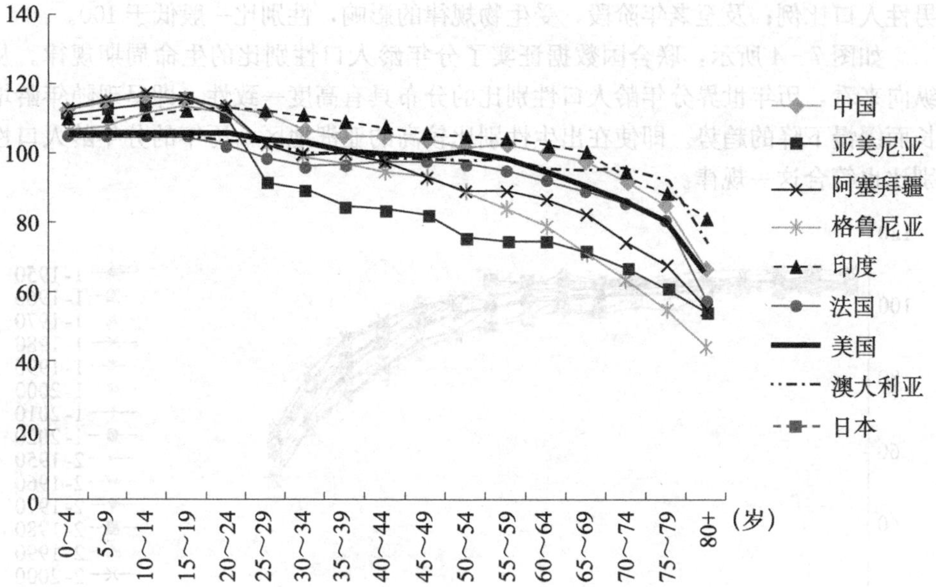

图 7-5　2020 年世界部分国家分年龄人口性别比

资料来源：United Nations，Department of Economic and Social Affairs，Population Division（2019）. World population prospects 2019. ［2019-10-10］. https：//population. un. org/wpp/Download/Standard/Fertility/.

处于 95～102 的正常范围，欧洲的总人口性别比偏低（87.6～93.4），而亚洲的总人口性别比偏高（104.3～104.9）（见图 7-6）。

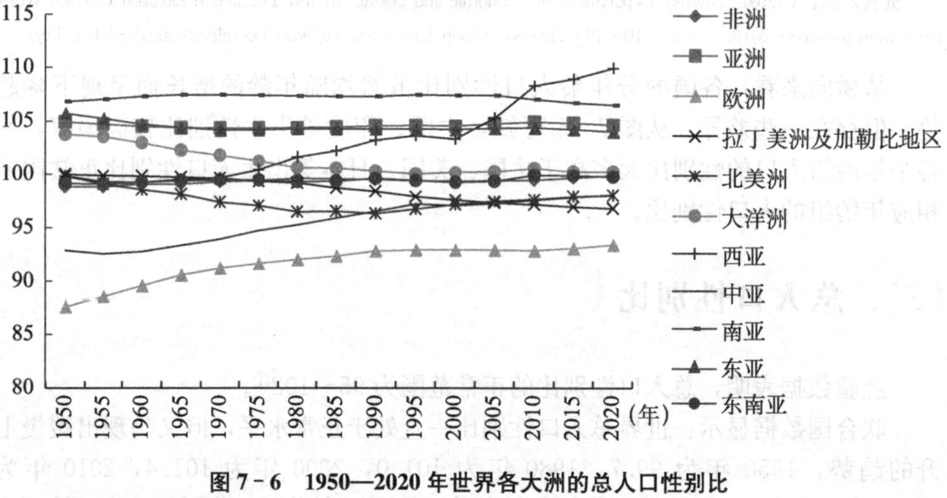

图 7-6　1950—2020 年世界各大洲的总人口性别比

资料来源：United Nations，Department of Economic and Social Affairs，Population Division（2019）. World population prospects 2019. ［2019-10-10］. https：//population. un. org/wpp/Download/Standard/Population/.

尽管亚洲总人口性别比偏高，但该洲内部具有较大的异质性。从各区来看，东亚和南亚的总人口性别比在 1950—2020 年间一直偏高；西亚的总人口性别比在 1950—1980 年间处于正常值范围，但从 1985 年开始超过正常值域的上限，并持续升高，2020 年上升至 109.7；东南亚的总人口性别比波动非常小，且一直介于 98.8～99.3 的正常值域；中亚的总人口性别比在 1950—1970 年间偏低，从 1975 年开始恢复到正常水平。

第三节 中国人口性别结构[①]

中国人口的性别结构失衡现象明显，不仅出生性别比呈现持续攀升的态势，有些年龄组的性别比及总人口性别比也偏高。由于出生性别比在很大程度上影响各年龄组及总人口性别比，故本节重点介绍出生性别比的基本情况及偏高的原因，并简要描述分年龄人口性别比及总人口性别比的状况。

一、出生性别比

(一) 出生性别比的基本情况

出生性别比虽是一个最简单的人口学指标，但既是整个人口性别和分年龄人口性别结构的基础，也是一个社会正常运行的重要前提，既直接关系到国家或地区的人口安全、经济发展和社会和谐，也事关个体的终身发展及家庭的幸福与稳定。

1. 变动趋势

历次人口普查和抽样调查数据显示，1953—2005 年间，中国的出生性别比呈持续攀升态势，但在 20 世纪 50 年代到 70 年代，出生性别比处于正常水平，直到 80 年代初才开始偏离正常值。随着时间的推移，该指标偏高程度越来越严重：2005 年高达 120.5，比正常值域的上限高出 13.5 个单位值；2010 年虽略有下降，但仍维持在 118.1 的高水平；2014 年降至 115.9，2017 年降到了 111.9（见图 7－7）。

2. 地区之间的不平衡

表 7－1 描述了 1982—2010 年间中国出生性别比的地区差异。该表将出生性别比区分为正常（＜108）、轻度偏高（108～110.9）、中度偏高（111～115.9）、重度偏高（116～119.9）、极度偏高（≥120）五个区间，并将各省（自治区、直

① 除非特别注明，本节的相关数据均引自历次人口普查、1%人口抽样调查和《中国统计年鉴》数据，而第二节的相关数据引自《世界人口展望 2019》(*World population prospects 2019*)，由于来源不同，故本节有关中国人口性别结构的数据与第二节中的相应数据存在一些差异。

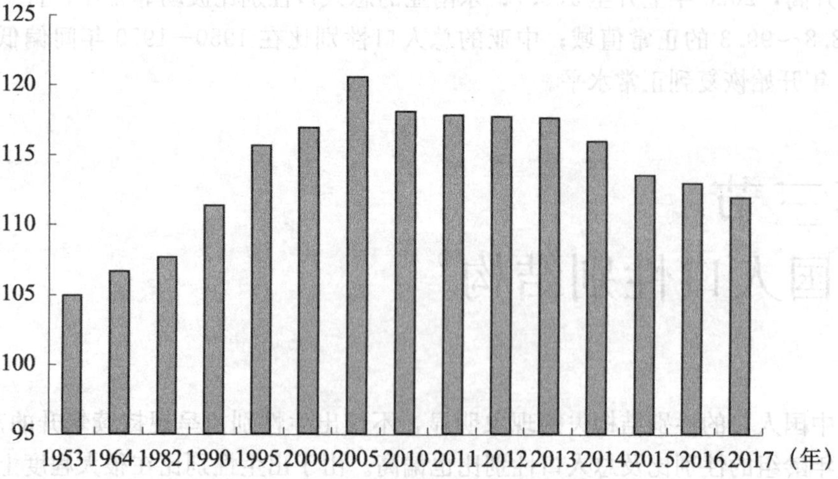

图 7-7 1953—2017 年中国出生性别比

资料来源：1953 年的数据来源于第一次人口普查的 0 岁人口性别比，1964 年的数据来源于顾宝昌、罗伊《中国大陆、中国台湾和韩国出生婴儿性别比失调的比较分析》[载《人口研究》，1996 (5)]，其他年份的数据来源于国家统计局的全国人口普查、全国 1%人口抽样调查以及 0.1‰人口抽样调查数据。

辖市）按出生性别比划分到各区间中。1982—2010 年中国各省（自治区、直辖市）出生性别比最突出的特点是，从正常多于不正常向不正常多于正常转移。在 1982 年的 29 个省（自治区、直辖市）中，19 个省（自治区、直辖市）的出生性别比在正常范围内，仅有 1 个省的出生性别比中度偏高，没有任何省（自治区、直辖市）遭遇出生性别比的重度和极度偏高。该形势在 1990 年出现明显转折：仅有 9 个省（自治区、直辖市）的出生性别比依旧处于正常范围，但没有任何省（自治区、直辖市）的出生性别比超过 116。

表 7-1 1982—2010 年中国各省（自治区、直辖市）出生性别比

出生性别比	1982 年	1990 年	2000 年	2005 年	2010 年
<108（正常）	四川、江苏、江西、吉林、天津、湖南、辽宁、北京、湖北、内蒙古、贵州、甘肃、青海、宁夏、云南、新疆、上海、西藏、黑龙江	北京、上海、云南、西藏、青海、宁夏、新疆、贵州、黑龙江	新疆、西藏	西藏	西藏、新疆
108～110.9（轻度偏高）	广西、广东、河南、山东、山西、陕西、浙江、福建、河北	福建、天津、辽宁、山西、湖南、甘肃、湖北、内蒙古、吉林、云南	贵州、宁夏、内蒙古、云南、北京、青海、上海、黑龙江	吉林、新疆、辽宁、黑龙江	山西、辽宁、北京

续前表

出生性别比	1982年	1990年	2000年	2005年	2010年
111～115.9（中度偏高）	安徽	海南、江苏、山东、四川、广东、河北、安徽、陕西、江西、浙江、广西、河南	吉林、山东、天津、山西、辽宁、浙江、河北、重庆	宁夏、重庆、云南、浙江、山东	上海、吉林、四川、云南、内蒙古、青海、黑龙江、重庆、天津、宁夏、河北、陕西
116～119.9（重度偏高）			四川、甘肃、江苏、福建、江西、河南	甘肃、四川、山西、青海、内蒙古、北京、河北、广西、天津、广东	江苏、甘肃、河南、浙江、山东
≥120（极度偏高）			陕西、湖南、广西、湖北、安徽、广东、海南	上海、海南、河南、福建、江苏、贵州、湖南、湖北、陕西、安徽、江西	广东、贵州、广西、江西、湖南、湖北、海南、福建、安徽

资料来源：国务院人口普查办公室，国家统计局人口和就业统计司．中国2010年人口普查资料．北京：中国统计出版社，2012. 杨菊华．胎次-激化双重效应：中国生育政策与出生性别比关系的理论构建与实证研究．人口与发展，2009（4）．

2000年，7个省（自治区）的出生性别比极度偏高，6个省的出生性别比重度偏高，只有新疆和西藏的出生性别比依旧正常。2005年，该情势进一步恶化，在31个省（自治区、直辖市）中，仅西藏的出生性别比处于正常范围内，轻度偏高的省（自治区）也仅剩下东北三省和新疆，10个省（自治区、直辖市）的出生性别比重度偏高，11个省（直辖市）的出生性别比极度偏高。与2005年相比，2010年中国各省（自治区、直辖市）的出生性别比有所下降，新疆的出生性别比由轻度偏高恢复到正常水平，重度偏高的省由10个减至5个，极度偏高的省（自治区）由11个减至9个。

3. 城乡之间的差别

历次人口普查和1%人口抽样调查数据显示，中国出生性别比在城市、镇、乡村之间存在差异。1982年，镇和乡村的出生性别比均为107.7，属于轻度偏高，城市的出生性别比则处于正常水平，且城市、镇和乡村之间的极差较小，仅为0.8个单位值。如表7-2所示，自1990年开始，城市、镇和乡村的出生性别比开始全面偏离正常值范围。1990年，镇的出生性别比偏离正常值范围最大，乡村次之，城市最小，极差为3.3个单位值。2000年和2005年，出生性别比偏离正常值范围最大的是乡村，镇次之，城市最小，极差扩大到5.3和7.6个单位值。2010年出生性别比偏离正常值范围最大的是镇，乡村次之，城市最小；极差有所缩小，为4.5个单位值。以上数据表明，中国出生性别比偏高现象首先发生在镇和乡村，然后扩散到城市。这一特征与韩国存在明显差异。韩国虽早在20世纪80年代出生性别比就开始偏高，但这一现象最先发生在大城市，到80年代末期和90年代初期才开始向镇和乡村扩散。①

表7-2　1982—2010年中国城市、镇、乡村的出生性别比

	1982年	1990年	2000年	2005年	2010年
城市	106.9	108.9	112.8	115.2	118.3
镇	107.7	112.2	116.5	119.8	122.8
乡村	107.7	111.7	118.1	122.8	122.1

资料来源：国务院人口普查办公室，国家统计局人口和就业统计司．中国2010年人口普查资料．北京：中国统计出版社，2012．杨菊华，等．生育政策与出生性别比．北京：社会科学文献出版社，2009：57.

4. 孩次之间的差异

孩子的出生顺序与出生性别比密切相关。从图7-8可知，中国分孩次出生性别比呈现以下特征：第一，1982—2010年间，出生性别比随着孩次的升高而上升。这一特征与联合国的研究结论"出生性别比趋向于随着出生序次的降低而降低"一致。② 第二，不同孩次之间出生性别比的差异在扩大。一孩与二孩、二孩与三孩及以上的出生性别比差异在1982年分别为2.6和2.9个单位值，2010年上升至16.6和28.1个单位值。第三，出生性别比偏高现象由高孩次向低孩次扩散。一孩的出生性别比在1982年、1990年处于正常水平，2000年和2005年轻度偏高，2010年中度偏高。换言之，从2000年开始，任一孩次的出生性别比均已偏离正常值。

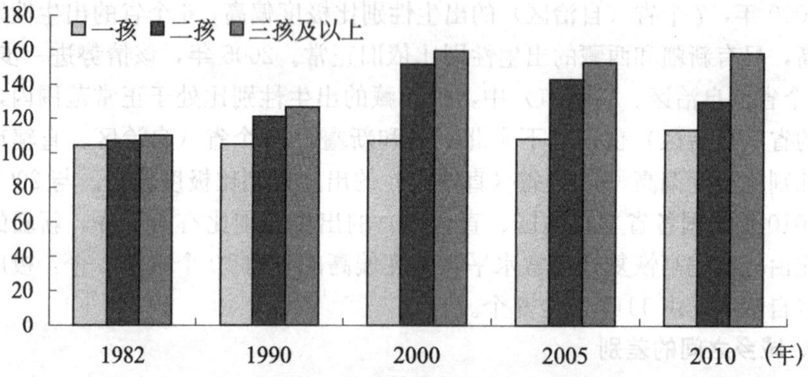

图7-8　1982—2010年中国分孩次出生性别比

资料来源：国务院人口普查办公室，国家统计局人口和就业统计司．中国2010年人口普查资料．北京：中国统计出版社，2012. 杨菊华，等．生育政策与出生性别比．北京：社会科学文献出版社，2009：60.

(二) 出生性别比偏高的原因

长期观察的结果显示，在未受到干预的自然生育状态下，不同时期、不同地

① PARK C，CHO N. Consequences of son preference in a low-fertility society：imbalance of the sex ratio at birth in Korea. Population and development review，1995 (21) .

② United Nations. The determinants and consequences of population trends：new summary of findings on interaction of demographic，economic and social factors. Population studies，1973 (1) .

区、不同种族和国家的出生性别比相对稳定。任何较大程度的与正常值范围的偏离都暗示着某种形式的人为干预，也都将产生不利的经济、社会后果。

中国出生性别比在世界上是最高之一。导致这一现象的原因有很多，除地理位置、气候条件和遗传基因等要素外，中国和他国的经验一致表明，出生性别比失衡还源于三个重要因素：一是本源性的男孩偏好；二是催化性的生育挤压；三是可行性的便捷技术。没有男孩偏好，其他两类要素不会发生作用；没有生育挤压，人们可以通过多生而满足男孩偏好；若无便捷的胎儿性别鉴定技术，即便有强烈的男孩偏好及生育挤压，出生性别比也不会如此失衡，因为人们必须寻求代价更大的方法获得理想的子女性别结构。在出生性别比失衡过程中，便捷技术既非必要条件，也非充分条件；其作用主要是将事后解决的问题提到事前解决，而这会大大减轻人们的心理和道德负担：对于“多余”的女儿，不管是溺弃、忽视而任其自生自灭，还是予人抱养，其所带来的心理、道德和法律代价都大于人工流产。中国的情况因为严格限制性生育政策的存在而显得更为特殊：政策不仅带来生育挤压，而且暗含无意识的性别歧视或短视，这使得中国出生性别比的失衡程度在各地区之中是最深的。下面将从生育文化、生育政策、B超鉴定和性别选择性流产、社会保障、经济基础等方面阐述我国出生性别比偏高的原因及影响机制。

1. 传统的生育文化

张纯元等认为，传统生育文化是由早婚早育、多育密育、男尊女卑、男子为后、儿子养老、从夫居、大家庭等观念以及与之相应的规章制度构成的[①]。作为一个深受儒家文化影响的国度，传统的中国社会是一个典型的“父权、父居、父系”的社会，并由此形成了以父子关系为主轴的家庭和社会结构[②]。“为了维系这样的家庭结构，以‘家本位’为特征的家族主义文化成为占据绝对主导地位的价值体系。”[③] 家庭结构与生育行为的关系既反映了代际互动和两者间的相互影响，也反映了不同居住制度下妇女在家庭、家族中的地位和家庭权力结构关系[④]。如在《诗经·小雅·斯干》中就曾有过这样的记载：“乃生男子，载寝之床，载衣之裳，载弄之璋……乃生女子，载寝之地，载衣之裼，载弄之瓦……”因此，中国社会以父权、父系和从夫居为基础的家庭制度及儒家文化对男孩的重视和追求是男孩偏好的传统根源，对男孩偏好的形成起到根本作用[⑤]。

伴随着我国传统社会结构的解体，以工业化、现代化为基础的现代社会结构的建立，人们的生育文化和生育观念也由传统向现代转变，但男孩偏好的思想并未彻底消除，依靠男孩延续香火、养儿防老、传宗接代的观念依然影响着人们的生育行为，进而在一定程度上推高了出生性别比。学界和政府部门的研究发现，出生性别比偏高的国家和地区的一个共性是，它们都具有或有过较强的男孩偏

① 张纯元，陈胜利．生育文化学．北京：中国人口出版社，2004：26.

② 李俊奎．论传统家庭对中国人社会行为的影响．南京林业大学学报（人文社会科学版），2003（3）.

③ 刘爽．对中国“生育男孩”偏好社会动因的再思考．人口研究，2006（3）.

④ 杨菊华，SHORT S E. 中国的婚居模式与生育行为．人口研究，2007（2）.

⑤ 李树茁．生育政策、男孩偏好与女孩生存：公共政策的取向与选择．人口与发展，2008（2）.

好。相反，在没有明显男孩偏好的日本，其出生性别比则未偏高。

简言之，以男孩偏好为核心的传统生育文化与出生性别比关系密切，是导致我国出生性别比偏高的重要因素。受其影响，育龄夫妇在生育决策过程中，往往将性别选择置于比数量选择更为重要的位置。

2. 严格的生育政策

除极少数情况外，出生性别比失衡的国家和地区都经历了生育转变，生育率降至更替水平以下。比如，东亚的韩国和中国的总和生育率都已降至更替水平以下，但其男孩偏好非但未随生育率的降低而缓解，反而因生育挤压而更为凸显，致使出生性别比偏高。杨菊华认为，更替水平的生育率似乎是一个临界点，在拥有男孩偏好的国家和地区，只要生育率低于更替水平，出生性别比偏高似乎就在所难免。我国的出生性别比偏高也是伴随着生育率下降到接近更替水平并且持续走低而出现的。我国总和生育率在 1982 年为 2.86，1987 年为 2.59，1990 年为 2.31，1992 年以来更是降到更替水平以下，目前已低达 1.6。[①] 相应地，出生性别比从 1982 年的 107.6 上升到 1990 年的 111.3、2000 年的 116.9、2005 年的 120.5、2010 年的 118.1，以及 2011 年的 111.9，大大超出正常值域的上限（见图 7-7）。

由于严格的限制性生育政策是中国生育率下降的最重要原因，且生育率下降与出生性别比升高的时间重合，故有学者认为生育政策与出生性别比偏高有关。概括而言，包括以下几种观点。其一，农村普遍推行独女户可以生育第二个孩子的政策本身就带有一定程度的性别歧视，客观上使得带有男孩偏好的性别选择在政策规定的允许范围内发生。故政策是造成或加剧出生性别比偏高的主要原因。[②] 其二，性别选择性人工流产行为的发生不是偶然的，而是在特定的限制性生育政策环境下发生的。换言之，性别选择是生育家庭“为了使自己的生育行为目标诉求与国家生育政策环境约束相适应而进行的综合的生育行为决策”，因而出生性别比偏高“与生育政策有密切关系”[③]。其三，生育政策与出生性别比的关系因政策的地区差异而不同，如“一孩半”政策地区的出生性别比高于其他政策类型地区[④]。

“一孩半”生育政策的出台是在保证国家总体利益的同时，考虑到性别之间的生理差异、城乡之间的社会经济制度及文化习俗的不同，尽可能兼顾、满足群众的愿望和实际需求。由于该政策是基于第一胎性别对生育数量做的限定，并暗含“一女=半个儿”的潜台词，因此被不少人曲解为这是一个鼓励人们生儿子的政策，造成了激化效应，违背了政策推行的初衷。因此，缓解出生性别比偏高的途径之一就是适时调整该政策。2013 年 11 月，我国依法正式启动了“单独二孩”

---

① 陈卫，陶涛．我国出生性别比的升高趋势与特点．人口研究，2009（3）．

② 周丽苹．关注生育政策与人口结构的联动效应．市场与人口分析，2006（1）．BANISTER J. Shortage of girls in China today. Journal of population research，2004（21）．

③ 杨成钢．从行为机制看性别比问题与生育政策的关系．人口研究，2009（3）．

④ 杨菊华．“一孩半”生育政策的社会性别与社会政策视角分析．妇女研究论丛，2009（3）．

政策，2015年10月，我国启动实施了“全面二孩政策”。杨菊华结合我国人口生育意愿（理想子女数、意愿性别）及每年新增人口规模推断，在性别文化未彻底扭转的情势下，“单独二孩”政策对改变性别失衡现状的作用有限；在这一政策的实施初期，二孩生育的增多或许还会导致二孩堆积年份出生性别比增长①。同样，“全面二孩政策”也不会使出生性别比自动回归正常水平②。

然而，也有少数学者不赞成以上观点，认为中国出生性别比偏高与生育政策没有关系。就全球而言，亚洲一些没有严格执行限制生育政策的国家和地区，也存在出生性别比偏高的现象。就中国而言，出生性别比最高的不是“一孩”政策地区，而是“一孩半”政策地区；且不少生育政策比较宽松的少数民族的出生性别比也明显超过正常水平。③ 因此，他们认为出生性别比升高的重要原因不是生育政策，而是“非法胎儿性别鉴定和选择性别引产”。

3. B超鉴定和性别选择性流产

B超鉴定和性别选择性流产对出生性别比的影响随时间的推移而发生变化。在20世纪90年代初，高凌、顾宝昌和徐毅、曾毅等认为，B超鉴定和性别选择性流产对出生性别比偏高有一定的影响，但不是最重要原因④。90年代中期以后，越来越多的学者认为，B超鉴定和性别选择性流产是造成出生性别比偏高的主要原因。楚军红对中国中部某县的调查研究发现，该县出生性别比的异常升高，主要是由利用B超进行胎儿性别鉴定后人工流产女胎所致⑤。蔡菲研究发现，引产手术的性别比水平较低，始终在70左右徘徊⑥。吴擢春等也认为，出生性别比偏高的主要原因是选择性人工流产，其对出生性别比异常的贡献率高达70%⑦。

B超鉴定因简单易操作、B超仪器购买方便且收益大、性别鉴定准确性高、鉴定费用便宜等优势而得到广泛普及。目前，人们对B超的认识度和接受度都较高。绝大多数妇女都知道它能用来进行胎儿性别鉴定，帮助实现自己的男孩偏好。⑧ 在综合治理出生性别比的过程中，虽然国家卫生健康委员会和国家药监局明确规定，禁止非医学需要的胎儿性别鉴定，但由于B超的易获性和管理的难监控性，以及检查者和被检查者双方为各自利益所驱动，常常令行不止。这为人们将强烈的男孩偏好转变为生育行为提供了条件。如有些私人诊所受利益驱使，从

① 杨菊华．“单独二孩”的政策影响：一个多层次的理论分析．中国卫生政策研究，2014（9）．

② 杨菊华．“普二新政”下出生性别比综合治理的挑战及其应对．探索，2016（1）．

③ 蔡菲．选择性别引产是导致我国出生人口性别比升高的主要原因．人口研究，2009（3）．

④ 高凌．中国人口出生性别比的分析．人口研究，1993（1）．顾宝昌，徐毅．中国婴儿出生性别比综论．中国人口科学，1994（3）．曾毅，等．我国近年来出生人口性别比升高原因及其后果分析．人口与经济，1993（1）．

⑤ 楚军红．中国农村产前性别选择的决定因素分析．中国人口科学，2001（1）．

⑥ 同③.

⑦ 吴擢春，黎楚湘，励晓红．影响出生性别比偏高的直接原因的队列实证研究．中国人口科学，2005（3）．

⑧ 同⑤.

非法鉴定胎儿性别到选择性别的人工中止妊娠，渐成“一条龙”之势。虽然国家加大了对非法鉴定胎儿性别、非法选择性别的人工中止妊娠、非法销售或使用中止妊娠药品等违法行为的打击力度，但由于取证和罚款困难，经常是看得见，管不住，直接导致了出生性别比偏高。

4. 不完善的社会保障

近几年来，我国虽已开展了一系列社会保障制度改革，取得了卓越成效，但仍存在一些问题和不足，如大部分农村地区的养老保障体系并未完全建立起来，社会保障覆盖面窄，保障水平低。以广东省为例，《广东省农村部分计划生育家庭奖励办法》规定，对于纯女户的农村居民，每人每月发放 80 元的计划生育家庭奖励金，但由于奖励对象必须满足男性年满 60 周岁或女性年满 55 周岁，所以这个政策根本激励不了群众。而且，民众普遍认为，对纯女户的补贴标准每月 80 元太低了，让他们觉得养老没有保障。[①]

总之，国民（主要是农民）依靠“社会养老”“政府养老”还有相当大的难度，目前仍主要依靠家庭养老。然而根据我国的婚嫁习俗，女性结婚后在婆家居住，家庭养老实际上就是“养儿防老”。这样，养老的责任主要落在儿子身上，要靠儿子来解决老人的经济来源、生活照料、精神慰藉等养老问题。这些现实问题的存在，在客观上强化了人们的男孩偏好，在一定程度上激化了出生性别比的升高。

5. 落后的经济基础

党的十一届三中全会以来，随着家庭联产承包责任制的推行和经济体制改革的推进，我国的生产力水平得到极大提高，经济得到快速发展，人均收入水平迅速提高，人们的生活条件得到极大改善。然而，由于区域经济发展的不均衡，仍然有许多边远农村地区的经济尚未得到发展，生产力水平还极为落后。家庭依旧是农村生产经营组织的最小生产单位，自给自足和以体力劳动为特征的小农经济，凸显了男性劳动力在家庭农业劳动中的作用，强化了儿子在家庭生产中的效用。

在大多数农村，手工劳作仍然是农民生产的主要方式，由于生产工具落后，农民不得不投入较多的劳动力以实现收入的增长；手工劳作的农业生产需要更强的体能，而往往只有男性具备这种生理特征[②]。杨成钢也认为，男性劳动力在家庭生产方面比女性劳动力更具优势[③]。正是这种传统农业生产方式对体力的依赖，使男性居于不可替代的主导地位，从而巩固了男性在家庭中的支配地位[④]，强化了人们的男孩偏好。

概而言之，在传统的生育文化、不完善的社会保障制度及落后的经济基础三个因素的综合作用下，人们维持着强烈的男孩偏好。严格实行限制人口数量的生育政策缩小了人们的性别选择空间，强烈的男孩偏好与过于狭小的性别选择空间互相冲突和挤压，促使人们通过非法 B 超鉴定和性别选择性流产的事前解决方式

① 谢永飞，刘衍军．广东省出生性别比偏高的实证研究．人口与发展，2006（S）．

② 李全棉．出生婴儿性别比偏高原因的系统分析．南京人口管理干部学院学报，2005（1）．黄娅，张敏，彭华．从经济学的角度浅析贵州出生人口性别比失调的问题．法制与社会，2008（28）．

③ 杨成钢．从行为机制看性别比问题与生育政策的关系．人口研究，2009（3）．

④ 穆希琳．简析当代中国人口性别结构的比例失调现象．改革与开放，2013（10）．

来实现其男孩偏好，结果导致了我国出生性别比的长期偏高。

二、分年龄人口性别比

总体而言，2020 年中国分年龄人口性别比的分布与亚洲和世界分年龄人口性别比的分布基本一致，即刚出生人口的性别比较高，随着年龄的增长人口性别比逐渐下降，进入 80 岁高龄后，人口性别比下降至较低水平（见图 7－9）。

但中国分年龄人口性别比又不同于亚洲和世界，其差异可概括为以下两个方面：其一，中国 0～4 岁、5～9 岁、10～14 岁、15～19 岁、20～24 岁年龄组人口的性别比高于亚洲和世界的相应水平，这可能与中国自 20 世纪 80 年代就开始偏高的出生性别比有关。其二，中国各年龄组人口性别比的波动大于亚洲和世界的相应水平。

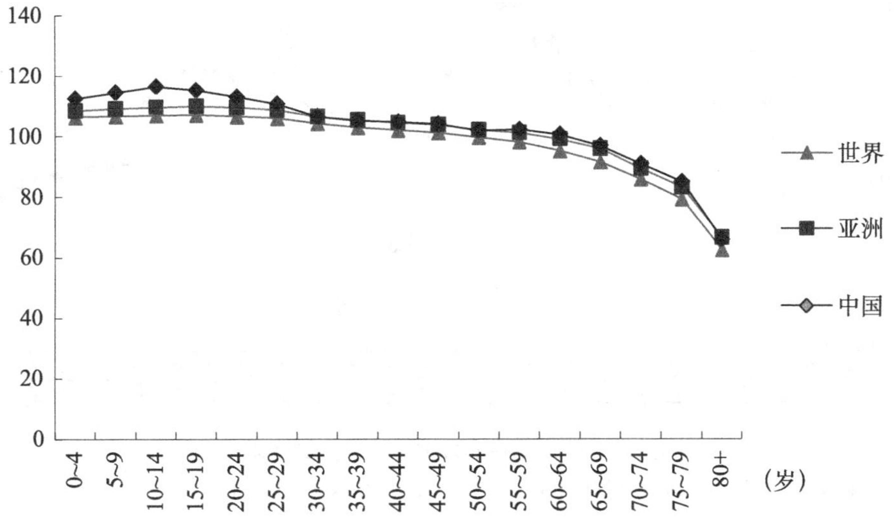

图 7－9 2020 年分年龄人口性别比的国际比较

资料来源：United Nations，Department of Economic and Social Affairs，Population Division（2019）. World population prospects 2019.［2019－10－10］. https：//population. un. org/wpp/Download/Standard/Population/.

三、总人口性别比

联合国数据显示，在 1950—2015 年间，中国总人口性别比高于亚洲和世界总人口性别比的平均水平。从具体数值来看，均超过了 95～102 正常值范围的上限。可见，中国属于总人口性别比偏高的国家，并存在明显的时空变化。

（一）时间变迁

1949 年，在中国 54 167 万人口中，男性人口有 28 145 万，女性人口有

26 022万，总人口性别比高达 108.16。此后，总人口性别比虽然在波动中呈现略微下降的趋势（如 2012 年总人口性别比下降至 105.13），但均偏离了总人口性别比正常值范围的上限。

如图 7－10 所示，我国的总人口性别比在 1949—2017 年间形成了两个明显的波谷，第一个波谷形成于 1959—1962 年间，第二个波谷形成于 1992—1997 年间。两次波谷形成的原因不同，前者是由受自然灾害的影响，人口死亡率大幅度上升，且男性的死亡率高于女性所致；后者是正常年份的短期下降，很可能是由抽样误差造成的。

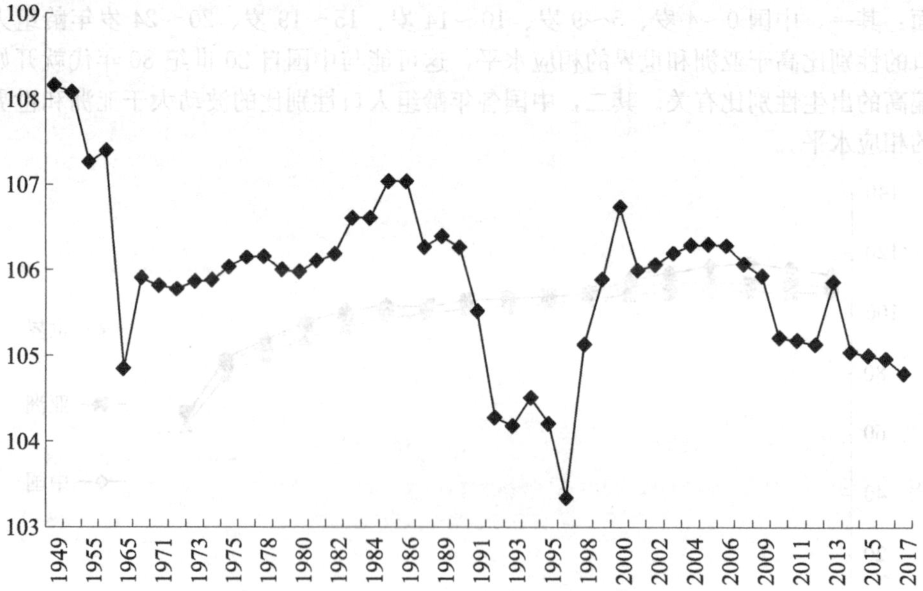

图 7－10　1949—2017 年中国总人口性别比

资料来源：国家统计局．中国统计年鉴（2018）．北京：中国统计出版社，2018.

新中国成立后，我国总人口性别比呈现高位震荡波动走势，主要有两个原因：一是与新中国成立前本来就很高的性别比密切相关。有研究显示，1932—1939 年间，我国总人口性别比高达 112.17。[①] 在男性主导的传统农业社会中，由于男性在政治、社会和婚姻家庭中表现出特权和生存优势，因此形成了偏好男孩的生育文化。当时由于性别鉴定技术不可及，人们通常通过多生来实现自己的男孩偏好。为减少非意愿生育的女婴，溺杀女婴和虐待女婴成为当时社会的畸形文化，造成了女性的死亡率高于男性，从而使总人口性别比大大超出正常值域。二是与自 1982 年开始的出生性别比的长期持续偏高有关。

(二) 空间差异

虽然中国总人口性别比一直偏高，但各省、自治区、直辖市之间具有较大的异

① 张海峰，白永平．中国人口性别结构的区域差异及演变动态分析．西北人口，2008（6）.

质性。如图 7－11 所示，总人口性别比较低的是宁夏、陕西、重庆、辽宁、内蒙古、西藏、山东、湖南、四川，总人口性别比在 96.91～101.93 之间，处于正常值范围之内。其余 22 个省、自治区、直辖市的总人口性别比均出现不同程度的偏高。新疆、吉林、北京、江苏、河北、甘肃、上海、黑龙江的总人口性别比在 102.00～103.99 之间，属于轻度偏高地区；福建、河南、安徽、青海的总人口性别比在 104.00～105.99 之间，属于中度偏高地区；湖北、贵州、云南的总人口性别比在 106.00～107.99 之间，属于重度偏高地区；江西、山西、广西、海南、天津、浙江、广东的总人口性别比在 108.00 以上，属于极度偏高地区。出生性别比是总人口性别比的基础，故在人口出生性别比极度偏高地区（如江西、广东、广西、海南），总人口性别比也可能极度偏高。辽宁等地的出生性别比也曾偏高，但其总人口性别比处于正常范围，这说明总人口性别比还受人口迁移流动的影响。

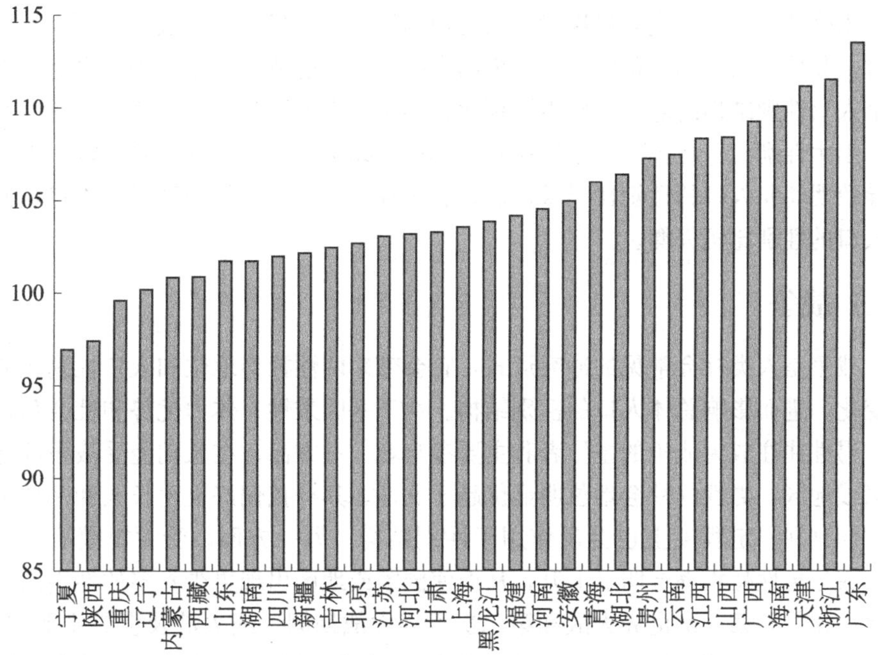

图 7－11　2017 年中国各省（自治区、直辖市）的总人口性别比

资料来源：国家统计局．中国统计年鉴（2018）．北京：中国统计出版社，2018.

第四节
性别结构与社会

生育是人类再生产的基础，男性和女性的相对均衡结构是自然选择的结果，以保证人类繁衍后代的可持续性。在自然选择条件下，人类基因塑造了总体相对均衡的生育性别概率。对个体来说，一个母亲可能生育几个儿子而没有女儿，也可能生育多个女儿而没有儿子，或者子代性别数量不均衡，但放大到人类社会来看，同时期男女婴儿的数量相对均衡。不过，作为人口的自然结构之一，性别结构除受生物因素和自然环境的影响外，还受政治、社会、文化等因素的制约，同时性别结构又反作用于人口安全、经济可持续发展和社会和谐与稳定。

一、性别结构的影响因素

（一）出生性别比

出生性别比是决定人口性别结构的根本性要素。尽管在一般情况下，人口出生时，其性别结构相对稳定，但人为因素的干扰可能造成出生性别比失衡。作为整个人口性别结构的起点，出生性别比将影响未来不同年龄段和总人口的性别结构。出生性别比一旦失常，难以逆转，其后果纵贯整个人口的年龄结构：不仅直接导致婴幼儿人口的性别比异常，而且影响到婚龄人口，传递到老年人口，使整个人口的性别比例失衡。

（二）战争

战争是人类社会常见的冲突形式，它会带来两性社会地位和人口性别比的明显变化，进而影响总体人口的性别结构。由于基因秉性、体力优势和社会角色预期，男性往往成为战争的主导者和主要参与者。一方面，在长期经受战争洗礼的国家或地区，男性的社会地位明显优越于女性，其男孩偏好也比长久和平地区明显，而这在一定程度上也会反作用于性别结构。另一方面，受大规模战争的影响，成年男性死亡率会明显上升，从而使国家或地区出现男少女多的性别比失衡现象。比如，第一次世界大战和第二次世界大战期间，战火波及世界主要国家，死伤无数，致使该时期世界的总人口性别比偏低，1950 年世界总人口性别比仅为 99.6。① 在 20 世纪 50 年代，德国的总人口性别比不到 90；1959 年，苏联的总人口性别比仅为 81.9。日本在第二次世界大战前的总人口性别比基本均衡，为 101；在第二次世界大战后，特别是在 20 世纪 50 年代经济快速增长时期，其人口性别比发生逆转，1965 年 40～54 岁人口性别比仅为 83，20 世纪 70 年代总人口性别比为 96.6。② 以上国家较低的人口性别比均与两次世界大战中男性人口的大量死亡密切相关。

---

① Population Division of the Department of Economic and Social Affairs of the United Nations Secretariat. World population prospects：the 2012 revision.（2014-11-03）[2019-10-10]. http：//esa. un. org/unpd/wpp/Excel-Data/population. htm.

② 王胜今. 人口社会学. 长春：吉林大学出版社，1988：172.

(三) 迁移流动

迁移流动是改变稳定的人口性别结构的一个重要因素。一个国家或地区若男性流入人口较多、女性流入人口较少，人口性别比就可能偏高；相反，若男性流入人口较少、女性流入人口较多，人口性别比就可能偏低。由于人口迁移流动具有一定的性别选择性，即男性人口比女性人口更倾向于流动，故流入人口较多之地的总人口性别比往往偏高。在美国这个移民国家，总人口性别比在1820年前后约为102～105，在1910年约为106；但是，随着美国移民政策的收紧，移民数量减少，其总人口性别比逐渐回落并趋于均衡：1940年为100.7，1950年为98.1，1960年为97。[①]

在中国，人口的迁移流动在不同时期表现出不同的特点。在传统农业社会，除政府的强制性迁移或暴政、战乱、天灾等原因而使得人们不得不背井离乡外，迁移流动并不普遍；农业耕作的周期性特点和社会保障的血缘维系，形成了“父母在，不远游”的规范和习俗。改革开放后，户籍制度改革力度加大，加之不同区域之间社会经济发展差距扩大，城乡之间、区域之间的迁移流动浪潮持续高涨，其范围之广、规模之大，都堪称空前。城市相对农村、经济发达地区相对经济欠发达地区的综合优势，共同促使大量人口从农村流向城市、从经济欠发达的中西部地区流向经济发达的东部地区。与此同时，伴随工业化、城镇化、都市化和现代化的推进，还出现了人口从农村流向农村、从城镇流向城镇的平流，以及从城市流向农村的逆流。

总体而言，在中国的迁移流动人口中，男性的比例高于女性，如跨县流动人口的性别比为111[②]。但是，迁移流动人口的性别结构因不同地区而存在差异：马戎等的问卷调查数据显示，西部流动人口的性别比较高，为193[③]；第五次全国人口普查数据显示，在北京市的迁移流动人口中，男性比女性高20～30个百分点[④]；而在广东和深圳等劳动密集型产业较多的地区，迁移流动人口中年轻女性人口数量占据人口的绝对优势。当然，随着人口流动家庭化进程的推进，由人口迁移流动带来的性别结构的不平衡状况会得到缓解。

迁移流动人口的性别结构也因不同的流动原因而异。如表7-3所示，2010年，在全部流动人口中，因工作调动之人的性别比最高，超过190；务工经商之人的性别比次之，超过140；寄挂户口、拆迁搬家和学习培训之人的性别比也都超过100。相反，婚姻嫁娶之人的性别比极低，仅为16.88，这说明这类迁移人口主要是女性；同样，随迁家属的性别比也很低，每100个女性对应不到74个男性。以上数据表明，男性多流迁，而女性多随迁。不过，这些特点因流动方向的不同而存在一些差别（见表7-3）。

---

① 王胜今．人口社会学．长春：吉林大学出版社，1988：172.

② 唐家龙，马忠东．中国人口迁移的选择性：基于五普数据的分析．人口研究，2007（5）.

③ 马戎，马雪峰．西部六城市流动人口调查综合报告．西北民族研究，2007（3）.

④ 夏东南．天津市人口性别结构变动原因及对策分析．山西财经大学学报，2012（S2）.

表 7-3　分流动原因的流动人口性别比（2010 年）

流动原因	流动人口	乡—城流动人口	城—城流动人口	乡—乡流动人口	城—乡流动人口
务工经商	143.17	139.35	143.08	162.10	221.99
工作调动	190.77	152.55	186.42	344.07	298.04
学习培训	106.32	107.68	100.49	113.54	124.88
随迁家属	73.65	70.06	74.96	80.12	136.92
投亲靠友	84.80	74.77	83.69	93.88	190.71
拆迁搬家	119.87	115.94	123.82	112.00	143.04
寄挂户口	135.84	87.50	125.57	106.25	230.30
婚姻嫁娶	16.88	17.20	26.06	11.63	29.44
其他	100.77	83.45	108.42	102.08	222.28

资料来源：国家统计局第六次全国人口普查数据开发项目“当前和今后一段时期我国流动人口若干重大问题研究”研究报告（由第六次全国人口普查 1‰原始数据计算得来），该课题主持人是段成荣教授。

可见，大规模的人口迁移流动会重塑流入地和流出地的性别结构。在开放的人口环境中，战争和迁移是影响人口性别结构最主要的原因，但二者的机制和后果有别：前者对人口性别结构的影响是摧毁性和绝对的，因为作为个体的男性永久消失了；而后者的作用则是区域性和相对的，只是一个地区和另一个地区的此消彼长，主要表现为地区层面的差异性，而这种差异性又与流入地和流出地的经济结构、产业结构、社会结构和总体发展水平的不均衡性息息相关。

（四）文化传统

在社会生活中，人的活动受到规范、习俗等诸多因素的制约，生育行为往往超越简单的生理动机。在传统农业社会，生育是超越个人的家庭或家族之事。比如，中国传统社会中的男孩偏好的一个重要目的就是传宗接代，延续祭祀。以男性血缘为主的单系传承，造就了男性相对于女性的绝对优势地位。一方面，男性在家庭财产继承、家庭权力支配方面占据优先地位；另一方面，男性在家庭利益维护、农耕劳作、老人赡养等方面也必须承担更多的责任，是家庭经济生活的主要支柱和保障者。这种男性主导型社会很容易造就男孩偏好的生育文化。

当社会生活环境差、经济条件难以满足更多孩子的生存需要时，牺牲女婴（如溺弃女婴）来保全男孩的生存机会是一种较为普遍的社会现象；同样，在孩子照管方面，女婴也很难得到与男婴相同的待遇，故女婴后天的成长风险高于男婴，从而加剧了人口性别比的失衡。在现代社会，越来越多的人为了私人目的而生育，孩子被解读成爱情的结晶。然而，传统文化对人类生育行为的影响虽然逐渐弱化，但并未消除，依旧直接或间接地作用于人口的性别结构。

（五）其他因素

除战争因素外，由其他原因造成的死亡也会导致异常的人口性别结构。比如，在非洲的一些地区，女性人口在幼儿时期、少年时期，尤其是在生育期（如孕产妇）的高死亡率，造成这些地区男性人口过多。又如，中国古代存在溺弃女婴现象。弃婴本身不会造成性别结构失衡，但如果弃婴得不到收养而致死，且弃婴现象较为普遍，就可能破坏两性比例的均衡。当然，在当今社会，溺弃女婴不仅有悖道德规范，而且违法，故已较为少见，对性别结构的影响也已微不足道。

婚姻制度和职业结构也会影响性别结构。王胜今认为："以一夫一妻制为中心的婚姻制度、男女职业分工等，都有维持男女数量均衡的机能。因此，可以认为，出生决定着人口构成中的性比，社会则维持着性比的均衡，人类通过社会来维持性比，确保自我再生产过程，社会则通过维持男女性比及确保自我生产的过程，维持社会秩序、推动社会发展。"①

此外，经济基础、生育政策、B超鉴定和性别选择性流产等因素也会作用于人口的性别结构，详见本章第三节。

二、性别结构对社会的影响

均衡的人口性别结构对国家或地区的经济发展以及和谐社会的构建至关重要；相反，失衡的性别结构会给总体人口、经济发展、社会和谐与稳定带来不利的影响。

（一）影响人口安全

1. 两性比例失衡可能给人口数量安全带来两个截然相反的结果

一方面，两性比例失衡会对人口再生产造成破坏。女性是人口再生产的载体，女性在总人口中比例的下降可能降低人口再生产的能力，并因此导致人口萎缩，其后果不容低估：从长远来看，它不仅影响到我国人口可持续发展能力的提高，而且影响到整个社会的可持续发展、人口安全、经济繁荣和社会稳定。因此，两性比例失衡不是单纯的人口问题，而是一个综合性的社会问题。另一方面，在近期，婚龄期女性资源的短缺容易促使人们早婚早育，导致无计划生育。

2. 威胁人口健康、增加人口死亡风险

人口统计数据证明，婚姻可以对健康起到一定的保护作用，已婚有配偶者比终身未婚者的死亡率低；此外，婚姻的缺失或不稳定可能驱使非意愿性独身群体寻求非传统的性行为，从而增加整个人群性病、艾滋病的发生率，加上其他种种因素（如个体失范行为）的作用，可能提高非意愿独身群体的死亡率。

3. 延缓整体人口素质的改善，不利于缩小社会差距

一方面，由性别失衡所导致的家庭的不稳定将削弱家庭的养育和教育功能，从而可能影响孩子的心理及社会适应性的健全发展，导致孩子发展出不健康的人格，不利于孩子的全面发展。另一方面，在男多女少的情况下，一些因生理原因而不适于婚配的女性人群由于女性数量的短缺而进入婚姻市场，成家生子，这反过来可能有碍于全民人口素质的提高，并使一部分人群始终不能摆脱弱势群体的

---

① 王胜今．人口社会学．长春：吉林大学出版社，1988：173.

地位，阻碍社会的垂直流动，不利于改变原有的社会格局。

（二）影响经济可持续发展

性别结构失衡可能阻碍经济的正常与通畅运行。这主要表现在以下三个方面。

1. 造成劳动力市场失调、产业结构变化，影响国民经济的有序发展

性别结构能影响劳动力市场和产业结构。当性别结构与劳动力市场、产业结构相适应时，有助于促进国民经济的有序发展；反之，则可能对现有的劳动力市场和产业结构带来冲击，阻碍国民经济的发展。具体而言，人口性别比偏高将带来以下三方面的影响：其一，造成劳动力市场失调。由于男性生命周期中的就业时间长于女性，因此男多女少就等于间接增加男性劳动力资源的供给量，从而不仅加重社会的就业压力，也使女性就业及传统的女性行业受到冲击，因此打破社会秩序与格局，造成劳动力市场的紊乱和社会不稳定。其二，造成男性的就业挤压。在未来一二十年内，中国男性劳动力的过剩将使男性劳动力就业变得更为困难，就业挤压将产生大量失业的男性人群，从而给社会稳定带来很大冲击。其三，打破性别结构与产业结构之间的适应关系。由于男性和女性从事的产业结构类型不同，因此人口性别比偏高将对产业结构的合理性提出挑战。

2. 导致社会需求、消费结构的变化，造成经济活力的弱化

从理论上看，人口性别结构中男多女少的现象将导致社会需求、消费结构的变化。预测表明，在2015—2045年间，中国每年将产生大约120万的男性过剩人口①；到21世纪中叶，中国的“光棍”数量将会累计达到3 500万左右②。“光棍”的生产能力差、经济来源少、家庭人口缺失、精神生活贫乏、消费需求低，从而“光棍”数量巨大将导致地方经济活力不足，不利于地区经济的发展。此外，由于“光棍”多集中在边远、落后、贫穷地区，这也不利于这些地区经济上的脱贫致富。同时，个体消费需求的降低、消费能力的不足和消费行为的变化将对整个社会需求、国民经济的生产和消费结构产生巨大影响，并由此导致宏观经济的波动。

但是，有关性别结构与居民消费关系的研究得出了不同结论。有研究认为，女性消费主义在中国兴起，女性已逐渐成为消费力的核心，在很大程度上掌握了中国未来的消费市场。③也有些研究发现，家庭在对不同性别孩子的消费支出方面存在性别差异。如对加纳低收入家庭的研究显示，家庭对男孩营养摄入等方面的食品支出多于女孩。④事实上，家庭消费支出的性别差异现象在中国也普遍存在，如在人力资本投资中，存在重男轻女的现象，这常使男孩获得比女孩更多的

① 李树茁，等．中国的男孩偏好和婚姻挤压：初婚与再婚市场的综合分析．人口与经济，2006（4）．

② 李汉东，陆利桓．我国出生性别比失调对未来婚姻市场的影响．统计与决策，2010（23）．

③ 安永：女性消费主义在中国兴起．商务周刊，2007（17）．

④ GARG A，MORDUCH J. Sibling rivalry and the gender gap：evidence from child health outcomes in Ghana. Journal of population economics，1998（11）．

受教育机会和更好的教育结果。

中国进入消费“她”时代 女性成购买主力

2007年安永咨询发表报告《女性消费主义在中国兴起》；同年，《女性消费时代》成为《商务周刊》的封面故事，这篇文章的核心观点是：中国未来的消费市场很大程度上掌握于女性消费者手中，零售商们应及时捕获这一信息，并相应调整营销策略。

“随着中国女性接受高等教育和就业的机会增多，她们的消费习惯产生了重大变化。尤其是在城市，女性享有更大的经济独立性和消费选择。”李港卫说，“她们不仅可以决定如何花自己的钱，还对如何支出家庭收入有着很大的影响力。”

此外，全国妇联的调查也显示，有78%的已婚女性负责为家庭日常开销和购买衣物做出决定；在购买房子、汽车或奢侈品等大额商品时，23%的已婚女性表示她们能做出独立决定，其余77%的女性表示会与配偶商量后决定，但她们的个人好恶仍然会对最终决定产生重大影响。

“现在，女性在个人和家庭消费中都拥有很高的决策权。”意大利珠宝宝曼兰朵（Pomellato）中国区总裁谈雪晶介绍，“作为商家，我们必须找到这种新趋势的共性，了解她们是怎么想的，了解她们的消费模式是怎样的。”

资料来源：中国进入消费“她”时代 女性成购买主力．(2010-11-19)[2019-10-10]. http://fashion.eladies.sina.com.cn/industry/2010/1119/074318776.shtml.

为考察人口性别比与居民消费之间的关系，邱俊杰、李承政在将人口性别比纳入模型后发现，人口性别比与居民消费率正向相关，即人口性别比的上升可以提高居民的消费率①。

3. 导致婚姻成本增加、储蓄力度加大，不利于拉动内需

消费与储蓄是一对既相互联系又相互区别的概念，据此，性别结构除了会影响居民消费外，也会影响居民储蓄。在社会化养老尚未得到普及的中国，依靠儿子养老仍是居民主要的养老方式。在这一背景下，没有儿子的家庭为老有所养，过上有尊严的生活，通常会抑制消费、增加储蓄。相反，有儿子的家庭，认为其已老有所养，通常会通过适当减少储蓄的方式来满足其消费欲望。② 但是，也有研究者提出了相反的观点。李晓夏认为，人口性别比会正向显著地影响居民储蓄。这是因为，人口中男性与女性比例差距的扩大会带来婚姻市场竞争程度的加剧和婚姻支付成本的上升，而这会激发居民增加储蓄的动机，进而提高居民储蓄率。③

毫无疑问，性别结构是影响居民储蓄的因素之一，虽然前者对后者的影响性

---

① 邱俊杰，李承政．人口年龄结构、性别结构与居民消费：基于省际动态面板数据的实证研究．中国人口·资源与环境，2014（2）．

② 同③.

③ 李晓夏．我国人口年龄结构、性别比例对居住储蓄的影响．长沙：湖南大学，2013.

质因不同的研究而异。中国居民储蓄占国民生产总值的比例一直居世界前列，20世纪90年代初这一比例就在35%以上，2005年这一比例上升至51%，2009年这一比例高达52%。中国居民储蓄率过高被公认为会阻碍内需的扩大，不利于经济的发展。[①]

（三）影响社会和谐与稳定

性别结构之所以能受到学界和社会的广泛重视，主要是因为它可能带来一系列的社会后果。以出生性别比失衡为例，在一夫一妻制社会中，若出生性别比长期持续偏高，必将带来婚姻挤压，使一部分男性，尤其是生活在社会阶层最底端的男性，在择偶时遭遇困难，而这会给社会带来一系列问题，影响社会和谐与稳定。

1. 威胁社会治安

在男多女少的社会中，有一部分社会底层的男性因找不到配偶而游离于婚姻家庭之外，不能过上正常的家庭生活，缺乏与异性情感上的沟通和生理上的交流，而这会使其生理和心理产生不良反应，进而带来社会治安问题。一方面，婚姻挤压的后果主要由相对弱势的男性来承担（如农民、低收入群体）[②]，他们作为社会竞争中的失败者，在寻找配偶无望后，容易采取对抗社会的过激行为；另一方面，男性在择偶过程中为争夺女性这一稀缺资源，可能爆发社会冲突和暴力事件。以上两方面都将破坏社会正常的伦理秩序，威胁社会治安，损害社会和谐与稳定。

2020年左右中国“光棍”将达3 000万

杨菊华在接受《燕赵都市报》记者采访时表示：“在自然情况下，女婴的死亡率低于男婴；在青少年中，女孩的意外死亡率比男孩低。到了婚龄阶段，两性比例基本上就平衡了，这也是一种自然选择的结果。但是我国现在男孩比女孩多太多了，多出来的那一部分，将来他们的婚配可能会有问题，有专家推测，中国的‘光棍’将有3 000～3 500万。”

有这么多男青年不能正常婚配，这不仅影响男青年自己及其家庭，还会增加社会潜在的不安定因素。杨菊华称，美国的政治学教授赫德森（Valerie Hudson）和登博尔（Andrea den Boer）曾经合写过一本书，专门讲中国的“光棍”问题。从国家安全、社会稳定这个角度来说，她们认为，这么多的“光棍”会带来很严重的安全隐患，可能现在还没有明显地表现出来。男女性别结构的大规模失衡出现在1990年以后；虽然在1990年以前就已经失衡了，但1990年以后表现得更加明显。它的后果不是当时就显现的，这就表现了许多人口问题的滞后性。

资料来源：2020年左右中国光棍将达3 000万．燕赵都市报，2013-06-30.

---

① 中国的储蓄率高达52%是导致内需不足原因之一．现代快报，2012-11-22.

② 闫俊，李海明．性别比例失衡对中国婚姻结构影响．人民论坛，2012（2）.

2. 增加犯罪，造成社会不稳定

适龄婚配人口性别比例的失衡在一些人群及贫困地区尤为突出。作为一个正常人，当一部分男性暂时或永久性地失去组成家庭的机会时，他们就容易寻求非传统途径去满足正常的生理需求，这为地下色情业的存在和发展提供了条件；同时，这也给女性的生存状态带来了较大的威胁。部分男性无妻可娶的现象诱发了更多的婚外性行为，影响了家庭稳定。此外，还有可能提高一些犯罪现象的发生概率，如拐卖妇女和儿童、性犯罪、性侵犯、暴力犯罪等，这使得女性始终处于不安全状态中①，增加了女性生活的潜在风险②。

3. 挑战社会养老保障制度

国家人口发展战略研究课题组认为，到 2020 年，20～45 岁的男性将比女性多 3 000 万人左右③。受婚配适龄人口婚姻挤压的影响，他们当中有相当部分人口将终身不婚。当这批人进入老年期后，由于其无妻无子，日常生活无人照料，因此其养老的重担将会大部分转嫁给社会和政府，从而增大社会养老的负担。不仅如此，这些独身男性老人与有家庭的老人相比，养老需求是不一样的，其需求更复杂，满足的渠道更少，这势必会使现有的养老保障制度和服务体系面临更为严峻的冲击和挑战。

本章小结

本章首先介绍了性别结构的概念，以及分性别人口比例、出生性别比、分年龄人口性别比、总人口性别比等测量指标，这是认识人口性别结构的基础。其次，借用了《世界人口展望》数据分析了世界人口的性别结构。亚洲的出生性别比和总人口性别比在世界各大洲中最高，且均超出正常值范围的上限。再次，利用中国的相关数据探讨了中国人口的性别结构。受传统的生育文化、严格的生育政策、B超鉴定和性别选择性流产、不完善的社会保障、落后的经济基础等因素的综合影响，中国的出生性别比在亚洲最高，且偏离正常值范围的时间最长、程度最深、范围最广。最后，分析了性别结构与社会的关系。性别结构受出生性别比、战争、迁移流动、文化传统、婚姻制度和职业结构等因素的影响，同时又作用于人口安全、经济可持续发展和社会和谐与稳定。

关键术语

性别结构、人口性别比、性别结构失衡、性别比偏高、婚姻挤压、生育政策、男孩偏好、B超鉴定、性别选择性流产、人口安全、经济可持续发展、社会和谐与稳定

① 穆希琳．简析当代中国人口性别结构的比例失调现象．改革与开放，2013（10）．

② 丁东红．我国人口性别结构失衡所带来的妇女人权问题探讨．中国北京，2010（10）．

③ 国家人口发展战略研究课题组．国家人口发展战略研究报告．人口与计划生育，2007（3）．

思考题

1. 简述人口性别结构的测量指标。
2. 简述世界人口性别结构的特点。
3. 简述中国出生性别比偏高的特点及原因。
4. 简述人口性别结构与社会的相互影响。
5. 讨论图 7－10 中中国总人口性别比变化的原因。

拓展阅读书目

1. 杨菊华，等．生育政策与出生性别比．北京：社会科学文献出版社，2009.

2. 杨菊华．胎次-激化双重效应：中国生育政策与出生性别比关系的理论构建与实证研究．人口与发展，2009（4）．

3. 石人炳．我国出生性别比变化新特点：基于“五普”和“六普”数据的比较．人口研究，2013（2）．

4. 姜全保，李树茁．女性缺失与社会安全．北京：社会科学文献出版社，2009.

5. 李树茁，韦艳，任锋．国际视野下的性别失衡与治理．北京：社会科学文献出版社，2010.

6. ATTANE I，GUILMOTO C. Watering the neighbour's garden：the growing demographic female deficit in Asia. Paris：CICRED，2007.

7. CLARKE J. The human dichotomy：the changing numbers of males and females. Oxford：Elservier Science，Ltd.，2000.

第八章

婚姻家庭

中国正面临一场全面的社会转型。尽管婚姻家庭本身具有相对的稳定性、独立性和延续性，加上传统文化的惯性所具有的制约作用，在社会转型中呈现适应、变化迟缓的特点，但无疑也将顺应社会的变迁而发生相应的衍变。①

——徐安琪、叶文振

婚姻与家庭是两个互相联系、不可分割的话题，两者不仅与我们的个人生活息息相关，而且与整个社会的发展、变迁、稳定和谐紧密相连。恩格斯认为，婚姻和家庭这种社会现象并不是一开始就存在的，它是人类社会发展到一定阶段的产物，为物质资料的生产方式所决定，是人类的两性和血缘关系借以建立、赖以确定的社会形式。本章将对婚姻、家庭及其时代变迁进行分析，首先介绍婚姻家庭的概念及测量指标，其次描述婚姻家庭理论，最后分析世界和中国的婚姻家庭的基本状况。

第一节 婚姻家庭及测量指标

一、婚姻

（一）婚姻概念

一般意义上的婚姻是指男女双方按照社会习俗或法律规定，通过一定的程序结合为夫妻的社会制度。通过婚姻，男女两性之间的关系得到社会承认，并为社

① 徐安琪，叶文振．中国婚姻质量研究．北京：中国社会科学出版社，1999：8.

会所保护。婚姻的成立，一般标志着家庭的建立。而同性恋权利支持者认为，婚姻是指两个成年人之间的获得社会承认的、自愿的、忠贞的、单配的、合法的契约结合，由政府或社会通过给予特定的权利、待遇和责任来表示认可。这些权利包括经济、税收、遗产、抚育子女、收养子女以及做出医疗决定。同性婚姻现在在荷兰、西班牙、法国、爱尔兰、美国等国家已经合法化。[①]

婚姻作为一种社会现象，既有自然属性，也有社会属性。自然属性是指它的生物性，即它是男女两性生理上的结合，以当事人的性别差异为基本条件，是人达到一定年龄、生理上成熟、具有性的需求并力图满足这种需求的产物。[②] 社会属性是指两性之间的结合是一种基本的社会制度，必须按照社会风俗、习惯、道德、法律等社会规范来实行；不符合社会规范、法律的两性结合，如未婚同居、婚外情等都不能被称为婚姻。

（二）结婚条件

我国《婚姻法》规定，结婚必须双方自愿，达到法定年龄，符合一夫一妻制原则。结婚的条件，具体可分为积极条件（基本条件）与消极条件（禁止条件）。

1. 积极条件

（1）结婚必须男女双方完全自愿，不许任何一方对他方加以强迫或任何第三者加以干涉。

（2）结婚年龄，男性不得早于 22 周岁，女性不得早于 20 周岁。

2. 消极条件

（1）直系血亲和三代以内的旁系血亲，禁止结婚。

（2）患有医学上认为不应当结婚的疾病，禁止结婚。

（三）合法婚姻与不合法婚姻

按照法律规定进行结婚登记的，属于合法婚姻；而重婚，有禁止结婚的亲属关系而结婚的，婚前患有医学上认为不应当结婚的疾病、婚后尚未治愈的，以及未达到法定婚龄而结婚的，均属于不合法婚姻，也即婚姻无效。

合法婚姻可以得到法律的认可与保障，不合法婚姻则不受法律的庇护。同时，对违反、损害、破坏法律婚姻的行为，则要依法予以严惩[①]。在中国，由于受到传统习俗、婚姻登记不方便、制度不健全或法制观念淡薄等原因的影响，在广大农村及边远地区存在大量的事实婚姻，即没有配偶的男女，未进行结婚登记，便以夫妻关系同居生活。基于对现实的考虑，国家对事实婚姻给予了有条件的认可。自 1994 年 2 月 1 日民政部发布的《婚姻登记管理条例》实施后，未办理结婚登记而以夫妻名义共同生活的男女，双方符合结婚实质性条件的，补办登

① MASCI D，BRVWN A，KILEY J. 5 facts about same-sex marriage.（2019 - 06 - 26）[2019 - 10 - 10]. http：//www. pewresearch. org/fact-tank/2017/06/26/same-sex-marriage/.

② 林崇德，等. 中国成人教育百科全书 社会・历史. 海口：南海出版公司，1994：521.

记后，则产生合法婚姻的效力。未补办结婚登记的，则被视为非法同居关系，而无法受到法律的保护。

(四) 婚姻状况与测量指标

婚姻状况是引起生育变动的最主要因素，不仅对人口再生产有直接影响，而且对人口的迁移流动发挥重要作用；同时，它还与社会经济、政治、文化、法律及宗教等因素密切相关。因此，婚姻状况既是人口社会学研究的重要现象，也是社会调查和人口普查中最常涉及的指标。

1. 婚姻状况

婚姻状况是指在一个国家或地区的人口中，15 岁及以上人口在婚居中所处的状态。婚姻状况一般分为未婚、已婚、丧偶、离婚四类。未婚是指从未结过婚。已婚是指已经结婚并与配偶一起生活，可区分为初婚和再婚两种情形。丧偶是指配偶死亡，单独居住或与子女、孙子女等共同居住，处于可再婚状况。离婚是指法定夫妻关系解除，双方均处于可再婚状况。有的国家或地区将分居（夫妻双方共同生活的关系已经破裂而又未正式离婚的状态）也作为婚姻状况的一种分类。

对于已婚概念的界定与理解，不同国家或地区存在或多或少的差别。在许多国家或地区，需要法律的许可并取得政府有关部门发给的正式证书才算已婚；在另一些国家或地区（如信仰基督教或伊斯兰教的国家），需要在教堂举行仪式才算已婚；还有一些国家或地区将未履行任何手续的男女双方的同居也视为已婚。[①]

2. 测量指标

反映人口婚姻状况的指标有两种：一是处于各种婚姻状况的人数在总人口中所占的百分比；二是处于婚姻状况的人数在某一可婚年龄（如 15 岁、20 岁）以上的人口中所占的百分比。具体来讲，测量婚姻状况的基本指标有结婚率、初婚率、平均初婚年龄、离婚率、终身不婚率等。

(1) 结婚率。

结婚率是指在某一时期（通常为一年）平均每千人口中结婚事件的发生数，常用千分数表示，其计算公式为：

$$结婚率=\frac{年内结婚事件发生数}{年平均人口数}\times 1\,000‰$$

这里的结婚事件包括初婚和再婚。结婚率受人口年龄结构的影响，儿童和老年人在总人口中所占的比例越大，结婚率越低。

(2) 初婚率。

初婚率是指在某一时期（通常为一年）平均每千人口中初婚事件的发生数，常用千分数表示，其计算公式为：

$$初婚率=\frac{年内初婚事件发生数}{年平均人口数}\times 1\,000‰$$

---

① 向洪，张文贤，李开兴．人口科学大辞典．成都：成都科技大学出版社，1994：650.

同结婚率一样，初婚率也受人口年龄结构的影响。

(3) 平均初婚年龄。

平均初婚年龄是指在某一时期（通常为一年）初次结婚者的平均年龄，或者某一队列人口初婚时的平均年龄。该指标受初婚者年龄结构的影响。[①]

(4) 离婚率。

离婚率是指在某一时期（通常为一年）平均每千人口中离婚事件的发生数，常用千分数表示，其计算公式为：

$$离婚率=\frac{年内离婚事件发生数}{年平均人口数}\times 1\,000‰$$

这一指标也受人口年龄结构的影响。成年人口在总人口中所占的比重越大，离婚率越高。

中国的离婚率真的达到了38%？

民政部公布的数据显示，2018年全国结婚登记数为1 010.8万对，离婚登记数为380.1万对。一时间，“我国离婚率高达38%”“每100对新人领证就有38对夫妻离婚”等简单对比成为网络的热点话题。

实际上，这种恐慌情绪是被所谓的“离婚结婚比”误导了，这是拿同一年离婚对数除以结婚对数进行简单计算得出的数字。而统计数据显示的离婚对数和结婚对数，反映的不是同一批人婚姻状态的变化。离婚对应的是已婚的所有人口，是个大区间；而结婚主要对应适婚年龄人口，是个小区间。所以，两个“率”的分母根本不相等，上述“离婚结婚比”的算术方法压根儿就是错误的！

结婚和离婚是两个相对独立的事件，所对应的是两个不同的人群。“离婚结婚比”不能算作反映婚姻状况变化的合理指标。如果简单拿所谓的“离婚结婚比”当作“离婚率”来使用，无疑将离婚率放大了成百上千倍。

我们通常所说的结婚率和离婚率，其实是专家研究用的粗结婚率和粗离婚率，指一定时期内（通常为一年）结婚/离婚人数与同期年中人口数之比。这两个指标的分母都是总人口，包含了大量不在适婚年龄的人口，对婚姻状态变化的描绘也是粗线条的。

近几年我国结婚率逐年下降确有其事。根据国家统计局和民政部的数据，从2013年开始，我国结婚率逐年下降。2013年为9.9‰，2014年为9.6‰，2015年为9‰，2016年为8.3‰，2017年为7.7‰，2018年为7.2‰。

但是别慌！结婚率下降是一种正常现象，其背后最大的秘密在于我国人口结构的变化。一方面，我国正在逐渐进入老年人口比重不断加大的社会，人均寿命延长，总人口基数不断上升。另一方面，适婚年龄人口（其中主要是青年）占总人口比例不断下降。

结婚率下降，跟初婚平均年龄后延也有较大关系。从某种程度上说，并不是

① 刘爽，任慧．第八章“婚姻与家庭分析”//国家统计局人口和就业统计司，中国人民大学社会与人口学院．人口和就业统计分析技术．北京：中国统计出版社，2012：203.

现在的年轻人都不想结婚了，而是随着经济社会的发展以及平均寿命的延长，人们的教育、就业、结婚、生育等社会化行为相应延后了。

虽然晚婚行为会在一定时期内拉低结婚率，但是晚婚并不代表不婚。因此，也不能单纯从结婚率来判断和理解结婚意愿。

离婚率上升尚在合理区间之内，不必过分紧张。近几年我国离婚率逐年上升也确有其事，同样它也受社会发展、观念变化，以及人口结构变化等影响。在当今社会，人们在强调婚姻自由的同时，对婚姻质量的期望增高了，社会对于离婚的理解和包容度也提高了。从联合国收集的2013—2017年各国离婚率来看，英国、法国、德国等国家这五年的离婚率相对稳定在2‰左右，美国的离婚率相对稳定在2.5‰左右，日本、新加坡等国家的离婚率相对稳定在2‰以下，韩国的离婚率略高于2‰，俄罗斯、白俄罗斯、乌克兰等国家的离婚率一般为3‰～5‰。中国的离婚率在3‰左右，这与过去比确实是上升了，但横向比基本还处于合理区间内，并不像网上传的那么可怕。

资料来源：共青团中央发表的《我国离婚率高达38%？错！用数据说说结婚率离婚率那些事儿》，此处有删节。

(5) 终身不婚率。

终身不婚率是指到育龄期末（一般指50岁）仍未结婚的人数占相应年龄人口的百分比，其计算公式为：

$$终身不婚率=\frac{年满50岁而未婚的人口数}{年满50岁的全部人口数}\times 100\%$$

从人口学角度来讲，女性的终身不婚与终身不育几乎可以画等号，故女性终身不婚率的高低将影响生育水平[①]。

二、家庭

(一) 家庭概念

家庭是因婚姻关系、血缘关系或收养关系而形成的社会生活的基本单位。婚姻是家庭的起点，家庭是婚姻的结果。夫妻关系是所有家庭关系的基础，并由此产生父母、子女等纵向亲属关系和兄弟姐妹等横向亲属关系。家庭是人类自身生产的社会单位，为个体出生、成长、接受教育与终身发展提供最初平台，在情感支持、日常照料、生产生活、道德教育、文化传承、全面发展中发挥重要作用，构成个体赖以生存的基本环境。同时，家庭作为社会的基本细胞，其结构、功能、关系、观念等均受社会发展和社会制度的影响和制约。在不同的社会经济、政治、文化条件下，家庭的表现形式亦有不同。

家庭（简称家）与家庭户（简称户）是两个既相互联系又有差别的概念，须

① 王志刚．中国女性终身不婚率的初步研究．中国人口科学，1991（3）．

加以区分。家是指以婚姻、血缘或收养关系为基础结合起来共同居住的共同体；而户主要以居住地为依据，将一起居住之人称为一户。比如，租房户是一户，但未必是一家；租住在一起者可以是一家人，也可以是朋友、老乡或同事，他们因共同居住而形成一个家庭户。

（二）家庭核心要素

家庭包括四个核心要素，即家庭结构、家庭关系、家庭功能和家庭观念，它们之间密切联系、相互影响。

1. 家庭结构

家庭结构是指家庭成员之间的相互关系及构成状况，包括两方面的要素：一是人口要素，即家庭规模；二是模式要素，即家庭成员之间相互联系的方式以及因联系方式不同而形成的不同家庭模式，主要指家庭内部的代际数量、家庭形式和居住安排①。

根据家庭规模，家庭可以分为大家庭和小家庭两种类型。

根据家庭的代际层次及亲属之间的关系，家庭可分为四种类型：一是核心家庭，由父母和未婚子女组成。二是主干家庭，由父母和一对已婚子女（及未婚子女）组成。三是联合家庭，由父母和两对或两对以上已婚子女（及未婚子女）组成，或者是兄弟姐妹婚后不分家的家庭。四是其他家庭，即在以上三种类型以外的家庭类型，如不完全家庭、单身家庭。不完全家庭包括夫妇离婚、丧偶后只有一方与其子女共同生活的家庭等。单身家庭包括终身不婚或丧偶、离婚后过独居生活的家庭。

根据家庭代数，家庭可分为一代户家庭、二代户家庭、三代户及以上家庭。

根据婚后家庭的居住地，家庭可分为从妻居、从夫居、新居家庭。新居，也称单居，即成婚后另辟居所，不与双方父母共同生活。

家庭结构的人口要素和模式要素之间既相互联系，又有区别。一般来说，核心家庭人口较少，家庭规模较小；主干家庭人口居中；联合家庭人口较多，家庭规模较大。同样，代数越多，家庭人口数可能也越多，且主要为非核心家庭。但是，由于组成家庭的各种关系不同，因此即使家庭规模相同，家庭模式也未必相同：比如，一个五口之家，既可能是核心家庭，也可能是主干家庭，还可能是联合家庭，亦可能是其他形式的家庭。

2. 家庭关系

家庭关系是指家庭成员间的人际互动或联系，包括平行（代内）关系和垂直（代际）关系两种。平行关系是指同辈人之间的代内关系，如夫妻、兄弟姊妹、妯娌、姑嫂等；垂直关系是指不同辈人之间的代际关系，如亲子、婆媳、翁婿、叔侄、祖孙、外祖孙等。在一般情况下，家庭规模越大，代际层次越多，家庭关系就越复杂；反之，家庭关系则越简单。用“$(N^2-N)/2$”的公式可计算家庭

---

① 杨菊华，何炤华．社会转型过程中家庭的变迁与延续．人口研究，2014（2）．

关系的种数，其中 N 表示家庭成员的数量：一个六口之家存在 15 种关系，一个四口之家存在 6 种关系，一个三口之家仅存在 3 种关系。

3. 家庭功能

家庭功能也称家庭职能，是指家庭对人类的功用和效能，即家庭在人类生存和发展中的作用。家庭功能主要体现在以下六个方面：

一是经济功能。包括家庭中的生产、分配、交换、消费。主要是指家庭可以提供和分配资源，用以满足家庭成员衣食住行等方面的物质需求及其他方面的消费需求，这是家庭发挥其他方面功能的物质基础。总体而言，随着社会的变迁，家庭的经济功能在弱化。

二是性和生殖功能。主要是满足夫妻双方的性需求及进行人口再生产。性是人的自然生理需求；生儿育女既是满足性需求的自然结果（但如今性与生育可以分离），也是人口再生产的基本过程，它能确保社会成员的繁衍及社会生活的延续。[①]

三是教化功能。包括教育家庭成员和传播社会文化、习俗等。教育包括父母教育子女、家庭成员之间相互教育两个方面，其中父母教育子女在家庭教育中占有重要地位。

四是抚养和赡养功能。具体表现为家庭代际关系中双向的义务与责任。抚养是上一代对下一代的抚育培养，赡养是下一代对上一代的供养帮助。

五是情感沟通、交流功能。它是家庭精神生活的组成部分，是家庭生活幸福的基础。该功能的正常发挥对家庭成员的身心健康起到十分重要的影响作用。

六是休闲娱乐功能。这是家庭闲暇时间安排的表现。随着人们生活条件的改善，休闲和娱乐逐渐从单一型向多向型发展，生活日渐丰富多彩。

4. 家庭观念

家庭观念是指人们对家庭制度、家庭关系的主观认识，包括婚姻观、道德观、伦理观、法律观等各种观念。家庭观念的产生、形成与发展与其所处的经济、社会、文化环境密不可分，并随着社会的变迁而发生相应变化。

现代家庭观念涵盖的内容更为广泛，除了以上各种基本观念外，还包括健康观、生育观、教育观等观念。这些观念从不同侧面、在不同程度上影响着家庭成员的婚姻、道德、伦理、健康、教育、家庭、人格、思维模式、行为准则、生活方式等。[②]

第二节 婚姻家庭理论

自古以来，人们对婚姻家庭给予了极大关注。学界从不同学科、不同视角，

---

① 郑杭生．社会学概论新修：精编版．北京：中国人民大学出版社，2009：168.

② 张国超．现代爱情科学：下册．广州：中山大学出版社，2009：183.

对婚姻家庭状况及变迁发展进行了研究，形成了诸多理论。

一、婚姻的相关理论

（一）婚姻家庭经济论

贝克尔自20世纪60年代以来，先后出版了《生育率的经济分析》（1960）、《人力资本》（1964年初版，1975年再版）、《人类行为的经济分析》（1976）、《家庭论》（1981），开创了用经济学的分析工具和理论框架研究结婚、生育、离婚、家务分工等婚姻家庭相关问题的方法，成为婚姻家庭经济论的奠基人，被誉为婚姻家庭经济学之父。

贝克尔从理性选择和效用最大化等假定出发，将人们在婚姻市场上的选择行为、生育行为以及家庭内部分工行为等都看作理性的经济行为。从人们在婚姻市场上的选择行为来看，他认为人们结婚的目的就是使婚姻效用最大化。因此，从配偶的选择到婚姻的缔结，就是一个寻找目标市场、考察双方需求、认同商品交换条件直到签订商品交易契约的过程。在一个有效率且自由竞争的婚姻市场中，每一个人都倾向于选择效用最大化的配偶。从成本效益的角度来讲，一夫一妻制是最有效率的婚姻形式，而夫妻双方互补性的婚姻则是一个双赢的方案。从婚姻的收益来看，他认为，婚姻的主要收益在于夫妻双方的相互依赖与专业分工，女性从事家务劳动与生育，男性外出工作，这样的分工模式既可以节约总的劳动时间，又可以降低生产成本，提高生产效率。① 婚姻收益论很好地解释了女性结婚和生育欲望下降的原因，即随着经济发展和工作薪酬的提高，及劳动力市场对女性工作者需求的增加，女性不再专门负责家庭内的事务，在经济上变得更加独立，这使得她们从婚姻中获得的收益减少。因此，随着女性能够赚到与潜在配偶同样多的钱，她们结婚和生育孩子的欲望相应降低。②

（二）社会性别理论

社会性别（gender）是相对于生物性别（sex）而言的。女权主义者从社会性别视角对男女两性在婚姻家庭中的地位、劳动分工及权力等方面进行了阐述，社会性别理论也随着妇女运动、性别平等运动的推动而不断发展和深化。1972年，英国社会学家安·奥克利（Ann Oakley）在《性别、社会性别和社会》中，解释了生物上的性别与心理文化中的社会性别两者之间的差异。而发展该理论的最有名的代表是女权主义史学家琼·斯格特（John W. Scott），她对该理论的拓展和深化经历了一个过程，并主要体现在她的一系列作品，比如《妇女、工作与家庭》《社会性别：历史分析中的一个有效的范畴》《对社会性别与政治的进一步

① 张鑫．经济学大师的诺贝尔奖之路（1991—2000）．上海：上海人民出版社，2012.

② 梁在．人口学．北京：中国人民大学出版社，2012.

思考》等中。她提出，社会性别是一种权力关系，男女两性之间的不平等是社会现存机制互相影响的结果。

社会性别理论深入分析了男女两性不平等形成的政治根源、经济根源、文化根源和社会制度根源。

社会性别理论认为，人的性别意识不是与生俱来的，而是在对家庭环境和父母与子女关系的反应中形成的，并随着社会文化的变化而改变[①]。个体在社会化过程中，潜移默化地受到男女角色定位、性别规范的影响，逐渐内化形成了约定俗成的“男外女内、男强女弱、男主女从”的文化传统，形成了性别角色观念，养成了布迪厄所言的惯习（habitus），并在人际互动中，将之实践于夫妻互动、家务分工及教养工作中，从而不断强化和再生产性别角色观念[②]。

（三）婚姻梯度理论

婚姻梯度理论也称择偶梯度理论。该理论认为，在择偶过程中，男女在人格特征的各个方面存在“男高女低”的差别。如年龄上要“男大女小”，身高上要“男高女低”，学历上要“男高于女”，职业上、经济上要“男优于女”，等等。美国社会学家巴纳德（Jessie Bernard，1903—1996）将这种现象称为“婚姻梯度”。[③] 这种婚姻观的存在，造成处于梯度两极的人（“桶底”男人与“精华”女人）成婚困难：对于“桶底”男人而言，身高、学历或者经济地位的低下，使得他们找不到符合婚姻梯度原则的地位足够低的女性，或与自己地位相仿或比自己地位更高但愿意委身下嫁的女性。对于“精华”女人而言，较高的学历或者经济社会地位，使得她们很难找到地位足够高的男性作为结婚对象。

（四）婚姻匹配相关理论[④]

有很多理论曾对婚姻匹配（assortative mating）进行过探讨，目前“门当户对”的同质婚姻仍然是婚姻市场中的主流模式，社会中绝大多数婚配对象之间在种族、职业、社会阶层、教育、宗教等方面具有很强的相似性。

每个个体都有对配偶特征的一些偏好，但这些偏好在婚姻市场上会受到一些限制。寻找配偶是有成本的，既耗费时间又花费金钱。找配偶就好比找工作，找工作会有“保守工资”（reserved wage）一说，即最低能接受的工资，找配偶也有一些最低能接受的条件。人们的偏好会根据在婚姻市场上的经历而调整，人们的偏好与他们自身的限制条件相互作用，最终形成婚配模式。

贝克尔的婚姻经济模型对婚配模式进行了清晰的预测。他认为如果生活方式、吸引度和宗教信仰等个体特征能相互补充，就能实现“两情相悦”（like will

---

① 龚晓洁，张剑．人类行为与社会环境．济南：山东人民出版社，2011.

② 杨菊华．传续与策略：1990—2010 年中国家务分工的性别差异．学术研究，2014（2）.

③ BERNARD J. The future of marriage. New York：Columbia University Press，1982.

④ SCHWARTZ C R. Trends and variation in assortative mating：causes and consequences. Annual review of sociology，2013（39）.

marry like)，贝克尔称之为积极的婚姻匹配。同族婚姻（endogamy）和异族婚姻（exogamy）经常被用来表示以宗教信仰、种族、国籍等区分的族内或跨族婚姻。同质婚（homogamy marriage）和异质婚（heterogamy marriage）则指的是有相似或不同特征（如受教育程度、收入和吸引度等）的人之间的通婚。同质婚是两种配偶偏好的结果：根据匹配假设（matching hypothesis），在婚姻市场上寻找配偶的双方都偏好跟与自己特征相似的人结婚，所以造成了同质婚；而根据竞争假设，在婚姻市场上寻找配偶的双方都想要找到比自己的条件更好的配偶，但是如果双方都想要条件更好的配偶，而不愿意选择条件更差的配偶，就会导致同质婚。

交换理论预测了负向婚姻匹配（negative assortative mating）。负向婚姻匹配产生的主要原因是人们愿意通过交换去减少一些特征上的不平等。比如，一个来自社会经济地位较低的家庭但是受教育程度高的男性愿意跟一个受教育程度低但是家庭背景好的女性结婚，这样的婚姻匹配导致的结果是，无论是从教育还是从家庭背景看都是负向婚姻匹配，因为人们用一个特征交换了另一个特征。

现代化理论也预测随着社会的发展，后天获得的特征比如教育、经验等会取代先天性特征如社会出身、民族、种族、宗教信仰而成为成功的标志，相应的婚姻匹配模式也会发生变化，比如在宗教信仰、种族上出现的婚姻匹配模式就印证了现代化理论。

更常见的是同化理论（assimilation theory）的应用，根据该理论，不同人群之间的经济和社会距离在不平等程度越高的时期会越大。同化会减少异质婚的发生，这是因为随着不同人群间经济不平等程度的升高，下嫁/下娶（marrydown）会使人们有更大的损失。有实证研究表明，教育上的同质程度会随着教育回报率的增加而增大。另外，收入不平等也会造成居住隔离，从而降低异质婚发生的概率。

随着性别平等的推进，婚姻匹配模式也在改变。从女性选择男性的角度看，女性会有更大的自由，可以选择爱情而非金钱；从男性选择女性的角度看，男性可能去争取受教育程度高、收入高的女性，就像传统条件下女性对男性的偏好一样。男性和女性在偏好上的相似，即都想要社会地位更高的配偶，会促进同质婚的增多。

另外一个重要的理论是马雷的时间差假设（time gap hypothesis）。该理论认为婚配的教育同质性是结婚时间和完成教育时间的函数。因为学校是教育同质性机构，在学校认识并结婚的人会比在其他地方认识并结婚的人的教育同质性高得多。

（五）婚姻挤压理论

婚姻挤压是指婚姻市场上可供选择的男性与可供选择的女性之间的数量不平衡，表现为男性相对不足或女性相对不足，导致部分女性或男性不能按传统的偏好和习惯择偶。婚龄阶段男女性别比的失衡是形成婚姻挤压的主要原因①。性别结构和年龄结构是影响婚姻市场最为直接的两大人口因素；夫妻年龄差既是婚姻

① 李树茁．性别失衡、男性婚姻挤压与婚姻策略．探索与争鸣，2013（5）．

市场变化的原因，也是婚姻市场变化的结果：这三个因素共同构成了影响婚姻市场变化的内在动力。社会经济因素（包括文化、政策因素）是影响婚姻市场变化的外生变量，社会经济因素通过影响夫妇年龄差的模式间接影响婚姻市场①。根据郭志刚、邓国胜的研究，在不考虑外生变量的情况下，婚姻市场会出现三种现象。第一种：进入婚龄期的人口性别比明显偏高，且年龄结构持续年轻化。此时，性别结构与年龄结构对婚姻市场的作用方向相反。因此，如果年龄结构的作用小于性别结构的作用，则男性处于婚姻挤压之中；如果年龄结构的作用大于性别结构的作用，则女性处于婚姻挤压之中。但由于性别结构与年龄结构的作用部分抵消，因此，婚姻市场的压力不大，而且这些压力大都可以通过调整婚龄差、推迟或提前婚龄来解决。第二种：进入婚龄期的人口性别比明显偏高，且年龄结构持续老化。此时，性别结构与年龄结构对婚姻市场的作用方向相同，都是增大婚姻挤压力。第三种：进入婚龄期的人口性别比明显偏高，且年龄结构出现波动。但如果波动幅度不大，只是少数年龄段缩减（或增大）而相邻几个年龄段又增大（或缩减），那么个人可以通过调整婚龄和夫妇年龄差来做出积极反应。比如，中国20世纪80年代初期，在三年严重困难时期出生的人口陆续进入婚龄期，曾引起婚龄期人口年龄结构的短期波动。但由于波动时间不长，个人主要通过调整婚龄差和初婚年龄来缓解婚姻市场压力。男多于女的婚姻挤压会带来一系列社会问题，如产生“光棍阶层”、恶化女性生存状况、导致家庭不稳定等。②

二、家庭的相关理论

社会学的一些传统理论，如结构功能论、冲突论、系统论在家庭相关研究中被广泛应用。

（一）家庭功能理论

功能主义、系统论主张从家庭所发挥的功能来考虑，认识家庭相关功能对家庭成员生存发展需求的满足及家庭作为社会组织基本单位在维护社会稳定、和谐中所发挥的作用。

关于家庭功能的理解，有两种不同取向：一种是结构取向的家庭功能理论，主张通过家庭的具体特征来描述家庭的功能，将家庭功能理解为家庭系统中家庭关系的结构，以及家庭成员之间的情感联系、家庭沟通、家庭规则、家庭凝聚力及应对外部事件的有效性③。另一种是过程取向的家庭功能理论，主张从任务完

---

① 郭志刚，邓国胜．婚姻市场理论研究：兼论中国生育率下降过程中的婚姻市场．中国人口科学，1995（3）．

② 杨军昌，蒯继志．人口·社会·法制研究：2009年卷．北京：知识产权出版社，2010.

③ OLSON D. Circumplex model of marital and family systems. Journal of family therapy，2000（22）. BEAVERS R，HAMPSON R. The beavers systems model of family functioning. Journal of family therapy，2000（22）．

成及执行情况来定义家庭功能，认为家庭的基本功能是为家庭成员生理、心理、社会性等方面的健康发展提供相应的环境条件。家庭系统为了实现这一基本功能必须完成一系列的任务，适应并促进家庭及成员的发展，应对和处理各种家庭突发事件，等等。①

家庭功能因经济社会形态、文化背景、经济发展状况、民族、地域、家庭类型的不同而不同。在家庭的诸多功能中，有些功能是在任何社会中都具有的，有些功能只在特定社会中存在。同时，家庭功能在形式、内涵等方面也存在差别。②

(二) 家庭发展理论

家庭发展理论又称家庭生命周期理论。该理论认为，家庭犹如一个生命体，要经历形成、成长、发展、分解等不同阶段，呈现出循环运动变化的规律。一般来说，家庭生命周期被划分为形成、扩张、稳定、收缩、空巢与解体六个阶段。1947 年，格里克（Paul C. Glick，1910—2006）首次提出了清晰且相对完整的家庭生命周期阶段论，他将家庭生命周期按照核心家庭从因结婚而形成到因配偶死亡而解体的过程分为形成、扩展、扩展完成、收缩、收缩完成和解体六个阶段。但公认的最具代表性且应用最广泛的是杜瓦尔（Evelyn Duvall，1906—1998）的八阶段家庭发展任务论。杜瓦尔将家庭生命周期划分为八个相互衔接、不可分割的阶段，即新婚期、婴幼期、学龄前期、学龄期、青少年期、青年期、空巢期、老年期。③ 他认为，家庭发展的每一个阶段都承担着特定的使命，有着特定的需求。上一阶段的需求得不到满足，不仅直接影响家庭成员的成长、发展，有碍使命的完成，而且将给下一阶段带来严重的后果，甚至导致下一阶段的失败。

然而，由于家庭发展理论主要针对核心家庭，不适用于普遍存在的主干家庭及其他家庭形式。同时，它忽略了夫妇离婚、在孩子成年之前丧偶的可能性。因此，许多学者主张用“家庭生命历程”来取代“家庭生命周期”。

(三) 家庭现代化理论

家庭现代化理论带有浓厚的进化论和结构功能主义色彩，在国内外家庭社会学的研究中占有重要地位。以西方和美国家庭的发展过程为标本，家庭现代化理论认为，随着现代化、工业化进程的不断推进，家庭将向着规模小型化、关系简单化和结构核心化、功能弱化与外化的方向发展与变迁。个人主义价值观念与夫妇式家庭制度间的适应性，以及核心家庭制度与工业化之间的适应性是家庭现代化理论的两个重要观点。④

---

① SKINNER H，STEINHAUER P，SITARENIOS G. Family assessment measure and process model of family functioning. Journal of family therapy，2000（22）.

② 许传新，祝建华，张翼．社会问题概论．武汉：华中科技大学出版社，2011：127.

③ DUVALL E. Marriage and family development. Philadelphia：J. B. Lippincott Co.，1977.

④ 唐灿．家庭现代化理论及其发展的回顾与评述．社会学研究，2010（3）.

古德（William Goode，1917—2003）是家庭现代化理论的代表人物，他在《家庭》一书中，通过对西方国家、中国、日本、印度等国家庭制度的比较分析，总结了世界范围内家庭模式的变化，具体如下：

（1）母系制衰落，转向父系制或双系制。

（2）共同的亲属群体影响下降，世袭制在权力和重要性方面都在下降。中国的宗族逐渐瓦解。

（3）嫁妆或聘金的流行程度下降，年轻人实现婚姻自主，亲属不再能主宰年轻人的择偶和婚姻。

（4）越来越多的配偶年龄相当，婚龄差别缩小，而这在某种程度上是因为妇女婚龄的提高。

（5）近亲结婚现象减少，这说明传统的包办婚姻在减少。

（6）离婚率升高或趋向中值，这与人们重视婚姻的爱情基础和离婚自由有关。

（7）妇女独立就业的人数不断增加。

（8）妇女权利增多。

（9）父母对子女恋爱和择偶的控制减少。

（10）两性关系更自由，这是因为工业化的意识形态强调个人选择的权利，其就业体系支持人们摒弃传统的生活方式。

（11）西方国家的未婚同居现象增多，并在未来很可能会变成整个婚姻周期中普遍存在的一个阶段。而这与妇女对婚姻中的家务劳动和其他不平等形式的反感有关。

（12）妇女的婚龄提高，这与妇女受教育程度提高带来的在婚姻市场上的身价提高有关。

（13）出生率降低，这主要是由医疗保健、生活水平的提高使得婴儿成活率提高以及妇女受教育程度提高、参加工作的比例提升造成的。

（14）家庭法的通过远远走在一般公众舆论之前，有关家庭和婚姻的新思想，如号召男女平等、保护儿童、择偶自由等，往往超越其他意识形态而处在领先地位。①

古德在其他著作中，还对现代家庭的特征及衡量现代家庭的标准做出了论述。在对家庭制度的影响因素进行考察后，古德论述了家庭模式不能仅仅通过经济和技术状况来加以判断和预测，家庭变迁的推动力来自多种因素的共同作用的观点。他认为，工业化和家庭的变化是两个平行和相互适应的过程，它们都受到经济社会发展、个人观念变化等因素的影响。家庭制度既受工业化过程的影响，同时作为一种重要因素，也可以促进或阻碍工业化发展。

虽然古德对家庭现代化理论的丰富与完善做出了巨大贡献，但他的家庭现代化理论仍然是一元化和单线演进的模式。随着家庭现代化理论的不断发展，人们开始逐步认识到并接受家庭变迁存在多种路径和复杂多样模式的可能性。同时，

---

① 古德．家庭．北京：社会科学文献出版社，1986.

后续关于家庭变迁的分析研究也逐渐从家庭结构转向家庭关系，而对传统家庭与现代家庭的划分也不再是简单、非此即彼的认识。[①]

除了从现代化的角度来看待婚姻家庭变迁的相关问题外，其他社会学派亦从不同视角进行了探讨。符号互动论从微观视角，关注家庭互动的本质以及家庭关系的质量[②]；除此之外，社会冲突论、相对经济剥夺论等理论也对婚姻家庭等相关问题进行了具体分析。

第三节 世界婚姻家庭

婚姻家庭的形成、产生与发展经历了漫长的历史演变过程。原始人既无婚姻制度，亦无家庭组织。随着人类社会从较低阶段向较高阶段进化，逐渐产生了不同形式的婚姻和家庭制度，并最终在原始社会末期，形成了夫妻制的家庭形态。在此后的不同时期，面对不同历史时期经济发展水平、社会思潮和文化等诸多方面的差异，婚姻家庭呈现出不同的特点与发展趋势，并被打上了鲜明的时代烙印。

在过去两三个世纪中，全球范围内掀起了工业化、城镇化和现代化浪潮。20世纪50年代以后，世界上的主要国家相继完成了工业化过程，完全进入了工业化社会。随着科学技术的发展进步，社会生产力得到极大提高，社会分工的性别限制逐步弱化，人们的思想观念更为开放，更加崇尚民主、自由、个性化。20世纪后半叶，女权运动的迅速崛起与不断发展，促进了女性广泛就业与社会经济地位的获得。同时，一些发达国家在完成第一次人口转变后，其生育率并没有维持在低增长的“稳态”，而是在下降到更替水平之后继续下降，这些国家迅速进入第二次人口转变。与此相伴的是初婚率下降、初婚年龄推迟、婚育间隔延长、离婚率上升、婚外生育比例提高、生命历程多元化、家庭形成方式多样化等婚姻家庭领域的深刻变革。[③]

一、婚姻变革

（一）平均初婚年龄推迟

1950年以来，世界各国平均初婚年龄推迟的趋势日益显著。据统计，1970

① 唐灿．家庭现代化理论及其发展的回顾与评述．社会学研究，2010（3）．

② 梁在．人口学．北京：中国人民大学出版社，2012：13.

③ 蔡昉．中国人口与劳动问题报告（No.14）：从人口红利到制度红利．北京：社会科学文献出版社，2013：67.

年，世界各国的平均初婚年龄，男性为 27 岁左右，女性为 23～24 岁；1995 年，世界各国的平均初婚年龄，男性推迟到 29 岁以上，女性则推迟到接近 25 岁。进入 21 世纪后，这一趋势仍在继续，2005 年，男性的平均初婚年龄为 31～33 岁，女性的平均初婚年龄则推迟到接近 29 岁。① 以德国为例，1990 年男性和女性的平均初婚年龄分别为 27.9 岁和 25.2 岁，2012 年分别上升至 32.2 岁和 29.9 岁②。

虽然总体上世界的平均初婚年龄呈现推迟的趋势，但不同国家的平均初婚年龄的推迟程度存在差异。在 1970 年，各国的平均初婚年龄很接近，而随着时间的推移，各国推迟后的平均初婚年龄出现较大差异。相比而言，瑞典、冰岛和丹麦等北欧国家的平均初婚年龄远高于其他国家。联合国数据显示，瑞典、冰岛、丹麦三国男性的平均初婚年龄分别为 35.6 岁、34.6 岁和 34.4 岁，女性的平均初婚年龄则分别为 32.5 岁、32.1 岁与 31.5 岁。相比之下，美国、智利、中国、布隆迪等国家 2011 年男性的平均初婚年龄远低于以上三个国家，分别为 28.7 岁、29.3 岁、26.5 岁、25.4 岁。③

（二）结婚率不断降低

过去几十年，随着婚姻价值观念的变化，世界各国的粗结婚率呈现持续下降趋势。如美国的结婚率从 1970 年的 10.6‰降至 2011 年的 7‰以下。意大利的结婚率更是从 1970 年的 7.4‰降至 2011 年的 3‰多一点。④

受平均初婚年龄推迟、结婚率不断降低的影响，大龄未婚人群所占比重较高。其中表现得较为明显的国家有澳大利亚和巴西：澳大利亚在 1996—2006 年间，男性未婚人口中 30～34 岁年龄组的比例从 34.6%升至 46.0%，相同年龄组的女性未婚人口比例从 22.8%升至 34.9%；巴西在 2000—2010 年间，男性未婚人口中30～34 岁年龄组的比例更是从 19.6%跃升至 57.9%，相同年龄组的女性未婚人口比例也从 15.1%上升到 51.1%。就世界平均水平而言，2012 年，在 30～34 岁年龄组中，未婚者的比例占到 20%以上。⑤

（三）离婚率迅速上升

随着人们的思想观念朝着后现代主义、个人主义和自由主义方向转变，人们

① Population Division of the Department of Economic and Social Affairs of the United Nations. World marriage data 2012（POP/DB/Marr/Rev2012）.（2014 - 12 - 10）［2019 - 10 - 10］. http：//www. un. org/esa/population/publications/WMD2012/MainFrame. html.

② 德国人初婚年龄不断延后 平均已超过 30 岁.（2014 - 10 - 30）［2019 - 10 - 10］. http：//gb. cri. cn/42071/2014/10/30/6992s4747097. htm.

③ 同①.

④ Population Division of the Department of Economic and Social Affairs of the United Nations. World marriage data 2008（POP/DB/Marr/Rev2008）.（2015 - 07 - 31）［2019 - 10 - 10］. http：//www. un. org/esa/population/publications/WMD 2008/WP_WMD_2008/Data. html.

⑤ 同①.

更加注重婚姻生活的质量。同时，受婚姻法改变，以及女性独立性增强，广泛参与社会、经济、政治及文化生活等因素的影响，粗离婚率迅速上升。以俄罗斯为例，其人口的离婚率 2004 年为 4.42‰[①]，2019 年上升至 4.7‰，成为世界上离婚率最高的国家之一（见表 8-1）。

表 8-1　2019 年世界十大高离婚率国家/地区

国家	离婚率（‰）
俄罗斯	4.7
关岛	4.2
摩尔多瓦	3.7
白俄罗斯	3.4
拉脱维亚	3.1
乌克兰	3.1
立陶宛	3.0
哈萨克斯坦	3.0
古巴	2.9
格鲁吉亚	2.7

资料来源：Ranking：marriage and diverce.［2019-12-10］. https：//worldinfigures. com/rankings/index/218.

世界高离婚率国家的离婚原因

1. 美国

在美国，没有孩子是很多夫妻离婚的原因之一，至少有 66%的离异家庭没有孩子。此外，高离婚率与美国人的自身观念有关系。自由是美国人的最高信念之一，没有任何东西可以取代自由。当他们觉得爱情和家庭不能给他们带来幸福和安全感时，就会选择离婚。

2. 俄罗斯

俄罗斯离婚率高的主要原因是俄罗斯人的结婚年龄都很早，大多数人在 22 岁就结婚了。但这个年龄的人正处于心理极不稳定、快速发展阶段，所以夫妻很可能在经过几年之后发现彼此不再合适。随着双方价值观的逐渐偏离，离婚在所难免。

3. 波多黎各

波多黎各人在选择配偶时只看对方的外表、智力、收入状况等。择偶的错误标准导致了较高的离婚率。此外，波多黎各的传统观点认为女性应该处于被动地位，所以女性在寻找合适的伴侣方面更加困难，她们总是等待男性采取行动。波多黎各人还要面临一个其他国家没有的问题——由于地理面积的限制，他们能选择的对象也非常有限。

① 世界各国离婚率列表.（2012-11-07）［2019-10-10］. http：//wenku. baidu. com/link?url=AnywqiHyZFUN26r2RvI8D9ChhsZ3sJsRuK6fHqwchQqoHay7P8p7ytVlNwN6YFqYV87UyX7LYDnoQBXkKAS4msSsClfABCHE eoErWrJO3F7.

4. 乌克兰

乌克兰人的恋爱和定情时间很短暂，通常是几个星期到几个月，年轻的男性经常会因没有好的工作或者没有保证家庭经济的能力而推迟结婚，结了婚的年轻夫妻也有很大一部分因收入低下、没有购房能力而与长辈们住在一起，这为日后离婚埋下了隐患。所以，失业、经济问题、家庭之间的隔代矛盾、道德上的不忠、酗酒等是造成乌克兰人高离婚率的主要原因。另外乌克兰女性与外国男性之间的跨国离婚概率也大大升高。

5. 古巴

造成古巴家庭破碎的最主要原因首先是夫妻之间缺乏沟通，其次是在数代同堂的大家庭中与其他成员在一个环境中共处所带来的家庭压力。此外，夫妻太年轻以致不能成熟地接受婚姻生活、经济独立的女性比例不断提高也是古巴离婚率高的原因。

资料来源：郝书哲．世界五大离婚率最高的国家．(2014－11－05) [2019－10－10]. http://lifestyle. bowenwang. com. cn/5-top-countries-the-highest-divorce1. htm.

二、家庭变革

随着婚姻家庭观念的变革，传统婚姻式的家庭开始衰落。家庭规模不断变小，家庭形式日趋多样化，单亲家庭、再婚家庭、继亲家庭、同居家庭、无子女家庭、同性恋家庭、跨种族家庭等非传统家庭形式出现并不断增多。

(一) 单亲家庭

进入20世纪后，受离婚、未婚先孕、配偶去世等因素的影响，单亲家庭的比例迅速提高。以美国为例，单亲家庭的比重在1900—1950年间增长了三倍，在近三四十年中又增长了两倍。[①] 美国人口普查数据显示，1960年来自单亲家庭的孩子占比仅为9%，2000年飙升至28%，2017年进一步升至32%。换言之，每3个孩子就有约1个来自单亲家庭。[②]

(二) 再婚和继亲家庭

再婚（remarriage）和继亲（stepfamilies）家庭这两种潮流遵守了传统的核心家庭观念，通过重新整合来形成新的家庭[③]。随着离婚率的不断增高，再婚的主要原因由原来的配偶去世而转向了离婚[④]。对于孩子而言，随着父母再婚而来

① 杨菊华，何炤华．社会转型过程中家庭的变迁与延续．人口研究，2014 (2)．

② 同①.

③ 卡尔．社会学．北京：中国人民大学出版社，2014：258.

④ CHERLIN A. Marriage, divorce, remarriage. Cambridge, Mass.: Harvard University Press, 1992.

的则是有继父或继母的继亲家庭。

（三）同居家庭

早期的研究发现，同居现象在受教育程度较低的人群中较为普遍[①]。如今，同居现象在所有人群中都很常见，且越来越普遍。以美国为例，根据美国人口普查的数据，1970 年美国仅有约 50 万对同居伴侣，而在 2010 年的普查中，同居伴侣的数量增加至约 760 万对。美国 19～44 岁的女性有过同居经历的比例从 1987 年的33%增加至 2010 年的 60%。在法国、德国、瑞典等西方国家，有超过半数的 45 岁以下女性有过同居经历。2014 年中国家庭追踪调查的数据显示，中国在初婚前有过同居经历的人的比例在 10%左右，但是也有越来越普遍的趋势。在 2010—2014 年进入初婚的夫妻中，婚前同居过的比例达到了 36%。[②]

（四）同性恋家庭

随着同性恋婚姻逐步得到认可与合法化，同性恋家庭在不断增多。2008 年加利福尼亚州性取向调查显示，女同性恋者有伴侣的比例接近女异性恋者，男同性恋者有伴侣的比例低于男异性恋者，14%～31%有伴侣的女同性恋者家里有孩子，3%～5%有伴侣的男同性恋者家里有孩子。[③] 美国人口普查局的数据显示，2011 年美国有 64.64 万个同性恋家庭，其中已结婚的同性恋家庭有 13.17 万个，未结婚的同性伴侣家庭有 51.47 万个。与 2001 年相比，美国同性恋家庭数量几乎翻番。[④]

（五）跨种族家庭

21 世纪，随着移民规模的不断扩大以及移民来源国的日趋多样化，移民的家庭化趋势日趋明显。移民之间的跨国、跨种族结合，使得跨种族家庭不断出现。2010 年皮尤研究中心的研究报告显示，跨种族婚姻在美国已经非常常见，数量逐年递增。在 2008 年新登记的夫妇中，跨种族婚姻占到所有婚姻的 15%，这一数据是 1960 年跨种族婚姻数量的 6 倍。[⑤]

---

① BUMPASS L，LU H. Trends in cohabitation and implications for children's family contexts in the United States. Population studies，2000 (54).

② 於嘉，谢宇．我国居民初婚前同居状况及影响因素分析．人口研究，2017 (2)．

③ 彭琦．美国的家庭．(2012-08-01) [2019-10-10]．http：//ias.cass.cn/show/show_project_ls.asp? id=1564.

④ 美国有 64.6 万同性恋家庭 比十年前几乎翻番．(2011-09-28) [2019-10-10]．http：//www.chinanews.com/gj/2011/09-28/3358166.shtml.

⑤ 调查显示：美国跨种族婚姻数量连年攀升．(2010-06-04) [2019-10-10]．http：//www.chinanews.com/gj/gjxxsh/news/2010/06-04/2324797.shtml.

第四节 中国婚姻家庭

一、传统的婚姻家庭

在中国几千年的历史演变中，“父母之命、媒妁之言”“男大当婚、女大当嫁”“不孝有三、无后为大”“男耕女织”“男主外、女主内”“家国同构”“家国一体”等观念深植于人们的婚姻家庭乃至日常生活中，规范与束缚着人们的生活方式、行为准则。在中国传统社会中，人们的初婚年龄普遍偏早，婚姻具有普遍性，家庭结构与功能都相对稳定。

（一）婚姻

1. 择偶及婚姻的缔结

在中国传统社会，人们奉行“非媒不娶、非媒不嫁”“父母之命、媒妁之言”的包办式婚姻。婚姻不是男女双方当事人的事情，而是夹杂着两个家庭、家族的利益。正如《礼记·昏义》所言：“昏礼者，将合二姓之好。”对于男女双方当事人来讲，和谁结婚，什么时候结婚，他们都无权决定，他们只是在某个时间被安排与一个看似合适的对象结婚。[①]

2. 婚姻价值观

《礼记·昏义》中将婚姻的目的描述为“合二姓之好”“上以事宗庙，而下以继后世也”。因此，在婚姻中，男女双方之间的情感处于次要地位，结婚的目的主要的是履行传宗接代和家族发展、壮大的义务。“广家族，繁子孙”的家庭责任与义务远远高于夫妻双方的情感需求。[②] 女性往往沦为“生育”“传宗接代”的工具，她们的幸福多建立在“母凭子贵”的基础上。如果不能为夫家延续香火，那么不管她多么贤惠或者与丈夫的关系多么好，都可能被夫家休掉。《孔雀东南飞》中男女主人公焦仲卿、刘兰芝的悲剧即这种传统婚姻价值观的写照。

（二）家庭

1. 家庭结构与功能

传统社会崇尚大家庭，奉行“多子多孙多福”的观念，推崇三代同堂的主干家庭或多代同堂的联合家庭，认为大家庭是家庭繁荣兴旺的象征。在中国传统社会，家庭发挥着经济、政治、文化、教育等各项重要功能：既要开展经济生产活动，又

---

① 马春华．家庭与性别评论：第4辑．北京：社会科学文献出版社，2013：212.

② 李克玉，张静．婚姻家庭社会学．北京：新华出版社，2010：145.

要保证子嗣延绵；既要培养子孙成才，又要尊老、敬老、爱老、赡养老者；等等。

2. 家庭关系与观念

中国传统社会实行父权家长制，家庭或家族中的男性长者是家中的权威，不仅是家庭经济财产的所有者，而且是家庭生产的组织者和生活消费的分配者。所有家庭成员必须尊重家长，服从家长。家庭关系遵从等级制，强调“夫为妻纲、父为子纲、长幼有序”。同时，在传统奉行一夫一妻多妾的制度下，嫡庶之间在身份地位及财产继承等方面存在巨大差别。女性在家庭中的地位相对低下，“在家从父、出嫁从夫、夫死从子”，崇尚“父慈子孝、夫义妇德、兄友弟恭”的家庭关系与观念。

二、改革开放前的婚姻家庭变革

从19世纪后期开始，随着西学东渐、维新变法运动及新文化运动的兴起，西方的婚姻与家庭观念开始传入中国。西方的婚姻家庭观念强调以恋爱与婚姻自由对抗“父母之命、媒妁之言”、号召妇女进行家庭革命、摆脱包办婚姻、提倡离婚自由等，对传统的婚姻家庭制度造成了极大冲击。

新中国成立后，不合理的封建陋习逐渐被废除与消失，男女平等、婚恋自由蔚然成风。婚姻实行一夫一妻制，杜绝了妻妾现象，并以法律形式予以确定。《中华人民共和国婚姻法》明确规定：“禁止包办、买卖婚姻和其他干涉婚姻自由的行为。禁止借婚姻索取财物。”但在“文化大革命”时期，阶级斗争被带入婚姻家庭，不仅婚恋择偶看重阶级成分，而且家庭成员之间因为阶级立场的不同亦要划清界限，相互对立，家庭关系受到极大破坏，亲子关系和夫妻关系所受影响最大。

三、改革开放后的婚姻家庭变革

1978年以来，中国社会的方方面面都发生了巨大变化：从相对封闭到对外开放，从自给自足的计划经济到全球化情境下的市场经济，从极高的总和生育率到低于更替水平的总和生育率，从80%以上的农业人口到一半以上的城镇人口，等等[①]。在全球化和现代化的语境中，在社会转型、经济转轨、人口转变、观念转换及信息革命浪潮的多重冲击下，婚姻家庭发生了深刻变革。

（一）婚姻变革

改革开放40多年以来，婚姻变迁主要体现在以下几个方面。

1. 结婚年龄普遍推迟

结婚年龄不仅受生理和心理成熟的影响，而且受社会形态和社会变迁的深刻影响。随着中国社会从农业社会转变为工业社会，又从工业社会向后工业社会发展，初婚年龄推迟成为一个不可避免的发展趋势。在我国，随着人们受教育程

① 杨菊华，何绍华．社会转型过程中家庭的变迁与延续．人口研究，2014（2）．

度的提高、价值观念的变革以及女性广泛的就业与社会参与，男女初婚年龄普遍推迟（见图 8－1）。同时，城乡、男女的初婚年龄表现出明显的差异。城市人群的平均初婚年龄最高，城镇人群的平均初婚年龄居中，乡村人群的平均初婚年龄最低。从性别来看，男性的平均初婚年龄高于女性。①

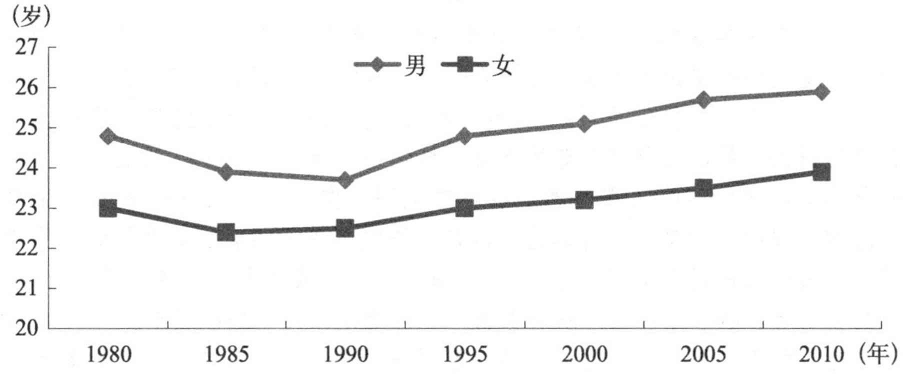

图 8－1　1980—2010 年两性平均初婚年龄的变化趋势

资料来源：谭琳．2008—2012 年：中国性别平等与妇女发展报告．北京：社会科学文献出版社，2013：82.

2. 大龄未婚人群所占比重上升

丁金宏研究发现，25～34 岁的女性未婚比重普遍上升，2010 年比 2000 年提高了一倍多②。2010 年，在 30～34 岁人群中，未婚男性所占比例高达 12.62%，未婚女性占 5.35%。同时，大龄未婚人群呈现明显的城乡、性别差异。大龄未婚男性多分布在乡村，大龄未婚女性则多分布在城市（见图 8－2）。

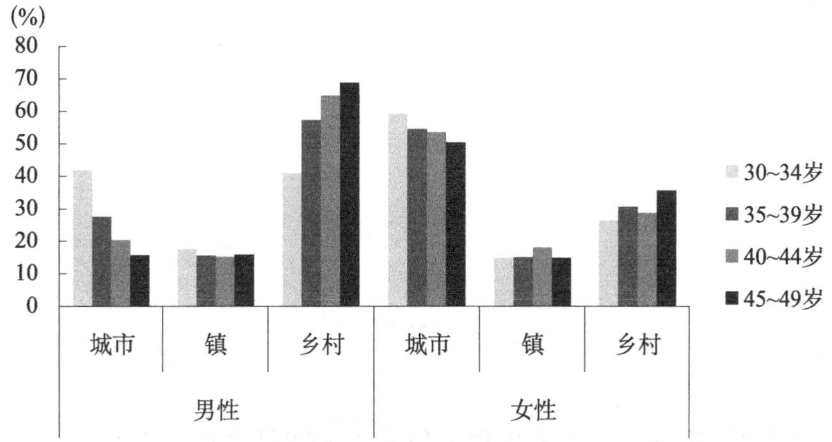

图 8－2　2012 年全国大龄未婚人口在城市、镇、乡村的分布情况

资料来源：中国社会科学院人口与劳动经济研究所．中国人口年鉴（2013）．北京：中国社会科学出版社，2014：370－384.

---

① 谭琳．2008—2012 年：中国性别平等与妇女发展报告．北京：社会科学文献出版社，2013：83.

② 丁金宏．梯度模式："婚姻剩余"的焦虑．探索与争鸣，2013（5）．

大龄未婚人群比例的不断上升，固然与婚姻价值观念、婚龄推迟有关，但亦与婚姻匹配有密不可分的关系。处于“桶底”地位的乡村男性与处于“精华”地位的城市女性，共同成为大龄未婚人群的主力军。

“剩女”

中国是个普婚制国家，讲求“男大当婚、女大当嫁”。无论男性还是女性，若到了一定年龄却未婚嫁，就往往遭人议论。2007年8月，教育部公布了171个汉语新词，其中之一就是“剩女”（即大龄未婚女性），泛指已经超过了社会上约定俗成的适婚年龄，但仍然单身的女性。她们多生活于城市，特别是大城市，大多长相出众，学历和收入都较高。一般情况下，在二十七八岁后依旧单身的女性，通常会被贴上“剩女”的标签。但是，陈友华等学者认为，“剩女”是“一个建构失实的伪命题”①，因为从婚姻市场中单身男女年龄和受教育程度的同质性匹配看，女性在各个年龄组及受教育水平上都基本处于短缺状态。

但也有学者发现，高学历对男性而言更多意味着推迟婚姻，而对于女性而言更可能跟终身不婚相关，中国城市中的高学历女性确实面临“婚姻挤压”问题②。但“剩女”的称谓是不合适的，她们的“剩下”更可能不是被动的结果，而是她们主动做出的选择。

3. 离婚率持续上升

随着中国人婚姻观念的变化，婚姻在家庭中的主导地位逐步下降。传统的“从一而终”的贞操观念逐渐淡薄，社会对离婚的包容度逐渐增大，由此导致当下中国的离婚率持续上升。1978年中国的离婚率仅为0.18‰，2017年升至3.2‰（见图8-3）。

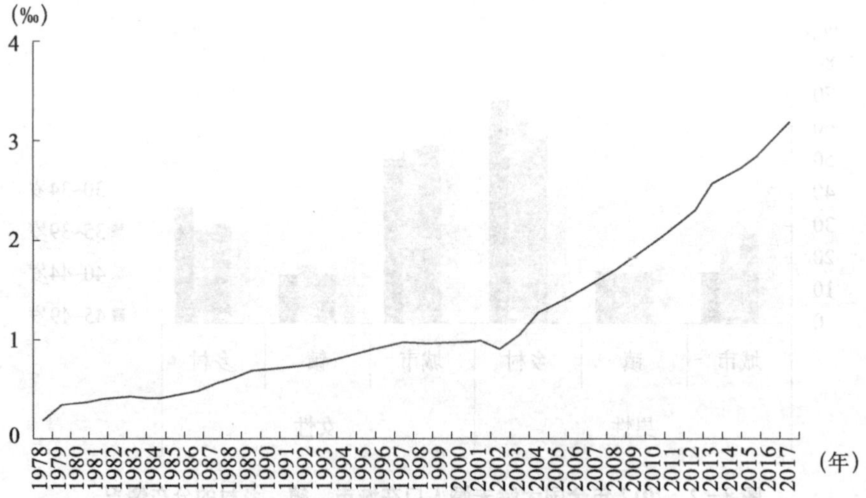

图8-3 1978—2017年中国离婚率

资料来源：中国经济与社会发展统计数据库历年《中国民政统计年鉴》。

---

① 陈友华，吕程．剩女：一个建构失实的伪命题．学海，2011（2）．

② YUE Q，ZHENCHAO Q. The gender divide in urban China：singlehood and assortative mating by age and education. Demographic research，2014（31）．

婚姻问题与社会“内在解体”危机

“小三”“剩女”“有房才结婚”“3 000 万光棍”“离婚”等关键词是打开中国婚姻问题密室的钥匙。

但对问题的描述，有时候数据更管用。

2014 年民政部发布的《2013 年社会服务发展统计公报》显示，2013 年全国依法办理离婚手续的共有 350 万对，比 2012 年增长 12.8%，粗离婚率为 2.6‰。同时，各级民政部门和婚姻登记机构共依法办理结婚登记 1 346.9 万对，比 2012 年增长 1.8%。

1 346.9 万对比 350 万对，它相当于，在 3.8 对人结婚、组建家庭的同时，就有一对人离婚、一个家庭瓦解。

看上去，在绝对量上，结婚组建家庭的数量当然高于离婚家庭瓦解的数量，但翻看 2003 年以来的数据，我们可以发现离婚率每年的增幅都很大，到 2012 年，离婚率的增幅超过了结婚率的增幅，而且继续大幅升高。按这种趋势，随着人口红利的消失，婚姻家庭解体的速度和数量，将导致中国社会结构产生惊人的变化。

高离婚率的背后有一系列复杂的社会问题，而它本身也会产生严重的社会后果。中国确定无疑地进入了婚姻家庭脆弱、解体加速的时代。高离婚率与社会结构的脆弱、社会系统的紊乱息息相关。

个体的婚姻问题对个人来说可能是转机，而普遍的婚姻问题对社会来说则极可能带来危机。

对个人来说，婚姻问题是一个权利、心理领域的问题，无法从道德或社会层面来妄加评判。但对政府和全社会来说，面对今天与婚姻有关的各种严重问题，以及引发的社会后果，则须寻找对策。而正如婚姻问题是社会系统紊乱导致的一样，对策也应该是系统性的，政治、经济、法律、社会、心理、伦理等方面都应该考虑到，并做出调整。“社会”涉及所有人的利益和幸福。扭转社会从外部和内部解体的趋势，比什么都紧迫和重要。

资料来源：石勇．婚姻问题与社会“内在解体”危机．南风窗，2014（14）．

90 后离婚特征

（1）多是协议离婚，不会在婚姻登记中心现场争吵。

（2）离婚原因多为性格、家庭等，很少为金钱纠纷。

（3）离婚几乎不存在财产分割问题。

（4）结婚时间多为 3 个月至半年。

（5）思想较开放，愿意接受社工介入甚至调解。

（6）在婚姻问题上家长给予较多自主权。

资料来源：黄江洁，陈臣，钟达文．90 后离婚，谁弄碎了谁的梦．广州日报，2012－11－08.

4. 择偶标准更为多元、择偶方式更为多样

传统以家庭利益为目标的婚姻观念正在被以当事人的幸福为中心、注重世俗生活的新婚姻观念代替①。婚姻自主和恋爱自由已经成为普遍趋势，择偶标准中的“门当户对”观念减弱，更为看重职业、收入、容貌、身材和文化素质等。择偶方式也从以往依靠亲戚、朋友介绍变得更为多样化：婚姻介绍机构、大众传播媒介和各种社会活动择偶流行②，如出现了“世纪佳缘”“百合网”等网络红娘，以江苏卫视“非诚勿扰”为代表的各类相亲电视节目，等等。

5. 对婚姻质量的重视程度提高

如前所述，传统婚姻讲究“父母之命、媒妁之言”，强调家庭、家族责任，女性在婚姻中处于劣势地位，成为丈夫的附庸。新中国成立后，婚姻的情感诉求与延绵子嗣、繁荣家族的传统要求同样重要。随着女权主义的兴起、女性在社会生活中的广泛参与，以及两性平等观念与意识的逐渐增强，传统的“男主外、女主内”的分工模式逐渐被颠覆，女性在家庭中的地位得到大幅提升。同时，性亦不再被视为洪水猛兽，性生活和谐与否成为婚姻生活是否美满的重要衡量指标。

6. 婚恋形式多样化、通婚圈子扩大化

除了传统的婚恋形式以外，各种新的婚恋形式相继出现，如未婚同居、试婚、闪婚、同性恋婚姻等。随着信息通信技术的发展和人口流动的频繁，人们社会交往圈子扩大，择偶的途径更为多样，通婚圈不断扩大，跨省通婚不断增多，跨国通婚亦有扩大化趋势。

7. 婚姻挤压问题日趋严重

20 世纪 80 年代以来，中国出生性别比持续偏高，引发人口性别结构的严重失衡。同时，伴随着大规模的人口迁移流动，城乡、区域间的性别失衡态势更加复杂，导致男性婚姻挤压现象趋于严重，并高度集中在偏远落后的农村地区。③

2013 年中国婚恋调查报告中的六大热点问题

热点一：七成女性要伴侣收入多己一倍

中国婚姻家庭研究会秘书长樊爱国认为，如果情感和性格契合，有实力的女性应该敢于“下嫁”。

热点二：一成人的择偶标准是能生二胎

北京师范大学心理学应用顾问王治国认为，只有一成左右的人会把能否生二胎作为择偶标准，说明大部分未婚人士对这个问题还是有比较理性的态度的，没有将能生育多少子女作为左右自己择偶的主要标准。

---

① 张应祥．中国婚姻家庭研究综述．中山大学学报论丛，1997（6）．

② 赵泽洪，周绍宾．现代社会学．重庆：重庆大学出版社，2003：131.

③ 李树茁．性别失衡、男性婚姻挤压与婚姻策略．探索与争鸣，2013（5）．

热点三：天津人相亲花销最低

国家高级心理咨询师周小鹏认为，未婚男女应该调整对相亲的看法，把相亲当作社交途径。相亲真正成功与否不在于首次相亲花费了多少，而在于双方沟通的能力。

热点四：子女靠“躲”避逼婚

国家高级心理咨询师周小鹏认为，父母与其操心子女什么时候结婚，不如关注子女如何提高对待婚姻的耐性，特别是一些“闪婚”“闪离”的80后、90后，反而会因为婚姻的不稳定性而更加抗拒婚姻。

热点五：不到而立不算晚婚

中国婚姻家庭研究会秘书长樊爱国认为，全国妇联曾在2010年做过调查，当时27岁以上的女性就会被认为是“大龄未婚女”，27岁以上女性变成“大龄未婚女”的社会认知推后了整整3年。

热点六：有房不是结婚的必要条件

中国婚姻家庭研究会秘书长樊爱国认为，人们的很多观念正在逐渐改变，比如2010年的调查显示，70%的女性认为结婚应该有房子，但是2013年的调查显示，仅有10.2%的人认为房子能够带来幸福，显然大家更多地关注内在的情感需求了。

资料来源：胡亚平．2013年中国婚恋调查报告：七成女性要伴侣收入多己1倍．(2014-01-10) [2019-11-10]．http://news.ifeng.com/society/2/detail_2014_01/10/32897678_0.shtml.

(二) 家庭变革

持续的低生育水平，少子化，快速的人口老龄化，规模庞大的人口流动，不断提升的城市化水平以及价值观念的多元化、世俗化，无不冲击着中国家庭，给家庭规模、家庭结构、家庭类型、家庭关系、家庭功能等带来了全面而深刻的变革。

1. 家庭规模小型化

在20世纪早期缓慢的现代化进程中，特别是自70年代初的计划生育政策实施以来，人口的过快增长得到遏制。这一方面有效缓解了人口增长给资源、环境带来的压力，另一方面也使得家庭中的子女数量大大减少，家庭规模不断变小。从历次全国人口普查数据来看，家庭规模在1953年为4.33人，1964年为4.43人，1982年为4.41人，1990年首次降至4人以下（3.96人），2000年为3.44人，2010年降至3.10人，2017年仅为3.03人①。从城乡对比来看，城市居民的家庭规模最小。2017年，城市家庭平均人口仅为2.74人，而镇、乡村的家庭规模均超过3人（见表8-2）。

① 数据参考中国经济与社会发展统计数据库。

表 8-2 2003—2017 年平均家庭户规模（人/户）

年份	城市	镇	乡村	全国
2003	3.02	3.24	3.61	3.38
2004	3.04	3.20	3.58	3.36
2005	2.90	3.09	3.27	3.13
2006	2.91	3.18	3.29	3.17
2007	2.91	3.18	3.29	3.17
2008	2.69	3.47	3.36	3.16
2009	2.82	3.21	3.29	3.15
2010	2.72	3.08	3.34	3.10
2011	2.70	3.09	3.20	3.02
2012	2.73	3.09	3.19	3.02
2013	2.71	3.03	3.15	2.98
2014	2.69	3.03	3.15	2.97
2015	2.77	3.17	3.33	3.10
2016	2.79	3.23	3.33	3.11
2017	2.74	3.13	3.26	3.03

资料来源：中国经济与社会发展统计数据库历年《中国人口与就业统计年鉴》。

2. 核心家庭比重相对平稳

在 1982—2010 年间，中国的家庭结构十分稳定：核心家庭始终约占全部家庭的 2/3，主干家庭和联合家庭约占 1/5，单身家庭不到 1/10，其他类型家庭不到全部家庭的 1%。①

3. 新兴家庭类型大量涌现

近几十年来，家庭成员居住安排多样化趋势明显，各种新兴的家庭类型不断涌现：

一是由婚姻解体（离婚或丧偶）或未婚先孕、不婚所致的单亲家庭。如前文所言，我国离婚率呈现不断攀升的态势，导致单亲家庭不断增多。同时，随着未婚先孕者规模的不断扩大，将会有一部分人因为种种原因不婚而最终形成单亲家庭。

二是由婚姻解体（离婚或丧偶）所致的重组家庭。随着婚姻观念的不断改变，离婚、丧偶者的再婚行为日益被人们接受，来自社会、家庭及当事人自身的障碍也在逐步缩小，故再婚人数逐年增多。②

三是由夫妻双方生理原因导致的无法生育或由生育观念变化、工作压力过大、抚养子女成本过高等原因所致的自愿放弃生育而形成的丁克家庭。

四是人口的大规模流动以及以单飞为主的流动模式催生出的在流出地由留守

① 杨菊华，何炤华．社会转型过程中家庭的变迁与延续．人口研究，2014（2）．

② 同①．

儿童、留守妇女和（或）留守老人构成的留守家庭，在流入地由流动父（母）和（或）流动子女等构成的不完整的流动家庭。

值得关注的家庭

留守家庭与流动家庭

在我国社会转型和城市化过程中，以成年人口为主体的大规模人口流动使得众多的家庭分离为两个部分：在人口流出地的“留守家庭”，在人口流入地的“流动家庭”。

根据第五次全国人口普查数据，2000 年我国家庭户为 34 837 万户，如果按 20.11%的比重进行推算，留守家庭的数量约为 7 000 万户（《中国家庭发展报告 2014》也认为我国有 7 000 万户留守家庭）。按户均规模 3.44 人推算，处于留守家庭生存状态的外出者和留守者为 24 000 万人，占全国总人口的近 20%。以家庭主要成员缺位为特征的留守家庭，婚姻质量、儿童社会化和安全、老人养老将受到全面冲击，整个家庭处于弱势和高风险的状态。对于流动家庭而言，由于户籍制度的限制以及城市供给的滞后，他们难以平等享有城市公共资源和服务，无法完全享有与当地居民同等的教育、医疗和社会福利，家庭生活质量亦较为低下。

失独家庭

“失独家庭”是指独生子女死亡，父母不再生育、不能再生育和不愿意收养子女的家庭。失独者年龄大都在 50 岁以上，已失去再生育能力。他们经历了“老来丧子”的人生大悲之事。中国第六次全国人口普查数据和卫生部（现为国家卫生健康委员会）发布的《2010 中国卫生统计年鉴》显示，中国现有独生子女 2.18 亿，15～30 岁年龄段的死亡率至少为 40 人/10 万人，每年的独生子女死亡人数至少有 7.6 万人，由此带来的是每年增加 7.6 万个失独家庭。

计划生育政策实施 30 多年来，独生子女家庭为我国控制人口总量做出了积极贡献。而硬币的另一面是，首批独生子女的父母正在步入晚年，对失独家庭来说，生活和精神支柱的双坍塌，令“生病”和“养老”成为这一群体最害怕提及的话题。

资料来源：周福林．我国留守家庭状况的统计研究．河南教育学院学报，2007（6）．中国失独家庭超 100 万个 民主党派建议立法补助．（2013－03－02）［2019－10－10］．http：//news. xinhuanet. com/local/2013－03/02/c_124406508. htm.

五是因父母外出工作或死亡而形成的隔代家庭，一般多为父母外出务工所致。

六是因成年子女外出学习、工作或婚嫁而形成的空巢家庭。生育水平的降低、人均预期寿命的延长、家庭规模的缩小和居住方式的独立，使得空巢家庭的比例不断攀升，空巢现象出现的时间也大大提前。

4. 家庭关系简单化与平等化

随着家庭规模的缩小，家庭成员之间的关系趋于简单化。家庭关系的重心从传统的以亲子轴为主转向亲子轴和夫妻轴并重，传统的“夫唱妇随”“男外女内”“男强女弱”等观念发生变化，夫妻关系更为平等。而随着子女数量的减少，家庭亲子关系中尊老、重老的格局被打破，出现了“孝子”（即孝敬子女）多于“尊老”的局面。同时，由于住房条件的改善和家庭观念的变迁，家庭成员居住离散，相互之间面对面的联系和互动减少，呈现出亲密有间的特点。

5. 家庭功能弱化与外化

随着家庭结构的变动和大规模社会组织的出现，传统的家庭功能出现了不断弱化与外化的趋势。首先，家庭在经济功能上明显收缩，越来越蜕变为消费单位。其次，家庭的生育功能减弱，夫妻双方的性需求与情感需求满足的功能增强。最后，家庭的教育、抚养、赡养等功能不断外化。公共服务业以及各类教育机构的发展，使得子女出生有医院，育有托儿所和幼儿园，教有学校，工作有单位，情感需求满足有朋友，休闲有运动场所，娱乐有各类电子和非电子产品，赡养有养老院，离世有殡仪馆。甚至家庭的情感寄托和心理慰藉这样的软性功能，也部分地为社会服务所取代。[①]

6. 家庭观念现代化

当前中国正处于经济社会文化转型期，中国传统文化、外来文化与市场经济正不断发生冲突、碰撞、交流、渗透，中国文化迅速向新型现代文化演变[②]。我国传统的“家国同构”“以家为本”“家庭至上”等观念逐渐向“以人为本”“个人和家庭兼顾”的现代观念转变。

7. 家庭形式呈现流动性特征

“流动性”成为中国家庭的新特点，中国家庭内部的功能、家庭结构和形态、家庭关系和模式都呈现出多元、灵活和流动性特征。比如，在人口流动背景下，出现了大量的迁移流动家庭、老漂族、异地养老族；家庭呈现弹性生产、生活模式，出于养老和抚幼目的，家庭的结构或居住形态灵活多样，出现了“小夫妻单独居住、小孩与老人同住”“老人轮流来小家庭照顾”“工作日两代人同住、周末恢复小家庭或者相反”“父母与子女居住在同一个社区”“父母跟子女轮流居住”“父母分别帮助不同的子女照顾家庭”等灵活的模式；在家庭功能上，家庭虽然呈现“形式核心化”，但仍具有“功能网络化”的特点，家庭的亲属关系和亲属网络依然保持着密切交往与合作。[③]

本章小结

本章先后介绍了婚姻家庭的相关概念及测量指标、婚姻家庭的相关理论，并对世界和中国的婚姻家庭状况进行了分析。婚姻与家庭是两个相互联系和相互影响的制度，两者是社会发展的基础。自古以来，人们就对婚姻家庭给予了极大关

---

① 杨菊华，何炤华．社会转型过程中家庭的变迁与延续．人口研究，2014（2）．

② 张国超．现代爱情科学：下册．广州：中山大学出版社，2009：184．

③ 吴小英．流动性：一个理解家庭的新框架．探索与争鸣，2017（7）．

注。学界从不同学科、不同视角，对婚姻家庭状况及变迁发展进行了研究，形成了婚姻家庭经济论、社会性别理论、婚姻梯度理论、婚姻匹配相关理念、婚姻挤压理论、家庭功能理论、家庭发展理论、家庭现代化理论等理论。婚姻家庭的变迁与发展既受经济、社会、文化变迁的影响与制约，又反过来影响社会前进的步伐。总体而言，在过去几十年中，国内外的婚姻家庭在方方面面均发生了巨大变迁，呈现出平均初婚年龄推迟、结婚率不断降低、离婚率迅速上升、家庭规模变小、家庭形式多样化等特点。

关键术语

婚姻、家庭、婚姻家庭制度、家庭结构、家庭关系、家庭功能、家庭观念、婚姻家庭变迁

思考题

1. 简述婚姻、家庭的概念及测量指标。
2. 简述婚姻家庭的相关理论。
3. 简述国内外的婚姻家庭变迁。
4. 利用婚姻家庭理论分析当今我国的“剩男”“剩女”现象。

拓展阅读书目

1. 杨菊华，何炤华．社会转型过程中家庭的变迁与延续．人口研究，2014（2）．
2. 郑杭生．社会学概论新修．北京：中国人民大学出版社，2009.
3. 卡尔．社会学．北京：中国人民大学出版社，2014.
4. 贝克尔．家庭论．北京：商务印书馆，2014.
5. BECKER G. A treatise on the family. Cambridge，Mass.：Harvard University Press，1991.
6. RUGGLES S，HEGGENESS M. Intergenerational coresidence in developing countries. Population and development review，2008（34）．

第九章 社会分层

社会分层的实质，是社会资源在社会中的不均等分配，即不同的社会群体或社会地位不平等的人占有那些在社会中有价值的事物。社会分层研究的问题取向在于：这种社会不平等对特定社会体系具有什么样的影响？在社会变迁的过程中，社会不平等会有什么样的变化？①

——李路路

社会分层是人类社会的普遍现象。自有文字记载的历史以来，人们所看到的社会现实始终是人被分为贫富贵贱、三六九等。有人富可敌国，有人贫无立锥；有人备受尊敬，有人遍遭白眼②；有人挥金如土，有人节衣缩食。本章首先介绍社会分层的概念内涵及测量指标，然后结合社会分层的有关理论，描述社会分层的影响因素、内在机制及影响后果，最后介绍国际国内社会分层的基本状况。

第一节 社会分层概念及测量指标

一、社会分层的概念内涵与特征

社会分层是多个不同学科共同关注的议题。在社会学领域，社会分层更是社会结构、社会地位及社会流动研究中重点关注的话题。

（一）社会分层的概念内涵

社会分层借用了地质学中关于地质构造分层的概念，用以区分人与人、集团与集团、社会与社会等不同主体的不同层次；通常，按照具有一定社会意义的属

① 李路路．论社会分层研究．社会学研究，1999（1）．

② 冯钢．社会学．杭州：浙江大学出版社，2004．

性（财富、权力、职业、声望）或其他标准，可将社会成员划分为高低不同的等级层次。具体来讲，社会分层的概念内涵可从以下两个方面来理解：

一是成员归属的不平等。社会分层按照一定的社会标准将不同特征的人群归属于不同的层次，这种标准可以是血统、出身、财富、权力和社会声望，也可以是教育、职业和技能等。

二是资源分配、结构性的不平等。社会分层意味着社会成员之间在地位及资源享有方面存在高低、贵贱和上下的等级序列。通过这种结构，财富、权力和声望在不同社会地位的拥有者之间被不平等地分配。[①] 这种不平等的形成，除了有个人自身的原因外，更多地与经济发展程度、社会结构和文化价值观念等宏观要素密切相关。由于在不同历史条件下，经济、社会和文化背景存在差异，故社会分层的存在和表现形式亦有明显差别。

（二）社会分层的特征

社会分层具有以下鲜明特征：

一是普遍持久性。社会分层是人类社会自有文字记载以来的普遍现象，是一种持久模式，这种模式存在于所有社会中，一经形成，就会对社会成员和整体社会格局产生持久性影响。[②]

二是形式多样性。社会分层作为与经济、社会和文化发展密切相关的现象，因国家、地域、文化和社会发展水平的不同，以及分层划分的依据和标准的不同而呈现多样性。

三是代际传承性。社会分层不仅仅是个体间差异性的结果，更体现了社会结构的定势。某些社会成员尤其是中上层的成员，其子女在未来获得更高社会地位的可能性大于其他成员。换言之，在社会分层中，人们无法完全消除家庭背景的影响；随着社会的发展，分层的传承性和定势化可能会逐步减弱。[③]

（三）社会分层的相关概念

在社会分层的相关研究中，有几个与社会分层密切相关的概念。

1. 阶级与阶层

在英文文献中，class 既可指代阶级，也可表示阶层；strata 及由此衍生而来的 stratification 分别用来表示社会阶层、社会分层，但不用来表示阶级。在中国学者的相关研究中，阶级和阶层也是两个既有联系又有区别的概念。

从联系来看，阶级和阶层的产生都基于生产力的进步和社会分工的发展所引发的社会群体分化[④]。同时，两者的划分标准也都是资源在不同社会群体之间分配的多寡。

---

① 于凤春，刘邦凡．社会学概论．北京：中国铁道出版社，2011：164.

② 周建国．社会转型与社会问题．兰州：甘肃人民出版社，2008：86.

③ 李芹．社会学概论．济南：山东人民出版社，2012：183.

④ 阚和庆．当代中国社会阶层变迁与政治稳定．北京：中国社会科学出版社，2012：23.

从区别来看，“阶级”一词主要源于马克思和恩格斯的阶级斗争理论，政治色彩更为浓厚，主要依据对生产资料的占有情况，将社会成员区分为相互之间存在利益冲突、对立、斗争关系的群体。阶层的划分则综合考虑了经济、社会、文化等多重因素，冲突和斗争色彩较淡。①

2. 社会分化

社会分化是指社会各部分在形态、特点和结构诸方面逐渐发生变异，不断地系统化和专业化，从而具有不同的功能和等级的过程②。即社会各群体由地位相同变为地位相异的过程与现象。

社会分化发生在经济、政治、社会和文化等各个领域，其原因也多种多样，如年龄、性别和种族等生理因素以及收入、职业、教育和声望等经济文化因素，都可能引发社会分化。

3. 社会不平等

社会平等是指个体在政治、经济、社会和文化上处于同等地位，享有同等权利；反之，社会不平等则是指个体在政治、经济、社会和文化上的地位、权利的不平等，具体是指各阶级、阶层在稀缺资源的占有量以及机会的享有方面的不平等。

4. 社会地位

社会地位是指个人或团体在社会结构或关系空间中所处的位置以及围绕这一位置形成的权利义务关系。通俗地说，社会地位就是社会关系网中的各个纽结。在现实的社会交往过程中，社会地位反映了个人或群体所受到的社会尊敬程度，既是人们相互识别、相互对待的重要标志，又是人们互动影响的主要源泉和基础。③

二、社会分层方法与测量指标

(一) 社会分层方法

判断个体属于哪个社会层次主要有三种方法：一是主观法（我们如何看待自己?），二是客观法（我们在做什么？做了多少?），三是声望法（别人如何看待我们?）④。

1. 主观法

主观法也称自我评分法，即直接由本人来确定归属的一种分层方法。具体而言，研究者将整个社会分为各种不同的层次，请被访者对自己所处的层次进行归

① 于凤春，刘邦凡．社会学概论．北京：中国铁道出版社，2011：164.

② 邓伟志．社会学辞典．上海：上海辞书出版社，2009：21.

③ 同①.

④ 童星．现代社会学理论新编．南京：南京大学出版社，2003：218.

类。这种方法容易受到被访者个人的生活经历、生活环境、周围群体，以及调查问题的设计、研究者本身的理解等因素的影响，故而被访者实际的客观地位与主观报告的地位可能出现不一致甚至存在较大偏差。

2. 客观法

客观法是指采用可直接测量的指标（如受教育程度、职业、收入和住房等）对人们的社会地位进行分层的方法。客观法的相应指标数据容易获得且不受被访者主观因素的影响，故其应用范围十分广泛。然而，客观法也有局限，如阶层标准选择的任意性以及指标测量的连续性而非离散性，使其能够明显地区分最高和最低阶层的人，却很难区分临近中间阶层的人。[①]

3. 声望法

声望法也叫认定法、名声判断法，是指按照事先编制好的分层标准或人们熟悉的分层体系，从社区中抽取部分熟悉情况的人作为“声望评判员”，让他们对社区其他成员的阶层归属进行划分。这一方法兼具主观法与客观法的特点。同时，该方法也有自身的局限。首先，它要求评判员必须熟悉评判对象，这使得“声望评判员”的寻找与确定比较困难，在大城市更是极为困难。其次，在评价过程中，不同的评判员采用的标准可能有别，致使评价意见存在不一致的情形。如一个评判员将一个人归属为上层，另一个评判员却将其归属为下层。[②] 最后，这种方法亦无法避免评判员主观偏见的影响。

（二）社会分层测量指标

用来测量社会分层的指标有很多，以下八个指标较为常用。

1. 不平等指数

不平等指数是以收入为标准来测量社会分层的方法。具体而言，是用最高收入者占总人口的比例加上最低收入者占总人口的比例之和，来代表不平等的程度。这种测量方法的关键之处是，怎样定义和如何计算最高收入与最低收入。在实际调查研究中，如果难以确定最高收入与最低收入的界限，一般会选择将贫困线以下的人视为最低收入者，而将收入高于平均收入两倍乃至数倍以上的人视为最高收入者。[③] 不平等指数反映了社会两极人口与中间层人口的比例关系以及社会的分化程度。如果两极人口所占的比例大，则表明社会贫富分化程度高；若处于中间层人口所占的比例大，则表明社会贫富分化程度较低。

2. 五等分法

五等分法是国际上比较通用的衡量收入分配差距的方法，是指基于人均收入的高低将人口总体进行五等分分组，考察每组人口在社会总人口中所占的比例。据此，还可将人群进行十等分、二十等分。

---

① 童星．现代社会学理论新编．南京：南京大学出版社，2003：219.

② 同①.

③ 李强．应用社会学．北京：中国人民大学出版社，2004：386.

3. 基尼系数

意大利经济学家基尼（Corrado Gini，1884—1965）根据洛伦兹（也称洛伦茨）曲线（见图 9-1），提出了用以测量分配不平等程度的指标，该指标被命名为基尼系数（Gini coefficient）。

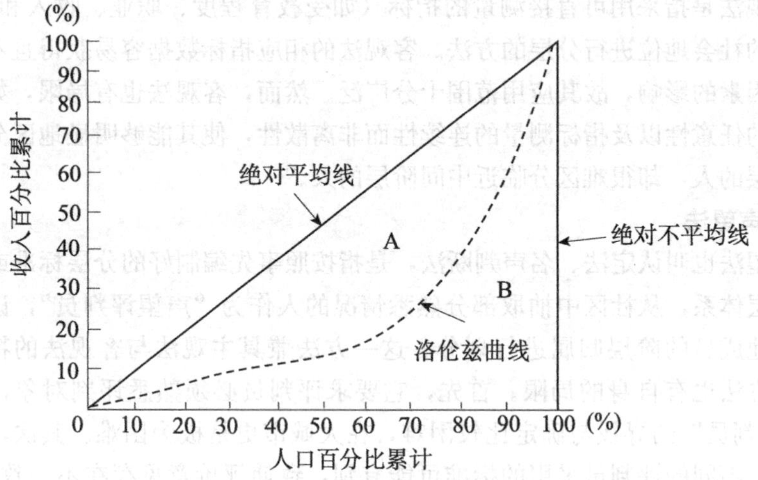

图 9-1 基尼系数示意图

基尼系数的计算公式是：

$$G=\frac{A}{A+B}$$

其中，G 为基尼系数，A 是指洛伦兹曲线与绝对平均线之间的面积，B 是指洛伦兹曲线与绝对不平均线之间的面积，基尼系数的取值区间介于 0～1。取值越接近于 0，表明收入分配越平等；取值越接近于 1，表明收入分配越不平等。

国际上常用基尼系数来测定居民收入分配的差异程度，并将 0.4 作为社会分配不平等的警戒线。按联合国有关组织规定，基尼系数的区段划分如表 9-1 所示。

表 9-1 基尼系数的区段划分

基尼系数	收入分配
低于 0.2	收入绝对平均
0.2～0.3	收入比较平均
0.3～0.4	收入相对合理
0.4～0.5	收入差距较大
高于 0.5	收入差距悬殊

资料来源：基尼系数的区段划分．(2010-01-07)［2019-10-10］. http://intl.ce.cn/zhuanti/data/jini/jinidata/201001/07/t20100107_20760807.shtml.

基尼系数考虑了全部居民的收入状况，任何层次居民收入的变化都会对最终的基尼系数产生影响。但是，这种测算方法比较烦琐，因此人们在实际测算中常用一些简化的方法来替代。[①]

4. 泰尔指数

与基尼系数一样，泰尔指数（Theil index）也是测量收入不平等的指标，因泰尔（1967）利用信息理论中的熵概念计算收入不平等而得名，它的最大优势在于容易分解组间差异和组内差异对不平等的贡献。泰尔指数的计算公式为：

$$GE(1) = \sum f_i \times \left(\frac{y_i}{m}\right) \times \log\left(\frac{y_i}{m}\right)$$

其中，y_i表示第i个个体的收入，f_i表示第i个个体在总体中占的比重，m表示总体的平均收入。

分解公式为：

$$GE(a) = GE_{W(a)} + GE_{B(a)}$$

$$GE_{w(a)} = \sum V_k^{(1-a)} \times S_k^a \times GE_{k(a)}$$

其中，V_k表示第k组人数占总体的比例，S_k表示第k组总收入占全体总收入的比例，$GE_{k(a)}$是分别将各个组当成单独的群体计算的泰尔指数，$GE_{B(a)}$则是假设各组中每个人的收入为该组平均数时计算出的泰尔指数。

泰尔指数与基尼系数之间具有一定的互补性。基尼系数对中等收入水平的变化特别敏感，泰尔指数则对上层和底层收入水平的变化非常敏感[②]。

5. 恩格尔系数

与前面几个测量指标不同的是，恩格尔系数是以支出为标准计算的。它是国际上通用的衡量居民生活水平高低的一个重要指标，测量食品支出总额占个人全部生活消费支出总额的比重。根据联合国粮农组织提出的标准，恩格尔系数在59%以上为贫困，50%～59%为温饱，40%～49%为小康，30%～39%为富裕，低于30%为最富裕。

6. 库兹涅茨比率

库兹涅茨比率是用一个综合值反映社会各阶层收入的差异状况，以著名经济学家库兹涅茨（Simon Kuznets，1901—1985）的名字命名，其计算公式为：

$$R = \sum_{i=1}^{n} |Y_i - P_i|$$

其中，R表示库兹涅茨比率；Y_i表示各阶层收入在总收入中所占的比重；P_i表示各阶层人口在总人口中所占的比重；$i=1, 2, 3, 4, \cdots, n$。

该比率易于计算，并能反映出社会总体的收入差距与不平等程度。

7. 职业声望量表

职业是个体赖以生存的基本，更是个体的阶层名片。职业声望是指人们对各

---

① 高燕，孙其昂．社会学概论．南京：河海大学出版社，2004：143.

② THEIL H. Economics and information theory. Amsterdam: Rand McNally and Co. and North-Holland Publishing Company, 1967.

种职业所做的主观评价。职业声望一般采用量表进行测量，即让人们为基于各种职业所受到的社会尊敬程度打分，然后按其高低等级排序。具体步骤是：首先，列出一些职业，让被调查者按好坏程度进行评价，或按高低上下进行等级排列。其次，研究人员对评价结果赋予相应的分值，并计算出每个职业的声望得分。最后，根据得分高低，排列各类职业的声望等级，进而得到职业声望的分层。但是，用职业声望量表测量只能获得少数职业的声望得分，美国社会学家邓肯提出了一种可以得到所有职业的声望得分的方法，即用基于职业声望测量所获得的各类职业的声望得分，以及相应职业的平均收入和教育水平，建立一个回归方程，求出收入和教育水平对职业声望的回归系数（即权数），然后应用这一回归方程，求出所有职业的声望得分。他在对美国职业结构的研究中，用对 45 种职业进行的声望调查得分以及人们的收入和教育权数，估计出 446 种职业的社会经济地位指数。此后，许多学者采用了邓肯的方法（或者在其基础上加以改进），先利用回归方法计算出社会经济地位指数，再进行社会声望分层。[①]

8. 社会经济地位量表

社会经济地位量表（Socioeconomic Score）是地位测量中一种比较通用的方法，英文简称 SES。这是一个综合性指标，由教育、收入、职业三者构成，用以综合测量社会成员经济社会地位的高低。比如，将每一种社会地位分为五个等级，把各种地位的所得值加起来，总分就是指标值。其中，教育和收入较易赋值，可直接按照受教育程度和收入水平进行划分；职业地位赋值较为复杂[②]，但可借助职业声望量表的赋值方法来进行。此外，亦可通过因子分析方法，将三者进行整合，得到综合指标值，以测量个体的社会经济地位。

第二节 社会分层理论

社会学关于社会分层的研究形成了多种不同的理论流派，在传统的马克思主义阶级分层理论和韦伯（Max Weber，1864—1920）三位一体分层理论的基础上，不少学者针对经济社会环境的变化，对这两大传统理论进行了重新建构和解释，从新的视角阐释社会分层。

① 李春玲．当代中国社会的声望分层：职业声望与社会经济地位指数测量．社会学研究，2005（2）．

② 李强．应用社会学．北京：中国人民大学出版社，2004：386．

一、马克思主义与新马克思主义阶级理论

（一）马克思主义阶级理论

马克思是最早论述阶级及社会分层的经典思想家之一。马克思及其追随者采用批判的方法，探讨了社会不平等的根源，认为生产资料的私人占有及以此为核心形成的各种生产关系是现代资本主义社会不平等的深刻根源。① 阶级并不是从来就有的，而是生产力发展到一定历史阶段的产物。阶级的产生有两个基本条件：一是剩余产品，二是私有制。其中，剩余产品的出现是阶级产生的前提和基础，私有制的出现使得剩余产品的占有成为可能并制度化。阶级随着私有制的产生而产生，随着生产力水平的发展而发展，并随着私有制的消亡而消亡。②

阶级划分是指社会成员在一定的生产关系中所处的不同地位③。生产资料是最重要的一种社会资源；人们对生产资料的占有情况直接决定着他们在生产关系中所处的位置以及他们的生活方式。据此，人们被分为两大阵营。一方处于统治地位，即有权者，这部分人可以利用自己的有利地位，根据利益需求强化、普及他们所认定的观点。他们拥有更好的医疗条件、更多的教育机会、更舒适和安全的生活环境、更长的平均寿命。④ 另一方则处于被统治地位，受到剥削，被当作工具使用。

（二）新马克思主义阶级理论

马克思认为，随着资本主义社会的进一步成熟，一些过渡性质的阶级（地主）、类阶级群体（农民）和阶级内部的分支（流氓无产者）等将被消除，整个社会最终将简化为两极分化的阶级结构。然而，随着科学技术和产业结构的变化，第二次世界大战后，资本主义国家出现了既非纯粹资产阶级也非纯粹无产阶级的中间群体，即中产阶级。针对中产阶级的兴起，一些新马克思主义者于20世纪70年代和80年代对传统的马克思主义阶级理论进行了修正与发展。

新马克思主义者如布雷弗曼（Harry Braverman，1922—1976）、普兰查斯（Nicos Poulantzas，1936—1979）、赖特（Erik Wright，1947—　）、达伦多夫（Ralf Dahrendorf，1929—2009）等，他们希望在马克思主义框架的基础上，对发达资本主义社会的阶级结构进行调整，重新定义阶级，分析不同国家的阶级地位、阶级意识、阶级分布、劳动分工、职业流动模式、收入不平等等问题。⑤

新马克思主义者考虑到经济、政治、社会环境的变化，对马克思主义阶级理

---

① 胡俊生．社会学教程新编．武汉：武汉大学出版社，2010：325.

② 于凤春，刘邦凡．社会学概论．北京：中国铁道出版社，2011：165.

③ 刘祖云，田北海，戴洁．转型期的中国社会分层．武汉：湖北人民出版社，2009：70.

④ 卡伦，维吉伦特．社会学的意蕴．北京：中国人民大学出版社，2011：88.

⑤ 李路路．论社会分层研究．社会学研究，1999（1）．

论进行了两大发展：一是将马克思的阶级分析由宏观转为微观；二是对中产阶级进行考察。但是，他们内部也有分歧：一种观点仍坚持传统马克思主义阶级理论的两极分化论，认为中产阶级仍有无产阶级化的趋势；另一种观点则认为，两极阶级结构理论已不适应社会发展的现状，应把中产阶级纳入阶级分类框架。

布雷弗曼是马克思两极分化论的追随者。他在《劳动与资本垄断》一书中提到，中产阶级仍然属于工人阶级，因为他们也是受雇佣的领取薪金的劳动者。随着技术的不断发展进步，越来越多的工人包括白领工人将被“去技能化”和“无产阶级化”，中产阶级的中下层成员将加入工人阶级的队伍，故工人阶级在相对规模上还将继续扩大并保持以往所具有的政治能量和社会作用。

不断演变的“中产阶级”概念

中产阶级（middle class）的内涵随着社会关系构成的变化而变化，因此必须根据特定社会的性质及其阶级阶层的构成来界定。

在古希腊时期，中产阶级指涉的是财富规模在城邦中居中间位置的社会阶层，这种中庸状态使这个阶层成为城邦的稳定器；自中世纪城镇出现以来，中产阶级主要指涉财富占有和政治地位不成比例的工商业阶级；在进入资本主义社会之后，中产阶级变成一个职业概念，同特定职业的收入和生活方式相连。

资料来源：肖瑛．不断演变的“中产阶级”概念．中国社会科学报，2010-09-07.

赖特对阶级结构及分类方法进行了重建。他指出，在资产阶级与工人阶级之间，存在着既不是剥削者也不是被剥削者，而是恰好拥有平均资本水平的人，以及在某一剥削关系维度上正在剥削他人，但在另一剥削关系维度上遭受他人剥削的人。这包括小业主（介于资产阶级与小资产阶级之间，既雇佣他人，自己也付出一定劳动）、管理者和监督者（介于资产阶级与无产阶级之间，不拥有生产资料，出卖自己的劳动，可以部分地参与核心决策）、半自主性雇员（介于小资产阶级与无产阶级之间，不拥有生产资料，出卖自己的劳动，不能参与核心决策，可在一定程度上控制生产过程）。[①] 而这些中间阶级并不会轻易地被资产阶级化或无产阶级化[②]。赖特基于生产资料、生产过程中的决策、支配等标准对阶级结构进行了十二分的细分（见表 9－2）。

表 9－2　赖特的十二分阶级结构

生产资料所有者	非生产资料所有者		
	资格认定	半资格认定	无资格认定
资产阶级	专家、经理人员	专家、经理人员	经理人员
小业主	监督、管理人员	监督、管理人员	监督、管理人员
小资产阶级	专业职员	劳动者	无产阶级

资料来源：WRIGHT E，et al. The American class structure. American sociological review，1982（47）.

① WRIGHT E，et al. The American class structure. American sociological review，1982（47）.
② 刘祖云，田北海，戴洁．转型期的中国社会分层．武汉：湖北人民出版社，2009：34.

达伦多夫在《工业社会的阶级与阶级冲突》一书中，系统论述了社会冲突及分层思想。他继承了马克思的阶级划分理论，认为社会冲突的根源在于特定的社会结构（即阶级结构）。但是，阶级结构的划分不是基于是否占有生产资料，而是依据是否占有权力以及占有权力的大小。任何社会组织在结构上都可被看作由统治者和被统治者两个群体，通过强制手段结合而成的统一体。[①] 围绕着“权力和权威”，现代社会被分为两个阶级：一方是占有权力和权威的阶级，另一方是被迫服从权力和权威的阶级。工业社会里不断成长的新中间阶级改变了马克思所描述的阶级划分的本质。[②] 同时，与马克思的阶级终将消亡论不同，达伦多夫认为，冲突是永恒存在的，既不可能被平息，也不可能被完全压制或禁止。

沃勒斯坦（Immanuel Wallerstein，1930— ）是世界体系论的主要创始人。世界体系论是马克思主义多元化的重要理论，提供了一个划分世界体系的新的理论依据。[③] 他根据各国之间的经济联系与区域性分工，将世界体系划分为核心、半边缘和边缘三个不同层次，这三个层次构成世界体系的基本结构。核心国家在世界体系中占据主导地位，可以控制和支配其他国家。边缘国家在国际贸易与分工中处于被剥削地位，受到核心国家的控制和支配。半边缘国家介于核心与边缘之间，在某种程度上既可以控制边缘国家，也受控于核心国家。[④] 在世界体系崩溃之前，核心-半边缘-边缘的结构不会改变，但各国在世界体系中的地位是可变的：边缘国家可以变为半边缘国家甚至核心国家，核心国家也有可能降为边缘国家。地位的升降是由世界体系的整体状况决定的。

二、韦伯与新韦伯主义分层理论

（一）韦伯分层理论

韦伯采用建构主义方法，主张从财富、权力、声望，即“利、权、名”三方面综合考察社会各领域中的不平等。他认为，任何社会都存在经济、政治和社会三种彼此独立又相互联系的基本秩序。每一种基本秩序都有各自相应的社会资源及分配方式，并形成各自的等级体系。在经济秩序中，建立在市场机会基础上的经济资源是最重要的社会资源；在政治秩序中，权力则是最重要的社会资源；在社会秩序中，建立在社会性评价或身份基础上的声望是最重要的社会资源。相应地，财富、权力、声望成为社会分层的三个重要标准。在实际生活中，这三者之间彼此相关、紧密相连，并可相互转化。有财者往往有权有声望，有权者更容易

---

① 李培林，谢立中．社会学名著导读．北京：学习出版社，2012：63.

② 侯钧生，韩克庆．西方社会分层研究中的两种理论范式．江海学刊，2005（4）.

③ WALLERSTEIN I. The modern world-system：capitalist agriculture and the origins of the european world-economy in the sixteenth century. New York：Academic Press，1974.

④ 张琢，马福云．发展社会学．北京：中国社会科学出版社，2010：97.

通过权钱交易发家致富。[①]

（二）新韦伯主义分层理论

20世纪60年代和70年代，一些分层理论家在传统的韦伯三位一体分层理论的基础上，补充和发展了多维度分层方法，被称为新韦伯主义分层理论学派。这一派的代表人物有吉登斯（Anthony Giddens，1938— ）、帕金（Frank Parkin，1931—2011）、洛克伍德（David Lockwood，1929—2014）和戈德索普（John Goldthorpe，1935— ）等。

吉登斯的阶层理论具有明显的多维度特征。在他看来，社会分层是财产、技术能力、资格证书以及生活方式等多种因素共同作用的结果。他在《发达社会的阶级结构》一书中，阐述了“市场能力”的概念，认为生产资料所有权、受教育程度、技能资格证书以及体力劳动等情况，决定了个体经济报酬、社会声望以及政治权力的获得和多寡。他认为，正是市场能力构筑了资本主义社会的基本阶级体系，将整个社会划分为上层阶级、中层阶级和下层阶级（工人阶级）。[②]

帕金于1979年进一步阐述了韦伯的社会排他思想，提出了社会屏蔽理论，认为任何社会都会建立一套由法律、法规认可的制度体系，据此使得资源和机会仅为某些人所享有，而对其他人屏蔽，进而使得社会成员之间呈现出明显的身份差异。屏蔽可分为两种：一是集体屏蔽，即通过一定的筛选标准（如种族、宗教、民族），将某些社会群体整体性地排斥在资源的享有之外，进而产生“共同集团”。具有某些特征的人群因被整体排斥在外，故往往会做出比较激烈的反应，激化社会矛盾。[③] 二是个体屏蔽，即将个体排斥在竞争与社会流动之外。其结果是产生“分散的身份群体”。当代社会的实际制度是以上两种屏蔽的结合。

洛克伍德提出了“三种地位分层论”，认为社会成员所处的阶级地位是由市场地位、工作地位以及身份地位三种因素综合作用的结果。市场地位主要指经济指标，取决于个体的收入来源与多少、就业保障以及职业上升流动的机会。工作地位是指个人在工作场所中所处的工作关系状态，取决于个体在劳动分工中的地位。身份地位是指个体在社会声望等级体系中的地位，包括社会地位、出身、教育地位、通婚情况等。[④]

戈德索普在《当代英国的社会流动与社会结构》（1987）一书中，提出以劳动力市场中的关系和生产单位中的关系，即以市场状态和工作状态为划分阶级的标准。根据这两个标准，他将当代英国阶级结构划分为社会阶级和职业阶级。[⑤] 这种以职业分类为基础，考虑到各类职业的市场状态和工作状态而构建的社会阶

① 于凤春，刘邦凡．社会学概论．北京：中国铁道出版社，2011：168.

② GIDDENS A. The class structure of the advanced societies. New York：Harper Torchbook，1973：167.

③ 李强．社会分层十讲．北京：社会科学文献出版社，2011：113.

④ 同③123.

⑤ 李春玲，吕鹏．社会分层理论．北京：中国社会科学出版社，2008：114.

级结构，将社会区分为体力劳动者与非体力劳动者两大基本群体，并据此将整个资本主义社会阶级结构划分为公务人员、工人以及中间阶级三大部分。

由上可知，马克思的阶级理论更多地强调了阶级带来的社会不平等，具有明显的冲突论色彩；而出于维护资本主义社会的需要，韦伯的三位一体分层理论侧重于社会均衡和社会协调。对于这两大理论流派的论争，不少学者将其归为一元分层论与多元分层论的区分。但实际上，马克思主义者对社会分工、生活方式、受教育程度、阶级心理和意识以及政治组织等有关社会分层的方面均有涉及。因此，更确切地讲，两者之间是表面结构（谁得到了什么）与深层结构（如何得到）之别。① 韦伯通过财富、权力、声望这三个标准对社会各阶层进行划分，更多地关注“谁得到了什么”的问题，马克思主义者通过对生产资料占有关系的深入分析，回答了社会不平等的根源，即“如何得到”的问题。

三、涂尔干与新涂尔干分层理论

（一）涂尔干分层理论

涂尔干的社会分层理论分为功能主义与职业社会分层两大方面。他在《社会分工论》一书中指出，在现代工业社会中，原来人们共享的道德和价值观念已经趋于解体，以集体意识为基础的“机械团结”已经不能适应社会发展的需要，必须寻找一种新的道德标准和价值观念来促进社会整合，实现社会系统的有效运转。职业专门化使得从事相同职业的人在生活经历、价值观念、道德规范以及生活方式等方面的同质性增强，这有利于建立起相互依赖的合作关系，即“有机团结”，从而促进社会在更高层面上的整合。

总体而言，涂尔干的社会分层思想具有三个主要特征：一是社会分层受到宏观社会结构的影响，横向的社会分工必然导致纵向的社会分层；二是社会分层具有维护社会团结、实现社会整合的功能；三是职业是最重要的社会分层标准，职业决定个体所获得的相应的社会资源。

（二）新涂尔干分层理论

随着后现代主义和后工业主义思潮带来的影响，阶级分析研究逐渐趋向衰落，分层研究在社会学界的地位大大降低②。新涂尔干分层理论的提出与发展，为社会分层理论带来新的生机，主要代表人物有帕森斯（Talcott Parsons，1902—1979）、格伦斯基（David Grusky，1958— ）和索伦森（Jaspre Søensen）等。

帕森斯将社会分层视作一种必然的社会现象，对社会分层的关注集中于一般

---

① 仇立平．回到马克思：对中国社会分层研究的反思．社会，2006（4）．

② 胡俊生．社会学教程新编．武汉：武汉大学出版社，2010：331.

的社会秩序和社会分层对于社会秩序的全面维系方面[①]。他将社会分层看作一种对社会行动的规定性机制，依据一套共同的价值标准对整个社会体系进行等级分类。他在《社会系统》《价值、动机与行动系统》等著作中，系统阐述了结构功能理论及社会分层思想。他认为，一个社会要存在并延续下去，必须满足四种必要的功能，即环境适应（A）、目标实现（G）、整合（I）和潜在模式维持（L）。各类社会组织（国家、企业、司法、宗教、学校、文化）都有各自的专门作用，是履行这些功能的必要条件；在每一个社会中，只有一类组织被认为是最基础的，而这类组织所强调的价值就是共同的价值体系。[②]

格伦斯基和索伦森秉承了涂尔干的观点，致力于系统阐述职业与阶层之间的关系。他们认为，在当代社会，职业的概念及其分类已经被制度化，职业群体可转化为具有共同利益的社会政治联合体，进而形成一种可以与国家力量和社会力量相抗衡的独立的组织力量。这些联合体有助于减少国家与个人之间的直接冲突，降低国家走向专制集权的可能性。[③] 这些联合体在当今的社会政治生活中会发挥越来越重要的作用，故应根据职业分类来划分阶层[④]。

四、社会分层新流派

（一）“阶级消亡论”之争

20 世纪 90 年代以来，随着后工业化社会的来临，后现代理论者对传统的阶级分析理论提出了挑战和批评，引发了“阶级消亡论”之争。

1991 年，克拉克（Terry Clark）和李普塞特（Seymour Lipset，1922—2006）在《国际社会学》上发表了一篇名为《社会阶级正在死亡吗》的文章，指出随着传统的阶级等级体制的消亡和新的社会分层形式的出现，阶级越来越成为一个过时的概念，社会分层呈现碎片化特征。他们通过政治、经济以及社会三个领域的变化来证明阶级衰落现象。在政治领域，年轻、受过良好教育、富裕的人群组成的第二代新左派，将关注的焦点由传统的阶级政治问题转向生活方式与品味。在经济领域，随着市场增长和家庭企业消亡，阶级界限开始瓦解，阶级关系走向衰落。在社会领域，社会趋向平等开放。贝尔（Daniel Bell，1919—2011）在《后工业社会的来临》一书中指出，后工业社会正在日趋平等、开放，传统社会中严格的阶级结构在后工业社会变为温和的、流动性的等级结构。然而，悲观的后工业主义者则认为，后工业社会的分层体系将导致中产阶级的衰退，社会将呈现明显的两极分化，非技术的、体力性的工作将被迁往不发达国家。

---

① 侯钧生，韩克庆．西方社会分层研究中的两种理论范式．江海学刊，2005（4）．

② 李春玲，吕鹏．社会分层理论．北京：中国社会科学出版社，2008：67－68．

③ 涂小雨．试析当前社会分层领域中的几种主要理论流派．学习论坛，2009（8）．

④ 胡俊生．社会学教程新编．武汉：武汉大学出版社，2010：332．

（二）布迪厄社会分层理论

布迪厄（Pierre Bourdieu，1930—2002）认为，社会分层是由各种资本的不均匀分配所致。他将资本分为经济资本（土地、生产资料、经济财产、各种收入以及各种经济利益）、文化资本（非正式的人际交往技巧、习惯、语言风格、教育程度、品位格调与生活方式）、象征资本（声誉、威信）、社会资本（在社会网络中的地位与关系），且不同类别的资本可以相互转化。

布迪厄社会分层思想的突出特征是强调了文化、生活方式、品位、关系等在社会地位差异中的重大作用[①]。他指出，在消费社会中，政治斗争和权力竞争不仅存在于传统意义上的政治领域，而且延伸至消费、休闲、生活方式以及生活品位等日常生活的各个领域[②]。他认为，消费是主观与客观相统一的社会实践，是一种阶级区隔的方式。人们属于哪一个阶级，不在于拥有多少财富，而在于消费了什么。不同阶级群体在资本的总量和构成方面各异，这使得他们在消费水平和消费方式以及品位方面也明显不同。如拥有较多经济资本者会相对青睐“炫耀性消费”，而拥有较多文化资本者则会考虑消费的文化品位。

第三节 社会分层机制

社会分层与社会发展的不同阶段以及该阶段的政治、经济、社会和文化环境等密切相关。

一、社会分层标准

从本质上讲，社会分层是指社会资源在各群体中的分布模式，故资源的类型和占有水平也常常成为划分阶层、社会地位的标准[③]。由于研究目的、研究方式以及理论依据不同，社会分层的标准多种多样。如马克思及其追随者根据生产资料的占有与否及剥削与被剥削的状况划分社会阶层；韦伯根据财富、权力、声望来划分社会阶层；涂尔干主要通过职业分化来划分社会阶层；布迪厄根据文化、生活方式、品位、关系等来划分社会阶层。

（一）个体分层标准

概而言之，社会阶层的划分标准主要有两大类：一是外显地位，如职业，以

① 李强．社会分层十讲．北京：社会科学文献出版社，2011：281.

② 朱伟珏．权力与时尚再生产：布迪厄文化消费理论再考察．社会，2012（1）.

③ 同①12.

此来了解人口在社会中的垂直分布状况以及人们活动的时空范围；二是潜在地位，如收入、受教育程度和技术水平等，以此来了解人们内在素质的垂直分布状况及其影响[①]。故此，常用指标主要包括个体的受教育程度、职业、财富与收入、权力和声望。

1. 受教育程度

受教育程度是人力资本水平的重要体现，直接影响人们在劳动力市场上的竞争能力。教育作为一个巨大的过滤系统，在每一个水平上都有一些人掉队，而另一些人被鼓励继续学下去，以满足职业等级中不同水平的需求。[②] 随着职业专业化程度的日益提高，教育在职业地位获得以及促进社会成员的分化中变得越发重要。

2. 职业

职业是一种重要的分层标准，具备不同专业知识、不同技术水平的人从事不同的工作，处于不同的职业位置，带来职业地位的分化。职业不仅仅影响个体的收入、财富的累积，更影响其社会声望地位。

职业声望排行榜

最万金油的职业——记者。候选：广告人、设计师。

最讨人嫌的职业——置业顾问。候选：保险经纪、传销人员。

最金饭碗的职业——公务员。候选：垄断国企职员、教师。

最具灰色收入的职业——公务员。候选：律师、医生。

最暴利的职业——房地产老板。候选：煤老板、基金经理。

最闷声发大财的职业——煤老板。候选：垄断国企职员、银行家。

最有话语权的职业——政府官员。候选：幼儿园教师、记者。

最口水的职业——成功学讲师。候选：脱口秀节目主持人、电台主持人。

最受人非议的职业——医生。候选：警察、保安。

最考眼力的职业——星探。候选：基金经理、时装买手。

最靠外形吃饭的职业——健身教练。候选：艺人、空姐。

最让人想入非非的职业——公关。候选：导演、护士。

最日夜颠倒的职业——广告人。候选：夜场工作者、传媒人。

最不用动脑的职业——电梯服务员。候选：足球运动员、景点讲解员。

最疲于奔命的职业——导游。候选：出租车司机、快递员。

最吃青春饭的职业——二奶。候选：模特、记者。

最老来俏的职业——中医。候选：考古学家、社会科学家。

资料来源：职业声望排行榜．(2015-03-20) [2019-11-10]．http://www.neweekly.com.cn/newsview.php?id=2622.

3. 财富与收入

个体或群体经济地位的高低与财富、收入密切相关。财富是指个体或群体所

---

① 于凤春，刘邦凡．社会学概论．北京：中国铁道出版社，2011：167.

② 波普诺．社会学．沈阳：辽宁人民出版社，1987：296.

拥有的全部财产的总和，既包括货币，也包括物品、土地、自然资源以及生产性劳动服务。[①] 个人收入是指个人通过各种途径获得的收入的总和，包括工资、租金收入、股利股息、红利、不动产收入及社会福利等。

4. 权力

权力是社会分层中最为重要的资源形式，该资源往往可与其他资源相互转化，并决定其他资源的分配。人们是否拥有权力以及权力的大小决定了其权力地位的高低。

5. 声望

声望是一种主观评价标准，由社会公认的价值评价体系决定。在相同的社会文化价值观念和经济社会背景下，一个人社会地位的高低，必须得到公众的认可；缺乏这样的认可，他的所谓地位也就失去了社会意义。[②] 如"暴发户"（new money）虽然赚了很多钱，经济地位很高，但是不被所谓上流社会认可，进不了上流社会的圈子。

Old Money，New Money

Old Money（老派有钱人，贵族）的钱花在看不见的地方；New Money（新派有钱人，暴发户）的钱，要花在看得见的地方。Old Money 可能每天喝两万元一斤的茶，也不特别觉得怎么样；New Money 也许平常喝两百元一斤的茶，但是客人来的时候喝二十万元一斤的茶。

Old Money 的餐桌上可能同时有鲍鱼和红烧肉——鲍鱼对他而言只是一道菜，配酒就喝绍兴喝到底。New Money 吃鲍鱼，一定要凸显鲍鱼的特别；喝酒也要随着菜式换不同的洋酒。

Old Money 对财富的态度就像听昆曲一样，喜欢就听一段，随时可以来来去去；但是 New Money 对财富的态度就像听歌剧，你一定要正襟危坐地坐在那里。New Money 玩的方式就像"事迹"，是用来展示财富的表征。

Old Money 认为，画是用来赏玩的，他可能今天挂一幅郑板桥，过几天再换一幅齐白石。甚至他根本不知道自己家里墙上那幅齐白石的画是可以卖的，就算知道，也不清楚怎么样可以卖个好价钱。New Money 在有钱之后，钱对他来说就像武器，让他扩充他的帝国。除此之外，无论买画、买古董还是投资，New Money 最后算的还是报酬率。

资料来源：蔡康永．旧富新富品味不同．（2006－01－23）［2019－11－20］．http：//biz. icxo. com/htmlnews/2006/01/23/759307_1. htm.

（二）全球分层标准

全球分层是指通过一些客观标准（如经济发展状况、政治地位、军事实力），

---

① 波普诺．我们身处的世界：波普诺社会学．北京：中国人民大学出版社，2014：173.

② 李芹．社会学概论．济南：山东人民出版社，2012：187.

对世界各国进行分类，强调全世界存在的社会模式和不平等状态①。

1. 政治和经济意识形态

根据政治和经济意识形态来划分，世界被分为三个部分：第一世界、第二世界、第三世界。第一世界是工业化的资本主义国家，包括美国及其盟友。第二世界是社会主义国家，包括苏联及社会主义阵营其他国家。第三世界则是不能划归入前两种类型的所有国家。②

2. 阶级斗争

在20世纪70年代，毛泽东根据阶级分析原理，从阶级斗争的现实出发，将世界划分为第一、第二和第三世界三大阵营。第一世界是指具有最强军事和经济力量的美、苏两个超级大国，它们在世界范围内推行霸权主义。第三世界指亚洲、非洲、拉丁美洲和其他地区的发展中国家，是反对帝国主义、殖民主义、霸权主义的主要力量。第二世界是指处于这第一、第三世界之间的发达国家，包括欧洲各国、日本、加拿大、澳大利亚等。

3. 经济发展水平或工业化程度

随着苏联的解体及经济地位在全球分层中作用的凸显，以上两种分层体系已不适应当今世界分层的客观情况。目前，根据经济发展水平或工业化程度，可将世界分为发达国家（见表9－3）、发展中国家。发达国家的经济发展水平较高，技术较先进，生活水平较高；发展中国家或欠发达国家的经济发展水平较低，技术较落后，生活水平相对较低，通常包括亚洲、非洲、拉丁美洲及其他地区的130多个国家。

表9－3　全球发达国家在各大洲的分布

美洲	加拿大	美国			
亚洲	新加坡	以色列	日本	韩国	塞浦路斯
欧洲	奥地利	比利时	捷克	丹麦	芬兰
	法国	德国	希腊	爱沙尼亚	爱尔兰
	意大利	拉脱维亚	冰岛	马耳他	荷兰
	挪威	卢森堡	圣马力诺	斯洛伐克	斯洛文尼亚
	西班牙	葡萄牙	瑞士	英国	瑞典
	立陶宛				
大洋洲	澳大利亚	新西兰			

注：国际货币基金组织划分的发达经济体共39个，包括我国港澳台地区及波多黎各（美国自由邦），表中所列国家共35个。

资料来源：国际货币基金组织。

为对世界各国的经济社会发展状况进行排序，社会学家和经济学家用到的指标通常还包括国家的债务率、国民生产总值、婴儿死亡率、预期寿命、识字率、电话拥有率、电视拥有率等③。

① 卡尔．社会学．北京：中国人民大学出版社，2014：144.

② 汉斯林．社会学入门：一种现实分析方法．北京：北京大学出版社，2007：245.

③ 同①148.

(三) 中国社会分层标准

1. 改革开放前

改革开放前，身份是中国社会分层的重要基础。建立在各种身份（如户籍身份、政治身份、单位身份等）基础上的刚性地位分割制度将户口、家庭出身、参加工作时间、级别、工作单位所有制等作为区分社会身份的基本标准，并以此为基础形成了社会分层的基本结构。①

（1）行政权力。

在计划经济体制下，行政权力既控制着社会资源的再分配，也决定着可供支配的社会资源的种类和数量。因此，每个社会成员所能行使的行政权力的大小，决定了其在社会分层体系中的具体位置。

（2）户籍制度。

在改革开放以前，中国实行较为严格的户籍制度，将整个社会的人口划分为农业人口和非农业人口两大群体。同时，在户籍制度的基础上衍生的一系列相关制度，固化了农业人口与非农业人口两大群体的社会地位。

（3）单位制度。

“单位”是具有当代中国特色的社会组织，是计划经济体制的基本组织细胞。单位拥有国家政权赋予的行政权力和行政级别，有权支配相应的社会资源，并承担一定的社会功能和政治功能。单位在社会资源分配上的垄断性和重要性，使得改革开放前城市社会阶层的分化在很大程度上是以单位为边界的。

2. 改革开放后

改革开放后，中国的经济社会领域发生了巨大变化，社会分层标准亦发生了相应变化。

（1）政治色彩弱化，经济因素作用明显。

改革开放后，社会的工作重心发生了变化：由政治斗争转向经济发展，由计划经济体制转向市场经济体制。社会分层中的政治性色彩逐渐褪去，经济因素在社会分层中的作用日益明显。然而，由于中国的经济转轨是由国家主导的、渐进的、和平的改革过程，因此计划经济体制下的一些制度性因素，如所有制形式、产权关系、部门差异以及国家在资源配置中的强有力的作用等，都在很大程度上被保留下来。②

（2）户籍制度逐渐松动，但仍发挥作用。

随着改革开放的逐步深入发展，中国城乡二元分割的户籍制度正在逐步松动与瓦解。然而，户籍制度及其衍生制度，以及附着在其上的相关福利、利益仍在发挥作用，形成了农民与市民、本地群体与外来群体之间的分化。国家统计局发布的《2018 年农民工监测调查报告》显示，2018 年我国的农民工规模总量达到

---

① 李强．中国社会分层结构的新变化//汝信，陆学艺，李培林．2002 年：中国社会形势分析与预测．北京：社会科学文献出版社，2002：133.

② 查啸虎．教育成层论．芜湖：安徽师范大学出版社，2012：50.

2.88亿，他们虽为我国经济发展做出了重大贡献，但受户籍制度及相关制度的影响，处于城市边缘群体的位置上。[①]

（3）职业分化明显，人力资本作用增强。

随着经济和科技的迅猛发展及现代化、工业化、城镇化的深入推进，中国的产业结构发生变化，这也使得原有的劳动分工体系发生了相应的变革，社会阶层分化越来越趋向于职业分化。劳动力从第一、第二产业向第三产业转移；同时，随着一大批劳动强度弱而技术含量高的新兴职业的兴起，非体力劳动者的比例在不断攀升。不同职业在经济收入和社会声望方面的差距加大，体力劳动者与非体力劳动者、管理人员与非管理人员、体制内就业者与体制外就业者之间的分化明显，人力资本在社会屏蔽和筛选中的功能日益凸显。

二、影响社会分层的因素

社会分层的影响因素很多，涉及众多领域，既有物质形态的，也有非物质形态的。标准不同，分类亦有差别。

其一，根据影响因素层次的不同，可区分为制度因素、家庭因素和个体因素。社会分层与制度密切相关，政治制度和经济制度的变迁，必然带来社会分层的变化。[②] 制度因素对分层的影响表现在两个方面：一是直接通过政策、体制影响资源的分配与再分配。二是通过相关政策干预市场，间接影响社会分层。

人类社会的分层制度

奴隶制度

奴隶制度是一种极端不平等的分层体系。其本质特征是一种经济关系：一些人占有另一些人。这种制度需要大量的镇压性的社会控制机制。奴隶制度是美国建国初最显著的分层特征；尽管该制度在1865年被废除，但其影响存续至今。

种姓制度

种姓制度是一种封闭型的社会分层制度。人的社会地位在出生时就被确定，且不可改变；种姓之间相互隔离，不能通婚。古印度有4个主要种姓，即婆罗门（僧侣）、刹帝利（贵族和武士）、吠舍（农民和商人）、首陀罗（手工业者和工匠），并有1 000多个亚类。每个亚类都有自己的传统职业、居住地及与其他种姓交往的规则。

等级制度

等级制度遵循严格的权利与义务限定，明确了社会成员享有的差别化权利。等级制度是一种固定化的不平等的社会分层制度，目的是维护优势集团各方面的利益。中国古代社会有贵族、平民之分，贵族爵位又分为公、侯、伯、子、男五

① 李强．农民工与中国社会分层．北京：社会科学文献出版社，2012：22.

② 杨继绳．中国当代社会阶层分析．南昌：江西高校出版社，2011：26.

个等级；法国大革命前夕的神职人员、贵族集团与第三阶级（农民和其他社会成员）的划分也属于等级制度。

阶级、阶层制度

阶级、阶层制度承认，在相同的阶级、阶层内部存在不同的社会经济地位层次。阶级、阶层制度具有显著的特征：一是流动性。阶级、阶层不由文化、宗教和出身来确定，成员的地位资格不是世袭的，不同阶级、阶层的人们可以跨越界限接触、通婚。二是成就性。社会成员个人的阶级、阶层地位在某种程度上是由个人能力赢得的，而不是先天注定的，社会结构中的上下流动比其他制度要频繁得多。三是大范围、非个人性。阶级、阶层制度是通过非个人的、大规模的社会关系运行的，属于群体性、集团性的概念。

资料来源：波普诺．我们身处的世界：波普诺社会学．北京：中国人民大学出版社，2014：180－181. 李芹．社会学概论．济南：山东人民出版社，2012：196－198.

家庭因素主要指家庭的经济资本（或经济条件）、文化资本、社会资本等。

个体因素分为先赋因素与自致因素。先赋因素是指个人生而具有的或自然得到的属性，如籍贯、性别、肤色、种族、民族和容貌等。自致因素是指通过自身努力而后天具备的属性，如技术、知识、学历、个人成就和工作经历等。[①]

其二，根据承载资源主体的不同，可区分为个体性资源与社会性资源。个体性资源既包括个体的人力资本，即凝结在劳动者身上的知识、技能及其表现出来的能力[②]，也包括经验、时间、健康和寿命等[③]。个体的专业技术、专门技能、学历文凭、资格证书、工作经验等对社会经济地位有重要影响。社会性资源则是指社会成员通过其所处的组织与社会网络获得的资本。

其三，根据资源性质的不同，可区分为经济资源、政治资源与社会资源。经济资源是指金钱，以及土地、厂房、设备等能直接产生经济收益的资源[④]；政治资源是指社会成员所拥有的权力和特权，这是一种能够控制和影响他人的资源；社会资源是指由社会成员所处的社会网络及社会关系带来的一种资源。这三种资源之间相互关联，相互影响，一种资源可以作为获得其他资源的渠道。

三、社会分层的影响后果

社会分层既与个体的生活、工作密切相关，也直接或间接地影响到整个社会的经济、政治、文化以及社会变迁。

---

① 郑杭生．社会学概论新修．北京：中国人民大学出版社，2013：299.

② SCHULTZ T. Investment in human capital. The American economic review，1961（51）.

③ BECKER G. Human capital：a theoretical and empirical analysis，with special reference to education. Chicago：University of Chicago Press，1964.

④ 周振国，梁世和．构建社会主义和谐社会的基本理论研究．石家庄：河北人民出版社，2006：174.

（一）对个体的影响

人们是通过阶级、种族和性别的分层被置于社会中的，个人在社会中的位置或地位带来不同的角色、身份、观念、权力、特权和威望①。下面从生存机会、发展机会和生活方式三个方面考察社会分层对个体的影响。

1. 生存机会

社会经济地位与人们的健康水平之间存在稳定且普遍的相关关系，具有优势地位的个体或群体的健康水平显著好于其他个体或群体②。贫困家庭的孩子为实现良好的社会适应，需要付出较为重大的生理健康代价③。

2. 发展机会

社会地位较高者在各种资源的享有方面占据有利位置；相应地，他们在教育、就业、职业发展、财富积累、向上流动等方面也拥有更多机会。然而，社会地位较低者各方面的发展机会都明显不如社会地位较高者。

3. 生活方式

处于不同社会地位的人在生活方式方面存在明显差异，而这种差异会构成一种"地位象征"，标识各自的社会地位或身份④。衣着风格、生活格调、交际方式和闲暇消费方式等，都是社会地位潜在的象征符号⑤。如富人与豪宅、名车、名牌产品、高档会所相联系；中产阶级与良好的居住环境，有品位、有格调的生活相联系；下层阶级则往往无法摆脱贫穷、廉价和低档的标签。

社会阶层与消费者的心理、行为差异

不同阶层的消费者对信息的利用和依赖程度存在差异。高阶层的消费者大都受过良好教育，他们读书、看报、翻阅杂志、上网的时间和机会较多，因而可以充分利用不同媒体获取有价值的商品信息，消费的选择性强；而低阶层的消费者受教育较少，平时较少读书看报，却比较喜欢看电视，因而电视广告往往成为他们获取信息的主要来源。

不同阶层的消费者在购物场所的选择上存在差异。高阶层的消费者乐于到高档、豪华的商店去购物，因为在这种环境里购物会使他们产生优越感和自信，得到一种心理上的满足；而低阶层的消费者在高档购物场所则容易产生自卑、不自信和不自在的感觉，因而他们通常选择与自己地位相称的商店购物。

不同社会阶层的消费者在购买指向上存在差异。(1) 少数商界富豪或名流家族。他们既是名贵珠宝、古董、著名艺术品的主要购买者，也是高档消遣、娱乐

---

① 卡伦，维吉伦特．社会学的意蕴．北京：中国人民大学出版社，2011：90.

② 王甫勤．健康不平等：社会分层研究新视角．中国社会科学报，2012-07-27.

③ BRODY G，et al. Is resilience only skin deep?：rural African Americans' socioeconomic status-related risk and competence in preadolescence and psychological adjustment and allostatic load at age 19. Psychological science，2013 (24).

④ 胡俊生．社会学教程新编．武汉：武汉大学出版社，2010：323.

⑤ 波普诺．我们身处的世界：波普诺社会学．北京：中国人民大学出版社，2014：173.

场所的主要顾客。(2) 工商界人士、政界显要人物或经营特殊行业而致富的人。他们大都经过艰苦奋斗而由中产阶级进入上流社会，因而有着强烈的显示自我的愿望，渴望在社会上显示其身份、地位。他们是私人别墅、游艇、游泳池及名牌商品的主要消费者。(3) 各类高级专业人员，如律师、医生、大学教授、科学家。他们偏爱高品质、高品位的商品，注重商品与自己的身份地位相匹配。他们大都拥有良好的住宅条件、高级时装、时尚家具等。(4) 一般技术人员、教师和小业主。他们喜欢购买大众化、普及性的商品，对价格较为敏感，努力保持家庭的整洁和舒适。(5) 生产工人、技工、低级职员。他们整日忙于工作和生活，很少有精力和兴趣去关心社会时尚的变化，喜欢购买实用价廉的商品。他们属于贫困阶层，受过的教育很少，收入属于社会最低水平。他们通常没有固定的购买模式，是低档商品的主要消费者。

资料来源：刘茂才．消费并快乐着．企业家日报，2013－01－28.

(二) 对家庭的影响

社会分层对家庭的影响可从直接影响和代际传递两个方面来理解。一方面，家庭各类资源的多寡或经济社会地位的高低，可直接影响家庭成员的生活质量、生存与发展机会、家庭功能的充分发挥及风险抵御能力，从而影响到家庭的发展与幸福和谐。另一方面，家庭背景影响子代的教育、健康、就业及地位获得。富裕家庭较多的家庭资源可以传递给子代，使子代更容易实现纵向社会流动，并维持家庭的优势地位。贫困家庭的代际传递以及阶层结构的自我复制，在父代与子代之间形成了一种很难剪断的连续性。①

(三) 对社会的影响

关于社会分层对社会的影响，有两种不同的观点与视角：一种是功能论的视角，认为社会分层是任何社会都存在的普遍现象，强调社会分层带来的正面的社会激励作用。另一种是冲突论的视角，认为社会分层不具有必然性，强调社会分层带来的社会不平等、冲突等负面、消极作用。

社会分层的积极作用，主要可从以下三个方面来理解：一是社会分层是当生产力发展到一定阶段时必然出现的现象，可使社会系统中各部门的功能由多样化走向专业化、精细化，从而不断满足人们日益增长的物质和文化需求②。二是社会分层现象的存在，可使社会集中优势资源，保证精英群体将全部精力投入创造性的社会活动中去，如中国的“先富带动后富，实现共同富裕”思路即如此。三是社会分层现象有助于形成一种强有力的竞争机制，促进社会成员努力学习、工作，不断奋斗、创新，形成强大的动力机制，推动社会成员有序、合理地向上流动，从而有力地推动社会发展。

---

① 谭诗斌．现代贫困学导论．武汉：湖北人民出版社，2012：353.

② 侯力，左伟清．新编社会学．广州：华南理工大学出版社，2002：156.

从消极方面来讲，社会分层的实质是社会不平等。它造成了一部分人享有经济、政治、社会和文化等各种稀缺资源，处于较高的经济社会地位；而另一部分人因缺乏相应的资源优势，经济社会地位较低，生存与发展都不尽如人意。而且，尽管适度的社会分化、社会差别可形成激励竞争机制、促进社会发展，但过度的社会分化、社会不平等往往是导致社会不协调、群体冲突、社会不稳定的根源。

第四节 国际国内社会分层基本状况

随着科技信息化、经济全球化的不断推进，各国之间的角逐、分化已经从阶级、意识形态转向了经济及综合国力的较量。全球分层出现了新的情况，面临新的形势与问题。

一、全球分层

（一）贫富分化

当下，贫富差距过大、两极分化严重已经成为威胁世界和平与发展的大问题。发达国家依靠先进的科学、生产技术获得巨额利润，并通过不平等贸易剥削广大发展中国家与落后国家。而发展中国家和落后国家，特别是非洲国家，由于经济发展基础薄弱、技术落后、人口受教育程度较低等原因，仍深受贫困、饥饿问题的困扰。

1. 人均 GDP

世界银行数据（见表 9－4）显示，2017 年全球人均 GDP 最高的国家是卡塔尔，为128 378.30美元，约是人均 GDP 收入最低的国家中非共和国的 176.8 倍。世界上最“富有”的国家与最“贫穷”的国家之间存在巨大的鸿沟。

表 9－4　2017 年世界部分国家人均 GDP（美元）

前十名	国家	人均 GDP	后十名	国家	人均 GDP
1	卡塔尔	128 378.30	10	马达加斯加	1 555.045 0
2	卢森堡	103 744.80	9	科摩罗	1 552.246 0
3	新加坡	93 905.42	8	塞拉利昂	1 526.348 0
4	文莱	78 836.12	7	莫桑比克	1 247.276 0
5	爱尔兰	75 648.23	6	马拉维	1 202.197 0
6	阿拉伯联合酋长国	73 878.47	5	尼日尔	1 016.614 0
7	科威特	71 943.01	4	刚果（金）	887.212 9
8	瑞士	64 712.13	3	利比里亚	826.451 7
9	圣马力诺	62 425.63	2	布隆迪	770.941 4
10	挪威	61 414.28	1	中非共和国	725.945 4

资料来源：人均 GDP（现价美元）．［2019－11－10］．https：//data. worldbank. org/indicator/NY. GDP. PCAP. CD.

2. 基尼系数

从基尼系数来看，有些国家的贫富差距很大。在 2000—2012 年间，巴西、哥伦比亚、巴拿马、洪都拉斯等国的基尼系数均在 0.5 以上，收入差距悬殊；美国、中国的基尼系数也均超过 0.4，贫富差距较大①。

打的线路图揭世界大都市贫富分化

据英国《每日邮报》报道，美国打车软件优步（Uber）记录了世界主要大都市的打的线路图，在一定程度上揭示了各个城市的贫富分布。能用优步打车的人得有智能手机，同时能负担得起打的费用，这在某种程度上显示了其经济实力。优步的统计显示，其大多数用户在 30 岁左右。

各大都市最繁忙和最富有的区域通常在市中心和机场附近。就打的线路图来看，东京的像蜘蛛，莫斯科的像靶心，伦敦的四处蔓延，纽约的很集中，贫富分化一目了然，悉尼的打的线路也相对较集中。

资料来源：打的线路图揭世界大都市贫富分化．(2014 - 04 - 25) [2019 - 10 - 10]. http://news. xinhuanet. com/world/2014 - 04/25/c_126432448. htm.

（二）贫困与饥饿

随着经济社会的发展，全人类的生存条件与生存环境得到极大改善。然而，世界银行数据显示，2010 年全世界约有 12 亿人处于极度贫困状态，每天的生活费不足 1.25 美元。撒哈拉以南非洲、印度、拉美等，成为世界极度贫困人口主要居住国家或地区。而与贫困相伴随的是，绝大多数营养不良和体重偏低的人集中在南亚次大陆和撒哈拉以南非洲。《2012 年全球饥饿指数报告》显示，1990—2012 年，饥饿状况恶化最严重的国家大都位于撒哈拉以南非洲。

世界贫困人口“版图”

印度：集中全球 1/3 贫困人口

世界银行的报告显示，2010 年，印度极贫人口占全球极贫人口的 33%，高于 1980 年以前的 22%。1990—2010 年，印度虽然保持了 7%左右的经济增长速度，其 IT 产业更是闻名于世界，但这并没有改变印度文盲率高达 24%、儿童营养不良率超过 40%的事实。

印度人口众多，2010 年 12 亿人口总量直逼中国，农村人口高达 70%以上。印度根深蒂固的种姓制度将人进行贵贱区别，这也给印度扶贫工作带来了很大障碍。

---

① 基尼 (GINI) 系数．(2015 - 07 - 31) [2019 - 10 - 10]．http://data. worldbank. org. cn/indicator/SI. POV. GINI.

撒哈拉以南非洲：贫困人口不断增加

1981—2010年期间，撒哈拉以南非洲仍是世界上唯一贫困人数不断增加，且增幅显著的地区。世界银行的报告称，2010年撒哈拉以南非洲的极贫人口数（4.14亿人）比1980年前（2.05亿人）增加了一倍以上。撒哈拉以南非洲极贫人口数在1981年仅占世界极贫人口总人数的11%，而2010年却占到世界极贫人口总人数的1/3以上。

冲突连年、政局不稳，是导致贫困的主要原因，疾病也常常成为非洲贫困的"帮凶"。联合国非洲经济委员会2005年发布的一项报告指出，在全球1 400万感染艾滋病或者肺结核的病人中，70%生活在非洲。在非洲，每100名成年人中就有7名是艾滋病病毒携带者。医疗条件落后、药品昂贵与艾滋病预防教育的缺失，成为抗击艾滋病事业的严重威胁，也直接阻碍了撒哈拉以南非洲国家的脱贫进程。

拉美：以墨西哥为主的贫困地带

根据联合国拉丁美洲和加勒比经济委员会推出的《2012年社会状况》报告，拉丁美洲的贫困人口从2010年的1.76亿人下降到2011年的1.68亿人，占总人口的29.4%，为30年来的最低水平，但极端贫困人口仍保持在6 600万人，约占世界的6%。

贫富差距是拉美地区贫困人口大面积分布的重要原因。在拉美国家，最富有人群的收入占国民收入的40%，而最穷人群的收入只占国民收入的13%。墨西哥是拉美国家中贫困人口最集中的国家。在拉美1.68亿的贫困人口中，墨西哥贫困人口占了1/3。据墨西哥媒体报道，2010年，53.8%的墨西哥儿童和青少年生活在贫困线以下，而在原住民儿童和青少年中，这一数字竟高达70%。

中国：脱贫工作最好案例

世界银行数据显示，近几十年，中国脱贫工作取得巨大进展，极度贫困人口占世界极度贫困人口总数的比例从1981年的43%下降至2010年的13%。中国贫困人口占农村人口的比重从2000年的10.2%下降到2010年的2.8%。

资料来源：白朝阳．全世界约有12亿人处于极度贫困 世界贫困人口"版图"．中国经济周刊，2013(19)．

（三）社会经济发展

人类发展指数（human development index）是衡量一个国家社会经济发展水平的指标，由收入水平、教育水平、平均寿命、婴儿死亡率等变量按照一定的方法计算而得。其取值范围在0～1之间，越接近于1，表明该国的社会经济发展水平越高。联合国开发计划署发布的《2018年人类发展指数和指标报告》显示，世界各国（或地区）社会经济发展程度存在着明显分化。排名第一的挪威，人类发展指数为0.953；排名最后的尼日尔，人类发展指数仅为0.354（见表9-5）。

表 9-5 2018 年世界部分国家（或地区）人类发展指数

前十名	国家（或地区）	人类发展指数	后十名	国家（或地区）	人类发展指数
1	挪威	0.953	10	莫桑比克	0.437
2	瑞士	0.944	9	利比里亚	0.435
3	澳大利亚	0.939	8	马里	0.427
4	爱尔兰	0.938	7	布基纳法索	0.423
5	德国	0.936	6	塞拉利昂	0.419
6	冰岛	0.935	5	布隆迪	0.417
7	中国香港	0.933	4	乍得	0.404
8	瑞典	0.933	3	南苏丹	0.388
9	新加坡	0.932	2	中非共和国	0.367
10	荷兰	0.931	1	尼日尔	0.354

资料来源：2018 数据更新：人类发展指数和指标报告．（2018-09-17）［2010-10-10］．https：//max.book118.com/html/2018/0917/5241022041001314.shtm.

二、中国社会分层

（一）新中国成立至改革开放前的社会分层

新中国成立后，国家通过“土地改革”与“工商业改造”，消灭了原有经济意义上的阶级差别。然而，这并不意味着社会分层就此不复存在、社会实现了平等。在高度集中的计划经济体制下，行政权力控制着多数社会资源的分配，城乡二元分割和单位壁垒极大地限制着人们的社会活动。以公有制、身份制、行政制为代表的次级制度化结构，构成了中国社会结构体系的基本框架①，并开启了带有强烈政治色彩的阶级身份体系新时代。在长期的计划经济体制下，国家再分配机制缩小了人群之间的经济差别，但人们在权力拥有和政治身份等方面开始分化。从 1949 年新中国成立到“文化大革命”结束，家庭出身（地主、富农、贫农）、政治立场、政治表现、政治面貌等决定了人们社会地位的高低。如工人、贫下中农、革命军人、军烈属子弟都被视为根红苗正，政治地位相对较高；而地主、富农、资本家、反革命分子、坏分子、右派分子等政治地位很低，是社会打压、斗争的对象。

1. 干部群体

在计划经济体制下，各级干部是计划政策的制定者和具体实施者，处于社会权力的中心位置，决定着社会稀缺资源的分配，是社会的核心阶层②。

2. 知识分子

随着大规模经济建设的开始和科教文卫事业的发展，各类专业技术人员日益重要，在生产建设及各项社会事业中发挥着不可替代的作用。但是，在“文化大

---

① 李路路，王奋宇．当代中国现代化进程中的社会结构及其变革．杭州：浙江人民出版社，1992：201.

② 查啸虎．教育成层论．芜湖：安徽师范大学出版社，2012：46.

革命”期间，知识分子被列入“黑九类”之列，由于排在第九位，也被称为“臭老九”。

3. 工人阶层

工人尤其是产业工人，拥有较高的政治地位，是新时期国家的主人，享有一系列法定的社会福利待遇，属于社会阶层的中坚力量。

4. 农民

中国长期实行的城乡二元分割体制将农民排斥在中心社会之外，农民基本失去了向城市流动的机会。农民在整个社会阶层中的地位相对较低。

（二）改革开放以后、社会转型期中国的社会分层

社会转型是指社会从传统型向现代型转变的过渡过程，社会转型必然造成社会结构的变化①。随着改革开放及现代化、工业化、城镇化的不断发展，中国进入社会加速转型期，社会分化、社会分层现象明显。

1. 贫富分化严重

贫富分化是一道世界性难题。在中国，贫富分化之势亦愈演愈烈，贫富的两极分化已成为威胁我国社会和谐稳定的重要因素。当前，中国的贫富分化呈现两大特点：一是分化速度快，二是分化程度高。国家统计局数据显示，2003—2013年，中国的基尼系数一直在 0.470 以上，2008 年甚至达到 0.491，直到 2014 年才降至 0.469，收入差距较大（见图 9－2）。而这其中，高收入阶层的真实收入（如灰色收入）并没有如实地反映在统计数据中；若将这部分收入也真实地统计出来，基尼系数会更大。②此外，贫富分化不仅存在于一国内部，而且存在于不同行业、不同地域之间。

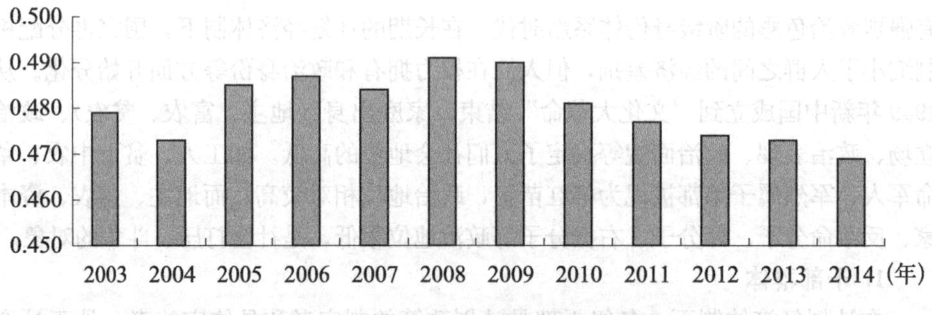

图 9－2　2003—2014 年中国基尼系数

资料来源：马建堂就 2012 年国民经济运行情况答记者问．（2013－01－18）［2019－10－10］. http://www.stats.gov.cn/tjgz/tjdt/201301/t20130118_17719.html. 2013 年国民经济发展稳中向好．（2014－01－20）［2019－10－10］．http://www.stats.gov.cn/tjsj/zxfb/201401/t20140120_502082.html. 2014 年国民经济在新常态下平稳运行．（2015－02－11）［2019－10－10］．http://www.stats.gov.cn/tjsj/zxfb/201502/t20150211_682459.html.

---

① 刘祖云，田北海，戴洁．转型期的中国社会分层．武汉：湖北人民出版社，2009：170.

② 刘湘顺，付小雨．中国贫富分化现状及有效控制探讨．学理论，2014（13）.

2. 城乡差异显著

中国长期以来的城乡二元分割体制，使得城乡居民无论是在经济发展还是在社会发展方面均存在明显差异，长期处于一种非均衡发展的状态中。

（1）收入差距。

衡量城乡居民收入差距常用的指标为城镇居民人均可支配收入和农村居民人均纯收入。国家统计局公布的数据显示，自2000年以来，虽然中国城乡居民的人均收入都在不断上升，但前者的上升速度快于后者，故两者之间的收入差距呈现不断加大的趋势（见图9-3）。

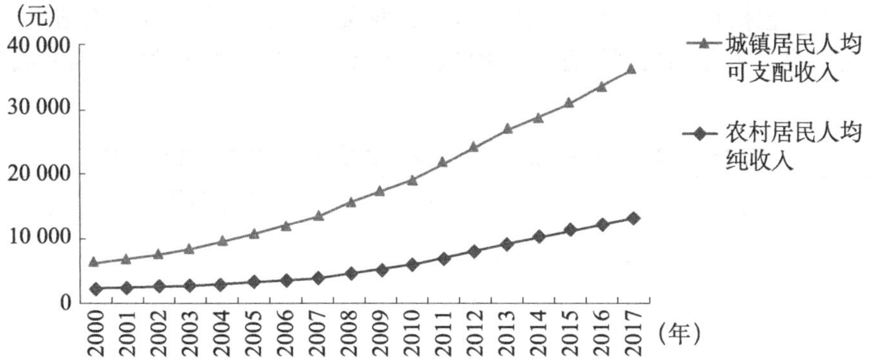

图9-3　2000—2017年中国城乡居民人均收入

资料来源：历年《中国统计年鉴》。

（2）生活质量。

恩格尔系数是衡量居民生活质量高低的一项重要指标。自1978年以来，中国城乡居民家庭的恩格尔系数一直呈现下降趋势，这意味着城乡居民的生活质量不断提升。然而，尽管城乡居民生活质量的差异呈现逐渐缩小趋势，但这一差异始终存在（见图9-4）。同时，从教育水平和教育质量、医疗卫生服务及社会保障等方面来看，乡村在以上诸方面仍明显落后于城镇。

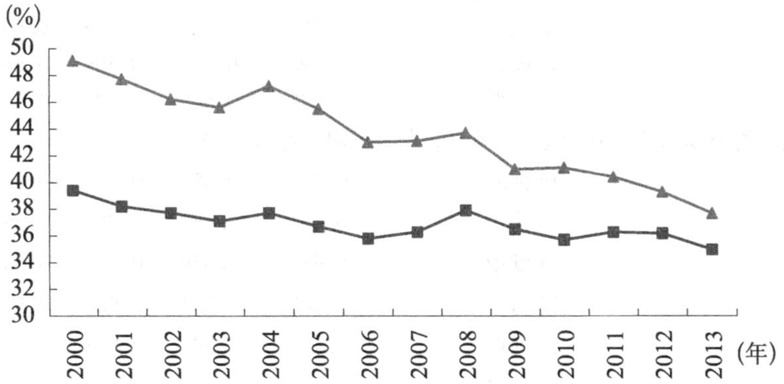

图9-4　2000—2013年中国城乡居民家庭恩格尔系数

资料来源：国家统计局国家数据网站，网址：http：//data. stats. gov. cn/。

3. 地区发展不均衡

由于历史、地理、经济发展水平及产业结构等原因，中国各地区的发展极不均衡：东部地区明显优于西部地区，沿海地区明显优于内陆地区。

如表 9-6 所示，中国 31 个省（自治区、直辖市）被分为四个集团：第一集团的人类发展指数（HDI）值大于 0.758，包括北京、上海、天津 3 个直辖市。第二集团的 HDI 值大于全国均值 0.693、小于高人文发展组别平均值 0.758，包括江苏、浙江、广东等 12 个省（自治区、直辖市）。第三集团的 HDI 值大于中等人文发展组别平均值 0.640、小于全国平均值 0.693，包括河北、重庆、湖南等 11 个省（自治区、直辖市）。第四集团的 HDI 值小于中等人文发展组别平均值 0.640，包括青海、甘肃、云南、贵州、西藏 5 个省（自治区、直辖市）。显然，第三集团和第四集团的省（自治区、直辖市）多处于中部地区、西北或西南地区。

表 9-6　2014 年中国各省（自治区、直辖市）人文发展指数排名

排名	省（自治区、直辖市）	人文发展	健康	收入	教育
	全国	0.693	0.868	0.676	0.569
第一集团（HDI 值＞高人文发展组别平均值 0.758）					
	1 北京	0.821	0.952	0.837	0.694
	2 上海	0.814	0.953	0.808	0.699
	3 天津	0.795	0.932	0.779	0.692
第二集团（高人文发展组别平均值 0.758＞HDI 值＞全国平均值 0.693）					
	4 江苏	0.748	0.896	0.719	0.650
	5 浙江	0.744	0.913	0.700	0.645
	6 辽宁	0.740	0.892	0.737	0.618
	7 广东	0.730	0.894	0.696	0.624
	8 内蒙古	0.722	0.861	0.689	0.634
	9 山东	0.721	0.893	0.686	0.613
	10 吉林	0.715	0.889	0.715	0.576
	11 福建	0.714	0.882	0.676	0.610
	12 黑龙江	0.704	0.886	0.710	0.554
	13 湖北	0.696	0.868	0.696	0.558
	14 陕西	0.695	0.865	0.699	0.554
	15 山西	0.693	0.869	0.699	0.547
第三集团（全国平均值 0.693＞HDI 值＞中等人文发展组别平均值 0.640）					
	16 河北	0.691	0.870	0.676	0.561
	17 重庆	0.689	0.881	0.667	0.556
	18 湖南	0.681	0.866	0.677	0.539
	19 海南	0.680	0.891	0.660	0.536
	20 河南	0.677	0.864	0.664	0.540
	21 宁夏	0.674	0.845	0.658	0.552
	22 新疆	0.667	0.828	0.660	0.542
	23 江西	0.662	0.866	0.645	0.520

续前表

排名	省（自治区、直辖市）	人文发展	健康	收入	教育
	24 四川	0.662	0.860	0.651	0.519
	25 安徽	0.660	0.871	0.640	0.516
	26 广西	0.658	0.872	0.634	0.516
第四集团（HDI<中等人文发展组别平均值 0.640）					
	27 青海	0.638	0.791	0.613	0.537
	28 甘肃	0.630	0.826	0.631	0.480
	29 云南	0.609	0.784	0.604	0.476
	30 贵州	0.598	0.809	0.586	0.452
	31 西藏	0.569	0.762	0.498	0.487

资料来源：中国人文发展指数比较分析．(2014-02-20)［2019-10-10］. http://www.stats.gov.cn/tjzs/tjsj/tjcb/dysj/201402/t20140220_513674.html.

4. 职业声望与社会经济地位在延续中变迁

在当今社会，决定人们声望地位的主要因素是教育、收入、权力、就业单位性质及所从事职业等①。由于城乡分割、所有制以及行业部门分割等原因，被划分到不同领域者的社会地位呈现明显差异。2001 年的问卷调查结果显示，高级领导干部和高级知识分子及工程师、律师等专业技术性知识分子具有较高的声望评价，一些特殊部门（如公检法及工商税务等）和高经济收益行业（如银行等）的从业者的声望地位也较高，而企业家的职业声望并不高。② 2009 年的职业声望调查结果显示，高级知识分子、大学老师、国家机关及企业的中层管理人员处于上层职业的队列，而蓝领工人、农民及其他体力劳动者则处于中下层职业的队列③。这说明，在当今的职业声望评价中，文化资本、社会资本的作用超过经济资本的作用，且对不同职业声望的评价既有延续，也随时代的变迁而变化。

中国的十大社会阶层

《当代中国社会阶层研究报告》一书提出“以职业分类为基础，以组织资源、经济资源和文化资源的占有情况为标准的社会阶层划分的理论框架”，并将当代中国划分出十大社会阶层。

(1) 国家与社会管理者阶层；(2) 经理人员阶层；(3) 私营企业主阶层；(4) 专业技术人员阶层；(5) 办事人员阶层；(6) 个体工商户阶层；(7) 商业服务业员工阶层；(8) 产业工人阶层；(9) 农业劳动者阶层；(10) 城乡无业失业半失业者阶层。

资料来源：陆学艺．当代中国社会阶层研究报告．北京：社会科学文献出版社，2002.

总体来讲，个体收入和财富差距的不断扩大以及基尼系数的居高不下，使得

① 李春玲．当代中国社会的声望分层：职业声望与社会经济地位指数测量．社会学研究，2005 (2).
② 同①.
③ 李强，刘海洋．2009 变迁中的职业声望：2009 年北京职业声望调查浅析．学术研究，2009 (12).

中国各阶层之间的不平等程度加剧，市民与农民、本地居民与流动人口、富人与穷人等各阶层之间的矛盾与冲突增加，并呈现出不断强化的趋势。

中国的新社会阶层

“新社会阶层”是指自20世纪70年代以来我国在社会主义改革时期出现的一种新的社会群体，主要包括私营企业和外资企业的管理技术人员、中介组织和社会组织从业人员、自由职业人员以及新媒体从业人员四类群体。换句话说，新社会阶层就是体制外的精英人群，或者说体制外的新中产，属于社会的中间阶层。新社会阶层是在我国改革开放的进程中出现的，日益扩大的新社会阶层已经成为我国经济社会建设中的重要力量，逐渐成为创新创业的引领者、吸纳就业岗位的主力军、新产业模式的创造者以及社会公益模式的创新者。这些新兴职业群体，大多属于米尔斯笔下的“白领阶层”，或是赖特所言的“新中产阶层”。从社会结构的视角看，新社会阶层的崛起与壮大推动着我国的社会结构逐渐从“金字塔形”向“橄榄形”过渡。新社会阶层大多接受过良好的教育、拥有一定的专业技能或管理经验，同时具有较强的消费能力。他们不仅能拉动内需，促进经济增长，还能在一定程度上引领社会风尚，推动社会进步。

资料来源：张海东，杨城晨．新社会阶层：理论溯源与中国经验．福建论坛·人文社会科学版，2018（11）．

本章小结

社会分层按照一定的标准将人们划分为不同的层次。这体现为两个方面的不平等：一是成员归属的不平等，二是资源分配、结构性的不平等。社会分层的三大派别基于各自不同的出发点与标准对社会阶层进行了划分。马克思及其追随者根据生产资料的占有与否以及剥削与被剥削的状况划分社会阶层；韦伯根据财富、权力、声望来划分社会阶层；涂尔干主要通过职业分化来划分社会阶层。社会分层的产生与经济社会文化变革密不可分，又在深刻地影响着个体的生存发展、生活方式以及整个社会的稳定与和谐。从世界范围来看，全球贫富分化严重，各国经济社会发展极不均衡。从中国来看，经济因素在社会分层中的作用加大，贫富差距进一步拉大，但户籍制度仍是社会分层的重要影响因素。

关键术语

社会分层、阶级、阶层、财富、权力、声望、职业、身份、教育、收入

思考题

1. 简述社会分层的概念内涵。
2. 简述社会分层方法与测量指标。
3. 简述社会分层的三大理论传统及发展。
4. 简述社会分层的影响因素及影响后果。

5. 简述改革开放前后中国社会分层的变化。

拓展阅读书目

1. 李春玲．当代中国社会的声望分层：职业声望与社会经济地位指数测量．社会学研究，2005（2）．

2. 李路路．论社会分层研究．社会学研究，1999（1）．

3. 李强．社会分层十讲．北京：社会科学文献出版社，2011.

4. 李强．农民工与中国社会分层．北京：社会科学文献出版社，2012.

5. 陆学艺．当代中国社会结构．北京：社会科学文献出版社，2010.

6. 刘祖云，田北海，戴洁．转型期的中国社会分层．武汉：湖北人民出版社，2009.

7. 卡尔．社会学．北京：中国人民大学出版社，2014.

8. 格伦斯基．社会分层．北京：华夏出版社，2015.

第四编

人口特征与社会发展

第十章 人口贫困

我们的梦想是世界没有贫困[①]。

——世界银行

人类发展的历史是与贫困不断斗争的历史，减少或消除贫困是人类社会发展的基本要求。在联合国开发计划署公布的17个可持续发展全球目标中，“在世界各地消除一切形式的贫困”排在第一位。世界银行总部的石头上刻着“我们的梦想是世界没有贫困”的誓言。脱贫减贫成为全球的共同议题。本章首先梳理贫困的概念和测量，然后回顾贫困的相关理论，最后介绍世界范围内的贫困状况和中国的贫困现状。

第一节 贫困的概念与测量

一、贫困概念的演进[②]

贫困，顾名思义，是因为资源贫乏而陷入的一种困境。人们对贫困的讨论由来已久，对于贫困的认识也随着人类社会的发展在不断演进、丰富。汉字中，“贫”是“分”和“贝”的组合，“贝”即钱财。中国最早的字典之一——东汉许慎的著作《说文解字》，直截了当地将“贫”解释为“财分少也”。“困”是一个会意字，“囗”象征房子的四壁，里边是生长的树木，表示废弃的房屋。《说文解字》说，“困，故庐也”；《广雅》对困的解释是，“穷也”。《周礼·地官·禀人》疏引书传云：“行而无资谓之乏，居而无食谓之困。”即没有钱为“贫”，缺衣少

---

① GRANZOW S. Our dream：a world free of poverty（English）.（2019－10－31）［2019－11－10］. http：//documents. worldbank. org/curated/en/572401468339052132/Our-dream-a-world-free-of-poverty.

② 本部分内容主要引自：杨菊华 . 贫困概念的演进：历史回顾与未来展望（待刊）.

食为“困”，“困”的程度更甚于“贫”。因缺衣少食，“困”也引申为生活贫苦，进而泛指地位低下、贫困愁苦、贫乏、艰难窘迫或无法摆脱的境地，即困境。

而在英文中，“poverty”与“poor”均有贫困的意思。在拉丁语中，“paucus”和“parare”合成词语“pauper”。其中，paucus 是指少许，parare 意指得到。pauper 经古法语单词 povre，演变成英文单词 poor，意指越来越少；pauper 的派生词 paupertās，则经由古法语单词 poverté，演变为 poverty，是指个人得到的东西不多，缺少物质财富以及没有方法和途径去满足个人需要。可见，西方对贫困的解释与中国相似，也是指物质或钱财的匮乏，但中国“贫困”“穷困”“穷苦”的意涵更广。

随着社会的发展和政府、社会各界对贫困问题的关注，贫困的概念也在不断演进，但本质上讲，贫困的概念是从经济角度去界定的，多指物质资源匮乏，缺少生活必需品，比如基本的食物、住房、医疗和安全。《大英百科全书》将贫困界定为“一个人缺乏一定数量或社会可接受的物质财物或货币的状态”。在《韦氏词典》中，贫困的含义是缺乏满足基本生存需求的物质或手段（means）。联合国教科文组织从多个角度阐释了贫困：从纯经济学角度，贫困是指家庭收入无法满足家庭的基本需求；但贫困也分绝对贫困和相对贫困（本节第四部分将做详细介绍），绝对贫困是只考虑到基本衣食住的需求而计算出来的标准，相对贫困则考虑到了国家或地区的经济发展水平、生活质量和社会不平等，是相对于社会中的其他成员而言的；而贫困也是一个多维的概念，关系到经济、政治、社会和文化多个层面①。中国国家统计局提出，贫困是指物质生活困难，即个体或家庭的生活水平达不到社会可接受的最低标准，缺乏某些必要的生活资料和服务，生活处于困难境地②。汪三贵提出，贫困即因缺乏生活资料、缺少劳动力再生产的物质条件，或收入低而仅能维持相当低的生活水平③。王小林主张，经济学视角下的贫困概念是指个人或家庭没有足够的收入满足其基本需要④。可见，以上贫困的定义主要是从物质生活角度来界定的，不仅包含绝对贫困，而且涉及相对意义上的物质贫乏。

二、新兴贫困概念

近几年，随着信息技术的发展、人们生活和需求的变化，一些新的贫困概念纷纷出现，以下介绍几种常见的新贫困现象。

① Migration and inclusive societies. ［2019 - 11 - 10］. https：//en. unesco. org/themes/fostering-rights-inclusion/migration.

② 国家统计局农调总队．中国农村贫困标准研究：课题组的研究报告．统计研究，1990（6）．

③ 汪三贵．贫困问题与经济发展政策．北京：农村读物出版社，1994：1.

④ 王小林．贫困测量：理论与方法．北京：社会科学文献出版社，2012：11.

(一)精神贫困[①]

精神贫困是指个体的精神需求得不到满足。奥本海姆(Oppenheim)从更广的视域出发,以生活各个方面的匮乏为始点,最终落脚于消费支出。他认为:"贫困是指物质上、社会上和情感上的匮乏。它意味着在食物、保暖和衣着方面的开支低于社会平均水平。首先,贫困夺去了人们建立未来大厦——'你的生存机会'的工具。它悄悄地夺去了人们享受生命不受疾病侵害、接受体面的教育、有安全的住宅和长时间的退休生涯的机会。"[②] 在物质生活得以改善后,人们的精神需求难以得到满足。随着现代化程度的加深、信息技术的发展,人与人之间的情感关系更加淡漠,人们的见面频率、感情亲近度下降,交心畅聊的机会也可能受到不同程度的剥夺——人们或借助于智能产品"远程交流",或直接割断了情感联系。久而久之,人们的情感无处安放,精神世界空虚,悲伤、寂寞、高兴等情绪无处纾解或分享;个人的价值难以实现,社会融入难度增大,人格尊严的享有也受到制约。而且,在实现脱贫攻坚的过程中,精神贫困也暗指受贫困文化及价值观的影响,贫困人口"人穷志短"、安于现状,没有明确的生活目标以及改变现状的信心。精神贫困正逐渐成为中国脱贫攻坚工作中难以迈过的一道坎。

(二)时间贫困

贝克尔把时间作为一个限制条件引入经济分析中,当个人同时面临多项活动并存在时间冲突时,其不得不减少没有约束的时间分配,或只能通过增加劳动强度来平衡不同的活动需求,这就是"时间贫困"[③]。因此,处于任何收入水平的个人都可能面临时间贫困,不过迫于生存压力状况下的时间贫困与为了追求更高生活质量状况下的时间贫困是完全不一样的,对人们福利的影响也不一样[④]。

时间贫困现象

最近,程序员界出了个大新闻,有人在知名代码托管平台 GitHub 上发起了一个名为"996. ICU"的项目,以此来抵制 996 工作制。此举立即得到大批程序员响应。所谓的 996 是指每天从上午 9 点工作到晚上 9 点,每周工作 6 天,"996. ICU"意为"工作 996,生病 ICU"。[⑤] 中国人的工作时间一时成为热议话题。中国社会科学院财经战略研究院、中国社会科学院旅游研究中心与中国社会科学文献出版社共同发布的《休闲绿皮书:2017—2018 年中国休闲发展报告》

---

① 本部分内容主要引自:杨菊华. 贫困概念的演进:历史回顾与未来展望(待刊).

② OPPENHEIM C. Poverty: the facts. CPAG, 1993: 36 - 77.

③ BECKER G S. A theory of the allocation of time. The economic journal, 1965 (75).

④ 朱晓,段成荣."生存-发展-风险"视角下离土又离乡农民工贫困状况研究. 人口研究,2016 (3).

⑤ "996 工作制"是谁的如意算盘?.(2019 - 04 - 02)[2019 - 11 - 10]. http://opinion.people.com.cn/n1/2019/0402/c119388—31009768.html.

指出，中央电视台、国家统计局等联合发起的“中国经济生活大调查”结果显示，除去工作和睡觉，2017年中国人的每天平均休闲时间为2.27小时。相比而言，美国、德国、英国等国家国民的每天平均休闲时间约为5小时，为中国人的两倍以上[①]。时间贫困或许正在成为一种普遍的、全民的现象。

(三) 数字贫困[②]

数字贫困指的是在数字技术时代，因为缺乏基本的信息通信技能、知识，或没有负担信息技术的经济条件，从而陷入信息贫乏状况，无法分享信息技术发展带来的红利，在信息上处于弱势地位和贫困状态。数字贫困既会使人群被社会排斥，在社会、文化、权利等多维度陷入困境，也会削弱或剥夺信息弱势群体参与社会活动的权利。比如，在打车软件盛行后，那些没有手机或者不会使用手机叫车的人群可以说就面临着数字贫困。

(四) 隐形贫困[③]

隐形贫困最初是针对农村地区的农民处于低层次温饱的“贫困隐性化”现象而提出的，却在2018年4月因被一条调侃性微博提及而流行开来，指表面上吃喝不愁的滋润生活背后不为人知的“贫困”状态，包括零积蓄甚至负债，这种状况多发生在现在的青年一代身上。

三、贫困的测量

(一) 单维度贫困的测量[④]

确定贫困线的方法有很多，从操作化上看，在最初的测量过程中，收入贫困一直是各国最广泛使用的贫困标准。这里列出几种主要的贫困线确定方法。

第一种是市场菜篮子法，亦称“基本需求法”。它测量居民在其生活地区购买一系列生活必需品与服务所需的最低生活费用标准，属于绝对标准测量法。具体方法是，首先确定一组城市居民必需的消费项目，确定维持基本生理功能所需的营养数据，然后将其转化为食物及其数量，并根据市场价格计算出具体金额，如此便获得了贫困线。该方法的主要问题是菜篮子由专家决定，可能跟居民的实

---

① 人民日报．休闲绿皮书：2017—2018年中国休闲发展报告．(2019-10-31)［2019-11-10］．https://baijiahao.baidu.com/s?id=1605855105677559246&wfr=spider&for=pc.

② 本部分内容主要引自：周向红，王琳．数字贫困维度分析及基于跨越视角的减贫策略．中共浙江省委党校学报，2017(2)．

③ 本部分内容主要引自：高彦菁．“隐形贫困”：城市青年的新世相：基于改革开放40年代际变迁视角．中国青年研究，2019(2)．

④ 本部分内容主要引自：杨菊华，刘轶锋，王苏苏．贫困的识别与测量：从单维到多维的变化．扬州大学学报(人文社会科学版)，2019(5)．

际需求有差异，同时随着时间推移，生活必需品是随着社会变化而变化的。

第二种是每天固定消费标准法。英国是最早制定收入贫困标准的国家，它最开始使用的是像贫困线这样的绝对贫困标准，20 世纪 70 年代以后开始采用像低于收入中位数的 60%这样的相对贫困标准①。20 世纪 80 年代，世界银行开始对各个国家进行收入和消费贫困测算，在 33 个国家贫困线的基础上，确定了以 1985 年购买力平价（PPP）每天 1 美元为标准的贫困线。2008 年，世界银行根据 75 个国家的贫困线数据对 1985 年确定的贫困线进行了修订。根据估算，15 个最不发达国家的贫困线的平均数为每天 1.25 美元；75 个国家的中位数贫困线相当于每天 2 美元。因此，扣除 15 个最不发达国家，贫困线的中位数相当于每天 2.5 美元。② 2015 年 10 月，世界银行再次修订了贫困线标准，将全球贫困线提高到按 2011 年购买力平价的每天 1.9 美元③。

第三种方法是恩格尔系数法。该系数是家庭食品支出与家庭总收入之间的比值，但另一种算法是食品开支占总消费支出之比。但无论是哪一种算法，恩格尔系数都随家庭收入的增加而下降，即恩格尔系数越大，表示家庭越贫困。因该方法计算简单，且经验性研究也表明，恩格尔定律的确具有一定的普适性，故应用较广，现已成为发展中国家测定贫困的重要方法。

第四种方法是马丁法④。它由两部分组成，一是食物贫困线，二是非食物贫困线。食物贫困线是指个体生存需要的一组基本食物定量数，以个体最低热量支出为基础，将热量转化为食物，再根据食物的价格计算贫困线。非食物贫困线是指人们满足基本生存所需，如衣着、住房、医疗等的最低费用支出。马丁法涵盖了低贫困线与高贫困线两条贫困线。低贫困线是指食物贫困线与非食物贫困线之和，而高贫困线是指食物支出达到食物贫困线的住户的生活费支出。但是，非食物贫困线的计算争议甚大，因为很难确定非食物贫困的临界值，故对于哪条算低贫困线、哪条算高贫困线难以达成一致意见，且确定食物支出是否达到食物贫困线也很困难。

在确立贫困线的基础上，现有以下几个主要的贫困测量指数。

1. 贫困广度测定

常用的贫困广度测定主要使用人口指标，包括贫困人口数和贫困发生率。贫困人口数即处于贫困线之下的人口总数，贫困发生率指的是贫困人口在总人口中的占比。贫困广度测定的计算公式为：

$$H = q/n$$

其中，q 代表贫困人口数量，n 表示的是总人口规模。也可根据性别、年龄、户籍等对人口进行进一步的划分，这样，贫困广度测定的表达式则为：

---

① 王小林．贫困标准及全球贫困状况．经济研究参考，2012（55）．

② 同①．

③ FAQs：global poverty line update.（2015-09-30）[2019-11-10]．http：//www.worldbank.org/en/topic/poverty/brief/global-poverty-line-faq.

④ RAVALLION M. Poverty lines in theory and practice. The World Bank，1998（133）．

$$H = \sum_{i=1}^{k} \frac{n_i}{n} H_i$$

其中，k 为总组群数，H_i 为不同群组人口的贫困发生率，n_i 指的是第 i 组人口的总人口数。但是，这一测量方法得到的结果只能反映贫困人口总量及其占比，既不能反映出贫困人口的收入情况，也不会因贫困人口内部的收入差异而有所不同。

2. 贫困深度测定

收入水平常被用来测定贫困深度，主要指标即收入缺口、收入平均缺口和收入缺口率。收入缺口（P）指的是贫困人口收入与贫困线的总差额；收入平均缺口表示样本或总体贫困人口的平均收入与贫困线之间的差距。与收入缺口相比，收入平均缺口将人口规模因素排除，更好地反映了贫困程度的平均水平。收入缺口率（I）指的是收入缺口与刚好达到贫困线的个体收入的比值。

$$I = \sum_{i=1}^{q} (z - y_i)/zq$$

其中，y 为贫困人口的收入，q 为贫困人口数，z 为贫困线。与贫困广度测定相比，贫困深度测定侧重考察收入分布，可以反映出贫困深度，但难以测定贫困人口内部的收入差异。

3. 贫困差异度测定

贫困人口内部存在明显的差异性，故除贫困广度与深度以外，还须考察贫困差异度。现阶段常用的贫困差异度测量指数是基尼系数。基尼系数是衡量社会不平等程度的指标，其计算方法在第九章第一节中已详细介绍，在此不再赘述。

（二）贫困的多维度特征和测量

尽管人们赖以生存的物质基础为“贫困”概念的“元内核”，但随着对贫困现象理解的深入，用收入来衡量贫困表现出了较大的局限性。越来越多的学者指出，贫困是一种劣势的集合体，应该是一个多维的概念。很多穷人在描述自己的贫困状态时，往往会包含缺乏教育、健康、住房、权利等，而不限于收入或者消费[①]。阿玛蒂亚·森（Amartya Sen，1933—　）提出贫困的多维视角，即可行能力（capability）剥夺说。这里的“可行能力”是指个人能够实现某种行动或状态的能力指向，与自由、人的差异性、机会等概念密切相关，而决定这种能力的是健康和基础教育。“贫困是对人的基本可行能力的剥夺，而不仅仅是收入低。”[②] 这为后来多维贫困指标的构建奠定了理论基础。

在多维思想提出后，研究者们纷纷采用多维指标测算贫困程度，微观家庭层面的指标有教育、健康、生活水平、收入等[③]，宏观层面的指标有教育水平、预

① 高艳云．中国城乡多维贫困的测度及比较．统计研究，2012（11）．

② SEN A. A decade of human development. Journal of human development，2000（1）．SEN A. Capabilities，lists，and public reason：continuing the conversation. Feminist economics，2004（10）．SEN A. Elements of a theory of human rights. Philosophy and public affairs，2004（32）．

③ 张全红，周强，蒋赟．中国省份多维贫困的动态测度：以中国健康与营养调查中的 9 省为例．贵州财经大学学报，2014（1）．

期寿命、国内生产总值等①。

2010 年，由联合国开发计划署人类发展报告办公室（The Human Development Report Office）跟牛津大学的牛津贫困和人类发展机构（Oxford Poverty and Human Development Initiative）共同设计了一套多维贫困指数（Multidimensional Poverty Index，MPI），并在人类发展报告 20 周年纪念版中公布，此后每年的人类发展报告都会公布多维贫困指数指标体系，并不断修正。2014 年，报告对多维贫困指数指标体系进行了一次修正；2018 年，又对营养、儿童死亡率、受教育年限、住房条件和家庭资产 5 个指标进行了进一步修正②。最新的多维贫困指数包括 3 个维度共 10 个指标（见表 10－1、图 10－1）：健康（营养、儿童死亡率），教育（受教育年限、适龄儿童在学情况），生活水平［烧饭燃料、卫生设施（厕所）、饮用水、电、住房条件、家庭资产］③。

表 10－1 全球多维贫困指数指标体系

维度	指标	定义	权重
健康	营养	70 岁以下的成年人或者儿童营养不良	1/6
	儿童死亡率	调查前 5 年内家庭中有儿童死亡	1/6
教育	受教育年限	10 岁及以上的人没有完成 6 年的教育	1/6
	适龄儿童在学情况	达到能够上完八年级的年龄的学龄儿童没有在上学	1/6
生活水平	烧饭燃料	家庭使用粪便、木头、木炭或煤炭作为燃料	1/18
	卫生设施（厕所）	家庭仍然使用不符合“可持续发展目标”（sustainable development goal）标准的厕所，或虽然符合标准，但与其他家庭共用厕所	1/18
	饮用水	家庭的饮用水不符合“可持续发展目标”标准或者家庭往返于安全饮用水水源之间需步行 30 分钟或以上	1/18
	电	家庭中没有电	1/18
	住房条件	建房用材料：地板、墙壁或屋顶中，至少有一个由不适合的材料制成，比如地板由天然的材料制成，地板由泥土、黏土、沙子等材料制成，住宅没有屋顶，或屋顶由天然材料、合成材料制成，等等	1/18
	家庭资产	以下资产中家庭只拥有一项或者一项都没有：收音机、电视、电话、电脑、动物拉车、自行车、摩托车或冰箱。家庭中没有汽车或卡车	1/18

资料来源：联合国开发计划署．人类发展报告 2018.（2019－10－01）［2019－11－10］．http：//hdr. undp. org/sites/default/files/hdr 2018 _ technical _ notes. pdf.

根据上述 3 个维度 10 个指标的得分可以识别贫困人口和贫困家庭，1/3 为区分贫困人口与非贫困人口的临界值。各个指标所占权重即为“剥夺得分”（deprivation score），任何一个指标达到了描述的标准则赋予相应的得分。如果各指标

① 邹薇，方迎风．关于中国贫困的动态多维研究．中国人口科学，2011（6）．

② ALKIRE S，SANTOS M. Acute multidimensional poverty：a new index for developing countries. United nations development programme human development report office background ppaper，2010（11）.

③ 联合国开发计划署．人类发展报告 2018.（2019－10－01）［2019－11－10］．http：//hdr. undp. org/sites/default/files/hdr 2018 _ technical _ notes. pdf.

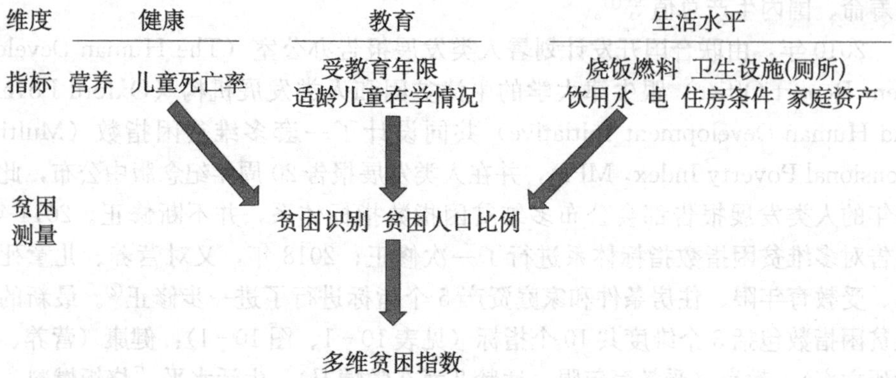

图 10-1 多维贫困指数

资料来源：联合国开发计划署．人类发展报告 2018．(2019-10-01)［2019-11-10］．http：//hdr.undp.org/sites/default/files/hdr2018_technical_notes.pdf.

得分加总达到或超过 1/3，则认为这个家庭（以及家庭中的每个人，下同）陷入了多维贫困；如果各指标得分加总达到或超过 1/2，则认为这个家庭陷入了极度贫困（severe poverty）；如果各指标得分加总达到 1/5 而不到 1/3，则将这个家庭划分为接近贫困的脆弱类别（vulnerability）。

根据以上指标可以计算贫困发生率、贫困强度和多维贫困指数。

贫困发生率（head-count ratio）指的是贫困人口在总人口中的占比，若根据上述统计指标得出的贫困人口规模为 q，总人口为 n，则其计算公式为：

$$\mathrm{H}=\frac{q}{n}$$

贫困强度（intensity of poverty）指的是贫困人口被剥夺指标加权后获得的百分比。对一个国家或地区而言，剥夺得分即全部贫困人口剥夺得分的平均值。其计算公式为：

$$\mathrm{A}=\frac{\sum_{i}^{q} c_i}{q}$$

$$c_i=\sum_{i=1}^{10} \mu c_{ij}$$

其中，q 为贫困人口规模，c_i 指的是第 i 个贫困人口的剥夺得分，c_{ij} 指的是第 i 个贫困人口在第 j 项指标上的得分，μ 为其相应的权重。

多维贫困指数（MPI）即贫困发生率与贫困强度之积，其计算公式为：

$$\mathrm{MPI}=\mathrm{H}\times\mathrm{A}$$

对一个国家或地区而言，每一维度对多维贫困的贡献率（b）的计算公式为：

$$\mathrm{b}_k=\frac{\sum j\in k\sum_{1}^{q} c_{ij}}{n}/\mathrm{MPI}$$

总体而言，现有的贫困识别和测量方法有很大的局限性，包括：很难设立国际通用的标准，从而难以进行跨国比较；识别方法具有很大的主观性，比如生活必需品清单的确立主观性较强；多维指标虽然能够更全面地测量贫困，但也存在指标之间的相关性和权重难以确定、单一数字难以反映贫困复杂程度、原因指标与结果指标混淆的问题；等等。

中国的贫困测量主要分为两条线：一条是由政府主导划定的贫困线标准，主要用于制定政策和扶贫；另一条则是学者使用的贫困线。越来越多的学者认识到了单一标准的局限性，而开始采用多维指标测量贫困，不过不同的学者根据使用数据的不同，采用的指标也有所差异，最常用的指标是衣食住行等日常生活基本需求状况、收入、消费、教育、健康与营养、预期寿命、基础服务设施等。中国本土性的多维指标体系研究还处于探索阶段，中国贫困识别与测量还有较大的研究空间。

四、绝对贫困与相对贫困①

贫困是极其复杂的社会现象，具有多重属性。以上无论是对单维贫困的测量还是对多维贫困的测量，其背后的思想都是绝对贫困观，即先设定一个全社会通用的绝对标准和线，然后看个体或家庭是否在标准或线以下。而随着社会的发展，当人们的基本生存问题得到解决时，更适合用相对指标来测量贫困，即相对于社会上其他人的生活水平而言，有一部分人处于社会生活水准的最下层，而这就涉及资源分配不均或不平等的问题。

（一）绝对贫困

绝对贫困线，即维持基本生存所需的货币量，是衡量绝对贫困的重要指标。绝对贫困线主要从收入的角度来界定绝对贫困。同时，绝对贫困线通常是一个针对所有人群的绝对贫困的阈值，考虑到可比性，同一个国家或地区确定的贫困线大致相同。但是，绝对贫困线并非稳定不变，而是随着生活水平的提高而动态调整。世界银行于20世纪80年代确定的绝对贫困线以及之后对贫困线的不断修订就是一个典型的例子。

处于绝对贫困的个体或群体，或因收入水平较低，或因外在供给不足，难以获得足够的食物、安全饮用水、卫生设施等，赖以生存的基本需求遭到严重的剥夺，甚至食不果腹、衣不蔽体，住所等基本个人需求难以得到满足②。联合国于2011年出版的《贫困和饥饿指标》提出，若缺乏以下八项基本需求中的任何两项，则被视为处于绝对贫困境况。这八项基本需求分别为：食物、安全饮用水、卫生设施（厕所）、健康、住房、教育、信息、服务获得。

---

① 本部分内容主要引自：杨菊华．后小康社会的贫困：领域、属性与未来展望．国家行政学院学报，2019（6）．

② United Nations Department of Publication. The copenhagen declaration and program for action: world summit for social development. 1995.

（二）相对贫困（相对剥夺）

所谓相对贫困，是指对于物质匮乏的认知因时、因地、因人而异，即生活在特定国家或地区的一部人与该国家或地区的其他人口相比，或相对于社会平均生活水准而言，处于较低生活水平，没有达到某种最低水平的“生活标准”。比如，英国确定贫困的标准是家庭收入低于收入中位数的60%，这就是相对贫困的概念。

迪安指出：“我们对商品的需要是相对的，它完全取决于我们身处的社会和环境。”① 一旦经济发展超越某个最低水平，那么从贫困者个人和他们所生活的社会的角度来看，贫困问题的弊端并非贫穷的任何绝对形式，而是将周围人的生活作为自己生活的参照，每天所感受到的相对比较。实际上，工业化国家的贫困问题更主要是相对贫困问题②，即以个体或家庭所处的社会环境为参照物，来衡量主体的贫困状况。相对贫困也可以被当作衡量收入等方面不平等的指标。

绝对贫困与相对贫困之间有着内在关联。遭遇绝对贫困之人往往也会遭遇相对贫困，而认为自己生活不如别人的人却未必“食不果腹，衣不蔽体，住不避风寒”。绝对贫困的定义是从缺乏最起码的资源条件的视角出发得出的；相对贫困是相对于社会平均生活水平而言的，指处于社会最底层的生活状态。在此种意义上，生活水平比过去提高了，并不意味着贫困的减少，因为若与其他人群的差距拉大了，贫困问题就并未得到真正的解决。

第二节 贫困的相关理论

贫困的理论，本质上用于理解贫困如何发生，即贫困的原因是什么。随着对贫困理解的深入，不同的学科对贫困有不同的解释。有的学科主张从个人角度找贫困的原因，有的学科则主张从社会角度探究贫困的原因。经济学视角强调直接理解贫困现象，将贫困描述为收入不足、消费不足和资产不足，因而主张采用收入支持和资产累计政策，提倡“输血”；社会学视角则从社会结构和制度的角度提出贫困是一种社会排斥现象，代表着不平等，所以主张采用社会包容政策，提倡改善不公平的制度和环境；发展学视角重视人的可行能力，认为贫困的原因在于个体或家庭的基本可行能力不足（基本可行能力不仅包括保证人类体面地生活的基本需要，甚至还包括主观感受），因此强调促进人的能力提升，提倡“造

① 迪安．社会政策学十讲．上海：上海人民出版社，2009.

② BRADSHAW J. A snapshot of child well-being in transition countries: exploring new methods of monitoring child well-being. New York: The University of York, 2005: 179-206.

血”；政治学视角则强调权利剥夺，从阶级斗争、革命、公平、公正、参与、透明等角度提出反贫困政策的核心是赋予公民权利。[①]

一、经济学视角的基本需要理论

贫困即基本需要无法得到满足。经济学视角主要考虑的是货币计量（monetary measurement），比如收入、消费和资产。特别是收入，它是最常使用的指标。古典经济学认为，收入反映的是个体效率，所以贫困是由个体原因造成的[②]。根据行为决策理论[③]，在自由市场背景下，贫困的根本原因在于个体，贫困是由个体决策导致的，个体应该为自己的贫困负责。个体原因包括缺乏自我控制力、缺乏职业道德、受教育水平低、没有掌握市场需要的技能等，这些都会导致效率低下。个体的错误决策或选择会导致他们陷入贫困或福利陷阱。根据这个逻辑，贫困是必要的，不然劳动者就没有动力去工作[④]。所以，国家层面的干预会被看作经济无效率的来源，福利项目甚至可能会强化贫困，因为它会让人产生福利依赖，或者促使一些本来不贫困的人陷入贫困以享受社会福利。该理论反对通过任何形式的补贴或福利消除贫困，而提倡减少直接福利，通过税收激励的方式提高工资，进行技能培训，帮助享受福利的人找工作，从而实现自食其力[⑤]。当然，该理论对贫困的论述遭到了很多批评，因为个体决策也受市场影响，失业可能是由市场需求不充足导致的。

另外，从这个理论视角延伸出来的还有贫穷亚文化解释[⑥]。贫穷是具有代际传递性的，这种代际传递是通过基因或者后天的社会化过程产生的，所谓“龙生龙，凤生凤，老鼠的儿子会打洞”反映的就是这种观念。贫穷态度的代际传递在贫穷亚文化的推动下不断持续和强化。

新古典经济学（Neoclassical Economics）则强调个人天赋、能力和资本的差异决定了个人效率，从而产生了贫困；外部突然变化，比如经济萧条、生病、家庭破产等也是贫困产生的重要原因。与古典经济学不同，新古典经济学提出的减少贫困的政策并不反对直接补贴等类型的福利政策。在这个理论视角下，收入是

---

① 朱晓，段成荣．“生存-发展-风险”视角下离土又离乡农民工贫困状况研究．人口研究，2016（3）．王小林．贫困测量：理论与方法．北京：社会科学文献出版社，2012.

② DAVIS E，SANCHEZ-MARTINEZ M. A review of the economic theories of poverty. National institute of economic and social research，2019.

③ ESPING-ANDERSEN G. The three worlds of welfare capitalism. Princeton：Princeton University Press，1990.

④ TOWNSEND P. Poverty in the United Kingdom. London：Allen Lane and Penguin Books，1979. KASARDA J，TING K. Joblessness and poverty in America's central cities：causes and policy prescriptions. Housing policy debate，1996（7）.

⑤ KASARDA J，TING K. Joblessness and poverty in America's central cities：causes and policy prescriptions. Housing policy debate，1996（7）.

⑥ 同②.

减少贫困的主要手段，因为收入可以让穷人获得购买力、获得资源，能够让穷人购买或者免费获得公共物品①。贫困线的设定也是以这个理论视角为基础的，比如将人们的食物和非食物需求转化成货币，再以货币确定贫困线。从这个视角延伸出来的政策含义是可以通过国民生产总值增长来提高穷人的收入，促进穷人就业，以满足他们的基本需求。

凯恩斯主义/自由主义经济学（Keynesian/Liberal Economics）则强调，市场扭曲和不充分的发展都会带来贫困，经济增长可以促进发展从而减少贫困，所以政府在宏观层面的干预是有必要的，比如通过财政政策或者货币政策来解决非自愿失业问题，投资公共教育，促进人力资本积累②。这个理论视角跟古典经济学、新古典经济学的最大差别就在于，这一视角从宏观层面解释贫困，比如，虽然它也强调教育在减少贫困中的作用，但是它更强调公共教育投资。

二、社会学视角的社会排斥理论③

社会学视角则从社会制度和社会结构上找寻贫困的根源，从而帮助设定贫困线，从国家或地区的政治、经济、文化、社会制度方面进行顶层设计，消除社会排斥。在20世纪早期，奥本海姆就从机会被剥夺视角来考虑贫困。马克思·韦伯也指出，社会不平等的实质在于社会资源或财富、收入、权力、声望等在社会成员中分配不均；下层社会成员往往得不到这些有价值之物，进而造成贫困的发生。

贫困的社会排斥说，是在特定背景下逐渐演化而来的。第二次世界大战结束后，欧洲逐渐从战争中恢复过来，民族主义运动风起云涌，全球化、欧洲一体化的发展和欧盟的建立，带来了移民浪潮和结构性的变革，这些使得欧洲福利国家体系遭遇巨大挑战，面临长期的结构性失业、贫困、动荡不安、社会排斥等严峻的社会问题，导致欧洲社会发生新的断裂或撕裂，故社会整合或社会统合研究逐渐再度成为社会学和政治学等科学领域的中心议题。20世纪80年代后期，社会排斥概念在法国兴起，最早被用于分析福利性政策；1989年，欧洲委员会把社会排斥作为测度贫困程度的工具和反贫困的标准，拓展了对贫困的认知，催生了新时代从社会排斥的角度来考量贫困。贫困不仅仅是经济概念，更关乎基本的公民权利、能力，其实质是一种权利和能力的贫困。

当社会排斥被作为一个专门术语来描述贫困现象时，含有多维度和动态之意。社会排斥说被运用于贫困场域，其所关注的议题更为宽泛，能力、机会、包容与接纳等均为其重要关切。因此，尽管在该视角下，贫困的基准依旧是最低生

① BHALLA S. Imagine there's no country: poverty, inequality and growth in the era of globalization. Washington, DC: Institute for International Economics, 2002.

② DAVIS E, SANCHEZ-MARTINEZ M. A review of the economic theories of poverty. National institute of economic and social research, 2019.

③ 本部分内容主要引自：杨菊华．贫困概念的演进：历史回顾与未来展望（待刊）．

活标准，物质资源依旧具有基础核心性，但它的出发点和覆盖面却是不同的：虽然社会排斥也有“社会剥夺”之意，但是其已经从物质层面向文化层面递进，被排斥或受剥夺的资源范围也包括了政治、文化和社会制度层面。这正是斯坦·林恩在广义福利视角下对贫困的理解——贫困是“福利被剥夺状态”，这里的福利既包括狭义的物质消费品，也包括如社会参与、文化福利、政治福利等在内的非物质要素①。

1989年，欧洲共同体从人权视角出发给贫困下了这样一个定义：“贫困应该被理解为个人、家庭和群体的资源（物质的、文化的和社会的）如此有限，以致他们被排除在他们所在的成员国的可以接受的最低限度的生活方式之外。”② 该定义对联合国等国际组织的影响甚大。在这个界定中，贫困为因、排斥为果。正是贫困，使得穷人可以利用的资源更少，能够触及的机遇更少，能够寻求改变的能力也更弱，从而使得他们在现代化运作中逐渐被剥夺、被排斥，最后丧失权利或行使权利的能力。比如，联合国开发计划署主张，贫困是指无法获得包括物质福利在内的人类发展的基础和选择的权利，是对人类发展所需的知识、尊严等的多方面剥夺③。实际上，多方面剥夺的共同作用，导致了穷人被生活压垮④。

三、发展学视角的能力理论

在西方贫困研究领域中，一个里程碑式的人物是阿玛蒂亚·森。森认为，贫困是人的基本可行能力被剥夺，而不仅仅是收入低下。从能力剥夺的视角认识贫困更具有政策意义。

大约在1973年，森就开始界定并度量贫困、不平等和失业等概念；在1981年出版的《贫困与饥荒：论权利与剥夺》一书中，森系统论述了可行能力与贫困的关系，认为“要说明饥饿现象，必须深入研究所有权的结构；要理解饥饿，必须把饥饿问题放在权利体系中加以分析”，“贫困是对人的基本可行能力（capability）的剥夺，而不仅仅是收入的低下，而这却是现在识别贫困的通行标准”⑤。衡量贫困的标准应该是个人福祉（well-being）的高低，而个人福祉主要是以可行能力为保障的。

森认为，贫困之源在于“能力贫困”，在于“基本可行能力被剥夺”。人们之所以贫困，是因为他们难以借助现代教育、信息扩散、知识外溢、社会资本积累等效应来充实自身的经济能力，故人力资源含量、知识与技能水平极低，在发掘经济机会、参与政策决策、提升对自身的投资、应对不确定性和风险、从创新性

① 世界银行．2000/2001年世界发展报告：与贫困作斗争．上海：中国财政经济出版社，2011.

② 欧共体委员会．向贫困开战的共同体特别行动计划的中期报告．[出版地不详]：[出版者不详]，1989：14.

③ 联合国开发计划署．1997年人类发展报告．[出版地不详]：[出版者不详]，1997：83.

④ 世界银行．穷人的呼声．北京：中国人民大学出版社，2003.

⑤ 森．贫困与饥荒：论权利与剥夺．北京：商务印书馆，2001：2.

经济活动中获利、分享经济增长的成果等方面“无能为力”，即贫困的原因就是能力的匮乏。而能力是由一系列功能（functioning）构成的，包括免于饥饿的功能，免于疾病的功能，享受教育的功能，等等；这些功能的丧失既是贫困的表现，又是贫困产生的原因；基本功能包括获得足够的营养、基本的医疗条件、基本的住房条件、一定的受教育机会等，如果一个家庭或个人缺少这些功能或者其中的一项，那就意味着这个家庭或个人处于一种贫困状态。

森明确提出，贫困的实质是缺乏维持正常生活和参与社会活动的可行能力，即贫困的发生应该被认为是因为人们可行能力的不足、缺乏或被剥夺。在森看来，可行能力是一种自由，是指一个人所拥有的，享受自己认为有价值且珍视的那种生活，或达成自己的目的，或做成自己想做的事情的能力[①]。基于对贫困的发生是因为可行能力被剥夺的思考，森认为，与收入低下相比，从可行能力视角来看待贫困更为合理。这种合理性表现在三个层面：一是贫困可被合理地加以识别，可行能力关注实质自由的被剥夺，而实质自由本身就是人类社会追求的价值目标；收入低下只是一种表象，仅具有工具性意义，故用可行能力来识别贫困更具有合理性。二是对于个体而言，收入对可行能力的产生具有不唯一性和狭隘性，即收入是产生可行能力的一种工具，但不是全部的工具；此外，还有很多其他因素会影响可行能力。三是低收入与可行能力之间的关联具有可变性和不准确性，会因时间和地区不同而变化。可见，与其他经济学者将研究重点置于收入不同的是，森将由收入所致的贫困置于更大的议题之中，更全面和系统地关注了人类生存和发展的问题。

森对贫困的认识，对国际社会产生了巨大的影响。森的“能力集”“能力贫困”的思路对学界、政府和国际组织都产生了很大的影响，成为相关理论的主流。此后，很多学者持续对能力剥夺说进行了阐释和拓展。玛莎·努斯鲍姆继承和发展了森的可行能力理论，她进一步划分出人类的 10 个核心能力，并且认为国家和政府应当努力保证这些能力的安全，从法律和政策的层面防止个人能力的丧失[②]。此外，哈特利·迪安对森的能力概念做了进一步的阐释，认为人们对商品的诉求是相对于我们身处的社会和环境而言的，但“对能力的需要——对作为人类社会一员而发挥适当作用的能力的需要——则是绝对的”[③]。世界银行也从能力视角提出了贫困的概念，《1990 年世界发展报告》提出，贫困即“缺少达到最低生活水平的能力”。

四、政治学视角的贫困理论

从政治学视角看，贫困是政治问题。亚当·斯密在其《国民财富的性质和原

① 森．以自由看待发展．北京：中国人民大学出版社，2002：71.

② NUSSBAUM M. Women and human development：the capability approach. Cambridge：Cambridge University Press，2000.

③ 迪安．社会政策学十讲．上海：上海人民出版社，2009：12.

因的研究》一书中系统分析了劳动者的贫困问题。他认为，劳动者收入不平等导致了贫困，而劳动者收入不平等是由职业的差异性和政府政策的强制性造成的，所以解决劳动者贫困问题的关键在于确保劳动者在市场中自由流动和劳动所有权通畅买卖①。西斯蒙第则提出，社会贫困问题产生的根源在于国家，对于资本积累的过度关注导致社会财富的分配超出了社会的调节能力，造成诸如饥饿、贫困等不平等现象；他认为，只有政府以人道主义价值观参与到社会事务中，以仲裁者身份参与社会资源的分配，才能有效解决社会贫困问题②。

从政治学角度阐述贫困，最具代表性的理论则是马克思的阶级理论。马克思在其一系列著作如《资本论》《哲学的贫困》《共产党宣言》中，系统阐释了“国家制度”“资本积累”“意识形态”与贫困之间的关系③。马克思认为，贫困是由于阶级剥削而产生的，资本主义及其与阶级相关的社会结构因素、政治因素是贫困的根源。这些结构性因素则包括劳动力市场的分割（二元劳动力市场）、歧视和腐败等。马克思从资本积累角度论述了贫困的根源：第一，资本原始积累是贫困产生的直接原因，这个过程使生产者与生产资料不断分离，农民丧失土地变成雇佣工人，在资本原始积累中陷入贫困和饥荒，农民阶级逐渐转变为无产阶级；第二，资本家剥削剩余价值的发展也导致了贫困范围的扩大，资本家对无产阶级的剥削并不会因贫困而停止，而会为了获取剩余价值而继续下去，从而导致贫困扩张，社会两极分化严重。在马克思看来，贫困产生的根源是制度和社会结构的因素，而非个体因素，因此应该保证社会权利和社会公平，反贫困应该从社会制度入手。除了无产阶级革命这种政治性的手段外，建立反歧视性的法律制度、进行劳动力市场改革是消除贫困的关键途径。

第三节 世界人口贫困和反贫困实践

一、世界人口贫困现状

世界的发展史，其实也是一部人类的脱贫史。在过去的几个世纪，特别是近几十年，世界人口贫困状况得到了极大的改善。根据世界银行 2018 年发布的报告《贫困与共享繁荣：拼出贫困的拼图》，在从 1990 年到 2015 年的 25 年间，按每天 1.9 美元的标准计算（以 2011 年购买力平价为基准），有将近 10 亿人摆脱了极端贫困（extreme poverty）。截至 2015 年，世界极端贫困人口总数为 7.36

① 汪连杰．马克思贫困理论及其中国化的探索与发展．上海经济研究，2018（9）．

② 同①.

③ 同①.

亿，为世界人口总数的10%。在世界范围内，有逾半数的国家的贫困人口比例降到了3%以下。

（一）区域特征

世界贫困人口的区域分布极度不均匀。极端贫困人口比例在18%及以上的国家几乎都分布在非洲地区，尤其是撒哈拉以南非洲。在世界最贫困的28个国家中，27个位于撒哈拉以南非洲，它们的极端贫困人口比例达到了30%以上，是世界平均极端贫困人口比例的三倍。世界贫困人口问题，基本上可以说是撒哈拉以南非洲的贫困问题。这些地区人口出生率高，人口增长快，经济发展水平增长缓慢，产业结构落后，同时，社会财富的分配严重不均，再加上旷日持久的战争、自然灾害等，使撒哈拉以南非洲地区成为世界贫困的重灾区。

（二）人群特征

分人群看陷入贫困的风险，妇女和儿童更容易成为极端贫困人口。从表10-2我们可知，0～14岁的儿童中极端贫困的比例为19.3%，高于其他年龄组。而一方面，女性往往会因为生育退出劳动力市场，失去稳定的收入来源，从而更容易陷入贫困；另一方面，在很多国家，因为性别歧视、性别不平等现象的存在，女性始终处于弱势地位，也是面对贫困时最脆弱的群体。尽管从世界平均水平看，男性和女性贫困的比例几乎没有差异，但分地区时却表现出了较大的地区差异。2015年，在20～34岁的育龄妇女中，女性极端贫困人口比例比男性高出2%。而在撒哈拉以南非洲，女性极端贫困人口比例比男性高出7%。在非洲的马拉维，女性极端贫困人口比例更是达到了73%，而当地男性极端贫困人口比例只有49%。

表10-2 2015年世界分年龄和性别的极端贫困人口比例（%）

		极端贫困比例	占贫困人口比例	占总人口比例
年龄	0～14	19.3	45.7	27.4
	15～24	11.7	16.9	16.6
	25～34	9.4	13.0	15.9
	35～44	8.7	10.1	13.4
	45～54	6.4	6.4	11.6
	55～64	5.9	4.2	8.2
	65岁及以上	5.9	3.6	6.9
	合计	11.5	100.0	100.0
性别	男性	11.7	50.3	49.6
	女性	11.4	49.7	50.4

资料来源：世界银行2018年发布的《贫困与共享繁荣：拼出贫困的拼图》。

（三）社会贫困线

仅仅用收入或者消费的绝对水平来作为所有国家的贫困标准是不科学的。每天 1.9 美元是世界银行最新制定的国际贫困线标准，这样的标准实际上对中高收入国家和地区、发达国家和地区而言意义并不大。因此，世界银行提出了另外两条贫困线标准：每天 3.2 美元和每天 5.5 美元。如果按这两个标准计算，那么截至 2015 年，全世界的贫困人口比例分别达到了 26.3%和 46%。

当然，即使调整了贫困标准，以一个统一的国际标准来衡量所有国家仍然是不科学的，因为不同国家的消费水平和经济发展水平的差异性很大。同样绝对数量的货币，在不同国家的购买力存在天壤之别，美国每天 1.9 美元以下的贫困人口跟撒哈拉以南非洲每天 1.9 美元以下的贫困人口所面临的贫困窘境和生存压力是明显不同的。因此，世界银行提出了社会贫困线（societal poverty line）的概念。社会贫困线同时考虑了国际极端贫困标准和一个国家的消费/收入水平。在计算社会贫困线时，会首先计算一个国家个人日均消费/收入水平的中位数，接着在用中位数除以 2 然后加 1 美元之后跟极端贫困线（每天 1.9 美元）比较，取二者中较大者作为社会贫困线。如果以社会贫困线来划分贫困人口，那么 2015 年的世界贫困人口总数为 21 亿，几乎是每天 1.9 美元标准下贫困人口数量的三倍。

（四）多维贫困指数

正如第一节所述，贫困本身是一个多维度的概念，不仅包括经济层面，还包括教育、医疗、卫生、基础设施资源，以及国家和地区本身的经济发展水平与国民消费水平等。用不同的标准来衡量和定义世界贫困人口，是我们全面地认识贫困问题，并针对不同地域、国家和时间范围内的贫困问题采取相应措施的基础。

根据联合国开发计划署发布的 2019 年度《全球多维贫困指数》报告，在有数据的 101 个国家①中，共有 13 亿人（占比 23.1%）处于多维贫困状态，并且他们中的 84.5%生活在撒哈拉以南非洲和南亚地区。在贫困程度方面，各个国家内部的区域差异特别大，比如乌干达的全国多维贫困率是 55.1%，但是其不同的省份间差异很大，变化范围从 6%到 96.3%。少年儿童是贫困发生率最高的群体，多维贫困人群中有一半是 18 岁以下的少年儿童，有 1/3 是 10 岁以下的儿童。虽然有些国家的多维贫困率相似，但是它们的贫困人口内部的不平等程度却是不同的，比如虽然埃及与巴拉圭的多维贫困率相似，但巴拉圭的贫困人口不平等程度更高。在多维贫困的各维度中，生活条件维度平均而言贡献更大，达到了 44.7%，健康维度和教育维度的贡献率分别为 25.8%和 29.5%（见图 10－2）。

---

① 其中包括 31 个低收入国家、68 个中等收入国家和 2 个高收入国家。数据来源于人口和健康调查（Demographic and Health Surveys）、多指标聚类调查（Multiple Indicator Cluster Surveys）和与这两个调查具有可比性的全国性调查。

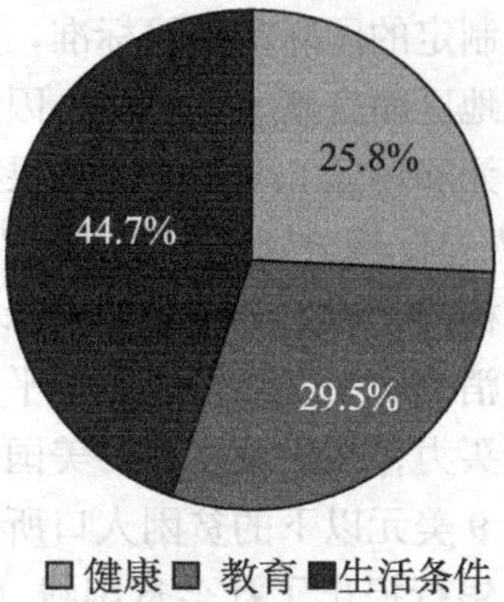

图 10－2　多维贫困中各维度的贡献

资料来源：2019 年度《全球多维贫困指数》报告。

二、世界人口贫困变动趋势

近几十年，世界范围内的减贫事业也取得了长足的进展。从 1990 年到 2015 年，世界贫困人口规模和比例都呈现出了稳步下降的趋势。从世界贫困总人口数量来看，在这 25 年间，超过 10 亿人脱离了极端贫困线，极端贫困人口比例也从 1990 年的 35.9%下降到了 2015 年的 10%（见图 10－3），世界贫困人口比例每年下降近 1%。这一方面得益于世界经济的快速发展，尤其是东亚地区（如中国）和环太平洋地区经济的迅速崛起，另一方面也与国际组织和世界各国在减贫事业上做出的努力密不可分。

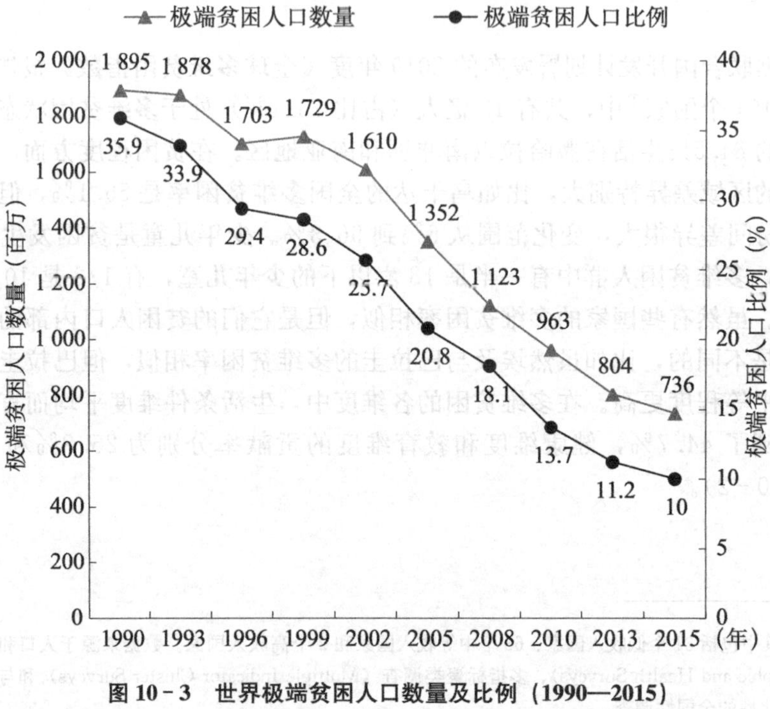

图 10－3　世界极端贫困人口数量及比例（1990—2015）

注：根据世界银行 2018 年发布的《贫困与共享繁荣：拼出贫困的拼图》的数据绘制而成。

从区域差异来看，东亚及太平洋地区、南亚地区和撒哈拉以南非洲地区是贫困人口的主要分布区。在1990—2015年这25年间，东亚及太平洋地区的贫困人口总数迅速减少。1990年，近半数的贫困人口分布在东亚及太平洋地区，而到2015年，东亚及太平洋地区的贫困人口占世界贫困人口总数的比例已微乎其微（见图10-4）。作为世界第一人口大国，中国为世界减贫事业做出了巨大的贡献，1990年中国有62%的人生活在极端贫困线以下，而到2015年，中国的贫困人口比例下降到了3%。近年来，南亚贫困人口规模和所占比例也在逐年下降，不过下降的速度要慢于东亚及太平洋地区。令人担忧的是撒哈拉以南非洲地区，尽管其贫困人口比例从1990年的41%下降到了2015年的13%，但随着总人口规模的增长，贫困人口绝对规模呈现上升趋势：1990年，撒哈拉以南非洲的贫困人口总数只有2.78亿，而到2015年时，其贫困人口总数增长到了4.13亿。

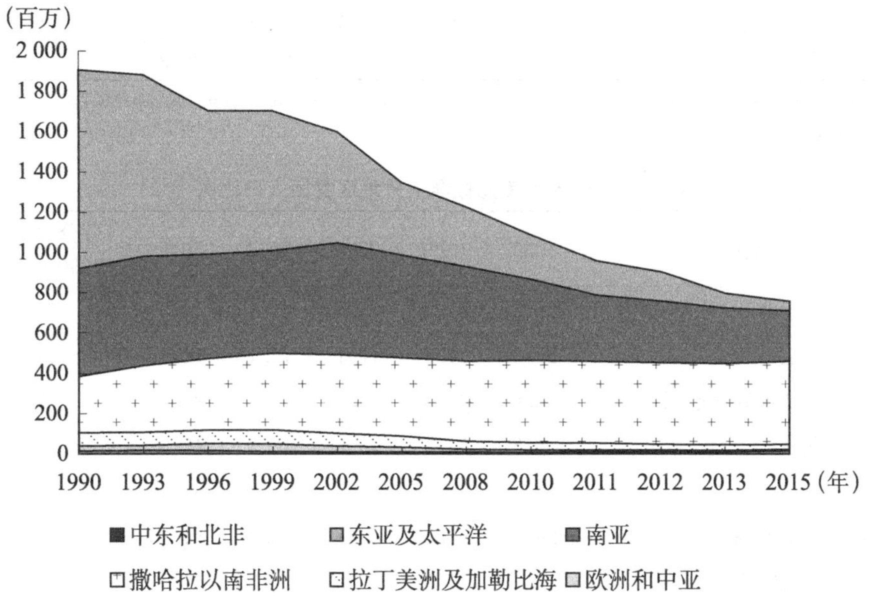

图10-4 世界各地区极端贫困人口规模变动（1990—2015）

资料来源：世界银行PovalNet分析工具，网址：http://iresearch.worldbank.org/PovcalNet/povDuplicateWB.aspx。

当使用每天3.2美元作为标准时，从1990年到2015年的25年间，世界贫困人口比例下降了28.8个百分点。其中东亚及太平洋地区下降了72.8个百分点，下降幅度是世界平均水平的两倍多；而南亚地区下降了33.1个百分点，比世界平均水平略高；拉丁美洲及加勒比地区下降了17.5个百分点，略高于世界平均水平的一半；而世界其他地区的贫困人口比例下降幅度均不足世界平均水平的一半（见表10-3）。如果把贫困标准提高到每天5.5美元，2015年世界贫困人口比例较1990年下降了21个百分点，东亚及太平洋地区下降了60.3个百分点，几乎是世界平均水平的三倍，而南亚地区的下降幅度只有13.9个百分点，远低于世界平均水平（见表10-4）。我们可以看出，在1990—2015年这25年里，东亚及太平洋地区为世界贫困人口锐减做出了主要贡献，而且不仅有量的减少，还有质的飞越。而南亚地区的脱贫主要还是在每天1.9美元的低水平上实现的。

表10-3　每天3.2美元标准下分地区贫困人口比例（%）

地区	1990	1999	2008	2013	2015	百分比变化 1990—2015
东亚及太平洋	85.3	67.1	37.4	17.5	12.5	−72.8
欧洲和中亚	9.9	21.1	7.5	5.7	5.4	−4.5
拉丁美洲及加勒比地区	28.3	27.0	15.7	11.4	10.8	−17.5
中东和北非	26.8	21.7	16.7	14.4	16.3	−10.5
南亚	81.7	76.0	67.9	53.9	48.6	−33.1
撒哈拉以南非洲	74.9	78.3	72.2	67.8	66.3	−8.6
其他高收入国家	0.8	0.8	0.7	0.8	0.9	0.1
世界综合	55.1	50.6	38.2	28.8	26.3	−28.8

资料来源：世界银行PovalNet分析工具，网址：http：//iresearch.worldbank.org/PovcalNet/povDuplicateWB.aspx。

表10-4　每天5.5美元标准下分地区贫困人口比例（%）

地区	1990	1999	2008	2013	2015	百分比变化 1990—2015
东亚及太平洋	95.2	87.0	63.6	42.4	34.9	−60.3
欧洲和中亚	25.3	44.5	17.1	14.1	14.0	−11.3
拉丁美洲及加勒比地区	48.6	47.0	33.3	27.2	26.4	−22.2
中东和北非	58.8	54.5	46.6	42.3	42.5	−16.3
南亚	95.3	93.1	89.8	84.2	81.4	−13.9
撒哈拉以南非洲	88.5	90.5	88.1	85.4	84.5	−4.0
其他高收入国家	1.7	1.3	1.2	1.5	1.5	−0.2
世界综合	67.0	66.8	56.5	48.7	46.0	−21.0

资料来源：世界银行PovalNet分析工具，网址：http：//iresearch.worldbank.org/PovcalNet/povDuplicateWB.aspx。

当考虑到不同国家的经济发展水平以及消费水平时，以社会贫困线为基准，我们发现社会贫困人口比例也呈现出了明显的下降趋势，只是下降的速度显著低于以单纯收入为标准的社会极端贫困人口比例。而且，社会贫困人口比例跟社会极端贫困人口比例之间的差距在逐渐拉大。如图10-5所示，1990年的社会贫困人口比例（45%）仅为社会极端贫困人口比例（36%）的1.25倍，而到了2015年，社会贫困人口比例（28%）几乎是社会极端贫困人口比例（10%）的三倍。而单从社会贫困人口数量来看，在1990—2015年这25年间，世界社会贫困人口数量在同一水平轻微波动，几乎持平。这也说明，经济的发展虽然改善了绝对贫困人口比例，但是由于国家经济发展水平和消费水平的差异，中高收入国家的贫困人口所面临的挑战可能比低收入国家的更大。在关注世界贫困人口数量及比例时，我们要充分关注与考虑贫困的地区性、地域性以及结构性的差异。

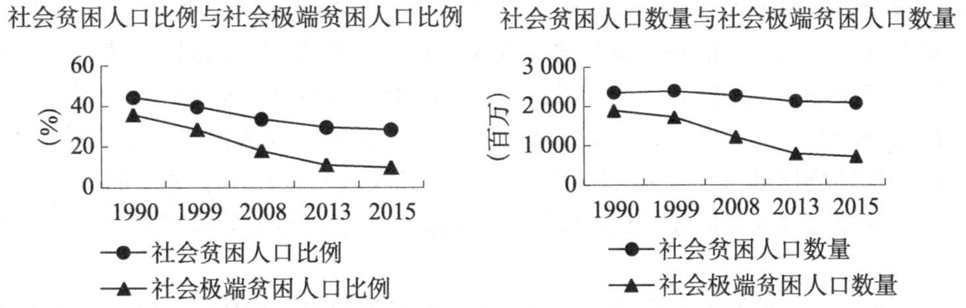

图 10-5 世界各地区贫困人口规模变动（1990—2015）

资料来源：世界银行 PovalNet 分析工具，网址：http：//iresearch. worldbank. org/PovcalNet/povDuplicateWB. aspx。

三、世界人口贫困原因分析

从根源上看，世界人口贫困的原因是既定社会结构下经济发展和财富分配的不均衡，符合社会学视角对贫困根源的解释。韦伯从社会内部分析不平等存在的原因，指出不平等的实质是资源、财富或权力的分配不均。事实上，在世界范围内比较各个国家的情况，社会排斥视角仍然适用。从宏观世界层面看，在世界体系中，由于各个国家的资源和权力分配不均，一些国家始终处于发展的优势或强势地位，能够获得更多的资源，而另外一些国家则处于弱势地位，这导致国家间的发展差距拉大。目前的国际政治格局、国家之间的军事和经济竞争也是一些国家或地区长期陷入贫困的原因。

从国家内部看，国家的制度、政策、结构等都可能是贫困产生的原因，这符合马克思对贫困根源的认识，即贫困不是个人的问题，而是社会制度的问题。贫困的表象是财富分配不均，而财富分配能决定贫困人口的比例以及其他导致贫困的社会结构。如果只有少数人从经济发展中获益，换句话说，经济发展做大的蛋糕只被少数人分享，那么，贫困人口的比例很难降低。财富分配是受国家的分配制度和政策影响的，一些国家或地区由于制度、社会结构、经济结构等因素，穷人能获得的资源少，向上流动的机会少，能够寻求改变的能力也较低，从而在现代化运作中逐渐被剥夺、被排斥。例如，世界贫困人口的重灾区撒哈拉以南非洲地区，由于其地区产业经济主要依赖自然资源的原始开采，而少有工业化、信息化的升级产业，因此，其产业结构就更容易受到自然灾害如地震、火山、旱灾、洪涝等的影响。同时，这样的产业结构也会间接影响到财富的分配：以开采为主的原始产业很容易造成少数人的垄断，因而财富往往集中在少数人手中，而难以实现共同富裕，难以改善社会性贫困问题。

我们也可以借用新古典经济学的经济学理论理解贫困产生的原因和国家之间

贫困情况的差异。根据新古典经济学，天赋、能力和资本的差异决定了个人效率的差异，从而导致了贫困的产生；而在国家层面，经济发展能力、所拥有的资源、政府管理水平等方面的差异会导致各个国家在社会经济发展水平上的差异。东亚及太平洋地区在消除世界贫困人口战役中的辉煌成绩跟该地区高速、稳定的经济发展是密不可分的，当然也得益于这些国家充分利用了发展机遇，制定了合适的发展战略。而非洲、拉丁美洲等地区的一些国家不仅天然缺乏发展的资源，而且外部环境比如战争、局部冲突、自然灾害等进一步加剧了情况的恶化，同时，这些国家也未能抓住时机，借助现代教育、信息扩散等效应来发展经济、促进经济增长。

可见，贫困的原因是非常复杂的，贫困是各种因素综合作用的结果。分析世界人口贫困的原因，不仅要关注国家之间的差异，也要关注国家内部的致贫因素。

四、世界反贫困实践

贫困是一个世界性议题，与人类社会相伴而生。在过去半个多世纪中，贫困是国际组织、多国政府和多个学科领域持续关注的一个重要话题。国际社会一直都把消除贫困作为保障人权的基本目标，致力于通过推动社会发展与国际合作，达到减贫目的。世界银行持续关注贫困议题，自 1980 年后，其出版物的主题很多定位于“贫困”。1992 年 12 月，联合国大会通过了 47/196 号决议，确定从 1993 年起，把每年的 10 月 17 日确定为国际消除贫困日，以提高全球消除贫困意识，唤起各国对由各种原因所引致的全球贫富悬殊族群、国家与社会阶层的注意。2000 年 9 月，联合国千年首脑会议通过了《联合国千年宣言》，提出“在 2015 年年底前，使世界上每日收入低于一美元的人口比例和挨饿人口比例降低一半”的目标；继而，2015 年联合国可持续发展峰会上通过的《2030 年可持续发展议程》进一步提出，到 2030 年，消除一切形式的营养不良，消除极端贫困，实现粮食安全，让所有人都达到基本生活标准。

（一）制度化的反贫困实践

如前文所述，导致贫困的根本原因在于经济发展水平低和财富分配不均。反贫困即在不断做大经济这块蛋糕的同时，探索如何合理分配蛋糕，降低财富分配的不均衡。从不同国家反贫困的实践来看，最常见的反贫困方式是优先发展经济，然后再解决财富分配不均衡问题。当然，随着经济水平发展到不同的阶段，反贫困的重点也会转移。不同国家的反贫困实践跟相应国家的经济社会发展实际情况息息相关。发展中国家往往更侧重先发展经济，而发达国家如美国、英国、加拿大等，则更侧重财富分配。

反贫困的实践，最终往往都落实在了具体的政策上：将反贫困写入国策和各项社会政策，从而使其合法化、常规化。从世界范围的反贫困实践看，利用系统全面的社会福利政策，通过财富的再分配来反贫困则更为常见。早在1601年，英国政府就颁布了《济贫法》（史称“旧济贫法”），这被认为是用社会政策解决贫困的开端。1834年，英国政府颁布了经修订的《济贫法》（史称“新济贫法”），将解决贫困作为国家的基本职责。从此以后，社会政策便成为各个国家解决贫困的一个必不可少的制度化手段。19世纪后期，德国率先建立起了包括社会保险在内的各项社会福利政策，并被欧美国家广泛借鉴、采纳、完善。1942年英国《贝弗里奇报告》（*Social Insurance and Allied Services*）的出台，具有划时代的意义。该报告主张建立一套综合性的社会保障制度，来为每位社会成员提供基本的生活保障。到20世纪中叶，欧美国家已基本建立起了完善的“福利国家”体制，绝对贫困逐渐缓解并消失，相对贫困也大幅度改善。目前，世界各个国家基本都制定了自己的社会保险、社会保障政策，有些国家，比如中国还专门建立了反贫困政策和制度。

（二）动态的反贫困实践

经济发展跟贫困并不存在绝对的正向或负向关系。世界反贫困的实践经验表明，在经济发展相对较快的中、高等收入国家，社会贫困、相对贫困状况更为严峻。因此，反贫困的经济发展政策应更加注重经济发展的结构优化和区域协同。以中国为例，在改革开放之后，中国沿海地区如深圳、广州、上海等城市的经济迅速崛起，而中西部地区的经济却大幅度落后。1990年年初，中国有将近60%的人口生活在极端贫困线以下。为此，中国将反贫困重点放到了中西部地区，实行东中西协同、扶贫到户策略。中国的减贫实践为世界其他国家做出了很好的示范。

反贫困的经济政策和社会福利政策的制定应该遵循因时制宜、因地制宜的原则。中国的区域发展差异非常大，因此其反贫困的政策实践更侧重于贫困的区域性，针对具体的地域制定了相应的扶贫计划和经济发展计划。而对于经济高度发达的美国而言，其地域性贫困并不明显，因此其通过针对具体人群的社会福利政策来反贫困，例如，针对少数弱势群体如黑人、老人、儿童、残疾人、低收入人群进行直接的特殊补助。除此之外，经济社会发展的阶段不同，文化背景不同，反贫困实践也随之改变。

（三）发展型的反贫困实践

从反贫困实践的方式来看，反贫困的政策也经历了从生活救助到资产建设，从“授人以鱼”（直接的生活救助）到“授人以渔”（增加和帮助就业）的转变。目前，反贫困实践除了采用直接的救助方式外，还采用帮助贫困人口提高获得财富或收入的能力的方式。在发达国家和地区，对于贫困人口的帮助不再仅仅是直接给予食物和津贴，而是试图推动贫困人口的资产建设，以使其不仅在生活上摆脱贫困，更能够获得长远的发展。例如：美国于1998年明确了资产社会政策的法律地位，并开展了被称为“美国梦”的个人发展账户示范工程；英国也为低收入家庭儿童建立了终身账户；此外，加拿大、澳大利亚、乌干达、秘鲁和中国台湾，也都陆续建立起了资产社会政策的试点或示范工程。与此同时，政府通过对私营企业减税、调整产业结构等手段增加就业，通过市场手段辅助脱贫，让贫困人口自力更生，这一政策曾在克林顿执政前3年创造了800万个就业机会。

从世界贫困人口的现状和发展趋势来看，尽管在过去的几十年间，世界范围内的贫困问题得到了极大的改善，但是，贫困问题的区域差异明显，且世界贫困问题改善还多局限在最基本的收入层面。目前，世界贫困问题依然严峻，世界范围内的反贫困实践将是一项长期的工程。

第四节 中国人口贫困和反贫困实践

减少和消除贫困也一直是中国政府致力解决的重要民生问题。改革开放以来，随着经济社会的持续发展，政府反贫困政策作用的发挥，人民的生活水平不断提高，贫困状况得到明显改善。改革开放40多年来，中国在减贫数量和减贫质量上，都取得了举世瞩目的成就。从总量上看，虽然因贫困线不同所带来的减贫人口数量差异甚大，但中国国家统计局2019年的数据显示：2018年年底，中国农村仅有1 600多万人尚处于绝对贫困状况；在2012—2018年间，农村贫困人口累计减少8 239万人，贫困发生率累计降低8.5个百分点。值得注意的是，尽管中国的减贫工作已取得了巨大的成就，但是中国贫困人口规模仍然庞大，且新的贫困问题已经出现：收入不平等、财产不平等扩大，对贫困的改善起到了负向作用；城镇大批职工下岗或失业导致城镇贫困问题日益突出；农村家庭因大病致贫、农村“光棍”数量持续上升等，农村的贫困问题依然任重而道远。[①] 因此，反贫困依然是未来中国发展的重要工作之一。

一、中国贫困人口规模与贫困发生率变动

估计中国贫困人口规模和贫困水平，最常用的方法还是以简单的绝对贫困线为标准进行计算。

世界银行根据每天1.9美元的标准，估计和公布了全球各个国家的贫困人口规模和贫困发生率。图10-6描述了1981—2015年全球和中国的贫困人口数量及其占比的变动趋势。1981年，全球约有19亿贫困人口，中国约有8.8亿贫困人口，占全球贫困人口的46%。此后，中国贫困人口数量和贫困发生率虽有小

① 张晓波，张春泥，谢宇．贫困与失业//中国民生发展报告．北京：北京大学出版社，2014：54.

幅波动，但总体呈下降趋势。2015 年，全球还有 7.34 亿贫困人口，而中国仅剩 1 001 万贫困人口，占全球贫困人口的比例下降到 1.36%。在这 34 年间，中国共约减少贫困人口 8.68 亿，年均减贫人口规模约 2 553 万，对全球的减贫事业做出了巨大的贡献。在 1981—2015 年间，全球减贫人数约 11.7 亿；同期，中国减贫人口超过 8 亿，中国减贫对全球贫困人口减少的贡献率高达 74%，相当于世界每 4 个脱贫人口中，就有 3 个是中国人。①

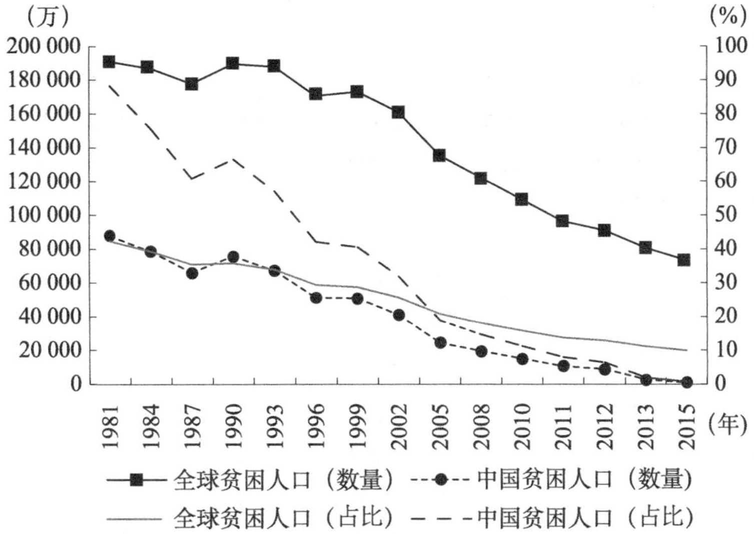

图 10-6 全球和中国贫困人口及其在总人口中占比的变动趋势

资料来源：世界银行 PovalNet 分析工具，网址：http://iresearch.worldbank.org/PovcalNet/povDuplicateWB.aspx。

不过以上是根据全球标准计算的。实际上，在 1986—2011 年间，中国基于自身的经济社会发展情况，划定并几次调整贫困线。最初是 1986 年制定的 206 元的绝对贫困标准，由于它是按 1978 年价格制定的，因此被称为“1978 年标准”。2008 年，中国统一使用 1 067 元作为扶贫标准，并称其为“2008 年标准”。此后，随着消费价格指数等相关因素的变化，2009 年和 2010 年分别将此标准进一步上调至 1 196 元和 1 274 元。2011 年，在中央扶贫开发工作会议上，国家决定将农民人均年纯收入 2 300 元（2010 年不变价）作为新的国家扶贫标准，较 2010 年的贫困标准提高了将近 81%，并在实际测算过程中，对高寒地区采用 1.1 倍贫困线，这个标准被称为“2010 年标准”，即现行农村贫困标准。②

表 10-5 反映了中国农村在不同标准下贫困人口规模和贫困发生率的变动情况。按照“2010 年标准”，1990 年中国农村地区贫困人口达到 65 849 万，贫困

---

① 杨菊华．新中国 70 年减贫事业的世界意义//任远．历史的经验：中国人口发展报告（1949—2018）．北京：经济管理出版社，2019.

② 周岳．扶贫债来了解一下．（2019-04-01）[2019-11-10]．http://www.sohu.com/a/240731482_719827.

发生率为73.5%；2017年农村地区贫困人口规模降到了3 046万，贫困发生率降至3.1%。

表10-5 中国农村贫困状况

	1978年标准		2008年标准		2010年标准	
	贫困人口规模（万人）	贫困发生率（%）	贫困人口规模（万人）	贫困发生率（%）	贫困人口规模（万人）	贫困发生率（%）
1978	25 000.0	30.7				
1980	22 000.0	26.8				
1990	8 500.0	9.4			65 849	73.5
2000	3 209.0	3.5	9 422	10.2	46 224	49.8
2001	2 927.0	3.2	9 029	9.8		
2002	2 820.0	3.0	8 645	9.2		
2003	2 900.0	3.1	8 517	9.1		
2004	2 610.0	2.8	7 587	8.1		
2005	2 365.0	2.5	6 432	6.8		
2006	2 148.0	2.3	5 698	6.0		
2007	1 479.0	1.6	4 320	4.6		
2008			4 007	4.2		
2009			3 597	3.8		
2010			2 688	2.8	16 567	17.2
2011					12 238	12.7
2012					9 899	10.2
2013					8 249	8.5
2014					7 017	7.2
2015					5 575	5.7
2016					4 335	4.5
2017					3 046	3.1

资料来源：2018《中国统计年鉴》，1979年、1981—1989年、1991—1999年数据省略。

中国民政部门在制定扶贫政策时针对城乡也有不同的标准。城市居民最低生活保障在各个城市有不同的标准，不过，国家并没有直接公布城市的贫困人口数量和贫困水平，而只公布了城市最低生活保障人数和最低生活保障户数。根据2019年2月份民政统计月报，全国城市最低生活保障人数和户数分别为987万和593.8万。

也有研究者按照每天每人1美元或1.5美元以及各省（自治区、直辖市）的城市居民最低生活保障标准进行估计，认为城市贫困发生率低标准为3%，高标准为5%～9%，城市贫困人口在1 997万至5 990万之间①。

① 张晓波，张春泥，谢宇．贫困与失业//中国民生发展报告．北京：北京大学出版社，2014：54.

从贫困人口的区域分布看，中国一半以上的农村贫困人口集中在西部地区。到 2017 年年末，中国东部地区农村贫困人口有 300 万人，占全国农村贫困人口的比例为 9.8%，贫困发生率为 0.8%；中部地区农村贫困人口有 1 112 万人，占全国农村贫困人口的比例为 36.5%，贫困发生率为 3.4%；西部地区相应的三个数据分别为 1 634 万人、53.7%和 5.6%。与上一年相比，西部地区农村贫困人口减少数量最多，东部地区农村贫困人口减少速度最快，各省（自治区、直辖市）贫困发生率均降到了 10%以下。①

分人群来看，老人和儿童的贫困发生率相对较高，2017 年 17 岁及以下少年儿童的贫困发生率为 3.9%，60 岁以上老人的贫困发生率为 4.3%。不过贫困发生率没有明显的性别差异。从受教育程度方面看，农村受教育程度低的人群贫困发生率高，2017 年户主受教育程度为文盲的群体的贫困发生率达到 6.7%，而户主受教育程度为高中及以上的群体的贫困发生率仅为 1.4%。②

总体而言，对中国贫困人口规模和贫困发生率的估计多依赖绝对标准的单一维度，这主要是从政府管理和扶贫角度出发的。实际上，多维贫困也是一个值得关注的话题。虽然目前社会各界尚未对多维贫困的维度和指标达成共识，但一些学者已经开始了对多维贫困的研究，比如张全红等利用中国健康与营养调查数据，选择教育、健康、生活水平、收入四个维度，测算不同时期各省份多维贫困的变化③。因此，未来无论是从政策角度还是从学术研究角度，都应该拓展对多维贫困的研究。

二、中国人口贫困的原因与特点

贫困的原因是复杂的，自然环境、资本投入、社会制度、耕地条件、个人能力、家庭人口特征等都是导致贫困的重要因素④，这些因素中既有社会学视角下的结构性因素，也有经济学视角下的个人因素。

第一，结构性因素既是理解中国贫困的重要切入点，也是国家制定扶贫战略的依据。自然资源、社会经济发展水平、社会政策等各种因素综合造成了不同地区社会经济发展水平的不同，从而导致了各地区贫困程度的差异和各地区人口摆脱贫困能力的差异。

长期以来，在城乡二元分割体制下，中国城乡发展速度和水平呈现出巨大的差异。这种结构性因素造成的不平等当然也使得城乡贫困程度出现差异。农村的

---

① 国家统计局住户调查办公室．中国农村贫困监测报告 2018．北京：中国统计出版社，2018.

② 同①.

③ 张全红，周强，蒋赟．中国省份多维贫困的动态测度：以中国健康与营养调查中的 9 省为例．贵州财经大学学报，2014（1）．

④ 王金营，李竞博．连片贫困地区农村家庭贫困测度及其致贫原因分析：以燕山—太行山和黑龙港地区为例．中国人口科学，2013（4）．曾志红．新扶贫标准下集中连片特困地区致贫因素分析：基于武陵山湖南片区 300 农户的调研．经济体制改革，2013（6）．

贫困程度比城市要严重得多。此外，农村和城市在贫困表现上也是不一样的：农村贫困主要集中于卫生设施、做饭的燃料来源、家庭成员的疾病负担和长期照料等方面，城市贫困主要集中于医疗健康保险、住房、教育负担等方面①。20世纪90年代以来，大规模的人口流动形成了除农村居民、城市居民之外的第三个群体——流动人口群体。这个群体的存在使得中国贫困出现了一些新的特征，具体表现为：收入低，劳动时间长，社会保险缺乏，特别是短期或非固定工作形式导致流动人口群体贫困发生率高，出现了“离土又离乡”的贫困人口②。

除了城乡差异巨大外，中国社会经济发展的另外一个特征就是区域差异巨大。区域差异是造成收入不平等和财产不平等的重要因素，据计算，省际差异对收入和财产不平等的贡献率达到了20%以上③。中国各省（自治区、直辖市）的贫困程度是不同的，根据《中国农村贫困监测报告2018》公布的各省（自治区、直辖市）贫困人口数据，贫困人口主要集中在西南、华南、华中地区，贫困人口规模超过200万人的省（自治区）包括甘肃、云南、贵州、四川、广西、湖南、河南，贫困人口合计达到1 741万人，占全国农村贫困人口总数的57.2%；贫困发生率较高的省（自治区）有新疆（9.9%）、甘肃（9.7%）、西藏（7.9%）、贵州（8.5%）、云南（7.5%），主要集中在西北与西南地区，而全国平均贫困发生率为3.1%；西藏、新疆虽然贫困人口的绝对规模不大，但贫困发生率居全国前列。

第二，根据可行能力理论分析中国贫困。收入低、健康状况较差、失业既是致贫原因，也是贫困表现出来的特点。中国贫困综合表现为生存、住房、教育、健康等一些基本可行能力的不足、缺乏和被剥夺。

收入低是城乡贫困家庭共同的特征，是致贫的直接原因。在城市地区，家庭完全依靠非农就业收入维持生计，并且衣、食、住、行各类生活必需品都需要从市场购买；收入低会直接影响城市家庭对各类生活必需品的购买和使用，影响其生活质量。针对中国西部地区3个城市的数据分析表明，不仅贫困家庭青年的就业机会少（相当于非贫困家庭同龄人的22%），而且其平均小时工资也只相当于非贫困家庭同龄人的45%④。农村家庭多依靠单一型收入来源，即农业收入，而农产品受到自然条件和市场环境的影响非常大，如果遇上天灾，就会对农村家庭造成致命性的打击。而且，农村的社会保障覆盖面和覆盖率都较低，最基本的保险——医疗保险和养老保险对农村家庭所起的保障作用有限。特别是农村老年

---

① 高艳云．中国城乡多维贫困的测度及比较．统计研究，2012（11）．

② 朱晓，段成荣．“生存-发展-风险”视角下离土又离乡农民工贫困状况研究．人口研究，2016（3）．

③ XIE Y，JIN Y. Household wealth in China. Chinese sociological review，2015（3）. XIE Y，ZHOU X. Income inequality in today's China. Proceedings of the national academy of sciences，2014（111）．

④ 高梦滔．城市贫困家庭青年就业与收入的实证研究：基于西部三个城市的微观数据．管理世界，2016（6）．

人，因其没有能力直接参与经济生产活动，收入水平降低，生活稳定性大大降低，所以更容易陷入贫困[①]。另外一个值得关注的群体是农村的“光棍”群体，这个群体因资本禀赋较低和家庭条件不佳等多方面的原因，未能娶妻生子；进入老年以后，他们的收入来源渠道变得更窄，生活无人照料，更可能陷入贫困状态。整体而言，农村家庭的抗风险能力差，更容易陷入贫困。

健康状况较差是家庭致贫的一个重要原因。若家中主要劳动力身体健康状况出现问题，最先直接影响到就业，最终会反映在收入上，即失去一个重要的收入来源；如果生的是大病，那么不仅医药费开销大，而且会影响家庭主要成员的劳动参与，对一个家庭的经济可能带来毁灭性的打击。特别是对医疗保障体系并不完善的农村和城镇中被排除在保障体制外的家庭来说，一旦遇到灾难性疾病，家庭就会陷入贫困。一项针对西部农村地区 50 个贫困县 186 个贫困村的调查表明，因病致贫率达到 65.4%，这些疾病既可能是突发性的重大疾病（如癌症、白血病、尿毒症等），也可能是长期慢性病（如糖尿病、高血压）[②]。可见，疾病增加了家庭的脆弱性，提高了家庭面临的经济风险。除此之外，因为社会保险缺位，农民工也成为一个脆弱的群体。

因失业致贫主要发生在城镇地区。中国城镇的失业性贫困是自 20 世纪 90 年代中期出现的社会现象。当时，伴随着国家产业结构调整和市场转轨，出现了竞争性失业现象，同时因国企改革，出现了一批下岗人员[③]。城镇人口失业和半失业导致一些家庭陷入贫困。根据研究者估算，2012 年中国城镇人口失业率为 4.4%～9.2%，16～59 岁的城镇失业人口规模为 1 500 万～3 160 万[④]。规模庞大的失业人口也是贫困高风险人口。近些年，“大学生就业难”和“民工荒”同时出现[⑤]，催生出两个新的贫困群体——贫困大学生和贫困农民工。由于找工作难、工作不稳定和隐形失业问题，加上城市地区房价飙升，大学生贫困化催生出一个新的群体——“蚁族”，他们生活在城乡接合部等一些环境非常差的地区。而受金融危机的影响，农民工失业也非常普遍，有些滞留在城市的农民工，缺乏就业机会，失去生活来源，从而陷入贫困[⑥]。

第三，在结构性因素和个体因素的共同作用下，贫困可能形成亚文化，并具有代际传递性。依据代际地位传递理论[⑦]，贫困也具有较强的代际传递性，即家庭贫困状态以及导致贫困的相关条件和因素，会在家庭内部由父母传递给子女，使子女在成年后重复父母的境遇——继承父母的贫困和不利因素并将贫困和不利因素再次传递给后代，亦即在一定的社区或阶层范围内，贫困以及导致贫困的相

① 乐章，刘二鹏．家庭禀赋、社会福利与农村老年贫困研究．农业经济问题，2016（8）．
② 汪辉平，王增涛，马鹏程．农村地区因病致贫情况分析与思考．经济学家，2016（10）．
③ 佟新．城镇失业性贫困及家庭生存战略．学海，2009（1）．
④ 张晓波，张春泥，谢宇．贫困与失业//中国民生发展报告．北京：北京大学出版社，2014.
⑤ 翟振武，杨凡．民工荒：是刘易斯拐点还是伊斯特林人口波谷．经济理论与经济管理，2011（8）.
⑥ 同④.
⑦ BLAU P，DUNCAN P O. The American occupational structure. New York：Wiley，1967.

关条件和因素在代与代之间延续，使后代重复前代的贫困境遇，是对贫困的复制和重复[①]。出生、成长在贫困家庭中，儿童得不到与非贫困家庭中的同龄人同等的经济资源、健康资源和教育机会，以致成年后在就业市场中处于劣势，再次陷入贫困。我国落后农村地区的贫困家庭、城市的失业家庭中有很多就处于贫困的恶性循环状态。

三、中国的反贫困实践

中国的反贫困实践并不是改革开放以后才有的，而是从新中国成立时就开始了。新中国成立以来，中国的扶贫减贫工作大致分为五个阶段：初期探索性的扶贫开发（新中国成立后至1978年以前）、体制改革主导的扶贫开发（1978—1985年）、解决温饱的扶贫开发（1986—2000年）、巩固温饱的扶贫开发（2001—2010年）和全面小康的扶贫开发（2011年至今）[②]。在这70多年间，中国的扶贫减贫工作在思路和策略上实现了质的飞越，不仅在实践上不断创新，开辟了一条有中国特色的扶贫道路，而且拓展了已有的贫困理论，实现了理论上的升华。

从新中国成立到改革开放这段时间，中国的扶贫政策大体沿着三个方向进行：一是在城市建立社会救济制度；二是在农村以户为单位，给“五保户”和贫困户发放救济生产资料、扶贫贷款，随后在人民公社运动开启后，国家的扶贫重点又转移到了穷社和穷队；三是以村为单位，通过发展生产，进行生产性扶贫。除了直接进行扶贫外，国家还实行了一系列的社会减贫政策，比如改革经济制度、进行基础设施（比如道路、大型农田水利）建设、发展基础教育和医疗卫生事业。[③]

自改革开放以来，中国的社会经济发展惠及了越来越多的人群。在1978—1985年的改革开放初期，农民普遍贫困，当时国家主要通过农村制度改革，比如实行家庭联产承包责任制、提高农产品收购价格和改革农产品流动体制等，推动农业发展，帮助农村人口摆脱贫困[④]。在这一阶段，中国的绝对贫困人口数量快速下降，从2.5亿降至1.25亿，总量减少了一半，年均减少约1 786万；相应地，贫困发生率也降至14.8%[⑤]。

自1986年起，政府逐渐建立起制度性扶贫机制，建立了以贫困县为对象的目标瞄准机制，有计划地进行农村扶贫开发。国务院贫困地区经济开发领导小组

① 王爱君，肖晓荣．家庭贫困与增长：基于代际传递的视角．中南财经政法大学学报，2009（4）．

② 汪三贵，殷浩栋，王瑜．中国扶贫开发的实践、挑战与政策展望．华南师范大学学报（社会科学版），2017（4）．

③ 杨菊华．新中国70年减贫事业的世界意义∥任远．历史的经验：中国人口发展报告（1949—2018）．北京：经济管理出版社，2019.

④ 汪三贵．中国40年大规模减贫：推动力量与制度基础．中国人民大学学报，2018（6）．

⑤ 国家统计局．2018中国统计年鉴．北京：中国统计出版社，2018.

(1993年改称为国务院扶贫开发领导小组）组建成立，各级政府也成立了相应的组织机构，专门负责开展扶贫开发相关工作①。1994年，国务院出台《国家八七扶贫攻坚计划》，作为扶贫的纲领性文件，明确了国家开发式扶贫战略，确立了以贫困县为主的区域瞄准机制和东西部扶贫协作、定点扶贫的机制。到2000年，中国农村的绝对贫困人口降至3 209万，贫困发生率降至3.5%②，两亿多农村贫困人口的温饱问题得以解决，“八七扶贫攻坚计划”的目标基本达成。

2001—2010年，在“八七扶贫攻坚计划”的基础上，中国出台了首个扶贫规划《中国农村扶贫开发纲要（2001—2010年）》，将以贫困县为主的瞄准机制转换为以贫困村为主的瞄准机制，瞄准对象进一步下移，扶贫的精准度不断提高③。并且，随着社会经济发展，国家的贫困线标准也得到了调整。尽管贫困线逐年上调，但21世纪的前10年，中国农村绝对贫困人口数量及贫困发生率持续下降——根据“2008年标准”，分别降至2 688万人和2.8%——巩固温饱的目标基本实现。

2011年以来是全面小康的扶贫开发阶段。为实现2020年全面建成小康社会的战略目标，国家采取了更有力的扶贫举措推动脱贫攻坚。2011年，国务院出台《中国农村扶贫开发纲要（2011—2020年）》，结合“两不愁、三保障”（即不愁吃、不愁穿，义务教育、基本医疗、住房安全有保障）的扶贫发展目标，国家再度上调贫困基准，农村家庭人均年纯收入2 300元成为新的贫困临界值。2013年，党中央、国务院提出精准扶贫、精准脱贫的基本方略，确保到2020年我国现行标准下“农村贫困人口实现脱贫，贫困县全部摘帽，解决区域性整体贫困”，消除绝对贫困。自2014年起，国家将每年的10月17日定为“扶贫日”，这既充分体现了政府对扶贫工作的高度重视，也是继续向贫困宣战的一个重要举措。中共十九大将脱贫攻坚作为全面建成小康社会必须打赢的三大攻坚战之一。2018年国务院政府工作报告指出，要加大精准脱贫力度。其中关于脱贫攻坚战提出的具体目标是：“今年再减少农村贫困人口1 000万以上，完成易地扶贫搬迁280万人。深入推进产业、教育、健康、生态扶贫，补齐基础设施和公共服务短板，激发脱贫内生动力。强化对深度贫困地区支持，中央财政新增扶贫投入及有关转移支付向深度贫困地区倾斜。”④ 到2018年，中国农村贫困人口仅剩1 660万，贫困发生率仅为1.7%。

总之，中国的扶贫走出了一条不同于其他国家的特色道路，中国的扶贫实践不仅为全球的减贫事业做出了重大贡献，也为世界其他国家树立了很好的典范，中国扶贫在实践中的创新对其他国家具有很好的启示和借鉴意义。同时，中国的扶贫特色实践也为反贫困理论的建立和拓展提供了一个典型的案例。

---

① 汪三贵．中国40年大规模减贫：推动力量与制度基础．中国人民大学学报，2018（6）．

② 国家统计局．2018中国统计年鉴．北京：中国统计出版社，2018.

③ 同①.

④ 2018年政府工作报告．（2018-03-22）［2019-11-10］．http：//www.xinhuanet.com/politics/2018lh/2018-03/22/c_1122575588.htm.

本章小结

贫困是与人类社会共生的社会现象与社会问题；人类对贫困的认识随着时代的发展而不断丰富，从最初的食不果腹、衣不蔽体、住不避风寒等绝对的物质贫困，到当下包括物质、社会、健康、精神等多方面的贫困，贫困的内涵在不断拓展。正是在这一次次拓展的背后，透视出的是人类物质生活水平的不断改善，社会生活的日渐丰富。本章从贫困的概念切入，对贫困概念的历史演变进行了梳理，系统介绍了贫困的度量和贫困的主要领域。在此基础上，从经济学、社会学、发展学、政治学等视角出发，阐述了贫困发生的原因。传统的经济学主要从个体禀赋出发，来探究致贫原因；发展经济学更强调个体能力的剥夺；社会学多从结构要素视域，探寻贫困背后的要素，认为机会、资源等的被剥夺、被排斥，是导致部分人群贫困的要因；发展学重视人的可行性能力，认为贫困的原因在于个体或家庭的基本可行能力不足；政治学则从生产力、生产关系、阶级剥削和压迫的角度来阐释贫困的发生，认为贫困的表象是财富分配不均，故贫困不是个人的问题，而是社会制度的问题。这些互补的视角为全方位了解贫困提供了互补的思路。人类社会的发展史，就是一部与贫困做斗争的历史，是一部努力追求过上好日子的历史。在过去几十年中，国际社会和中国都为此做出了巨大努力，取得了巨大的成就；中国在脱贫、减贫方面取得的成就更是举世瞩目，既为中国在2020年全面建成小康社会奠定了基础，也为全球贫困人口的脱贫事业做出了巨大的贡献。在后小康社会，中国的反贫困工作将在一个更高的起点、更广的面向上进行。

关键术语

贫困、精神贫困、时间贫困、数字贫困、隐性贫困、多维贫困指数、贫困率、绝对贫困、相对贫困

思考题

1. 简述贫困的相关理论。
2. 简述世界反贫困实践。
3. 简述中国的贫困发生率变动情况。
4. 简述中国的反贫困实践。

拓展阅读书目

1. 森．贫困与饥荒：论权利与剥夺．北京：商务印书馆，2001.

2. 森．以自由看待发展．北京：中国人民大学出版社，2002.

3. 国家统计局住户调查办公室．中国农村贫困监测报告2018. 北京：中国统计出版社，2018.

4. 世界银行．2000/2001年世界发展报告：与贫困作斗争．上海：中国财政经济出版社，2011.

5. 王小林．贫困测量：理论与方法．北京：社会科学文献出版社，2012.

6. 杨菊华．新中国70年减贫事业的世界意义//任远．历史的经验：中国人口发展报告（1949—2018）．北京：经济管理出版社，2019.

7. 杨菊华，刘轶锋，王苏苏．贫困的识别与测量：从单维到多维的变化．扬州大学学报（人文社会科学版），2019（5）．

8. 杨菊华．后小康社会的贫困：领域、属性与未来展望．国家行政学院学报，2019（6）．

9. SEN A. A decade of human development. Journal of human development，2000（1）．

10. SEN A. Capabilities，lists，and public reason：continuing the conversation. Feminist economics，2004（10）．

11. SEN A. Elements of a theory of human rights. Philosophy and public affairs，2004（32）．

12. ALKIRE S，SANTOS M. Acute multidimensional poverty：a new index for developing countries. United nations development programme human development report office background paper ，2010（11）．

第十一章 人力资本与人口质量

人口是数量和质量统一的社会群体，人口质量既是社会进步的基础、手段和力量，又是社会进步的结果、目的和表现。整个人口的质量水平，体现着社会生产力发展的水平及精神文明发达的程度。①

——吕荣侃、蔡恒秀

在知识经济时代，不仅人力资本成为国家重要的战略资源，人口质量也构成增强国家核心竞争力的重要因素，“控制人口数量，提高人口质量”既是中国计划生育政策的基本目标，也是很多其他发展中国家和地区所追求的目标。二者是人口与经济社会发展研究中最基础且最本质的问题，联系十分紧密。本章的主要内容如下：首先界定人力资本、人口质量的概念内涵、测量指标；其次描述相关理论的演进；再次分析两者的影响因素以及作用后果；最后介绍当下国内外人力资本投资状况及人口质量的基本情况。

第一节 人力资本与人口质量概念内涵及测量指标

一、人力资本的概念内涵、类型与特征

资本包括物质资本与人力资本，二者既都具有资本的属性，又具有异质性。物质资本体现在物质产品上，人力资本体现在劳动者身上。尽管两类资本都可推动经济发展，但舒尔茨认为，劳动者身上的这种能力是生产增长诸多因素中的主要因素。

① 吕荣侃，蔡恒秀．人口科学教程．北京：人民教育出版社，1991：50.

（一）概念内涵

人力资本（human capital）是体现在劳动者身上，通过投资开发所形成的人的各种能力的总和。关于这一概念，可以从微观和宏观两个角度来理解。从微观角度来讲，人力资本是指人的素质和能力，即通过对人的教育、培训、实践经验、迁移、保健等方面的投资而获得的知识、技能、健康等的积累。[①] 从宏观角度来讲，人力资本是指存在于一个国家或地区的人口群体每一个体之中，后天获得的具有经济价值的知识、技术、能力及健康等质量因素之整合[②]。

人力资本的定义，具有以下几个方面的重要内容：

其一，人力资本不是指个体或人口群体本身，而是指个体或人口群体所拥有的知识、技术、能力和健康等。

其二，人力资本与其他资本一样，是获取经济收益所凭借的一种手段[③]。它是一种具有经济价值的生产能力，能为投资者的现在和未来带来一定量的收入流[④]。

其三，人力资本并非生而有之，而需要通过后天的投资开发而成。虽然其形成及效能的发挥受到某些先天因素的影响，但这种影响在人力资本的概念中，就如同土地及其他自然资源在资本理论中一样，被视为一种级差地租。[⑤]

其四，人力资本表现为一种劳动能力，它与非人力资本一样，也可以成为商品，进行交易和买卖[⑥]。

其五，人力资本相对于物质、货币等有形硬性资本来讲，因其特有的创新性和创造性而具有更大的增值空间。合理地对人力资本进行投资，对经济增长和社会发展都具有很大的促进作用。

（二）人力资本的类型与特征

1. 人力资本的类型

人力资本以各种不同的形式存在于个体之中，发挥着相应的功能，体现着相应的价值。一般来讲，人力资本可划分为以下三种类型：

其一，体能和身体素质，即健康资本，表现为体力、耐力、健康状况及寿命等[⑦]。健康资本可以通过医疗、保健、膳食营养、体能锻炼及休闲娱乐等方式获得。

其二，教育和技能素质，即知识技术资本，表现为受教育水平、操作技能、认知能力、创新能力[⑧]、工作阅历与经验等。技术与知识资本主要通过学习、培

---

① 刘树成．现代经济辞典．南京：凤凰出版社，2005：849.

② 李建民．人力资本通论．上海：上海三联出版社，1999：42.

③ 同②43.

④ 刘雪飞．循环经济学．北京：中国大地出版社，2009：157.

⑤ 颜爱民，方勤敏．人力资源管理．北京：北京大学出版社，2011：50.

⑥ 同④.

⑦ 高素英．人力资本与经济可持续发展．北京：中国经济出版社，2010：5.

⑧ 同⑦.

训、“干中学”等途径获得。

其三，道德素质，即素质资本，表现为道德修养、意志品格、生活态度等。素质资本可以通过学习、内省、律己、生活积累等方式获得。

本章主要关注健康和知识技术两种资本。

2. 人力资本的特征

关于人力资本的特征，主要有“三性论”（依附性、可变性和私有性）、“四性论”（依附性、难测性、专用性和协作性）、“五性论”（专属性、专用性、无形性、综合性和动态性；私有性、主动性、专用性、群体性和不可分割性）、“六性论”（生物性、时效性、智力性、能动性、多功能性和可持续性）等不同认知。[①]综合各家观点，人力资本具有以下特征：

其一，依附性。依附性是指人力资本与载体的不可分离性以及由此派生的人力资本所有权的不可转让与不可直接继承性。[②]具体表现在两个方面：一是对人身的依附，人力资本的载体是人，人力资本与其所有者不可分离。二是对物质资本的依附，人力资本只有与物质资本相结合，才能在劳动过程中发挥作用及实现价值。[③]

其二，私有性。人力资本的所有者为个人，其既不能公有，也不能共有。在人力资本的使用权方面，个人只能让渡部分使用权，无法让渡全部使用权。

其三，能动性。人是所有生产要素中最活跃、最积极，也最善变的因素，其目的性、革命性和主观能动性在实现各种资本的有机配合、人与自然的动态协调发展中处于主导地位。[④] 因此，作为人力资本的载体，个体或群体必然会不断提高人力资本水平。

其四，收益递增性。人力资本不仅能够弱化或消除其他资本投入要素的收益递减状态，而且对经济增长呈现出收益递增的特性。[⑤] 具体而言，人力资本的收益递增主要源于以下几个方面：一是人力资本存量的增加，可以提高劳动生产率；二是人力资本积累的外部效应会导致全社会平均人力资本的提高，从而增加整个社会的劳动供给及财富总量；三是人力资本水平的提高有利于合理配置社会资源，节约交易成本，增加社会财富总量[⑥]。

其五，积累性。人力资本的形成过程是一个不断学习和实践的过程，是知识、技能、德行等各种能力不断累积的过程。知识的获取与不断更新，技能的获得与不断提升，工作经验、资历等的不断增长，都需要长时期的累积。

其六，变动性。人力资本不像物质资本那样，一经形成就会在一段时间之

① 付泳，郭龙．人力资本理论问题论析．北京：中国文史出版社，2005：66－67.

② 高素英．人力资本与经济可持续发展．北京：中国经济出版社，2010：5.

③ 郭永宏．技术变迁与人力资本结构再造理论分析．北京：中国财政经济出版社，2009：42.

④ 同②10.

⑤ 同①67.

⑥ 黄金辉，等．中国西部农村人力资本投资与农民增收问题研究．成都：西南财经大学出版社，2005：17. 高素英．人力资本与经济可持续发展．北京：中国经济出版社，2010：5.

内保持相对稳定。[①] 它受经济、社会、文化环境等因素的影响较大。随着科技发展和社会进步，人力资本的存量、增量及构成要素的价值都处于不断变动中。[②]

其七，时效性。人力资本的形成、开发和利用存在一定的期限，生产力的不断进步和人自身时间、精力的有限性，使得人力资本如果不能得到及时有效的开发和利用，就将随岁月的流逝而降低或丧失价值。[③]

二、人口质量的概念内涵

人口质量是与人口数量相对的一个概念，用以表明人口各方面素质的综合发展水平。从这个意义上来讲，人们常常将人口质量和人口素质这两个概念相互代用，认为二者并无本质区别。然而，也有一种观点认为，从逻辑分层的角度来看，人口素质是人口某一特征或标志的概括，如科学文化素质、身体素质、思想道德素质等，它们的总和构成人口质量。因此，人口质量的含义较人口素质更为广泛，两者应该区别使用。

人口质量是指在一定历史条件及社会环境下，人口群体所具有的认识和改造世界的条件和能力。关于人口质量这一概念，可从微观与宏观两个角度来理解。从微观上来讲，人口质量是指个体认识和改造世界的条件和能力。从宏观上来讲，人口质量是一个国家或地区人口群体综合地认识和改造世界的条件和能力。

无论是微观层面还是宏观层面的人口质量，都具有静态和动态两种不同的呈现形式。静态的人口质量有潜力、储力、显力三种方式，它们相依互长，并以统一的有机构成共同体现个体或总体人口质量的实际水平；同时，人的社会性本质使人口质量以动态表现贯穿于个体生命的始终或社会进程的全过程。其具体表现形态有三种：人力积累（自我发展的依据）、人力消耗（个人能力的显示）和人的活动（社会功能的发挥）。

人口作为社会生活的主体，有多方面的质的规定性，从不同的角度考察，其质的规定性也有不同内容[④]。关于人口质量的内涵与外延，有“三要素论”和“二要素论”之争。“三要素论”认为，人口质量包括人口的身体素质、科学文化素质及思想道德素质三个方面。身体素质包括遗传和健康两个方面，是人口质量的自然条件和基础；科学文化素质是人口质量的社会性物质基础；思想道德素质是人口质量的社会性精神基础。“二要素论”则认为，人口质量由身体素质和科学文化素质组成，思想道德素质不应被包括进去。这是因为，思想道德素质缺乏统一的衡量尺度，难以进行国际比较，即使是人类所必须遵循的道德规范，也很

---

① 黄金辉，等．中国西部农村人力资本投资与农民增收问题研究．成都：西南财经大学出版社，2005：17.

② 付泳，郭龙．人力资本理论问题论析．北京：中国文史出版社，2005：66.

③ 同②.

④ 马国泉，张品兴，高聚成．新时期新名词大辞典．北京：中国广播电视出版社，1992：387－388.

难进行指标分类和量化。①

三、人口质量的测量指标

人口质量是一个复杂的综合概念，既有单个的测量指标，也有为便于进行国家之间人口质量的比较而形成的综合测量指标。

（一）单个人口质量测量指标

平均预期寿命和长寿水平、残疾人口所占比例、青少年身体发育指标、教育水平指标等都属于单个人口质量测量指标。

1. 平均预期寿命和长寿水平

平均预期寿命和长寿水平均是反映人口健康水平的重要指标，同时，它们也能反映一个国家或地区的经济发展水平和卫生医疗保健状况。

平均预期寿命是指在一定年龄组的死亡率水平下，该年龄组的一批人从出生到死亡平均可能存活的年（岁）数。通常所说的平均期望寿命是指刚出生的一批人平均一生可能存活的年数。长寿水平是指平均每100位60岁以上人口中，80岁以上人口所占的比例。

海南："世界长寿岛"

世界长寿地区

世界长寿地区认定标准分为以下三个方面。(1) 国际上对世界长寿地区认定标准：区域现存活百岁及以上老年人口占总人口的比例达到10万分之7.5以上；(2) 世界长寿地区的评价指标：共有九个基础指标，即百岁及以上老人在总人口中的占比、65岁及以上者中90岁及以上者占比、人口预期寿命、植被指数、空气质量指数、地表水质量指数、人口平均预期寿命、人口平均受教育年限、恩格尔系数；(3) 认证报告。

截至2013年年底，海南存活百岁老人1 944人，每10万人中有百岁老人21.46人，远远超过世界长寿地区7.5/10万的评定标准。2014年8月，国际人口老龄化长寿化专家委员会授予海南和韩国济州岛"世界长寿岛"匾牌和证书；2014年10月21日，中国老年学学会在北京公布，全国百岁老人最多的省份是海南。

解码"世界长寿岛"

中国的长寿老人普遍喜欢户外活动，喜欢与人沟通交往；他们生活的地区也普遍长寿文化厚重、经济发展适度。海南"长寿岛"，天蓝、地绿、水清、人们心情好，必不可少。

---

① 陈剑．人口素质概论．沈阳：辽宁人民出版社，1988：8．中国人口生活质量比较研究课题组．中国人口素质（生活质量）问题科学研讨会会议综述．人口与经济，1992（4）．

(1) 从古代“百岁坊”到今日“长寿岛”，海南的长寿文化源远流长。

(2) 海南四面环海，海洋空气较内陆污染少，空气中含有较多的人体必需的微量元素，有毒物质较少。热带季风气候带来温暖湿润的特性，也有利于空气的净化。

(3) 极高的森林覆盖率。森林覆盖率高，不仅有涵养水源的功效，也为清新空气提供了自然保障。空气中负离子含量多，也有利于提高人体免疫力。2013年年底，全岛森林覆盖率为61.9%，这里拥有亚洲至今保存最为完整的热带雨林。

(4) 寿星在生活习惯上有以下共同特征：一是心态平和，凡事顺其自然；二是饮食节制，粗茶淡饭；三是勤劳好动，终身劳作；四是家庭和睦，子女孝顺。

资料来源：光明．解码海南“世界长寿岛”：天蓝地绿水清是保障．海口晚报，2014-10-27.

2. 残疾人口所占比例

残疾人口是指因疾病或伤害造成身体缺损或生理功能障碍从而部分或全部丧失劳动能力和生活能力的人口①。残疾人口所占比例是指残疾人口在总人口中所占的比例，通常用百分数表示，反映了一个社会的人口遗传素质与保障水平。其计算公式为：

$$残疾人口所占比例=\frac{残疾人口}{总人口}\times 100\%$$

3. 青少年身体发育指标

青少年身体发育指标是指青少年人口每10年平均身高、体重的增长速度。它反映了人口的发育状况与营养水平。② 维尔威克指数是衡量青少年身体发育状况与营养水平的一个常用的测量指标。它反映了人体高度、围度、厚度和组织密度与心肺和呼吸机能之间的关系，是一个较好的体格、体质指数。③ 其计算公式为：

$$维尔威克指数=\frac{体重（公斤）+胸围（厘米）}{身高（厘米）}\times 100$$

4. 教育水平指标

教育水平指标又可细分为两大类：一是反映教育流量的指标，包括各级各类学校招生数、在校学生数、毕业生数、每万人口在校学生数等。二是反映教育存量的指标，包括每万人口中的大学教育程度的人口数、15岁以上人口中的文盲人口数、各年龄组人口的平均受教育年限、识字率等。其中，根据教育部审定的《教育统计工作规程》中对“平均受教育年限”的界定，教育是指接受普通小学、普通初中、职业初中、普通高中、职业高中、普通中专、技工学校、大学专科、

① 吴忠观．人口科学辞典．成都：西南财经大学出版社，1997：161.
② 张桂蓉．人口社会学．武汉：武汉大学出版社，2009：247.
③ 刘蔚华，陈远．方法大辞典．济南：山东人民出版社，1991：737.

大学本科、硕士和博士教育，不包括接受成人教育。

(二) 人口质量综合测量指标

1. 生命质量指数

生命质量指数（physical quality life index，PQLI），也称人口质量指数或人口素质指数。该指数是美国海外投资委员会于1975年提出，于1977年正式公布的，用以衡量一个国家人民的营养、卫生、保健、国民教育等方面的总体水平。

生命质量指数由婴儿死亡率、1岁预期寿命、成人识字率三个指标构成。计算时，把三个指标直接转换为指数，数值从0到100，0代表最低水平素质，100代表最高水平素质。该指数合成的方法为：

$$生命质量指数=\frac{婴儿死亡率指数+1岁预期寿命指数+成人识字率指数}{3}$$

（1）婴儿死亡率指数。

根据1950年以来的联合国统计记录，婴儿死亡率最高的是加蓬（229‰），以此作为指数的起点0；最低的是瑞典（8‰），估计到2000年降为7‰，以此作为指数中的100。在此基础上，以最高值（229）与最低值（7）之差除以100，得出换算系数为2.22，即婴儿死亡率每变动2.22个千分点，婴儿死亡率指数就变动1。其计算公式为：

$$婴儿死亡率指数=\frac{229‰-某国或某地区的婴儿死亡率}{2.22}$$

（2）1岁预期寿命指数。

据统计，自第二次世界大战以来，1岁预期寿命最低的是1950年的越南（38岁），以此作为指数的起点0；预期寿命上限预计为77岁，以此作为指数中的100。与婴儿死亡率指数的换算方法类似，得出换算系数为0.39，即1岁预期寿命每变动0.39岁，1岁预期寿命指数就变动1。其计算公式为：

$$1岁预期寿命指数=\frac{某国或某地区1岁预期寿命-38}{0.39}$$

（3）成人识字率指数。

成人识字率指数无须换算，直接使用某国或某地区15岁及以上成人识字率指标作为该指数值，即15岁及以上人口中识字人口所占的比重。

表11-1是生命质量指数得分的划分标准。

表11-1 生命质量指数

PQLI得分	等级	案例
<65	低等素质人口	非洲
65～80	中等素质人口	中国
>80	高等素质人口	东欧、南欧

资料来源：张桂蓉．人口社会学．武汉：武汉大学出版社，2009：248-249.

2. 美国社会卫生组织指数

美国社会卫生组织（American social heath association，ASHA）指数，主

要用来反映一个国家尤其是发展中国家的社会经济发展水平以及在满足人民基本需要方面所取得的成就。该指数包括：就业率、识字率、平均预期寿命指数、人均 GNP 增长率、人口出生率和婴儿死亡率六个项目。其计算公式为：

$$\text{ASHA 指数}=\frac{\text{就业率}\times\text{识字率}\times\text{平均预期寿命指数}\times\text{人均 GNP 增长率}}{\text{人口出生率}\times\text{婴儿死亡率}}$$

公式中除了平均寿命指数外，其余各项指标值均为实际的数值。该指数采用乘除法合成方式计算，即将正指标放在分子上连乘，逆指标放在分母上连乘。该组织对这六项指标分别规定了理想的目标值：就业率为 85%，识字率为 85%，平均预期寿命为 70 岁，人均 GNP 增长率为 3.5%，人口出生率为 25‰，婴儿死亡率为 50‰。[①]

3. 人类发展指数

人类发展指数是衡量世界各国或地区人类社会发展程度的统一尺度。该指数由预期寿命、成人识字率和人均 GDP 的对数三个指标构成。它们分别反映人的长寿水平、知识水平和生活水平。人类发展指数因在第九章“社会分层”中也有介绍，在此不再过多解释。

总的来讲，无论是生命质量指数、美国社会卫生组织指数还是人类发展指数，本质上反映的都是经济社会发展状况，而不仅仅是人口质量状况。[②]

（三）人口质量的间接测量指标

一个国家或地区的医疗卫生水平和保健的普及程度、人口食物构成和营养状况、人均住房面积、体育运动事业的普及程度、环境监测状况及污染指数等，能反映这个国家或地区为提高人口质量提供的社会条件，与人口质量的高低呈现正相关关系，故也被当成测量人口质量的间接指标[③]。但是，值得强调的是，它们是影响要素，而不是人口质量本身。

1. 医疗卫生水平和保健的普及程度

常用的衡量指标有：每万人口中医生数、床位数，人均卫生经费，卫生经费占国民收入的比重，等等。

2. 人口食物构成和营养状况

常用的衡量指标有：每人每天摄取的热量、蛋白质供应量或每年人均消耗指数，如年人均食用肉类、奶类、豆类指标，人均占有粮食数量和卫生用水状况。

3. 人均住房面积

人均住房面积是反映居民生活水平的一项重要指标。这一指标又可细分为人均建筑面积、人均使用面积和人均居住面积。

4. 体育运动事业的普及程度

体育运动事业的普及程度是指促进身体正常发育和充分发展身体机能的各种

---

① 袁方．社会指标与社会发展评价．北京：中国劳动出版社，1995：196.

② 钟水映，简新华．人口、资源与环境经济学．北京：科学出版社，2007：103.

③ 钟庆才．人口科学新编．汕头：汕头大学出版社，2009：400.

锻炼方法和活动的发展状况。

5. 环境监测状况及污染指数

自然环境既是人口再生产的物质基础，也是影响人口质量较为重要的因素。环境监测状况及污染指数（环境污染程度或环境质量等级）等可较好地反映人类生活环境的好坏。

除以上指标外，教育经费在国民收入中所占比重，师生比，图书、报刊出版发行量，广播、电视覆盖率，等等，也是间接测量人口质量的指标。

第二节 人力资本理论演进

一、早期的人力资本与人口质量思想

人口质量的思想起源很早，但在20世纪50年代以前，学者并未明确区分人力资本与人口质量（人口素质）。

（一）柏拉图、亚里士多德的人口质量思想

古希腊时期的柏拉图、亚里士多德是最早关注人口质量的学者，他们主要从与城邦发展之间的关系来论述人口质量。柏拉图论述了教育和训练的经济价值及通过基础教育来发展人的先天能力的思想。他还指出，婚姻的目的是为城邦国家生育强壮、健康的儿童；而为了保证最高质量的人口，最好的男人必须尽可能与最好的女人结合在一起，反之，最坏的男人与最坏的女人要尽量少地结合在一起；最好者的下一代必须培养，最坏者的下一代则不予养育。[①] 同样，亚里士多德也十分重视人口质量，提倡优-优结合，优生、优育、优教，建议全城邦接受统一的标准化教育以提高人口质量。

（二）古典政治经济学派的人力资本思想

英国古典政治经济学派的创始人之一配第最早提出并论证了劳动决定价值的思想，并提出了“土地是财富之母，劳动是财富之父”的说法。他充分肯定了人的经济价值，将劳动力看成是社会发展的支柱，认为正是劳动者的素质不同，使得他们的劳动能力有所不同。这在一定程度上与后来所说的人力资本的提高会提升劳动者所创造的经济价值的思想相似，但此时该思想还处于萌芽状态，并未得到系统有效的论证。此外，他在《政治算术》一书中采用“生产成本法”计算了

---

① 柏拉图．理想国．北京：商务印书馆，2002：193.

英国人口的货币价值，以此来分析英国的国家实力以及战争、瘟疫造成的人口死亡和迁出带来的损失。

古典政治经济学的鼻祖斯密被认为是较为系统地论述了人力资本思想的第一人，他明确提出了人的劳动能力与水平会受劳动技巧熟练程度和判断能力强弱的制约，而劳动技巧的熟练程度要经过教育培训才能提高。他认为，经济增长主要表现在社会财富或国民财富的增长上，这一要靠因专业分工而提高的劳动生产率，二要靠劳动者数量的增加和质量的提高。换言之，他将劳动力看作经济进步的主要力量，认为国民后天取得的有用能力都是资本的一部分。他在对人力资本的价值确定、利益分配的论述中指出："如果某种劳动需要非凡的技巧和智能，那么为尊重具有这种技能的人，对于他的生产物自然要给予较高的价值。"① 同时，他还倡导教育，认为"学习是一种才能，须受教育、须进学校、须做学徒，所费不少，这样费去的资本，好像已经实现并且固定在学习者的身上。这些才能，对于他个人自然是财产的一部分，对于他所属的社会，也是财产的一部分。工人增进的熟练程度，可以和便利劳动、节省劳动的机器和工具同样看作社会上的固定资本。学习的时候，固然要花一大笔费用，但这种费用，可以得到偿还，赚取利润"②。

（三）庸俗经济学派的人力资本思想

19 世纪上半期，为反对日益发展的工人运动和空想社会主义学说，资产阶级庸俗经济学开始产生和发展。法国的萨伊（Jean Say，1767—1832）、英国的穆勒（John Mill，1806—1873）和德国的李斯特（Friedrich List，1789—1846）是庸俗经济学的代表人物，他们在从不同角度将古典政治经济学"庸俗化"的同时，也涉及人力资本的相关问题。

萨伊在其《政治经济学概论》一书中阐述了人力资本思想。他把劳动力看作一种资本，认为"人不是一生下来就有足够的身长和足够的力气来搞甚至最简单的劳动的，他要到大约 15 岁或 20 岁才取得这种能力，因此，可把这种能力看作一项资本，这项资本由每年用以教养他的款项累积形成"③。同时，他还将人力资本划分为三种类型：(1) 普通劳动者的一般性人力资本；(2) 专业技术人员的专业化人力资本；(3) 经营管理者（企业家）的创新性人力资本。

穆勒在《政治经济学原理》一书中，对人力资本的形成、生产、投资和收益问题进行了阐述。他认为，人们获得的能力应当与机器、工具一样被视为国民财富的一部分，教育支出会带来更大的国民财富，人们所掌握的技能与知识都会对劳动生产率产生重要影响。同时，穆勒还论述了家庭、医疗卫生在人力资本获得中的重要作用。

---

① 斯密．国民财富的性质和原因的研究：上卷．北京：商务印书馆，1972：42.

② 同①257-258.

③ 萨伊．政治经济学概论．北京：商务印书馆，1997：368-369.

李斯特在《政治经济学的国民体系》一书中，从狭义和广义两个方面阐述了“精神资本”的概念。从狭义上来讲，精神资本是指个人所固有的或个人从社会和政治环境中所获得的精神力量和体力。从广义上来讲，精神资本不仅包括凝结在个人身上的精神力量，而且包括文化、艺术、政治状况和制度等所有外化了的精神存量，而精神存量及教育对国家生产力具有决定性作用。

（四）新古典学派的人力资本思想

法国的瓦尔拉斯（Leon Walras，1834—1910）、英国的马歇尔（Alfred Marshall，1842—1924）等新古典学派的代表人物也都对人力资本进行了阐述。

瓦尔拉斯在《纯粹经济学要义》一书中，将人力资本等同于人本身，提出“人同土地一样是自然资本，但是可灭的，就是说，由于使用或不测事故是可以毁灭的。他们过去了，但是通过代代相传，他们又出生了。因此，人口的数目决不是固定不变的，而是在某些情况下可以无限制地增加的”①。同时，瓦尔拉斯还对人力资本的工具性或手段性以及人本身的伦理性进行了清楚的界定与区分。

马歇尔在《经济学原理》一书中，对人力资本的形成和投资问题进行了详细的研究和阐述。他将人看作生产的主要因素和手段，认为投资在人身上的资本是一切资本中最有价值的。他将人的能力分为通用能力和特殊能力两种。通用能力指决策能力、责任力、通用的知识与智力。特殊能力指劳动者的体力与熟练程度。同时，马歇尔还强调了人力资本投资的长期性以及政府、家庭在人力资本投资中的作用。

二、人力资本理论的形成与发展

二战后，尤其是20世纪50年代到60年代这一时期，随着科学技术的迅猛发展，产业结构和劳动力结构发生了巨大变化，人的因素在经济发展中的作用也越来越重要，人力资本理论应运而生②。

（一）人力资本理论的形成

美国经济学家明塞尔（Jacob Mincer，1922—2006）对于人力资本理论的研究较为突出。他在《人力资本投资与个人收入分配》一文中，首次建立了个人收入与其接受培训量之间关系的经济学数学模型。同时，人力资本理论已经逐渐融入主流经济学，舒尔茨和贝克尔是其中最有名的代表人物。

1. 舒尔茨的人力资本理论

舒尔茨是人力资本理论研究的先驱，被誉为人力资本理论的鼻祖。1960年，

---

① 瓦尔拉斯．纯粹经济学要义或社会财富理论．北京：商务印书馆，1989：218.

② 高艳．企业人力资本经营研究．北京：中国经济出版社，2011：20.

他在美国经济协会的年会上做了题为《人力资本投资》的演说，明确提出了人力资本的概念，并在此后的一系列著作中进一步完善了人力资本理论。他认为，人力资本是当今时代促进国民经济增长的主要原因，人口质量和知识投资在很大程度上决定了人类的前景。

舒尔茨对人力资本理论的主要贡献可归纳为以下几点：

其一，明确提出了人力资本的概念，将人力资本定义为通过对人的投资而形成的凝结在劳动者身上的知识、技能及其所表现出来的劳动能力。他在《教育的经济价值》《人力资本投资：教育和研究的作用》《人力资本投资：人口质量经济学》等系列著作中，对人力资本理论进行了系统阐述，推动了人力资本理论的形成与进一步发展完善。

其二，论证了人力资本投资、积累推动社会经济增长的主要观点。他通过将人力资本投资应用于经济增长的研究，发现人力资本对 1929—1957 年间美国经济增长有着巨大的推动作用，贡献率高达 33.3%，与其他类型的投资相比，人力资本投资回报率很高。①

其三，区分了五种类型的人力资本投资：(1) 医疗和保健，包括影响一个人的寿命、力量强度、耐久力、精力和生命力的所有费用；(2) 在职培训，包括企业所采用的旧式学徒制；(3) 教育，包括正式建立起来的初等、中等和高等教育；(4) 成人学习，即不是由企业组织的那种为成年人举办的学习项目，包括那种多见于农业的技术推广项目；(5) 就业迁移，即个人和家庭适应于变换就业机会的迁移②。同时，舒尔茨还对各种资本的构成、计算方法和问题等进行了大量的理论研究与实证考察。

其四，关注了人力资本与制度变迁之间的互动关系，注意到了利用包括人力资本在内的广义资本概念分析研究企业制度安排的重要意义③。

2. 贝克尔的人力资本理论

贝克尔与舒尔茨一样，同为人力资本理论研究的先驱，他的《人力资本》一书被认为是“经济思想中人力资本投资革命的起点”。

贝克尔对人力资本理论的主要贡献有以下几点：

其一，确立了微观人力资本理论，并为该理论提供了坚实的微观经济分析基础，这是贝克尔对人力资本理论的最大贡献。同时，他将经济理论扩展到对人类行为的研究，且成就斐然。

其二，首创成本—收益分析方法，对人力资本投资进行分析。在人力资本投资成本的核算中，贝克尔引入了“放弃收入”的概念与时间因素。“放弃收入”是指人在接受教育期间不能就业而放弃的收入。时间因素则将时间视作一种稀缺的资源，强调时间的价值与生产力。

---

① SCHULTZ T. Investment in human capital. The American economic review，1961 (51) .

② 舒尔茨．论人力资本投资．北京：北京经济学院出版社，1990：10.

③ 郭龙，付泳．人力资本理论问题研究．成都：电子科技大学出版社，2014：21.

其三，首次用传统的微观均衡分析方法建立了人力资本投资均衡模型[①]。在贝克尔的论述中，人力资本投资的均衡条件为："人力资本投资的边际成本的当前价值等于未来收益的当前价值。"[②] 由于人力资本投资与收入之间的关系会随着年龄的增长而变化，即年轻时，人力资本投资增长快，收入也相应有较快增长，随着年龄的增长，人们继续工作的时间有限，投资获得的收益可能不足以抵消人力资本的折旧，收入可能会下降，因此，从经济收益来讲，人们应当在年轻时加强人力资本投资。

其四，提出了孩子的数量与质量替代理论。贝克尔从微观经济学的角度，采用成本-效益的分析方法对家庭的生育行为进行了分析，相关内容请参见第三章第四节。

其五，认为用于教育、在职培训、保健、迁移以及收集价格与收入信息等实际活动的支出都是人力投资。其中，贝克尔对正规学校教育和在职培训在人力资本形成中的地位和作用、教育和培训投资的收入效应和收益率计量以及人们在这方面的决策行为进行了深入的理论和经验分析。[③] 他将在职培训分为"一般培训"和"特殊培训"两种。其中，一般培训对不管是否提供这种培训的企业均是有用的，而特殊培训对提供此项培训的企业与其他企业在提高劳动生产率方面是否有用存在明显差别。在关于教育投资的论述中，他把学校看作一种特殊类型的企业，即专门从事教育生产的机构，而学生的学习就是一种特殊培训。

舒尔茨与贝克尔在人力资本理论的形成与发展中起到了至关重要的作用。两者对人力资本的概念内涵、人力资本投资、人力资本与经济增长之间的关系做了较为系统的论述。然而，两者的关注点与研究视角有所不同。舒尔茨深入分析了教育投资，但对人力资本投资的其他途径关注较少；侧重于宏观分析，忽视了微观分析。贝克尔沿用了舒尔茨对人力资本的概念界定，重点关注了教育与在职培训在人力资本形成中的作用；在研究视角方面，侧重于对人力资本的微观经济分析，弥补了舒尔茨宏观分析视角的局限。

（二）人力资本理论的发展

1. 丹尼森的人力资本理论

丹尼森（Edward Denison，1915—1992）首先采用计量分析的方法，分析了人力资本对经济增长的作用。当用传统分析方法估算劳动和资本对国民收入增长的作用时，有很多未被认识、不能由劳动和资本投入来解释的"残差"，丹尼森对此进行了分析与解释。他的研究结论是，在 1929—1957 年美国经济增长中，只有 23%的份额可归功于美国的教育，而不是舒尔茨得出的 33.3%。[④]

---

① 李守身，黄永强．贝克尔人力资本理论及其现实意义．江淮论坛，2001（5）．

② 贝克尔．人类行为的经济分析．上海：上海人民出版社，1995：149－150.

③ 李仲生．欧美人口经济学说史．北京：世界图书出版公司，2013：185.

④ DENISON E. The sources of economic growth in the United States and the alternatives before US. New York：Committee for Economic Development，1962.

2. 罗默与卢卡斯的新经济增长理论

自 20 世纪 80 年代以来，以罗默（Paul Romer，1955— ）、卢卡斯（Robert Lucas，1937—2001）等为代表的“新经济增长理论”的学者把人力资本纳入经济增长理论中，认为知识积累是推动现代经济增长的重要力量，将经济增长的源泉由外化转为内生，因此，新经济增长理论也被称作内生经济增长理论。这两位学者关于新经济增长理论的论述之间既有联系，也有区别（见表 11－2）。

表 11－2 罗默与卢卡斯的内生增长模型

项目	罗默	卢卡斯
共同点	知识的溢出效应与外部性*	
模型重点	知识的积累	人力资本投入——教育
经济增长的核心	知识的积累	专业化的人才
人力资本与经济增长	人力资本只是影响经济增长的一个重要因素，它影响的结果是使知识累积	人力资本是经济增长的核心因素，它的进步就等于技术进步
技术进步	表现为私人厂商投资于研究活动而生产出新知识	是教育部门进行人力资本投资以及在生产过程中人力资本溢出的结果

*知识的溢出效应与外部性，是指随着资本积累的增加、生产的扩大，知识的流动也会加快，每个企业都会从别的企业学到专业知识，由此一个企业专业知识的增加会为其他企业带来好处。

资料来源：ROMER P. Increasing returns and long-run growth. Journal of political economy，1986（5）. 赵达薇，李非非. 罗默、卢卡斯人力资本理论对经济增长作用的理论分析. 管理现代化，2008（1）.

罗默在《收益递增与长期增长》一文中提出，知识是可以无限制地增长且边际效用递增的产品，并将知识作为经济增长的独立因素纳入生产函数之中，使之成为增长模型的内生变量。他把知识分解为一般知识和专业知识两个部分，认为：一般知识会产生外部效应，即全社会的所有企业都可获得规模效益；而专业知识则会产生内部效应，即要素的递增收益，只给个别企业带来超额利润，而这些超额利润又会成为这些个别企业进行新产品开发的资金来源，从而形成一种知识与投资之间互相促进的良性循环。同时，他还认为，外部性、产出生产中的递增收益、新知识生产的递减收益这三个因素集合在一起，形成了一种特定的竞争性的均衡增长模型。此外，罗默还将整个社会的生产分为消费品生产和研究开发两大部门，认为知识积累率的高低以及由此带来的要素收益率是发达国家与发展中国家经济增长率差异的主要原因。因此，一个国家要提高经济增长率，就必须增加对研究开发部门的资源投入。

卢卡斯在《论经济发展的机制》一文中论述了新经济增长理论。他把技术进一步具体化为体现在生产中的一般知识和表现为劳动者劳动技能的人力资本两个方面。人力资本又进一步被具体化为一般知识形式的人力资本和特殊化的人力资本。卢卡斯认为，人力资本积累率的提高可以促使资本收益率递增，而特殊化、专业化的人力资本才是经济增长的真正源泉。他指出，人力资本的形成可以通过两种方式来实现：一是通过正规和非正规的学校教育来提高个体的智力和技能；二是通过生产中的边干边学、工作经验累积来提升人力资本。

第三节
人力资本、人口质量与社会

人力资本与人口质量是两个既相互联系又有区别的概念。人力资本的多寡、人口质量的高低既受制于自然环境以及经济社会的发展，又反过来作用于个人、家庭的生存、生活质量乃至整个社会的进步发展。

一、人力资本与人口质量的关系

关于人力资本与人口质量，现有研究并未对二者加以明确区分，有的研究甚至将二者等同起来。然而，这是两个既密切相关，也有区别，不能等同的概念。

一方面，二者没有本质区别，不可分割。从经济学的角度来讲，人力资本与人口质量都是投资的产物，都需要经过对人的教育、培训和健康等方面的投资而形成。从这一意义上来讲，既可以把人口质量看作人力资本，也可以从人力资本的角度对人口质量进行经济学分析。舒尔茨就认为，人的所有能力不是先天的就是后天的，人力资本就是平均化的人的后天能力与先天能力之间的差异。从更广泛的意义上来讲，人后天获得的技术、知识都可归于能力之中，并被称为人口质量。总的来讲，人口质量是人力资本的外在表现形式，人力资本投资有助于提升人口质量。因此，要衡量人口质量，就不能脱离人力资本，反之亦然。

另一方面，二者不能等同。在人力资本理论中，虽然人力资本被看作人口质量，但二者并不是等式关系，在很大程度上只是相交关系。在从人力资本角度研究人口质量经济学时，必须考虑这二者的关系。① 具体来讲，二者之间的区别主要表现在以下方面：

首先，人力资本既是一个微观概念，也是一个宏观概念，且往往更侧重于微观分析研究，而人口质量更侧重于宏观分析研究。

其次，人力资本是一个经济化、市场化的概念，而人口质量除了经济方面的考虑外，还与人口统计学领域联系密切。因此，人力资本并非人口质量的全部。一般来讲，人口质量要素中能够通过后天投资，如工作培训、正规教育及卫生保健等领域的投资而增长的要素部分被称为人力资本。这些后天的投资提升了人们的身体素质、知识水平以及社交中的心理素质，并转化为人力资本，进而影响整个人口的质量。

最后，人力资本与人口质量存在动态、静态以及直接、间接之分。举例来讲，人口质量就像是一个人手上有 100 元现金，这时它是一种静止的状态，而当

---

① 潘纪一．现代化进程中的人口素质．上海：百家出版社，1990：46.

这个人把这100元钱存入银行或购买股票（假设一直处于收益状态），即利用投资手段令100元钱升值，让其获得更多的、源源不断的收益时，这100元现金就成了人力资本。又如，每个人都有一定的智力基础，这是一种人口质量要素，当人们接受教育、培训之后，智力得以提高，掌握了更多的技术和能力，这些通过投资获得的素质，可以为人们带来源源不断的收入，可以直接为社会做出贡献，成为经济社会发展的直接资本。

二、人力资本与人口质量的影响因素

人力资本与人口质量的影响因素呈现复杂性、多样性的特点：人力资本与人口质量除了受各种经济条件和生育条件的明显约束外，还受一定社会的政治、经济、文化历史等外在制度因素的制约和影响①。

(一) 先天因素与后天因素

先天因素对人力资本与人口质量的影响，主要直接作用于人口的身体素质。先天的影响因素包括两个方面：一是遗传性因素对人的身体素质的影响；二是孕妇怀孕期间的生活习惯、环境等因素带来的胎儿发育不良、胎儿畸形等。

后天因素指的是人出生以后的诸多影响因素。这些因素既包括影响人们身体素质的营养状况、医疗卫生条件、居住生活环境等，又包括影响人们科学文化素质的教育、社会实践等，还包括影响人们思想道德素质的思想教育、社会精神文明建设等。

(二) 自然因素与社会因素

自然因素对人力资本与人口质量的影响主要包括两个方面：一是对人先天生理条件的影响，如先天愚型。二是对人后天身体健康的影响，如环境污染给人身体带来的危害。自然因素是影响人口身体素质的重要因素，有时甚至是决定性因素。②

社会因素对人力资本与人口质量的影响总是随着经济社会的发展而不断发生改变。它一方面对人口身体素质产生重大影响，另一方面又为人口科学文化素质的提高提供物质基础和社会条件，并对人口质量提出更高的要求。而人口的思想道德素质是社会意识形态的表现，完全由社会因素决定。

(三) 主观因素与客观因素

主观因素，即通过个人努力，如学习、经验技能积累、医疗保健投资等，可以提高科学文化素质、提升思想道德修养以及改善身体健康状况。

---

① 赵永乐，王培君．人力资源管理概论．上海：上海交通大学出版社，2007：31.

② 于显洋．社区概论．北京：中国人民大学出版社，2006：150.

客观因素，即不以个人的意志为转移的经济、社会、文化、机遇等客观环境状况。人口所处的时代、社会环境都会对人口质量产生重要影响，如我国“文革”时期，正规学校教育活动受到影响。

总体来讲，在影响人力资本与人口质量的诸多因素中，先天的、自然的、客观的因素不可忽视；而后天的、社会的、主观的因素则更为重要，甚至是决定性的因素。因此，提高生活质量、优化生活环境并大力发展优生优育、通过主观努力改善相应的生活条件与环境、加强后天培养等，都有助于提升人力资本与人口质量。

三、人力资本、人口质量的作用及后果

人力资本的多寡，人口质量的高低，下影响到个体的生活质量与发展机会，上影响到整个国家的经济社会发展、综合国力乃至一个国家在国际政治格局中的地位。

（一）对个体的影响

个体的人力资本水平直接影响其在劳动力市场上的竞争能力。人们获得的教育、技能水平越高，积累的工作经验越多，越有利于促进就业、提高报酬及职业向上流动。相应地，个体的生活质量和生活品质等会较高，个体在社会发展方面也会有更好的表现。相反，人力资本水平较低者，在生活质量及职业发展方面的表现将远不如前者。

（二）对家庭的影响

首先，家庭成员的知识文化水平、劳动技能及思想道德素质的提升，可以提高家庭的生活质量。其次，家庭成员的身体健康水平如何，不仅直接关乎生存的质量与风险①，也关乎家庭的经济发展，即健康问题会导致工作收入减少及医疗相关费用增加，还牵涉到家庭对身体健康状况不佳的家庭成员的日常生活照料、情感慰藉等各个方面，从而影响到整个家庭的幸福发展。最后，从人口迁移流动、人力资本与家庭经济状况改善二者之间的关系来讲，通过迁移流动，劳动者到了一个更加有利于发展的环境，可以接受更好的教育、培训等，从而增加自身所拥有的人力资本数量，改善人力资本质量，进而能够更好地适应所在的劳动力市场，也有利于人力资源的充分开发和利用，避免了在原来地区的人力资本浪费。从这个意义上来说，劳动力的迁移流动对改善自己和家庭的经济状况、提高自身素质和对市场的适应性具有很大的作用。

（三）对经济社会发展的影响

人口是社会运行的基础与社会发展的推动力，人力资本的高低、人口质量的

---

① 钟水映，简新华．人口、资源与环境经济学．北京：科学出版社，2007：105.

优劣，直接影响到经济社会的运行与发展。

其一，人口的劳动技能与科学文化水平的提高可以直接作用于生产技术的进步以及生产工具的改革，促进劳动生产率的不断提高及社会生产关系的调整与变革。同时，人力资本的增加会提高社会资源的配置效率及资本的使用效率。[①]

其二，人口的迁移流动是配置人力资本的重要手段，通过人力资本的再配置可以促进经济的发展。人口的迁移流动本身并不会带来人力资本存量的增加和质量的提高，只能改变人口所处的社会环境条件，以使人口有机会获得更多的人力资本增值机会。迁移流动者自身拥有一定的知识、技能等人力资本，在迁移之后就相当于实现了人力资本的空间转移。无论是对他们自身，还是对迁出地和迁入地，这种人力资本的转移都会产生相应的影响。

从对迁出地的影响来看：一方面，拥有一定人力资本的劳动者的迁移会大量缩减迁出地的人力资本存量，对迁出地的经济发展产生不利影响。另一方面，人力资本流出也可能给迁出地带来较高的人力资本投资预期回报率，尤其当迁出地与迁入地的工资差距越大时，人力资本投资预期回报率就越高，从而刺激迁出地加大对人力资本的投资，增加该地区的人力资本存量，提高其人力资本水平。

从对迁入地的影响来看：一方面，拥有一定人力资本的劳动力流入大大增加了迁入地的人力资本存量，尤其是在迁入地经济发展比较迅速而劳动力相对缺乏的情况下，劳动力迁入对经济社会发展的作用更为明显。另一方面，一些高质量人力资本拥有者的迁入能够为迁入地劳动力市场注入新鲜的血液，为迁入地经济发展创新提供更多的人才资源。此外，人既是生产者又是消费者，劳动力的迁入不仅对当地的生产发展有重大作用，而且作为一个庞大的消费群体，也能够带动当地第三产业的发展，进而从总体上促进经济的繁荣。

总体而言，劳动力的迁移流动能够促进人力资本的有效配置与充分利用。虽然迁出地的人力资本损失和迁入地的人力资本增加可能会加剧两个地区之间的经济发展水平差异，但就整个经济发展而言劳动力的迁移流动是有益的，因为当劳动力自由流动使得经济发展到一定水平后，就可以由经济发达的地方反哺经济落后的地方。

其三，人口质量的提高不仅有利于经济的发展，还有利于人口数量的控制。人口素质和经济技术进步与人口数量的交互发展有两种模式：一种是“高生育率—低人口文化素质—低劳动生产率—高生育率”的初级循环模式，另一种是“低生育率—高人口文化素质—高劳动生产率—低生育率”的高级循环模式。[②]

其四，人口质量与社会稳定正向相关[③]。人口质量高，有利于社会稳定；人口素质低下，则容易产生违反法律和道德的越轨行为，严重威胁社会稳定。一方

---

① HECKMAN J. China's investment in human capital. Economic development and cultural change, 2003 (51) .

② 张兴杰. 现代社会学. 北京：中国农业出版社，2004：83.

③ 文献良，文峰. 人口社会学概论. 成都：四川教育出版社，2010：383.

面，文化水平低下者，法制意识不强，法制观念淡薄，当个人利益受损时，容易采取过激行为，比较容易触犯法律，破坏公共秩序。另一方面，思想文化素质低下者，往往无视社会公德、道德，容易出现越轨行为，不利于社会稳定。①

第四节 国内外人力资本投资与人口质量

随着经济社会的发展及科学技术的进步，知识经济开始逐步兴起并日益占据重要位置。整个社会正在经历“从金融资本到人力资本”的转变，人力资本成为当下最具有活力、最能创造经济奇迹的资本。拓展人力资本总量、提高人力资本质量成为国际社会共同追求的目标。②

一、人力资本投资状况的国际比较

（一）教育投资

教育公共开支由教育方面的公共经常性支出和资本支出构成，包括政府在教育机构（公立和私立）、教育管理以及私人实体（学生/家庭和其他私人实体）补贴方面的支出③。从图 11－1 可知，2000—2014 年世界各国教育公共开支总额虽然有所波动，但总体上呈现不断上升的趋势。此外，还呈现出国家收入越高，用于教育投资的比例越大的特点。

（二）医疗卫生投资

医疗卫生总支出为公共医疗卫生支出与私营医疗卫生支出之和，涵盖医疗卫生服务（预防和治疗）、计划生育、营养项目、紧急医疗救助，但不包括饮用水和卫生设施提供。公共医疗卫生支出由政府（中央和地方）预算中的经常性支出和资本支出、外部借款和赠款（包括国际机构和非政府组织的捐赠）以及社会（或强制）医疗保险基金构成④。总的来看，如图 11－2 所示，2000—2016 年世界各国不断加大医疗卫生支出金额，但世界医疗卫生总支出占 GDP 的比重始终

① 张兴杰．现代社会学．北京：中国农业出版社，2004：84.

② 丁薛祥．第一财富：2005 年度上海人才强市战略研究．上海：上海社会科学院出版社，2006.

③ 除非特别说明，人力资本投资国际比较以及国外人口质量状况中教育相关指标的解释，均来自联合国教科文组织统计研究所。

④ 除非特别说明，人力资本投资国际比较以及国外人口质量状况中医疗相关指标的解释，均来自世界卫生组织国家卫生账户数据库。

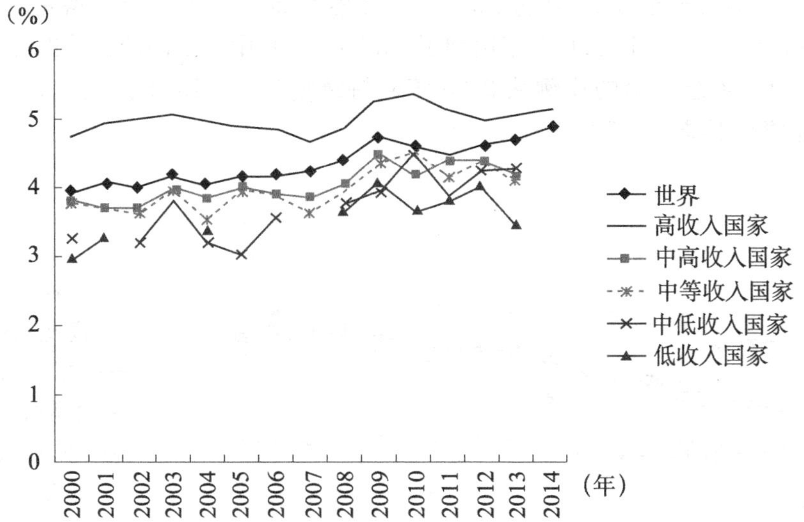

图 11-1　2000—2014 年不同类型国家的教育公共开支总额占 GDP 的比例

注：低收入国家 2002—2003 年、2005—2007 年的数据缺失，中低收入国家 2001、2007 年数据缺失，中国数据缺失。

资料来源：政府教育支出占 GDP 的比例 [government expenditure on education, total (% of GDP)]. [2019-11-10]. https://data.worldbank.org/indicator/SE.XPD.TOTL.GD.ZS.

在 10%左右波动。值得注意的是，经济发展水平不同的国家，在医疗卫生投资方面存在明显差异。2016 年，高收入国家医疗卫生总支出占 GDP 的 12.59%，而低收入国家及中低收入国家的相应支出分别只占 GDP 的 5.38%及 3.96%。2016 年中国的此比例亦仅有 4.98%，远低于世界平均水平。

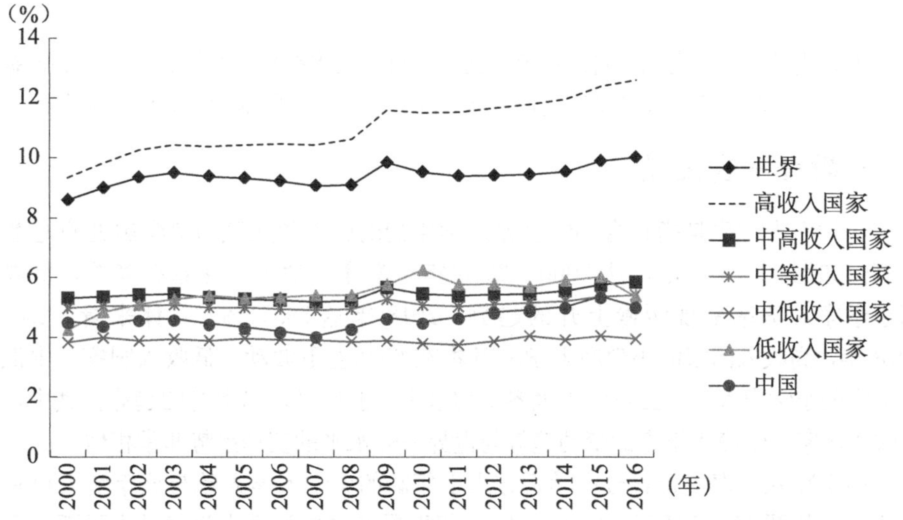

图 11-2　2000—2016 年不同类型国家的医疗卫生总支出占 GDP 的比例

资料来源：卫生健康总支出占 GDP 的百分比. [2019-11-10]. https://data.worldbank.org/indicator/SH.XPD.CHEX.GD.ZS.

如图 11-3 所示，世界公共医疗卫生支出占医疗卫生总支出的比例，由 2000

年的 52.47%提升至 2011 年的 62.18%，虽然在 2012—2015 年间略有下降，但仍高达将近 60%，且在 2016 年达到了 74.26%。其中，中国的公共医疗卫生支出占医疗卫生总支出的比例从 2000 年起持续增长，2015 年升至 59.78%；但 2016 年略有下降，为 58.02%。

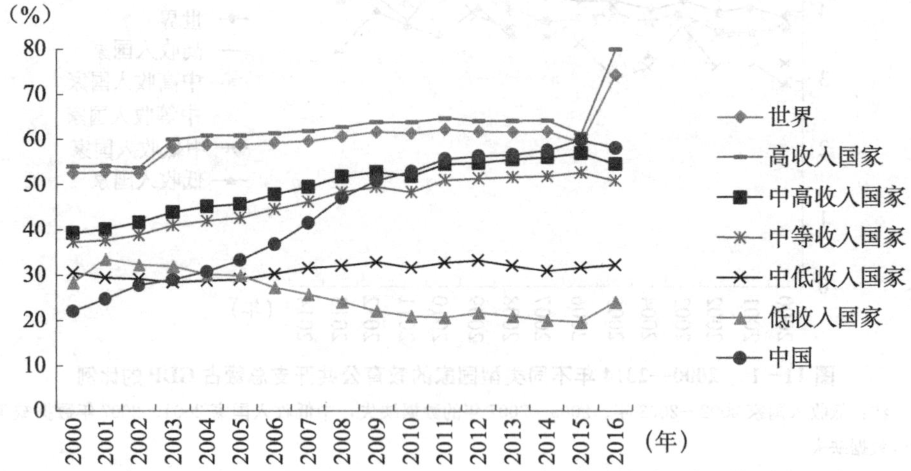

图 11-3　2000—2016 年不同类型国家的公共医疗卫生支出占医疗卫生总支出的比例

资料来源：公共医疗卫生支出占医疗总支出的百分比［domestic general government health expenditure (% of current health expenditure)］.［2019-11-10］. https://data.worldbank.org/indicator/SH.XPD.GHED.CH.ZS.

二、国外人口质量状况

人口质量是一个内涵丰富的抽象的概念，可用诸多指标进行测量。考虑到数据的易获性和可比性问题，这里仅从教育发展状况和人类发展状况两个方面略加介绍。

（一）教育发展状况

小学净入学率是指符合小学官方入学年龄的已入学儿童与该学龄儿童总数的比例。如图 11-4 所示，从 2000—2018 年小学净入学率变化趋势来看，世界各国小学净入学率呈现缓慢上升的趋势，2018 年达 89.41%。具体来看，2000—2018 年，高收入国家的小学净入学率基本在 95%上下波动。低收入国家、中低收入国家的小学净入学率虽然低于世界平均水平，但亦呈现出上升的趋势。其中，中低收入国家小学净入学率的变动趋势与世界总体水平的变动趋势非常相似。

中学净入学率是指符合中学官方入学年龄的中学入学人数与该年龄人口总数的比例。如图 11-5 所示，2000—2018 年世界各国中学净入学率呈现不断上升的趋势，即从 2000 年的 55.15%上升至 2018 年的 66.27%。相比而言，高收入国家与低收入国家在中学净入学率方面差异巨大，2018 年，高收入国家的中学净入学率为 90.82%，而低收入国家的中学净入学率仅略高于 33.58%。

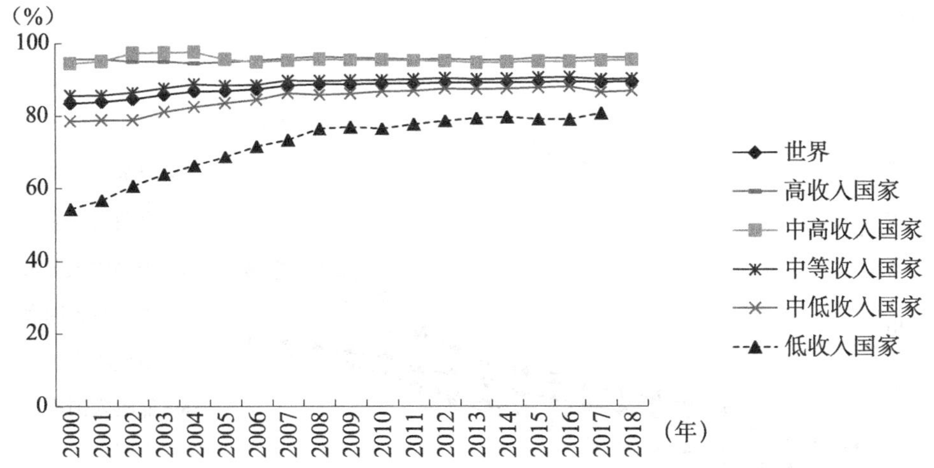

图 11-4　2000—2018 年不同类型国家的小学净入学率

资料来源：小学净入学率［school enrollment, primary (% net)］.［2019-11-10］. https://data.worldbank.org/indicator/SE.PRM.NENR.

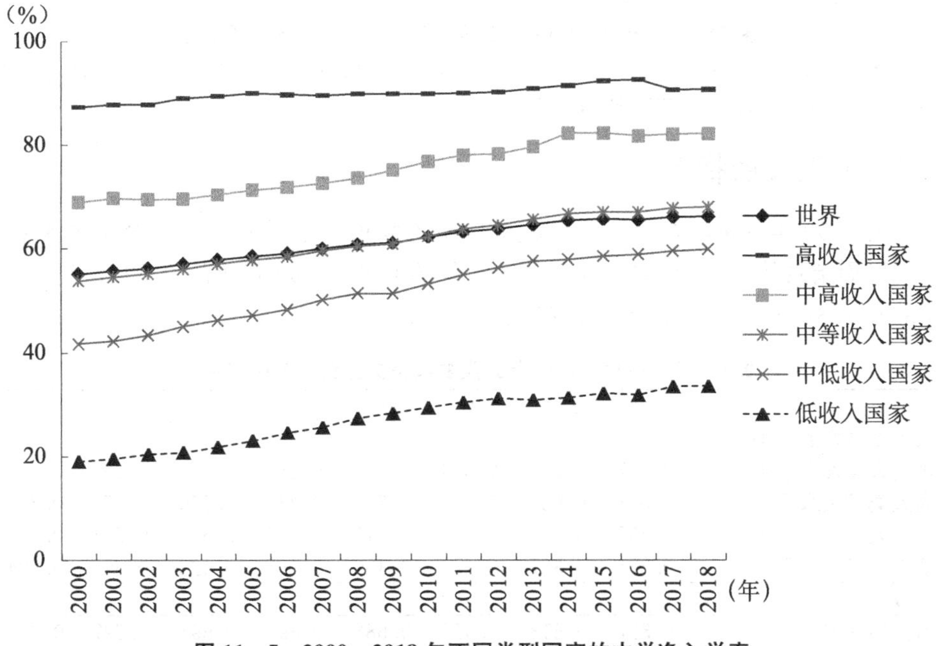

图 11-5　2000—2018 年不同类型国家的中学净入学率

注：中国数据缺失。

资料来源：中学净入学率［school enrollment, secondary (% net)］.［2019-11-10］. https://data.worldbank.org/indicator/SE.SEC.NENR.

大学入学百分比是指不论年龄大小，大学在校生总数占中学之后 5 年学龄人口总数的百分比。从世界总体发展趋势来看，大学入学百分比不断增长，高收入国家与低收入国家在大学入学百分比方面仍呈现两极分化的特点；中国的大学入学百分比的变动趋势与中高收入国家非常相似，目前已超过世界平均水平（见图 11-6）。

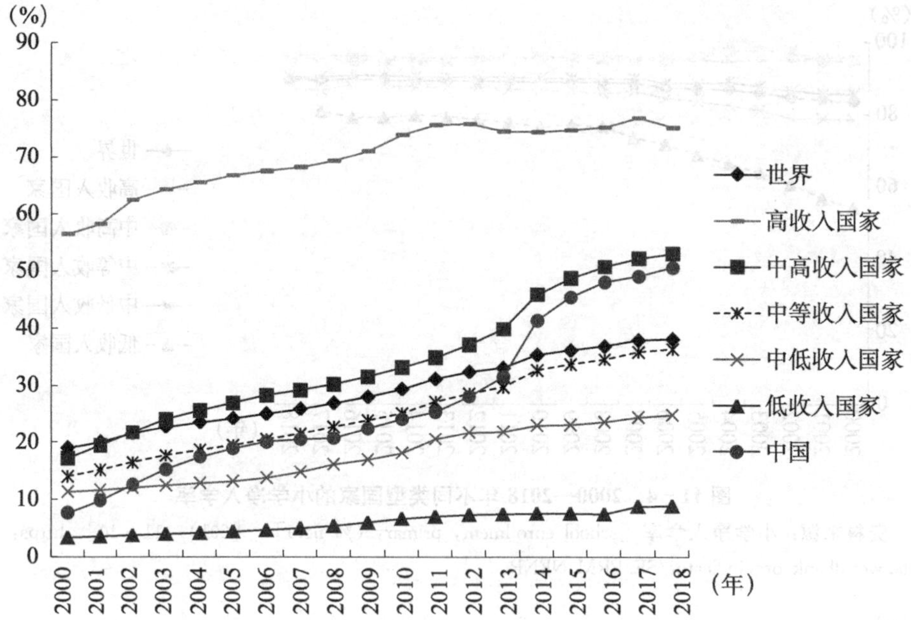

图 11－6　2000—2018 年不同类型国家的大学入学百分比

资料来源：高等教育粗入学率［school enrollment，tertiary（% gross）］．［2019－11－10］．https：//data. worldbank. org/indicator/SE. TER. ENRR.

（二）人类发展状况

自 1990 年以来，人类发展指数呈现出不断增长的趋势。从整个世界来看，人类发展指数从 1990 年的 0.598、2000 年的 0.642、2010 年的 0.698，到 2017 年的 0.728，发展水平不断提升（见表 11－3）。

表 11－3　1990—2017 年人类发展指数分组、分区域情况

	1990	2000	2010	2012	2014	2015	2016	2017
人类发展指数组别								
极高人类发展水平	0.787	0.831	0.873	0.880	0.887	0.890	0.892	0.894
高人类发展水平	0.571	0.635	0.718	0.732	0.745	0.750	0.754	0.757
中等人类发展水平	0.462	0.523	0.596	0.613	0.627	0.634	0.641	0.645
低人类发展水平	0.351	0.387	0.472	0.486	0.495	0.498	0.501	0.504
区域								
阿拉伯国家	0.557	0.613	0.675	0.686	0.690	0.694	0.697	0.699
东亚及太平洋	0.517	0.597	0.692	0.707	0.720	0.725	0.730	0.733
欧洲和中亚	0.653	0.668	0.733	0.749	0.761	0.764	0.767	0.771
拉丁美洲及加勒比地区	0.626	0.686	0.731	0.740	0.751	0.754	0.757	0.758
南亚	0.439	0.503	0.584	0.602	0.618	0.625	0.634	0.638
撒哈拉以南非洲	0.398	0.421	0.498	0.514	0.526	0.531	0.534	0.537
最不发达国家	0.346	0.400	0.484	0.499	0.511	0.515	0.519	0.524
小岛屿发展中国家	0.598	0.644	0.704	0.708	0.714	0.719	0.720	0.722
世界平均水平	0.598	0.642	0.698	0.709	0.718	0.722	0.726	0.728

资料来源：UNDP. Human development index trends，1990—2017.［2019－11－10］．http：//hdr. undp. org/en/composite/trends.

如表 11－4 所示，从各分指标来看，2017 年世界平均预期寿命为 72.2 岁，平均受教育年限与预期受教育年限分别达到 8.4 年和 12.7 年。当然，不同发展水平、区域的国家，人口的平均预期寿命及平均受教育年限之间存在明显差别。如极高人类发展水平国家的平均预期寿命为 79.5 岁，而低人类发展水平国家的平均预期寿命仅为 60.8 岁；欧洲和中亚大陆的平均受教育年限为 10.3 年，而南亚的平均受教育年限仅为 6.4 年。

总体来讲，世界各国人力资本投资与人口质量状况呈现出国家经济越发达，在教育、医疗卫生方面的投资越大，人口质量越高的特点。

表 11－4　2017 年人类发展指数及构成

	人类发展指数	出生时预期寿命（年）	预期受教育年限（年）	平均受教育年限（年）	人均国民生产总值（美元，2011 年购买力平价）
人类发展指数组别					
极高人类发展水平	0.894	79.5	16.4	12.2	40 041
高人类发展水平	0.757	76.0	14.1	8.2	14 999
中等人类发展水平	0.645	69.1	12.0	6.7	6 849
低人类发展水平	0.504	60.8	9.4	4.7	2 521
区域					
阿拉伯国家	0.699	71.5	11.9	7.0	15 837
东亚及太平洋	0.733	74.7	13.3	7.9	13 688
欧洲和中亚	0.771	73.4	14.1	10.3	15 331
拉丁美洲及加勒比地区	0.758	75.7	14.4	8.5	13 671
南亚	0.638	69.3	11.9	6.4	6 473
撒哈拉以南非洲	0.537	60.7	10.1	5.6	3 399
最不发达国家	0.524	64.8	9.8	4.7	2 506
小岛屿发展中国家	0.722	72.3	12.1	8.6	15 113
世界平均水平	0.728	72.2	12.7	8.4	15 295

资料来源：UNDP. Table1. Human development index and its components. ［2019－11－10］. http://hdr.undp.org/en/composite/HDI.

三、中国人口质量状况

中国拥有全世界四分之一的人口，但在已经到来的知识经济时代，“十几亿中国人能不能变为庞大的经济资源，并不在于总体数量大小，而在于其中有多少高素质的头脑、适应时代发展需要的头脑”[①]。人口质量的高低将直接影响我国的经济建设和现代化进程。随着我国“人口红利”的逐渐式微，亟须大力开发“人才红利”，促进经济社会的可持续发展。

① 邱立本．中国命运在于提高人口素质．亚洲周刊（香港），2000－10－24.

（一）教育发展状况

教育是提升人力资本的重要方式，对于处于经济社会转型期的中国而言，教育事业的发展极为重要。

1. 实现“两基”目标

“两基”即基本普及九年义务教育和基本扫除青壮年文盲。2001 年，我国基本实现了“两基”目标；2002—2007 年，“两基”工作进入攻坚克难、巩固提高、逐步免费的阶段。在这一阶段，我国完成了西部地区“两基”攻坚计划，改革了义务教育管理体制，建立了农村义务教育经费保障机制，逐步实现了农村免费义务教育。2008—2011 年，“两基”工作进入了巩固提高、城乡免费、全面覆盖的阶段。2011 年 11 月，我国宣布全面实现“两基”目标，在 9 个发展中人口大国中率先实现全民教育目标。[①]

2. 高等教育迅速发展

自 20 世纪 90 年代中期以来，我国不断加强实施“科教兴国”和“人才强国”战略，高等教育经过结构调整、体制改革及扩大规模等，得到长足发展。目前，我国高等教育已经初步形成了多层次、多形式、门类齐全的学科体系。2018 年，我国高等教育的毛入学率达到 48.1%，比 2000 年增长了 35.6 个百分点[②]。

我国普通高等院校在校学生数亦实现了跨越性的增长：1949 年只有 11.7 万人，1978 年为 86 万人，2005 年为 1 526 万人，2013 年则高达 2 468 万人[③]。

同时，中国历次人口普查数据显示，每 10 万人口中大专及以上人口数也呈现较快的增长趋势：1964 年只有 416 人，1990 年为 1 422 人，2000 年上升到 3 611人，2010 年更是高达 8 930 人。

3. 平均受教育年限逐年提高

平均受教育年限是衡量一个国家劳动者所提供的人力资本数量的最重要的指标[④]。随着教育事业的稳步发展，我国人口的平均受教育年限总体上呈现不断延长的趋势。2012 年达到 8.94 年，比 2002 年的 7.73 年延长了 1.21 年[⑤]。

（二）人口健康状况

总体而言，随着经济社会及医疗卫生事业的不断发展，人口的健康状况得到了明显改善，但因各种原因致残的人群仍占有较大比重。

① 林发源．发展共享民生为本：中国十年发展的民生视角．北京：五洲传播出版社，2012：235.

② 参考《2018 年全国教育事业发展统计公报》。

③ 张翼．数说 65 年的奇迹和辉煌．光明日报，2014-10-01.

④ 孙百才，刘云鹏．中国的教育发展与教育公平变动趋势分析：2002—2012 年//杨东平．中国教育发展报告（2014）．北京：社会科学文献出版社，2014：30.

⑤ 同④31.

1. 平均预期寿命不断延长

中国人口的健康和死亡率转变被西方学者称作“贫穷国家死亡率下降的道路”①。中国人口的平均预期寿命不断延长，从新中国成立之初的35岁延长至1957年的56岁、20世纪70年代的64岁、1981年的68岁；从1996年开始，中国人口的平均预期寿命超过70岁，据世界卫生组织的相关标准，中国自此进入了长寿社会②。第六次全国人口普查数据显示，2010年中国人口的平均预期寿命达到74.8岁。

2. 青少年人口生长发育水平得到极大提高

青少年时期身体的生长发育状况是人口身体健康发展的重要基础③。自新中国成立以来，随着经济生活水平的不断提高、膳食营养的不断改善，中国儿童、青少年的身体发育水平呈现不断提高的趋势。马爱平认为，北京市儿童、青少年的生长发育水平在1981—2010年间得到很大改善，身高、体重、胸围等形态指标显著性增长；就18岁人口的平均身高而言，男性增加了4.5cm，女性增加了2.2cm；此外，生长发育继续提前，生长突增高峰年龄前移④。

3. 残疾人口仍占较大比重

中国残疾人联合会的数据显示，2010年我国残疾人口总数为8 502万人，占全国总人口的6%以上。如表11-5所示，从残疾类别来看，肢体残疾的人口数量最多，接近2 500万；听力残疾的人口数量也超过2 000万；言语残疾的人口数量虽然最少，但也有130万；此外，精神残疾的人口数量也高达629万。从残疾等级来看，2010年我国残疾人口以轻度和中度残疾为主，重度残疾之人相对较少。

表11-5　2010年中国分类别、分等级残疾人口数（万人）

残疾类别	视力残疾	1 263
	听力残疾	2 054
	言语残疾	130
	肢体残疾	2 472
	智力残疾	568
	精神残疾	629
	多重残疾	1 386
残疾等级	重度	2 518
	轻度和中度	5 984

资料来源：2010年末全国残疾人总数及各类、不同残疾等级人数．(2012-06-26)[2019-11-10]. http://www.cdpf.org.cn/sjzx/cjrgk/201206/t20120626_387581.shtml.

（三）思想道德素质状况

思想道德素质是人口素质的灵魂，它渗透于人口的文化素质和身体素质之

① CALDWELL J. Routes to low mortality in poor countries. Population and development review, 1986, 12 (2).

② 陈卫．改革开放30年与中国的人口转变．人口研究，2008 (6).

③ 袁文友．国情知识手册．北京：海洋出版社，1990.

④ 马爱平．北京市儿童青少年生长发育水平规律的研究．北京：北京体育大学，2012.

中，起着精神支柱的作用。同时，思想道德素质也是衡量一个国家或民族发达与文明程度的重要标志。新中国成立后，随着经济的发展和社会的进步，人口的思想道德素质得到了很大提升。然而，由于对物质文明建设与精神文明建设之间关系的不正确认识及受个人自由主义、拜金主义等思想的影响，我国人口的思想道德素质发展受到一定的阻碍，出现了诚信缺失、信仰危机的现象。但是，我们相信，在富强、民主、文明、和谐，自由、平等、公正、法治，爱国、敬业、诚信、友善的社会主义核心价值观的指导下，在实现伟大中国梦的引领下，人们的思想道德素质将会得到较大提升。

本章小结

人力资本与人口质量是两个既相互联系又有区别的概念。在知识经济时代，人力资本已经成为国家重要的战略资源，人口质量亦成为增强国家核心竞争力的重要因素。人力资本与人口质量的提升既受先天、自然和客观的因素的制约，又受后天、社会和主观的因素的影响。人力资本的多寡、人口质量的高低，不仅关乎个人、家庭生活质量的提升，更关系国家经济社会的发展、综合国力的增强。无论是发达国家，还是发展中国家或欠发达国家，都在加大人力资本投资力度，促进人力资本与人口质量的提升。中国在人力资本投资方面也有一定的发展，教育水平及身体健康素质不断提升，但与发达国家相比，仍存在一些距离。

关键术语

人力资本、人口质量、人口素质、身体素质、科学文化素质、思想道德素质

思考题

1. 简述人力资本、人口质量的概念内涵。
2. 简述人口质量的测量指标。
3. 简述舒尔茨、贝克尔的人力资本理论。
4. 简述我国人口质量的变化发展。

拓展阅读书目

1. 贝克尔．人类行为的经济分析．上海：上海人民出版社，1995.

2. 蔡昉．人口转变、人口红利与经济增长可持续性：兼论充分就业如何促进经济增长．人口研究，2004（2）.

3. 郭龙，付泳．人力资本理论问题研究．成都：电子科技大学出版社，2014.

4. 李建民．人力资本通论．上海：上海三联书店，1999.

5. 钟水映，简新华．人口、资源与环境经济学．北京：科学出版社，2007.

6. BECKER G. Human capital：a theoretical and empirical analysis，with special reference to education. Chicago：University of Chicago Press，1964.

7. SCHULTZ T. Investment in human capital. The American economic review，1961（51）.

第十二章

人口状况与政治格局

人口是政治、经济情况进退的主动变量，同时也是政治、经济演变的被动力量。它们的双向相互影响是复杂的，也是极其微妙的。[①]

——田心源

一定社会的人口是政治存在及运行的前提条件，而一定社会的政治及其运行是人口生存和发展的可靠保证。一方面，政治格局的形成与人口状况密不可分，人口状况的发展趋势深刻影响各国的政治经济状况，进而引起世界格局的变化；另一方面，政治状况和政治格局也会反作用于人口状况的方方面面。人类社会就是在人口与政治的相互作用和相互制约中不断发展和前进的。[②] 本章首先分析人口状况与政治格局的概念内涵，其次介绍人口政治相关理论，再次探讨人口与政治之间的相互作用，最后描述国内外人口状况与政治格局。第三节主要关注人口对政治的作用及后果，但也会简要阐述政治对人口的影响；第四节主要关注全球情况，但也会简要涉及中国情况。

第一节 人口状况与政治格局的概念内涵

一、人口状况

人口状况是一个内涵极其丰富的综合性概念，是指一定时点或一定时期人口的数量、质量、结构、分布等各种情况的综合。根据人口的自然属性与社会属性的特性，人口状况可分为自然状况与社会状况两个方面。

① 田心源．他山之石可以攻玉：为《社会人口学的视野》而作//顾宝昌．社会人口学的视野．北京：商务印书馆，1992：7.

② 孙秀民．论人口政治学的研究对象．沈阳师范学院学报（社会科学版），1997（1）．

（一）人口的自然状况

人口的自然状况包括人口的出生、死亡与自然增长，人口数量，人口的自然结构等方面。前面的章节对此已有详细介绍，这里仅做简要回顾。

1. 人口的出生、死亡、自然增长与人口再生产

人口变动主要取决于出生、死亡、迁移三个因素。从自然状况来讲，出生率、死亡率、人口自然增长率是反映人口变动态势的重要指标；而人口新一代出生、成长和老一代衰老、死亡不断重复的世代更替就是人口再生产过程，它们都受制于人口的年龄结构。出生率、死亡率和自然增长率直接制约着人口再生产的规模、速度和发展趋势，形成扩大再生产、简单再生产以及缩小再生产等不同的人口再生产模式。

2. 人口数量

人口数量反映人口量的规定性，以数量表示人口存在和发展的程度，具有广义和狭义之分。狭义的人口数量指人口规模，即在一定时间、一定地域内，全部人口数的总和；广义的人口数量指人口规模、增长速度、人口构成的数量特征。[①]

3. 人口的自然结构

人口结构是人口社会学的一个重要范畴，指按照人口的不同标志研究一定地区、一定时点的人口的内部结构及其比例关系。人口的生物属性和社会属性使它具有生物、社会、政治、经济、文化等多方面标志，可归纳为自然结构和社会结构两大类。自然结构主要包括年龄结构和性别结构，详见第六章、第七章。

（二）人口的社会状况

人口的社会状况包括人口质量、人口的社会结构、人口的迁移流动等。

1. 人口质量

人口质量是与人口数量相对的一个概念，是反映人口总体的质的规定性的范畴，表示人口各方面素质的综合发展水平。人口作为社会生活的主体，有多方面的质的规定性，从不同角度考察，其质的规定性也有不同的内容。但是，在研究人口状况与政治格局的关系时，还应综合考虑人口在政治参与中体现的具体的参政议政素质、民主素质等。而这些具体的素质均各自通过一定的指标来衡量，如受教育程度等，在研究中应当具体问题具体分析。[②]

2. 人口的社会结构

人口的社会结构属于人口结构的一部分，主要包括以下方面。

（1）人口的地区结构。

人口的地区结构是指人口在各种自然地理区域或行政区划中的分布情况。具体又可分为：人口的自然地理结构、人口的行政区域结构、人口的城乡结构、人

---

① 向洪，张文贤，李开兴．人口科学大辞典．成都：成都科技大学出版社，1994：22－23.

② 刘铮．人口学辞典．北京：人民出版社，1986：24.

口的经济类型结构等。比如，从一个国家来看，人口的行政区域结构是指各省、市、自治区人口在一个国家总人口中的占比；从全球来看，它是指一个国家或地区人口在全世界人口中的占比。又如，人口的城乡结构是指农村人口或城镇人口在一个国家或地区总人口中的占比，常用于衡量一个国家经济社会的发展水平。

（2）人口的经济社会结构。

人口的经济社会结构是指按一定的经济指标或社会指标，将人口划分为各个组成部分而形成的人口结构，如人口的就业、职业结构，人口的婚姻、家庭结构，人口的阶级与阶层结构，人口的民族结构，人口的宗教信仰结构，等等。就业问题与亿万劳动者切身利益紧密相关，对于个人及家庭而言，不仅是劳动者融入社会、实现自身价值的主要途径，也是解决家庭基本生计、提高生活水平的重要手段。[①] 对于国家而言，人们是否充分就业，就业的行业、职业结构如何，直接影响经济社会的发展状况及国家实力，进而影响国家的长治久安及在世界政治格局中的地位。人口的婚姻、家庭结构状况如何，不仅直接影响众多个体及家庭的生活状态，而且关系社会的稳定与秩序。[②] 人口的阶级与阶层结构在任何一个阶级社会中都有重要的现实意义，不同阶级、阶层的人口有不同的特征；人口的阶级与阶层结构也具有很强的历史性和政治性，不同阶级、阶层的构成状况不仅直接影响各群体的经济社会地位，而且影响一个国家或地区的政治力量对比。不同民族在文化生活、居住地域和传统习俗方面均有各自的特点，无论是一个国家内部，还是世界范围内的政治格局，在很大程度上都受到内部或外部民族结构的影响。与民族结构密切相关的是宗教信仰结构。不同的宗教信仰不仅会给婚姻、家庭和生育带来较大影响，也会对地区内和全球的政治形势产生作用。

3. 人口的迁移流动

国际和国内人口的迁移流动是人口区域结构变动的重要方式，在低生育率和低死亡率的情形下尤其如此。从国际上看，人口在空间结构上的机械变动包括国内人口迁移、国际人口迁移（如永久性国际人口迁移、国际劳工迁移、国际难民迁移、非法国际人口迁移）等。[③] 在中国，流动指不改变户籍的暂时的人口机械变动，而迁移则是指户籍发生变化的空间位移。

总之，无论是人口的自然结构还是社会结构，都与地区性或全球性的政治格局密切相关。比如，人口再生产水平对一个国家的政策制定有着极其重要的作用，既直接影响政治格局的变动，也间接影响长期人口状况和国际政治的相互关系。因此，在考虑政治格局问题时，应注意人口再生产的连续性对政治格局的长期影响，而不应单单着眼于人口现状。[④] 又如，人口的民族结构和宗教信仰结构

---

① 王国敏，高中伟．中国特色社会主义理论体系：基本问题解析．成都：巴蜀书社，2011：178－179.

② 钟庆才．人口科学新编．汕头：汕头大学出版社，2009：504－505.

③ 刘铮．人口学辞典．北京：人民出版社，1986：22.

④ 同③31.

与世界政治形势和政策格局的关系更是有着极为深远的渊源。

二、政治格局

（一）政治格局的概念内涵

政治是指阶级之间、民族之间、社会集团之间和国家之间基于各自根本利益所发生的相互关系及与此有关的活动①。政治的主要组织形式有国家、政权、军队、政治团体等。政治要处理各方面的关系，这些关系包括阶级内部与之间的关系、民族内部与之间的关系以及国家内部与之间的关系。政治的主要表现形式为代表一定阶级的政府、政党、社会团体、社会势力以及个人在国家生活和国际关系方面的政策和活动。

格局是指事物的内在结构、规模和样式。政治格局可以被理解为：在一定历史时期内，各种政治力量相互联系、相互作用而形成的基本政治力量对比状况和总体态势，表现为一定的政治结构或体制、体系。而要正确判断政治格局状况，需要厘清三个方面的问题：一是主角是谁，即参与政治力量角逐、对比的主体；二是主角之间的关系如何，即不同主体之间的相互联系、相互关系状况；三是主角之间的相互关系如何显现出来，即主角之间的相互关系的外在表现形式。主角、关系、表现形式是形成政治格局的三大基本要素，它们之间紧密联系、不可分割。

（二）国际政治格局

1. 概念

国际政治格局是指，在一定的历史时期内，国际政治舞台上的各种政治力量（包括主权国家、国家集团、国际组织和其他国际行为主体）相互联系、相互作用所形成的一种结构、形式或状态②。

国际政治格局的主体、主要角色必须具备以下条件：

其一，具有完整的国家主权，推行独立自主的外交，参与决定国际事务，这是作为国际政治格局主体的基础条件。任何一个国家，如果不坚持独立自主，事事处于依附地位，或不参与世界事务，不争取平等地位，完全闭关自守，就不能扮演国际政治格局的主要角色。③

其二，具有强大的实力。在不同的社会历史条件下，实力的内涵不同，但通常指物质力量，即基于经济、军事、人口和技术等因素可测度的国家能力。随着现代化、全球化的不断发展，实力不再仅仅表现为军事或其他物质力量，

---

① 张占斌，蒋建农．毛泽东选集大辞典．太原：山西人民出版社，1993：933.
② 廖盖隆，等．马克思主义百科要览：上卷．北京：人民日报出版社，1993：989.
③ 刘金质，梁守德，杨淮生．国际政治大辞典．北京：中国社会科学出版社，1994：22.

而更多地表现为综合国力；“软权力”或“规范力量”（即界定、控制与转变世界政治议程和使新兴社会范式合法化的力量）在国际力量中的作用也越来越大。不过，在综合国力中，经济与科技依然是基础，制约和决定着其他所有力量的发展。

其三，具有制衡全局的作用。在国际政治体系中，那些可以制约或影响世界总体形势的发展者，才是真正的主角。

2. 形成

国际政治格局作为国际系统的一种表现形式，其形成和发展与国际社会的形成和发展紧密相关，是资本主义形成和发展的产物；更严格地说，它是在世界范围内国际关系体系形成以后才真正形成的。因为只有到此时，世界才联结成为一个有机的整体，才形成了对国际政治具有全局性影响力的全球性大国，形成了各种不同形式的国家集团或国家联合体，形成了以政治力量之间的相互作用为主要内容的结构状态，即国际政治格局。

3. 类型

依据政治格局的内部结构（构成一定格局的政治力量的特征以及各种力量之间相互作用的内容与结构）与外在形态（政治力量之间相互作用的组合形式与规模特征），国际政治格局大致可分为三种类型。

其一，单极格局。某一个主要的大国或政治力量在国际政治中占据主导地位，虽然在该国周围也存在着一系列其他主权国家，但是这些国家并不能够与之抗衡。从历史上看，单极格局具有不完全和过渡性特点，是资本主义形成初期的产物。

其二，两极格局。两个对立的国家集团（涉及两个或多个国家）之间的相互影响和制约对整个国际事务起着决定性的作用。最有代表性的两极格局发生于 20 世纪 50 年代初期，表现为以美国和苏联为首的北约和华约在军事上的对峙、经济上的相互禁运和封锁、军备上的疯狂竞争、意识形态上的相互攻击等。

其三，多极格局。多种政治力量之间相互依存、合作、竞争、制约，形成一种相对平衡的战略关系。在多级格局中，作为格局构成要素的战略力量既可以是单个国家，也可以是国家集团。这种格局类型在 20 世纪 70 年代以后已见端倪，即中、美、苏、日、西欧和其他第三世界国家这六大力量的竞相发展。在冷战结束后，多极化趋势呈现更加强劲的发展势头，目前已经形成了初步的轮廓。种种事实表明，世界多极化已成为不可阻挡的历史潮流。就世界范围而言，多极化意味着存在多个“力量中心”（或称“力量支点”），它们之间相互依存，相互合作，相互竞争，相互制约，相互影响。

简言之，无论是哪一种政治格局，都是一定时期政治、经济、文化等多种因素综合形成的结果；而多极化是历史发展的趋势与潮流。

第二节 人口政治相关理论

自古以来，人口与政治的关系就受到重视。正如日本人口学家南亮三郎所言："古代哲学家的人口议论主要是从政治观点进行的。"[①] 古希腊的柏拉图、亚里士多德最早阐述了人口规模、人口质量与城邦发展之间的关系。古典政治经济学的创始人之一配第从人口总量、人口结构方面论述了人口与政治之间的关系。我国古代先贤亦很早就注意到了人口与国家富强、社会稳定之间的关系。18、19世纪，伴随着资本主义的快速发展及内部矛盾的出现，一些哲学家、经济学家开始探讨人口与资本主义发展的关系，比较典型的有马尔萨斯的人口论和马克思、恩格斯的"相对过剩人口"论。20世纪70年代以来，关于人口与政治的讨论突破了国家统治的视角；相关学者开始关注人口状况对政治的直接作用和影响，更加强调人口状况对国内政治和国际政治格局的影响。然而，多数学者往往就人口与政治之间关系的某一方面进行讨论，却一直未形成比较系统完整的理论，直到戈德斯通（Jack Goldstone，1953— ）才开启了人口政治理论之门，他系统阐述了人口与政治之间的相互作用机制。

一、国家系统崩溃理论

戈德斯通在《现代早期的革命与反叛》一书中，系统论述了人口增长与国家系统崩溃之间的关系，即国家系统崩溃理论。他在该书中讲道，在近代历史上，整个欧亚大陆在17世纪和18、19世纪之交各有一次广泛的反叛浪潮。在17世纪，有英国的光荣革命，法国的佛朗德叛乱，加泰罗尼亚、西西里和波斯尼亚等地反抗奥匈帝国的叛乱，乌克兰叛乱，奥斯曼帝国的西拉里叛乱以及中国的李自成起义，等等。在18、19世纪之交，有中国太平天国运动，缅甸革命，法国大革命，俄国的普加乔夫起义，希腊、巴尔干半岛和埃及的反奥斯曼帝国的叛乱，1820—1821年、1830和1848年发生在欧洲的总体性反叛和革命。从根本上来讲，这些反叛或革命是由人口增长带来的一系列效应引起的，即人口的过度增长往往会导致或加速土地兼并、增加年轻流民数量、降低国家税收和控制能力、催生异端性宗教。[②] 当这一系列效应汇聚到一起时，国家将可能走向瓦解。

具体来讲，人口增长与国家系统崩溃之间的机制可以被理解为，随着人口的增长，人们对物品与收入的要求大大提高，这就要求经济生产的能力也要相

① 南亮三郎．人口论史：通向人口学的道路．北京：中国人民大学出版社，1984：3.

② 赵鼎新．民主的限制．北京：中信出版社，2012：133.

应扩展与增长；一旦需求超过经济生产力，即经济增长的速度没有跟上人口增长的速度，就很容易导致资源短缺、物价不断上涨。一方面，这会加重非精英群体的经济负担，恶化农业地区的生活境遇，从而迫使一部分人离开土地到城市寻找工作机会。但是，如果城市也不能提供更多的工作机会的话，就会产生大量的失业人口。另一方面，资源短缺、物价不断上涨也会加剧精英群体之间的分化，无论是向下流动的精英群体还是向上流动的精英群体，都希望从国家获得庇护，来抵制经济地位下滑，提升特权地位。但是，在经济压力的作用下，国家提供给精英群体的庇护能力也在减弱，从而可能滋生精英群体的不满。同时，人口增长提高了人口中青年群体的比例，相比年长人群而言，这一群体成员具有更大的潜在暴力性。因此，如果国家不采取相应的制度、措施刺激生产，有效地消解人口增长带来的后果，非精英群体反抗政权与精英反叛国家的可能性就会提高。

二、政治系统理论

戈德斯通等在《政治人口学》一书中，详细分析了人口变化如何重构国家安全和国内政治格局。该书构建了一个由相互联系的社会群体和组织等多个要素组成的、具有嵌套关系的、多层次的政治系统（见图 12－1）。在这个系统中，自然环境（environment）是群体和组织赖以生存的基础，位于体系的最外部；而政治系统或权力机构（states）处于最为核心的位置。介于二者之间的是一系列的群团组织：紧邻政治系统或权力机构外围的是精英团体（elites，如政治精英、商业精英），此外依次为各类普通群团组织（popular groups，如士农工商）、国际权力体系（international states system）。不同层次以及同一层次内的不同群体之间相互作用，构成一个完整的政治系统；而这个政治系统通过对群体间资源的分配和再分配来维护其稳定性。

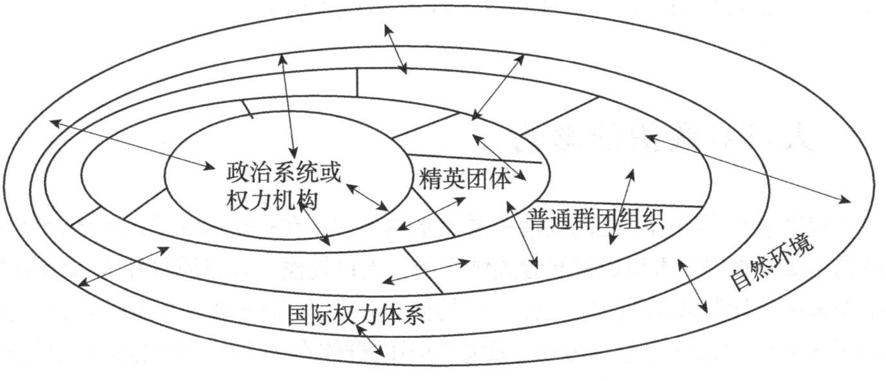

图 12－1 政治系统模型

资料来源：GOLDSTONE J，KAUFMANN E，TOFT M. Political demography：how population changes are reshaping international security and national politics. London：Oxford University Press，2012.

一个稳定的政治系统需要具备三个必要条件：一是包括权力和财富在内的资源流动与交换不能受到阻碍。二是资源在不同群体中的分配要与群体的预期相吻合。三是资源分配要随着人口状况的变化而发生相应的变化。人口状况的变化不仅影响人均资源比的变化，也会使不同的亚群体规模、结构发生变化，进而对资源分配产生新的诉求，影响资源的动态分布，形成新的政治格局。

在一个稳定的政治系统中，需要关注以下四个方面的问题：一是在社会中居于主导地位的精英团体所期望的人口状况能否使得资源的流动与各群体的期望相一致；二是各类人口群体规模结构的变化如何给政府管理带来相应的影响及挑战；三是人口状况和资源流动的变化如何影响不同群体的政治力量对比；四是人口状况的变化对选举的影响，即什么样的群体会在政治活动中占据主导地位。

戈德斯通和卡夫曼等学者根据这个理论，进一步分析了三个将会塑造未来政治格局的主要的人口趋势。一是相对于亚非地区，欧美人口相对减少。由于亚非地区的人口增长率远高于欧美人口增长率，欧美人口在全球人口中的占比将会逐步减少。于是，未来中产阶级的消费和世界经济的增长将主要依赖发展中国家，进而将增强发展中国家在国际上的影响力。二是富裕国家的人口老龄化、贫穷国家的人口年轻化，使得未来只有发展中国家才能提供足够的劳动力，来应对人类各种灾害和冲突，并通过经济增长和新的市场来驱动全球经济的增长。但同时，年轻化人口也会使得发展中国家在教育、医疗和就业的提供上面临巨大的挑战。若不能很好地解决这些问题，这些发展中国家将会面临持续的贫穷和动荡不安。三是移民将无处不在。随着贫穷国家人口的快速增长，土地等资源的短缺将覆盖更多的人口群体，不同人口群体的冲突将会增多。同时，这些国家资源的短缺会促使其人口进行迁移流动，进而增加社会不稳定因素。

第三节 人口与政治之间的相互作用

一、人口对政治的影响

人口因素是影响国家之间政治关系的基本条件，在决定国家的国际政治实力与地位的主要因素中，人口因素起着关键作用。人口规模、人口质量和人口结构等深刻影响国家的国际政治实力与地位。① 具体来讲，人口变动一方面影响各个国家在国际政治中的相对力量，另一方面影响不同群体在国内政治中的相对地位②。

① 北京大学人口研究所课题组，穆光宗．全球人口发展趋势及其对世界政治的影响．当代世界与社会主义，2012（4）．

② 邬沧萍．人口学学科体系研究．北京：中国人民大学出版社，2006：370.

(一) 人口规模

人口是关键性的战略资源，不仅构成国家的硬实力，也构成国家的软实力。人口大国未必就是世界政治中的重要国家，但能在较长时间产生广泛经济、政治和军事影响的国家，必定是人口大国①。而人口规模之所以在大国兴衰中占据重要地位，主要是因为以下两个方面：其一，人口保持增长、人口较多的国家，拥有较为丰富的人力资源，有利于促进国家经济、科技和军事发展。其二，人口是文明的基本载体，相对来讲，人口多的国家有利于传播文明，并建立起在文明上的相对优势。②

当然，人口规模的过度膨胀亦会给国家的政治带来不利影响。人口的快速增长会带来资源掠夺性开发、生态环境恶化、人口与粮食矛盾突出、失业加剧、教育经费不足等诸多问题，资源紧张与分配不均会给国家管理带来严峻挑战，严重影响经济、科技和社会的可持续发展，进而影响国家的政治安全问题。③

(二) 人口质量

随着经济社会的发展、科学技术的进步及现代化进程的不断推进，人口的“规模优势”风光不再，“质量优势”开始凸显。在以知识经济为主要特征的时代，世界形势正从以军事竞争为主转向以经济为基础、以科技为先导的综合国力较量的新时期，而综合国力竞争的关键是科技和人才。传统的物质资源的竞争开始转向人才、人力资本的竞争。各国纷纷制定战略，采取措施，加强科技人才的培养，竭尽全力获得强国地位。④ 毋庸置疑，在21世纪，人口质量的高低将对国家之间的政治排序产生重要影响。

(三) 年龄结构

20～30岁年龄人口是最有活力的人群，他们在技术革新、新思想和价值观、艺术和文化创新中发挥重要作用⑤。一个人口年龄结构年轻化的国家，将充满活力，不断开拓创新。相反，如果一个国家的老年人口居多，则容易使社会发展趋于保守和右倾；同时，还容易使社会福利分配向老年人倾斜。⑥ 这是因为，人口老龄化会造成有权投票选举阶层年龄的增长，为保住自身的选票，社会容易为老年人谋利益，出现过分重视分配、减轻老年人口负担而增加在职劳动年龄人口负

---

① 程亚文．第三波世界人口变迁与政治重塑．领导者，2012（4）．

② 同①.

③ WEINER M. Political demography：an inquiry into the political consequences of population change//Study Committee of the National Academy of Sciences. Rapid population growth：consequences and policy implications. Baltimore：Johns Hopkins University Press，1971：567－617.

④ 杨永清，等．人才竞争学．上海：华东师范大学出版社，1997：453.

⑤ 萨科齐．人口和政治．法国研究，2007（3）．

⑥ 王洪春，张占平，申越魁．新人口学．北京：中国对外经济贸易出版社，2003：326.

担的政治倾向①。

(四) 性别结构

如前面的章节所言，过度失衡的男女比例可能带来社会和政治安全问题。

从对国家政治稳定和社会安全的影响来看，性别严重失衡可能造成婚姻市场的极不均衡，收入较低、人际关系薄弱、处于社会底层的男性面临“无婚”问题，形成一个数量庞大的“光棍”阶层。生活困窘且没有家庭的束缚，使他们更偏向于同与自己类似的“光棍”“抱团”，驱动他们更可能通过赌博、酗酒等方式来发泄或麻痹自己，且容易产生暴力、犯罪倾向及其他反社会行为（包括欺诈、持械、偷盗等）。② 因此，男性数量过多及由男多女少引发的“光棍”现象无疑是对社会正常伦理秩序及社会治安的巨大考验。

从对民主与和平进程的影响来看，一个社会中的女性地位与该国的男女性别比有显著的联系，无论一国的政治体制或国家稳定程度如何，性别比越高的国家，妇女地位越低。而完全且有意义的民主以及国内乃至国家之间的和平关系很有可能与一个社会的妇女地位有极大关联。③ 这就意味着男多女少的性别比失衡状况可能在很大程度上降低国家的民主程度。

从对世界和平的影响来看，尽管婚姻挤压的根本原因是男女性别结构的不平衡，但在婚姻市场上失败的男性往往是缺少财富和社会资源者，这种广泛性的缺乏会成为整个国家向外扩张的动力，同时大量无牵无挂的“光棍”青年男性可以参军入伍，形成巨大的军事力量，这两个因素很有可能造成国家之间的紧张关系，甚至引发战争，影响国际政治形势。

(五) 种族、宗教结构

在一般情况下，不同的种族、宗教群体之间存在相对的人口平衡，而如果某些群体的增长、分布发生变化，并打破之前的平衡，新平衡下原来的少数群体就会逐渐增多，同时会表现出政治诉求，而原有的多数群体为了抑制不同的观念和需求，会采取相应措施，从而引起政治格局的变动④。

(六) 迁移流动

人口的迁移流动会对输入国（地）和输出国（地）的管理、政策以及政治地位产生影响。

首先，人口的大量迁移流动将为输入国（地）提供相应的劳动力，有利于输

---

① 北京大学人口研究所课题组，穆光宗．全球人口发展趋势及其对世界政治的影响．当代世界与社会主义，2012（4）．

② HUDSON V，BOER A D. Bare branches：the security implications of Asia's surplus male population. Cambridge，Mass.：MIT Press，2004：188－202.

③ 同②264.

④ HUNTINGTON S. The west unique，not universal. Foreign affairs，1996（75）.

入国（地）缓解劳动力供求矛盾，但同时也会对输入国（地）的住房、交通、公共基础设施形成巨大的压力，给社会治理带来难度。

其次，人口的大量迁移流动使得输入国（地）的人口构成复杂化，社会不稳定因素增多。

再次，人口的大量迁移流动还会改变既成的利益格局，催生新的政党和政治团体。

最后，人口的大量迁移流动对于输出国（地）而言，会造成人才的大量外流，不利于经济社会的发展及国际政治地位的提高。

2013 年国际人口迁移问题与挑战

2013 年是移民问题社会恶性事件凸显的一年。传统的移民输入国，如美国和西欧国家，移民政策并不成功，依然面临着非法移民入境的管理问题以及大量移民迁入后产生的各类社会问题，尤其是社会融入之困。各国移民政策的改革仍将伴随着国内的政治斗争、国内突发的恶性社会安全事件，以及国际安全局势的变化而在徘徊中进行。波士顿爆炸案、伦敦街头暴力案，以及法国亚眠骚乱，都不仅凸显了这些传统移民国家存在的复杂种族关系、恐怖袭击等国内、国际社会不稳定因素，也暴露出它们对移民中弱势群体权益、安全保护的严重缺失。中国作为新一代的移民输入国，也面临移民的相关问题，发展与完善相关立法成为重中之重。

资料来源：杨靖旼．2012 年全球移民问题：现状与治理//李慎明，张宇燕．全球政治与安全报告（2013）．北京：社会科学文献出版社，2012：210.

二、政治对人口的影响

（一）政治社会环境

从人类社会的历史来看，合理、稳定的社会制度有利于人口增长和人口发展。相反，社会制度不合理，社会不稳定，就会抑制人口增长甚至造成大批人口死亡。如俄罗斯、东欧国家、非洲南部诸国在社会改革或转轨过程中，未能很好地处理相关的社会矛盾，从而引发了冲突、动乱，不稳定的政治环境引起人口大量死亡、平均寿命缩短、出生率下降。①

（二）人口政策

人口政策是指一个国家的统治阶级为维护政治利益，对人口发展过程施加影响和干预而制定的具有法律性的人口准则②。人口政策通过经济、法律、行政等

① 王洪春，张占平，申越魁．新人口学．北京：中国对外经济贸易出版社，2003：333.

② 向洪，邓明．人口管理实用辞典．成都：成都科技大学出版社，1990：373.

手段和措施影响人口数量、结构、质量等各方面的人口状况。以人口政策对人口数量的影响为例，国家可以通过思想、经济、行政和法律等各项措施，直接影响人们的生育观念和生育行为；同时，还可以通过一些社会福利和社会保障政策，间接影响人们的生育观念和生育行为。

（三）战争

战争是政治的极端表现形式，不论是国内战争还是国际战争，都会带来人员伤亡，对经济、科技、文化乃至人类社会的发展进步造成极大威胁。战争理所当然也会对人口产生较大影响，本部分仅就其对人口规模、人口分布和人口结构的影响进行阐述。

1. 对人口规模的影响

战争对人口规模的影响主要通过影响出生率和死亡率来实现。战争时期，不仅死亡率会明显升高，生育率也会受影响：战争期间，许多民众流离失所，甚至连基本的生存需求都无法满足，由此带来生育意愿变弱、生育率下降。出生率的降低和死亡率的攀升会导致人口规模的急剧萎缩。

在战争结束后，会出现补偿性生育现象，出生率上升；而随着战争结束，死亡率也回归正常水平，故一些相关国家在战后会面临一次人口规模的扩张。

2. 对人口分布的影响

战争对人口分布的影响非常显著。战争给一国人民的日常生活乃至正常生存带来了巨大威胁，为了生活下去，人们不得不背井离乡。例如，中国古代六朝时期，由于北方民族矛盾纷争造成战乱频繁，出现了北方人口南迁的第一次高峰。唐代的“安史之乱”对黄河中下游地区的生产造成了极大破坏，导致了北方人口南迁的第二次高峰。北宋时期“靖康之乱”，黄河流域再次成为宋金交战的战场，之后蒙古军队南侵，形成了北方人口南迁的第三次高峰。二战时期大量犹太人为了躲避纳粹德国的迫害和屠杀，掀起了向世界各地逃亡的犹太人迁移浪潮。

3. 对人口结构的影响

战争从两方面作用于人口的年龄结构：一是出生率降低而致使婴幼儿年龄组人口的比例降低；二是死亡率升高而导致应征年龄人口的比例降低[①]。

战争会导致大量应征年龄人口（主要是男性）死亡，从而降低总人口性别比。此外，战争也会影响出生性别比。男婴的出生概率往往比正常年份的临界点高出1%～2.5%。俄罗斯的科研人员通过对动物的实验发现，战争状态会使生物生活在恐怖和不安中，而这种心理状态会改变其生理机制和生理过程，进而影响繁殖后代的性别结构——使雄性后代占到60%以上。[②]

---

① 梅春才．第二次世界大战对苏联人口状况的影响．人口学刊，2010（5）．

② 高正岚．战争影响出生性别比例．科学世界，1994（3）．

第四节 国内外人口状况与政治格局

如前文所言，人口状况与政治格局之间的相互影响既是复杂的，也是极其微妙的。第三节已就人口与政治之间的双向作用进行了理论阐述，本节将主要对国内外人口状况的变迁与政治力量的相互演变进行典型、具体事例的剖析。

一、国际人口状况与政治格局

(一) 人口规模与政治地位

在传统农业社会，建立在体力劳动力供给和使用基础之上的农业经济，使得数量庞大的人口规模对劳动力的供给，对促进经济发展和军事实力的增长并最终确立国家在世界政治版图上的地位与作用极为重要[①]。在当代，人口规模仍在构筑大国国际政治地位中占据主要位置：大量的人口意味着潜在的军队、人力资源或民主政治中的选票。人口规模可以在一定程度上成为权力的代名词。

从当今世界人口增长状况来看，发达国家的特点是低生育率、低死亡率与低人口增长率；若无国际移民的补充，发达国家的人口总量将明显下降。联合国《世界人口展望2019》数据显示，2015年全世界人口数最多的国家是中国，其次是印度，美国排在第三位，而俄罗斯、日本则分别排在第九、第十位[②]。

而从世界政治格局来看，美国、欧盟、日本、俄罗斯、中国等国家或国际组织在世界舞台上占据着重要位置，形成了多个经济政治中心。美国作为超级大国，其人口位居世界第三位。在生育率普遍较低的发达国家中，美国由于受传统习俗及相对完善的社会福利保障的影响，生育率一直保持在较高水平，自20世纪90年代以来，除冰岛外，美国的总和生育率在发达国家中最高。[③]

同时，美国又是世界上接受移民最多的国家。相对高的出生率和移民数，使美国人口在未来几十年内仍将持续增长。相比而言，俄罗斯作为目前世界上综合国力仅次于美国的第二大国，人口数却不到美国的一半，2013年仅为1.43亿（美国约为3.18亿）。而且，苏联解体后的政治、经济和社会困难使得俄罗斯人

---

① 北京大学人口研究所课题组，穆光宗．全球人口发展趋势及其对世界政治的影响．当代世界与社会主义，2012（4）．

② United Nations，Department of Economic and Social Affairs，Population Division（2019）．World population prospects 2019.［2019－10－10］．https：//population.un.org/wpp/Download/Standard/Fertility.

③ 高英东．美国的人口问题//黄平，倪峰．美国问题研究报告（2011）．北京：社会科学文献出版社，2011：159－160.

口大量减少。按照目前美俄人口发展数据推算，到2050年，美俄人口比例将变为4∶1。同时，美国与日本的人口比例也将达到4∶1，而即使把目前欧盟的所有成员国视为一个国家，到2050年，其人口总和也仍低于美国。[①] 因此，总体来看，美国人口不断增长的趋势，将进一步增强其在全球范围内的综合影响力，巩固其政治核心地位；而俄罗斯因为第四次人口危机，复兴之路任重道远。

俄罗斯第四次人口危机

人口锐减

2014年，俄罗斯经历了第四次人口危机，这次危机发生在苏联解体以后，距离苏联解体已经20多年。20多年来，俄罗斯人口一直处于负增长状态，总数从1992年的1.48亿下降到2013年的1.43亿，这其中还包括每年数十万的外来移民。

老龄化、人口分布不均、男女比例失调

人口普查数据显示，2002年超过劳动适龄阶段的人口在俄罗斯国民总数中的比例为21%，2010年这一数据上升到22%。2013年，俄罗斯一些地区老年人口比例已经接近28%。俄罗斯人口的地域分布也极不平衡。人口最密的莫斯科市和莫斯科州的平均人口密度是每平方公里近400人，而人口密度最小的楚科奇自治区，人口的平均密度仅为每平方公里0.01人。俄罗斯的男女比例严重失调，2014年俄罗斯女性国民占国民总数的54%，男性占46%。并且俄罗斯男女平均预期寿命相差悬殊。2009年俄罗斯男性平均预期寿命为62.8岁，女性为74.4岁，相差近12岁。照此趋势发展下去，俄罗斯终有一天可能变成“女儿国”。此外，近年俄罗斯人才流失十分严重，这也加剧了俄罗斯人口的负增长。

原因

俄罗斯人口危机是长期历史积累下来的结果，有复杂的历史、文化、心理以及社会现实等多方面的原因。历史上，俄罗斯经历多次战争，许多男人死在了战场上。而苏联解体又造成社会动荡，人民负担加重，生活水平大幅下降。在现实生活中，有的年轻人对未来缺乏信心，视孩子为累赘，放弃生育的权利和义务。此外，医疗保障不全、生活方式不健康等都影响了俄罗斯的人口数量和质量。

资料来源：余申芳．【你所不知道的俄罗斯】人口曾20多年呈负增长．(2014-10-30)[2019-11-10]．http://news.xinhuanet.com/world/2014-10/30/c_127157585.htm.

（二）人口年龄结构与政治

21世纪既是全球人口增长趋缓的世纪，也是人口普遍老龄化的世纪[②]，尽管各国的人口老龄化程度各异。总体来看，发达国家的人口老龄化程度高于发展中

---

① 高英东．美国的人口问题//黄平，倪峰．美国问题研究报告（2011）．北京：社会科学文献出版社，2011：164.

② 北京大学人口研究所课题组，穆光宗．全球人口发展趋势及其对世界政治的影响．当代世界与社会主义，2012（4）.

国家；而在发达国家中，日本的人口老龄化程度最严重，欧洲国家次之，美国紧随其后。出生率和死亡率双降，劳动力数量下降而抚养比上升，人口预期寿命延长，但退休年龄没有推迟；需要专业看护的老人数量不断增加，但专业看护机构和人员没有相应增多；社会保障和养老金需求不断扩大，公共养老基金预算捉襟见肘并"寅吃卯粮"①：这不仅是欧盟国家的真实写照，而且是所有已然经历、正在经历或者将要经历人口老龄化的国家所不得不面对的现实。

从世界范围来看，人口老龄化普遍影响代际关系，会驱动老年友好的国际政治价值取向的形成和发展。同时，世界政治和国家政策不得不倾向于老年利益群体，多国延长退休年龄，倡导积极老龄化战略，并开展一系列关于老龄化的国际行动。② 同时，人口老龄化也成为各国政治力量对比变化的契机。正如上文所言，人口老龄化程度在世界各国分布不均衡，在发达国家正在经受人口老龄化带来的种种挑战之时，多数欠发达国家尚未进入人口老龄化时代。联合国《世界人口展望2014》数据显示，2014年全世界共有18亿青年人口，年龄在10～24岁的人口中，约有90%的人生活在欠发达国家之中。而青年人是最具活力、创造性的人群。如果这些国家可以通过普及教育及关注青年人口健康成长等方式增强青年人口的人力资本，充分利用青年人口所带来的"人口红利"，将会促使本国经济社会快速发展。相比之下，发达国家因为要保障高龄人口的健康、社会保障而需要在政治和经济上付出高昂的代价。

（三）国际人口迁移与政治

人口的迁移流动无论是对输出国（地）还是对输入国（地）的相应公共治理、社会政策以及政治地位，都会带来多方面的影响。

其一，从缓解人口老龄化的角度而言，国际移民的大规模增长为输入国（地）提供了大量年轻劳动力，有助于缓解输入国（地）人口老龄化的程度和劳动力供求之间的矛盾。与此同时，移民的大量增加也会加大对公共设施投资与建设的需求，加大社会管理的难度，迫使相关国家对政策进行相应的调整以应对新的社会问题，改善社会的运行状况。

其二，从人才流动角度而言，随着输入国（地）对移民的选择性增强，移民的技术化、知识化和高学历化将对发达国家和发展中国家产生截然不同的影响。当下，人力资本已经成为增强各国竞争力的重要的战略性资源。因此，对发达国家而言，人才的大量流入与引进，将有利于促进本国经济社会的发展及综合国力的增强。对发展中国家而言，人才的大量流失，将不利于本国综合国力的增强及国际地位的提高。

其三，从文化冲突与社会稳定的角度而言，移民输入国（地）在享受移民带

① 蒋红柳．欧盟破解人口老龄化问题探析．西南民族大学学报（人文社会科学版），2014（5）．

② 北京大学人口研究所课题组，穆光宗．全球人口发展趋势及其对世界政治的影响．当代世界与社会主义，2012（4）．

来的种种利好时，也不得不面对大量移民迁入后产生的各类社会问题。人口的大量流迁使得输入国（地）和输出国（地）的人口构成复杂化，加上文化冲突及对移民中弱势群体权益的保护缺失等，社会不稳定因素增强。从年龄结构来看，移民对输入国（地）人口年龄结构的改变促使输入国（地）年轻人口比重显著增大，这可能会增加输入国（地）在面临政治和经济危机时爆发社会冲突的可能性。从民族、种族结构来看，移民对输入国（地）人口民族、种族结构的改变，会增加不同民族、种族为争取新的利益分配格局而斗争的可能性。同时，如果移民的出生率显著高于输入国（地）国民，那么也会引起输入国（地）政府和公众的心理恐慌，影响不同民族、种族群体之间的和睦相处。[1]研究显示，“保卫家园”的意识会使本地人在面对外来移民的增长时，采取冲突和斗争的手段，从而引起政治上的不稳定，同时对经济增长造成损害[2]。近些年，欧洲多国频发的各类社会安全事件，多与攻击移民有关，这也极易导致国际政治冲突。

挪威血案：移民潮带来文化冲突之痛

谈论挪威“7·22”极端暴力袭击事件，移民问题是一个绕不过的问题。

最近一些年，在欧洲许多国家，特别是经济发达的西欧和北欧国家，外来移民越来越多。这些移民大多来自非洲和中东地区，也有不少来自亚洲国家。在挪威奥斯陆的格林兰区，街道上行走的挪威当地人少之又少。你可以在那里看到印度人、越南人、伊拉克人、索马里人，他们开小饭馆、小商店、理发店。

挪威是一个开放型国家，工党领导的挪威政府采取积极的移民政策。移民弥补了挪威劳动力的不足，为挪威社会经济发展做出了贡献。挪威主流社会对合法有序的移民持欢迎态度。

合法移民在挪威享受同挪威当地人一样的国家福利待遇。失业了，有失业金可领；生大病了，住院医疗免费；从小学到高中，子女教育免费。客观地讲，挪威从中央到地方政府，都很重视文化融合。中央政府有部门专门负责移民与挪威社会融合。外来移民学习挪威语，过去由挪威政府出钱，现在改由雇主或移民自己出钱，但15岁以下的孩子学习挪威语依然免费。奥斯陆移民相对较多的区，每年都要组织表演或展览活动，各族群可以展示自己独特的民族文化。

尽管如此，文化上的冲突和心理上的坚冰依然存在。外来移民，尤其是第一代移民，哪怕会讲挪威语，也很难与挪威当地人交朋友。一位库尔德人理发师告诉记者，挪威就是经济好，好挣钱，其他没有什么好的。此外，不少挪威当地人内心对移民增加存在焦虑和不安，也是不可否认的客观事实。特定外来移民群体中存在的一些习俗，如女性割礼以及女孩恋爱和婚姻自由受限等，挪威当地人很难接受。

---

① 田源．移民与国家安全：威胁的衍生及其条件研究．北京：世界知识出版社，2010：79.

② WEINER M. Ethics, national sovereignty and the control of immigration. International migration review, 1996 (30).

随着全球化的发展，汹涌的移民潮将一浪高过一浪，不可阻挡。而对于文化的冲突和观念的不同，很难有立竿见影的方法加以消除或弥合。挪威“7·22”事件似乎预示着，麻烦才刚刚开始。

资料来源：李国荣，刘敏．挪威血案：移民潮带来文化冲突之痛．（2012-01-05）［2019-11-10］．http：//news. xinhuanet. com/world/2012-01/05/c_122538579_2. htm.

其四，非法移民和难民问题考验国际人道主义。非法移民由于不被认可，因此本身暗含着诸如经济、社会福利、教育、犯罪、公共福利、健康保险、人权等各种社会问题。难民虽然对世界多数国家和地区的人口数量增长、结构变化和发展等影响不是很大，但是影响难民迁入国（地）和迁出国（地）的社会、政治、经济和文化体制及其发展。

汹涌难民潮　欧盟难应付

中东及北非政局不稳、叙利亚持久内战以及极端武装组织 ISIS 的暴行等，造成成千上万的难民涌向欧洲，让还没有完全走出欧债危机的欧洲国家不堪重负。如何既保证难民的合法权利，同时又避免因大批难民的涌入给欧洲带来日益严重的社会问题，是德国联邦安全政策学院安全政策论坛重点关注的问题。

难民潮

意大利驻德国大使本纳斯谈到，全世界 2013 年有 5 100 多万难民流离失所，相当于西班牙人数的总和，其中 1/2 为未成年人。全球难民数量达到二战结束以来最高水平。2014 年非法进入欧洲的难民比 2013 年增加了几倍，达到 16 万人之多。从海上进入意大利的难民增加了 5 倍，距统计，在短短几天里就有 5 000 余名难民涌向意大利的兰佩杜萨岛。乘坐超载的简陋船只前往发达的欧洲，对于这些难民来说是一条危险但充满诱惑的逃亡线路。在逃难途中因饥渴死亡，或由于小船超载沉没而命丧大海的难民不计其数。与此同时，滚滚而来的非法移民及难民潮使意大利不堪负荷。德国内政部的官员在会上谈到，大批难民的涌入不仅使难民营居住条件简陋，人满为患，有些人甚至露宿街头，也给德国带来日益严重的社会问题。此外，一些难民通过非法组织诈领德国社会福利。种种问题使得德国民众抗议声音不断。

难民庇护

根据相关规定，各国对那些因战乱和安全原因无法返回的难民都应给予庇护，并保障他们在食宿、教育和就业等方面享有平等的权利，不能受任何歧视。联合国难民事务高级专员弗尔特在发言中强调，德国虽然是发达国家中接收难民最多的国家之一，总共接收了近 60 万难民，但从全球角度看，难民中有 4/5 是由发展中国家收留的，巴基斯坦、伊朗和叙利亚是 3 个收留难民人数最多的国家，分别收留了 190 万、110 万和 100 万难民。

解决措施

让希腊、意大利等国家独自面对大规模的难民潮是不合适的，欧盟国家之间必须加强团结互助，在欧洲范围内建立共同的难民保护体系，为难民提供有人道尊严的接待条件。同时应在全欧洲范围内进行难民分摊，以减轻沿海国家的负担。

解决难民问题，“堵”不是办法。少一点战争，少一点贫困，多一些和平，多一些发展，多一些合作，才是根本之道。

要彻底解决难民潮问题，既要治标，积极保护和救助现有难民，更要治本，消除战乱，发展经济，降低人口增长率。如果难民问题得不到合理解决，那么终将危及欧洲的社会安全。

资料来源：柴野．汹涌难民潮 欧盟难应付．光明日报，2014-10-19.

此外，国际移民政策亦深深地影响国际人口迁移的流向和规模。各国纷纷采取更加严格的措施抵制不合法移民进入，越来越注重高技术移民，同时，作为家庭团聚和入籍条件的语言、公民觉悟等考试也在不断增加。①

(四) 民族、种族、宗教结构与政治格局

人口的民族、种族、宗教等构成情况及变化会引起各类群体力量对比的变化；在新的政治力量对比下，不同群体会产生新的利益诉求，要求重新进行利益分配。如果政治系统能够满足这种利益诉求，就会平稳地形成新的利益分配状态，带来新的政治格局。相反，若不同群体、组织的利益诉求得不到满足，就可能爆发冲突，影响社会稳定，进而催生新的政治格局。如美国宪法规定，国会众议院议员名额分配直接与各州人口数挂钩，故人口的变动必然导致众议院席位的重新分配，并由此导致各州政治力量的兴衰；而美国人口结构的变动，尤其是各族裔人口的变动，也会影响他们的政治影响力，并可能影响两大党政治势力的强弱。

种族、宗教与政治的关系，是一个尚未充分挖掘的新领域。国外研究显示，不同文化群体人口增长率的变化会引发直接的冲突②；一个国家的内战是某个逐渐增长的群体产生革命意识的结果③。

20世纪后半叶，约40%的规模性冲突（即造成1 000人以上死亡的冲突）涉及种族和宗教因素。其中的一个共同特性在于民族、种族或宗教认同的不一致，但其背后往往伴随着人口学因素。正是这种人口变迁和民族、种族、宗教的结合，在一定程度上决定了今天风云涌动的政治格局，从政治局势，特别是地区冲突中可看出两者的交互影响。当然，政治格局的变动并不总是激烈的冲突，还

---

① 张晓青，等．1990—2013年国际人口迁移特征、机制及影响研究．人口与发展，2014（4）．

② TOFT M. Getting religion? The puzzling case of Islam and civil war. International security，2007（31）．

③ GOLDSTONE J. Ideology，cultural frameworks，and the process of revolution. Theory and society，1991（20）．

有其他较为缓和的方式，如选区的变化、法案的修订等。

宗教的作用在很大程度上取决于当前占优势地位的主要群体对后来居上的群体采取怎样的态度和应对措施。比较严厉的抑制措施（如武装镇压）更容易激发不同宗教群体、民族种族之间的矛盾，进而产生冲突。即便是相同的宗教团体，也可能会影响政治格局。

相对于自由派、世俗派而言，激进派信徒的生育率往往较高。在没有其他影响的情况下，高生育率的宗派信徒会在未来的人口进程中占有更大的比例，从而使未来的政策倾向性更为明显，美国社会对流产和同性恋的态度是一个较为明显的例子。2010 年，世俗派美国人的年龄结构比其他信仰的美国人的年龄结构都要年轻，但他们的总和生育率只有 1.66，低于更替水平，且是所有美国宗教团体中最低的；相反，激进派信徒或其他对生育、婚姻有相似看法的宗教人群的总和生育率则最高。在不加干预的情况下，激进派的天主教徒会使社会整体的世俗化进程受到阻碍，更加反对流产和同性恋，在政治上更倾向于通过更多持反对态度的立法，等等。2008 年加利福尼亚州反对同性婚姻的 8 号提案（Proposition 8）可被视为这一进程的一个信号，其中的宗教背景就是，移民和高生育率使加州的新教和摩门教、拉丁天主教徒比例逐渐增大，对同性恋的反对态度越来越强。在共同的宗教价值和政治诉求下，新教和摩门教、拉丁天主教徒联合，促使 8 号提案投票通过。这是高生育率和共同的价值判断联手影响政治的一个典型事例。

新兴政治团体的政治诉求若不能通过民主投票的方式予以表达，且政治当局采取较为严峻的抑制措施，尤其是当这种诉求和抑制与宗教联手时，就可能会引发激烈的武装冲突甚至全面内战。比如，伊斯兰国家主要分为逊尼派和什叶派两个派别，这两派人口数量的变动和政治势力的变动往往是形成地区政治动荡的根源。前萨达姆政权是逊尼派政权，在位期间对什叶派大加打压；逊尼派政权在伊拉克战争中被推翻后，国内人口占比更高的什叶派借机支持多国联军，最终成立了自己的政权。

人口总量与地域分布之间相互作用，共同以直接或间接的方式影响政治。伊拉克是地域分布直接影响政治局势的典型代表。伊拉克战争爆发后，伊拉克地区实际上已经分为三个部分：南部的什叶派政府，中部和西北部的“伊斯兰国”(ISIS,独尊逊尼派)，东北部的库尔德人。这种分布在很大意义上是由不同民族、种族和宗教派别的聚居造成的。间接影响则主要体现在民主国家的选票政治中，不同地区的民族、种族、宗教比例不同，它们可以通过这种分布上的特点，把平等的选票转化为具有倾向性的政治权力。

二、中国人口状况与政治

如前所述，在中国古代，先贤们就已论述过人口与政治之间相互作用的关系。新中国成立以来，中国的人口问题在每一个时期，都与政治密切联系在一起。如在新中国成立初期，中国经历了很多年的战乱，处在百废待兴的战后重建阶段；同时，在当时国际美苏“冷战”的两极格局下，中国急需庞大的人口数量投入国家的工业经济建设，以提高实力和国际影响力，为此，毛泽东做出了“人多力量大”的论断。同时，城市劳动力大量短缺，使得地域之间和城乡之间迁移流动的政策十分宽松。但是，随着中国社会的恢复重建，人口与政治的关系问题发生了变化。改革开放后，因人口总量被视为阻碍经济发展、实现四个现代化、提升中国国际地位的重要因素，故中国开始推行计划生育政策；其他方面的人口政策或与人口有关的政策也都发生了相应改变，与政治因素交织、交缠、相互影响。

(一) 人口数量与计划生育政策

在中国，人口数量多、基数大这个突出国情，不论直接还是间接，都必然同国外或国内政治大局有关。新中国成立后，我国人口增长基本处于自发和无计划状态，人口出生率持续增长，人口增长与经济社会发展之间的矛盾突出，在此背景下，计划生育政策应运而生。计划生育政策是新中国成立以来贯彻实施时间最长、涉及人群最广且最受重视的一项关于人口的基本国策。[①] 在长期的人口数量控制战略下，我国人口的增量和增速得到有效遏制。与此同时，我国计划生育政策的实施也经历了一系列演变。20 世纪 50 年代末期，上海等大城市开始宣传计划生育。20 世纪 60 年代，我国开始提倡计划生育。20 世纪 70 年代初，我国开始全面实行“晚、稀、少”的计划生育政策。自 1980 年以来，除部分少数民族地区，我国开始实行严格的有差异化的独生子女政策。1982 年 9 月，党的十二大把实行计划生育确定为基本国策。为实现人口与经济、社会、资源、环境的协调发展，推行计划生育，维护公民的合法权益，促进家庭幸福、民族繁荣与社会进步，我国于 2001 年颁布了《中华人民共和国人口与计划生育法》，并于 2002 年 9 月 1 日起施行。与此同时，我国还制定和完善了计划生育奖励制度、计划生育家庭保障制度、计划生育家庭救助制度、计划生育家庭优惠制度等相关配套政策。2013 年我国启动实施“一方是独生子女的夫妇可生育两个孩子的政策”。2015 年我国“全面实施一对夫妇可生育两个孩子政策”（见表 12－1）。总体而言，我国的计划生育政策从早期计划经济时代的行政干预、强迫命令，演变为目前的依法行政、以人为本、奖励扶助、利益导向、优质服务、寓管理于服务之中等。[②]

① 王桂新．生育率下降与计划生育政策的作用：对我国实行计划生育政策的认识与思考．南京社会科学，2012（10）．

② 原新．“人口转型”后的计划生育政策走向．探索与争鸣，2014（4）．

表 12-1 实施计划生育政策的重要事件

时间	事件
1971 年 7 月	国务院批转《关于做好计划生育工作的报告》，首次把控制人口增长的指标纳入国民经济发展计划
1980 年 9 月	中共中央发表《关于控制我国人口增长问题致全体共产党员共青团员的公开信》，提倡一对夫妇只生育一个孩子
1982 年 9 月	党的十二大把计划生育确定为基本国策，同年 12 月写入宪法
1991 年 5 月	中共中央、国务院做出《关于加强计划生育工作严格控制人口增长的决定》，明确贯彻计划生育政策，严格控制人口增长
2002 年 9 月	《中华人民共和国人口与计划生育法》施行
2013 年 11 月	《中共中央关于全面深化改革若干重大问题的决定》提出启动实施“一方是独生子女的夫妇可生育两个孩子的政策”
2013 年 12 月	中共中央、国务院印发《关于调整完善生育政策的意见》
2015 年 10 月	十八届五中全会提出“全面实施一对夫妇可生育两个孩子政策”

计划生育政策口号演变

1971 年：一个不少，两个正好，三个多了

1973 年：“晚、稀、少”的政策

1979—1989 年：独生子女好、两个要申报（城市杜绝两胎，农村可生育两胎）

1990—2004 年：独生子女好，两个不行了（但农村第一胎是女孩的除外）

2005—2012 年：双独子女家庭可申请生育二孩

2013 年：单独家庭也可申请生育二孩

2015 年开始：全面实施一对夫妇可生育两个孩子政策

资料来源：立希望．我国计划生育政策的演变．(2014-05-10)［2019-11-10］. http://blog.sina.com.cn/s/blog_53cbdd660101tlj9.html. 王思北，胡浩．关于“生孩子”的那些政策：中国人口政策演变“编年史”．(2015-02-09)［2019-11-10］. http://news.xinhuanet.com/politics/2015-02/09/c_1114311252.htm. 五中全会：全面实施一对夫妇可生育两个孩子政策．(2015-10-29)［2020-02-10］. http://politics.people.com.cn/n/2015/1029/c1001-27755508.html.

进入 21 世纪，我国的人口状况发展呈现前所未有的复杂局面：人口规模继续惯性增长，劳动年龄人口规模开始下降，老龄化速度加快，性别比失衡严重，流动人口规模持续增加，家庭规模小型化、关系疏远化、类型多样化、结构核心化、成员流动化，等等[①]。因此，在人口政策方面，除了继续稳定低生育水平

① 原新．“人口转型”后的计划生育政策走向．探索与争鸣，2014 (4)．

外，还需要将提高人口素质、治理出生性别比失衡、建立计划生育困难家庭帮扶列为政策目标，逐步确立今后以提高家庭发展能力为目标的政策导向[①]。

此外，在过去几十年中，我国实行的计划生育政策对人口也产生了巨大影响。计划生育政策实施至今，通过控制出生率的方式非常有效地控制了我国的人口规模，促成了我国现在的生育方式、人口规模乃至人口发展趋势。

（二）生育率与国防安全

国防人口的长期均衡是促进国防安全的重要保证。在数量方面，国防人口的绝对规模和相对数量都要均衡，这样才能为国防建设提供充足的国防人口，保卫国家的安全。换言之，一个国家的生育率不能过低。

早在2005年，原新和王金营就提出，一定要重视低生育水平的长期后果，低生育水平绝不是越低越好，也绝不是维持的时间越长越好[②]。低生育率的后果之一是导致兵源“短缺”，使国防安全面临日益严重的问题。我国虽是一个人口大国，但近几年兵源“短缺”的现象时有发生，威胁国防安全建设。这主要是由计划生育政策的严格实施所带来的低生育率所致。低生育率导致我国出现了大量独生子女家庭，其对国防安全的影响主要表现为：其一，独生子女较难适应艰苦的国防劳动；其二，考虑到国防劳动风险较大且生活艰苦，大量独生子女不愿意去当兵。此外，低生育率还加速了人口老龄化进程，老年人口抚养系数的提高也在一定程度上降低了独生子女献身国防的积极性。[③] 简言之，生育率的高低事关国防安全和社会稳定的大局。当然，国防安全也会反作用于生育率。若国防建设得好，国家长治久安，人民生活稳定，人们生育的意愿将会变强，生育率也会随之升高。

（三）人口老龄化与政治

21世纪是人口老龄化的时代，中国也不例外。我国人口老龄化规模大且呈现不断增长之势。同时，我国的人口老龄化还存在未富先老、空间分布不平衡以及老龄化的城乡倒置等特点。

人口老龄化给我国的经济、社会、政治、文化等各个方面都带来了深刻影响。从政治角度来讲，目前，我国的社会结构很难较快地适应人口老龄化的转变，政治形式、政治内容也都需要做出相应调整，以应对人口老龄化的挑战。[④] 一方面，庞大的老年群体在养老、医疗、社会服务等方面的需求，将会给我国的社会管理体制带来巨大压力，我国亟须建立满足老年人群需求的社会服务体系、健全养老服务网络，从政治制度层面上确保“老有所养、老有所医、老有所教、

① 石智雷，徐玮．计划生育利益导向政策对家庭发展的影响效应分析．南方人口，2014（1）．

② 丁志宏．维护人口安全 构建和谐社会“人口安全与社会发展：多学科的视野”全国学术研讨会综述．人口研究，2005（3）．

③ 丁学洲．国防人口长期均衡发展研究．人口研究，2014（5）．

④ 党俊武．老龄社会引论．北京：华龄出版社，2004：146．

老有所学、老有所为、老有所乐”。另一方面，随着我国老年人口的增多，老年人在基层组织活动中的参与性增强，改变了过去以家庭妇女为主体的居委会结构，这对提高居委会成员的政策水平和群众自治能力起到了很大作用。[①]

（四）人口流动与政治

人口持续大规模流动既与政治制度的变化密切联系，又会对我国的政治制度建设产生影响。

首先，人口大量涌入城市，会给城市的基础设施、社会管理带来巨大的压力。一旦管理不当，致使流动人口的融入困难，将很容易引发“城市危机”“城市暴力行为”，威胁社会稳定。

其次，流动人口的激增，将会加大城市社会公共资源分配的难度，容易引起并激发本地人与外来人之间的矛盾和冲突。

再次，随着少数民族流动人口的不断增加，民族之间的接触、交流增多。然而，各民族之间在风俗习惯、宗教信仰以及文化传统等方面的差别，可能引发一定矛盾。

最后，流动人口通过各种合法形式参加政治生活，影响政治体系的构成、运行方式、运行规则和政策过程的行为，既是他们维护自身权益的重要而又有效的方式[②]，也是推进民主进程的重要手段。然而，受流动人口的利益相关性不足、政治参与意识淡漠及政治参与机制不健全等诸多因素的影响，流动人口的权利落空，无法得到政治保障。当自身权利无法得到保障，又处于孤立无援的状态时，部分流动人口会通过暴力这种最直接的手段来争取自身权益。而这种方式极易引发社会冲突，威胁社会稳定。因此，亟须唤醒流动人口的政治参与意识，完善相关法律，在制度上保证流动人口选举权利不被虚置。

（五）性别失衡与政治

中国出生性别比在世界上最高，偏离正常值的时间最长、程度最深、范围最广。性别失衡可能导致单身未婚者本身的生理与心理健康、同性之间和异性之间双重的婚配竞争以及色情业泛滥等问题。[③] 这些问题的存在极易造成性犯罪、性侵犯、暴力性犯罪等事件的增加，严重威胁女性的生存状态及整个社会的和谐稳定。有学者认为，过多的非意愿性独身男性是社会动乱之源。捻军起义是1851年发生在淮北区域的农民起义军反清战争，一般认为其爆发原因是频繁的自然灾害导致民不聊生以及清政府的无能统治，但其背后也与人口因素有所关联。19世纪前叶，淮北地区经历了洪水、干旱、蝗灾等一系列的自然灾害，哀鸿遍野、民不聊生。由于在大部分老百姓的传统观念中，男孩可以继承家业，对家庭有着

---

① 宋书伟，王因为．社会学纲要．济南：山东人民出版社，1986：374.

② 刘军．论流动人口的政治参与．云南行政学院学报，2004（2）.

③ 李树茁，韦艳，任锋．国际视野下的性别失衡与治理．北京：社会科学文献出版社，2010：249.

较大的价值，而女孩则单纯消耗财富，在家庭可获得资源十分有限的情况下，淮北地区杀害女婴的现象一时较为严重，造成了当时数值为129的极高性别比。这些没能找到配偶的年轻男性具有较强的暴力倾向且没有家庭的牵绊，成为起义军的重要组成部分。①

总的来讲，性别失衡可能会激化并放大买婚、拐卖妇女、非婚生育、卖淫、性侵犯、暴力犯罪等社会问题，加剧对女性的生存权、参与权和发展权等权利的损害。同时，性别失衡所带来的一系列负面影响将可能影响本国和国际社会的安全。②

本章小结

人口与政治在相互联系、相互制约中发展。在当今社会，人口规模直接作用于世界政治格局；人口结构，如各国老龄化进程的不均衡发展可能导致各国经济实力的变化，而亚洲国家和地区出生性别比的失衡对21世纪全球、亚洲地区和相关国家的民主进程和社会稳定形成威胁；人口迁移流动使得社会治理复杂化，甚至可能影响某些地区政权的稳定；人口的民族、种族、宗教等结构的变化打破相对的利益平衡，改变地区群体力量的对比，可能引发暴力冲突。反过来，政治格局也会直接或间接作用于人口状况。如战争对人口的出生、死亡和迁移都可能产生巨大影响；人口政策也会影响人的生育和迁移流动行为，鼓励性和限制性的政策会给生育和迁移流动带来截然不同的结果。

21世纪，世界人口老龄化已经形成不可扭转之势、人口迁移流动更加频繁、民族成分发生变迁，人口状况的这些变化会直接作用于各国之间的力量对比，进而影响国际政治格局。在中国，人口老龄化程度不断加深、出生性别比严重失衡、流动人口规模不断加大，这些人口状况所带来的一系列负面影响也会直接影响社会的安全与和谐。

关键术语

人口状况、政治格局、老龄化、迁移流动、性别失衡、民族、种族、宗教

思考题

1. 简述人口状况的概念内涵。
2. 简述政治格局的概念内涵。
3. 简述当今国际人口增长、老龄化、迁移流动对国际政治格局的影响。
4. 简述我国人口老龄化、人口流动以及性别失衡对我国社会和谐稳定的影响。

---

① HUDSON V, BOER A D. Bare branches: the security implications of Asia's surplus male population. Cambridge, Mass.: MIT Press, 2004: 208.

② 李树茁，韦艳，任锋．国际视野下的性别失衡与治理．北京：社会科学文献出版社，2010：251.

拓展阅读书目

1. 北京大学人口研究所课题组，穆光宗．全球人口发展趋势及其对世界政治的影响．当代世界与社会主义，2012（4）．

2. 顾宝昌．中国人口：从现在走向未来．国际经济评论，2010（6）．

3. 李树茁，韦艳，任锋．国际视野下的性别失衡与治理．北京：社会科学文献出版社，2010.

4. 李建新，孙淑敏．新人口政治学的兴起及其对我国的影响．人口研究，1998（6）．

5. GOLDSTONE J，KAUFMANN E，TOFT M. Political demography：how population changes are reshaping international security and national politics. London：Oxford University Press，2012.

第十三章 人口特征与经济发展

人不在多寡，有才则灵；国不在大小，有谋则名。人口本身既可能是一种优势资源，但也可能成为资源的净消费者；实现“人口”向“人才”、“人手”向“人脑”的转化，才是中国未来的人口发展之路。①

——杨菊华

人口是一切社会经济发展的基础性、长期性、关键性和战略性要素。人口与经济具有相互依赖、相互制约的关系。没有人口就没有经济，没有经济也就没有人口。只要有人口存在就必然对应一定的经济形态。人口与经济发展的关系是长久以来讨论和争论的焦点；从古希腊和中国的春秋战国时期开始形成的增殖人口论、控制人口论、适度人口论等，都是在探讨人口与经济的关系。人口增长是阻碍了经济发展还是促进了经济发展，人口增长有没有极限，技术的发展如何调节二者之间的关系，等等，都是久盛不衰的话题。本章从人口规模、人口结构和人口迁移三个角度，梳理对它们与经济发展关系的相关讨论和研究成果。本章第一节介绍人口变动与经济发展的概念内涵与测量指标，第二节梳理人口变动与经济发展的理论关系，第三节分析世界范围内人口变动与经济发展的实证关系，第四节分析中国人口变动与经济发展的实证关系。

第一节 人口变动与经济发展的概念内涵和测量指标

量化讨论人口与经济的关系，人口指标一般从三个维度——规模、结构和分布展开，经济发展测量中最常见的指标就是经济规模和经济增长率。以下将介绍一些常见的相关指标及其概念。

① 杨菊华．“人口论”与“人手论”的千年谜争：兼述“人脑（才）论”．人口与发展，2017（6）．

一、人口规模

(一) 人口总数

人口总数指的是在一定时点、一定地域范围内所有有生命的个人的总和。在谈论人口总数时一定要注意统计时点、地域范围和人口范畴。常用的几个人口统计口径是：常住人口、现有人口、户籍人口、平均人口数。

常住人口是指经常居住在某个地域的人口，“经常”是对时间长度的界定，我国普查中使用过一年和半年的标准；现有人口则是某时点居住在某区域内的所有人口。

常住人口＝现有人口－外来暂住人口＋本地暂时外出人口

现有人口＝常住人口＋外来暂住人口－常住人口中暂时外出人口[①]

户籍人口是指依照《中华人民共和国户口登记条例》，已在某行政区域公安户籍管理机关登记了户籍的人口。这类人口不管其是否常住在本地，只要在本地公安机关注册，则为该地区的户籍人口。

平均人口数是指某一时期内各个时点人口的平均数[②]。理论上，对平均人口数的准确计算应该是将每一瞬间的人数相加，除以相应的日历时间；所取的时间间隔越小，平均人口数越准确。但是，在实际工作中，不可能取得瞬间的人口数字，一般只计算平均人口数的近似值，比如相邻两年年末人口的平均值。

当取得的人口资料为每日人口数时，可用以下公式计算：

$$\overline{\mathrm{P}} = \frac{1}{n}\sum_{i=1}^{n}\mathrm{P}_i$$

其中，$\overline{\mathrm{P}}$ 表示平均人口数，P_i 表示时间 i 的人口数，n 表示日历天数。

在人口数变动较为均匀的前提下，年中人数可以代表年平均人数。

需要注意的是，当对人口增长的假设不同，比如按算数增长、几何增长或指数增长时，平均人口数的计算方式会不一样。详细计算方法可参见宋健的《人口统计学》。

(二) 人口增长

人口平衡公式为：

$$\mathrm{N}(T) = \mathrm{N}(0) + \mathrm{B}(0, T) - \mathrm{D}(0, T) + \mathrm{I}(0, T) - \mathrm{O}(0, T)$$

其中，N（T）表示时间 T 上的总人口数，N（0）表示初始时点的总人口数，B（0，T）表示初始时点到时间点 T 之间的出生人数，D（0，T）表示初始时点到时间点 T 之间的死亡人数，I（0，T）表示初始时点到时间点 T 之间的净迁入人

① 宋健．人口统计学．北京：中国人民大学出版社，2019：17.

② 同①43.

口数，O（0，T）表示初始时点到时间点T之间的净迁出人口数。可见，特定时点、特定地区的人口数由出生、死亡和迁移三个基本人口要素决定。

人口自然增长率是指一定时期、一定区域内人口自然增长量（出生人口数与死亡人口数的差值）与该时期、该区域内的平均人口数之比，一般用千分数表示[①]。

$k=\frac{P_1-P_0}{P}\times 1\,000‰$，表示全年增加人口数相当于全年平均人口数的千分之多少。

$k=\frac{P_1-P}{P_0}\times 1\,000‰$，表示年末人口比年初人口增长了多少。

就全世界人口而言，k就是人口自然增长率；就一个国家或地区而言，k主要取决于人口自然增长率和人口净迁移率。

人口年均增长率也叫作人口平均增长速度，即在两年以上的时期内，平均每年人口增长程度或增长速度[②]。它最常用的计算方法是几何平均数法；如果考虑到人口增长的连续性，那么也可以使用指数方程计算。它可以用来反映较长时期内波动起伏的人口发展的平均速度，比较长度不同的两个时期的人口发展速度，或者对比同一时期内不同国家或地区的人口增长速度。

假设人口为几何增长和人口等比增长时，人口每年平均以一个固定的增长率持续增长（几何增长、复利公式），则有：

$$\Rightarrow \overline{k}=\sqrt[n]{P_n/P_0}-1=\sqrt[\text{年数}]{\text{期末人口}/\text{期初人口}}-1$$

假定人口按指数增长，则人口年均增长率为：

$$\frac{P_t}{P_0}=e^{kt}\Rightarrow \ln\frac{P_t}{P_0}=kt\Rightarrow k=\frac{1}{t}\ln\frac{P_t}{P_0}$$

需要注意的是，人口年均增长率反映全时期的平均增长趋势，因此掩盖了各年的差别。若一段时期内不仅有增长率高低的变化，还有方向上的差别，则应该分别考虑性质不同的各个时期。

二、人口结构

人口的最基本结构是年龄结构和性别结构，在前面的章节已详细介绍过，故这里不再赘述。

三、人口分布

人口分布是指特定时点人口在地理空间位置上的分布状态。它既是通过自然

---

① 宋健．人口统计学．北京：中国人民大学出版社，2019：49.

② 同①50.

变动和迁移变动不断调整的人口再分布过程的瞬时表现，也是人口动态变化的静态映象。人口分布数据具有重要作用，比如，它既是编制区域国民经济和社会发展规划及人口等专项规划的重要依据，也是企业制定市场细分战略、新建项目选址和商业网点布局的重要依据。

按照不同区域分类方式，人口分布可以分为以下类别。

自然地域分布：人口在不同自然地理环境（山区、半山区、平原等）之间的分布状况。

行政区域分布：人口在不同行政区之间的分布状况。

规划区域分布：人口在不同功能规划区（主体功能区、人口发展功能分区，或东部、中部、西部）之间的分布状况。

城乡区域分布：人口在城市和乡村之间的分布状况。

人口分布不仅指人口数量的分布，还包括其他人口现象，比如人口素质、人口结构等在一定时间内的地理分布状况及其变动。

本章主要关注人口在地理上的分布与经济发展的关系，尽管人口的自然增长和机械增长都会影响到人口分布，但在长期低生育率的背景下，人口迁移流动成为近几十年来中国最剧烈的人口变动的主导因素，是对人口分布影响最直接、最大的因素。因此，下面在讨论人口分布与经济发展关系时，主要讨论人口迁移与经济发展的关系。

四、经济发展

国内生产总值（Gross Domestic Product，GDP）是指某一既定时期一个国家内生产的所有最终物品与劳务的市场价值①。国内生产总值是衡量一个国家经济发展状况最常用的指标。对于一个地区来说，这一指标则被称为地区生产总值或地区 GDP。

人均国内/地区生产总值（GDP per capita）是指某一既定时期内，某国家或地区的生产总值除以该时期的人口规模（通常用平均人口数、年中人口数或年末人口数）的值。

国民生产总值（Gross National Product，GNP）是与国内生产总值相近的一个经济指标，是指一定时期内本国的生产要素所有者所占有的最终产品和服务的总价值。它与国内生产总值的不同之处在于，它包括本国国民在国外创造的价值，但不包括外国人在本国创造的价值。

经济增长是指某个地区或国家经济发展水平的增长程度，是当年的国内/国民生产总值或人均国内/国民生产总值较往年的增长率。当然，经济发展除了包含经济增长外，还涵盖经济结构合理化改善、经济质量提高等。

在本章讨论人口与经济发展的关系时，经济增长仅仅指 GDP、人均 GDP、

---

① 曼昆．经济学原理：宏观经济学分册：第 5 版．北京：北京大学出版社，2009.

GNP、人均GNP较往年的增长率。

第二节 人口变动与经济发展的理论关系

人口既是生产者，又是消费者，双重角色使得人口对经济的作用途径非常复杂。作为生产者，人口为经济生产提供劳动力，作为重要的生产要素，从供给的角度影响经济发展；作为消费者，人口消费水平、消费结构的变动会从需求的角度影响经济发展。此外，人口还会对资本形成、技术进步等产生作用，进而间接影响经济发展。本节从人口规模、人口结构和当今影响人口分布的最重要因素之一——人口迁移三个角度，梳理人口变动与经济发展之间的理论关系。

一、人口规模与经济发展

对人口规模的讨论自人类社会形成起就没有停止过。“增殖人口论”一直是在古代中外国家和统治阶层占主导地位的人口思想，在早期自给自足的自然经济条件下，因人口是最重要的劳动力，是赋税和兵役之源，是社会生产发展的前提条件和君王统治的基础，故人口越多越好。从孔子及其儒家学派主张的“人口和土地是国家的根本，人口的作用大于土地的作用”到历朝历代以“民数”作为封建政治经济的基础，从古希腊色诺芬提出的“去远征敌人必须有人，而耕种土地也需要人的助力”到工业革命时期重商主义者认为人口即财富，中外人口思想的主流观点都是人越多越好。[①]

进入近现代后，人口快速增长引起了学者和社会的忧虑，“人口控制论”思潮逐渐占据主导地位。该理论在强调人口效用的同时，认为人口与社会财富并非总成正比，过快的人口增长不利于社会发展和人民福祉的改善，故需要控制人口增长[②]。人口控制论可追溯到古典政治经济学奠基人之一、法国重农学派的创始人魁奈的控制人口思想。他认为，人口过度增长会引起生活资料不足，人口增长应与国家财富相适应。在工业革命的影响下，人口增长与经济发展的关系广受关注。马尔萨斯（Thomas Robert Malthus，1766—1834）在首版的《人口原理》中，详细论述了人口增长与生活资料增长的关系，提出了限制人口增长的思想。二战后，伴随着补偿性的“婴儿潮”现象、死亡率的快速下降和人口预期寿命的

① 杨菊华．“人口论”与“人手论”的千年谜争：兼述“人脑（才）论”．人口与发展，2017（6）．
② 同①．

延长，人口增长过快成为众多国家面临的挑战，许多学者提出了控制人口的思想。例如，20 世纪五六十年代，保罗·埃利希发表《人口炸弹》，警告人口过快增长会带来一系列问题，比如大饥荒、社会动乱、疾病等，并提出要尽快控制人口，让人口零增长甚至负增长。泰勒的《世界末日》（1970）、梅多斯等人的《增长的极限》（1972）等认为当今世界面临“人口爆炸”风险，可能带来“资源危机”“粮食危机”等一系列灾难。①

然而，以经济学家朱利安·西蒙（Julian Simon，1932—1998）为代表的学者，则提出了一套乐观主义理论。西蒙在 1981 年出版的《没有极限的增长》一书中指出，人们目前面临的困境只是历史上的一个插曲，可以借助科学技术的进步和人类文明程度的提高来消除困境。技术是一个外生变量，新观念的传播在规模更大的人口中更有效。乐观派的支持者还包括曾获得诺贝尔经济学奖的库兹涅茨和丹麦的农业经济学家伊斯特·博塞洛普（Ester Boserup，1910—1999）。

在悲观派和乐观派之间的则是“适度人口论”派，这一派学者强调从经济、财富生产的角度研究人口数量。比如英国古典经济学派的创始人配第认为，适度的人口规模有助于国家的财富积累；法国人口学家索维对适宜人口规模进行了动态考察；戴维·皮尔斯（David Pearce）和杰瑞米·沃福德（Jeremy J. Warford）的《世界无末日：经济学、环境与可持续发展》认为，只要有效处理好环境与经济的关系，世界就无末日，经济社会就可得到持续发展。在某种程度上，“适度人口论”是对“人口控制论”的一种温和的修正。②

在对人口规模与经济发展关系的讨论中，也有持中立观点的学者，即认为人口对经济发展既没有正向作用也没有负向作用③。另外有学者则从长远发展看人口对经济的影响，盖尔·约翰逊（D. Gale Johnson，1916—2003）认为，在短期和中期内，人口增长对经济增长率的影响无足轻重，或者根本不存在。而在较长时期内，人口增长会对经济发展有促进作用。他认为，人口增长的积极效应体现在两个方面：一方面，在收入水平给定的情况下，人口越多，就会产生越多的发明，即技术进步率是人口规模的函数。此外，人口规模越大，就有越多的人分享技术进步的好处。另一方面是规模收益递增。规模收益包括两类：一类是社区或城市的规模收益。城市的发展说明了集聚效应的优势，城市把相关经营活动聚集到一起，促进了专业化分工。只有在农业生产率提高和人口增长的情况下，大城市才能得到发展。另一类是企业的规模收益。劳动分工与专业化是市场规模的函数，而人口规模是决定市场规模和从事生产性活动的企业规模的主要影响因素之一。

而现实的发展也并不总是能以悲观、乐观或者中立来定论的。纵观人类发展的历史长河，人口增长可能产生两种经济效应：一方面通过形成规模经济促进劳

---

① 杨菊华．“人口论”与“人手论”的千年谜争：兼述“人脑（才）论”．人口与发展，2017（6）．

② 同①．

③ BLOOM D，FREEMAN R. The effects of rapid population growth on labor supply and employment in developing countries. Population and development review，1986（12）．

动分工和技术进步；但另一方面可能对经济资源形成压力，减少投资，降低劳动生产率。在经济资源比较丰富的情况下，前者会成为主导力量；在经济资源短缺的情况下，后者会成为主导力量。因此，人口增长对经济发展的具体效应取决于两种力量的合力。这也解释了发达国家与发展中国家不同的发展历程。从发达国家的经济发展经验上看，在它们所经历过的工业化时期，人口增长与经济发展之间普遍呈现出一种正相关关系，人口增长最快的时期，经济发展也快。比如，美国、澳大利亚、加拿大等发达国家在20世纪60年代以前100年的人口增长和经济增长历程，呈现出了人口增长与经济发展正相关的关系。但观察大多数发展中国家的人口与经济发展历程会发现，“人口爆炸”时期，人口的高速增长并没有给大多数发展中国家的经济发展带来刺激，甚至经济发展被人口增长的压力抵消，撒哈拉以南非洲地区居高不下的生育率带来的人口负担就是典型的例子。

二、人口结构与经济发展

现有关于人口结构与经济发展关系的理论较多，而且比较成熟，这里介绍几个常见的理论：人口红利、生命周期理论、抚养负担假说、双重机制、可变增长率效应。

（一）第一次人口红利

布卢姆（Bloom）和威廉（William）最早提出人口红利概念，并称之为“demographic gift”①。布卢姆、坎宁（Canning）和塞维拉（Sevilla）于2003年正式使用人口红利（demographic dividend）一词。他们观察到劳动年龄人口快速增加在东亚经济奇迹中发挥了重要的作用，提出如果一个国家的多数人口是劳动年龄人口，那么这个人口增加的生产率将为经济发展贡献一个具有促进作用的人口红利②。人口在从“高出生率、高死亡率”向“低出生率、低死亡率”转变的过程中，人口年龄结构会发生明显的变化，总人口中劳动年龄人口比重增加，少儿人口和老年人口比重减少，人口抚养负担减轻。丰富的劳动力资源成为经济发展的促进因素，这种由劳动年龄人口比重占总人口比重较高而导致的经济增长率的提高被称为人口红利③。人口红利实际上是强调人口结构的作用。《世界发展报告》和《世界人口状况》将在人口转变过程中出现的“中间大、两头小”的有利于经济发展的年龄结构变化称为“人口机会窗口”。国际上通常把总抚养系

① BLOOM D，WILLIAMSON J. Demographic transitions and economic miracles in emerging Asia. The World Bank economic review，1998（12）.

② BLOOM D，CANNING D，SEVILLA J. The demographic dividend：a new perspective on the economic consequences of population change. California：Rand Corporation，2003.

③ BLOOM D，WILLIAMSON J. Demographic transitions and economic miracles in emerging Asia. The World Bank economic review，1998（12）. MASON A. Population change and economic development in East Asia：challenges met，opportunities seized. California：Stanford University Press，2001.

数下降到 50%以下称为“人口机会窗口开启”，也就是人口红利期形成。

当然，人口红利形成的前提条件是具备良好的政策环境。最基本的条件是市场能够提供足够多的岗位和行业，以保证就业不是压力；在制度条件上，劳动力可以自由流动；在结构条件上，劳动力素质可以适应新的产业结构；从个人角度，个人有意愿加入劳动力市场，劳动参与率稳定在较高水平。

人口红利是如何发挥作用的呢？它主要通过劳动力供应、储蓄率和人力资本积累三个要素对经济发展产生作用①。首先，人口转变通过两个方面影响劳动力供应：一是在人口转变初期，因生育率高、死亡率低而形成的“婴儿潮”一代进入劳动力市场，直接增加了市场中的劳动力供应；二是在人口转变的第二个阶段，生育率下降，家庭孩子数减少，女性从家庭中解放出来并进入劳动力市场。其次，劳动年龄人口占比高有利于促进储蓄率的提高，因为劳动年龄人口的生产高于消费，如果一个社会抚养负担很轻，就会有更高的储蓄率。最后，人力资本积累增加：随着死亡率下降、人口预期寿命延长和健康水平提高，整个社会对待教育、家庭、退休、女性角色和工作的态度都会发生文化上的转变；同时，因为生育数量的减少，家庭会更加重视孩子的质量，从而对教育的投资增多，人力资本提升，带来全社会劳动生产率的提高；而且，当生育数量减少后，女性更有可能进入劳动力市场，成为劳动力，这也会提高社会生产力，促进投资。

(二) 第二次人口红利

第二次人口红利最早由李和梅森（Mason）提出。他们认为平均预期寿命的延长和老龄化程度的不断提高增加了老年时期的消费需求，为了应对在老年时期的各种风险和需求，作为具有经济理性的人、家庭和政府部门，会针对人口年龄结构可预期的变化，对人整个生命周期里的消费和产出进行安排，比如为了老年时期的消费，个体在年轻时会增加储蓄。从社会角度看，这样的行为变化则会增加社会总资本的积累，促进经济发展，这就是第二次人口红利。②

除了从储蓄角度理解第二次人口红利外，也有学者从其他视角阐述了获得第二次人口红利的可能性。从劳动力视角看，随着医疗技术提高，人口预期寿命延长，整体健康水平上升，老年劳动力健康程度提升，如果能够延迟退休年龄，那么劳动力规模将会扩大，劳动年龄人口负担将随之降低③。从人力资本视角看，随着生育率的下降，家庭会增加在孩子教育上的投资，未来的劳动力人口将大部分是受教育程度高的人口，同时，老年人口的工作经验积累也是一种重要的人力资本④，人力资本的整体提升将促进经济发展。从消费视角看，长远来说，人们

---

① BLOOM D, CANNING D, SEVILLA J. The demographic dividend: a new perspective on the economic consequences of population change. California: Rand Corporation, 2003.

② LEE R, MASON A. What is the demographic dividend. Finance & development, 2006 (43).

③ 蔡昉. 未来的人口红利：中国经济增长源泉的开拓. 中国人口科学，2009 (1).

④ 王颖，邓博文，王建民. 第二次人口红利：概念、产生机制及研究展望. 经济与管理研究，2016 (2).

的消费水平会提升，同时，消费结构的改变也会促进产业结构更新换代，从而对经济发展产生促进作用[①]。

目前，针对第二次人口红利的讨论和测算更多地集聚于理论层面，实证数据研究结论并不一致。第二次人口红利只是存在产生的可能性，它的真正实现需要政策制定者根据现实的人口条件、社会经济背景和政策环境制定适宜的政策[②]。

（三）生命周期理论[③]

生命周期理论认为，个人消费行为和储蓄行为是年龄的函数。一般而言，劳动年龄人口是净储蓄群体，少儿人口是净“借贷”群体，老年人口消耗在劳动年龄阶段积累的财富。作为负担的少儿人口和老年人口的消费大于他们的产出，而具有抚养能力的劳动年龄人口的产出大于其自身的消费。在生命周期机制下，如果人口年龄结构变动带来劳动年龄人口比重上升，那么储蓄就会增加，投资也会随之上升；相反，如果劳动年龄人口所负担的非生产性人口增加，那么储蓄就会减少。简言之，人口年龄结构变动通过储蓄机制和投资机制作用于经济发展。

（四）抚养负担假说[④]

与基于微观行为经济学视角的生命周期理论不同，寇尔和胡弗从宏观角度提出了人口转变过程的“抚养负担假说”，以此来分析少儿抚养负担与储蓄率的关系。该假说认为，婴儿死亡率的下降和生育率的居高不下导致人口迅速增长和少儿抚养负担上升，劳动年龄人口背负较重的抚养负担，从而使储蓄减少并带来社会物质资本积累的下降；随着生育率的下降，经济活动人口急剧增加，少儿抚养负担减轻，随之储蓄也会增加。目前的人口年龄结构变动带来了巨大的老龄抚养负担，这将削弱储蓄力度并减缓经济发展。

（五）双重机制[⑤]

林德（Lindh）对生命周期理论进行了改进和补充，提出了人口年龄结构变动作用于储蓄的“双重机制”——直接机制和间接机制。经济发展过程中有一点经常被忽略——储蓄率提高和经济发展是相互作用的。毋庸置疑，储蓄率的提高

① 王颖，邓博文，王建民．第二次人口红利：概念、产生机制及研究展望．经济与管理研究，2016（2）．

② 张现苓．人口结构变化的社会经济影响//靳永爱．人口结构变动与社会经济发展：1980—2016．北京：中国人口出版社，2018．

③ MODIGLIANI F，BRUMBERG R. Utility analysis and the consumption function：an interpretation of cross-section data // KURIHARA K. Post keynesian economics. New Brunswick：Rutgers University Press，1954.

④ COALE A，HOOVER E. Population trends and economic development in low-income countries. New Jersey：Princeton University Press，1958.

⑤ LINDH T. Age structure and economic policy：the case of savings and growth. Population research and policy review，1999（18）.

会通过投资促进经济发展，但经济发展也会反过来作用于储蓄率。年龄对经济发展的效应将会强化对中年组的积极储蓄效应，而且这种作用是累积性的，一个时间段的储蓄增加会提高下一个时间段的储蓄率。人口转变带来的人口年龄结构变化仅能直接地解释储蓄变化的一小部分，而人口年龄结构变动通过促进经济发展进而提高储蓄率是人口年龄结构变动发挥储蓄效应的间接机制。这种作用的间接性不会立即体现，往往在时间上存在一定的迟滞。

（六）可变增长率效应①

希金斯（Higgins）和威廉姆森（Williamson）将人口世代交叠模型引入“可变增长率效应”模型中，得到了动态均衡状态下的扩展模型。在该扩展模型中，生命周期因素依然是储蓄的重要动机，而投资需求须由劳动力的增长需求来驱动。他们的研究结论是，高少儿抚养负担会更多地抑制储蓄而非投资，从而更容易驱使资本净流入；高老年赡养负担会更多地抑制投资而非储蓄，从而更容易驱使资本净流出。他们认为，少儿抚养负担的大幅度下降能够在很大程度上解释亚洲自 20 世纪 60 年代开始的储蓄率上升，并促使亚洲摆脱了外资依赖。东亚和南亚的外资依赖差别也可以由少儿抚养负担的变化（下降或不变）来解释。随着少儿抚养负担的继续降低，亚洲国家和地区将逐渐从资本净流入转向资本净流出。

三、人口迁移与经济发展

人口迁移与经济发展是相辅相成的关系，二者互相影响、互为因果，但这里只关注人口迁移是如何影响经济发展的。实际上，经济发展的过程就是一个国家从农业社会向城市社会、工业社会转变的过程，这个转变的过程甚至称得上是革命性的。人们抛弃了传统的生活方式，转变为现代生活方式，大规模的人口流动必然带来发展。人口迁移能够在短期内极大地影响一定区域内的人口规模、人口分布和人口结构。

根据新古典经济学理论，传统农业部门出现剩余劳动力，这正好为迅速增长的现代工业提供了大量廉价劳动力，将劳动力资源由边际生产效率低的农业部门转移到边际生产效率高的工业部门，从而提高整个经济的资源配置效率，促进经济发展。

本书第五章“迁移分布”从微观角度，用刘易斯的“二元经济结构”解释了迁移者的迁移决策影响因素，但实际上该理论也是解释宏观上人口迁移与经济发展关系的重要理论。根据刘易斯的理论，发展中国家存在着二元经济结构：生产率低下、发展方式落后、以农业为代表的生产部门；生产率高、发展方式现代

---

① HIGGINS M, WILLIAMSON J. Age structure dynamics in Asia and dependence on foreign capital. Population and development review, 1997 (23) .

化、以工业以及服务业为代表的生产部门。在劳动力无限供给的条件下，只要工业部门创造工作机会，就会把农村剩余劳动力逐步吸收到工业部门，这既不会影响传统农业部门的产出，又能够增加现代工业部门的劳动力供给，提高整个社会的劳动生产率，促进经济发展。

当然，人口迁移与经济发展的关系还要复杂得多。比如，无论是刘易斯的“两段论”，还是经过拉尼斯和费景汉修正后的“三段论”，都无法解释欠发达国家中城市的大量失业现象、移民聚集的贫民窟现象。移民与当地人的冲突带来的社会问题对经济发展会有阻碍作用。人口迁移也会影响收入差距和社会不平等，而社会不平等又会进一步影响到经济发展。迁出者汇款到迁出地的行为改善了迁出地人民的生活水平。这些因素都会对经济发展产生短期或长期的影响。

第三节 世界人口变动与经济发展

一、世界人口规模变动与经济发展

人口与经济实际上并非一个为因、一个为果，而是互为因果、相互作用的。人类历史在很长一段时期里都处于经济发展水平低下、经济发展缓慢的状态。以英国为例，在1270年到1650年之间，人均GDP（换算成今天的价格）只有1 051英镑[①]。在前工业社会，人口与经济的关系陷入了“马尔萨斯陷阱”，虽然这个时期也有技术上的突破，但带来的经济发展为相继而来的人口增长所消耗，所以技术进步“生产”了人，而非财富。正如图13－1所示，1500年土地生产率与人口密度高度正相关（见图13－1左图），而土地生产率与人均收入却没有相关关系（见图13－1右图）。

工业革命以后，“马尔萨斯陷阱”才被打破，人口规模和人均收入都出现了快速增长，人均收入甚至翻了几十倍（见图13－2）。世界人口在835年为2.5亿人，1533年达到5亿人，实现人口倍增，人口倍增时间长达698年；1803年达到10亿人，人口倍增花了270年；1928年达到20亿人，人口倍增花了125年；1960年达到30亿人，从20亿人增长到30亿人花了32年；此后增加10亿人口所花的时间越来越短，如1999年达到60亿人，2011年达到70亿人。在这个过程中，在技术革新的推动下，经济也得到了快速发展，生产率提高，缓解了人口快速增长带来的资源压力。可以从两个角度看待人口与经济发展的关系：一方面，人口增长、人口集中、人口城市化带来了丰富的劳动力，扩大了有效需求，

---

① Economic growth.［2020－04－10］. https：//ourworldindata. org/economic-growth.

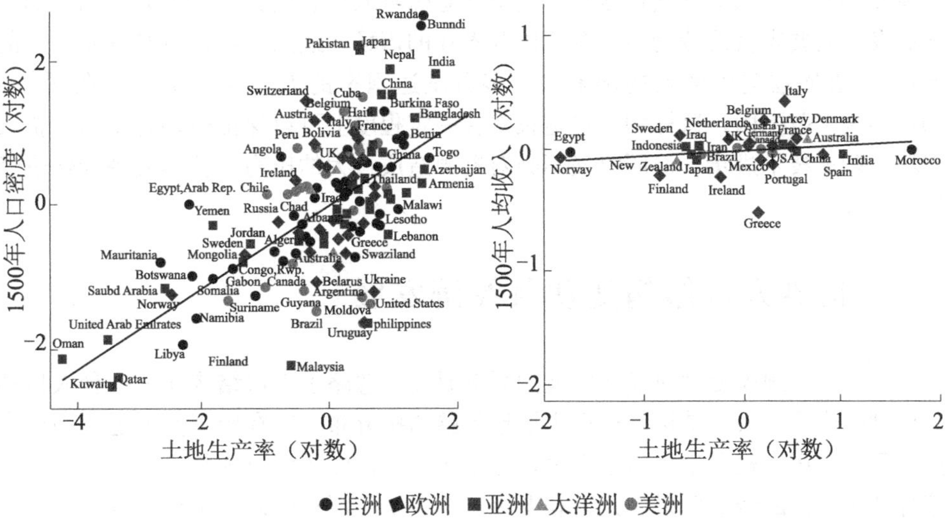

图 13－1　土地生产率、人口密度与人均收入的关系

资料来源：ASHRAF Q，GALOR O. Dynamics and stagnation in the Malthusian Epoch. The American economic review，2011（101）.

推动了技术进步、创新和传播，促进了经济发展；另一方面，经济发展对劳动力的需求和带来的资源，也刺激和支持了人口的增长。如果没有经济发展带来的国民生活水平提高、医疗技术进步和就业机会增加，就不会出现死亡率的下降，从而肯定不会出现人口的增长①。

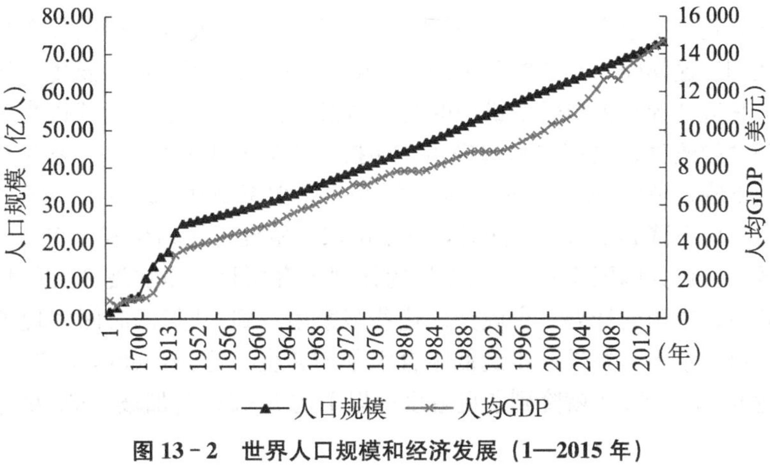

图 13－2　世界人口规模和经济发展（1—2015 年）

资料来源：Economic growth. [2020－04－10]. https：//ourworldindata. org/economic-growth.

库兹涅茨收集了 19 世纪中期到 20 世纪 60 年代部分国家近百年的人口规模、经济总产出等数据，观察这些国家在进入近代经济发展时期后人口增长与经济发展的关系。结果发现，除日本和比利时以外，多数发达国家在经济起飞时的人口

① 大渊宽，森冈仁．经济人口学．北京：北京经济学院出版社，1989.

规模并不算大，人口密度也很低，这也就意味着人口和资源的比值并不高。而经济的发展需要丰富的劳动力资源，以及潜在的市场，这又要求人口必须有一定的增长①。在库兹涅茨考察的国家中，多数发达国家的人口增长率集中在 5‰～10‰的狭窄范围内，这样的人口增长率在一定程度上可以保证劳动力供给、扩大市场、刺激技术进步，但同时又不会对资源造成过大的压力，整体表现为促进经济的发展。

二、世界人口结构变动与经济发展

有关人口规模变动对经济发展的影响研究，忽略了人口结构作为一种人口动力机制的作用。人口结构，这里主要指年龄结构分布，它在经济发展过程中也发挥着重要作用。根据生命历程理论，每个年龄人口的经济行为是不一样的，进而综合产生不同的经济后果。儿童和老年群体主要是消费群体，是产出低于投入的群体，而青壮年群体则主要是创造财富的群体，能供应劳动力、提高储蓄，是产出高于投入的群体②。不同年龄段的人口在总人口中比例的变化将带来不同的经济行为强度的变化，从而影响整体经济发展。世界各个国家和地区所经历的人口和经济发展历程显示，人口结构变动跟经济发展密切相关，不过人口结构能否对经济发展起到推动作用，在不同的区域也有所不同。以下将以几个典型的区域为例，说明人口结构变动与经济发展的关系。

（一）东亚③

东亚的几个国家在 1965—1990 年间的经济奇迹是人口红利充分发挥作用的最典型案例。这期间，东亚的几个国家（中国、韩国、新加坡）发生了快速的人口转变，是迄今为止人口转变最快的几个国家。自 20 世纪 40 年代以来，随着公共卫生条件的改善、医疗技术的进步（如抗生素的发现和使用），婴儿和儿童死亡率快速下降，亚洲地区 1950—1955 年婴儿死亡率高达 155‰，2015—2020 年婴儿死亡率已下降到 25‰④。同时，各个国家开始推行计划生育，实行生育控制项目或政策，比如韩国 1962—1971 年的计划生育项目、新加坡 20 世纪 70 年代的二孩政策、中国的计划生育政策。这些国家用不到 30 年的时间实现了从高生育水平到更替水平，并进一步到低生育水平的转变。比如，韩国 1960 年总和生育率高达 6.1，1983 年就降到了更替水平以下的 2.03；新加坡 1960 年总和生育

① KUZNETS S. Economic growth of nations: total output and production structure. Cambridge: Harvard University Press, 1971.

② BLOOM D, CANNING D, SEVILLA K. Economic growth and the demographic transition. National bureau of economic research (No. w8685), 2001.

③ 为简化起见，在表述上将新加坡纳入东亚国家。

④ United Nations. World population prospects 2019. (2019-10-04) [2019-11-10]. https://population.un.org/wpp/Download/Standard/Mortality/.

率为5.76，1975年降到了更替水平2.07①。在这个快速的人口转变过程中，死亡率先于生育率下降，催生了“婴儿潮”一代。

在1965—1990年的25年间，这几个国家出现了著名的经济奇迹，人均收入以每年6%的速度增长，新加坡和韩国的GDP年均增长速度基本都维持在10%以上②。这一时期促使经济腾飞的重要因素之一就是人口红利。“婴儿潮”一代进入劳动力市场后，劳动年龄人口比重大幅度增加，这个区域在1965—1990年的劳动年龄人口以平均每年2.4%的速度增长③，其增长速度远远高于总人口增长速度，加上生育率的快速下降，社会抚养负担特别是少儿抚养负担大幅度减轻，经济实现快速发展。新加坡的总抚养系数从1965年的86.1%降到了1990年的37.1%，韩国的总抚养系数也经历了同样的快速下降，从1965年的88.2%降到了1990年的44.2%。

同时，“婴儿潮”一代受到了良好的教育，又遇上了自由贸易以及其他国家创造的知识、经验、技术广泛传播扩散的良好环境，整体社会生产率高，进一步促进了经济发展。

对于东亚经济奇迹，有研究者进行了测算，认为人口红利可以解释这一时期经济奇迹的25%～40%④。人口结构改变促进了经济发展，经济发展又反过来推动了人口结构进一步改变。随着收入的提高，家庭生育孩子的数量减少，少儿抚养负担减轻，储蓄率也随之提高，从而促进了经济发展。

当然，随着预期寿命的不断延长，“婴儿潮”一代陆续进入老年，社会抚养结构将出现重大改变。老年人口规模扩大，劳动年龄人口萎缩，东亚国家面临着严峻的老龄化挑战，经济发展也可能因此而减缓或停滞。伴随着人口结构转变而来的还有家庭结构转变、社会观念转变、生活方式转变等第二次人口转变理论强调的特征，多维度的转变相互交织，给经济发展和社会政策制定带来了挑战。

（二）日本

这里单独以日本为例，说明人口年龄结构变化是如何给经济发展带来动力和挑战的。从20世纪50年代开始，日本的社会经济发展先后经历了战后恢复时期（1946—1955年）、高速增长时期（1956—1973年）、低速增长时期（1974—1990年）以及停滞时期（1990年以后）⑤。

---

① 资料来源于世界银行公开数据，网址为：https：//data. worldbank. org。

② BLOOM D，CANNING D，SEVILLA K. Economic growth and the demographic transition. National bureau of economic research（No. w8685），2001.

③ BLOOM D，CANNING D，SEVILLA K. The demographic dividend：a new perspective on the economic consequences of population change. California：Rand Corporation，2003.

④ BLOOM D，WILLIAMSON J. Demographic transitions and economic miracles in emerging Asia. The world bank economic review，1998（12）. BLOOM D，CANNING D，MALANEY P. Population dynamics and economic growth in Asia. Population and development review，2000（26）.

⑤ 冯昭奎. 日本经济. 北京：高等教育出版社，1998.

日本20世纪后半叶的人口与经济发展轨迹显示，在1956—1973年近20年间，日本人口增长率的下降对经济发展发挥了明显的促进作用。这一时期人口增长从高速到低速的转变，不仅减轻了社会抚养负担，为经济发展提供了丰富的劳动力，而且促进了资本的形成和积累；充裕的劳动力数量对劳动成本上升具有抑制作用，有利于增强日本企业的国际竞争力①。另外，少儿抚养负担下降也促进了国家、社会以及家庭对人力资本的投资，社会整体人力资本的提升成为经济发展的重要动力。再加上强有力的政策支持，日本的科技快速发展，现代化迅速推进，经济实现了腾飞，日本跻身世界经济强国行列。

但是，在充分利用人口红利实现了经济发展后，日本由于生育率长期处于较低水平，劳动力数量下降，人口预期寿命延长，老年人口比重上升，成为世界上老龄化速度最快的国家。2018年，日本总和生育率为1.42，0～14岁儿童的比例仅为12.2%，总抚养系数达到67.6%，日本65岁及以上老年人口比例达到28.1%②。据联合国预测，日本65岁及以上老年人口比例在2050年将达到36.4%③。日本社会面临严峻的老龄化挑战。人口结构对经济的副作用已经显现，自20世纪90年代以来，日本的经济开始进入长期的停滞和萧条时期。

（三）欧洲、北美地区和大洋洲

欧洲是人口转变的先行地区。欧洲人口转变开始于19世纪末，婴儿死亡率首先在英格兰和威尔士下降，从1870年的158‰下降到了1980年的12‰，德国、法国、意大利等国的婴儿死亡率也随之下降。澳大利亚的婴儿死亡率从1901年的103.6‰下降到1980年的10.7‰。预期寿命开始上升，英格兰和威尔士的预期寿命从1870年的40.8岁上升到1980年的72.1岁，澳大利亚的预期寿命从1881—1890年的49.1岁上升到1982年的74.9岁。二战前夕，大多数西方国家的人口再生产已经走完了“人口转变”的历程，死亡率降到10‰左右的低水平并稳定下来，生育水平也随之大幅下降，欧洲超过半数的国家或地区的人口生育率降至更替水平以下④。劳动年龄人口增长速度高于少儿人口，社会抚养负担低，为经济发展提供了有利的人口环境。

20世纪四五十年代，绝大多数发达国家经历了“婴儿潮”的过程，生育水平出现明显回升。截至20世纪50年代末，西欧和北欧大部分国家的平均时期总和生育率回升到更替水平之上，达到2.7；美国在1957年总和生育率曾升至

---

① BLOOM D，CANNING D，SEVILLA J. The demographic dividend：a new perspective on the economic consequences of population change. California：Rand Corporation，2003.

② Statistical handbook of Japan 2019. ［2020-02-10］. https：//www.stat.go.jp/english/data/handbook/c0117.html#c02.

③ United Nations. World population prospects 2019. （2019-10-04）［2019-11-10］. https：//population.un.org/wpp/Download/Probabilistic/Population/.

④ FREJKA T，ROSS J. Paths to sub-replacement fertility：the empirical evidence. Population and development review，2001.

3.8；澳大利亚在1959年总和生育率曾升至3.6左右；东欧的社会主义国家的生育水平也有所回升，但幅度较小且十分短暂[①]。北美地区的生育率回升幅度较大且持续时间长达20年。生育水平的短期上升带来了“婴儿潮”一代，为后续经济的增长提供了充裕的劳动力。

经历过“婴儿潮”期间的生育水平回升后，从20世纪60年代开始一直到20世纪90年代末，全世界生育水平变动的主流趋势就是生育率的下降。整个欧洲平均的总和生育率从1960年的2.6下降至1999年的1.37，降幅接近50%[②]。澳大利亚、新西兰的总和生育率从1955—1960年的3.4、4.1分别下降到目前的1.8、1.9[③]。东欧和南欧的一些国家自20世纪90年代以来长期处于总和生育率1.3以下的极低生育水平。这些国家的生育率持续下降，“婴儿潮”一代现在已经达到退休年龄，这意味着这些国家面临着老龄化挑战。虽然一些国家通过延迟退休、延长工作时间、完善社会福利政策来应对老龄化带来的问题，移民的迁入也在一定程度上缓解了劳动力规模萎缩的问题，但老龄化的快速发展始终是社会经济发展面临的重要挑战。

(四) 拉丁美洲、非洲、西亚和东南亚地区

拉丁美洲、非洲、西亚和东南亚地区是人口转变相对较晚、人口红利利用并不充分的地区。拉丁美洲的人口转变模式类似东亚，1965年其人口预期寿命为57岁左右，随着公共卫生的发展进步，现在其人口预期寿命已经上升到75岁；其生育水平从20世纪60年代中期的6.2左右下降到现在的2.06。尽管自20世纪70年代以来，拉丁美洲地区的人口变化为经济发展创造了一个良好的人口环境，但是拉丁美洲并没有实现像亚洲一样的经济发展奇迹。究其原因，有一个很重要的共识是政策制度，拉丁美洲很多国家的专制制度和闭关锁国政策让这些国家在经济发展上错失了良机。所以，其结果是拉丁美洲的年轻劳动力人口不仅没有为经济发展创造机会，甚至还增加了经济发展的人口负担，失业率高就是一个典型的例子[④]。

中东和北非地区还处于人口转变的早期阶段。其生育率居高不下，仅次于撒哈拉以南非洲地区的生育水平，2016年其总和生育率为2.77，但是其人口预期寿命已经超过了世界平均水平（73.5岁）。高生育率带来了丰富的劳动力资源，如埃及1965—1990年之间的人口转变可以解释埃及人均收入增长的1/6；据预

① FREJKA T, ROSS J. Paths to sub-replacement fertility: the empirical evidence. Population and development review, 2001.

② VID. European demographic data sheet 2010. Vienna institute of demography and IIASA.

③ United Nations. World population prospects 2019. (2019-10-04) [2019-11-10]. https://population.un.org/wpp/Download/Standard/Fertility/.

④ BLOOM D, CANNING D, SEVILLA J. The demographic dividend: a new perspective on the economic consequences of population change. California: Rand Corporation, 2003.

测，约旦抚养系数的下降将能够解释未来人均GDP增长的一半以上①。然而，如果生育水平持续居高不下，少儿人口抚养系数持续偏高，就将不利于经济的发展。政策将是这些地区享受人口红利的关键要素，比如对外开放，支持教育和就业，充分提高“婴儿潮”一代的人力资本和生产率，促进劳动力市场自由开放，吸引国外投资，等等②。

撒哈拉以南非洲迄今为止还没有经历明显的人口转变。尽管其死亡率在下降，比如婴儿死亡率从1990年的107‰下降到2016年的51.5‰，但是其生育率下降的幅度很小，目前的总和生育率为4.85③。其人口出现了爆炸式增长，从1950年的2.29亿增长到2016年的10.6亿。因为生育水平高，少儿人口所占比例高，劳动年龄人口所占比例一直较低，社会抚养系数一直在80%以上（目前为85%），少儿抚养负担过重消耗了经济发展的机会。同时，艾滋病等疾病带来了撒哈拉以南非洲的劳动年龄人口死亡率的上升，该地区总人口平均年龄较小，几乎没有收获到任何人口红利。

在东南亚国家中，越南的发展历程值得一提。一方面，它经历了类似于中国的人口转变；另一方面，政府也创造了良好的政策环境，充分利用了人口红利，促进了经济发展。20世纪70年代，越南的总和生育率高达6.33，目前已经降至更替水平；越南的总抚养系数在1970年达到96.7%，此后持续下降，2015年降到42.2%；目前，越南的婴儿死亡率下降到18‰，人均预期寿命上升到75岁左右④。在经济发展水平上，40年前越南几乎是世界上最穷的国家之一，20世纪80年代中期其人均GDP仅为300美元左右。从1986年开始，越南政府实施了一系列的经济和政治改革政策，包括对外开放、放松控制、发展市场经济、加大对人力资本（特别是在健康和教育领域）的投资、加强信息技术基础设施建设等⑤。此后，越南经济进入快速发展时期，经济增长率几乎与中国相近，达到6%～7%，2018年越南人均GDP达到6 608.6美元⑥。

（五）印度

印度是当前世界人口增长最快的国家之一，据联合国预测，印度将在2027年超过中国成为世界第一人口大国⑦。纵观印度的发展历程，其也经历了类似中

① BLOOM D, CANNING D, SEVILLA J. The demographic dividend: a new perspective on the economic consequences of population change. California: Rand Corporation, 2003.

② 同①.

③ The World Bank. Fertility rate, total (births per woman). [2020-02-20]. https://data.worldbank.org/indicator/SP.DYN.TFRT.IN。

④ United Nations. World population prospects 2019. (2019-10-04) [2019-11-10]. https://population.un.org/wpp/Download/Standard/Population/.

⑤ World Economic Forum. The story of Viet Nam's economic miracle. [2019-10-04]. https://www.weforum.org/agenda/2018/09/how-vietnam-became-an-economic-miracle/.

⑥ 2011年购买力平价。

⑦ United Nations. World population prospects 2019. (2019-10-04) [2019-11-10]. https://population.un.org/wpp/Download/Standard/Population/.

国和其他发展中国家的人口转变历程。印度从20世纪50年代起就开始推行家庭计划，控制人口数量；其生育水平实现了从高到低的转变，其总和生育率在1950—1955年间高达5.9，目前已接近更替水平；其劳动年龄人口规模大、比例高，2028年将达到9.71亿，而且年轻劳动年龄人口占比大①；其总抚养系数也在持续下降，总抚养系数从1970年的79%下降到2015年的51.6%，预计2025年将降到46.5%，这为印度的发展创造了良好的人口机遇②。

虽然印度的人口红利对经济发展起到了一定的推动作用，然而，印度并没有出现像东亚和东南亚几个国家一样的发展奇迹。究其原因，印度在收获人口红利时主要面临以下一些制约因素：基础教育滞后，文盲率高；妇女地位低下，在《2018年全球性别差距报告》中，印度排在108位（共149个国家），妇女的经济参与排名142、教育获得排名114③；失业率高；人口健康水平低，2010—2015年婴儿死亡率仍然高达39‰，人口平均预期寿命仅为67.8岁④。这些制约因素的出现虽然有历史和传统原因的助力，但更重要的是，印度缺乏一个良好的政策环境，缺乏配套的制度和政策措施，人口红利的潜力没有得到充分开发。

三、世界人口迁移与经济发展

人口迁移与经济发展之间是相互作用的。早期的迁移源于地区之间的经济发展差异，而这样的迁移又促进了工业化和城镇化的发展。根据刘易斯和托达罗的研究，人口迁移在欧洲经济发展过程中发挥了重要作用。技术的创新提高了工业劳动生产率，降低了对农业劳动力的需求，减弱了农民与土地之间的联系。而同时，在城市地区，机械化和专业分工也提高了制造业的生产率，城市工资上涨。农村剩余劳动力迁移到经济繁荣发展的城市，生产了更多可供消费的产品。更高的工资和更多的人享受高工资增加了总体需求，带来了更多的就业和额外的需求。而农业的高生产率也增加了农村的总财富以及人均收入，进一步刺激了需求。农业部门和城市工业部门财富的增长使得欧洲经历了一个经济发展的自我强化的过程。总体而言，一个国家内部的城市化、工业化和现代化过程其实也是一个人口由农村向城市迁移的过程。

而人口迁移不仅包括国内迁移，还包括国际迁移。在历史发展长河中，国际迁移对迁出地和迁入地的经济都起到了巨大作用。国际迁移的动因是国家之间的经济发展差异。研究表明，国际迁移与经济发展状况和增长周期密切相关，欧洲国家19世纪中后期人口向美国的迁移受欧洲本国和美国的共同经济状况的影响。

---

① 邓常春．印度人口红利与经济增长．人口学刊，2011（2）．

② 同①.

③ World Economic Forum. The global gender gap report 2018.（2019－10－31）［2019－11－10］. http://www3.weforum.org/docs/WEF_GGGR_2018.pdf.

④ 同①.

欧洲第二次工业革命从英国扩展到法国、德国，再扩展到南欧国家、斯堪的纳维亚半岛和日本，农业生产技术的进步、新的耕种技术的推广、农业人口的增长刺激了人口迁移。有数据显示，工业革命与大规模的国际人口迁移高度相关。欧洲地区人口的国际迁移一方面改变了欧洲的社会、经济和文化结构，另一方面也为美国工业化的快速推进奠定了基础。

有研究表明，移民对本地人的收入和就业有一定的负面影响，但这种影响较小。总的来看，人口迁移本质上改变的是人口分布和人口结构。移民迁入地获得了大规模的年轻的、拥有高人力资本的劳动力，这些劳动力成为经济发展的动力；而移民迁出地则留下老年人、儿童等生产力较低的人口，不利于经济发展。但是也有研究表明，移民的汇款既可以提高移民迁出地人民的生活水平，也能促进其经济发展。大量研究的一个共识是，移民促进了美国的科技创新。研究者分析1940—2000年美国各州的面板数据后发现，得益于移民在科学和工程学领域取得的学位，移民贡献了24%的专利，是移民人口所占比例的2倍；在1990—2000年间，移民大学毕业生比例从2.2%上升到3.5%，这个增长让人均专利数同时期增长了12%～21%，而移民科学家和工程师增长的0.45个百分点带来了13%～32%的人均专利数增长。美国20世纪90年代移民大学生的进入将美国人均GDP提高了1.4%～2.4%。

需要注意的是，经济发展和人口迁移是相互依存和相互强化的。经济发展不仅依靠劳动力和资本，也依赖制度、文化、技术因素等所带来的对劳动力和资本的合理配置、使用；人力资本的积累会进一步转变社会制度、文化观念和技术，影响社会发展。

第四节 中国人口变动与经济发展

一、中国人口规模变动与经济发展

从我国人口的发展史来看，明清时期是我国人口迅猛增加的时期，明朝人口保持在5 400万～9 000万之间，有的年份甚至超过1亿。从清朝康熙元年（1662）开始，到1830年，我国人口从9 179万增加到4亿，人口总数净增3亿多，年平均增长率达到了8.8‰。这一时期的人口增长实际上源于经济发展，即土地利用效率不断提高，耕地面积扩大，粮食单位产量提高[①]。同时，明清时期资本主义萌芽，国内贸易规模不断增加，新兴手工业和工业获得了很大发展，为

① 何炳棣．明初以降人口及其相关问题（1368—1953）．北京：三联书店，2000.

劳动力提供了许多就业机会。

自 1949 年新中国成立以后，社会稳定，国民经济发展，医疗卫生技术显著进步，死亡率快速下降，而同时期生育率仍然居高不下，从而带来了人口的快速增长。1949 年，我国人口总量为 5.42 亿①，除 1960—1962 年由于各种原因造成人口短暂回落外，我国人口一直维持着不断增加的趋势，至 2018 年全国总人口已经达到 13.95 亿②。新中国成立以来的 70 年间，我国总人口增加了 8.53 亿。

新中国成立后，随着对农业、手工业和资本主义工商业的社会主义改造，劳动生产率显著提高。在经济振兴政策的推动下，国民经济迅速发展，在第一个五年计划期间，年均增长率达到了 7.3%，人均生产总值年均增长率达到了 4.9%，工业产值年均增长率达到了 20%左右③。这一阶段经济的发展推动了人口的快速增长，这一时期我国人口年均增长率维持在 20‰以上的水平，明显超过了新中国建立初期经济恢复时期的人口增长水平。

但是，人口的快速增长明显给经济发展带来了巨大的压力。在人口压力和一些社会事件（比如“大跃进”、三年严重困难时期等）的共同作用下，社会经济发展受到挫折，经济增长率在 1971 年达到小高峰后不断回落，在 1976 年甚至降至零值以下，出现经济负增长。而我国在三年严重困难时期后出现了补偿性生育，1962—1973 年间人口一直维持 20‰以上的高水平增长状态。这一时期出现了以马寅初为代表的“人口控制论”以及国家发起的控制人口增长实践。

1978 年改革开放后，伴随着政治、经济体制的改革，我国创造了经济发展的奇迹。计划生育政策的实施有效地控制了我国人口的迅速增长，我国的生育水平迅速降低，劳动力人口的抚养负担尤其是少儿抚养负担迅速下降，劳动力不断充裕，而且在国家教育政策的推动下，劳动力人口的素质不断提高，这为经济的迅猛增长提供了良好的人口环境。如图 13 - 3 所示，1983—1985 年、1987—1988 年、1992—1995 年我国 GDP 增长率均超过了 10%。2005—2007 年再次出现经济发展小高峰，GDP 增长率超过 10%。但同时也可以看出，我国的 GDP 增长率始终高于人均 GDP 增长率，这说明经济发展的一部分成果为增长的人口所消耗。

关于新中国成立以来的人口增长与经济发展的关系的讨论非常多。有研究者认为人口增长率和人均 GDP 增长率在控制了其他因素的情况下呈负相关关系④；也有学者分析了我国 1952—1992 年 40 年间人口增长与经济发展之间的关系，发现这期间中国人口增长对经济发展减损具有绝对作用，1978 年以前这种作用来

① 中华人民共和国国家统计局国民经济综合统计司．新中国六十年统计资料汇编．北京：中国统计出版社，2010.

② 国家统计局．2018 中国统计年鉴．北京：中国统计出版社，2018.

③ 同①.

④ 胡鞍钢．我国人口发展状况、目标与对策：中国可持续发展报告之一．中国国情分析研究报告，1999.

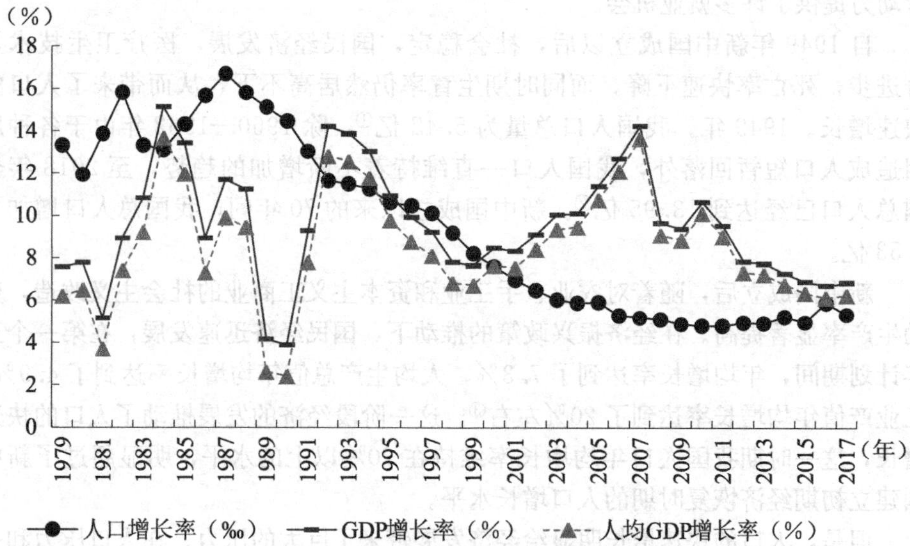

图 13-3 1979—2017 年我国人口增长及经济发展状况

注：数据来源于《中国统计年鉴 2018》；GDP 和人均 GDP 都按 1978 年不变价格计算。

源于边际人口的增长，1978 年以后这种作用则主要归因于消费水平的提高①；另外有研究认为制度和技术创新才是经济发展的核心要素，人口增长本身并不是经济发展的关键因素。因此，在讨论人口增长与经济发展的关系时，要意识到，人口规模、人口增长本身并不能成为经济发展的决定性要素，要重视政策、制度和外部环境的综合作用。

二、中国人口结构变动与经济发展

（一）中国的人口红利

改革开放以来，中国实现了世界上的经济发展奇迹。1978 年，我国是世界上最贫穷的国家之一，根据世界银行数据，当时我国人均 GDP 只有 156 美元，甚至远远低于撒哈拉以南非洲国家（人均 GDP 为 490 美元）。1978—2018 年的 40 年间，中国经济的年均增长速度达到 9.5%。可以说，人口年龄结构的变动造就了巨大的人口红利，为我国过去 40 年的经济发展奇迹发挥了巨大的推动作用。

在短短的几十年间，中国实现了人口由高出生率、低死亡率、高增长率向低出生率、低死亡率、低增长率的转变，形成了有利于经济发展的人口机会窗口期。在新中国成立初期，政局稳定，社会生产、生活秩序逐渐恢复，人们安居乐业。这一时期，人们的生育水平高，总和生育率在 6 以上（1953 年为 6.05，

① 张世晴．中国人口增长在经济增长过程中的作用．中国人口科学，1992（4）．

1964年为6.18)，有些年份的总和生育率甚至在7以上[①]。同时，医疗卫生事业迅速发展，人口健康水平提高，死亡率尤其是婴儿死亡率大幅度下降。新中国成立前我国婴儿死亡率高达200‰，新中国成立后我国婴儿死亡率迅速下降到80‰，并保持持续下降趋势；人口出生时平均预期寿命从新中国成立前的35岁左右迅速提高到1973—1975年的65岁左右。[②] 在出生率上升和死亡率下降的共同作用下，我国人口显著增长，少儿人口规模大幅度上升，1953—1964年净增人口1.12亿，推动了整个人口年龄结构的年轻化。20世纪70年代以后，我国生育水平在计划生育政策和社会经济发展的共同作用下快速下降，在20世纪90年代初下降到更替水平以下，并长期稳定在较低生育水平。2018年，我国婴幼儿死亡率降至6.1‰，孕产妇死亡率下降到18.3/10万；人均预期寿命达到77岁。

20世纪80年代以来，我国社会抚养系数不断下降，劳动力人口数量和比重不断攀升，形成了良好的人口环境，对我国社会经济的发展发挥了巨大的推动作用。1953年第一次全国人口普查数据显示，我国的少儿人口抚养系数高达61.67%，总抚养系数达到68.61%。到1964年第二次全国人口普查时，全国社会抚养负担比1953年进一步加重，少儿人口抚养系数升至72.99%，总抚养系数达到79.37%[③]。但是，随着生育率的下降和20世纪五六十年代出生的人口进入劳动力市场，到1982年第三次全国人口普查时，我国的社会抚养负担大幅度下降，少儿人口抚养系数降到54.6%，总抚养系数降到62.6%。到了1990年，我国的少儿人口抚养系数为41.49%，老年人口抚养系数为8.35%，总抚养系数为49.84%。到了2000年，我国的少儿人口抚养系数、老年人口抚养系数和总抚养系数分别为32.6%、9.9%、42.5%。到了2010年，我国的少儿人口抚养系数、老年人口抚养系数和总抚养系数分别为22.3%、11.9%、34.2%。我国的社会抚养系数从20世纪80年代末开始显著下降，这种下降的趋势一直维持到2010年左右。1950—2017年我国人口抚养系数变化情况见图13－4。

抚养负担的持续下降期同时也是我国人口红利期，对经济发展发挥了极大的促进作用，据研究者估计，抚养负担下降对同期人均GDP的增长贡献率达到26.8%[④]。自改革开放以来，中国总抚养系数每降低1个百分点，经济增长速度就提高0.115个百分点[⑤]。1982—2000年间，我国总抚养系数下降推动人均GDP增长速度上升2.3个百分点，对同期人均GDP的增长率贡献率达到25%左右[⑥]。

---

① 姚兴武，尹华．中国常用人口数据集．北京：中国人口出版社，1994.

② 中华人民共和国卫生部．2010中国卫生统计年鉴．上海：中国协和医科大学出版社，2010. 这里的预期寿命为男性和女性的平均值。

③ 国务院人口普查办公室，国家统计局人口统计司．中国1982年人口普查资料．北京：中国统计出版社，1985.

④ CAI F，WANG D. China's demographic transition：implications for growth // SONG G. The China boom and its discontents. Canberra：Asia Pacific Press，2005.

⑤ 同④.

⑥ 王德文，蔡昉，张学辉．人口转变的储蓄效应和增长效应：论中国增长可持续性的人口因素．人口研究，2004（5）.

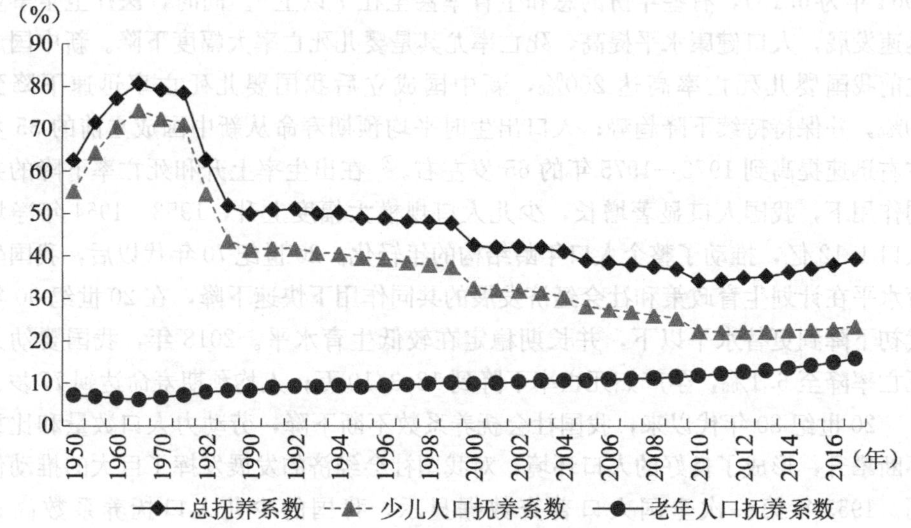

图 13-4 1950—2017 年我国人口抚养系数变化

注：1950—1975 年数据来源于 *World Population Prospect 2019*；1980 年之后的数据来源于《中国统计年鉴 2018》。

人口结构对经济发展的作用是综合性的。第一，充裕而廉价的劳动力资源不仅增强了我国企业的生产力，也提升了企业的国际竞争力，使我国一跃成为世界第二大经济体①。第二，除劳动供给外，人口年龄结构变化也影响到储蓄，抚养负担低的人口年龄结构通过提高储蓄率促进了经济发展。在过去数十年里，我国储蓄率一直处于非常高的水平。我国储蓄率高主要是因为居民储蓄率较高，而居民储蓄率高的原因主要有以下几个：首先是家庭户内劳动力比重高，抚养负担较轻，收入高、储蓄水平高；其次是年轻人口储蓄意愿高；最后由于受人口老龄化快速发展的影响，居民也倾向于增加储蓄②。第三，随着家庭规模的缩小，家庭在教育上的投入增加，国家也有更多的资源投入教育，社会整体劳动力素质不断提高，促进了劳动生产率的提高。第四，随着生育水平的降低，大多数家庭只生一个或两个孩子，这使得女性这个庞大的劳动力群体从家庭中解放出来，参与市场劳动，为经济发展贡献了丰富的劳动力资源。

（二）中国的人口结构变动给经济发展带来的挑战

我国目前也面临着人口结构变动带来的问题。从图 13-4 可以直观看出，2010 年以来，随着老年人口抚养系数的上升，我国整体社会抚养负担在上升。2017 年，我国总抚养系数已经从 2010 年的最低点 34.2%上升到 39.2%，这个上升主要源于老年抚养负担的上升。在劳动力资源方面，20 世纪 60 年代出生高峰

① 王金营，杨磊．中国人口转变、人口红利与经济增长的实证．人口学刊，2010（5）．

② 张现苓．人口结构变化的社会经济影响//靳永爱．人口结构变动与社会经济发展：1980—2016．北京：中国人口出版社，2018．

期出生的人口将逐渐退出劳动力市场，进入老年阶段，每年的新增劳动力数量不断萎缩。2010 年我国 15～64 岁劳动年龄人口占总人口的比例达到最高点 74.5%，2013 年我国 15～64 岁劳动年龄人口达到最高峰 10.06 亿，此后进入持续下降阶段[①]。

劳动力人口结构出现老化，使得劳动力资源短缺问题雪上加霜[②]。在 20 世纪 90 年代以前，我国劳动年龄人口的结构有年轻化趋势，表现为低劳动年龄人口（15～29 岁）占总劳动年龄人口的比例上升，保持在 40%以上，在 1982 年这一比例甚至接近 50%，而 50～64 岁劳动年龄人口比重持续减少。但 20 世纪 90 年代以来，我国劳动年龄人口出现日益老化的趋势，高年龄劳动力比重不断增加，低年龄劳动力比重逐渐下降。2010 年，我国 15～29 岁劳动年龄人口占总劳动年龄人口的比例降到了 1/3，30～49 岁劳动年龄人口与 2000 年相比已出现下降趋势，而 50～64 岁劳动年龄人口占总劳动年龄人口的比例则升至 22%。

同时，我国老年人口的增长速度远远快于总人口的增长速度，人口年龄结构正在加速老龄化。近些年，我国 65 岁及以上年龄人口的绝对规模和相对比例都在持续上升，2017 年规模达到 1.58 亿，占总人口的比例达到 11.4%[③]。中国老年人口绝对规模大，老龄化发展速度快，高龄化趋势明显，区域发展不平衡，这些特点无论是从当前还是从长远来看都对中国的社会经济发展形成了巨大压力，提出了严峻挑战。"未富先老"的沉重包袱使得中国面临的人口形势更为复杂，解决老龄化问题的任务也更为艰巨。

尽管对中国的人口红利是否已经消失的判断尚存在争论[④]，但人口新形势的变化至少预示着我国的人口优势正在减弱，传统的依托丰富的低廉劳动力发展经济的方式已不能适应新时代的变化。这样的人口结构变化的影响是多层面的，在宏观层面可能会影响储蓄、消费、投资等，在微观层面可能会影响到家庭结构、婚育观念、代际互动等。由于我国人口老龄化加速发展与工业化、城镇化、现代化相伴随，与城乡差异、区域差异、收入差异扩大相重叠，与经济转型、社会转型和文化转型相交织，因此我国人口结构的老龄化趋势可能会对经济社会发展产生极其深远的影响[⑤]。

在对经济发展的讨论中，一个热点概念是"中等收入陷阱"。它由世界银行在 2007 年关于东亚经济的报告中首次提出，用以描述当一个国家的人均收入达到世界中等水平后，原有的促进经济增长的因素具有某种程度的不可持续性，由于不能顺利实现经济发展方式的转变，新的增长动力不足，因此出现经济停滞徘

---

① 国家统计局．2018 中国统计年鉴．北京：中国统计出版社，2018.

② 翟振武，杨凡．民工荒：是刘易斯拐点还是伊斯特林人口波谷．经济理论与经济管理，2011（8）.

③ 同①.

④ 蔡昉．中国的人口红利还能持续多久．经济学动态，2011（6）.

⑤ 张现苓．人口结构变化的社会经济影响//靳永爱．人口结构变动与社会经济发展：1980—2016．北京：中国人口出版社，2018.

徊的状态[①]。尽管学界对中等收入与高收入的临界点存在一定分歧，但毫无疑问的是，一个国家进入中等收入国家行列后，在足够长的时间内未能实现从中等收入向高收入跨越，便是落入了中等收入陷阱。很多国家在人口红利的推动下，实现了从低收入到中等收入的跨越，但是劳动密集型的制造业随着人口结构的转变和劳动力成本的提高不可再持续，因此这些国家陷入了经济速度减缓或停止的状态。中国也不例外，在此概念提出的十多年里，学者们一直在讨论中国如何跨越中等收入陷阱，特别是2012年以来，中国经济增长开始减速，有研究者担心这是中等收入阶段某种固有因素在发挥作用，这种减速可能成为趋势性的常态[②]。虽然2018年中国人均GDP达到9 771美元，超过了世界银行定义的中等偏上收入国家的平均收入（9 200美元），十分接近高收入国家的门槛水平（12 235美元），但中国经济发展目前面临的挑战是毋庸置疑的。随着老龄化速度的加快，中国在劳动密集型制造业上的比较优势逐渐弱化，同时又尚未建立在技术和资本密集型产业中的比较优势，面临“比较优势真空”的挑战[③]。面对经济发展的挑战，中国应把中等收入陷阱进一步聚焦在高收入门槛效应上面，进行经济体制机制改革，真正确定市场资源配置的决定性地位；同时把中国的投资者和企业推到国际竞争环境中，培育创新力，通过改革提高生产要素供给能力和配置效率；此外，加大政府再分配政策执行力度，构建社会政策托底的安全网[④]。

三、中国人口迁移与经济发展

中国大规模的人口迁移源于中国经济的快速发展和城乡经济差距的不断拉大。反过来，大规模的人口迁移也助推了中国经济的发展。人口迁移改变的是流出地和流入地的人口结构和人力资源配置，相应地会改变流出地和流入地的产业结构、消费结构、储蓄、公共资源需求等各个方面。从流入地来看，人口的流入不仅能增加劳动力，高教育水平、高技能劳动力的流入也能增加人力资本的积累；同时，劳动力流动能促进产业集聚，降低经济成本；另外，大量人口的流入还会拉动流入地的消费需求[⑤]。从流出地看，人口迁移有助于提升流出地的收入水平，增加流出地的消费需求，从而促进流出地的经济发展，同时长远来看，回流人口回家乡创业也会促进流出地的资本积累和经济发展。

那么，流动人口到底为中国经济发展贡献了多少？要定量评估人口迁移对中国经济发展的贡献并不容易，有些研究者和研究机构做了一些尝试。据世界银行估计，人口从农业部门流动到非农业部门，贡献了1978—1995年中国经济发展的16%。利斯（Lees，1997）估计劳动力流动的贡献率为16.3%；另有学者估

① 钱运春．西欧跨越中等收入陷阱：理论分析与历史经验．世界经济研究，2012（8）．
② 蔡昉．从中等收入陷阱到门槛效应．经济学动态，2019（11）．
③ 蔡昉．“中等收入陷阱”的理论、经验与针对性．经济学动态，2011（12）．
④ 同②．
⑤ 江小国，贾兴梅，成祖松．人口流动的经济增长效应及其模型解释．统计与决策，2016（17）．

计劳动力流动对1978—1997年经济发展的贡献率为20.2%，其中，劳动力投入、人力资本和劳动力资源的再配置共同贡献了1978年以来中国GDP增长的70%①。世界银行2005年将中国经济分成4个部门——农业、城市工业、城市服务业和农村的非农产业，并通过模拟劳动力从低效率的农业部门向高效率部门转移来评估其对经济发展的影响。用2001年作为初始年份，结果显示，如果劳动力从农业部门转移出1%，那么GDP将增长0.7%，如果劳动力转移比例达到10%，那么GDP增长比例达到6.4%②。模拟还显示，促进劳动力市场的自由流动和融合不仅能够提高经济效率，还能够促进社会公平。有研究计算得出，1978—2015年流动人口对经济发展的贡献率为19.99%③。

人口迁移对经济发展的贡献还表现在乡城流动加快了我国的城镇化进程。有研究者通过对2010年全国人口普查数据的计算得出，在剔除流动人口后，我国的城镇化水平由49.11%下降到39.52%，下降了9.59个百分点。在中国，改革开放以后，流动人口成为城市化进程的主要贡献力量，据估计，20世纪80年代乡—城净迁移解释了城市人口增长的70%，20世纪90年代这一数据上升至80%。2000—2010年之间，城镇人口自然增长对我国城镇人口增长的贡献率为10.5%，人口迁移对城镇人口增长的贡献率为65.4%，城乡地域划分变化对城镇人口增长的贡献率为24.1%④。城市化的快速推进促进了规模化生产和专业分工，促进了工业化和现代化的发展。

与此同时，流动人口对流出地的汇款又促进了农村地区的发展。据估计，2003年流动人口汇款数额占到农村总收入的18%。汇款对农村的作用主要表现在：促进了农村收入的增长，减少了农村贫困，提高了农村对基础教育和医疗服务的投入，促进了农村消费，在很大程度上改善了农村的生活状况。

不过，人口迁移带来的影响也并不都是正面的。比如，有研究发现，人口迁移不仅没有像新古典经济理论预测的那样会降低区域和城乡不平等，反而加剧了区域不平等，而区域不平等如何影响经济发展是另外一个值得讨论的话题。户籍制度带来的城乡二元隔离在一定程度上限制了劳动力的自由流动和优化配置，限制了经济发展。迁移人口本身面临的就业、生活、保险、医疗、孩子教育、社会融合等一系列的问题如果不能通过政策得到妥善解决，也将不利于经济的健康发展。

本章小结

人口是一切社会经济发展的基础性、长期性、关键性和战略性要素，对经济发展可起到制约或推动作用。从中国和全球其他国家与地区的发展历程来看，一

---

① CAI F，WANG D. The sustainability of China's economic growth and the contribution of labor. Journal of economic research，1999 (10).

② 同①.

③ 袁训国．流动人口对中国经济增长的贡献研究．中国物价，2017 (3).

④ 邹湘江．基于"六普"数据的我国人口流动与分布分析．人口与经济，2011 (6).

方面，人口结构的转变在经济发展过程中发挥了至关重要的作用，充裕的劳动年龄人口、较轻的社会抚养负担成为经济发展的动力。然而，另一方面，我们也看到，人口环境只是经济发展的必要条件而非充分条件，单纯的人口变动已经无法带来人口红利了，拉丁美洲、印度的发展历程就是很好的案例——没有政策制度的支持，人口本身不仅无法充分发挥作用，甚至还可能成为经济发展的负担。日本过去数十年的发展历程也反映出，人口变动和经济发展的关系是随着时间、社会经济条件甚至是制度环境的改变而变化的。同时，人口变动关注的只是出生、死亡与迁移——也就是说，它注重量的变化；尤其是出生和死亡，都直接作用于“量”；地域流迁在通过分布而影响到地区之间的“量”的同时，也制约着人口的年龄和性别结构。实际上，在生育率已然低于更替水平、人口预期寿命持续增长的背景下，人口结构（尤其是年龄结构）对经济发展的影响可能更为突出。在信息技术高度发达的今天，经济发展越来越多地依赖人力资本、技术创新、生产率的提高而非单纯的大规模廉价劳动力；同时，经济发展需要有良好的国内政策环境和国际环境。因此，要充分利用人口的作用，不能只看人口本身，还应该有更广阔的视野和良好的政策，只有这样，才能促使人口发挥其对经济发展的最大作用。同理，也要关注经济发展对人口发展的反作用，比如：在经济发展过程中，人们的受教育机会大大增加，整体人群的受教育年限不断延长；而受过更高教育之人为了追求职业发展而推迟初婚年龄、初育年龄，从而往往错过最佳生育期，在微观层面会减少子女数量，在宏观层面会降低生育率；同时，经济发展还会改变人们的婚育家庭观念，改善人们的生活水平和生存质量，提高医疗健康水平，增强人们的健康意识，在降低生育水平的同时，延长人们的寿命。生得少、活得久必然带来人口总量、结构的变化。

关键术语

平均人口数、人口增长、人口平衡公式、人口自然增长率、人口年均增长率、人口分布、国内生产总值、人均国内生产总值、国民生产总值、经济增长、第一次人口红利、第二次人口红利、生命周期理论、抚养负担假说、双重机制、可变增长率效应

思考题

1. 简述人口结构与经济发展关系的相关理论。
2. 简述世界人口规模变动与经济发展的关系。
3. 结合一个案例，简述世界人口结构变动与经济发展的关系。
4. 简述中国人口规模变动与经济发展的关系。
5. 简述中国人口结构变动与经济发展的关系。

拓展阅读书目

1. 蔡昉．中国的人口红利还能持续多久．经济学动态，2011（6）.

2. 蔡昉．未来的人口红利：中国经济增长源泉的开拓．中国人口科学，2009（1）．

3. 宋健．人口统计学．北京：中国人民大学出版社，2019.

4. 王德文，蔡昉，张学辉．人口转变的储蓄效应和增长效应：论中国增长可持续性的人口因素．人口研究，2004（5）．

5. 王金营，杨磊．中国人口转变、人口红利与经济增长的实证．人口学刊，2010（5）．

6. 王颖，邓博文，王建民．第二次人口红利：概念、产生机制及研究展望．经济与管理研究，2016（2）．

7. 杨菊华．“人口论”与“人手论”的千年谜争：兼述“人脑（才）论”．人口与发展，2017（6）．

8. 张世晴．中国人口增长在经济增长过程中的作用．中国人口科学，1992（4）．

9. ASHRAF Q，GALOR O. Dynamics and stagnation in the Malthusian Epoch. The American economic review，2011（101）．

10. BLOOM D，FREEMAN R. The effects of rapid population growth on labor supply and employment in developing countries. Population and development review，1986（12）．

11. BLOOM D，WILLIAMSON J. Demographic transitions and economic miracles in emerging Asia. The World Bank economic review，1998（12）．

12. BLOOM D，CANNING D，SEVILLA J. The demographic dividend：a new perspective on the economic consequences of population change. California：Rand Corporation，2003.

13. BLOOM D，CANNING D，MALANEY P. Population dynamics and economic growth in Asia. Population and development review，2000（26）．

14. COALE A，HOOVER E. Population trends and economic development in low-income countries. New Jersey：Princeton University Press，1958.

15. HIGGINS M，WILLIANSON J. Age structure dynamics in Asia and dependence on foreign capital. Population and development review，1997（23）．

16. LEE R，MASON A. What is the demographic dividend. Finance & development，2006（43）．

17. LINDH T. Age structure and economic policy：the case of savings and growth. Population research and policy review，1999（18）．

18. MASON A. Population change and economic development in East Asia：challenges met，opportunities seized. California：Stanford University Press，2001.

第十四章
人口特征与民生发展

增进民生福祉是发展的根本目的。必须多谋民生之利、多解民生之忧，在发展中补齐民生短板、促进社会公平正义，在幼有所育、学有所教、劳有所得、病有所医、老有所养、住有所居、弱有所扶上不断取得新进展，深入开展脱贫攻坚，保证全体人民在共建共享发展中有更多获得感，不断促进人的全面发展、全体人民共同富裕。建设平安中国，加强和创新社会治理，维护社会和谐稳定，确保国家长治久安、人民安居乐业。

——十九大报告

人口是社会发展的基础，社会反过来为人口提供发展的资源和服务。社会是一个非常复杂的系统，民生是社会发展最重要的一环。十九大报告指出，“坚持在发展中保障和改善民生。增进民生福祉是发展的根本目的。必须多谋民生之利、多解民生之忧，在发展中补齐民生短板、促进社会公平正义”。本章以十九大报告提出的“七有”——幼有所育、学有所教、劳有所得、病有所医、老有所养、住有所居、弱有所扶——为分析线，探索人口特征与民生发展的关系，为十九大报告提出的“深入开展脱贫攻坚，保证全体人民在共建共享发展中有更多获得感，不断促进人的全面发展、全体人民共同富裕”提供政策启示。

本章是全书的尾声，从应用视角分析人口特征与民生发展的关系，重点突出人口与社会之间息息相关、不可分割的紧密联系。同时在信息技术快速发展的背景下，人口与社会之间的关系也发生了重要变化，本章最后一节专门分析信息时代人口与社会关系的变化。

第一节 相关概念

一、人口相关概念补充

与人口相关的概念，如人口规模、人口结构等，在前面的章节已陆续介绍过，这里不再重复；这里介绍本章讨论到但前面章节涉及较少的概念，如人口状况、人口变动等。

（一）人口状况

人口状况是指人口特征呈现的总和，包括性别结构、年龄结构、人口地理分布以及人口表现出的各种社会经济特征，如受教育程度，就业、收入、健康、婚姻状况，家庭结构，等等。

（二）人口变动

人口变动是指因出生、死亡和迁移（国际、国内）而出现的人口变化，包括规模的增长或减少、性别年龄结构的变化、地理分布的变动，以及人口社会经济特征的变动。

二、改善民生的“七有”

关于“七有”——幼有所育、学有所教、劳有所得、病有所医、老有所养、住有所居、弱有所扶，目前没有明确的定义，这里结合政府部门的相关政策和已有文献，对各“有”做出一些阐释和解读。

（一）幼有所育①

“幼有所育”所针对群体是 6 岁及以下非学龄儿童。“育”是一个宽泛的概念，具有保育和教育双重意思，是指为学前婴幼儿群体提供的早期照护和早期教育（也称“托育”或“育教”）。对于 3 岁前婴幼儿，“育”主要是指保育和早教服务，但重在照护；对于 3～6 岁儿童，“育”的重点是保教结合，教育比重提升。幼有所育是指家庭、社会、学校联手，为婴幼儿提供生活照护、情感认知、事理学习、能力培育与行为规范等方面的良好支持。

（二）学有所教②

“学有所教”旨在保障人民群众的教育权，满足人民群众的教育需求，主要涉及小学教育、初中教育、高中教育、高等教育、职业教育和特殊教育。学有所教有几个基本意涵：一是有学可上，保证教育公平，高度重视农村义务教育和残疾人的基本教育权利；二是普及高中阶段教育，延长教育时间；三是提高教育质量，发展素质教育；四是因材施教，建立多样化的教育体系，完善职业教育和培

① 杨菊华．新时代“幼有所育”何以实现．江苏行政学院学报，2019（1）．

② 毕天云．“七有”：中国特色社会主义新时代的福利思想．学术探索，2018（11）．中共中央纪律检查委员会，中华人民共和国监察部．“学有所教”如何实现．（2017－12－26）[2019－11－10]. http：//www.ccdi.gov.cn/special/zmsjd/zm19da_zm19da/201712/t20171226_158158.html.

训体系，办好网络教育、继续教育，打造符合国情实际的网络化、数字化、个性化、终身化教育体系；五是加强师德师风建设，培养高素质教师队伍。

(三) 劳有所得[①]

“劳有多得”旨在满足人民群众的就业需求和收入保障需求。要做到劳有所得，一是使“业有所就”：有完善的就业保障体系，保证充足的就业岗位，使劳动年龄人口能够充分就业；有健全的就业服务体系，比如建立完善的职业技能培训制度，提高劳动者就业能力和岗位转换能力。二是有健全的工资保障制度，完善最低工资制度和工资协商制度，治理“拖薪”“欠薪”，保障劳动者获得与其付出的劳动相匹配的劳动报酬。三是改善收入分配体系，实现公平分配。坚持按劳分配原则，完善按要素分配的体制机制，初次分配和再分配都要处理好效率与公平的关系；坚持在经济增长的同时实现居民收入同步增长，在劳动生产率提高的同时实现劳动报酬同步提高，促进收入分配更加合理有序；坚持分配正义，鼓励勤劳守法致富，扩大中等收入群体规模，增加低收入者收入，调节过高收入，取缔非法收入，缩小收入分配差距。

(四) 病有所医[②]

“病有所医”旨在满足人民群众的健康需求，保障人民群众的生命健康权。首先，促进健康卫生服务均等化，解决“看病难、看病贵”的问题。深化医药卫生体制的改革，对贫困地区进行对口支援，为贫困地区免费培养医学人才。扩大家庭医生的签约服务范围，特别是贫困人口的家庭医生签约服务。加大健康扶贫力度，扩大集中救治的病种。其次，健全基本医疗保障体系，实现“全民医保”，提高医疗保障水平。充分发挥城镇职工基本医疗保险制度、城乡居民基本医疗保险制度、城乡医疗救助制度、城乡居民大病保险制度的保障功能，稳步提高基本医疗保障水平。最后，加强医疗卫生服务体系建设，提高医疗卫生服务供给能力。

(五) 老有所养

“老有所养”旨在满足人民群众的养老需求，保障老年人拥有体面的生活。为实现老有所养，第一，健全社会保障制度，实现社会养老保障全覆盖，实现“全民养老”。[③] 第二，解决养老基金可持续发展问题：尽快实现基本养老保险的全国统筹，实行基本养老金中央调剂制度，在不同地区之间均衡养老保险的负担；实行养老保险基金的投资运营和保值增值；划拨国有资产充实社会保障基

---

① 毕天云．“七有”：中国特色社会主义新时代的福利思想．学术探索，2018（11）．

② 央视新闻．部长们@你，从7个角度解读这篇暖暖的民生大文章！．（2017-10-23）[2019-11-10]．http：//news. cctv. com/2017/10/23/ARTIid9gRTQuDbpnKACfdhfI171023. shtml．毕天云．“七有”：中国特色社会主义新时代的福利思想．学术探索，2018（11）．

③ 同①.

金，使社会保障基金这个蓄水池能够越来越大①。第三，保障老年人“有人养”，多渠道创新社会养老事业，大力发展养老产业，完善居家养老、社区养老、医养结合、长期照料等制度，特别是重视对失能老年人的照料。

（六）住有所居

“住有所居”旨在满足人民群众的住房保障需求，保障人民群众的居住权②。坚持“房子是用来住的，不是用来炒的”的定位，加快建立多主体供给、多渠道保障、租购并举的住房制度，让全体人民住有所居。不光要使人民住有所居，而且要使人民生活在一个美丽的环境里，也就是要建成美丽中国。同时，还要使居住设施设备更方便、更齐全，让人民生活得更幸福，获得感更强。③

（七）弱有所扶

“弱有所扶”旨在建立完备的社会救助体系，扶持弱势群体。一是全面完善救助保障制度。国务院颁布了《社会救助暂行办法》，明确了“8＋1”的社会救助体系④，全面建立了临时救助制度，全面推行了重特大疾病医疗救助，统筹了城乡特困人员的救助供养制度。二是加大财政在社会救助方面的投入，稳步提升救助保障的水平。三是不断规范救助保障管理工作，与有关部门开展户籍车辆、银行存款、证券财产、住房保障等方面的信息对比，提高对救助对象识别的准确性，做到精准救助、应保尽保。⑤

三、信息化

信息化（informationalization）理论最早是由丹尼尔·贝尔提出的⑥。贝尔认为，信息化是指培养、发展以计算机等智能化工具为代表的新生产力，并使之造福于社会的历史过程。20 世纪 70 年代中后期，“信息化”和“信息社会”的概念在西方社会得到了广泛的关注和研究⑦。信息技术发展到现在，已成为提高组织运行效率、获取竞争优势的关键，成为各行各业生存与发展的核心途径。在社会服务和公共服务建设方面，信息化已是大势所趋。数字经济、“互联网＋”、

---

① 央视新闻．部长们@你，从 7 个角度解读这篇暖暖的民生大文章！．(2017－10－23) [2019－11－10]．http：//news. cctv. com/2017/10/23/ARTIid9gRTQuDbpnKACfdhfI171023. shtml.

② 毕天云．“七有”：中国特色社会主义新时代的福利思想．学术探索，2018（11）．

③ 同①．

④ “8”指的是最低保障、特困人员供养、灾害人员救助、医疗救助、教育救助、住房救助、就业救助、临时救助；“1”就是社会力量参与。前 8 项为政府行为，后 1 项是社会参与，共同构成了完整的社会救助体系。

⑤ 同①．

⑥ BELL D. The coming of post-industrial society：a venture in social forecasting. New York：Basic Books，1973：212.

⑦ 张元好，曾珍香．城市信息化文献综述：从信息港、数字城市到智慧城市．情报科学，2015（6）．

电子政务、智慧中国、智慧城市/国家/养老、大数据、人工智能等成为热门话题。这样的变化会在根本上变革人口与社会之间的交互关系。

（一）“互联网＋”

“互联网＋”就是利用互联网平台，把互联网和包括传统行业在内的各行各业结合起来，在新的领域创造一种新的生态，简单地说就是“互联网＋××传统行业＝互联网××行业”①。

2015年7月4日发布的《国务院关于积极推进“互联网＋”行动的指导意见》（国发〔2015〕40号）提出，“互联网＋”是把互联网的创新成果与经济社会各领域深度融合，从而推动技术进步、效率提升和组织变革，提升实体经济创新力和生产力，形成更广泛的以互联网为基础设施和创新要素的经济社会发展新形态。同时提出了11个领域的重点行动：“互联网＋”创业创新，“互联网＋”协同制造，“互联网＋”现代农业，“互联网＋”智慧能源，“互联网＋”普惠金融，“互联网＋”益民服务，“互联网＋”高效物流，“互联网＋”电子商务，“互联网＋”便捷交通，“互联网＋”绿色生态，“互联网＋”人工智能。

（二）智慧城市/国家/养老

“智慧××”也是一个非常流行的概念，如“智慧城市”“智慧国家”“智慧养老”；它实际上也是最大限度地利用现代信息技术，通过物联网、云计算等信息技术应用，实现可持续创新，以人为本地实现经济、社会、环境的全面可持续发展。

目前，社会各个领域都出现了“智慧”的概念。比如“智慧养老”，就是指融合应用物联网、云计算、大数据、移动互联网等信息技术和产品，实现家庭、社区医疗机构、健康服务机构、养老服务机构、专业医疗机构间的信息互联互通和分析处理，从而实现数字化、网络化、智能化的健康养老模式；引入“互联网＋”健康养老，能够充分利用物联网信息技术平台所提供的信息的监控、收集、处理、维护、数据挖掘等技术优势，为老年人提供身体或者精神方面的健康管理、精神慰藉、心理健康指导、医疗处理等方面的个性化服务②。

（三）大数据

对于如何理解大数据，美国普林斯顿大学谢宇教授曾在一次专访中总结道：“从人口社会学角度认识大数据，大数据是我们现代生活或工作留下来的数字脚印（footprint），这些数据不是为研究采集的，而是一个生活的副产品。现代化生活在很多地方都会留下数据的脚印，比如打电话、付账、乘地铁、使用打车软

① 央视新闻．部长们@你，从7个角度解读这篇暖暖的民生大文章！．（2017－10－23）［2019－11－10］．http：//news.cctv.com/2017/10/23/ARTIid9gRTQuDbpnKACfdhfI171023.shtml.

② 智慧养老成未来养老新趋势．（2018－12－27）［2019－11－10］．http：//www.xinhuanet.com/video/2018－12/27/c_1210025457.htm.

件等，我们所有的行为都电子化了，这种电子化的生活方式和工作方式就为我们提供了可以利用电子化数据的机会。有的时候我将大数据叫被动数据，因为它不是为研究而有目的性地收集的，而是被动产生的。大数据最重要的贡献，并不是它量大，而是我们能够通过大数据获得在社会现象和行为方面过去没有的数据，即有了一个多样化的渠道去了解人类行为、了解社会运行方式，比如人们的网上择偶行为、微博上的情绪反应。然而，大数据也有它的局限性：一是代表性问题永远受到质疑；二是大数据的质量和可靠性也是存疑的；三是因为是被动数据，它的测量是有限的；四是不同来源的数据整合存在问题。”①

第二节 人口变动与民生发展

人口是社会运行的基本要素，牵一发而动全身，人口对社会的影响牵涉到方方方面。其中，人口变动对社会和民生的影响尤其明显。

人口变动会对健康、教育、住房、通信、交通、娱乐等产生影响，进而会影响到公共财政项目和政府预算。人口变动的影响不仅是短期的，也是长期的；不仅会对一个人一生的几十年产生影响，而且会在人口惯性的作用下，影响到下一代或几代人。同时，人口的影响还不仅是一个规模大小的问题，而且是一个与社会经济特征相互关联的复杂问题。人口变动是社会服务需求和供给的基础依据。本节在生命历程框架下，根据党的十九大报告提出的“幼有所育、学有所教、劳有所得、病有所医、老有所养、住有所居、弱有所扶”，通过几个重要的人生节点及相应的民生需求来分析人口变动与民生发展的关系。

一、幼有所育——出生人口变动与婴幼儿服务

与出生人口变动首先直接相关的就是住院分娩需求，即对医院、医生和护士的需求。出生人口的剧烈波动带来的是需求的波动，出生人口短时期内增加会造成医院服务资源紧张，各地医院接生压力明显增大。这一方面是由于新生儿明显增多，另一方面是由于医院的医生和护士也有生育的需求。例如，2016 年中国的住院分娩活产数达到 1 846 万人，比 2015 年增长了 11.5%，二孩比例和高龄高危孕产妇比例明显增高。

出生人口变动带来的第二个影响就是托育服务需求的变化。托育服务需求直

---

① 谢宇．大数据，“大”就行了吗．(2019－10－01)［2019－11－10］．http：//www.sohu.com/a/256851551_99907693.

接影响到公共服务设施的建立、配套政策的实行。2016 年原国家卫生和计划生育委员会“城市家庭 3 岁以下婴幼儿托育服务需求调查”显示，有 1/3 育有 3 岁前婴幼儿的受访者有托育服务需求，但实际入托率不到 5%；2017 年国务院妇女儿童工作委员会与中国人民大学“四城市 0～3 岁托育服务需求调查”也显示，有 1/2 育有 3 岁前婴幼儿的受访者有托育服务需求，但实际入托率不到 4%，服务缺口巨大①。非正规照料（即家庭照料）占比接近 100%（见表 14－1）。当然，在目前中国的背景下，托育服务需求的增长不仅源自人口本身的变化，也是政策因素和社会因素综合作用的结果。一方面，自市场经济体制改革后，中国公共托育服务体系逐渐消失，相关政策基本缺位；另一方面，家庭有巨大的潜在需求。人口的变动，比如出生人口突然增多或减少会直接影响婴幼儿相关的公共服务，并且不可忽视的是，人口需求的变化甚至比人口变动本身的影响更大、更明显。

表 14－1 中国婴幼儿照料情况变化

年份	非正规照料占比（%）	正规照料占比（%）	
		公立托育机构	私立托育机构
1991	86.5	11.9	1.6
1993	88.3	9.6	2.1
1997	95.9	3.1	1.0
2000	92.1	0	7.9
2004	95.8	0	4.2
2011	98.8	0	1.2

资料来源：杨菊华．新时代“幼有所育”何以实现．江苏行政学院学报，2019（1）．

通过进一步细化人口的需求我们可以看出，社区在托育服务体系中发挥着不可或缺的作用。根据 2016 年原国家卫生和计划生育委员会“城市家庭 3 岁以下婴幼儿托育服务需求调查”，受访者希望托育机构位于居住社区内或社区附近的达到 80%，希望位于企事业单位（也是一种功能性社区）的达到 17%。未来相应政策的实施、托育中心的建设（比如数量、规模、地理位置的选择等）应建立在对人口数据，包括婴幼儿人口规模及社区分布、人群类型、家庭居住结构等的掌握上。

做好学前教育是幼有所育的另外一个重要方面。入园难、入园贵、农村幼儿园无法满足需求等长期制约着学前教育发展。根据洪秀敏、姜丽云的研究，全面二孩政策实施后，学前教育发展的问题更加凸显②。第一个问题就是幼儿园资源总量和质量无法满足日益增长的入园需求。根据对新增出生人口的估计和入园率的设计，全国 2022 年需新增幼儿园 3.81 万～6.35 万所③。再加上民众对入园质

① 杨菊华，王苏苏．完善我国生育支持政策．中国社会科学报，2018．

② 洪秀敏，姜丽云．“全面二孩”政策下学前教育发展的问题：基于二期学前教育三年行动计划的调查与分析．北京师范大学学报（社会科学版），2018（5）．

③ 郑益乐．“全面二孩”政策对我国学前教育资源供给的影响及建议：兼论我国学前教育资源供给的现状与前景展望．教育科学，2016（3）．

量要求的提高，资源短缺的矛盾更加严重。第二个问题是幼教数量短缺。据测算，全面二孩政策实施后，到2020年，中国幼儿园教师短缺数量将达到100万，此外还有90万保育员的空缺。除了幼教数量短缺的问题，幼教学历低、质量低的问题也比较严重。第三个问题是区域发展不平衡，中西部、农村地区资源短缺的问题更加突出。全面二孩政策实施后，数量、质量与需求之间的矛盾更加严峻。[①]

另外，公共托育服务不足也会影响到女性的劳动参与，改变劳动力市场结构，影响性别平等的发展。在工作-家庭矛盾突出的情况下，女性舍业从家现象比较常见。据统计，因生育而中断工作的女性比例在不断增加。在从事非农劳动的女性中，因生育而中断工作的比例因生育时期而异：1971—1980年生育的从事非劳动的女性中，因生育而中断工作的女性占5.9%；1981—1990年生育的中断工作的女性占10.3%；1991—2000年生育的中断工作的女性占21.2%；2001—2010年生育的中断工作的女性占35.0%[②]。反过来，公共托育服务不足也会影响到人口变动，最直接的就是影响家庭和个体生育意愿。在全面二孩政策背景下，70%的一孩家庭没有生育二孩的意愿，而其中最主要的原因就是孩子无人照料[③]。

因此，出生人口变动与婴幼儿服务建设之间是相互影响、相互作用的关系。出生人口的变动会影响到婴幼儿服务需求；反过来，婴幼儿服务状况又会影响到女性就业、人口的生育意愿，从而影响人口变动。

韩国的低生育率危机

韩国的生育率已经进入世界最低水平行列。韩国政府在促进生育率提高方面采取了很多措施，比如增加财政补贴，让婚外生育合法化，立法消除劳动力市场的性别歧视，鼓励男性参与到家务劳动中，等等，但这些措施起到的作用仍然十分微小。据韩国国民议会预算办公室（National Assembly Budget Office）估计，如果韩国的生育率仍然持续低迷，那么到2060年，韩国的经济规模将会萎缩5%。因为生育率下降，高额的养老资金支出使投资空间减小。婴儿服务行业的情况也不乐观，首尔的产科病房已经减少1/4；2018年，一半的教师被解雇。

贝飞公司的总经理对政府鼓励生育的行为尤其是鼓励爸爸承担更多责任的政策给予了肯定，但仍然对政策的短期作用持消极态度。他说："在更多的婴儿降生前，韩国的很多婴儿产品企业可能会消失。"

资料来源：韩国的低生育率危机．[2019－11－10]．http：//news. trust. org/item/20190104002351-io1r9/.

---

① 洪秀敏，姜丽云．"全面二孩"政策下学前教育发展的问题：基于二期学前教育三年行动计划的调查与分析．北京师范大学学报（社会科学版），2018（5）．

② 黄桂霞．生育支持对女性职业中断的缓冲作用：以第三期中国妇女社会地位调查为基础．妇女研究论丛，2014（4）．

③ 靳永爱，宋健，陈卫．全面二孩政策背景下中国城市女性的生育偏好与生育计划．人口研究，2016（6）．

中国的婴幼儿照护服务发展政策

2019年5月9日，国务院办公厅发布了《国务院办公厅关于促进3岁以下婴幼儿照护服务发展的指导意见》（以下简称《指导意见》）。

《指导意见》共分为总体要求、主要任务、保障措施和组织实施四个部分，加上部门职责分工，为补齐“入托难”“入托贵”这一重大的民生短板指明了发展方向，可为新时代实现“幼有所育”保驾护航。

在实践层面，上海、四川、南京、湖北等地都在积极探索婴幼儿照护养育服务，尤其是0～3岁婴幼儿托育服务的管理体制、工作机制和服务模式，力图建立公益普惠、符合民生需求的婴幼儿照护养育服务体系。

资料来源：杨菊华.3岁以下婴幼儿照护服务发展的指导意见之我见（一）：做好顶层设计.（2019－05－13）［2020－01－11］.http：//pdsc.ruc.edu.cn/jdjx/f39ba17f341447a9aae3d7c43c/af085.htm.

二、学有所教——学龄人口变动与教育服务

学龄人口变动直接影响到对老师和学校设施的需求。从世界范围看，最典型的案例是二战后1946—1964年“婴儿潮”给世界各地教育系统带来的影响。“婴儿潮”一代进入学校，从幼儿园到高中再到大学，各地教育系统的每个年级都不得不吸收大规模的学生，雇佣新的老师，扩大教室空间。而当时很多人认为，20世纪40年代出生人数猛增只是一个暂时的现象，因此没有足够的时间和准备来建学校、招老师，并且存在一种隐忧，即短期出生高峰过后，多余的学校和老师无法安置。同时，由于20世纪30年代出生人口规模小，而且很多人不愿意从事教师行业，因此出现了老师严重短缺的局面。20世纪60年代晚期，“婴儿潮”过去，从70年代开始，各地教育系统又面临相反的处境，即许多学校只能改成照料中心、老年人中心等。大学同样受到了很大的影响，大学入学人数在二战后迅速增长，因为除了正常入学的人，还有因战争而被推迟入学的人，如退役士兵入学；到20世纪60年代中后期问题更加凸显，因为“婴儿潮”一代开始进入大学。[①]

所以，这种短期但剧烈的人口波动给教育系统，包括人员配置和教育设施的计划带来了很大困难。教育计划必须是地区层面的，而地区层面的预测又会受到多重不确定性因素（比如当地出生率、人口年龄结构、社会经济结构、人口迁移等）的影响。对于美国来说，自20世纪60年代以来，移民迁入给美国教育带来了更大的挑战，比如移民有不同的文化、语言等，新移民（来自亚洲、非洲、拉丁美洲等）与迁出地联系紧密，并努力保护自己的语言和传统。这使教育变得复杂化，增加了对双语教学的需求。家庭结构的变化、劳动力市场的变化和收入分

---

① SIEGEL J. Applied demography：applications to business，government，law and public policy. San Diego：Academic Press，2002.

布的变化也使得教育系统复杂化，第二次人口转变带来的一系列家庭和人口的变化，如单亲家庭、非婚生育、双职工家庭等增多，都对公共教育提出了更高的要求。

在中国，人口变动对教育系统的影响最典型的例子是人口流动和出生人口规模持续下降给教育系统带来的挑战。20 世纪 90 年代以来，中国人口出现两个重大的变化。第一个重大的变化是伴随着生育水平下降，出生人口规模持续缩减。1980 年的出生人口为 1 779 万，1985 年为 2 202 万，1990 年为 2 391 万，1995 年降到 2 063 万，2015 年进一步降至 1 655 万。当然，在全面二孩政策实施后，中国出生人口出现过短期的回升，如 2016 年出生人口达到 1 786 万；不过，2017 年和 2018 年，中国出生人口数量出现"两连降"。第二个重大的变化是改革开放后尤其是 20 世纪 90 年代以来人口的大规模流动，流动人口规模的增加和家庭化趋势带来的是流动儿童规模的增长。2000 年，中国 0～17 岁流动少年儿童规模为1 982万，2010 年则达到 3 581 万；其中，6～11 岁小学阶段的流动儿童从 2000 年的 709 万人增长到 2010 年的 929 万人①。这两大人口变化共同造成的结果是，农村小学阶段适龄儿童规模缩小，随之出现的问题则是农村一些小学入学人数不足、教师数量过多、资源闲置、教育经费不足的矛盾突出。撤点并校就是在这样的背景下产生的。中央政府将调整学校布局、精简教师队伍作为解决农村义务教育经费问题的措施之一，自 1992 年起，开始压缩教师队伍，转正或清退民办教师。到 1993 年，全国小学学校数由 1986 年时的超过 80 万所减少到不足 70 万所。随后，根据《国家中长期教育改革和发展规划纲要（2010—2020 年）》提出的要求，小学撤并工作以更大规模和更高强度展开，2010 年全国小学学校数陡然降至 35.3 万所，2019 年进一步降至 26.3 万所，农村降至 17.9 万所（见图 14 - 1）。

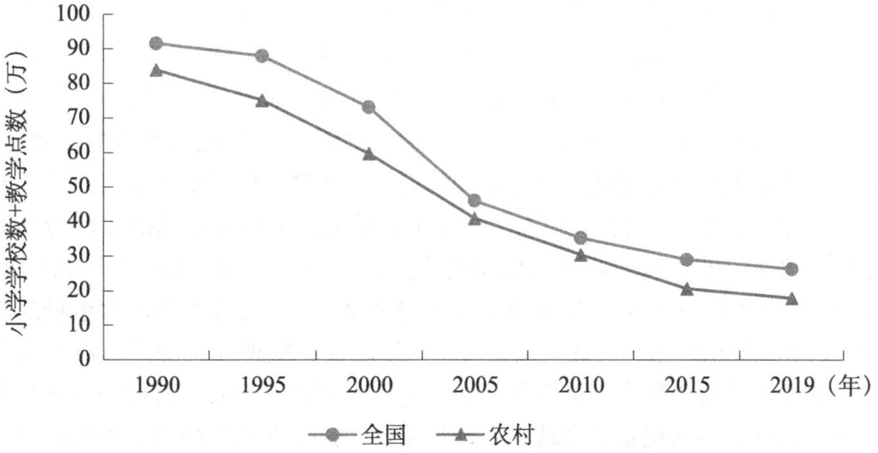

图 14 - 1　1990 年以来全国和农村的小学学校数和教学点数变动情况

资料来源：历年《中国教育统计年鉴》。

① 吕利丹，等. 我国流动儿童人口发展与挑战（2000—2015）. 青年研究，2018（4）.

三、劳有所得——人口变动与就业和收入

人口变动会从方方面面影响到劳动力市场和就业。人口既是生产者又是消费者，人口规模和结构直接影响到劳动力规模和结构，进而影响到产业结构、经济结构。人口的社会经济特征和地理分布会影响到区域经济形态和就业，比如不同人口特征、社会经济特征的人的就业行业需求不同、消费需求不同，因此会产生不同的就业岗位，催生新的经济形式。共享单车、外卖服务等就是例子。相反，经济形态、产业结构、行业结构、就业需求等也会影响人口变动，最典型的例子就是经济发展与人口迁移流动。

人口的迁移流动首先源于区域发展不平衡，特别是社会经济发展差异（可参见本书第五章介绍的推拉力理论）。如前所述，移民对于就业的影响主要体现在两个方面：对于流入地，移民的进入首先直接增加了当地的劳动力，根据以往研究，多数移民从事蓝领工作，这会减少当地人的工作机会，降低当地人的工资水平，甚至导致当地低技能工人失业，但这也会促使当地人获取更高的职业技能①；反过来，移民群体的进入带来的消费需求也会给当地创造新的就业机会。对于流出地，人口的外迁一般直接减少了当地的青壮年劳动力，留守的多为老年人、妇女、儿童，这会影响到当地的经济结构和就业；但反过来，流出人口的汇款又会拉动当地的消费，提高当地的消费水平，一定程度上能促进当地经济的发展。

在中国，有关人口变动与就业的关系，目前讨论得最多的就是“人口红利”是否已经消失，这部分内容在第十三章已有涉及，这里不再重复，仅通过“民工荒”案例，来讨论人口变动对就业的影响。自 2004 年起，中国出现大量企业招不到工人、农民工短缺的“民工荒”现象，“民工荒”成为一个全国性难题。针对“民工荒”的形成原因，学者们多从劳动力总量短缺、结构短缺、制度性缺陷等方面进行了讨论。翟振武、杨凡则从人口波动角度对这一现象进行了解释。他们提出，中国劳动年龄人口结构发生的变动是“民工荒”现象产生的主要原因：(1) 劳动年龄人口日益老化，高年龄劳动力比重上升，低年龄劳动力比重不断下降。(2) 由于出生人口持续下降，2005 年以后进入劳动力市场的年轻劳动力逐渐萎缩，比如 1991—1995 年出生的这批人 15 年后进入劳动力市场的时候（2006—2010 年）与 1986—1990 年出生的这批人 15 年后进入劳动力市场的时候（2001—2005 年）相比，人数下降了 1 500 万之多。这种独特的人口波动过程导致了目前中国劳动年龄人口结构的逐渐老化，金字塔顶部人口所占的比重越来越大，底部人口所占的比重越来越小，这与企业“择青弃老”的用工方式产生了严重矛盾，导致年轻劳动力供需失衡。(3) 高等教育的初次职业分流作用对“民工

---

① DAVID C. Immigrant inflows, native outflows, and the local labor market impacts of higher immigration. Journal of labor economics, 2001 (19).

荒”和大学生“就业难”并存现象的形成和发展起了“雪上加霜”的作用。随着高等教育扩招，年轻劳动力中不接受高等教育、直接进入劳动力市场的人口规模进一步缩小，这也就意味着从事体力劳动的人（包括农民工）的绝对数量减少。[①]

推迟退休年龄是人口结构变动对就业影响的又一个案例。进入21世纪以来，全球范围内许多国家面临老龄化的挑战，劳动年龄人口萎缩、庞大的退休金赤字等问题陆续出现。为了应对人口老龄化带来的长远社会经济影响，一些国家针对退休制度进行了改革，英国、德国、法国等欧洲主要国家和美国都将推迟退休年龄作为一项重要措施[②]。退休改革法案提出后，法国在2010年9月6—7日甚至出现了全国性的大罢工。针对如何应对中国老龄化问题，学者们也对推迟退休年龄展开了热烈的讨论，不过目前仍然没有定论。

回到十九大报告提出的“劳有所得”，实际上它不仅指有工作，还强调了平等就业、享受就业服务、工资有保障和公平分配。在中国，特殊的人口变动背景使得这些方面的公共服务尤为重要。比如：流动人口规模庞大，但由于各种制度性的限制，他们仍然未能实现平等就业、获得公平的报酬，如何从政策方面促进流动人口平等就业是亟待解决的问题。同时，流动人口也需要获取就业信息、职业技能培训等方面的就业服务。随着大学扩招，大学生规模扩大，在经济结构还未适应人口转变的背景下，大学生就业难的问题也相继出现，这不仅对产业结构转型提出了要求，也对如何做好大学生职业培训服务提出了要求。针对人口变动对收入的影响，尽管从宏观层面探究人口变动（比如规模和结构的变动）影响收入的研究较少，但人口变动对收入的影响路径和机制已非常明显。比如人口出生、迁移流动的整体变动会影响经济发展，而经济发展对不同的人的影响又是不同的，有的人获益更多、有的人获益少甚至受到伤害，从而产生收入差异；人口的迁移流动对迁出地和迁入地的收入分布会产生影响；全面二孩政策实施后，生育二孩可能会对女性的收入产生负面影响，从而造成更大的收入性别差异。

四、病有所医——人口变动与人口健康

人口变动给健康服务带来了挑战。伴随着现代化的进程和人口的老龄化，死因模式正在从以营养不良和传染病为主向以慢性非传染性疾病为主转变，心脏病、癌症和精神疾患等慢性疾病正快速成为致死和致残的最主要原因。根据中国2009年和2013年的数据，恶性肿瘤死亡率在下降，心脏病和脑血管疾病的死亡率在上升，而该类疾病的患病群体大多是老年人，这与中国人口年龄结构老化是相关的[③]。死因的转变向健康领域相关服务提出了新的要求。随着人口平均预期

---

① 翟振武，杨凡．民工荒：是刘易斯拐点还是伊斯特林人口波谷．经济理论与经济管理，2011（8）．

② 杜鹏．推迟退休年龄应对人口老龄化．人口与发展，2011（4）．

③ 李涌平，韩丽媛．流行病学转变视角下中国死亡水平及死因构成分析：2009—2013．人口与发展，2016（3）．

寿命的延长，传统的以急性病救治为中心的服务体系需要转型。国家层面也为应对人口变动对健康带来的挑战做了战略部署。2016 年 8 月，习近平总书记在全国卫生与健康大会上提出“要把人民健康放在优先发展的战略地位”，并对“健康中国”建设做出全面部署；2016 年 10 月，中共中央、国务院印发了《“健康中国 2030”规划纲要》；2017 年 10 月，习近平总书记在十九大报告中指出，要实施健康中国战略。

人口老龄化对健康的影响主要体现在老年人的患病类型和需求是不同的，表现为：老年人多种慢性病共存，尤其是高龄老人部分或者全部丧失独立生活能力，存在认知问题（如老年痴呆）、心理问题（如抑郁）、失能等，因此对经常性人工帮助或护理具有很高的需求①。医养结合、长期照护等服务就是伴随人口结构变化而出现的，“健康老龄化”的概念也正是在这样的背景下出现的。

迁移流动对健康服务的影响主要表现在健康服务资源的有效性和需求之间的矛盾以及获得健康服务资源的制度性障碍对迁移流动人口健康的负面影响上。移民的进入当然会增加对当地医疗服务资源的需求，与此同时也给健康服务均等化带来挑战：因为制度性的限制，移民或流动人口的健康服务资源获得途径，比如医疗保险参与、医疗报销等是有限的。以中国为例，规模庞大的流动人口无论是在健康水平上还是在健康服务资源的获取上都处于劣势地位，他们在流入地的医疗保险参与率低，面临报销水平低、异地报销困难等问题。而流动人口这个群体本身又是对健康服务有着潜在的巨大需求的。这种供给与需求之间的矛盾是现存健康服务体系面临的挑战。人口流动也对中国整体的健康服务格局提出了新的要求：人口流动的选择性使处于不同健康状况的居民在城乡之间重新布局，在流动初期，更健康的人更容易流动，而到后期，健康状况变差的人最先回流，因此，一部分健康风险和疾病负担转嫁到了农村，加剧了城乡之间卫生资源配置与需求的矛盾②。

世界范围内的人口转变实际上也对健康服务提出了重要挑战，结婚生育的不断推迟意味着高龄产妇增多，而高龄产妇及其新生婴儿面临的健康风险加大。随着中国全面二孩政策的实施，高龄孕产妇比例也明显提高。据测算，实施全面二孩政策后，符合政策的目标人群中 35 岁以上的占 60%，2017—2020 年全国每年高龄孕产妇预计达到 300 万以上，大约是此前的 1.3 倍③。这对辅助生殖技术、医疗技术和健康服务提出了更高的要求。

五、老有所养——人口变动与养老服务

老年人口规模的急剧增长、人口老龄化速度的加快给社会保障制度设计和养

---

① 张拓红．人口老龄化对健康服务体系的影响．北京大学学报（医学版），2015（3）．

② 牛建林．人口流动对中国城乡居民健康差异的影响．中国社会科学，2013（2）．

③ “全面二孩”政策放开后，超 7 万人是高龄产妇．（2019－10－31）[2019－11－10]．http://www.hnxd.org/news/256.html.

老服务体系构建带来了巨大挑战。老有所养首先是保证老年人有足够的钱生存下去，即养老金的问题。随着老年人规模的扩大，很多国家面临养老金赤字和相当大的财政负担。老有所养的含义还包含有地方可养老，有人照料，病有所医。在发达国家，社会化养老比较普遍，而在中国这样深受传统文化影响和社会保障体制尚不健全的国家，在哪里养老则成了一个问题，社区养老、居家养老、长期照护成为养老服务体系建设中讨论的新模式。关于人口年龄结构变动对养老的影响，在年龄结构章节已详细讨论过，这里仅讨论人口社会经济特征变动对养老服务的影响。

人口变动带来的社会影响实际上不仅仅限于人口规模和结构的影响，人口社会经济特征带来的影响同样重要和深远。以中国为例，整个老年群体的特征和未来发生的变化也是养老服务体系建设中应该考虑的重要内容。目前，中国老年群体的一个重要的特征是，在老龄化过程中，越来越多的老年人拥有更高的知识文化水平。新中国成立后，大力推进扫盲工作和积极发展基础教育，使得之后的出生队列受教育水平不断提高，越年轻的队列受教育水平越高。根据第六次全国人口普查数据，60 岁及以上人口平均受教育年限仅为 6 年，不识字率高达 21.1%，高等教育普及率只有 3.3%；据预测，到 2030 年，中国老年人口的平均受教育年限将翻一番，高等教育普及率也会大幅度提升[①]。随着受教育水平提高，老年人口接受新事物和运用信息技术的能力增强，对养老生活质量的要求更高，养老观念也会发生变化。对于在哪儿养老、如何养老、居住条件达到什么水平，在老年人口知识化和现代化的过程中，都将出现更高的、更多元的需求，养老服务的提供应充分考虑这样的人群特征变化。

中国老年群体的另一个不可忽视的特征是：他们在改革开放的过程中积累了资产，“资产养老”可以作为养老服务体系的重要补充。正在步入老年以及即将步入老年的 20 世纪六七十年代出生的人口队列几乎是最富裕的一代。他们经历了国家的公共住房私有化改革，经历了国家的经济起飞，特别是在房价从一个很低的水平上升到一个非常高的水平的这样一个阶段，这个群体几乎都是有房产一族。几个不同来源的数据显示，中国城镇家庭拥有住房比例为 80%左右，他们在房价飙升之前要么通过单位获得了私有住房，要么在市场上以较低的价格购买了住房，在市场经济快速发展的推动下，积累了大量财富。不仅房产本身成为一笔很大的财富，而且房产成为积累其他类型的财产的重要来源，比如通过房屋出租获得的财产性收入、出售房产获得的巨额金融资产等。未来至少 20 年间，中国城镇老年人口的生存发展能够立足于充裕的财富基础之上，“以房养老”具有可行性。总的来说，未来 20 余年间中国进入老年人队列的人口规模虽然庞大，但是房产给他们带来的财富积累可使他们得到较为充分的养老资金支持，这是一项重要的养老资源，是养老金之外的一条重要的经济支持渠道。如果能够创造条

---

① 翟振武，陈佳鞠，李龙．中国人口老龄化的大趋势、新特点及相应养老政策．山东大学学报，2016 (3)．

件将这些财富转化为养老资源（比如建立完备的“以房养老”政策体系，鼓励“以房养老”），那么将为养老方式赢得创新的动力和转型的契机，也将成为中国应对养老挑战和压力的一条重要途径①。不过，同时也应该意识到无财产老年人群体所面临的养老问题，养老政策制定要差异化和具有针对性。

将隔代照料纳入托育服务体系的必要性

目前，在托育服务总量不足、结构失衡、服务质量无保障的情况下，祖辈已自发地成为婴幼儿照料的主体人群。在不同研究中，因调查对象、调查地点、儿童年龄等因素之别，隔代照料占比存在一定差异，但至少一半以上的婴幼儿接受隔代抚育或由祖辈参与照护，在有的地方这个比例高达 90%。2016 年原国家卫生和计划生育委员会“城市家庭 3 岁以下婴幼儿托育服务需求调查”的结果表明，祖辈占照料者的 80%，形成“4/5 现象”（包括辅助性的日间看护）。

隔代照料是符合中国国情的一种照料模式，将隔代照料纳入 3 岁以下托育服务体系，是由中国历史文化、家庭代际传承和基本国情决定的。

那么隔代照料有哪些优点呢？

1. 填补公共服务空缺

在现代社会，婴幼儿抚育是一项重要的公共服务内容。但是，2017 年国务院妇女儿童工作委员会和中国人民大学“四城市 0～3 岁托育服务需求调查”结果表明，1 岁前婴幼儿入托比例为 1.82%，1～2 岁为 1.48%，2～3 岁为 7%；3 岁前有入托经历的仅占 4.29%，但有 48%的家庭有此需求。因重建托育服务体系需较长时日，在过渡阶段，将具有即时性和安全可靠性的隔代照料纳入服务体系，是补齐公共服务短板、破解婴幼儿照料难题的有效模式。

2. 实现成本最优

部分私营托幼机构的“虐童”现象，加剧了父母的信任危机。对孩子安全和其他基本需求得不到满足的忧虑，使父母不放心将还不能清晰表达的幼儿托付于托幼机构。隔代照料让孩子的父母更省心、省力和省钱——给孩子提供全身心和全方位的关爱呵护，并在一定程度上减轻年轻夫妇的照料负担，节省托育费用，一举多得。

3. 推动育儿-工作平衡

当前，许多有二孩生育意愿的年轻人正处于事业上升期，生还是不生二孩颇费考量。美国的研究发现，因工作而牺牲生育的现象不断增多，反之却不然，导致在权衡生育与工作时倒向“消极侧”。中国第三期全国妇女地位调查发现，在受访母亲中，约 1/3 因孩子无人照料而曾被迫中断就业，已育一孩但不打算生育二孩的主要原因在于孩子无人照料。中国女性就业率从 1990 年的 73%降至 2016 年的 64%，一个重要因素是女性舍业从家。隔代照料有助于消解生育对工作的负面影响，推动育儿-工作平衡。

---

① 翟振武，陈佳鞠，李龙．中国人口老龄化的大趋势、新特点及相应养老政策．山东社会科学，2016（3）．

4. 助力“积极老龄化”和“健康老龄化”

习近平总书记强调，要着力发挥老年人的积极作用，把他们充分地“用起来”，而不仅仅是“养起来”。多种形式的“参与”是发挥老年人作用的重要途径。老年人在退休前后会有较强的失落感和无力感，而参与孙辈照料或可为其提供一个实现自我价值的途径，在实现家庭价值和社会价值的同时，也是推动积极、健康老龄化的重要支撑。

资料来源：杨菊华．将“隔代照料”纳入婴幼儿托育服务体系．中国社会科学报，2018-05-30.

六、住有所居——人口变动与住房需求

从长远看，对住房的需要与人口变动密切相关，这不仅是简单的人口增长或萎缩带来的对住房需求的增加或减少，更有人口一系列特征变动带来的对住房多样化的需求。家庭结构的变化、家庭收入的高低、居住方式的变化、观念的变迁等会影响到对户型、结构、面积、舒适度等方面的不同需求，比如家庭规模的缩小带来了对中等规模公寓的需求，有孩子的双职工家庭倾向于更宽敞、更舒适的房子，老年人则会选择有宜老配套设置（如电梯、坐便式马桶、紧急呼叫设备、屋内扶手、楼道有供轮椅进出的斜坡等）的住房。随着房价的上升，年轻人的经济状况难以负担高额的房价，只能背负贷款压力购买住房，甚至无能力购买住房而选择租房住。年轻人对住房的特殊需求也催生了市场上一批新的租房类型，比如中国出现了一些高品质单身公寓，公寓设有公共艺术空间和咖啡厅，还定期组织单身派对、才艺比赛、厨神大赛、相亲交友聚会等一些活动。这些实际上都反映了人口变动、人口社会经济特征与社会环境之间的交互作用。

在美国，一方面，住房需求直接反映了出生人口变动带来的影响。比如 20 世纪 90 年代随着经济的发展，女性劳动参与率提高，双职工家庭增多，家庭的住房拥有比例上升，而这一代恰好是“婴儿潮”一代，人口绝对规模大加上住房需求增加，两者共同催生了住房绝对需求量的提升。曼昆（Mankiw）和韦尔（Weil）系统地将人口因素纳入住宅需求分析，发现二战后的“婴儿潮”是 20 世纪八九十年代美国房价大涨的主要原因①。但是，另一方面，美国人对住房的需求是有种族差异的，白人住房拥有率高，黑人住房拥有率低而租房比例高，黑人和白人的居住场所又是高度隔离的。此外，美国的住房拥有情况还存在较大的州际差异，尽管州与州之间年龄分布、住房成本和收入差异与住房拥有率无关，但种族构成可能是一个影响因素。种族比例的变化、地理分布的变化等都会影响到住房市场。

---

① MANKIW N，WEIL D. The baby boom，the baby bust，and the housing market. Regional science and urban economics，1989（19）.

在中国，目前讨论得比较多的是中国整体年龄结构的变化以及全面二孩政策的实施将如何影响到住房市场。有研究者利用2001年以来的住房数据、人口年龄结构数据，讨论了人口变动与住房价格和面积之间的关系。结果显示，中国人口年龄结构与住房价格上涨之间没有相关关系，但是少儿人口抚养系数的提高会显著降低住房消费水平（即住房面积）。这意味着，随着全面二孩政策实施后少儿人口抚养系数的提高，从长远看，中国的住房消费水平会降低。①

也有研究者专门讨论了中国人口老龄化是如何影响住房需求的。人们在老年阶段对住房的需求并不能一概而论，在不同的年龄段、不同的国家，需求可能是不一样的。低龄老年人单独居住的需要，会提高对小型住房的需求；而随着孙辈的出生，家庭照料孩子需求的增加，老年人搬去跟子女一起住，这又加大了对增大住房面积的需求，比如从两居室到三居室，不过这只是一个短期的过程；而老年人到了高龄阶段，在自身需要照料时可能会搬去跟子女一起居住，这同样会增加对大型住房的需求。不过，老龄化对住房需求的影响也是存在国家差异的，在社会化养老比较普遍的国家，老年人可能会卖掉自己的住房搬到养老院居住。对中国2005—2015年的数据分析发现②，随着老龄化率提高，住宅成交套数一开始确实是增加的，这是由于受家庭小型化的驱使，住房需求是增加的；当65岁以上人口占比达到17%～18%时，住房需求才开始减少，这是因为老年人到高龄阶段后回归大家庭，使得家庭户变少。根据中国的老龄化变动趋势可以推算，至少在未来20年内，老龄化都将刺激而不是减少住房需求。

人口的迁移流动也对住房市场产生了巨大影响。作为一个移民国家，人口迁移是美国住房市场和租房市场价格波动的重要影响因素，其对房价和租金均有显著的正向冲击作用③。然而，有学者基于对英国移民和房价数据的研究得出，移民比例的增加会导致房价下跌，具体而言，移民占当地人口比例每增加10%，房价将会下跌16%。这是因为移民的到来压低了当地低技能劳动者的工资水平，当地居民为追求更高薪资而被迫外迁，从而致使住房需求下降④。针对中国的研究也显示⑤，中国人口的迁移流动对住房需求有显著影响，人口流入会推动房价升高，就业密度、城市常住人口规模和城镇居民人均可支配收入三个因素的增加显著提高了房价。

七、弱有所扶——人口变动与社会保障

人口老龄化的快速发展不仅使得医疗卫生支出和社会保障支出大幅度上升，

① 顾和军，周小跃，张晨怡．“全面二孩”、人口年龄结构变动对住房消费的影响．中国人口·资源与环境，2017（27）．

② 丁洋，郑江惟．中国人口老龄化会减少住房需求吗．中国软科学，2018（2）．

③ SAIZ A. Immigration and housing rents in American cities. Journal of urban economics，2007（61）.

④ SA F. Immigration and house prices in the UK. Economic journal，2015（125）．

⑤ 兰峰，吴迪．人口流动与住房价格波动：基于我国35个大中城市的实证研究．华东经济管理，2018（5）．

也推动了养老金制度、退休制度和其他养老保障制度的改革；人口生育水平的下降催生了一系列鼓励生育的家庭政策；流动人口的出现和规模的扩大也促进了流动人口相关社会保障法律法规制度的确立。这些都反映了人口规模、人口结构、人口社会经济特征的变动会影响到社会保障水平、结构和制度改革。社会保障制度的建立和完善不仅需要充分掌握这些人口信息，同时也要对未来的变动有科学的预测。

从“弱”的角度看，人口变动背景下产生的一些弱势群体是社会保障的盲点，比如移民尤其是非法移民的就业、住房、医疗保险、养老保险等问题，老年人尤其是失能老年人的长期照护问题，留守儿童照料问题，流动儿童上学问题，女性就业歧视问题。中国的社会保障制度和扶贫政策也是根据人口变化而动态调整的。长期以来，扶贫开发政策和社会救助制度主要瞄准的是绝对贫困群体，而近年来，中国实施精准扶贫战略，一方面要使绝对贫困人口全部脱贫，另一方面向相对贫困、多维贫困扩展，开始注重解决发展型贫困和贫困代际传递问题。[①] 2015 年 9 月，联合国的《变革我们的世界：2030 年可持续发展议程》设定了人类社会到 2030 年的可持续发展目标，其中第一个目标就是“消除一切形式的贫困”，既包括收入贫困，也包括其他比如教育、社会参与、公共服务、财产、新技术等各种形式的贫困[②]。无论是中国还是世界范围内对贫困的认识和所采取的政策措施都反映了人口变动带来的影响，而这种人口变动不仅是人口数量和结构上的变动，也包括人口质量和需求的变动。

未来随着人口数量、结构、分布、质量和需求的进一步变动，“弱有所扶”的相关理念、措施也需要进一步改变。

八、人口变动的其他社会影响

人口变动带来的社会影响是多方面的，除了以上提到的七大维度，还可能涉及交通、环境、商业、政治等多个方面。本节的目的并不是穷尽人口变动对社会的所有影响——这也是一个无法实现的目标，就像本章开篇所说，我们只是提供一个人口社会学的思考视角。同样，这里也只是简单举例说明人口变动对交通、环境、商业和政治可能产生的影响。

某区域内人口规模的上升将直接增加交通压力，比如大城市常住人口规模的上升，既会增加对公共交通的需求，也会增加交通拥堵程度。人们生活方式的改变也会影响到交通。一些发达国家出现的人口变动趋势——从市区向郊区迁移也会对交通产生影响。人口的反向迁移会导致住房与工作、购物、娱乐等场所距离拉大，郊区的公共交通又没有市区发达，这就增加了私家车的使用量，郊区到市区的交通量上升。家庭结构的变化也会影响到人们的出行方式，有婴幼儿的家庭

---

① 林闽钢．新历史条件下“弱有所扶”：何以可能，何以可为？．理论探讨，2018（1）．

② 同①.

更倾向于利用私家车出行，而中老年家庭则可能更多使用公共交通。

人口的变动当然也会对环境产生直接或间接的影响，这里要举的例子是离婚如何影响环境。随着第二次人口转变的发生，几乎全球范围内的离婚率都在上升。离婚可能会通过增加家庭户数量、降低家庭户规模而对环境产生影响。研究表明，离婚的家庭户中人均资源消耗量高于在婚家庭，比如拥有的房间数量更多，人均用电量、用水量更多；因为离婚家庭中人均资源消耗量更高，所以产生的人均废弃物（固体、液体或一般气体比如温室气体）的量也会更高。[①] 当然，离婚只是其中一个视角，人口的其他变动，比如多代同住家庭减少、初婚推迟、空巢家庭增多等都可能通过类似于离婚的机制而影响到环境。

在商业领域，人口变动的影响就更为普遍了。比如出生人口增加带来的对婴幼儿产品需求的增加，家庭对教育的重视催生的一系列教育产业，老年群体对老年产品（如老年人手机、助听器、室内扶手等）的需求催生的老龄产业，“异地养老”兴起带动的养老产业发展，信息技术和流动人口增加背景下快递产业、外卖行业的快速兴起和繁荣。

在政治领域，人口的影响也非常深远。人们的意见和态度综合起来就是“民意”，而民意又取决于人口的特征。在美国，人口的性别结构、年龄结构、种族结构、经济特征可能会影响到总统选举结果，影响到一项政策通过与否，影响到政策类型，影响到党派的支持度，等等。在2016年美国总统大选中，几乎所有的预测都错了，最后特朗普获胜，这实际上就是一个忽略了人口特征的典型案例——受教育程度更低、收入更低的中下层人群更支持特朗普，加上美国选举的“赢家通吃”规则，最终特朗普战胜了希拉里。

墨尔本人口增长加重两极分化，社会福祉、收入、交通拥堵等均受影响

据澳大利亚知名房产分析公司Domain报道，墨尔本的发展速度远超大多数发达国家中与之规模相近的城市。2011—2018年，墨尔本的人口年均增长率超过2.5%。

墨尔本也正在迅速成为一个经济和社会两极分化的城市。外城区低廉的住房成本吸引着人们前往，但这也有相应的代价。如果将墨尔本划分为内城区、中城区和外城区，那么每个区域都包含了该市约1/3的就业岗位，但该市大部分人口（46.6%）居住在外城区。随着人口的快速增长，这一比例还在上升，2011—2016年间，这一比例上升到了57.5%。

与此同时，外城区能够提供的人均就业机会也最少。许多居民不得不长途乘车上下班，由此带来的交通拥堵现象也不容小视。

这种增长模式带来的后果是什么呢？Domain最近调查了墨尔本居民获取收入的能力，以及一些重要的社会成果，得出了相应结论。

1992—2017年间，墨尔本外城区六个增长最快的地区（Cardinia、Casey、

① YU E，LIU J. Environmental impacts of divorce. Proceedings of the national academy of sciences of the United States of America，2007（104）.

Hume、Melton、Whittlesea 和 Wyndham）的居民从经济活动中获得的收入份额都出现了倒退。

这些研究结果显示出了很强的空间关联性。从各个地区到墨尔本市中心的通勤时间或距离的差异具有明显不同的影响程度。

从某个外城区到墨尔本市中心的通勤时间越久，人口和就业密度就越低。房屋中位价、人均存款、受教育人群比例、高科技工作比例、当地生产力、邻里互相信任程度、附近居民使用公共交通的比例、搭乘公共交通去上班的比例等均随之下降。而报告显示，这些地区的人均开放空间增加、上班用车率增加、通勤时间超过两小时的比例以及心脏病和肥胖症的比例增加。

这些相关性表明，人们到外城区生活的益处——住房成本降低、开放空间增加——是有代价的。

而这些代价的大小通常与该地距离墨尔本中心城区的远近、人口比例的高低和工作机会的多少有关。

外城区人口的快速增长，往往会导致社会包容、福祉和健康等社会条件变差。例如，儿童和青少年发展面临着更多的挑战，这些挑战往往导致辍学率和青年失业率上升。社会条件变差也导致个人积极性减弱，增加了如福利支付、保健费用、执法费用、家庭暴力和药物滥用等方面的补救费用的支出。

外城区的基础设施不健全，无法满足快速增长的人口需求，导致不平等日益加剧，社会和生产力成本不断增加。

资料来源：墨尔本人口增长加重两极分化，社会福祉、收入、交通拥堵等均受影响．[2019－11－10]. https：//www. sydneytoday. com/content－101921365447052. 此处有删减。

第三节 信息时代的人口与社会

近几十年，随着互联网的快速发展，人类社会已进入了一个以信息数字化为主要特征的高科技经济时代，这可以称得上是人类历史上继农业革命和工业革命后的又一次伟大变革，它不仅会极大地影响人类的工作方式和生活方式，也会深刻地改变人类和社会之间的交互关系。

一、信息时代的人口特征

信息时代人口特征的典型特点是互联网使用率高，智能手机、互联网等成为人们生存和发展的重要手段，人们的需求也越来越多样化。截至 2019 年 3 月，全世界有 56.8%的人使用互联网，发达国家的这个比例超过 85%。根据中国互联网络信息中心（CNNIC）发布的第 42 次《中国互联网络发展状况统计报告》，截至 2018 年 6 月，中国网民规模为 8.02 亿，互联网普及率为 57.7%；手机网民规模达 7.88 亿，网民中使用手机上网人群的占比达 98.3%；网络购物用户规模达到 5.69 亿，网上外卖用户规模达到 3.64 亿，网络支付用户规模达到 5.69 亿。目前，中国的互联网还处在蓬勃发展阶段，各个人口队列中的网民规模还将迅猛增加。

尤其值得注意的是，未来使用互联网的老年人会越来越多。以中国为例，按照目前的发展态势，到 2030 年时，至少将有 1/4 的老年人口成为网民；到 21 世纪中叶，互联网在老年人口中的使用将十分普遍，保守估计比例将有六成①。从年龄看，2018 年 60 岁以上老年人使用互联网的人数为 4 090 万，占老年人口比例的 16.97%，而 2010 年，这个比例仅为 5.1%②。而根据 2016 年中国老年社会追踪调查（CLASS），看新闻、聊天是老年人上网时最常使用的两大功能，90%以上的使用互联网的老年人上网看新闻，82%的使用互联网的老年人上网聊天，排在第三位的是看影视剧，有超过 50%的使用互联网的老年人上网看影视剧。可见，目前老年人主要使用互联网的娱乐功能。互联网在老年人中的普及率越来越高，一方面是因为不断进入老年队列的人口的互联网使用比例高，另一方面是因为目前的老年人也在不断学习使用互联网。这样一来，老年人与互联网相结合的紧密程度不断加强。在互联网时代，老年人跟子女的代际互动模式、社会参与方式、生活娱乐方式等都会焕然一新，这对老年支持和服务体系的影响巨大。随着互联网基础设施的不断优化升级，出行、环保、金融、医疗、家电等行业与互联网融合程度持续加深，互联网服务呈现智慧化和精细化特点，并将在养老政策设计中发挥不可估量的作用，“智慧养老”成为可能。

可见，互联网的普及不仅深刻地改变了人们的生活方式、工作方式和娱乐方式，也深刻地改变了这个社会的经济运行方式，当然，它也将改变公共部门的管理和服务方式。

二、信息时代的社会变革

信息时代带来的社会各方面的变革是深远的：

首先是管理理念的变化。信息时代打破了传统的从上到下的垂直型管理模式，实现了扁平化管理。现代管理更加注重人的作用，注重组织与人之间的互动，关心人的需求，以人为本。这也是“智慧城市”“智慧养老”等一些新概念提出的基础和依据。信息时代也突破了传统决策只能依靠有限信息做到有限理性

---

① 翟振武，陈佳鞠，李龙．中国人口老龄化的大趋势、新特点及相应养老政策．山东社会科学，2016（3）．

② 同①.

决策的局限，依靠信息技术，人们能够收集到更多更全面的信息，使决策更为科学和合理。

其次是管理手段和工作方式的变化。依赖于信息技术，政府管理、商业运作、教育管理、NGO运行等各行各业都实现了电子办公，这大大提高了社会运行的效率。在信息社会，减少机构、中间管理层次和冗员，可以减少人为的官僚主义带来的低效率；政府业务网上办理，能够提供随时随地的多项同时服务，人们可以从多种渠道获取政府的信息和获得政府的服务，而不必再采用传统的需经过层层关卡进行书面审核的作业方式；通过网上购买、网上支付，人们在家中就可以享受到一站式、自动化、直接送到家的服务；远程教学、网络课程打破了传统的教育方式的地理限制；人工智能甚至能直接替代人从事某些方面的劳动……这一系列变革不仅提高了服务效率，也让人彻底从一些劳动中解脱出来，去做更有意义的、更有创造力的事情。

最后是数据收集、存储和使用方式的变革。传统的通过社会调查的方式获取数据固然重要，但在信息技术的推动下，获取信息的途径更加多样化，这就是今天人人都在谈论的“大数据”。举个例子，以往我们了解人们的喜怒哀乐、行为方式、消费倾向等信息也许只能通过直接询问的方式，而现在我们有了更多的方式，比如：可以收集微博数据，分析文本数据的情绪；可以通过个人的购买记录推测其消费偏好，从而向其推荐合适的产品；可以综合信息做事件预警或预测社会热点事件；可以通过相亲网站浏览记录探究人们的择偶偏好。人口统计除了传统的人口登记外，还可以使用手机信号数据、城市灯光数据等判断人口规模。有了信息技术的支撑，人们可以存储大规模的数据，并进行历史趋势分析。数据的使用和分析方式也发生了变化，虽然社会科学基本的研究范式并没有变，即用数据检验理论的研究范式和因果分析的标准、方式都没变，但大数据的产生给研究带来了很多便利：一是选题的改变，以前很多不能做的课题现在因有数据而能做了；二是计算方法上的进步，以往没有数据支持的设计和方法现在可以做到了，比如机器学习、深度学习。

三、信息时代人口与社会的交互关系

信息社会的变革，改变了我们的生产方式和生活方式，改变了生产关系和社会关系。信息时代的到来不仅改变了人口的特征和社会的运行方式，也改变了人口与社会之间的交互关系。

随着信息技术的发展和人口受教育程度的普遍提高，人口的社会经济特征发生了变化，越来越多的人掌握了信息时代的技能，不仅工作和生活对信息技术的依赖性越来越高，衣、食、住、行、娱乐等方面的需求也产生了变化。正是因为这些变化，人口与社会的关系也产生了变化：

第一，新的需求推动了社会运行方式的变化，促进了新的技术、管理理念、管理方式、服务方式的创新。比如，交友软件、外卖软件、打车软件的出现和流行，通信技术（视频通话、视频会议、5G 网络）的快速更新，电子办公、电子支付等的普遍应用，智能手机的迅速更新换代，等等，人口与社会的交互关系不再单纯因人口规模、结构变化而产生对资源需求的变化，而是更加复杂。以出生人口规模与婴幼儿产品市场的关系为例，在传统商业模式下，区域性的出生人口规模上升影响的主要是当地的市场，而如今在电子商务使全国甚至全球商品流通成为可能的背景下，人口规模上升影响的将不仅仅是区域性市场，更可能是全国性的市场甚至是全球市场。又如，在远程工作、教育、学习、就医等成为可能的环境下，人口的分布可能趋于分散化，通行成本降低，能够节约社会资源；在电子邮件、电子书、电子存档流行的今天，人口的增多不再增加对纸资源的需求。这些案例都说明，我们对传统人口与社会之间关系的认识应该考虑到信息技术这个新的因素。

第二，在信息技术的推动下，反过来，社会对人口的影响也会出现新的变化。新的管理技术和服务方式的出现会从多个方面对人口发展产生影响。比如，在信息技术的辅助下，育儿是变得更加容易还是更加复杂？人们的生育意愿是有所提高还是有所降低？在交友软件流行的今天，人们更容易结婚了吗？人们更容易离婚了吗？在各种信息一键可得的情况下，人口迁移流动是否更加理性，从而使人口地理分布更加合理呢？人工智能的使用会导致人口失业吗？“智慧养老”是否真的能够提高老年人的生活品质、降低老年人的健康风险和死亡风险？

第三，还必须认识到，在信息技术快速发展的今天，可能会产生新的不平等问题：不同地区、不同人群因对信息、网络技术的拥有、应用程度和能力差异而产生两极分化趋势，即数字鸿沟。当年轻人、时时刻刻能接触网络的人、会各种信息技术的人通过使用打车、购票、外卖软件等让生活变得更加快捷方便时，我们也许会看到路边的老年人因为不会使用打车软件而迟迟打不到出租车，也许会看到农民工因为没有网络或者不会使用购票软件而抢不到回家的火车票。信息技术的快速发展进一步拉大了人群之间的差异，不同受教育程度、不同区域、不同年龄、不同社会经济地位的人因为信息技术使用的不平等而产生其他方面的不平等，这可能会导致社会分层和贫富差距进一步固化，带来新的社会问题。

第四，在信息时代，研究人口与社会的关系可以不再局限于传统的研究方法，而是能够利用新的研究方法和技术得到更为全面和科学的结论。大数据的推广应用将给人口研究带来一个全新的天地：可以利用大数据、机器学习、深度学习获得更丰富的人口变动信息，掌握人口变动规律，深入分析人口变动机制。比如，生育意愿和行为研究不再局限于传统的调查数据，而是可以抓取网络数据进行更丰富的情感和意愿分析；对大规模的人口流动规律的把握可以借助通信设备、微信、网络购票软件等工具来实施；对一些敏感问题（如流产）的分析可以借助应用软件的数据来实现。

四、两个案例

前面三个部分从理论上分析了人口与社会的关系在信息时代是如何发生变化的，这里用两个案例来更进一步展示信息时代人口与社会的交互关系。

(一)"智慧养老"，实现"老有所养"

"互联网＋养老"或曰"智慧养老"已被提到国家发展战略高度，2015 年国务院印发的《国务院关于积极推进"互联网＋"行动的指导意见》提出："依托现有互联网资源和社会力量，以社区为基础，搭建养老信息服务网络平台，提供护理看护、健康管理、康复照料等居家养老服务。鼓励养老服务机构应用基于移动互联网的便携式体检、紧急呼叫监控等设备，提高养老服务水平。"2017 年 2 月，工业和信息化部、民政部和原国家卫生和计划生育委员会联合印发了《智慧健康养老产业发展行动计划（2017—2020 年）》，对智慧养老进行了全面的解读，要求"到 2020 年，基本形成覆盖全生命周期的智慧健康养老产业体系，建立 100 个以上智慧健康养老应用示范基地，培育 100 家以上具有示范引领作用的行业领军企业，打造一批智慧健康养老服务品牌。健康管理、居家养老等智慧健康养老服务基本普及，智慧健康养老服务质量效率显著提升。智慧健康养老产业发展环境不断完善，制定 50 项智慧健康养老产品和服务标准，信息安全保障能力大幅提升"。

一般而言，"互联网＋养老"由智能设备、线上服务平台和线下服务圈三大板块组成，以智能设备为基础设施，以老年人服务需求信息为要素，以线下服务圈为支撑，共同构成一个闭合的供给与需求链。智能终端设备负责搜集老年人服务需求信息并实时反馈给线上服务平台，线上服务平台分析处理信息，将养老服务分配给相应的线下服务圈，并最终由线下服务圈供给养老服务[①]。于潇、孙悦的研究表明，智能设备比如智能健康手环可以实时监控老年人的健康状况，包括脉搏、心跳、血压、血糖等基本项目的测量，并上传到健康服务平台统一管理。智能家电包括智能手机、平板电脑等可以让老年人随时反映需求、了解信息、建立线上社交网络等，一键紧急呼叫器可以帮助老年人应对紧急突发状况，智能机器人可以为老年人提供家政服务。线上服务平台则用来收集、存储、计算老年人的健康数据、需求数据，同时可以提供远程就医服务，突破就医资源上的地理限制，共享优质的医疗资源；社区可以通过线上服务平台为老年人提供商品和服务，比如送餐、家政、买菜、买药、业务代办等；社区的调度中心则统一整合信息和进行资源调配，以满足老年人的需求。线下服务圈比如家政、康复医疗、文化娱乐、维修、美容美发、物流服务、便利店、药店、餐饮店、情感专线等成为智慧养老的基础环节，实现线上调配、线下实现。"互联网＋养老"模式的结构

---

① 于潇，孙悦．"互联网＋养老"：新时期养老服务模式创新发展研究．人口学刊，2017（1）．

如图 14－2 所示。

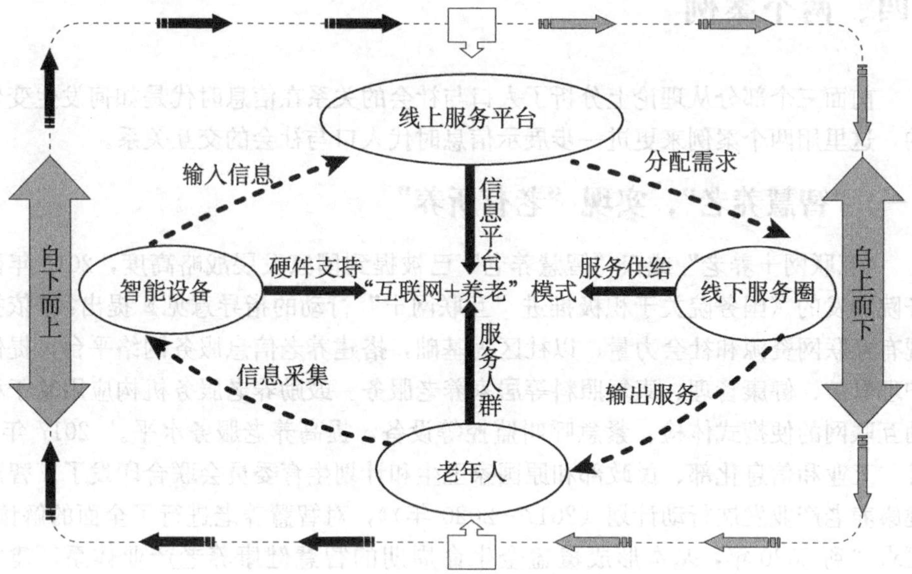

图 14－2 "互联网＋养老"模式结构图

资料来源：于潇，孙悦．"互联网＋养老"：新时期养老服务模式创新发展研究．人口学刊，2017（1）．

"智慧养老"概念的提出和试点、推广、应用反映了信息时代的公共服务进入了一个全新的阶段。不同于传统的"数人头"式被动提供服务，智慧养老真正实现了以人为本、个性化定制服务。智慧养老是严峻的老龄化形势和信息技术发展共同催生出的一个新事物，它反过来也会影响到人口本身的质量和发展。

（二）人工智能与劳有所得

2016 年以来，DeepMind 公司基于"深度学习"原理开发的人工智能程序 AlphaGo 先后击败包括李世乭、柯洁在内的多位世界围棋冠军，之后开发的完全摒弃人类数据，仅通过自我博弈强化学习的 AlphaZero 则以更短的时间在多项棋类运动上达到了超越人类的新水平[①]。人工智能的快速发展引发了人们对人类前途的深深担忧：机器人是否会取代人的工作从而造成大面积失业？一方面，技术进步会提高劳动生产率，直接代替一些人工劳动，这将减少就业岗位，造成"破坏效应"；但另一方面，技术的进步又可能创造新的就业岗位，产生正向的"创造效应"[②]。这是一个技术进步将如何影响人类发展的经典话题，经济学领域的很多理论和实证研究讨论了这个问题。

技术进步的破坏效应表现在：（1）机械化、自动化、智能化不断替代体力劳动，减少了生产对体力劳动的需求；（2）提高了企业的管理和生产效率，减少了冗员，降低了就业量；（3）产品和生产工具更新换代加快，投资回收期缩短，增

① 张鹏飞．人工智能与就业研究新进展．经济学家，2018（8）．

② 王君，等．人工智能等技术进步影响就业的机理与对策．宏观经济研究，2017（10）．

加了企业的运营成本，投资也可能受到抑制，从而减少劳动需求；（4）打破了原有的经济结构，旧的部门衰退，新的部门尚未成规模，导致周期性失业；（5）从长期看，可能会增加对高技能劳动力的需求，降低对低技能劳动力的需求[①]。

但同时，技术进步又是有创造效应的，表现在：（1）从长期趋势看，技术进步不仅会推动经济发展，提高居民收入，增加有效需求，也会增加劳动需求。收入水平提高则会带来储蓄的提高，扩大投资需求，创造新的就业机会。（2）技术进步会带来新的产品、部门和产业，扩大经济范围，创造新的就业机会。同时也会引发新的产品和服务，创造新的消费需求和就业机会。（3）为了适应新的技能需求，劳动者会增加人力资本投资，提高劳动技能，加快技术进步，增强创造就业的乘数效应。（4）在全球化背景下，互联网革命缩短了国与国之间的距离，生产要素跨国流动，一国衰退的传统产业和部门可能在后发展的国家中发展起来，新的技术也可能会扩散到其他国家，导致对不同的国家产生不同的影响。（5）企业生产率的提高和生产成本的下降会有利于企业扩大再生产，产品价格降低也会刺激消费者的需求，进一步促进企业扩大再生产，从而带来就业总量的上升。[②]

另外的一种观点是，技术进步对人口的影响是有异质性的，即对某些人群有利，但对另外一些人群不利。目前人工智能替代的是重复性、高强度、低技术的劳动力，因此这个群体的就业将面临很大的挑战，失业率可能会提高。相反，人工智能的应用会带来对高端技能和技术的需求，所以对掌握技术的人是有利的，可以提高他们的工资水平。而且，对需要高技能、创造力、灵活性的活动而言，人工智能是无法完全取代人力的。这可能会导致工作两极化和工资两极化，贫富差距可能拉大。比如，萨克斯（Sachs）和考特雷考夫（Kotlikoff）提出，从短期来看，快速的劳动节约型技术进步会给技能工人和资本所有者带来好处，但从长期来看，会使那些无力进行物质资本或人力资本投资的人陷入困境[③]。

对于人工智能到底是否会带来大规模的失业这个问题目前仍没有定论。有的研究提出，其实并没有被自动化取代的工作，只有与自动化互补的工作；从人类发展的历史来看，自动化并没有降低就业总量[④]；美国的发展历史甚至表明，技术进步不仅提高了生产率，也降低了失业率[⑤]；程序偏向型技术进步虽然减少了欧洲中等技能工作岗位的就业，但产品需求的增加和需求的溢出效应又会促进就

---

① 王君，等．人工智能等技术进步影响就业的机理与对策．宏观经济研究，2017（10）．吴清军，等．人工智能是否会带来大规模失业?：基于电商平台人工智能技术、经济效益与就业的测算．山东社会科学，2019（3）．

② 同①.

③ SACHS J, KOTLIKOFF L. Smart machines and long-term misery. NBER working paper (No. 18629), 2012.

④ AUTOR D. Why are there still so many jobs? The history and future of workplace automation. Journal of economic perspectives, 2015 (29).

⑤ ALEXOPOULOS M, COHEN J. The medium is the measure: technical change and employment, 1909—1949. Review of economics and statistics, 2016 (98).

业的增长，使得技术进步对总就业并不会产生负面影响①；格雷兹（Graetz）和迈克尔斯（Michaels）则发现，工业机器人的使用可以提高劳动生产率，增加产品附加值，提高工人工资，但对总就业并没有显著的影响，只是会使高技能工人的处境相对有利②。但是，也有比较悲观的预测，认为人工智能对就业总量和就业结构都将带来毁灭性的冲击。世界经济论坛2016年1月发布的报告《未来的工作》预测：到2020年，在全球15个主要工业化国家中，机器人与人工智能的崛起将使710万个就业岗位消失，而同期技术进步将仅带来200万个新就业岗位③。

在中国，目前，人工智能的快速发展对就业存量没有造成替代压力。2015年，在中国36个国民经济行业大类、87个国民经济行业种类中，工业机器人主要应用在汽车和电子制造行业④。其实机器人的使用也是劳动力短缺（民工荒）倒逼造成的。不过未来人工智能对就业的挤出效应影响不容小觑，如果中国产业结构不能实现升级换代，蓝领工人就将面临被取代的风险。

人工智能到底将如何影响人口发展？它会带来人口的增长还是萎缩？它是否可以解决一些国家的人口红利衰退和消失带来的问题？它的发展会如何影响发达国家和发展中国家，从而如何影响世界经济政治格局？这些问题都还没有定论，讨论仍将持续，这也将是人口社会学的重要研究领域。

本章小结

人口与社会相互联系、相互影响。信息时代人口与社会的关系是一个全新的领域。社会是一个非常复杂的系统，社会发展是一个内容十分丰富的概念，民生改善是其中最重要的一环。民生亦有广义和狭义之分；即便从狭义视角看民生，其内涵也同样丰富，牵涉个体和家庭整个生命周期，即从摇篮到坟墓，广大百姓的基本生存状况、生活质量、发展机会与发展能力、基本权益及其保护等，莫不属此。改善民生总是国家治理的最主要目标之一，古今中外皆然；中共十八大、十九大更是将之视为治国理政的重要目标。十九大明确提出，要在幼有所育、学有所教、劳有所得、病有所医、老有所养、住有所居、弱有所扶等方面不断取得新进展。本章对这些关键的民生指标进行了解读，并对目前这些方面各自存在的问题进行了分析。同时，在人类社会进入信息时代后，信息化作为社会发展的重要指标和重要推动力，为改善民生提供了新的手段、新的途径、新的模式，可助力“七有”的实现。本章还以“智慧养老”和“劳有所得”为例，对信息时代人口与社会的关系进行了进一步的阐释。当然，信息化社会才刚刚开始，信息时代

---

① GREGORY T，SALOMONS A，ZIERAHN U. Racing with or against the machine? Evidence from Europe. ZEW-Centre for european economic research discussion paper，2016.

② GRAETZ G，MICHAELS G. Robots at work. CEP discussion paper，2015：1335.

③ 吴清军，等．人工智能是否会带来大规模失业?：基于电商平台人工智能技术、经济效益与就业的测算．山东社会科学，2019（3）．

④ 王君，等．人工智能等技术进步影响就业的机理与对策．宏观经济研究，2017（10）．

人口与社会发展之间究竟存在怎样的关系，也还存在巨大的探究空间。不过，信息技术的影响已悄然渗入社会和个体生活的方方面面。因此，在讨论人口与社会的关系时，仅仅以传统的分析视角和方法，从人口的几个关键特征——规模、结构、分布入手，已不足以全面深入把握这种动态的、复杂的关系。人口社会学的相关研究必须适应时代的发展和社会的进步，充分考虑社会人口现象与信息技术发展之间的关系。

关键术语

人口状况、人口变动、幼有所育、学有所教、劳有所得、病有所医、老有所养、住有所居、弱有所扶、信息化、“互联网＋”、智慧城市/国家/养老、大数据

思考题

1. 结合案例，简述“七有”的概念。
2. 简述信息时代的人口与社会的交互关系发生的变化。
3. 简述智慧养老的内涵。
4. 简述人工智能可能对就业产生的影响。

拓展阅读书目

1. 毕天云．“七有”：中国特色社会主义新时代的福利思想．学术探索，2018（11）．

2. 丁洋，郑江惟．中国人口老龄化会减少住房需求吗．中国软科学，2018（2）．

3. 林闽钢．新历史条件下“弱有所扶”：何以可能，何以可为？．理论探讨，2018（1）．

4. 顾和军，周小跃，张晨怡．“全面二孩”、人口年龄结构变动对住房消费的影响．中国人口·资源与环境，2017（27）．

5. 吕利丹，等．我国流动儿童人口发展与挑战（2000—2015）．青年研究，2018（4）．

6. 习近平．决胜全面建成小康社会 夺取新时代中国特色社会主义伟大胜利：在中国共产党第十九次全国代表大会上的报告．(2017-10-27)［2020-01-01］．http：//www.xinhuanet.com//politics/19cpcnc/2017-10/27/c_1121867529.htm.

7. 杨菊华．新时代“幼有所育”何以实现．江苏行政学院学报，2019（1）．

8. 于潇，孙悦．“互联网＋养老”：新时期养老服务模式创新发展研究．人口学刊，2017（1）．

图书在版编目（CIP）数据

人口社会学 / 杨菊华，靳永爱编著．-- 2 版．--北京 ：中国人民大学出版社，2020.5
新编 21 世纪社会学系列教材
ISBN 978-7-300-28091-2

Ⅰ.①人… Ⅱ.①杨…②靳… Ⅲ.①人口社会学-高等学校-教材 Ⅳ.①C92-05

中国版本图书馆 CIP 数据核字（2020）第 072383 号

新编 21 世纪社会学系列教材
人口社会学（第二版）
杨菊华　靳永爱　编著
Renkou Shehuixue

出版发行	中国人民大学出版社		
社　　址	北京中关村大街 31 号	**邮政编码**	100080
电　　话	010－62511242（总编室）		010－62511770（质管部）
	010－82501766（邮购部）		010－62514148（门市部）
	010－62515195（发行公司）		010－62515275（盗版举报）
网　　址	http://www.crup.com.cn		
经　　销	新华书店		
印　　刷	天津鑫丰华印务有限公司	**版　　次**	2016 年 6 月第 1 版
规　　格	185 mm×260 mm　16 开本		2020 年 5 月第 2 版
印　　张	27.75	**印　　次**	2025 年 2 月第 5 次印刷
字　　数	572 000	**定　　价**	68.00 元

关联课程教材推荐

书号	书名	作者	定价
978-7-300-26323-6	社会学概论新修（第五版）	郑杭生	69.00 元
978-7-300-25621-4	社会研究方法（第五版）	风笑天	65.00 元
978-7-300-27119-4	社会调查问卷设计与应用	瞿振武	39.00 元
978-7-300-26658-9	人口统计学	宋健	48.00 元
978-7-300-20067-5	老年学概论（第 3 版）	邬沧萍 姜向群	32.00 元

配套教学资源支持

尊敬的老师：

衷心感谢您选择人大版教材！相关的配套教学资源，请到中国人民大学出版社官网（www. crup. com. cn）下载。部分教学资源需要验证您的教师身份后，才可以下载，请您登录出版社官网后，点右上角“注册”，填写“会员中心”的“我的教师认证”项目，等待后台审核。我们将尽快为您开通下载权限。

如您急需教学资源或教材样书，也可以直接与我们的编辑联系：

龚洪训　　电话：010－62515637　　电子邮箱：6130616@qq. com

专业教师 QQ 群：

195761402（全国社会学教师 QQ 群）

欢迎您登录浏览人大社网站，了解图书信息，共享教学资源

期待您加入专业教师 QQ 群，开展学术讨论，交流教学心得